Haftpflichtgesetz

Erläutert von

Dr. Franz Seligsohn
Rechtsanwalt und Notar in Berlin

Zweite Auflage

Berlin und Leipzig 1931
Walter de Gruyter & Co.
vormals G. J. Göschen'sche Verlagshandlung — J. Guttentag, Verlagsbuchhandlung — Georg Reimer — Karl J. Trübner — Veit & Comp.

Druck von Walter de Gruyter & Co., Berlin W 10

Inhalt.

Seite

1. Gesetzestext 7
2. Erläuterung des Gesetzes
   § 1. Haftpflicht der Eisenbahnunternehmer 11
   § 2. Haftpflicht der Unternehmer von Bergwerken, Steinbrüchen, Gräbereien (Gruben) und Fabriken 154
   § 3. Umfang der Schadenersatzpflicht im Fall der Tötung 198
   § 3a. Umfang der Schadenersatzpflicht im Fall einer Körperverletzung 233
   § 4. Anrechnung von Versicherungsleistungen auf die Entschädigung 255
   § 5. Beschränkung der Haftpflicht durch Vertrag 267
   § 6. Prozessuales Verfahren 272
   § 7. Art der Schadloshaltung (Geldrente, Kapitalabfindung, Sicherheitsleistung) 276
   § 7a. Ziffermäßige Begrenzung der Haftung 307
   § 8. Verjährung der Haftpflichtansprüche 314
   § 9. Verhältnis des HaftpflG. zu anderen Haftungsvorschriften ... 324
   § 10. Zuständigkeit des Reichsgerichts 338
3. Sachregister 340

Abkürzungen.

AllgDHGB. = Allgemeines Deutsches Handelsgesetzbuch.
AnnDR. = Annalen des Deutschen Reichs.
ArchBürgR. = Archiv für bürgerliches Recht.
ArchÖffR. = Archiv für öffentliches Recht.
ArchZivPrax. = Archiv für zivilistische Praxis.
Art. = Artikel.
AusfG. = Ausführungsgesetz.
BauUVG. = Bau-Unfallversicherungsgesetz.
BayObLG. = Oberstes Landesgericht in Bayern.
BayZ. = Zeitschrift für Rechtspflege in Bayern.
BeamtUFürsG. = Unfallfürsorgegesetz für Beamte und für Personen des Soldatenstandes.
Begr. = Begründung.
BGB. = Bürgerliches Gesetzbuch.
BHinterblG. = Beamtenhinterbliebenengesetz.
Bolze = Die Praxis des RG. in Zivilsachen, herausg. v. Bolze (23 Bde.).
Coermann = Coermann, Reichshaftpflichtgesetz 1898.
v. Damm = v. Damm, Ges. über den Verkehr mit Kraftfahrzeugen 1909.
DanzJMschr. = Danziger Juristische Monatsschrift.
DAutR. = Deutsches Autorecht, Juristisches Organ des Allgemeinen Deutschen Automobil-Clubs E. V.
DJZ. = Deutsche Juristen-Zeitung, herausg. v. Liebmann.
Drucks. = Drucksachen des Reichstages I. Session 1871.
EG. = Einführungsgesetz.
Eger = Eger, Reichshaftpflichtgesetz, 7. Aufl., 1912.
Eger KFG. = Eger, Kommentar z. Gesetz über den Verkehr mit Kraftfahrzeugen.
EisArch. = Archiv für Eisenbahnwesen, herausg. in der Hauptverwaltung der Deutschen Reichsbahngesellschaft.
EisenbE. = Eisenbahn- und Verkehrsrechtliche Entscheidungen und Abhandlungen, begr. v. Eger.
EisenbVerkO. = Eisenbahnverkehrsordnung.
Endemann = Endemann, Die Haftpflicht der Eisenbahnen, Bergwerke usw., 3. Aufl., 1885.
Entw. = Entwurf.
Fritsch = Fritsch, Das Deutsche Eisenbahnrecht, 2. Aufl., 1928.
GefangUFürsG. = Ges. betr. Unfallfürsorge für Gefangene.
Genzmer = Genzmer, Reichshaftpflichtgesetz 1882.
GewO. = Gewerbeordnung.
GewUVG. = Gewerbe-Unfallversicherungsgesetz.

GoldschmidtsZ. = Zeitschrift für das gesamte Handelsrecht, begr. v. Goldschmidt.
Gordan = Gordan, Ges. über den Verkehr mit Kraftfahrzeugen 1909.
Gruchot = Beiträge z. Erläuterung des Deutschen Rechts, begr. v. Gruchot.
GrünhutsZ. = Zeitschrift für das Privat- und öffentliche Recht der Gegenwart, herausg. v. Grünhut.
GS. = Gesetzsammlung.
GVG. = Gerichtsverfassungsgesetz.
HaftpflG. = Haftpflichtgesetz.
Hallbauer = Hallbauer, Gesetz über den Verkehr mit Kraftfahrzeugen 1910.
Hammer = Hammer in Annalen des Deutschen Reichs 1906.
HansGZ. = Hanseatische Gerichtszeitung.
Heucke = Heucke, Haftpflichtgesetz 1926.
Heucke KFG. = Heucke, Der Verkehr mit Kraftfahrzeugen, 3. Aufl., 1929.
HGB. = Handelsgesetzbuch.
IheringsJ. = Iherings Jahrbücher für die Dogmatik des bürgerlichen Rechts.
InvVG. = Invalidenversicherungsgesetz.
Isaac = Isaac, Kommentar z. Automobilgesetz 1912.
JurRdsch. = Juristische Rundschau, Zeitschrift für praktische Rechtskunde, Beilage Höchstrichterliche Rechtsprechung.
JW. = Juristische Wochenschrift.
Kah = Kah, Haftpflichtgesetz 1874.
KFG. = Gesetz über den Verkehr mit Kraftfahrzeugen.
KG. = Kammergericht.
KGBl. = Blätter für Rechtspflege im Bezirk des Kammergerichts.
Kirchner = Kirchner, Gesetz über den Verkehr mit Kraftfahrzeugen, 3. Aufl., 1915.
KrankVG. = Krankenversicherungsgesetz.
Krause = Krause, Automobilgesetz 1909.
KrVJSchr. = Kritische Vierteljahrsschrift für Gesetzgebung und Rechtswissenschaft.
Laß-Maier = Laß-Maier, Haftpflichtrecht und Reichs-Versicherungsgesetzgebung, 2. Aufl., 1902.
Löwe = Löwe, Schadensersatzansprüche bei Körperverletzungen infolge von Eisenbahnunfällen nach dem ReichshaftpflG. v. 7. 6. 1871 (Diss.) 1913.
LZ. = Leipziger Zeitschrift für Handels-, Konkurs- und Versicherungsrecht.
MannschVG. = Mannschaftsversorgungsgesetz v. 31. 5. 1906.
Müller = Müller, Automobilgesetz, 5. Aufl., 1929.
Neukirch-Rosenmeyer = Neukirch-Rosenmeyer, Kommentar z. Ges. über den Verkehr mit Kraftfahrzeugen 1910.
OffPensG. = Offizierpensionsgesetz v. 31. 5. 1906.
OLG. = Oberlandesgericht.
OLG. (mit Band- und Seitenzahl) = Die Rechtsprechung der Oberlandesgerichte, herausg. v. Mugdan und Falkmann †.
Oertmann = Oertmann, Bürgerl. Gesetzbuch, Recht der Schuldverhältnisse, 5. Aufl., 1928.
ÖstObGH. = Österreichischer Oberster Gerichtshof.
Planck = Planck, Kommentar z. Bürgerl. Gesetzbuch, 4. Aufl., 1914.
PrAllgLandR. = Allgemeines Landrecht für die preuß. Staaten.
PrBergG. = Allgemeines Berggesetz für die preuß. Staaten.
PrEisenbG. = Preußisches Gesetz über die Eisenbahn-Unternehmungen v. 3. 11. 1838.

PrOTr. = Preußisches Obertribunal.
Prot. = Protokolle.
„Recht“ = Das Recht, Rundschau für den Deutschen Juristenstand.
Reindl = Reindl, Reichshaftpflichtgesetz 1901.
RG. = Reichsgericht.
RG. (mit Band- und Seitenzahl) = Entscheidungen des Reichsgerichts in Zivilsachen.
RGBl. = Reichsgesetzblatt.
RGes. = Reichsgesetz.
RGRäte = Das Bürgerliche Gesetzbuch, erläutert von Reichsgerichtsräten und Senatspräsidenten am Reichsgericht, 6. Aufl., 1928.
RGSt. = Entscheidungen des RG. in Strafsachen.
ROHG. = Reichsoberhandelsgericht.
ROHG. (mit Band- und Seitenzahl) = Entscheidungen des ROHG.
RVA. = Reichsversicherungsamt.
RVANachr. = Amtliche Nachrichten des Reichsversicherungsamts.
RVersO. = Reichsversicherungsordnung.
SächsArch. = Sächsisches Archiv für deutsches bürgerliches Recht.
Schmid-Wagner = Schmid-Wagner, Ges. über den Verkehr mit Kraftfahrzeugen 1909.
SeeUVG. = See-Unfallversicherungsgesetz.
SeuffA. = J. A. Seufferts Archiv für Entscheidungen der obersten Gerichte.
SeuffBl. = J. A. Seufferts Blätter für Rechtsanwendung.
Staudinger = Staudinger, Kommentar zum Bürgerlichen Gesetzbuch, 9. Aufl.
Stenogr. Ber. = Stenographische Berichte des Reichstages I. Session 1871.
StGB. = Strafgesetzbuch.
StriethorstArch. = Archiv für Rechtsfälle des Obertribunals, herausg. v. Striethorst.
UWG. = Gesetz über den Unterstützungswohnsitz.
VerkRdsch. = Verkehrsrechtliche Rundschau, herausg. v. Röder.
VersVG. = Ges. über den Versicherungsvertrag.
VerZtg. = Zeitung des Vereins Deutscher Eisenbahnverwaltungen.
Waldeck = Waldeck, Gesetz über den Verkehr mit Kraftfahrzeugen 1910.
WarnRspr. = Warneyers Jahrbuch der Entscheidungen, Ergänzungsband, enthaltend die Rechtspr. des RG.
v. Weinrich = v. Weinrich, Die Haftpflicht wegen Körperverletzung und Tötung eines Menschen, 2. Aufl., 1902.
Westerkamp = Westerkamp im Handbuch des Deutschen Handels-, See- und Wechselrechts, herausg. v. Endemann, S. 616 ff.
Wülfing = Wülfing, Die Haftung der Kleinbahn 1928.
Wussow = Wussow, Die Haftpflicht der Straßenbahnen 1905.
ZBergR. = Zeitschrift für Bergrecht.
ZPO. = Zivilprozeßordnung.
ZS. = Zivilsenat.
ZZP. = Zeitschrift für deutschen Zivilprozeß.

Haftpflichtgesetz.

Gesetz, betr. die Verbindlichkeit zum Schadenersatz für die bei dem Betriebe von Eisenbahnen, Bergwerken 2c. herbeigeführten Tötungen und Körperverletzungen.

Vom 7. Juni 1871.

(RGBl. 1871 S. 207—209.)

In der ihm durch Art. 42 des Einführungsgesetzes zum Bürgerlichen Gesetzbuch vom 18. August 1896 (RGBl. S. 616—617) und das Gesetz zur Änderung des Reichshaftpflichtgesetzes vom 8. Juli 1923 (RGBl. I S. 615) gegebenen Fassung.

Wir Wilhelm, von Gottes Gnaden Deutscher Kaiser, König von Preußen usw. verordnen im Namen des Deutschen Reichs, nach erfolgter Zustimmung des Bundesrats und des Reichstags, was folgt:

§ 1.

Wenn bei dem Betriebe einer Eisenbahn ein Mensch getötet oder körperlich verletzt wird, so haftet der Betriebsunternehmer für den dadurch entstandenen Schaden, sofern er nicht beweist, daß der Unfall durch höhere Gewalt oder durch eigenes Verschulden des Getöteten oder Verletzten verursacht ist.

§ 2.

Wer ein Bergwerk, einen Steinbruch, eine Gräberei (Grube) oder eine Fabrik betreibt, haftet, wenn ein Bevollmächtigter oder ein Repräsentant oder eine zur Leitung oder Beaufsichtigung des Betriebes oder der Arbeiter angenommene Person durch ein Verschulden in Ausführung der Dienstverrichtungen den Tod oder die Körperverletzung eines Menschen herbeigeführt hat, für den dadurch entstandenen Schaden.

§ 3.

Im Falle der Tötung ist der Schadenersatz (§§ 1 und 2) durch Ersatz der Kosten einer versuchten Heilung sowie des Vermögensnachteils zu leisten, den der Getötete dadurch erlitten hat, daß während der Krankheit seine Erwerbsfähigkeit aufgehoben oder gemindert oder eine Vermehrung seiner Bedürfnisse eingetreten war. Der Ersatzpflichtige hat außerdem die Kosten der Beerdigung demjenigen zu ersetzen, dem die Verpflichtung obliegt, diese Kosten zu tragen.

Stand der Getötete zur Zeit der Verletzung zu einem Dritten in einem Verhältnisse, vermöge dessen er diesem gegenüber kraft Gesetzes unterhaltspflichtig war oder unterhaltspflichtig werden konnte, und ist dem Dritten infolge der Tötung das Recht auf den Unterhalt entzogen, so hat der Ersatzpflichtige dem Dritten insoweit Schadenersatz zu leisten, als der Getötete während der mutmaßlichen Dauer seines Lebens zur Gewährung des Unterhalts verpflichtet gewesen sein würde. Die Ersatzpflicht tritt auch dann ein, wenn der Dritte zur Zeit der Verletzung erzeugt, aber noch nicht geboren war.

§ 3a.

Im Falle einer Körperverletzung ist der Schadenersatz (§§ 1 und 2) durch Ersatz der Kosten der Heilung sowie des Vermögensnachteils zu leisten, den der Verletzte dadurch erleidet, daß infolge der Verletzung zeitweise oder dauernd seine Erwerbsfähigkeit aufgehoben oder gemindert oder eine Vermehrung seiner Bedürfnisse eingetreten ist.

§ 4.

War der Getötete oder Verletzte unter Mitleistung von Prämien oder anderen Beiträgen durch den Betriebsunternehmer bei einer Versicherungsanstalt, Knappschafts-, Unterstützungs-, Kranken- oder ähnlichen Kasse gegen den Unfall versichert, so ist die Leistung der letzteren an den Ersatzberechtigten auf die Entschädigung einzurechnen, wenn die Mitleistung des Betriebsunternehmers nicht unter einem Drittel der Gesamtleistung beträgt.

§ 5.

Die in den §§ 1 und 2 bezeichneten Unternehmer sind nicht befugt, die Anwendung der in den §§ 1 bis 3a enthaltenen Bestimmungen zu ihrem Vorteil durch Verträge (mittels Reglements oder durch besondere Übereinkunft) im voraus auszuschließen oder zu beschränken.

Vertragsbestimmungen, welche dieser Vorschrift entgegenstehen, haben keine rechtliche Wirkung.

§ 6.

(Aufgehoben seit 1. 10. 79 durch § 13 Abs. 2 Ziff. 3 EG.ZPO.)

Das Gericht hat über die Wahrheit der tatsächlichen Behauptungen unter Berücksichtigung des gesamten Inhalts der Verhandlungen nach freier Überzeugung zu entscheiden.

Die Vorschriften der Landesgesetze über den Beweis durch Eid, sowie über die Beweiskraft öffentlicher Urkunden und gerichtlicher Geständnisse bleiben unberührt.

Ob einer Partei über die Wahrheit oder Unwahrheit einer tatsächlichen Behauptung noch ein Eid aufzulegen, sowie ob und inwieweit über die Höhe des Schadens eine beantragte Beweisaufnahme anzuordnen oder Sachverständige mit ihrem Gutachten zu hören, bleibt dem Ermessen des Gerichts überlassen.

§ 7.

Der Schadenersatz wegen Aufhebung oder Minderung der Erwerbsfähigkeit und wegen Vermehrung der Bedürfnisse des Verletzten sowie der nach § 3 Abs. 2 einem Dritten zu gewährende Schadenersatz ist für die Zukunft durch Entrichtung einer Geldrente zu leisten.

Die Vorschriften des § 843 Abs. 2 bis 4 des Bürgerlichen Gesetzbuchs und des § 708 Nr. 6 der Zivilprozeßordnung finden entsprechende Anwendung. Das gleiche gilt für die dem Verletzten zu entrichtende Geldrente von der Vorschrift des § 850 Abs. 3 und für die dem Dritten zu entrichtende Geldrente von der Vorschrift des § 850 Abs. 1 Nr. 2 der Zivilprozeßordnung.

Ist bei der Verurteilung des Verpflichteten zur Entrichtung einer Geldrente nicht auf Sicherheitsleistung erkannt worden, so kann der Berechtigte gleichwohl Sicherheitsleistung verlangen, wenn die Vermögensverhältnisse des Verpflichteten sich erheblich verschlechtert haben; unter der gleichen Voraussetzung kann er eine Erhöhung der in dem Urteile bestimmten Sicherheit verlangen.

§ 7 a.

(Geändert durch Verordnung v. 24. 10. 23, RGBl. I S. 993.)

Der Unternehmer haftet im Falle des § 7 Abs. 1 nur bis zu einer Jahresrente von fünfzig Millionen Mark.

Bei wesentlicher Änderung der wirtschaftlichen Verhältnisse kann die Reichsregierung mit Zustimmung des Reichsrats den Höchstbetrag anderweitig festsetzen.

§ 8.

Die Forderungen auf Schadenersatz (§§ 1 bis 3 a) verjähren in zwei Jahren von dem Unfall an. Gegen denjenigen, welchem der Getötete Unterhalt zu gewähren hatte (§ 3 Abs. 2), beginnt die Verjährung mit dem Tode. Im übrigen finden die Vorschriften des Bürgerlichen Gesetzbuchs über die Verjährung Anwendung.

§ 9.

Die gesetzlichen Vorschriften, nach welchen außer den in diesem Gesetze vorgesehenen Fällen der Unternehmer einer in den §§ 1, 2 bezeichneten Anlage oder eine andere Person, insbesondere wegen eines eigenen Verschuldens, für den bei dem Betriebe der Anlage durch Tötung oder Körperverletzung eines Menschen entstandenen Schaden haftet, bleiben unberührt.

§ 10.

Die Bestimmungen des Gesetzes, betreffend die Errichtung eines obersten Gerichtshofes für Handelssachen, vom 12. Juni 1869, sowie die Ergänzungen desselben werden auf diejenigen bürgerlichen Rechtsstreitigkeiten ausgedehnt, in welchen durch die Klage oder Widerklage ein Anspruch auf Grund des gegenwärtigen Gesetzes oder der in § 9 erwähnten landesgesetzlichen Bestimmungen geltend gemacht wird.

Urkundlich unter Unserer Höchsteigenhändigen Unterschrift und beigedrucktem Kaiserlichen Insiegel.

Gegeben Berlin, den 7. Juni 1871.

(L. S.) Wilhelm.

Fürst v. Bismarck.

Haftpflichtgesetz.

§ 1.

Wenn bei dem Betriebe einer Eisenbahn ein Mensch getötet oder körperlich verletzt wird, so haftet der Betriebsunternehmer für den dadurch entstandenen Schaden, sofern er nicht beweist, daß der Unfall durch höhere Gewalt oder durch eigenes Verschulden des Getöteten oder Verletzten verursacht ist.

Inhaltsübersicht.

Anm.

A. Voraussetzungen der Haftpflicht.

I. Eisenbahn.

1. Begriff 1
2. Unternehmen 2—4
3. Schienen 5
   a) Material 6
   b) örtliche Lage 7
4. Betriebskraft 8
5. Verkehrsunternehmen 9
   a) Arbeitsgerätschaften 10
   b) öffentlicher Verkehr 11
   c) Betriebsordnung 12
   d) Bestandteil anderer Anlagen 13—14
   e) Privatanschlußbahnen 15—16
   f) Arbeitsbahnen 17
   g) Eröffnung 18
6. Innerhalb des Deutschen Reiches 19

II. Betrieb.

1. Begriff „Betrieb"
   a) Vorbemerkung 20
   b) Entstehungsgeschichte 21
   c) Begriffsbestimmung 22—28
2. Die einzelnen Begriffsbestandteile
   a) Beförderung 29
      α) Fortbewegung von Eisenbahnen
         αα) zwecks Ausführung des Transports 30—34
         ββ) zwecks Vorbereitung u. Beendigung 35—36
      β) Nicht notwendig Fortbewegung 37
         αα) während des Haltens 38
         ββ) Ein- und Aussteigen 39
   b) Andere Betätigungen der Betriebsmittel 40—41
   c) Die Beförderung vorbereitende u. abschließende Handlungen 42
      α) Örtlicher Zusammenhang 43
      β) Zeitlicher Zusammenhang 44
      γ) Innerer Zusammenhang 45
         αα) Unter Gefahren der Beförderung 46—50
         ββ) Ursächlicher Zusammenhang 51—53
   d) Bestimmter Betriebsvorgang 54

III. Unfall.

Vorbemerkung 55
1. Begriff 56
2. Die einzelnen Begriffsbestandteile
   a) Menschlicher Körper 57
   b) Vorgang 58—62
   c) Plötzliche Einwirkung 63, 64
   d) Tod 65

	Anm.
e) Körperverletzung	66
f) Kausalzusammenhang	67
α) Zeitpunkt	68
β) Unmittelbar	69
γ) Alleinige Ursache	70—74
δ) Unterbrechung	75—77
ε) Beweislast	78
IV. Zusammenhang zwischen Unfall u. Betrieb	79
1. Äußerer Zusammenhang	
a) Zeitlicher	80
b) Örtlicher	81
2. Innerer Zusammenhang	82
a) Nicht notwendige Folge	83
b) Nicht unmittelbare Folge	84—85
3. Beweislast	86
V. Verletzter.	
1. Ein „Mensch"	87
2. Abänderung des § 1 durch Unfallvers.- u. Fürsorgegesf.	88
a) HaftpflG. u. RVersO.	
α) Haftung d. Arbeitgebers	89—93
β) Haftung Dritter	94—102
b) HaftpflG. u. BeamtU-FürsG.	103—113

B. Subjekt der Haftpflicht.

Vorbemerkung	114
I. Begriff „Betriebsunternehmer"	115
1. Benutzung für eigene Rechnung	116, 117
2. Verfügung über den Betrieb	118—120
3. Benutzung u. Verfügung durch verschiedene Personen	121
II. Praktische Einzelfragen	
1. Betrieb auf Anschlußgleisen	122
2. Gemeinschaftlicher Betrieb	123—124
3. Konkurrenzbetrieb	125
4. Durchgehende Züge	126
5. Mehrere Betriebe	127
6. Eisenbahnpostdienst	128

C. Rechtliche Natur und Inhalt der Haftpflicht.

I. Rechtliche Natur.	
1. Legalobligation	129—130
2. Unerlaubte Handlung	131—133

	Anm.
II. Inhalt.	
1. Schaden	134—136
2. Kausalzusammenhang	137
III. Zusammentreffen mit anderen Ersatzpflichtigen	138
1. mit Haftung aus unerlaubter Handlung	139—141
2. mit Haftung des Tierhalters	142
3. mit Haftung aus dem KFG.	143—145
4. mit Haftung aus Vertrag	146
5. mit Anspruch aus Unfallvers. od. Fürsorge	147

D. Ausschluß der Haftpflicht.

Vorbemerkung	148
I. Unfall	149
II. Höhere Gewalt	
Vorbemerkung	150
1. Begriff	151—153
2. Die einzelnen Begriffsmerkmale	
a) Von außen einwirkendes Ereignis	154
α) Innere Zufälle	
αα) Wirkungen d. Betriebsmittel	155
ββ) Handlungen von Eisenbahnbediensteten	156
γγ) Gefährdende Betriebsnatur	157
β) Äußere Zufälle	
αα) Elementare Ereignisse	158—159
ββ) Handlungen Dritter	160
b) Ungewöhnliches Ereignis	161—165
c) Unabwendbarkeit	
α) Allgemeine Grundsätze	166
β) Einzelheiten	
αα) Elementare Ereignisse	167—168
ββ) Handlungen Dritter	169—170
III. Eigenes Verschulden des Verletzten	
1. Verschulden	
a) Bedeutung	171

Anm.
b) Verantwortlichkeit (Deliktsfähigkeit) 172
α) Unzurechnungsfähigkeit 173
β) Jugendliches Alter 174—175
c) Individualität 176
d) Schuldausschließungsgründe
α) Irrtum 177
β) Einwirkungen d. Betriebes 178
γ) Befolgung dienstl. Anordnungen 179
δ) Duldung von Übertretretung polizeil. Verbote 180
ε) Sittliche Beweggründe 181
ς) Beweislast 182
e) Rechtsprechung 183
α) Eigenes Verschulden im Verkehr d. Eisenbahnen
αα) Eisenbahnbedienstete 184
ββ) Fahrgäste 185
γγ) Dritte 186
β) Im Verkehr der Straßenbahnen
αα) Fahrgäste 187
ββ) Passanten 188

Anm.
2. Eigenes Verschulden 189—192
3. Konkurrierendes Verschulden
Vorbemerkung 193
a) Grundsätze 194—197
b) Rechtsprechung (Beispiele)
α) Teilung des Schadens 198
β) Überwiegend zugunsten des Geschädigten 199
γ) Zuerkennung eines geringeren Teiles 200
δ) Vollständig aberkannt 201

IV. Ursächlicher Zusammenhang
1. Zwischen Unfall und höherer Gewalt 202
2. Zwischen Unfall und eigenem Verschulden 203

V. Beweislast 204—207

Anhang (örtliches Geltungsgebiet) 208—210

Vorbemerkung. Nach dem bürgerlichen Recht verpflichtet grundsätzlich nur eine auf Verschulden beruhende Handlung zum Schadenersatz. Der vorliegende Paragraph schafft für die Eisenbahnen eine Ausnahmestellung. Ihre Verantwortlichkeit ist eine strenge. § 1 knüpft schlechthin an die Tatsache, daß bei dem Betriebe ein Mensch getötet oder verletzt wird, die Folge der Haftbarkeit. Von dieser kann sich der Unternehmer nur durch den Nachweis befreien, daß der Unfall durch höhere Gewalt oder durch das eigene Verschulden des Getöteten oder Verletzten verursacht worden ist.

A. Die Voraussetzungen der Haftpflicht.

Die Haftpflicht des Betriebsunternehmers hat zur Voraussetzung, daß bei dem Betriebe einer Eisenbahn ein Mensch getötet oder körperlich verletzt wird.

I. Eisenbahn.

Literatur: Kollmann, Der Begriff „Eisenbahn" im Sinne des § 1 des Deutschen Reichshaftpflichtgesetzes vom 7. Juni 1871, EisenbE. **20** 91 ff.; Heine, Zum Begriff der Eisenbahn unter besonderer Berücksichtigung der Konzessionierung und verwandte Fragen, EisenbE. **34** 153.

Die Anwendung des § 1 setzt zunächst das Vorhandensein einer Eisenbahn voraus.

Anm. 1. **1. Begriff.** Der Begriff „Eisenbahn“ hat in den Reichs- und Landesgesetzen, die ihn verwenden (vgl. RGSt. **12** 205, EisenbE. **4** 167), keine einheitliche Bedeutung. So verstehen die Bestimmungen der früheren Reichsverfassung (Art. 41 ff.) sowie der neuen v. 11. 8. 19 (Art. 89 ff.) unter „Eisenbahnen“ nur die großen Lokomotivbahnen, nicht die Kleinbahnen, wie auch Art. 112 EG. BGB. neben den „Eisenbahnen“ die „Kleinbahnen“ besonders nennt. Das StGB. (§§ 243 Ziff. 4, 315, 316) bezeichnet mit dem Ausdruck „Eisenbahnen“ alle mit toten (mechanischen) Naturkräften (Dampf, Elektrizität, Schwerkraft usw.) betriebenen, mit festen Geleisen versehenen Bahnen. Darunter fallen z. B. auch schmalspurige Nebenbahnen, städtische mit Dampf betriebene und elektrische Bahnen, dagegen nicht Pferdeeisenbahnen (RGSt. **12** 205; **12** 371). Im Sinne des preußischen Gesetzes über die Eisenbahnunternehmungen v. 3. 11. 38 bedeutet „Eisenbahn“ die staatlich konzessionierte, dem öffentlichen Verkehr übergebene Lokomotiveisenbahn (vgl. Anm. 11). Unter dieses Gesetz fallen nicht die „Kleinbahnen“, die § 1 des Kleinbahngesetzes vom 28. 7. 92 umschreibt als „die dem öffentlichen Verkehr dienenden Eisenbahnen, welche wegen ihrer geringen Bedeutung für den allgemeinen Eisenbahnverkehr dem Gesetze über die Eisenbahnunternehmungen vom 3. November 1838 nicht unterliegen“.

Die umfassendste Bedeutung hat der Begriff „Eisenbahn“ im HaftpflG. Das RG. definiert ihn umständlich als

„ein Unternehmen, gerichtet auf wiederholte Fortbewegung von Personen oder Sachen über nicht ganz unbedeutende Raumstrecken auf metallener Grundlage, welche durch ihre Konsistenz, Konstruktion und Glätte den Transport großer Gewichtsmassen beziehungsweise die Erzielung einer verhältnismäßig bedeutenden Schnelligkeit der Transportbewegung zu ermöglichen bestimmt ist und durch diese Eigenart in Verbindung mit den außerdem zur Erzeugung der Transportbewegung benutzten Naturkräften (Dampf, Elektrizität, tierischer oder menschlicher Muskeltätigkeit, bei geneigter Ebene der Bahn auch schon der eigenen Schwere der Transportgefäße und deren Ladung usw.) bei dem Betriebe des Unternehmens auf derselben eine verhältnismäßig gewaltige (je nach den Umständen nur in bezweckter Weise nützliche oder auch Menschenleben vernichtende und die menschliche Gesundheit verletzende) Wirkung zu erzeugen fähig ist“.

RG. **1** 247, EisenbE. **1** 136; vgl. ferner RG. **7** 40, EisenbE. **2** 273; RG. in JW. **1902** 316[29], EisenbE. **19** 161.

Bei Zusammenfassung der wichtigsten Merkmale hat man unter einer „Eisenbahn“ im Sinne des HaftpflG. zu verstehen *ein dem Verkehr dienendes Unternehmen, bei dem die Fortbewegung der Transportmittel auf Schienen mittels beliebiger Kraft bewirkt wird.*

Anm. 2. 2. Die Eisenbahn ist ein **Unternehmen.** Im Sinne des § 1 bedeutet „Eisenbahn“ allerdings nicht das gewerbliche Eisenbahnunternehmen in seiner Gesamtheit, vielmehr, wie sich aus dem Zweck des Gesetzes und auch aus § 9 ergibt, nur die „Anlage“, d. h. den *technischen Teil der Unter-*

nehmung, den Bahnkörper nebst den dazu gehörigen Einrichtungen. Vgl. auch Stenogr. Ber. **1** 450, 451.

Die Bezeichnung als ein „Unternehmen" weist darauf hin, daß unter „Eisenbahn" nicht jede zum Transport auf Schienen bestimmte Einrichtung verstanden werden kann. Schon aus der Überschrift des Gesetzes, in der die Eisenbahnen den Bergwerken, Fabriken, Steinbrüchen und Gräbereien an die Seite gestellt sind, ergibt sich, daß es sich um mit Gefahren verbundene Unternehmungen von größerem Umfang handeln muß. Hat doch den Gesetzgeber zur Einführung der strengen Haftung die Erkenntnis geführt, „daß der Größe der mit dem Eisenbahnbetrieb verbundenen Gefahr und dem Vertrauen, mit dem das Publikum auf die Einrichtungen und Anordnungen der Eisenbahnverwaltung sich zu verlassen genötigt ist, das höchste Maß der Verantwortlichkeit auf seiten des Unternehmers entsprechen müsse" (Stenogr. Ber. **3** 70).

Der Begriff „Eisenbahn" setzt also voraus, daß mit dem Betrieb Gefahren verbunden sind, die denjenigen der dem allgemeinen Verkehr dienenden Bahnen gleichartig sind. Wenn der Gesetzgeber auch die minder gefährlich erscheinenden Pferdebahnen dem Begriff „Eisenbahnen" untergeordnet wissen wollte, so geschah dies, weil die Benutzung öffentlicher Straßen als gefahrerhöhend angesehen wurde. Vgl. Stenogr. Ber. **3** 71.

Wann hiernach eine „Eisenbahn" vorliegt, ist Tatfrage. Als Kriterien der Gefährlichkeit kommen vornehmlich die Betriebskraft (Dampf, Elektrizität), die Länge und Bauart der Bahn, die Schnelligkeit des Betriebes, die Schwere der Transportmittel oder der Güter, die Notwendigkeit von Schutzvorrichtungen, die Durchschneidung öffentlicher Straßen in Betracht. **Anm. 3.**

Beispiele. Als „Eisenbahnen" sind demgemäß angesehen worden: Ein schmalspuriges Eisenschienengeleise, auf dem zum Transport von Erdmassen bestimmte Züge in der Stärke von zehn bis dreißig Wagen, von denen jeder leer siebzehn Zentner wiegt und mit $^5/_4$ cbm Erde gefüllt wird, etwa sechzehnmal täglich von Dampflokomotiven bewegt werden (RG. **1** 247, EisenbE. **1** 136); eine für einen provisorischen Zweck, den Transport von Erdmaterial zu einem Eisenbahnbau, bestimmte Bahn, die aus fünfzehn bis zwanzig mit Bremsvorrichtungen versehenen sogenannten Kippwagen besteht und durch eine mit Dampf bewegte Lokomotive von geringerer Größe fortbewegt wird (RG. in EisenbE. **1** 164); eine Arbeitsbahn (vgl. Anm. 17) von $1^1/_4$ km Länge und mit einem einspurigen Geleise, das von einem aus etwa 20 Wagen bestehenden Zuge im Durchschnitt täglich mit 15 Zügen befahren wird (RG. **2** 38, EisenbE. **1** 212). Desgleichen wird in der Regel eine Drahtseilbahn eine Eisenbahn darstellen. Ebenso Eger Anm. 3 S. 45; Reindl Anm. 2 zu § 1 S. 30; Heucke Anm. 2 zu § 1. **Anm. 4.**

Dagegen ist keine Eisenbahn: eine auf einem Vergnügungsetablissement angelegte „Grottenbahn", die auf einer kurzen Schienenstrecke in einem Kreise um einen Mittelpunkt herumläuft und außer der Auslaufstelle keinen

Aussteigeplatz besitzt (RG. in DJZ. **1911** 933, EisenbE. **28** 182); eine mit Grubenschienen belegte Strecke, auf der kleine, mit ausgeschachteter Erde beladene Wagen („Hunde" oder „Hunte") einzeln, jeder von zwei Arbeitern langsam nach einer Abladestelle fortgeschoben werden (RG. in EisenbE. **3** 178); ein Schienenstrang von 90 bis 100 m Länge, der aus einem Steinbruch bis zur Abladestätte eine kurze Strecke auf abwärts geneigter, dann auf ansteigender Ebene führt und mit zwei kleinen, getrennt voneinander, teils durch menschliche Kraft teils durch eigene Schwere fortbewegten Wagen befahren wird (Bolze **3** Nr. 393).

Weitere Beispiele enthalten die Entscheidungen RG. **7** 40, EisenbE. **2** 373; RG. in JW. **1894** 126[33]; JW. **1912** 878[46], WarnRspr. **1912** Nr. 401; JW. **1915** 585[18], EisenbE. **32** 103; JW. **1915** 586[20], EisenbE. **32** 100; OLG. Hamburg in LZ. **1918** 790[10], EisenbE. **36** 201.

Anm. 5. **3.** Wesentlich für den Begriff „Eisenbahn" ist eine mit **Schienen** belegte Fahrbahn. Schon nach dem gewöhnlichen Sprachgebrauch. Die Benutzung von Schienen verleiht auch in besonderem Maße dem Eisenbahnbetriebe die ihm eigentümliche Gefährlichkeit. Denn das Schienengeleise ermöglicht infolge des verminderten Reibungswiderstandes eine hohe Geschwindigkeit der Transportmittel und macht außerdem durch die Festlegung der Richtung ein Ausweichen unmöglich. Daher sind Fahrzeuge, die nicht auf Schienen fortbewegt werden, wie Kraftwagen, Straßenlokomobilen, Velozipede usw., keine Eisenbahnen im Sinne des HaftpflG., mag auch im einzelnen Fall ihr Betrieb ebenso gefährlich wie der der Eisenbahnen sein. Vgl. Eger Anm. 3 S. 45; Endemann S. 24; Genzmer S. 29; OLG. Kolmar in EisenbE. **28** 175; RVA. in EisenbE. **21** 278 („elektrischer Kraftwagenbetrieb mit Oberleitung").

Anm. 6. **a)** Das **Material** der Schienen braucht nicht notwendig Eisen zu sein. Der Ausdruck „Eisenbahn" kennzeichnet nicht das Material, sondern weist lediglich auf das Vorhandensein einer Gleisbahn hin. Die Bezeichnung „Eisenbahn" ist einer species der Gleisbahnen entnommen, bezieht sich aber auf das gesamte genus derselben. Vgl. Genzmer S. 30; Kollmann, EisenbE. **20** 91; v. Weinrich § 48 I Anm. 1; Hammer S. 700. Dagegen halten die Verwendung von Eisenschienen für wesentlich: Eger Anm. 3 S. 45; Endemann S. 24 Anm. 4; Westerkamp S. 629; Heucke Anm. 3 zu § 1.

Eger begründet seine Ansicht damit, daß das HaftpflG. ein Ausnahmegesetz zum Schutze gegen einen bestehenden Notstand, wie ihn der Betrieb auf Eisenschienen darstelle, sei und auf Erfindungen der Zukunft ohne ausdrückliche Erweiterung keine Anwendung finden könne. Dem kann nicht beigepflichtet werden. Der Charakter des HaftpflG. als eines Ausnahmegesetzes darf nicht zu einer Auslegung führen, die sich in Widerspruch mit dem allgemeinen Sprachgebrauch setzt. Daß dieser aber den Ausdruck „Eisenbahn" auch bei Verwendung eines anderen Schienenmaterials beibehält, liegt auf der Hand. Der Umstand, daß zur Zeit des Erlasses des Gesetzes als Material nur Eisen verwendet wurde, ist unerheblich. Andern falls müßte man auch, weil ehemals die Bahnen mit Dampf betrieben wurden, bei Einführung einer anderen Betriebskraft eine Änderung des Gesetzes für erforderlich halten. Gesetze werden aber nicht nur für den Augenblick geschaffen. Sie müssen den Verhältnissen, wie sie das Leben täglich neu gestaltet, angepaßt werden. Die Grenze liegt erst da, wo den Worten des Gesetzes Zwang angetan werden müßte.

Das RG. hat bisher zu der Frage nicht ausdrücklich Stellung genommen, hält aber offenbar ebenfalls Eisen als Material nicht für erforderlich. RG. **1** 247, EisenbE. **1** 136; EisenbE. **4** 20; RGSt. **12** 205, EisenbE. **4** 167; RGSt. **16** 431, EisenbE. **6** 159. Vgl. auch RVA. in EisenbE. **21** 278.

b) Die **örtliche Lage** der Schienen ist für den Begriff „Eisenbahn" ohne Bedeutung. Deshalb ist gleichgültig, ob sich die Schienen innerhalb oder außerhalb einer Gemeinde befinden, eine Stadt mit den Vororten verbinden oder für den Fernverkehr bestimmt sind. Unerheblich ist ferner, ob die Schienen auf einem besonderen Fahrdamm angebracht sind oder nicht. **Anm. 7.**

Zu den Eisenbahnanlagen gehören auch Weichenvorrichtungen, Drehscheiben, Schiebebühnen. Desgleichen fallen darunter beispielsweise Trajektanstalten, d. h. mit Schienen versehene, zur Aufnahme von Bahnzügen eingerichtete Dampffähren, die die Verbindung zweier durch Wasser getrennter, zu derselben Bahn gehöriger Schienengeleise vermitteln (RG. in EisenbE. **2** 272). Ebenso Eger Anm. 3 S. 59; Endemann S. 23.

Es macht auch keinen Unterschied, ob die Schienengeleise auf, über oder unter der Erde angelegt sind. Deshalb fallen unter § 1 ebenso die Schwebebahnen, d. h. Bahnen, bei denen die Wagen an ihren Rädern aufgehängt sind, sich also unterhalb der Schienengeleise bewegen (RG. **86** 94, EisenbE. **32** 320; RVA. in EisenbE. **21** 278), wie die unterirdischen Eisenbahnen. Es folgt dies einmal aus dem gemeinen Sprachgebrauch, der den Begriff „Eisenbahn" nicht lediglich mit den auf der Erdoberfläche angelegten Bahnen verbindet, sodann aber auch aus dem Zweck des Gesetzes. Denn bei den unter und über der Erde angelegten Bahnen ist die Gefährlichkeit und somit das Schutzbedürfnis nicht geringer als bei den auf der Erdoberfläche angelegten Bahnen. Bei den unterirdischen Bahnen insbesondere wird das Moment, daß öffentliche Straßen nicht gekreuzt werden, reichlich aufgewogen durch die Dunkelheit sowie die für die Fahrgäste bestehende Schwierigkeit, im Falle eines Unglücks leicht den Betriebsmitteln zu entkommen.

Das RG. hat in ständiger Rechtsprechung § 1 auch auf die unterirdischen Eisenbahnen angewendet. Vgl. Bolze **1** Nr. 566; RG. **13** 17, EisenbE. **4** 85; EisenbE. **4** 222; EisenbE. **5** 389; Bolze **8** Nr. 131, EisenbE. **7** 366; JW. **1902** 316[29], EisenbE. **19** 61.

Übereinstimmend Endemann S. 24; Genzmer S. 27; Heucke Note 3 zu § 1; Reindl Anm. 2 zu § 1 S. 30; Westerkamp S. 630; Kollmann in EisenbE. **20** 91.

Abweichend Eger (Anm. 3 S. 59), der die unterirdischen Eisenbahnen mit Ausnahme der „Untergrund- und Unterpflasterbahnen" dem HaftpflG.

nicht unterworfen wissen will. Eger ist der Meinung, daß nach der Absicht des Gesetzgebers das wesentlichste Moment für den durch § 1 gewährten Schutz die durch den öffentlichen Betrieb der Eisenbahnen drohende Betriebsgefahr, die Durchschneidung öffentlicher Wege bilde. Dagegen ist zu sagen, daß der Eisenbahnbetrieb unter der Erde ebenso wie derjenige auf der Erde öffentlich und nicht öffentlich sein kann. Dafür, daß nach der Ansicht des Gesetzgebers die Durchschneidung öffentlicher Wege maßgebendes Kriterium für den Begriff „Eisenbahn" sein sollte, findet sich in den Materialien kein Anhalt.

Unbegründet ist auch Egers Hinweis auf eine Äußerung des preußischen Bundesratsbevollmächtigten bei den Beratungen im Reichstage. Diese bezog sich lediglich auf die Frage der Behandlung der Bergwerkseisenbahnen. Wie sich aus dem Zusammenhang der Verhandlungen (Stenogr. Ber. **1** 445, 451) klar ergibt, wollte der Bundesratsbevollmächtigte nur aussprechen, daß nach der Absicht des Gesetzgebers die unterirdischen Bahnen, von denen die Rede war, nämlich die Bergwerksbahnen, nicht unter § 1 fallen sollten, weil diese keine andere Bedeutung als für den Bergwerksbetrieb bestimmte Maschinen hätten. Vgl. Anm. 14.

Anm. 8. 4. Die Art der **Betriebskraft** ist nicht entscheidend. Während in anderen Gesetzen unter „Eisenbahnen" nur mit mechanischen Kräften (Dampf, Elektrizität usw.) betriebene Bahnen zu verstehen sind (Anm. 1), kann im Sinne der vorliegenden Vorschrift der Betrieb mittels beliebiger Kraft erfolgen.

Daher sind Pferdebahnen Eisenbahnen im Sinne des HaftpflG. Ebenso Rechtsprechung und Literatur. RG. **2** 38, EisenbE. **1** 212; RG. **2** 8, EisenbE. **1** 228; Gruchot **25** 1097, EisenbE. **1** 357; EisenbE. **2** 223; Gruchot **37** 742, EisenbE. **9** 368. Eger Anm. 3 S. 45; Endemann S. 24; Westerkamp S. 630; Reindl Anm. 2 zu § 1 S. 30; Genzmer S. 28; v. Weinrich § 48 I. Vgl. auch Stenogr. Ber. **3** 71.

Auch durch menschliche Muskeltätigkeit fortbewegte Bahnen können Eisenbahnen im Sinne des HaftpflG. sein. RG. **1** 247, EisenbE. **1** 136; Gruchot **25** 1097, EisenbE. **1** 357; RG. **7** 40, EisenbE. **2** 273. Endemann S. 24; Reindl Anm. 2 zu § 1 S. 30; v. Weinrich § 48 I.

Schließlich fallen auch Bahnen, die sich auf geneigter Fläche durch die Schwerkraft der Transportmittel und deren Ladung fortbewegen, unter das Gesetz. RG. **1** 247, EisenbE. **1** 136; SeuffA. **37** 432; Eger Anm. 3 S. 45; Endemann S. 24; Reindl Anm. 2 zu § 1.

Anm. 9. 5. Die Eisenbahn ist ein Unternehmen, **das dem Verkehr von Personen oder Gütern oder auch von Personen und Gütern zugleich dient.**

Anm. 10. a) Daraus folgt, daß **Arbeitsgerätschaften** nicht etwa aus dem Grunde, weil sie auf Schienen fortbewegt werden, als Eisenbahnen anzusehen sind. Denn sie dienen nicht dem Verkehr. Keine Eisenbahn ist daher z. B. eine Dampframme, deren Benutzung dadurch erleichtert wird, daß bei ihrem im Laufe der Arbeit erforderlich werdenden Weiterrücken ein

Schienengeleise benutzt wird (RG. in EisenbE. **2** 253). Das gleiche gilt von einem Dampfkran, der sich in einem Schienenstrang auf einem Uferbohlwerk fortbewegt (ROHG. **13** 372).

b) Es genügt, daß das Unternehmen dem Verkehr dient. Nicht erforderlich ist, daß es zum **öffentlichen** Verkehr bestimmt ist. Daher sind auch Privatzwecken dienende Bahnen, sofern sie nicht integrierende Bestandteile anderer Unternehmungen als Eisenbahnunternehmungen sind (vgl. Anm. 13), Eisenbahnen im Sinne des § 1. Ebenso Endemann S. 25; Löwe S. 27; Westerkamp S. 630; Reindl Anm. 2 zu § 1 S. 30; Genzmer S. 27. RG. in EisenbE. **1** 106; RG. **4** 40, JW. **1882** 158, EisenbE. **2** 273; EisenbE. **4** 85; EisenbE. **15** 221; EisenbE. **17** 244; EisenbE. **19** 61; Gruchot **49** 1103; RG. **65** 69, JW. **1907** 132[11], EisenbE. **23** 301. **Anm. 11.**

Anders Eger (Anm. 3 S. 47) und Kollmann (EisenbE. **20** 92), die verlangen, daß die Bahn dem allgemeinen öffentlichen Verkehr diene. Diese einschränkende Auslegung entspricht indessen weder dem Sprachgebrauch noch dem Zweck des Gesetzes. Bei den privaten Eisenbahnen, die z. B. industrielle Werke mit den dem allgemeinen Verkehr dienenden Bahnen verbinden (vgl. Anm. 15), handelt es sich so gut wie bei öffentlichen Bahnen nicht nur um Gefährdung der eigenen Leute des Etablissementsinhabers, sondern auch um Gefährdung unbeteiligter Dritter. Irrtümlich ist auch Egers Ansicht, daß sich sein Standpunkt mit dem der Gesetzesmaterialien decke. Vgl. Stenogr. Ber. **1** 451.

Im Gegensatz zum HaftpflG. bezieht sich das PrEisenbG. v. 3. 11. 38 nur auf Eisenbahnen, welche landesherrlich genehmigt und für den öffentlichen Verkehr bestimmt sind. RG. **28** 207; RG. **65** 69, EisenbE. **23** 301.

Über die sogenannten Privatanschlußbahnen vgl. Anm. 15, über die Eröffnung für den allgemeinen Verkehr vgl. Anm. 18.

c) Unerheblich ist, ob die Bahn einer bestimmten **Betriebsordnung** (z. B. der Eisenbahn-Bau- und Betriebsordnung) unterworfen ist. Vgl. Endemann S. 26; Genzmer S. 26; Westerkamp S. 632; Kollmann a. a. O. S. 93; ROHG. **20** 151; RG. **1** 247, EisenbE. **1** 136; EisenbE. **1** 164. **Anm. 12.**

d) Bahnen, die **integrierende Bestandteile anderer gewerblicher Anlagen** sind, fallen nicht unter § 1. Denn sie dienen nicht dem Verkehr. Ein Fabrikant z. B., der Rohstoffe innerhalb seiner Fabrik durch Bahnen zu der Stelle, an der die Verarbeitung erfolgt, schaffen läßt, ist kein Eisenbahnunternehmer. Hier sind die Bahnen lediglich Glieder in der Kette der Fabrikation, haben also die gleiche Bedeutung wie Maschinen. **Anm. 13.**

Auf solche Bahnen findet aber auch deshalb § 1 keine Anwendung, weil sie nicht Eisenbahnunternehmungen („Betriebsunternehmer") sind. Die Bezeichnung als „Unternehmen" deutet auf eine ökonomische Selbständigkeit, die diese Bahnen nicht besitzen.

Für Unfälle, die sich bei dem Betriebe solcher Bahnen ereignen, haftet demgemäß der Unternehmer nicht nach Maßgabe des § 1, sondern gegebenenfalls des § 2 HaftpflG. § 1 findet z. B. keine Anwendung auf einen Unfall bei dem Betriebe einer Bahn, die innerhalb eines Sägewerksetablissements dazu dient, das zu verarbeitende Holz von dem Holzplatz nach der Dampfschneidemühle zu befördern. RG. in EisenbE. 1 366.

Anm. 14. Aus dem Gesagten folgt ferner, daß die **Bergwerksbahnen** keine Eisenbahnen im Sinne des § 1 sind. Dies sind Bahnen, die sich innerhalb der Bergwerke befinden und dazu bestimmt sind, die gewonnenen Bergwerkserzeugnisse von der Arbeitsstelle zum Förderschacht zu transportieren. Sie sind nicht selbständige Eisenbahnunternehmungen, bilden vielmehr einen Teil der die Förderung bezweckenden Anlagen. Denn der Abbau ist erst beendigt, wenn die Erzeugnisse zur Erdoberfläche gelangt sind. Die Bergwerksbahnen dienen also nicht Zwecken des Verkehrs, sondern der Gewinnung von Naturprodukten. Da sie zu den bergbaulichen Anlagen gehören, unterliegen sie der Bergpolizei. Auch finden auf sie die §§ 43—49 des Gesetzes über Kleinbahnen und Privatanschlußbahnen vom 28. 7. 92 keine Anwendung (§ 51). Vgl. Arndt, PrBergG., 9. Aufl. S. 187.

Gegen die Unterordnung der Bergwerksbahnen unter § 1 sprechen aber ferner die inneren Gründe des Gesetzes. Denn die Erwägungen, die zu der unterschiedlichen rechtlichen Behandlung der Bergwerke (§ 2) und der Eisenbahnen (§ 1) führten, treffen in gleicher Weise wie für die Bergwerke auch auf die Bergwerksbahnen zu. Vgl. Stenogr. Ber. 3 71.

Die hier vertretene Auffassung hat auch die Materialien des Gesetzes für sich. Irrtümlich ist allerdings die in Bearbeitungen des HaftpflG. hervorgetretene Ansicht, daß die Bergwerksbahnen nach dem Willen des Gesetzgebers deshalb nicht von § 1 betroffen werden sollten, weil nur an die über der Erde betriebenen Bahnen gedacht worden sei (so Endemann S. 24; Westerkamp S. 629). Bei den Reichstagsberatungen wurde vielmehr zutreffend die Anwendung des § 1 auf die Bergwerksbahnen deshalb verneint, weil der Bergwerksbesitzer die Bahnen nur als Mittel zum Bergwerksbetriebe gebrauche, aber kein Eisenbahnunternehmen betreibe (Stenogr. Ber. 1 445), und weil demnach die Bergwerksbahnen „keine andere Bedeutung als alle anderen Maschinen, die zur Erleichterung des Betriebes in einem Bergwerk benutzt werden", hätten (Stenogr. Ber. 1 451).

Das RG. hat seinen Standpunkt gewechselt. In dem EisenbE. 1 106 abgedruckten Urteil war es der Ansicht:

> „Die Äußerung des Bundesbevollmächtigten bei Beratung des § 1 im Reichstage, daß die zum Betriebe eines Bergwerks oder einer Fabrik dienenden Eisenbahnen unter § 2 des Haftpflichtgesetzes fallen, wenn sie nur integrierende Bestandteile eines Bergwerks oder einer Fabrik seien, andernfalls nach § 1 zu beurteilen sein würden, hat keinen Widerspruch gefunden und scheint dem Sinne des Gesetzes zu entsprechen."

Später hat jedoch das RG. in ständiger Rechtsprechung § 1 auf die Bergwerksbahnen angewendet, sofern im konkreten Falle mit dem Bahnbetrieb in Anbetracht der Bauart, der Art des Transportes usw. gleiche Gefahren wie mit den dem allgemeinen Verkehr dienenden Eisenbahnen verbunden wären. Bolze **1** 122; RG. **13** 17, JW. **1885** 188[29], EisenbE. **4** 85; EisenbE. **4** 222; EisenbE. **5** 389; Bolze **8** 131, EisenbE. **7** 366; Gruchot **46** 1005, JW. **1902** 316[29], EisenbE. **19** 61.

Die Literatur hat sich ganz überwiegend gegen den jetzigen Standpunkt des RG. erklärt, wenn auch zum Teil aus anderen als den von uns entwickelten Gründen. Vgl. Eger Anm. 3 S. 59; Genzmer S. 26; Westerkamp S. 638; Coermann S. 36; v. Weinrich § 48 I 1; Hammer S. 698; Kollmann a. a. O. S. 92. Geteilt wird die Ansicht des RG. von Reindl Anm. 2 zu § 1 S. 30 und anscheinend von Endemann S. 24.

e) **Privatanschlußbahnen** sind Eisenbahnen im Sinne des HaftpflG., **Anm. 15.** sofern mit ihnen gleichartige Gefahren wie mit den dem allgemeinen Verkehr dienenden Bahnen verbunden sind. Das preuß. Ges. über Kleinbahnen und Privatanschlußbahnen v. 28. 7. 92 definiert die Privatanschlußbahnen als Bahnen, welche dem öffentlichen Verkehr nicht dienen, aber mit Eisenbahnen, welche den Bestimmungen des Gesetzes über die Eisenbahnunternehmungen vom 3. 11. 1838 unterliegen, oder mit Kleinbahnen derart in unmittelbarer Gleisverbindung stehen, daß ein Übergang der Betriebsmittel stattfinden kann (§ 43). Sie dienen ausschließlich den Zwecken eines privaten gewerblichen Unternehmens, indem sie dieses mit den dem allgemeinen Verkehr dienenden Eisenbahnen verbinden.

Daß auch die zu einem privaten gewerblichen Zweck bestimmten Bahnen Eisenbahnen im Sinne des § 1 sein können, ist oben (Anm. 11) dargelegt. Fraglich könnte nur sein, ob solche Bahnen etwa als Zubehör gewerblicher Etablissements nicht unter § 1, sondern unter § 2 fallen. Dies ist zu verneinen. Wenn die Bahnen auch den privaten Zwecken gewerblicher Unternehmungen dienen, so bilden sie doch nicht intregrierende Teile der eigentlichen industriellen Anlagen. Mit der Gewinnung und Verarbeitung von Erzeugnissen haben sie nichts zu tun. Sie ruhen auf einer ökonomisch selbständigen Grundlage und könnten anstatt von dem Unternehmer des Etablissements ebensogut von einer anderen Person betrieben werden. Auch der Umstand, daß sich eine solche Bahn auf dem Gelände des industriellen Unternehmens befindet, schließt die Anwendung des HaftpflG. nicht aus. Vgl. RG. in EisArch. **1921** 988 = EisenbE. **39** 60.

Mit dem Ausdruck **Feldbahnen** werden in der Regel Privatanschluß- **Anm. 16.** bahnen kleineren Umfangs bezeichnet, z. B. Geleise, die zum Abfahren von Holzstämmen aus einem Forst oder von Steinen aus einem Steinbruch verwendet werden. Auch sie sind Eisenbahnen im Sinne des HaftpflG., sofern sie in Ansehung der Gefährlichkeit den dem allgemeinen Verkehr dienenden Bahnen gleichgeachtet werden können.

Ebenso RG. in Gruchot **24** 1110, EisenbE. **1** 106; RG. **7** 40, EisenbE. **2** 273; EisenbE. **7** 306; **15** 221; Gruchot **44** 1026, EisenbE. **17** 244; RG. **65** 69, JW. **1907** 132[11], EisenbE. **23** 301; JW. **1907** 340[24], EisenbE. **23** 402; JW. **1915** 586[20], EisenbE. **32** 100.

Endemann S. 25; Westerkamp S. 629; Reindl Anm. 2 zu § 1; Genzmer S. 27; Stenogr. Ber. **1** 451.

Abweichend Eger Anm. 3 S. 49.

Anm. 17. **f)** Für die Anwendung des HaftpflG. macht es keinen Unterschied, ob die Bahn einem dauernden Zweck dient oder nur zu vorübergehendem Gebrauch angelegt ist. Daher sind auch die sog. **Arbeitsbahnen** Eisenbahnen im Sinne des § 1. Man versteht unter einer „Arbeitsbahn" eine Bahn, die auf einem provisorisch gelegten Schienengeleise läuft und dazu bestimmt ist, Arbeitsmaterialien oder Arbeiter zu der Arbeitsstelle zu befördern.

RG. **1** 247, EisenbE. **1** 136; SeuffA. **35** 422, EisenbE. **1** 152; SeuffA. **35** 419, EisenbE. **1** 164; RG. **2** 38, JW. **1880** 130, EisenbE. **1** 212; EisenbE. **2** 209; Gruchot **28** 1094, EisenbE. **3** 360; EisenbE. **10** 11.

Endemann S. 25; Westerkamp S. 632; Reindl Anm. 2 zu § 1 S. 30.

Abweichend Eger Anm. 3 S. 52.

Anm. 18. **g)** § 1 setzt nicht voraus, daß eine für den allgemeinen Verkehr bestimmte Bahn förmlich **eröffnet**, daß die Strecke für betriebsfähig erklärt ist. Dagegen spricht schon der Umstand, daß das Gesetz auch auf Privatbahnen Anwendung findet, bei denen eine Eröffnung für den allgemeinen Verkehr nicht in Frage kommt (vgl. Anm. 15). Ferner sind aber auch die Gefahren, sofern der Betrieb der Bahn vor der förmlichen Eröffnung begonnen wird, für beteiligte Personen wie unbeteiligte Dritte ebenso groß wie nach dem förmlich eröffneten Betriebe. Ebenso Endemann S. 27; Westerkamp S. 632; Hammer S. 701; Reindl Anm. 2 zu § 1 S. 31; Genzmer S. 28; v. Weinrich § 48 II; Martinius, Gruchot **19** 660; Gordan, EisenbE. **25** (Sonderheft) 60; Löwe S. 30.

Deshalb sind sog. **Arbeitszüge** Eisenbahnen im Sinne des § 1, wenn ihnen die gleiche Gefährlichkeit wie den allgemeinen Verkehrsbahnen beizumessen ist. Unter einem „Arbeitszug" ist eine Bahn zu verstehen, die der Unternehmer eines Eisenbahnbaus auf dem fertiggestellten Teil der Eisenbahnanlage betreibt, und die dazu bestimmt ist, Arbeitsmaterialien oder Arbeiter zu der Arbeitsstelle zu befördern.

Das ROHG. hatte anfänglich die förmliche Eröffnung des Betriebes für erforderlich erachtet (ROHG. **14** 425; **19** 118), später aber in ständiger Rechtsprechung den § 1 auch auf im Bau befindliche, mit Eisenbahnen befahrene Anlagen angewendet (ROHG. **20** 151; **21** 243; **25** 203). Der letzteren Praxis folgt auch das RG. Vgl. EisenbE. **2** 227; Gruchot **42** 1133, JW. **1898** 267[27], EisenbE. **15** 129; Gruchot **46** 1008, JW. **1901** 726[22]; JW. **1919** 316[17], EisenbE. **37** 179.

Abweichend Eger Anm. 3 S. 50; Kollmann, EisenbE. **20** 92; Dalcke, EisenbE. **11** 173 (in bezug auf §§ 315, 316 StGB.). Nach ihrer Ansicht sind die noch im Bau begriffenen, dem öffentlichen Verkehr noch nicht übergebenen Bahnanlagen keine „Eisenbahnen". Die Gründe, die gegen die hier vertretene Auffassung ins Feld geführt werden, sind indessen nicht stichhaltig.

Eger meint, im Bau begriffene Eisenschienenwege seien begrifflich noch nicht Eisenbahnen, sondern sollten es erst werden. Richtig ist, daß der Bau von Eisenbahnanlagen, das Legen der Schienen, also die eigentliche Bautätigkeit nicht unter das HaftpflG. fällt. Ist aber die Anlage ganz oder zum Teil soweit fertiggestellt, daß sie ihrer Bestimmung gemäß zum Eisenbahnbetrieb benutzt werden kann, und macht der Bauunternehmer von ihr diesen bestimmungsgemäßen Gebrauch, d. h. benutzt er die Anlage zum Transport von Personen oder Sachen, so betreibt er zugleich ein Eisenbahnunternehmen. Daß der Transport den Zwecken des Baues dient, ist unerheblich.

Eger meint ferner, daß auch die Anwendung des § 25 PrEisenbG. v. 3. 11. 38 die Übergabe der Bahn an den allgemeinen Verkehr voraussetze und nach der in den Motiven ausgesprochenen Absicht des Gesetzgebers durch § 1 HaftpflG. keine irgend erhebliche Ausdehnung der Haftpflicht über diejenigen Grenzen hinaus herbeigeführt werden sollte, die in der bisherigen Rechtsprechung für das preußische Recht festgelegt seien. Die Bemerkung der Motive bezieht sich jedoch, wie der Zusammenhang ergibt, nur auf die Verwendung der Worte „bei dem Betriebe" an Stelle der in § 25 PrEisenbG. gebrauchten Wendung „bei der Beförderung auf der Bahn". Das HaftpflG. geht aber auch unstreitig von einem viel umfassenderen Begriff der Eisenbahnunternehmung als das PrEisenbG. aus. Denn unter das HaftpflG. fallen im Gegensatz zum PrEisenbG., was auch Eger anerkennt, die Kleinbahnen, insbesondere die Pferdebahnen.

Nicht zutreffend ist weiter, wenn Eger zur Rechtfertigung seiner Ansicht unter Bezugnahme auf eine für das preußische Recht ergangene Entscheidung des ROHG. hervorhebt, daß erst mit der Verkehrseröffnung der Unternehmer die Bahnpolizei erlange und damit das Korrelat seiner Haftpflicht, nämlich das unentbehrliche Mittel, die Sicherheit des Betriebes erfolgreich zu wahren. Ob die Verleihung der Bahnpolizei von den Verfassern des PrEisenbG. als Korrelat der Haftpflicht angesehen worden ist, kann dahingestellt bleiben. Für das HaftpflG. spielt das Moment der Verleihung der Bahnpolizei jedenfalls schon deshalb keine Rolle, weil das HaftpflG. auch auf Bahnen Anwendung findet, deren Unternehmern nicht die Bahnpolizei zusteht. Wäre aber die Ausübung der Bahnpolizei als Korrelat der Haftpflicht des Unternehmers anzusehen, so könnte dies wohl für die Frage, welche Arten von Eisenbahnen unter das HaftpflG. fallen, nicht aber für die Frage, mit welchem Zeitpunkt die Haftung beginnt, von Bedeutung sein. Denn solange der Betrieb noch nicht formell eröffnet ist, bedarf der Unternehmer zur Wahrung der Betriebssicherheit nicht der Bahnpolizei. Den Angestellten gegenüber gibt der Dienstvertrag hinreichend Mittel in die Hand, um die Sicherheit des Betriebes aufrechtzuerhalten.

Auch Egers Argument, daß in einer Reihe anderer Gesetze begrifflich unter „Eisenbahnen" nur dem Verkehr eröffnete Bahnen zu verstehen seien, erscheint nicht durchgreifend. Der Begriff „Eisenbahn" im HaftpflG. ist dem Zweck des Gesetzes entsprechend viel umfassender als der Begriff „Eisenbahn", wie er in anderen Gesetzen verwendet wird (vgl. Anm. 1).

Zu Unrecht beruft sich endlich Eger auf die Gesetzesmaterialien. Nach diesen, meint er, sollte die Unterstellung der Eisenbahnen unter das Bahnpolizeireglement ein unbedingtes Kriterium für die Anwendbarkeit des § 1 bilden. In der von Eger angezogenen Äußerung des preußischen Bundesratsbevollmächtigten heißt es aber lediglich, daß die Privatanschlußbahnen vermöge ihrer Natur auch unter das allgemeine polizeiliche Eisenbahnreglement fallen würden (Stenogr. Ber. 1 451). Damit ist aber nicht gesagt, daß diejenigen Bahnen, die nicht unter dieses Reglement fielen, keine Eisenbahnen im Sinne des HaftpflG. seien.

Anm. 19. 6. Über das **örtliche Geltungsgebiet** des HaftpflG. vgl. Anm. 208 Anh. zu § 1.

II. Betrieb.

Schrifttum: Behre, Betrieb, Betriebsgefahr und Betriebsunfall nach dem HaftpflG., VerZtg. **1928** 669 ff.; Kröner, Haftung der Eisenbahn für Unfälle beim Aussteigen aus den Zügen, VerZtg. **1930** 167 ff.

Weitere Voraussetzung der Haftpflicht ist, daß sich der Unfall bei dem Betriebe der Eisenbahn ereignet.

1. Der Begriff „Betrieb".

Anm. 20. **a) Vorbemerkung.** Die Auslegung des Begriffs „Betrieb" ist für das Verständnis des vorliegenden Paragraphen von größter Bedeutung. Aus dem Wortlaut der gesetzlichen Bestimmung allein erhellt nicht der Sinn des Ausdrucks. Nach dem gewöhnlichen Sprachgebrauch würde unter „Betrieb" der gesamte Gewerbebetrieb der Eisenbahnen einschließlich der Verwaltungsgeschäfte, des Betriebes der Werkstätten usw. verstanden werden können. Es liegt indessen auf der Hand, daß das Wort „Betrieb" im § 1 eine andere und zwar engere Bedeutung hat.

Anm. 21. **b) Entstehungsgeschichte.** § 1 HaftpflG. schließt sich inhaltlich dem § 25 PrEisenbG. v. 3. 11. 38 an, nach dem die Gesellschaft zum Ersatz für allen Schaden verpflichtet ist, welcher „bei der Beförderung auf der Bahn" entsteht (Stenogr. Ber. 3 70). In der Rechtsprechung des PrOTr. wurde diese Bestimmung dahin ausgelegt, daß der Schade eingetreten sein müsse „während der Tätigkeit der Beförderungsmittel und aus Veranlassung dieser Tätigkeit" (StriethorstArch. 5 362; 62 51). Ein ursächlicher Zusammenhang zwischen dem Schaden und den dem Eisenbahnbetriebe eigentümlichen Gefahren wurde nicht gefordert (StriethorstArch. 21 114).

In Anlehnung an diese Praxis war in dem ursprünglichen Bundesratsentwurf des HaftpflG. der Unternehmer für haftpflichtig erklärt worden, wenn „bei der Bewegung von Eisenbahnfahrzeugen auf den Bahngeleisen" ein Mensch getötet oder körperlich verletzt wird. Auf Antrag des Justizausschusses wurde bei den späteren Beratungen im Bundesrat die vorliegende Fassung „bei dem Betriebe" gewählt (Stenogr. Ber. **1** 444, 451).

In den Motiven zu § 1 ist bemerkt, daß die jetzige Formulierung „keine irgend erhebliche Ausdehnung der Haftpflicht der Eisenbahn über diejenigen Grenzen hinaus herbeiführt, welche bisher in dieser Beziehung die preußische Rechtsprechung und namentlich das Königliche Obertribunal festgestellt habe" (Stenogr. Ber. **3** 71). Bei den Beratungen im Reichstage wurde indessen wiederholt auch seitens der verbündeten Regierungen hervorgehoben, daß die Worte „bei dem Betriebe einer Eisenbahn" weiter reichten als die Worte des PrEisenbG. „bei der Beförderung auf der Bahn" (Stenogr. Ber. **1** 208, 450). Im allgemeinen herrschte bei den Verhandlungen darüber Übereinstimmung, daß unter „Betrieb" die Vorbereitung, die Durchführung und der Abschluß der eigentlichen Beförderungstätigkeit zu verstehen sei (Stenogr. Ber. **1** 441, 445, 450, 451, 453, 455). Als die Beförderung vorbereitende Handlungen wurden insbesondere das Rangieren der Wagen, das Stellen der Weichen, der Aufenthalt der Passagiere auf dem Eisenbahnperron hervorgehoben (Stenogr. Ber. **1** 441).

c) Begriffsbestimmung. Eine Umgrenzung des Begriffs „Betrieb" **Anm. 22.**
glaubte das ROHG. dadurch finden zu können, daß es folgendermaßen deduzierte: Der Gesetzgeber habe die strenge Haftpflicht des Eisenbahnunternehmers wegen des im Vergleich zu anderen Transportgewerben besonders gefährdenden Charakters des Eisenbahnbetriebes für erforderlich erachtet. Demnach ergebe sich aus dem Zwecke des Gesetzes, daß nur das als zum „Betriebe" gehörig erachtet werden könne, was den eigentümlich gefährlichen Charakter des Eisenbahngewerbes an sich trage. Infolgedessen sei nur dann ein Unfall als „bei dem Betriebe" entstanden anzusehen, wenn er auf die dem Eisenbahnbetrieb eigentümliche Gefährlichkeit zurückgeführt werden könnte. ROHG. **12** 235; **14** 425; **19** 118; **21** 9; **23** 1; **24** 276.

Im Anschluß an die Rechtsprechung des ROHG. ist in der Literatur **Anm. 23.**
der Versuch gemacht worden, unter Verwertung des Kriteriums der eigentümlichen Gefährlichkeit den Begriff „Betrieb" auf eine abstrakte Formel zurückzuführen.

So versteht Eger (Anm. 2 S. 5) unter Betrieb „nur diejenigen Betriebsverrichtungen, welche sich als eigentümlich gefährliche gerade des Eisenbahngewerbes charakterisieren", und will daher § 1 nur auf solche Unfälle angewendet wissen, die mit derartigen Funktionen in kausalem Zusammenhang ständen. Sachlich hiermit übereinstimmend definiert Reindl (Anm. 1 zu § 1 S. 22) „Betrieb" als den Inbegriff derjenigen Funktionen des Eisenbahngewerbes, welche demselben die ihm eigentümliche Gefährlichkeit im Vergleiche mit anderen Transportgewerben verliehen. Vgl. auch Endemann S. 35; Coermann S. 24; Laß-Maier § 17 S. 98 Anm. 2; Wussow S. 8. Behre (a. a. O. S. 669) versteht unter dem „Betriebe einer Eisenbahn" den sich auf der Schiene abspielenden Beförderungsbetrieb als Quelle von Gefahren für Leib und Leben der mit ihm in Berührung kommenden Menschen und fordert auch, daß der Unfall mit der Gefährlichkeit des Betriebes, nicht nur mit dem wegen seiner Gefährlichkeit herausgehobenen Betriebe in Zusammenhang stehen müsse (S. 672 ff.).

Von anderen Schriftstellern wird dagegen die Auffassung, daß der Unfall eine Folge der eigentümlichen Gefährlichkeit sein müsse, für unrichtig gehalten. Vgl. Genzmer S. 20; Hammer S. 766; Dernburg Bürgerl. Recht II 2, § 401 Anm. 11. Ebenso ist Westerkamp (S. 635) der Ansicht, daß die ratio des Gesetzes nicht das Recht gebe, in dieses Unterscheidungen hineinzutragen, die seinem Wortlaut völlig fremd seien. Er findet, daß der Begriff „Betrieb" am besten durch den Ausdruck „Verkehr" charakterisiert werde. § 1 des österreichischen EisenbahnhaftpflG. v. 5. 3. 69 spricht übrigens gleichfalls von einer „Ereignung im Verkehr".

Anm. 24. Die Praxis des RG. war in der Frage der Bedeutung des Begriffs „Betrieb" schwankend. In einer großen Zahl vorwiegend älterer Entscheidungen hat sich das RG. der Auffassung des ROHG. angeschlossen und für die Anwendung des § 1 HaftpflG. einen inneren Zusammenhang des Unfalls mit den besonderen, gerade der Eisenbahnunternehmung eigentümlichen Gefahren gefordert. Ließ sich in dem konkreten Falle ein solcher Zusammenhang feststellen, so wurde die Haftpflicht bejaht, andernfalls verneint, und zwar selbst dann, wenn sich der Unfall bei der Beförderung selbst ereignete.

EisenbE. **1** 323; **1** 357; RG. **6** 37, JW. **1882** 78, EisenbE. **2** 182; RG. **11** 146, EisenbE. **3** 333; EisenbE. **6** 56; Bolze **11** Nr. 189, EisenbE. **8** 87; EisenbE. **10** 363; **10** 377; JW. **1898** 267[27], EisenbE. **15** 129; JW. **1901** 84[18], EisenbE. **18** 42; JW. **1901** 427[11], EisenbE. **18** 225; „Recht" **1902** Nr. 1627, EisenbE. **19** 63; EisenbE. **21** 351; JW. **1905** 405[34], EisenbE. **22** 72; RG. **69** 357, JW. **1908** 721[23], EisenbE. **25** 305.

Demgegenüber hat das RG. in anderen, hauptsächlich neueren Entscheidungen den Standpunkt vertreten, daß die Anwendung des § 1 nicht notwendig die Zurückführung des Unfalls auf eine dem Eisenbahnbetrieb eigentümliche Gefahr voraussetze. Die Tatsache, daß die dem Eisenbahnbetrieb eigentümlichen Gefahren für den Gesetzgeber von grundlegender Bedeutung gewesen seien, führe, so meint das RG., in der Auslegung des Gesetzes zu einer Erweiterung des Begriffs „Betrieb". Außer der eigentlichen Beförderungstätigkeit seien dem Begriff „Betrieb" alle dem Eisenbahnbetrieb mittelbar dienenden Geschäfte und Vorkommnisse zu unterstellen, die sich innerhalb des Bereiches der dem Eisenbahnbetriebe eigentümlichen Gefahren ereigneten und in ursächlichem Zusammenhange mit ihm stünden. Danach bedürfe es, sofern sich ein Unfall bei und infolge der Beförderung selbst ereigne, nicht der Prüfung, ob er auf die dem Eisenbahnbetriebe eigentümlichen Gefahren zurückzuführen sei.

Gruchot **31** 1112, JW. **1887** 235[7], EisenbE. **5** 341; Gruchot **37** 742, EisenbE. **9** 368; JW. **1895** 128[14], EisenbE. **12** 52; RG. **50** 92; RG. **56** 265, EisenbE. **20** 334; JW. **1904** 562[30], EisenbE. **21** 183; DJZ. **1907** 131,

EisenbE. **23** 381; „Recht" **1907** Nr. 168, EisenbE. **24** 286; JW. **1908** 690[32], EisenbE. **25** 288; EisenbE. **25** 308; EisenbE. **33** 213; JW. **1917** 661[16], EisenbE. **34** 238; „Recht" **1919** Nr. 1198; JurRdsch. **1928** Nr. 890; VerkRdsch. **7** 130.

Behre (a. a. O. S. 671) sucht darzutun, daß nur scheinbar eine Divergenz zwischen der neueren und älteren Praxis bestehe. Das RG. fordere stets einen Zusammenhang zwischen dem Unfall und den besonderen Betriebsgefahren. Nach Ansicht des RG. verlange das Gesetz nur nicht, daß die Gefahren, die den Unfall herbeigeführt hätten, besondere dem Eisenbahnbetrieb im Gegensatz zu anderen Beförderungsmitteln eigentümliche seien. Diese Deutung der reichsgerichtlichen Rechtsprechung ist jedoch unrichtig, wie z. B. die in JurRdsch. **1928** Nr. 890 abgedruckte Entscheidung klar ergibt.

Die vorgenannte Ansicht des RG. kann jetzt als die in der Rechtsprechung herrschende angesehen werden.

Uns erscheint es zunächst unzutreffend, das Moment der eigentümlichen Gefährlichkeit zum Kriterium des Begriffs „Betrieb" zu machen und dementsprechend die Haftpflicht des Unternehmers nur dann zu bejahen, wenn ein Zusammenhang zwischen dem Unfall und den dem Eisenbahnbetrieb eigentümlichen Gefahren besteht. Selbst wenn die Annahme richtig wäre, daß in erster Linie die eigentümliche Gefährlichkeit des Eisenbahnbetriebes für die Art der Regelung der Haftpflicht maßgebend gewesen sei, so müßte es äußerst bedenklich erscheinen, dieses legislatorische Motiv zu einer Auslegung des Gesetzes zu verwerten, die dessen Wortlaut und Zweck nicht gerecht wird. **Anm. 25.**

Es ist aber auch unrichtig, wenn man sich zur Rechtfertigung genannter Ansicht auf die Entstehungsgeschichte des HaftpflG. berufen zu können glaubt. Wir erwähnten oben (Anm. 21) bereits, daß in der Rechtsprechung zum § 25 PrEisenbG. v. 3. 11. 38 ein Zusammenhang mit eigentümlichen Gefahren *nicht* verlangt wurde. Was die gesetzgeberischen Gründe für die Regelung der Haftpflicht in § 1 betrifft, so ist allerdings in den Motiven und bei den Reichstagsverhandlungen die Notwendigkeit eines Schutzes gegen die mit dem Eisenbahnbetrieb verbundenen Gefahren hervorgehoben worden. Insofern ist es richtig, daß der Zweck des § 1 dahin ging, wirksamer als bisher den am Eisenbahnbetrieb beteiligten Personen (Angestellten und Reisenden) sowie unbeteiligten Dritten wirtschaftlich Schutz gegen die mit dem Betriebe verbundenen Gefahren zu gewähren. Eine andere Frage ist aber, ob für die *Art der Regelung* der Haftpflicht in § 1 der Schutz gegen die dem Eisenbahnbetrieb *eigentümlichen* Gefahren das leitende Motiv, der Grundgedanke war. Dies ist entschieden zu verneinen.

Schon in den Motiven zum HaftpflG. ist auf die Artikel 421, 395, 400 und 401 AllgDHGB. hingewiesen und als naheliegend bezeichnet, diese Grundsätze auf den Personenverkehr zu übertragen (Stenogr. Ber. **3** 70). So wurde auch bei den Reichstagsberatungen wiederholt betont, daß kein Grund vorliege, die Menschen anders zu behandeln als die auf der Bahn transportierten Güter (Stenogr. Ber. 1 206, 210, 445). Der Abgeordnete Dr. Schwarze führte in dieser Hinsicht aus: „Es ist ja der Passagier gar nicht imstande, die einzelnen Betriebs- und Transporthandlungen zu überwachen ... Die Eisenbahn übernimmt im allgemeinen die Verpflichtung, den Passagier richtig an Ort und Stelle zu bringen ... Die Eisenbahn haftet für den Transport des Passagiers ebenso wie für den Transport der Fracht; und sowenig wie der, welcher das Frachtgut aufgibt, ebensowenig kümmert sich der Passagier um die einzelnen Transport- und Betriebshandlungen" (Stenogr. Ber. S. 445). Nach § 456 HGB., der dem Art. 395 AllgDHGB. entspricht, wird eber zwischen den Arten der den Schaden herbeiführenden Gefahren nicht unterschieden. Vielmehr haftet die Eisenbahn grundsätzlich für jeden Schaden, der durch Verlust oder Beschädigung des Gutes in der Zeit von der Annahme zur Beförderung bis zur Ablieferung entsteht.

Weitere Motive für die Normierung der Haftpflicht im Sinne des § 1 bildeten die Monopolstellung der Eisenbahnen (Stenogr. Ber. 3 70; 1 209, 210, 212, 213, 216, 442), die Notwendigkeit einer Schuldpräsumption (Stenogr. Ber. 3 70; 1 202, 212, 213) sowie die finanzielle Leistungsfähigkeit der Eisenbahngesellschaften (Stenogr. Ber. 1 212, 216).

Die Auffassung, daß die Notwendigkeit eines Schutzes gegen die eigentümlichen Gefahren des Betriebes das leitende Motiv gewesen sei, ist demnach hinfällig. Wäre hierüber noch ein Zweifel möglich, so würde dieser durch den Inhalt der Verhandlungen über das sogenannte Amendement Reichensperger widerlegt (Stenogr. Ber. 3 183).

Vgl. zur Entstehungsgeschichte Seligsohn, GoldschmidtsZ. 71 169ff.

Was bei Schaffung des HaftpflG. für die Art der Regelung der Haftpflicht geltend gemacht wurde, hat im wesentlichen noch jetzt unverminderte Geltung. Ebenso wie für den Güterverkehr kommt auch für den Personenverkehr vor allem dem Gesichtspunkt entscheidende Bedeutung zu, daß der Beteiligte der Notwendigkeit überhoben sein soll, den Nachweis zu führen, daß der Eisenbahn an Unfällen, die sich im Beförderungsbetrieb ereignen, ein Verschulden zur Last falle. Demnach kann für die Bestimmung des Begriffs „Betrieb" der Gedanke der eigentümlichen Gefährlichkeit nicht verwertet werden. Auch der neuerdings von Behre (a. a. O. S. 669 ff.) unternommene Versuch, dieses Moment bei Umgrenzung der Haftung zur Geltung zu bringen, scheitert an den vorgenannten Gesichtspunkten.

Anm. 26. Was unter „Betrieb" zu verstehen ist, läßt sich nicht auf eine kurze abstrakte Formel zurückführen. Dies ist einmal aus dem Grunde nicht möglich, weil der Begriff ohne Rücksicht auf seine eigentliche, nach dem gewöhnlichen Sprachgebrauch viel umfassendere Bedeutung gewählt worden ist; sodann aber auch deshalb nicht, weil nach der Absicht des Gesetzgebers mit dem Ausdruck von rein praktischen Gesichtspunkten aus eine Reihe von Vorgängen bezeichnet werden sollte, denen es an den zur abstrakten Begriffsbildung notwendigen einheitlichen Merkmalen fehlt. Daher muß auf eine knappe Abgrenzung des Begriffs „Betrieb" in der Art, daß danach entschieden werden kann, ob ein Unfall dem § 1 zu unterstellen ist oder nicht, verzichtet werden. Es erscheint jedoch geboten zu versuchen, allgemeine Gesichtspunkte aufzustellen, die für die Auslegung des Begriffs als maßgebend anzusehen sein werden.

Hierbei ist von § 25 PrEisenbG. v. 3. 11. 38 auszugehen, der den Unternehmer für allen Schaden verantwortlich macht, „welcher bei der Beförderung auf der Bahn an den auf derselben beförderten Personen oder Gütern oder auch anderen Personen und deren Sachen entsteht". Bei den gesetzgebenden Faktoren herrschte darüber Einigkeit, daß der für das HaftpflG. gewählte Begriff „Betrieb" weiter reiche als der Ausdruck „Beförderung" des preußischen Gesetzes (vgl. Anm. 21). Infolgedessen gehört zunächst zum „Betrieb" alles das, was die „Beförderung auf der Bahn" ausmacht. Demgemäß haftet auch nach § 1 HaftpflG. ebenso wie nach § 25 PrEisenbG. der Unternehmer für die Folgen solcher Unfälle, die sich **bei der Beförderung** ereignen. Vgl. Anm. 29 ff.

Der Begriff „Betrieb" umfaßt aber, wie erwähnt, mehr als die bloße **Anm. 27.**
„Beförderung". Die Haftpflicht ist vernünftigerweise auch auf solche Unfälle zu erstrecken, die sich bei anderen, nicht zur Beförderung im eigentlichen Sinne gehörenden Einwirkungen von Betriebsmitteln, die zu Beförderungszwecken in Tätigkeit gesetzt sind, ereignen. Man denke z. B. an Unfälle, die durch die Explosion einer auf dem Perron zur Abfahrt bereitstehenden Lokomotive oder durch von selbst in Bewegung geratene Wagen herbeigeführt werden (Stenogr. Ber. **1** 444, 445, 450). Die Gründe für eine strenge Haftung der Eisenbahnen treffen bei diesen durch nicht gewollte Betätigungen der Betriebsmittel verursachten Unfällen nicht minder als bei den durch die Beförderung herbeigeführten zu. Vgl. Anm. 40 ff.

Endlich fallen unter den Begriff „Betrieb" die Beförderung **Anm. 28.**
unmittelbar vorbereitende und abschließende Handlungen.

Nach der Auffassung der gesetzgebenden Faktoren sollten anscheinend alle die Beförderung unmittelbar vorbereitenden Handlungen als zum „Betrieb" gehörig angesehen werden (Stenogr. Ber. **1** 441, 451, 455). Dies geht jedoch zu weit. Das HaftpflG. sollte einen erhöhten Rechtsschutz gegenüber den Gefahren gewähren, die mit dem „Betrieb" der Eisenbahnen, indessen nicht mit allen Teilen des Betriebes, verbunden sind. Als eigentümlich gefährlich wurde vielmehr nur die Beförderungstätigkeit, der Betrieb auf der Fahrbahn, angesehen. Dies geht schon daraus hervor, daß für § 1 der § 25 PrEisenbG., nach dem der Unternehmer für den bei der Beförderung auf der Bahn entstehenden Schaden haftet, vorbildlich war. Wenn nun auch der Begriff „Betrieb" umfassender ist, als der Begriff „Beförderung", so darf doch jedenfalls bei der Auslegung des Ausdrucks „Betrieb" der gesetzgeberische Grund, die Notwendigkeit eines Schutzes gegen die durch die Beförderung hervorgerufenen und mit ihr zusammenhängenden Gefahren, nicht außer acht bleiben. Deshalb wird man von den die Beförderung vorbereitenden und abschließenden Handlungen nur solche als zum „Betriebe" gehörig zu rechnen haben, die im Bereiche der durch die Beförderung hervorgerufenen Gefahren vorgenommen werden. Vgl. Anm. 42 ff.

Der Begriff „Betrieb" umfaßt mithin 1) die Beförderung auf der Bahn, 2) sonstige Wirkungen der zu Zwecken der Beförderung in Tätigkeit gesetzten Betriebsmittel und 3) solche die Beförderung vorbereitenden und abschließenden Handlungen, die im Bereiche der durch die Beförderung hervorgerufenen Gefahren vorgenommen werden.

Diese drei Arten von Betriebshandlungen sind im folgenden näher zu erörtern.

2. Die einzelnen Begriffsbestandteile.

a) Beförderung.

Anm. 29. Zum „Betriebe" gehört in erster Linie die eigentliche Beförderungstätigkeit (vgl. Anm. 26). Nach § 1 haftet daher der Unternehmer für Unfälle, die sich bei der Beförderung ereignen. Die Auffassung, daß § 1 einen Zusammenhang mit den dem Eisenbahnbetrieb eigentümlichen Gefahren voraussetze, ist, wie oben (Anm. 25) dargelegt, unrichtig. Soweit es sich um Unfälle handelt, die sich bei der Beförderung ereignen, ist sie schon deshalb abzulehnen, weil auch nach der unzweifelhaft engeren Bestimmung des § 25 PrEisenbG. der Unternehmer unterschiedslos für allen Schaden verantwortlich ist, der bei der Beförderung auf der Bahn entsteht. Ereignet sich also ein Unfall bei, d. h. in äußerem und innerem (kausalem) Zusammenhang (vgl. Anm. 79 ff.) mit der Beförderung, so haftet der Unternehmer, ohne daß sich der Unfall als eine Folge der dem Eisenbahnbetrieb eigentümlichen Gefahren darzustellen braucht.

Diesen Standpunkt hat auch das RG. in der neueren Praxis ständig vertreten. Vgl. Anm. 24.

Abweichend Eger Anm. 2 S. 6, Anm. 5 S. 70, 73.

α) Die Fortbewegung von Eisenbahnwagen.

Anm. 30. αα) Die Fortbewegung der Wagen zwecks Ausführung des Transportes bildet den Kern des Eisenbahnbetriebes. Einen Unfall „bei dem Betriebe" der Bahn erleidet daher, wer bei und infolge der eigentlichen Beförderungstätigkeit getötet oder verletzt wird.

Am nächsten liegt der Fall, daß jemand von der Bahn überfahren oder sonst durch die in Bewegung befindlichen Transportmittel verletzt wird. Eine solche körperliche Berührung ist aber nicht notwendig. Ein Betriebsunfall liegt beispielsweise auch vor, wenn jemand durch den einer Lokomotive entströmenden Kohlenstaub eine körperliche Schädigung erleidet. Unrichtig ist aber, wenn das RG. die Haftpflicht in einem solchen Falle deshalb bejaht hat, weil das Ausströmen großer Mengen mit besonderer Gewalt und in geringer Höhe vom Erdboden dem Eisenbahnbetriebe eigentümlich sei (RG. **11** 146, EisenbE. **3** 333). Diese Begründung widerspricht der in der neueren Praxis vertretenen zutreffenden Auffassung, daß es bei Unfällen, die sich bei der Beförderungstätigkeit selbst ereignen, nicht der Feststellung eines Zusammenhanges mit den dem Eisenbahnbetrieb eigentümlichen Gefahren bedürfe. Vgl. Anm. 24.

Beim Betriebe der Eisenbahn ist ein Unfall ferner dann entstanden, wenn diese mit einem anderen Gefährt zusammenstößt und letzteres die Tötung oder Verletzung unmittelbar herbeiführt. RG. in EisenbE. **8** 87; EisenbE. **9** 368; Gruchot **37** 742; RG. **50** 92; JW. **1902** 136[51], EisenbE. **19** 18.

Wird der Fahrgast einer Eisenbahn beim Zusammenstoß mit einer anderen Eisenbahn herausgeschleudert und von dieser zweiten überfahren, so liegt ein Unfall bei dem Betriebe beider Bahnen vor. Denn die Beförderungstätigkeit beider Bahnen hat bei der Entstehung des Unfalles mitgewirkt. RG. in JW. **1900** 188[19], EisenbE. **17** 139; RG. in JW. **1919** 104[4].

Weiter ist ein Betriebsunfall anzunehmen, wenn jemand aus einem fahrenden Eisenbahnwagen herausstürzt und dabei zu Schaden kommt. Die Tatsache, daß der Sturz durch eine plötzliche Erkrankung oder durch das Verhalten eines Mitfahrenden verursacht ist, kann unter Umständen den Einwand der höheren Gewalt rechtfertigen (vgl. Anm. 164 ff.), schließt aber nicht das Vorhandensein eines Betriebsunfalls aus. Vgl. RG. in JW. **1907** 276[41], EisenbE. **23** 398; JW. **1908** 495[35], EisenbE. **25** 76; RG. **95** 64; JW. **1920** 710[10]; RG. **114** 291, JurRdsch. **1926** Nr. 1632; OLG. Frankfurt a. M. in EisenbE. **47** 378, VerkRdsch. **7** 283. Eine Unterbrechung des Kausalzusammenhangs durch schuldhaftes Verhalten von Mitreisenden kann m. E. nicht in Frage kommen, da hier in jedem Falle der Unfall durch den Beförderungsbetrieb mitverursacht ist. Anscheinend abweichend RG. **114** 291, JurRdsch. **1926** Nr. 1632. Über Unfälle beim Aussteigen vgl. Anm. 39.

Zweifel können darüber entstehen, ob ein Betriebsunfall vorliegt, **Anm. 31.** wenn jemand infolge Hinauswerfens eines Gegenstandes aus einem in Bewegung befindlichen Eisenbahnwagen eine Verletzung erleidet. Da der Unfall nicht nur bei Gelegenheit der Beförderung eingetreten, sondern auch eine Folge derselben sein muß (vgl. Anm. 82 ff.), so ist ein Betriebsunfall ausgeschlossen, wenn ein Gegenstand in der Weise aus dem Zuge hinausgeworfen wird, daß der Wurf durch die Fortbewegung der Bahn nicht beeinflußt wird. Es erschießt z. B. ein Passagier in dem Augenblick, in dem sich der Zug in Bewegung setzt, eine auf dem Eisenbahnperron stehende Person. Hier ist die tödliche Verletzung keine Folge der Beförderung. Anders aber, wenn der Wurf durch die Bewegung des Zuges in seiner Richtung gelenkt, wenn also z. B. aus einem in voller Fahrt befindlichen Eisenbahnzug ein Gegenstand hinausgeworfen wird. In diesem Falle hat, wenn eine Person durch den Wurf verletzt wird, bei der Entstehung des Unfalls die Beförderungstätigkeit mitgewirkt.

Deshalb liegt z. B. ein Betriebsunfall vor, wenn der Anlieger einer Eisenbahn durch eine aus einem vorüberfahrendem Eisenbahnzug geworfene Glasflasche verletzt wird (RG. in JW. **1905** 405[34], EisenbE. **22** 72), oder wenn ein Eisenbahnarbeiter aus einem in voller Fahrt befindlichen Zuge eiserne Schienenhaken, die zu Reparaturzwecken gebraucht werden, hinauswirft und hierbei einen auf seinem Posten befindlichen Bahnwärter verletzt (RG. in EisenbE. **1** 145). Mit Recht hat das RG. ferner einen Betriebsunfall für gegeben erachtet in einem Fall, wo Felsstücke infolge einer zur Verlegung von Geleisen vorgenommenen Sprengung gegen einen vorüberfahrenden Eisenbahnzug geschleudert wurden und ein in dem Zuge befindlicher Bahnangestellter hierdurch zu Schaden kam (RG. in JW. **1917** 661[16], EisenbE. **34** 238). Vgl. auch RG. in JW. **1911** 192[27], EisenbE. **27** 337, ferner Anm. 157 a. E.

Anm. 32. Da lediglich ein Zusammenhang mit dem Beförderungsbetrieb der Bahn, nicht auch mit der eigentümlichen Gefährlichkeit desselben erfordert wird, so fallen unter § 1 auch Unfälle, die sich beispielsweise infolge des durch die rüttelnde Bewegung verursachten Herabfallens von Gepäckstücken aus den Gepäcknetzen (OLG. Köln in EisenbE. **24** 25; RG. in WarnRspr. **08** Nr. 83, EisenbE. **24** 286; ÖstObGH. in VerkRdsch. **7** 388), des Öffnens und Zuschlagens von Wagentüren (RG. im „Recht" **1907** Nr. 819, EisenbE. **24** 43; EisenbE. **26** 267; JW. **1913** 995[24], EisenbE. **30** 232) ereignen. Vgl. auch Anm. 38.

Das gleiche gilt von Erkrankungen, die sich Eisenbahnfahrgäste infolge starker Zugluft zuziehen. A. M. Eger Anm. 5 S. 66, wiederum unter Hinweis darauf, daß diese Erkrankungen nicht in den dem Eisenbahnbetriebe eigentümlichen Gefahren ihren Grund hätten; ferner OLG. Celle in SeuffA. **54** 158, EisenbE. **16** 24. Dagegen wird — mit Eger (a. a. O.) — kein Betriebsunfall anzunehmen sein, wenn ein Fahrgast infolge ungenügender Heizung erkrankt. Dieser Körperschaden ist keine Folge der eigentlichen Beförderungstätigkeit der Bahn.

Der Zusammenhang mit dem Beförderungsbetrieb wurde ferner mit Recht in einem Falle für gegeben erachtet, in dem ein Eisenbahnfahrgast dadurch tödlich verletzt worden ist, daß in seinem Abteil zwei im Gepäckhalter liegende Handgranaten infolge des heftigen Rucks, mit dem der Zug hielt, explodierten (RG. in LZ. **1925** 596, EisenbE. **41** 374), ebenso in einem Fall, in dem die Verletzung eines Reisenden durch Explosion eines Vulkanisierlösung enthaltenden Glasballons (RG. in EisArch. **1920** 956, WarnRspr. **1920** Nr. 172), in einem anderen, in dem sie durch Inbrandgeraten eines Benzinbehälters herbeigeführt wurde (RG. in EisArch. **1921** 466). Über den Einwand der höheren Gewalt vgl. Anm. 154.

Anm. 33. Die Frage, ob ein Betriebsunfall vorliegen kann, wenn jemand in der Eisenbahn während der Fahrt von einem anderen ermordet wird, wird vom RG. grundsätzlich verneint. RG. **69** 357, JW. **1908** 721[23], EisenbE. **25** 305. Ebenso Eger Anm. 11 S. 141; Heucke Note 7 zu § 1; Reindl Anm. 4 zu § 1 S. 39 und in „Recht" **1906** 97. Vgl. auch Westerkamp-

S. 635; Heilfron, „Recht" **1906** 359; Hanow, VerkRdsch. **4** 155 ff.; a. M. Josef, VerkRdsch. **5** 194 ff.

In der Begründung des Urteils des RG. wird ausgeführt: Es müsse bedenklich erscheinen, das Bedingungsverhältnis, das zwischen dem Bahnbetrieb und dem schädigenden Ereignis bestand, als einen Kausalzusammenhang im Rechtssinne anzusehen. Jedenfalls sei aber die Ermordung des Reisenden nicht zu denjenigen Ereignissen zu rechnen, für die dem Bahnunternehmer durch § 1 HaftpflG. eine von seinem Verschulden unabhängige Haftung auferlegt worden sei. Denn der Gesetzgeber habe nur die durch die technische Seite des Betriebes begründeten Gefahren im Auge gehabt. Man habe auch bei Auslegung des Gesetzes dessen Grundgedanken, daß der erhöhten Gefährlichkeit des Eisenbahnbetriebes eine entsprechend gesteigerte Haftung des Unternehmers gegenüberstehen müsse, zur Richtschnur zu nehmen und bei der Würdigung dieser Gefährlichkeit die Erfahrungen der späteren Zeit zu berücksichtigen. Diese lehrten aber keineswegs, daß, wer die Eisenbahn benutze, sich damit der Gefahr aussetze, durch Verbrecherhand den Tod oder eine Körperverletzung zu erleiden.

Man wird m. E. wohl dem Ergebnis, jedoch nicht uneingeschränkt der Begründung beipflichten können. Der Unternehmer haftet für Unfälle, die sich bei der Beförderung ereignen, ohne daß es darauf ankommt, ob der Unfall auf die dem Eisenbahnbetrieb eigentümlichen Gefahren zurückzuführen ist (vgl. Anm. 29). Es kann somit nur darauf ankommen, ob ein ursächliches Verhältnis zwischen der Ermordung und dem Beförderungsbetrieb gegeben ist. Dies wird man allerdings — darin weiche ich von meiner früheren, in GoldschmidtsZ. **1912** 163 ff. vertretenen Ansicht ab — verneinen müssen. Wenn auch der technische Beförderungsbetrieb (die Abgeschlossenheit während der Fahrt, die Schnelligkeit der Transportmittel usw.) nicht nur die Ausführung des Verbrechens ermöglicht oder erleichtert hat, sondern auch für den Entschluß des Täters bestimmend gewesen ist, so stellt doch die verbrecherische Handlung nicht eine natürliche Folge des Beförderungsbetriebs, vielmehr ein eine neue Kausalkette eröffnendes Ereignis dar.

Bei der Beförderung ist nach den allgemeinen Rechtsgrund- **Anm. 34.**
sätzen über die Kausalität ein Unfall auch dann entstanden, wenn der Beförderungsbetrieb zunächst ein anderes Ereignis herbeiführt und erst dieses unmittelbar den Unfall verursacht. Vgl. Anm. 84.

Häufig ereignet sich, daß Pferde infolge Herannahens oder Vorüberfahrens einer Eisenbahn scheu werden und einen Unfall herbeiführen. Ein solcher ist eine Folge der Beförderungstätigkeit der Bahn, demgemäß „bei dem Betriebe" entstanden. Ebenso das RG. in ständiger Praxis. JW. **1899** 185[28], EisenbE. **16** 51; „Recht" **1902** Nr. 1627, EisenbE. **19** 63; JW. **1906** 54[5], EisenbE. **22** 358; JW. **1907** 369[19], EisenbE. **24** 61; JW. **1912** 71[8], EisenbE. **28** 356; EisenbE. **29** 328. Übereinstimmend Eger Anm. 2 S. 34; Reindl Anm. 4 zu § 1.

Die Rechtsprechung hat freilich wiederholt auch in solchem Falle überflüssigerweise feststellen zu müssen geglaubt, daß der Unfall auf dem Eisenbahnbetrieb eigentümliche Gefahren (die schnelle Bewegung, das brausende Geräusch, das Ausstoßen des Dampfes) zurückzuführen sei. Vgl. RG. **19** 37, EisenbE. **4** 336; RG. in EisenbE. **9** 109; JW. **1899** 185[28]; OLG. Kolmar in EisenbE. **4** 39; OLG. Köln in EisenbE. **22** 390.

Der Unternehmer haftet nicht nach § 1, wenn das Scheuen des Pferdes vor einer Lokomotive erfolgt, die zwar im Betriebe ist, deren Betriebstätigkeit aber nicht in die äußere Erscheinung tritt. RG. in JW. **1907** 394[15], EisenbE. **24** 66. Vgl. Anm. 84.

Ein Betriebsunfall liegt ferner z. B. vor, wenn die Bekrönung eines Mastes der elektrischen Straßenbahn infolge der beim Vorbeifahren eines Straßenbahnwagens hervorgerufenen Schwingungen der Leitungsdrähte herabstürzt und einen Passanten verletzt (RG. in EisenbE. **21** 351); desgleichen, wenn infolge der Erschütterung, die durch die Einfahrt eines Eisenbahnzuges in einen Bahnhof hervorgerufen wird, ein Gesimsstück von dem Bahnhofsgebäude herabfällt und eine auf dem Perron befindliche Person verletzt (abweichend RG. in JW. **1904** 487[11], EisenbE. **21** 179); aber nicht, wenn die Loslösung und das Herabfallen zwar ursächlich auf die durch die vorbeifahrenden Eisenbahnzüge hervorgerufenen Erschütterungen im allgemeinen zurückzuführen ist, der Fall selbst aber, der den Schaden herbeiführt, zeitlich zufällig, ohne erkennbare Beziehung zu einem bestimmten Betriebsvorgang erfolgt (RG. in JW. **1903** 345[9], EisenbE. **20** 181). Vgl. Anm. 54.

Anm. 35. ββ) Zur Beförderungstätigkeit der Eisenbahn gehören auch die Bewegungen der Beförderungsmittel, die zur Vorbereitung des Transports sowie im unmittelbaren Anschluß an dessen Ausführung bis zur Außerbetriebsetzung der Beförderungsmittel erfolgen. Daher gehört z. B. zum „Betriebe" das Herausfahren von Lokomotiven und Eisenbahnwagen aus Schuppen und Maschinenhäusern und das Hineinfahren in dieselben. RG. **2** 8, EisenbE. **1** 228; Bolze **4** Nr. 385, EisenbE. **5** 229; EisenbE. **8** 51.

Zu der eigentlichen Beförderungstätigkeit ist demgemäß auch das Rangieren von Wagen zu rechnen, und zwar gleichgültig, ob hierbei eine Lokomotive benutzt, oder ob es von Menschenhand bewirkt wird. RG. in EisenbE. **1** 43; RG. **2** 38, EisenbE. **1** 212; JW. **1899** 64[99], EisenbE. **15** 334; „Recht" **1902** Nr. 1627, EisenbE. **19** 63.

Voraussetzung für die Anwendung des § 1 ist aber, daß die Rangierbewegungen zu Zwecken des Transports, zu dessen Ausführung oder Beendigung, vorgenommen werden. Daher gehört nicht zum Betriebe die Fortbewegung eines Wagens, die in keinem unmittelbaren Zusammenhang mit der Beförderungstätigkeit steht, also z. B. zu Reparaturzwecken vorgenommen wird. Dagegen hat das RG. mit Recht einen Betriebsunfall angenommen in einem Fall, wo eine Bahn zu Bauarbeiten benutzt und ein im Augenblick im Wege stehender Wagen von Arbeitern beiseitegeschoben wurde. WarnRspr. **1915** Nr. 212, EisenbE. **32** 455.

Die Fortbewegung der Wagen muß in dienstlicher Verrichtung erfolgen. Wird ein aus dem Betriebe ausgeschiedener Wagen von einer unberufenen Person verschoben, und ereignet sich hierbei ein Unfall, so ist dieser nicht als Betriebsunfall anzusehen. RG. in JW. **1899** 64[99], EisenbE. **15** 334; JW. **1912** 805[26]; JW. **1919** 244[13], EisenbE. **37** 168. Dagegen findet § 1 Anwendung, wenn das Verschieben zwar durch Unberufene, aber unter Duldung der Bahnverwaltung geschieht. RG. in JW. **1907** 340[24], EisenbE. **24** 59. Mit Recht hat das RG. § 1 in einem Falle für anwendbar erklärt, in dem Wagen auf abschüssiger Bahn stehen gelassen und durch spielende Kinder in Bewegung gesetzt wurden (VerkRdsch. **7** 90). **Anm. 36.**

Über die Fortbewegung außer Betrieb befindlicher Wagen vgl. auch Anm. 40.

β) Die Beförderung auf der Bahn setzt nicht notwendig eine Fortbewegung der Transportmittel voraus. Wenn eine in Tätigkeit gesetzte Eisenbahn bei der Ausführung des Transportes auf der Strecke oder an einer Station hält, so hört damit zwar die Fortbewegung, aber nicht die Beförderung auf. Die Beförderung findet so lange statt, als das Beförderungsmittel zu Transportzwecken benutzt wird. **Anm. 37.**

αα) § 1 ist daher auf Unfälle anzuwenden, die während des Haltens der in Tätigkeit gesetzten Beförderungsmittel infolge des Betriebes den auf oder in diesen befindlichen Personen oder unbeteiligten Dritten zustoßen. Hiernach liegt ein Betriebsunfall vor, wenn der Fahrgast eines haltenden Straßenbahnwagens infolge des Anpralls eines anderen Gefährtes verletzt wird (RG. in EisenbE. **8** 87; Gruchot **1906** 1132, EisenbE. **23** 236); wenn ein Passagier aus einem anhaltenden Eisenbahnzug herausstürzt (RG. in EisenbE. **4** 378); wenn ein Reisender beim Öffnen oder Schließen der Wagentür verletzt wird, mag das Öffnen oder Schließen durch einen Eisenbahnbeamten oder den Fahrgast selbst erfolgen (RG. in JW. **1895** 128[14], EisenbE. **12** 52; „Recht" **1907** Nr. 819, EisenbE. **24** 43; EisenbE. **26** 267; EisArch. **1921** 1225, EisenbE. **39** 66); wenn ein Fahrgast in dem engen Seitengang eines D-Zugs über einen Koffer fällt (RG. in EisenbE. **32** 99). Abweichend von dieser Praxis verneint das RG., u. E. zu Unrecht, einen Betriebsunfall, wenn sich ein Reisender auf einer Zwischenstation aus einem Abteil hinausbeugt, um eine Erfrischung zu erlangen, und dabei verunglückt. WarnRspr. **1913** Nr. 452, EisenbE. **30** 360. Wie RG. Heucke Note 7 zu § 1. **Anm. 38.**

Abweichend Eger (Anm. 2 S. 15), der in allen diesen Fällen § 1 nur dann für anwendbar erklärt, wenn besondere dem Eisenbahnbetrieb eigentümliche Gefahren und Umstände, wie z. B. besondere Eile, die rüttelnde Bewegung der Wagen usw., mitgewirkt haben. Vgl. Anm. 25.

Dagegen kommt eine Haftpflicht gemäß § 1 nicht in Betracht, wenn ein Fahrgast von anderen Personen aus einem haltenden Straßenbahnwagen absichtlich rücklings hinausgeworfen wird. Denn ein solcher Unfall ist keine Folge des Betriebes der Bahn. Ebenso Heucke Note 7 zu § 1; a. M. RG. in JW. **1903** 403[18]. Dagegen ist m. E. mit Recht ein Betriebsunfall in einem Falle für vorliegend erachtet, in dem ein Straßenbahnfahrgast bei der zwangsweise durch das Fahrpersonal vorgenommenen Entfernung aus dem Wagen zu Schaden kam. OLG. Hamm in VerkRdsch. **6** 500.

Anm. 39. ββ) Auch das *Ein- und Aussteigen* gehört zur Beförderung. Diese beginnt mit dem Betreten und endigt mit dem Verlassen des *in Tätigkeit gesetzten* Beförderungsmittels (vgl. hierzu RG. in EisenbE. **49** 271, VerkRdsch. **9** 78). Daher ist ein Unfall, der sich bei dem Ein- oder Aussteigen ereignet, als „bei dem Betriebe" erfolgt anzusehen. Es macht hierbei keinen Unterschied, ob das Ein- oder Aussteigen in Ruhe oder in Eile, an End- oder Zwischenstationen, unter leichten oder erschwerenden Umständen (z. B. bei Glatteis, steilen oder hohen Trittbrettern) erfolgt. Auch schuldhaftes Verhalten von Mitreisenden steht der Annahme eines Betriebsunfalls nicht entgegen. RG. in JurRdsch. **1926** Nr. 1382, VerkRdsch. **5** 381.

Abweichend *Eger* Anm. 2 S. 27, *Reindl* Anm. 1 zu § 1 S. 24, die § 1 nur für anwendbar erachten, wenn besondere sich aus der Gefährlichkeit des Bahnbetriebes ergebende Umstände nachweisbar seien.

Auch in der *früheren Rechtsprechung* wurde allgemein ein beim Ein- und Aussteigen eintretender Unfall nur dann als Betriebsunfall angesehen, wenn ein ursächlicher Zusammenhang zwischen dem Unfall und besonderen dem Eisenbahnbetrieb eigentümlichen Gefahren (Eile, Benutzung hoher und steiler Trittbretter, Glatteis) vorhanden war. Vgl. RG. in EisenbE. **3** 363; EisenbE. **10** 377; „Recht" **1907** Nr. 2220, EisenbE. **24** 69; OLG. Köln in EisenbE. **16** 307; OLG. Kolmar in EisenbE. **18** 229.

Dagegen hat das RG. in neuerer Praxis ausnahmslos angenommen, daß Unfälle beim Ein- oder Aussteigen *auch ohne den Nachweis eines ursächlichen Zusammenhanges mit einer besonderen Betriebsgefahr* als Betriebsunfälle anzusehen seien. JW. **1906** 575[52]; WarnRspr. **1908** Nr. 20, EisenbE. **24** 272; WarnRspr. **1908** Nr. 444; JW. **1908** 690[32], EisenbE. **25** 288; WarnRspr. **1909** Nr. 114, EisenbE. **25** 308; WarnRspr. **1911** Nr. 284, EisenbE. **27** 443; JW. **1913** 648[12], EisenbE. **30** 106; EisenbE. **30** 225; JW. **1916** 122[9]; JW. **1920** 710[10]; EisArch. **1921** 990, EisenbE. **39** 61; „Recht" **1930** Nr. 103. Wann die Handlung des Einsteigens beginnt, die des Aussteigens endigt, richtet sich nach den besonderen Umständen (RG. **126** 137). Darüber, unter welchen Voraussetzungen Unfälle, die sich *vor dem Einsteigen oder nach dem Aussteigen* ereignen, als „bei dem Betriebe" erfolgt anzusehen sind, vgl. unten Anm. 49.

Voraussetzung ist jedoch, daß die Transportmittel für die Beförderung *in Tätigkeit gesetzt* sind. Daher liegt z. B. kein Betriebsunfall vor, wenn ein Lokomotivführer außerhalb seines Dienstes beim Herabsteigen von einer außer Betrieb gesetzten Maschine verunglückt. RG. in EisenbE. **24** 183. Vgl. auch Anm. 44.

Darüber, unter welchen Voraussetzungen Unfälle, die sich *vor dem Einsteigen oder nach dem Aussteigen* ereignen, als „beim Betriebe" erfolgt anzusehen sind, vgl. Anm. 49.

b) Andere Betätigungen der Betriebsmittel. **Anm. 40.**

Der Begriff „Betrieb" umfaßt außer der eigentlichen Beförderungstätigkeit auch andere nicht zur Beförderung im eigentlichen Sinne gehörende Betätigungen von Betriebsmitteln, die zu Zwecken der Beförderung in Tätigkeit gesetzt sind (vgl. Anm. 27). Als zum „Betriebe" gehörig sind alle Einwirkungen der Betriebskraft zu rechnen.

Daher ist ein Unfall, der durch die Explosion des Dampfkessels einer Lokomotive entsteht, ein Betriebsunfall im Sinne des § 1. Daß die Lokomotive zur Zeit der Explosion als Beförderungsmittel benutzt wird, ist nicht erforderlich. Ein Betriebsunfall liegt schon dann vor, wenn die Lokomotive nur geheizt war, um für den Fall eines Bedürfnisses bereit zu stehen, oder weil sie zur Beförderung gebraucht, ihre Verwendung aber beendigt war. RG. in EisenbE. **2** 12; RG. **56** 265, EisenbE. **20** 334; OLG. München in EisenbE. **22** 173.

Die Betriebsmittel müssen zu Zwecken der Beförderung in Tätigkeit gesetzt sein. Wenn außer Betrieb befindliche Eisenbahnwagen durch einen Windstoß in Bewegung gesetzt werden, und hierdurch ein Mensch getötet oder verletzt wird, so liegt kein Betriebsunfall vor. Anders wurde der Fall beurteilt, wo die Wagen nach Beendigung der Beförderung in einer Art und Weise aufgestellt waren, daß ein Fortlaufen leicht möglich war. RG. in JW. **1898** 267[27], EisenbE. **15** 129; vgl. auch RG. in JW. **1912** 805[26] sowie Anm. 36.

Hierher gehören ferner die Einwirkungen der Elektrizität beim **Anm. 41.** elektrischen Bahnbetriebe. Demnach findet § 1 z. B. Anwendung, wenn ein Passant durch das Herabfallen des mit Elektrizität geladenen Leitungsdrahts einer elektrischen Straßenbahn infolge der Einwirkung des elektrischen Stromes verletzt (RG. in JW. **1900** 158[24], EisenbE. **17** 57), oder wenn ein Fahrgast beim Anfassen einer Haltestange von einem durch Versandung der Schienen hervorgerufenen elektrischen Schlage getroffen wird (RG. in JW. **1918** 176[12], EisenbE. **36** 74). Über die Frage, ob höhere Gewalt vorliegt, vgl. unten Anm. 155.

Der Unfall braucht nicht notwendig unmittelbar durch den mit Elektrizität geladenen Leitungsdraht hervorgerufen zu sein. Der Bahnunternehmer ist z. B. auch dann haftbar, wenn der Draht einer Telegraphenleitung auf den Starkstromdraht der Bahn fällt und durch Mitteilung des übergeleiteten Stromes der Bahnleitung die Verletzung einer Person herbeiführt. RG. in JW. **1906** 376[1], EisenbE. **23** 59; JW. **1906** 706[1], EisenbE. **23** 187; OLG. München in EisenbE. **22** 173.

Es ist auch nicht erforderlich, daß im Augenblick des Unfalls eine Beförderung stattfindet. Es genügt, daß zur Zeit des Unfalls noch eine Zuleitung der Elektrizität von der Stromerzeugungsstelle aus erfolgt, oder daß auch nur die Spannung, unter die der Draht vermöge der vorhergegangenen Stromzuführung gekommen war, noch fortbesteht. RG. **56** 265, EisenbE. **20** 334.

Anm. 42. **c) Die Beförderung vorbereitende und abschließende Handlungen, die im Bereich der durch die Beförderung hervorgerufenen Gefahren vorgenommen werden.**

Nach dem Zwecke des Gesetzes sind zum „Betriebe" nicht unterschiedslos alle die Beförderung vorbereitenden und abschließenden Handlungen zu rechnen (vgl. Anm. 21, 28). Da als eigentümlich gefährlich nur die Beförderungstätigkeit, d. h. der Betrieb auf der Fahrbahn, angesehen werden kann, ist die Anwendung des § 1 auf solche die Beförderung vorbereitenden und abschließenden Betriebshandlungen zu beschränken, die in dem Bereich der durch die Beförderung hervorgerufenen Gefahren vorgenommen werden. Vgl. Anm. 28.

Das RG. bestimmt den Begriff anders. Es hat den Anschein, als wenn es die Grenzen des Begriffs „Betrieb" weit ziehen wolle, wenn es sagt:

„Zu dem Betrieb einer Eisenbahn gehört in erster Linie die Beförderung auf der Bahn, dann aber auch jeder mit dem eigentlichen Transport zusammenhängende, insbesondere der Vorbereitung, Durchführung oder Abwicklung der Beförderung dienende Vorgang."

Vgl. EisenbE. **30** 90; JW. **1914** 95[24], EisenbE. **30** 488.

Im allgemeinen vertritt es aber den Standpunkt, daß die Beförderung vorbereitende und beendigende Handlungen nur dann unter den Begriff „Betrieb" fielen, wenn sie ursächlich auf die dem Eisenbahnbetriebe eigentümlichen Gefahren zurückzuführen seien. Daß die Gefahren dem Eisenbahnbetrieb ausschließlich eigentümlich seien, erachtet das RG. nicht für erforderlich.

RG. **1** 52, EisenbE. **1** 127; JW. **1880** 174, EisenbE. **1** 243; RG. **3** 20, EisenbE. **1** 343; JW. **1883** 84[30], EisenbE. **2** 429; EisenbE. **4** 214; JW. **1887** 119[28], EisenbE. **5** 259; EisenbE. **6** 271; JW. **1894** 592[12], EisenbE. **11** 252; JW. **1895** 18[49], EisenbE. **11** 338; EisenbE. **15** 121; RG. **46** 23, JW. **1900** 315[15], EisenbE. **17** 225; JW. **1904** 484[6], EisenbE. **21** 178; WarnRspr. **1908** Nr. 184, EisenbE. **24** 382.

Ebenso Eger Anm. 2 S. 6; Reindl Anm. 1 zu § 1 S. 26; Coermann S. 28; Heucke Note 11 zu § 1.

Indessen ist auch diese Formulierung u. E. nicht zweckentsprechend und führt bei folgerichtiger Durchführung zu einer offenbar nicht gewollten Erweiterung der Haftung des Unternehmers. Ein großer Kreis der die Beförderung vorbereitenden und sichernden Handlungen ist mit Gefahren verbunden, die dem Eisenbahnbetriebe — wenn auch diesem nicht ausschließlich — eigentümlich sind, ohne daß sie als zum „Betriebe" im Sinne des § 1 gehörig erachtet werden können. Als dem Eisenbahnbetriebe eigentümliche Gefahren müßten nach der Formulierung des RG. alle diejenigen angesehen werden, die mit der Bedienung der dem Eisenbahnbetrieb eigentümlichen, zur Durchführung und Sicherung der Beförderung bestimmten Anlagen, wie z. B. der Signalapparate, Schranken, Weichen, Kohlenkörbe, verbunden sind.

Das RG. verfährt hier jedoch nicht durchaus konsequent. Während es der Ansicht ist, daß z. B. der Mechanismus der Weichen dem Eisenbahnbetrieb eigentümlich sei, und deshalb § 1 ohne weiteres auf Unfälle anwendet, die sich bei der betriebsmäßigen Handhabung der Weichen ereignen (RG. **46** 23, JW. **1900** 315[15], EisenbE. **17** 225), nimmt es eine Haftpflicht für Unfälle bei Bedienung anderer dem Eisenbahnbetrieb eigentümlicher Anlagen (wie Signalapparate, Kohlenkörbe) nur an, wenn die Vornahme der Betriebshandlungen unter gefährlichen Umständen, insbesondere mit der dem Eisenbahnbetriebe eigenen Eile erfolgt (RG. **1** 52, EisenbE. **1** 127; RG. **2** 85, EisenbE. **1** 243; **1** 254; **4** 214; **5** 33). Wiederum rechnet es das Schließen einer Übergangsschranke, wenn es nach der Signalisierung eines demnächst den Übergang passierenden Zuges geschieht, zum „Betrieb", ohne darauf Gewicht zu legen, ob die Handhabung mit Eile vorgenommen wird (EisenbE. **2** 429; JW. **1914** 95[24], EisenbE. **30** 488). Vgl. aber auch RG. in EisenbE. **11** 252; WarnRspr. **1909** Nr. 459; JW. **1916** 747[11], EisenbE. **33** 323.

Für eine solche unterschiedliche Behandlung der verschiedenen die Durchführung des Beförderungsbetriebs sichernden Anlagen ist kein Grund ersichtlich. Vgl. auch Anm. 47.

Auch sonst fehlt es in der Praxis nicht an Widersprüchen. Während das RG. z. B. keinen Betriebsunfall für vorliegend erachtet, wenn ein Bahnbeamter vor Abgang des Zuges die Lampen der Abteile von der Decke der Wagen aus reinigt und hierbei herabstürzt (EisenbE. **5** 208), bejaht es die Haftpflicht, wenn ein Zugführer beim Aufschreiben der Wagen in eine zwischen den Schienen gelegene zur Löschung der Feuerung der Maschine dienende Grube fällt, mit der Begründung, daß das Vorhandensein einer solchen Löschgrube für diejenigen Beamten, die in der Nähe dienstlich zu verkehren hätten, eine dem Eisenbahnbetrieb eigentümliche Gefahr bilde (EisenbE. **15** 121). Mit demselben Recht ließe sich aber sagen, daß auch das Reinigen und Anzünden der Lampen von der Wagendecke aus mit dem Eisenbahnbetrieb eigentümlichen Gefahren verbunden sei.

Die Begriffsformulierung des RG. führt zu Schwierigkeiten, weil der Kreis der Gefahren ohne Bestimmung des in Betracht kommenden Teiles des Eisenbahnbetriebs nicht deutlich umgrenzt wird. Der eigentlich gefährliche Teil des Betriebes ist die Beförderung, und deshalb wird man u. E. diejenigen Handlungen zum „Betriebe" zu rechnen haben, die im Bereiche der durch die Beförderung hervorgerufenen Gefahren vorgenommen werden. Allerdings wird der Standpunkt des RG. vielfach zu dem gleichen praktischen Ergebnis führen, da die durch die Beförderung hervorgerufenen Gefahren auch als dem Eisenbahnbetrieb eigentümlich angesehen werden können, was jedoch nicht umgekehrt der Fall ist.

Im Bereiche der durch die Beförderung hervorgerufenen Gefahren werden Betriebshandlungen vorgenommen, wenn zwischen diesen und der Beförderung ein äußerer, d. h. örtlicher und zeitlicher, sowie ein innerer (ursächlicher) Zusammenhang besteht.

Anm. 43. α) Örtlicher Zusammenhang.

Die zum „Betriebe" zu rechnenden Handlungen müssen da vorgenommen werden, wo die Beförderung stattfindet, auf der Fahrbahn selbst oder auf bzw. an den in ihrer unmittelbaren Nähe gelegenen Anlagen, wie den Bahnsteigen, Weichenvorrichtungen, Übergangsschranken, Signalapparaten, Kohlenkörben usw. (vgl. Anm. 81). Im örtlichen Zusammenhang mit der Beförderung stehen auch die Handlungen, die in den zur Aufnahme der Lokomotiven und Wagen dienenden Schuppen verrichtet werden, zumal in diese die Fahrbahn selbst hineinführt.

Dagegen fehlt es an dem erforderlichen örtlichen Zusammenhang bei Handlungen, die in Wartesälen, Werkstätten oder anderen von der Örtlichkeit des Fahrbetriebes getrennten Gebäuden vorgenommen werden. Vgl. Stenogr. Ber. **3** 71, auch Anm. 81.

Ein Betriebsunfall liegt daher beispielsweise nicht vor, wenn ein Eisenbahnbeamter in dem Eisenbahnexpeditionsgebäude bei dem Niederlegen einer Eisenstange verletzt wird (RG. in Bolze **1** Nr. 572, EisenbE. **4** 144); wenn ein Schmied in der Zentralwerkstätte der Eisenbahndirektion bei der Anfertigung einer Kugelkette für eine demnächst in Dienst zu stellende Lokomotive einen Unfall erleidet (RG. in EisenbE. **7** 62); wenn ein Beamter der Zollverwaltung in dem auf einem Bahnhof eingerichteten Zollabfertigungsraum beim Verschließen einer Schiebetür verletzt wird (RG. in EisenbE. **13** 40).

Ein örtlicher Zusammenhang kommt vollends dann nicht in Frage, wenn die die Beförderung vorbereitenden oder abschließenden Handlungen überhaupt nicht innerhalb der Eisenbahnanlagen vorgenommen werden. Daher findet § 1 z. B. keine Anwendung, wenn sich ein Unfall beim Entladen eines auf das Grundstück eines Bahnanliegers gefahrenen Eisenbahnwagens ereignet (RG. im „Recht" **1907** Nr. 2438, EisenbE. **24** 162). Über das eilige Verhalten von Fahrgästen vgl. unten Anm. 49.

Anm. 44. β) Zeitlicher Zusammenhang.

Die unter den Begriff „Betrieb" fallenden Handlungen müssen unmittelbar vor der Beförderung oder im unmittelbaren Anschluß an diese vorgenommen werden. Handlungen, die zeitlich nicht eng mit der Beförderung zusammenhängen, gehören nicht zum „Betriebe" im Sinne des § 1. Vgl. auch Anm. 80.

Der § 1 findet z. B. keine Anwendung, wenn sich ein Unfall beim Reinigen eines außer Betrieb gesetzten stillstehenden Eisenbahnwagens ereignet (RG. in JW. **1887** 119[28], EisenbE. **5** 259), oder wenn ein Beamter außerhalb des Dienstes in einem Lokomotivschuppen beim Herabsteigen von einer Maschine verunglückt (RG. im EisenbE. **24** 183). Vgl. auch Anm. 39.

Das RG. hielt, was bedenklich erscheinen mag, die Voraussetzungen des § 1 in einem Falle für gegeben, wo ein Lokomotivheizer abends zwischen 7 und 8 Uhr beim Einladen von Kohlen in eine unter Dampf stehende Lokomotive, die am nächsten Morgen um 4 Uhr zur Beförderung eines Zuges verwendet werden sollte, eine Verletzung erlitt, und zwar weil das Einladen aus betriebstechnischen Gründen in Eile ausgeführt werden mußte (EisenbE. **5** 55).

γ) *Innerer Zusammenhang.* **Anm. 45.**

Der äußere (örtliche und zeitliche) Zusammenhang genügt nicht. Die zum Betriebe zu rechnenden die Beförderung vorbereitenden und abschließenden Handlungen müssen auch in einem gewissen inneren Zusammenhang mit der Beförderung stehen. 1) *Sie müssen unter Gefahren vorgenommen werden, die durch die Beförderungstätigkeit hervorgerufen sind;* 2) *der Unfall muß auf diese Gefahren zurückzuführen sein.*

αα) *Die Handlungen müssen unter Gefahren vorgenommen werden, die durch die Beförderungstätigkeit hervorgerufen sind.* Vgl. auch Anm. 51. **Anm. 46.**

Eine solche Gefahr liegt z. B. in dem Andrang des Publikums auf den Bahnsteigen und an den Haltestellen der Straßenbahnen. RG. in JW. **1895** 18[49], EisenbE. **11** 338; JW. **1901** 84[18], EisenbE. **18** 42; JW. **1907** 315[19], EisenbE. **24** 50; JW. **1912** 919[18]; JW. **1920** 434[4]; „Recht" **1920** Nr. 2632; LZ. **1920** 232; **1923** 455. Über die Frage der höheren Gewalt vgl. Anm. 170.

Eine durch die Beförderung hervorgerufene, auch dem Eisenbahnbetrieb eigentümliche Gefahr bildet nicht nur das Gedränge des Publikums, das unmittelbar *vor* Beginn der Beförderung, sondern auch dasjenige, das *nach* Beendigung der Beförderung im unmittelbaren Anschluß an diese entsteht. Dagegen ist das RG. der Ansicht, es bestehe insofern ein Unterschied, als Gedränge und Eile eines Reisenden auf dem Wege *zum* Zuge den ursächlichen Zusammenhang mit dem Eisenbahnbetriebe herstellen könnten, nicht aber das Verlangen, nach Erreichung des Bestimmungsorts schnell den Zug und das Gedränge des Bahnhofsverkehrs hinter sich zu lassen (JW. **1912** 919[18]; vgl. auch JW. **1907** 315[19]). Das RG. stellt hier aber m. E. zu Unrecht die Eile des einzelnen Fahrgastes und das Gedränge des dem Zuge entstiegenen Publikums gleich. Allerdings bildet die aus persönlichen Gründen entwickelte Eile des einzelnen *für ihn* keine durch die Beförderung hervorgerufene oder auch dem Eisenbahnbetriebe eigentümliche Gefahr (vgl. Anm. 50). Wohl aber ist als solche *für Dritte* das Gedränge anzusehen, das unmittelbar im Anschluß an die beendigte Beförderung von dem dem Bahnhofsausgang zuströmenden Publikum verursacht wird.

Eine andere durch die Beförderungstätigkeit hervorgerufene Gefahr liegt in der *Eile*, mit der die die Beförderung vorbereitenden Handlungen vorgenommen werden. **Anm. 47.**

Daher gehören die *technischen* Verrichtungen, die der Vorbereitung und Sicherung der Beförderung dienen, wie das Schließen der Schranken, die Bedienung der Weichen, Signalapparate, Kohlenkörbe, das Reparieren schadhafter Schienen usw., dann zum „Betriebe", *wenn sie mit Rück-*

sicht auf eine Beförderung in Eile vorgenommen werden. Ist der Unfall nicht eine Folge einer solchen Eile, sondern lediglich auf Gefahren zurückzuführen, die mit der Bedienung dieser Anlagen an sich verknüpft sind, so findet § 1 keine Anwendung. Vgl. Anm. 51.

Nach der Ansicht des RG. vermag dagegen ein Unfall beim Schließen einer Übergangsschranke, das nach Signalisierung eines herannahenden und demnächst den Übergang passierenden Zuges erfolgt, einen Schadenersatzanspruch aus § 1 zu begründen, auch wenn das Schließen nicht mit besonderer Eile erfolgt. Ebenso erachtet es einen Unfall, der sich bei der Handhabung einer Weiche ereignet, als beim „Betriebe" erfolgt, auch wenn für die Bedienung der Weiche keine Eile geboten war. Bei anderen der Beförderung dienenden technischen Hilfsleistungen hat es jedoch die Anwendung des § 1 davon abhängig gemacht, ob die Handlungen mit der dem Eisenbahnbetrieb eigentümlichen Eile vorgenommen wurden. Vgl. Rechtspr. Anm. 42.

Eine außerhalb der Bahnsteigsperre am Gitter stehende Person kam dadurch zu Schaden, daß Eisenbahnbeamte durch die Sperre zu einem einfahrenden Zuge eilten und hierbei die Schiebetür aus der Laufschiene glitt. Das RG. verneinte den inneren Zusammenhang mit den dem Betriebe eigentümlichen Gefahren mit der Begründung, daß der Unfall „nur durch die von einem Eisenbahnbeamten innerhalb seiner Berufstätigkeit entwickelte Eile verursacht" worden sei (JW. **1912** 919[18]). Wir können diese Ansicht nicht teilen. Der innere Zusammenhang mit dem Betrieb erscheint gegeben.

Anm. 48. Unter den Begriff „Betrieb" fallen auch andere als transporttechnische Maßnahmen, sofern sie mit der Beförderung zusammenhängen und mit Rücksicht auf diese in Eile vorgenommen werden.

Als solche kommen z. B. in Betracht das Be- und Entladen stillstehender Wagen. Dieses gehört an sich nicht zum „Betriebe" im Sinne des § 1. Der „Betrieb" beginnt damit, daß der beladene Wagen in einen Zug eingestellt oder rangiert wird, und er endigt, wenn er auf der Endstation zum Entladen bereitgestellt ist. Dagegen ist die Tätigkeit des Be- und Entladens zum „Betriebe" zu rechnen, wenn es mit Rücksicht auf eine bevorstehende Beförderung in Eile erfolgt.

RG. **3** 20, EisenbE. **1** 343; RG. **6** 37, JW. **1882** 78, EisenbE. **2** 182; EisenbE. **2** 435; EisenbE. **3** 76; Bolze **1** Nr. 570, EisenbE. **4** 199; JW. **1886** 167[18], EisenbE. **4** 445; EisenbE. **6** 304; EisenbE. **9** 163; EisenbE. **28** 210; JW. **1916** 586[12], EisenbE. **33** 320; EisenbE. **33** 424; WarnRspr. **1916** Nr. 309, EisenbE. **33** 436.

Ebenso Eger Anm. 2 S. 11; Reindl Anm. 1 zu § 1 S. 26; Coermann S. 28.

Daß die entwickelte Eile objektiv geboten war, ist nicht erforderlich. Es genügt, daß sie nach der auf unverschuldetem Irrtum beruhenden subjektiven Meinung des Betroffenen notwendig war. RG. in EisenbE. **2** 435; JW. **1886** 167[18], EisenbE. **4** 445.

Findet vor, bei oder nach dem Ladegeschäft eine Bewegung der Wagen auf den Geleisen statt, so liegt auch in dieser ein Betriebsvorgang, mag die Bewegung gewollt oder ungewollt erfolgt sein. RG. in EisenbE. **28** 210. Anders aber, wenn die Bewegung durch Unberufene bewirkt wird. Vgl. oben Anm. 35.

Steht der sich beim Ladegeschäft ereignende Unfall in keinerlei Zusammenhang mit der Beförderungstätigkeit, ist er vielmehr auf andere gefährliche Umstände oder Einrichtungen der Bahn (z. B. die hohe Lage der äußeren Schienen in einer Kurve) zurückzuführen, so findet § 1 keine Anwendung. A. M. RG. in Bolze **1** Nr. 570, EisenbE. **4** 199.

Zum „Betriebe" gehört ferner das mit Rücksicht auf eine Beförderung entwickelte eilige Verhalten von Fahrgästen. Unfälle, die diesen beim Aufenthalt auf Bahnsteigen zustoßen, sind nicht schlechthin als Betriebsunfälle anzusehen (vgl. unten Anm. 51). § 1 findet nur dann Anwendung, wenn Fahrgäste durch die bevorstehende Beförderung zu eiligem Handeln genötigt und durch diese Eile erhöhter Gefahr ausgesetzt sind. **Anm. 49.**

Ein Betriebsunfall ist vom RG. z. B. bei folgendem Sachverhalt für vorliegend erachtet worden:

Ein Eisenbahnfahrgast ist in einem Zuge mit Verspätung auf einer Station eingetroffen, hat sich, von dem Schaffner zur Eile aufgefordert, zur Lösung einer Fahrkarte für seine mit demselben Zuge beabsichtigte Weiterfahrt in das Bahnhofsgebäude begeben und ist auf seinem Rückweg nach dem zur Abfahrt bereitstehenden Zuge in der Eile über einen auf dem Bahnhofe stehenden Gepäckkarren gestürzt. EisenbE. **19** 65.

Vgl. auch RG. in EisenbE. **11** 338; JW. **1901** 84[18], EisenbE. **18** 42; WarnRspr. **1911** Nr. 179, EisenbE. **28** 88; EisArch. **1922** 1129, JW. **1922** 388[1] (vgl. unten Anm. 50 a. E.); EisenbE. **39** 281, VerkRdsch. **2** 62.

Entsprechendes gilt auch für den Aufenthalt von Fahrgästen auf Haltestationen zum Zwecke des Umsteigens. Das RG. hat sich hierüber in der Entsch. v. 30. 1. 10 EisenbE. **28** 165 grundsätzlich wie folgt ausgesprochen:

„Unfälle auf dem Bahnsteige vor dem Einsteigen in den Eisenbahnzug oder nach dem Aussteigen aus dem Wagen sind an sich als Betriebsunfälle der Eisenbahn nicht anzusprechen; erst mit dem Einsteigen in den Wagen beginnt, und mit dem Verlassen des Wagens endigt für den Reisenden die Verbindung mit dem Eisenbahnbetriebe. Nur die Eile oder das Gedränge, die aber vorwiegend nur bei einem notwendigen Umsteigen aus einem Zug in den andern, oder bei sehr kurzem Aufenthalt eines Zuges auf einer Zwischenstation in Betracht kommen, und die im Einzelfalle der besonderen Feststellung bedürfen, stellen den sonst fehlenden ursächlichen Zusammenhang mit dem Eisenbahnbetrieb und seinen Gefahren für Unfälle, die auf den Bahnsteigen sich ereignen, her."

Das RG. hat z. B. ferner einen Betriebsunfall in einem Falle angenommen, wo sich ein Fahrgast nach dem Aussteigen aus einem Straßenbahnwagen zum Zwecke des Umsteigens in einen anderen nach einer wenige Schritte entfernten Haltestelle begab und hierbei in einen Graben stürzte. Begründet wurde dies wie folgt: „Die bis zur Umsteigestelle zurückzulegende Strecke, ohne welche der Umsteigeverkehr nicht durchführbar ist, gehört hier, wie die örtlichen Verhältnisse liegen, noch in den Gefahrenbereich des Eisenbahnbetriebes. In diesem Bereiche befand sich die Witwe H. noch, als sie den Fehltritt in den Graben tat, vielleicht in der ihr vom Aussteigen her noch anhaftenden Eile". RG. v. 6. 6. 10 WarnRspr. **1910** Nr. 290, EisenbE. **27** 93.

Der in dieser Entscheidung hervortretenden Auffassung wird man nicht beipflichten können. Das Vorhandensein des Grabens ist keine Gefahr, die mit dem eigentlichen Beförderungsbetrieb der Bahn zusammenhängt. Hier liegt, da das Umsteigen nicht erwiesenermaßen in Eile erfolgt ist, ebensowenig ein Betriebsunfall vor, wie dann, wenn ein Eisenbahnfahrgast, der sich vor dem Einsteigen oder nach dem Aussteigen auf dem Bahnsteig ohne Eile bewegt, über einen Gegenstand fällt (vgl. RG. in JW. **1907** 315[19], EisenbE. **24** 50; JW. **1919** 316[18], EisenbE. **37** 170; RG. **126** 137, „Recht" **1930** Nr. 103), oder wenn ein Straßenbahnfahrgast nach dem völlig beendeten Aussteigen auf der Straße hinfällt, ohne daß die Einwirkung eines Betriebsvorganges festzustellen ist (RG. in WarnRspr. **1919** Nr. 73). Vgl. auch unten Anm. 51.

Anm. 50. Die Eile muß mit Rücksicht auf die Beförderung entwickelt worden sein. § 1 findet daher keine Anwendung, wenn ein Eisenbahnfahrgast nach Ankunft an dem Bestimmungsort auf dem Bahnsteig bei dem eiligen Zuschreiten nach dem Ausgang verunglückt. Die Eile, die hier entwickelt wird, ist nicht durch die Beförderung, sondern durch persönliche Gründe, wie z. B. durch das Verlangen, dem Gedränge auf dem Bahnsteig zu entgehen, oder das Bestreben, schnell nach der Wohnung zu kommen, hervorgerufen. RG. in JW. **1904** 484[6], EisenbE. **21** 178; JW. **1907** 315[19], EisenbE. **24** 50. Wohl aber wird man die Haftpflicht aus § 1 bejahen müssen, wenn ein Reisender während eines kurzen Aufenthaltes des Zuges auf einer Station bei dem eiligen Gange zum Abort einen Unfall erleidet. Heucke Note 15 zu § 1; a. M. RG. in JW. **1907** 845[26], EisenbE. **24** 280.

Nicht erfordert wird, daß Eile objektiv geboten war; es genügt, daß sie ohne Verschulden subjektiv für notwendig erachtet wurde (vgl. Anm. 48). Eiliges Verhalten, das vernünftiger Weise nicht für erforderlich gehalten werden konnte, stellt den nötigen Zusammenhang mit dem Betriebe nicht her. Vgl. v. d. Leyen Anm. zu JW. **1922** 388[1].

Eine mit dem Beförderungsbetrieb der Straßenbahn verbundene Gefahr bildet für die ein- und aussteigenden Fahrgäste auch der starke Verkehr an den Straßenbahnhaltestellen. Ist der Fahrgast mit Rücksicht auf das Ein- oder Aussteigen genötigt, sich den Verkehrsgefahren auszusetzen, und erleidet er hierdurch einen Unfall, so ist dieser auch beim Betriebe der Straßenbahn entstanden. Ebenso OLG. Hamburg in HansGZ. (Beibl.) **1922** 137. Vgl. auch RG. in „Recht" **1924** Nr. 288.

Anm. 51. ββ) Der Unfall muß ursächlich auf die durch die Beförderung hervorgerufenen Gefahren zurückzuführen sein.

§ 1 findet demnach keine Anwendung, wenn der Unfall nicht auf die durch die Beförderungstätigkeit hervorgerufenen, sondern auf solche

Gefahren zurückzuführen ist, die mit den die Beförderung vorbereitenden Maßnahmen an sich verbunden sind. Eine Haftung des Unternehmers nach § 1 HaftpflG. kommt somit beispielsweise nicht in Frage, wenn sich ein Unfall bei der Bedienung einer Weiche, eines Signalapparates oder einer Übergangsschranke ereignet, ohne daß diese Handlung mit Rücksicht auf eine bevorstehende Beförderung in Eile vorgenommen worden ist. A. M. das RG. Vgl. Anm. 42, 47.

Zutreffend ist z. B. ferner § 1 nicht für anwendbar erklärt auf Unfälle, die sich ohne ersichtlichen Zusammenhang mit den durch den Beförderungsbetrieb hervorgerufenen Gefahren ereigneten: beim Reinigen oder Revidieren einer im Schuppen stehenden Lokomotive (RG. in EisenbE. **2** 163; Bolze **2** Nr. 617, EisenbE. **4** 404; JW. **1887** 119[28], EisenbE. **5** 259), beim Aufgleisen einer entgleisten Lokomotive (RG. in EisenbE. **1** 280), beim Auswechseln abgängig gewordener Schienen (RG. in EisenbE. **4** 311), beim Reinigen von Abteillampen (RG. in EisenbE. **5** 208), beim Aufstellen von Kohlenkörben auf einer Rampe zur Speisung der Lokomotive (RG. in EisenbE. **3** 404, EisenbE. **4** 214), beim Schließen der Tür eines zum Bahnhofsgebäude gehörigen Schuppens (RG. in EisenbE. **1** 8).

Dagegen ist u. E. nicht mit Recht bei folgendem Sachverhalt ein Betriebsunfall vom RG. angenommen worden. Ein mit Kohlen beladener Eisenbahnwagen wurde, weil die Achsen während der Fahrt erhitzt worden waren, außer Zug gesetzt und auf den Schienen stehend in die Höhe gehoben. Hierbei stürzte der Wagen, der nach Unterlegung anderer Achsen weiter befördert werden sollte, um und erschlug einen Arbeiter. In der Begründung heißt es: „Der Betrieb wird nämlich nicht beendigt oder unterbrochen, wenn zum Zwecke der Fortsetzung desselben ein sich ergebendes Hindernis beseitigt wird; was behufs dieser Beseitigung geschieht, erscheint vielmehr als Fortsetzung des Betriebs." RG. **3** 19, EisenbE. **1** 339; ebenso Heucke Note 20 zu § 1.

Die hier hervortretende Auffassung steht mit derjenigen, welche den oben zitierten Entscheidungen zugrunde liegt, nicht im Einklang. Maßgebend wäre gewesen, ob die für das Auswechseln der Achsen vorgesehene Zeit und die aufgebotenen Arbeitskräfte genügten, um die Arbeit mit Ruhe und ohne Übereilung ausführen zu können. Vgl. RG. in EisenbE. **4** 311.

Der Unternehmer haftet vollends dann nicht auf Grund des HaftpflG., **Anm. 52.** wenn der Unfall außer jedem Zusammenhang mit den durch den eigentlichen Beförderungsbetrieb hervorgerufenen Gefahren steht. § 1 findet daher beispielsweise keine Anwendung, wenn ein Unfall dadurch eintritt, daß eine Kette reißt, mit der ein Krahn Lasten aus einem Schiff in einen Eisenbahnwagen hebt (RG. in Bolze **1** Nr. 569, EisenbE. **4** 249), wenn jemand, auf dem Bahnsteig infolge Glatteises (RG. in JurRdsch. **1926** Nr. 1524, EisenbE. **45** 86) oder über eine Leiter oder ein anderes Hindernis stürzt (RG. in JW. **1896** 111[48], EisenbE. **12** 351; JW. **1919** 316[18]; vgl. jedoch auch Anm. 49), durch einen auf dem Bahnsteig verkehrenden Handwagen der Post verletzt wird (RG. in WarnRspr. **08** Nr. 184, EisenbE. **24** 382), dadurch zu Schaden kommt, daß beim Reinigen des Bahnsteigdachs ein Stück Glas auf ihn herabfällt (a. M. OLG. Breslau in EisenbE. **13** 217), im Wartesaal von einer herabfallenden Gardinenstange verletzt wird (RG. in JW. **1924** 1380[1]), oder wenn sich der Unfall ereignet auf der Treppe eines Bahnhofstunnels infolge Winterglätte (RG. **121** 382), nach Beendigung der Eisenbahnfahrt in einer Bahnabortanlage (OLG. München in EisenbE. **43** 328, VerkRdsch. **4** 824), bei Benutzung der Wartehalle einer städtischen Straßenbahn (OLG. Hamburg in EisenbE. **44** 240). Vgl. auch RG. in EisenbE. **1** 288 (Unfall beim Abladen eines Eisenbahnwagens).

Anm. 53. Der Nachweis, daß der Unfall nur auf die durch die Beförderung hervorgerufenen Gefahren zurückgeführt werden könne und ohne deren Vorhandensein nicht eingetreten wäre, braucht nicht geführt zu werden. Es genügt, daß die Möglichkeit eines ursächlichen Zusammenhangs zwischen den Gefahren und dem Unfall dargelegt wird. Sache des Unternehmers ist es, die besonderen Umstände des Falles nachzuweisen, aus denen sich das Fehlen des erforderlichen Zusammenhangs ergibt. RG. **3** 20, EisenbE. **1** 343; RG. in EisenbE. **6** 56; JW. **1917** 661[16]. Vgl. auch Anm. 83.

Anm. 54. **d) Bestimmter Betriebsvorgang.**

Welche Vorgänge zum „Betriebe" zu rechnen sind, ist im vorstehenden (a—c) erörtert. Danach kann sich der Betriebsvorgang als die Handlung eines Menschen (des Unternehmers, eines Eisenbahnbediensteten oder eines beliebigen Dritten) oder als die Funktion der Eisenbahnanlagen oder der Betriebsmittel darstellen. Der Unfall muß aber die Folge eines bestimmten Betriebsvorgangs sein. Es genügt nicht, daß der Unfall allgemein auf den Beförderungsbetrieb der Bahn zurückzuführen ist.

Daher liegt z. B. kein Betriebsunfall vor, wenn die Loslösung und das Herabfallen eines Gesimsstücks ursächlich auf die durch die vorbeifahrenden Eisenbahnzüge hervorgerufenen Erschütterungen zurückzuführen, der Fall selbst aber, der den Schaden herbeigeführt hat, ohne erkennbare Beziehung zu einem bestimmten Betriebsvorgang erfolgt ist (RG. **55** 229, JW. **1903** 345[9]; vgl. Anm. 34), oder wenn jemand beim Abladen eines Waggons durch das Herabstürzen von Holzstämmen infolge des Zerbrechens einer Runge verletzt wird, die während des Transportes und infolge der Bewegungen und Erschütterungen des Beförderungsbetriebes angebrochen war (RG. in JW. **1907** 276[40], EisenbE. **23** 397).

Über den ursächlichen Zusammenhang zwischen Unfall und Betriebsvorgang vgl. Anm. 82 ff.

III. Unfall.

Anm. 55. **Vorbemerkung.** Nach § 1 haftet der Unternehmer, wenn bei dem Eisenbahnbetriebe ein Mensch getötet oder körperlich verletzt wird, sofern er nicht beweist, daß der Unfall durch höhere Gewalt oder durch eigenes Verschulden des Getöteten oder Verletzten verursacht ist. Voraussetzung der Haftung ist demnach jedenfalls, wie auch die §§ 4 und 8 ergeben, das Vorhandensein eines Unfalls. Es empfiehlt sich daher, von diesem umfassenderen Begriff auszugehen.

1. Begriff.

In dem Schrifttum ist die Auffassung herrschend, daß der Ausdruck „Unfall" nichts anderes als die im § 1 vorher gebrauchten Ausdrücke „Tötung" und „Verletzung" bedeute. Vgl. Eger Anm. 10 S. 125; Endemann S. 53; Reindl Anm. 9 zu § 1; Westerkamp S. 650; Genzmer S. 43. Endemann meint, der Ausdruck „Unfall" scheine „mehr der Abwechselung oder der Kürze halber vom Gesetzgeber gewählt worden zu sein". **Anm. 56.**

Im Gegensatz hierzu nimmt das RG. an, daß unter „Unfall" nicht die körperliche Beschädigung selbst, sondern das mit dem Betriebe in Verbindung stehende Ereignis, das den Tod oder die Körperverletzung verursacht, zu verstehen sei. RG. **21** 78; EisenbE. **8** 534; RG. **44** 260; JW. **1901** 759[21].

Weder die eine noch die andere Definition wird u. E. dem Begriff, wie ihn das HaftpflG. verwendet, gerecht. Es ist zunächst nicht richtig, den Begriff „Unfall" mit dem Ausdruck „Tötung" oder „Körperverletzung" zu identifizieren. Unter „Tötung" ist eine Körperverletzung mit tödlichem Erfolge zu verstehen, gleichviel ob der Tod sofort oder nach einem gewissen Zeitraum eintritt (vgl. Anm. 65). Der Ausdruck „Tötung" umfaßt also den tödlichen Erfolg mit. Damit deckt sich nicht der Begriff „Unfall", wie schon aus § 8 ersichtlich ist, wo zwischen dem Zeitpunkt des Unfalls und dem des Todes unterschieden wird.

Entsprechendes gilt von dem Ausdruck „Körperverletzung". Unter diese fallen auch alle nachteiligen Folgen, die sich für den Verletzten aus der ersten körperlichen Beschädigung ergeben (vgl. Anm. 69). Wären daher die Begriffe „Körperverletzung" und „Unfall" identisch, so würde die Verjährungsfrist der Schadenersatzforderungen erst mit dem Eintritt der nachteiligen Folgen beginnen. Dies ist nicht der Fall. Vgl. Anm. 7ff. zu § 8.

Ebensowenig kann aber auch mit dem Ausdruck „Unfall" das Ereignis, das die schädlichen Folgen verursacht, gemeint sein. Es widerspricht durchaus dem Sprachgebrauch, betriebsgemäße Ereignisse, wie das Schließen der Wagentür oder das Entströmen von Kohlenstaub, wodurch jemand einen Körperschaden erleidet, als „Unfälle" zu bezeichnen. Ebenso Eger Anm. 10 S. 124; Endemann S. 53; Reindl Anm. 9 zu § 1.

Der Ausdruck „Unfall" bedeutet also im Sinne des HaftpflG. weder das Ereignis, das körperschädigend einwirkt, noch die Folge der Einwirkung. Allein zutreffend erscheint es vielmehr, unter „Unfall" die Tatsache der Einwirkung zu verstehen. Ebenso (für das öffentliche Versicherungsrecht) Rosin, ArchOeffR. **3** 302; Isaac Anm. III A 2 zu § 7 KFG.; Kirchner Anm. 3 zu § 7 KFG.

Zu Unrecht meint Eger (Anm. 10 S. 123), daß sich diese Begriffsbestimmung mit der seinigen decke. Für die Auslegung des HaftpflG. ist es wichtig, genau zwischen dem Zeitpunkt der schädigenden Einwirkung des äußeren Vorganges auf den Körper und demjenigen, in dem die Folgen der Einwirkung eintreten, zu unterscheiden.

Wir verstehen demnach unter „Unfall" im Sinne des HaftpflG. die plötzliche Einwirkung eines Vorgangs auf den menschlichen Körper, die den Tod oder eine Verletzung zur Folge hat.

2. Die einzelnen Begriffsbestandteile.

Anm. 57. **a)** Eine Einwirkung auf den **menschlichen Körper** ist erforderlich. Das HaftpflG. will der körperlichen Integrität des Menschen gegenüber den Gefahren des Eisenbahnbetriebs einen erhöhten Rechtsschutz verleihen. Es regelt den Ersatz des Vermögensschadens, der durch die Tötung oder körperliche Verletzung eines Menschen entsteht (vgl. Anm. 87). Unter das HaftpflG. fällt demgemäß nicht ein Vermögensschaden infolge des Verlustes oder der Beschädigung von Sachen. Die Beschädigung künstlicher Glieder oder Zähne ist Sachschaden, nicht Körperverletzung (RG. in LZ. **1924** 580, JW. **1924** 1870[16], VerkRdsch. **3** 458).

Für den Schaden, der durch den Verlust oder die Beschädigung des der Eisenbahn zur Beförderung übergebenen Gutes oder Reisegepäcks entsteht, haftet der Eisenbahnunternehmer gemäß den §§ 456, 465 Abs. 1 und 2 HGB., für den Verlust oder die Beschädigung von nicht zur Beförderung aufgegebenem Reisegepäck gemäß § 465 Abs. 3 HGB. Für die Beschädigung anderer Sachen gelten die auf Grund des Ar. 105 EG.BGB. erlassenen landesrechtlichen Vorschriften (Preußen: § 25 PrEisenbG. v. 3. 11. 1838) sowie die §§ 823 ff. BGB.

Über die Schadloshaltung wegen verspäteter Abfahrt, Ankunft oder Ausfallens eines Zuges vgl. § 24 EisenbVerkO. v. 16. 5. 28.

Anm. 58. **b)** Von irgendeinem **Vorgang** muß die körperschädigende Einwirkung ausgehen. Oft wird es sich um ein den regelmäßigen Betrieb unterbrechendes, also betriebswidriges Ereignis handeln. Man denke z. B. an eine Kesselexplosion, eine Entgleisung, einen Zusammenstoß von Zügen. Indessen bildet die Betriebswidrigkeit kein Begriffskriterium. Auch betriebsgemäße Vorgänge können zu einem Unfall im Sinne des HaftpflG. führen. Wird jemand von einer Eisenbahn überfahren oder bei dem Schließen der Wagentür verletzt, so liegt ein Unfall vor, obwohl der Betrieb an sich keine Störung erleidet.

Anm. 59. Der Vorgang braucht nicht ungewöhnlicher Art zu sein. Auch die gewöhnlichen gesundheitsschädigenden Einwirkungen des regelmäßigen Betriebes sind nicht auszuschließen, sofern sie nur plötzlich erfolgen (vgl. Anm. 63). So hat z. B. das RG. einen Betriebsunfall in einem Falle für vorliegend erachtet, wo die geistige Erkrankung eines Lokomotivführers auf eine plötzliche schädliche Einwirkung seiner berufsmäßigen Beschäftigung, und zwar auf einen durch die Kesselhitze der Maschine und die körperliche und geistige Anstrengung veranlaßten Bluterguß ins

Gehirn zurückzuführen war. Ebenso Eger Anm. 5 S. 66. A. M. Reindl Anm. 4 zu § 1 S. 36.

Das die Tötung oder Körperverletzung verursachende Ereignis braucht nicht mit den Mitteln oder Funktionen des Betriebes zusammenzuhängen. Unter § 1 fallen auch Körperschädigungen infolge elementarer Ereignisse, wie z. B. das Erfrieren von Gliedmaßen infolge heftigen Frostes (RG. in EisenbE. **3** 418) oder die Erkrankung infolge der in einem Tunnel herrschenden schlechten Luft (Berner Appell. u. Kassat. Hof in EisenbE. **17** 314). Wenn aber auch das Ereignis, von dem die körperschädigende Einwirkung ausgeht, mit dem Betriebe nicht zusammenzuhängen braucht, so ist doch Voraussetzung für die Anwendung des § 1, daß sich der Unfall, d. h. die Einwirkung des Vorganges auf den menschlichen Körper, als eine Folge des Betriebes darstellt. Vgl. Rosin, ArchOeffR. **3** 308, 340. **Anm. 60.**

Der den Körperschaden verursachende Vorgang kann auch in einer menschlichen Handlung bestehen. Vgl. Rosin a. a. O. S. 308, 344 ff. **Anm. 61.**

Nicht erforderlich ist, daß der Vorgang mit den besonderen, dem Eisenbahnbetriebe eigentümlichen Gefahren verbunden ist. Vgl. Anm. 25. A. M. Eger Anm. 5 S. 66; Reindl Anm. 4 zu § 1 S. 37.

Der Umstand, daß der Verletzte selbst die körperschädigende Einwirkung vorsätzlich herbeigeführt hat, schließt begrifflich das Vorhandensein eines „Unfalls" nicht aus. Für die Unfallversicherungsgesetzgebung ist Rosin (a. a. O. S. 313 ff.) anderer Meinung. Seine Erwägungen treffen für das HaftpflG. nicht zu. Im Sinne dieses Gesetzes liegt ein Unfall vor „wenn bei dem Betriebe einer Eisenbahn ein Mensch getötet oder verletzt wird". Diese Voraussetzung ist auch dann erfüllt, wenn der Getötete oder Verletzte die körperschädigende Einwirkung durch den Betrieb freiwillig auf sich genommen hat. Eine andere Frage ist freilich, ob in einem solchen Falle der Betriebsunternehmer deshalb von der Haftung befreit ist, weil der Unfall durch höhere Gewalt oder durch eigenes Verschulden des Getöteten oder Verletzten verursacht ist. **Anm. 62.**

c) Die Einwirkung auf den menschlichen Körper muß eine **plötzliche** sein. Schon der gewöhnliche Sprachgebrauch verbindet mit dem Ausdruck „Unfall" den Gedanken an ein augenblickliches Geschehnis. Auch das Gesetz läßt keinen Zweifel darüber zu, daß es unter „Unfall" eine plötzliche Einwirkung auf den Körper verstanden wissen will. Es behandelt die Zeit des Unfalls als einen bestimmten Termin. Gemäß § 8 verjähren die Forderungen auf Schadenersatz in zwei Jahren „von dem Unfall an". Die frühere Fassung, die nur aus redaktionellen Gründen geändert wurde, lautete „vom Tage des Unfalls an" (Anm. 9 zu § 8). Vgl. auch § 3 Abs. 2. **Anm. 63.**

Mit der Hervorhebung des Moments der Plötzlichkeit soll jedoch nicht gesagt sein, daß es sich bei dem Unfall um das Werk eines Augenblicks handeln müsse. Vielmehr genügt es, wenn sich die schädliche Einwirkung innerhalb eines bestimmten, verhältnismäßig kurzen Zeitraums vollzieht.

Anm. 64. Unter den Begriff „Unfall" fällt hiernach nicht die sog. Berufs- oder Gewerbekrankheit. Hierunter ist eine Krankheit zu verstehen, die sich als das Ergebnis regelmäßiger, sich auf eine längere Zeit verteilender nachteiliger Einwirkungen eines Betriebes auf den Körper darstellt. Vgl. RG. **44** 253.

Daher liegt z. B. kein Unfall vor, wenn ein Lokomotivheizer infolge der fortgesetzten Einwirkungen der aus der Feuerbuxe strömenden Hitze und Flugasche allmählich erblindet (vgl. Eger Anm. 5 S. 66), oder wenn sich ein an mehreren kalten Wintertagen bei offener Bremse beschäftigter und der Zugluft ausgesetzter Eisenbahnbremser eine Muskelatrophie zuzieht (RG. in EisenbE. **5** 432). Vgl. auch RG. in JW. **1910** 843[36], EisenbE. **27** 296; Anm. 54 zu § 2.

Dagegen liegt ein Unfall vor, wenn ein Lokomotivführer auf einer Fahrt infolge der Kesselhitze und der körperlichen und geistigen Anstrengung eine Gehirnblutung erleidet, die eine geistige Erkrankung und schließlich den Tod zur Folge hat (RG. **44** 253); wenn ein Eisenbahnbremser auf einer Fahrt, bei der er heftigem Frost ausgesetzt ist, die Füße und die rechte Hand erfriert und sich ein Nierenleiden zuzieht (RG. in EisenbE. **3** 418). Vgl. auch RG. **21** 77; **29** 42; EisenbE. **14** 358.

Anm. 65. **d) Tod.** Die Voraussetzung, daß ein Mensch bei dem Eisenbahnbetrieb getötet wird, ist im Sinne des § 1 nicht nur dann erfüllt, wenn der Tod sofort eintritt, d. h. wenn die plötzliche Einwirkung des äußeren Vorganges auf den menschlichen Körper und der tödliche Erfolg zusammenfallen, sondern auch dann, wenn der Tod die nach kürzerer oder längerer Zeit, vielleicht auch nach scheinbar wiedergewonnener Gesundheit, eintretende Folge der erlittenen Verletzung bildet. Dies ergibt sich aus § 3 Abs. 1, der „im Falle der Tötung" den Ersatz der Kosten einer versuchten Heilung und des Erwerbsverlustes vorsieht, sowie aus §§ 3 Abs. 2 und 8. Ebenso Endemann S. 40; Eger Anm. 5 S. 68; Reindl Anm. 4 zu § 1 S. 35; RG. **1** 49; JW. **1889** 25[26], EisenbE. **6** 441.

Anm. 66. **e) Körperverletzung.** Der Ausdruck hat für das HaftpflG. eine ebenso umfassende Bedeutung wie der Begriff „Körperverletzung" im StGB. (vgl. II. Teil 17. Abschn.). Demnach ist unter „Körperverletzung" jede Störung der körperlichen Unversehrtheit zu verstehen. Unter den Begriff „Körperverletzung" fallen nicht nur äußere Verletzungen des Körpers, sondern auch Störungen innerer Funktionen, überhaupt alle Schädigungen der Gesundheit. Dem steht nicht etwa entgegen, daß § 823 BGB. Verletzungen der Gesundheit neben solchen des Körpers besonders aufführt. Denn mit der in dieser Bestimmung gewählten Häufung der Ausdrücke ist eine sachliche Verschiedenheit nicht verbunden. RG. in JW. **1904** 562[30], EisenbE. **21** 183; JW. **1905** 235[22], EisenbE. **22** 56.

Demnach findet § 1 auch Anwendung auf Verletzungen der psychischen Gesundheit sowie durch psychische Eindrücke (z. B. Schreck) hervorgerufene Störungen der Gesundheit.

Allerdings fallen unter das HaftpflG., wie sich aus den §§ 3 und 3a ergibt, nur solche Körperverletzungen, die die Ursache eines Vermögensschadens bilden. Ersatz wegen des sog. immateriellen Schadens kann nach dem HaftpflG. nicht gefordert werden. Vgl. Anm. 2 zu § 3.

f Die plötzliche Einwirkung muß den Tod oder die Körperverletzung **zur Folge haben.** Es muß also zwischen dem endgültigen Körperschaden, der die Grundlage des Ersatzanspruchs bildet, und der Einwirkung auf den Körper ein ursächlicher Zusammenhang bestehen. Es handelt sich hier, was hervorgehoben sei, um den Kausalzusammenhang zwischen der verletzenden Einwirkung und dem Tod oder der Körperverletzung, nicht um den an anderer Stelle zu erörternden ursächlichen Zusammenhang zwischen dem Betriebe und dem Unfall. Vgl. Anm. 82 ff. **Anm. 67.**

Wann ein ursächlicher Zusammenhang vorliegt, ist nach allgemeinen Rechtsgrundsätzen zu beurteilen. Erforderlich ist zunächst, daß der Unfall eine Bedingung für den Eintritt des Todes oder der Körperverletzung gesetzt hat, daß also der schädliche Erfolg nicht ohne den Unfall eingetreten wäre („conditio sine qua non"). Dieser ursächliche Zusammenhang „im natürlichen Sinne" wird jedoch nicht als genügend angesehen, um den Urheber des Unfalls für den entstandenen Schaden verantwortlich zu machen. Vielmehr muß eine weitere Beziehung hinzutreten. Nach der in Rechtsprechung und Schrifttum als herrschend anzusehenden Lehre von der sogen. adäquaten Verursachung gilt nur diejenige Bedingung als kausal für den Erfolg, die nach der Erfahrung des Lebens von vornherein geeignet war, sei es für sich, sei es in Verbindung mit anderen Bedingungen den eingetretenen Erfolg herbeizuführen oder dessen Eintritt zu begünstigen (RG. in SeuffA. **63** 261; RG. **69** 57; WarnRspr. **1908** Nr. 358; RG. **72** 324; JW. **1911** 579[17]; JW. **1912** 581[1]; RG. **81** 359; Oertmann Vorbem. 4b zu § 249 BGB.; Planck Bem. 4a γ zu § 249 BGB.; RGRäte Vorbem. 3 vor § 249, Vorbem. 5 vor § 823). Ein ursächlicher Zusammenhang ist auch in bezug auf solche Folgen möglich, die nur selten und ausnahmsweise eintreten, sofern sie nur auf Grund allgemeiner Erfahrung als möglich erkennbar sind (RG. in WarnRspr. **1921** Nr. 69). Zu verneinen ist ein Kausalzusammenhang, wenn der eingetretene Schaden sich nicht als die natürliche Fortentwickelung der ursprünglichen Bedingung darstellt (RG. **94** 10), oder wenn der Schaden durch ein besonderes außerhalb des natürlichen Verlaufs der Dinge liegendes Ereignis herbeigeführt worden ist (RG. in JW. **1903** Beil. S. 114[250]). Über die Unterbrechung des Kausalzusammenhangs vgl. unten Anm. 75 ff.

Im einzelnen gilt folgendes:

α) **Unerheblich ist, zu welchem Zeitpunkt der die Grundlage des Entschädigungsanspruchs bildende Gesundheitsschaden eintritt.** Eine zeit- **Anm. 68.**

weilige Besserung in dem Befinden des Verletzten hebt den Kausalzusammenhang nicht auf. Vgl. Eger Anm. 5 S. 74; Endemann S. 40.

Anm. 69. β) Nicht notwendig ist, daß der Unfall den Tod oder die Verletzung unmittelbar, ohne das Dazwischentreten anderer Ereignisse, herbeigeführt hat, sofern nur die einzelnen Glieder der Kette von Ereignissen untereinander ursächlich zusammenhängen. Daher ist der Kausalzusammenhang z. B. gegeben, wenn die bei dem Geschädigten eingetretene Nervenerkrankung die Folge eines durch den Betrieb hervorgerufenen Schrecks bildet (RG. in JW. **1905** 235[22]; JW. **1917** 43[12], EisenbE. **33** 434; RG. **97** 177, EisArch. **1921** 866, EisenbE. **37** 352); wenn jemand infolge einer bei dem Eisenbahnbetrieb erlittenen Gehirnerschütterung an epileptiformen Anfällen leidet und bei einem auf dieses Leiden zurückzuführenden Schwindelanfall verunglückt (RG. in EisenbE. **25** 395); wenn der Unfall eine Gehirnerschütterung und eine geistige Erkrankung des Verletzten zur Folge hat, die allmählich die Form einer schweren Melancholie mit Verfolgungswahn annimmt und schließlich zum Selbstmord führt (RG. in VerZtg. **1921** 934, EisenbE. **39** 68); wenn ein Arbeiter beim Betrieb am rechten Arm verletzt wird und sich infolge dieser Verletzung ohne Verschulden des Gebrauchs des Armes bei der Arbeit mit der Wirkung entwöhnt, daß dessen Gebrauchsfähigkeit trotz vollständiger Heilung gemindert wird (RG. in EisenbE. **3** 198). Vgl. auch RG. **119** 204, JW. **1928** 563[12].

Besteht die Krankheit eines Verletzten darin, daß er sich weitergehende Folgen der wirklich erfolgten Erkrankung einbildet, als in Wahrheit eingetreten sind, und ist diese Einbildung eine Folge der tatsächlichen Erkrankung, so liegt ein ursächlicher Zusammenhang zwischen dem Unfall und der eine Krankheit bildenden Einbildung vor (RG. im „Recht“ **1915** Nr. 1735, EisenbE. **32** 318). Sind dagegen die nachteiligen Folgen einer Verletzung beseitigt, und hat sich dann bei dem Verletzten infolge nervöser Veranlagung die Idee einer Gesundheitsstörung gebildet, so ist für die sich hieraus ergebenden Folgen der Betriebsunternehmer nicht haftbar (RG. in WarnRspr. **1914** Nr. 51, EisenbE. **31** 80). Vgl. auch über Unfallneurose Anm. 77.

Anm. 70. γ) Die gesundheitsschädigende Einwirkung auf den Körper braucht nicht die alleinige Ursache des Todes oder der Körperverletzung zu sein. Wirken mehrere schädliche Umstände zur Herbeiführung des schädlichen Erfolges zusammen, so bildet jeder einzelne eine Ursache des eingetretenen ganzen Schadens.

Daher haftet der Eisenbahnunternehmer auch dann, wenn der körperliche Zustand des Verletzten (eine körperliche Anlage, seine Gebrechlichkeit, eine vorhandene Krankheit) den Eintritt des Todes oder des Leidens infolge des Unfalls erleichtert oder beschleunigt hat. Demgemäß besteht z. B. ein ursächlicher Zusammenhang zwischen dem Unfall und dem Schaden, wenn der Verletzte, der schon vor dem Unfall ein Nervenleiden mit Muskelschwund der oberen Extremitäten hatte, infolge des Unfalls eine Gehirnerschütterung davonträgt, die ohne seine krankhafte Disposition nicht eingetreten wäre (RG. in „Recht" **1907** Nr. 280, EisenbE. **23** 28); wenn ein Branntweintrinker einen Unfall (Beinbruch) erleidet, durch den delirium tremens zum Ausbruch kommt (RG. in EisenbE. **4** 145); wenn infolge eines Unfalls bei dem mit einer Leistenbruchanlage behafteten Verletzten der Bruch austritt (RG. **6** 1; JW. **1900** 420[27], EisenbE. **17** 242; JW. **1910** 650[6], EisenbE. **27** 86; JW. **1914** 840[16], EisenbE. **21** 240); wenn die Knochen desjenigen, der beim Betrieb einen Knochenbruch erleidet, infolge einer früheren Krankheit ungewöhnlich brüchig waren (RG. in WarnRspr. **1909** Nr. 225, EisenbE. **25** 403). Vgl. ferner RG. in „Recht" **1917** Nr. 1000, EisenbE. **34** 146; RG. **102** 241, JW. **1922** 1124[6].

Ist auch in allen diesen Fällen der Unfall für den eingetretenen ganzen Schaden kausal, so ist doch die Tatsache der schon vorhandenen Krankheit oder Disposition des Verletzten auf die Berechnung der Höhe des Vermögensschadens von Einfluß. Der Eisenbahnunternehmer haftet immer nur insoweit, als der Schaden eine Folge des Unfalls ist. Im Falle des Todes des Verletzten ist daher Ersatz für den Schaden zu leisten, der dadurch entstanden ist, daß der Getötete infolge des Unfalls nicht die seinem bisherigen körperlichen Zustande entsprechende Dauer des Lebens erreicht hat. Im Fall der Körperverletzung ist dem Beschädigten die Differenz zu erstatten, um die sich seine Vermögensverhältnisse infolge des Unfalls verschlechtert haben. Das Vorhandensein einer krankhaften Anlage ist daher insofern von Einfluß, als anzunehmen ist, daß der Kläger auch ohne den Unfall nicht eine Arbeitsfähigkeit von normaler Dauer behalten hätte. Vgl. RG. in „Recht" **1907** Nr. 280, EisenbE. **23** 285; JW. **1911** 650[21], EisenbE. **28** 310.

Eine mitwirkende Ursache kann auch das eigene Verschulden **Anm. 71.** des Verletzten bilden. Es handelt sich hier, was nicht immer beachtet wird (vgl. z. B. Eger Anm. 12 S. 166), nicht um das in § 1 geregelte eigene Verschulden, durch das der Unfall verursacht ist, sondern um das nach Eintritt des Unfalls zur Herbeiführung der schädlichen Folgen mitwirkende schuldhafte Verhalten des Verletzten.

Auf dieses im HaftpflG. nicht geregelte eigene Verschulden finden die Bestimmungen des § 254 BGB. Anwendung. Demnach hängt die Verpflichtung des Unternehmers zum Ersatz sowie der Umfang des zu leistenden Ersatzes von den Umständen, insbesondere davon ab, inwieweit der Schaden vorwiegend durch den Unfall oder durch das schuldhafte Verhalten des Beschädigten verursacht worden ist. Für eine Anwendung des § 254 ist allerdings strenggenommen kein Raum, wenn das eigene Verschulden nicht lediglich als mitwirkende, sondern als alleinige Ursache erscheint, der Kausalzusammenhang also unterbrochen ist (vgl. Anm. 75). Über die Beweislast vgl. Anm. 78.

Ein die Haftpflicht des Unternehmers ausschließendes oder einschränkendes eigenes Verschulden liegt beispielsweise vor, wenn der Verletzte leichtfertig ärztlichen Anordnungen zuwiderhandelt, bei deren Befolgung er arbeitsfähig geworden oder wenigstens nur in geringerem Grade arbeitsunfähig geblieben wäre (RG. in EisenbE. **5** 281); wenn sich der Verletzte von Kurpfuschern behandeln läßt und anzunehmen ist, daß bei ärztlicher Behandlung eine Heilung erzielt worden wäre (RG. in EisenbE. **1** 52); wenn der Verletzte in arglistiger Weise durch absichtlichen Nichtgebrauch des Armes die Wiedererlangung der vollen Gebrauchsfähigkeit ganz oder teilweise einbüßt (RG. in EisenbE. **2** 323).

Anm. 72. Das schuldhafte Verhalten des Verletzten braucht nicht notwendig in einem positiven Handeln zu bestehen. Es kann sich auch darauf beschränken, daß er unterläßt, den Schaden abzuwenden oder zu mindern (§ 254 Abs. 2 BGB.). Pflicht des Verletzten ist es, sich einem geeigneten Heilverfahren zu unterziehen, insbesondere sich ärztlich behandeln zu lassen. Unterläßt er dies schuldhaft, sei es böswillig, sei es aus Eigensinn oder Gleichgültigkeit, so haftet er für den aus der Unterlassung entstehenden Schaden.

Anm. 73. Für die Beantwortung der Frage, ob der Verletzte verpflichtet ist, sich der Behandlung in einer Heilanstalt (Krankenhaus, Klinik oder dgl.) zu unterziehen, ist davon auszugehen, daß der Verletzte, soweit er dazu imstande ist, zur Heilung oder Besserung seiner Krankheit die nach dem augenblicklichen Stande der medizinischen Wissenschaft sich darbietenden Mittel benutzen muß. Besteht ein solches Mittel in einer Anstaltsbehandlung, so hat sich der Verletzte dieser zu unterziehen. Die Abneigung gegen eine solche oder der Wunsch, sich von bestimmten Ärzten behandeln zu lassen, verdienen keine Berücksichtigung. RG. **60** 147, JW. **1905** 201[4].

Die Behandlung in einer Anstalt kann jedoch nicht etwa ausschließlich zu dem Zweck, für den Haftpflichtigen die Entschädigungskosten zu verringern, beansprucht werden. Kommt eine Behebung oder Besserung der Unfallsfolgen nicht in Frage, so kann der Verletzte nicht gezwungen werden, lediglich um die Entschädigung herabzumindern, sein Leben in einer Anstalt, statt in seiner Häuslichkeit zuzubringen. RG. in SeuffA. **65** 230, EisenbE. **27** 60.

Über die Verpflichtung des Ersatzpflichtigen, sich zur Übernahme der Kosten zu erbieten, vgl. Anm. 74.

Bei Beurteilung der Verpflichtung des Verletzten, sich einem geeigneten Heilverfahren, z. B. einer Anstaltsbehandlung zu unterziehen, legt das RG. einen ausschließlich objektiven Maßstab an. „Es muß als Regel gelten, daß der Verletzte in solchem Falle nicht anders handeln darf, als es bei gleicher Gesundheitsstörung ein verständiger Mensch tun würde, der nicht in der Lage ist, die Vermögensnachteile, die ihm bei Fortdauer der Krankheit erwachsen, auf einen anderen abzuwälzen.“ RG. **60** 147, JW. **1905** 201[4]. Dieser Standpunkt kann unter Umständen zu Härten für den Verletzten führen. Es erscheint gerechtfertigt, auf dessen persönliche Empfindungen, sofern diese nicht der Vernunft gröblich widerstreiten, Rücksicht zu nehmen. Vgl. Dronke, EisenbE. **22** 97 ff.

Eine große Literatur hat die Frage hervorgerufen, ob der Verletzte auch verpflichtet ist, an sich eine Heilung oder Besserung verheißende Operation vornehmen zu lassen. Literaturangaben siehe bei Staudinger Anm. 2 c zu § 254 BGB. **Anm. 74.**

Da das Gesetz dem Verletzten die Verpflichtung auferlegt, den Schaden abzuwenden, und an ein schuldhaftes Unterlassen der Abwendung Folgen knüpft, so hängt die Beantwortung der Frage lediglich davon ab, ob in der Weigerung, sich einer Operation zu unterziehen, ein schuldhaftes Verhalten liegen kann. Dies ist unbedenklich zu bejahen. Ein freies Bestimmungsrecht über den eigenen Körper ist allerdings in weitestem Umfange anzuerkennen. Die Ausübung eines Rechtes wird aber zum Unrecht, wenn sie einen Rechtsmißbrauch darstellt (§ 226 BGB.). Eine Anerkennung des freien Selbstbestimmungsrechts ohne jede Grenzen würde einem treulosen Verhalten Tor und Tür öffnen.

Die grundsätzliche Verpflichtung des Verletzten, sich operieren zu lassen, wird demgemäß in dem Schrifttum nahezu einhellig anerkannt. Ebenso das RG. in ständiger Rechtsprechung. Vgl. EisenbE. **8** 197; **8** 222; **11** 195; RG. **60** 147, JW. **1905** 201[4], EisenbE. **22** 47; JW. **1907** 740[6], EisenbE. **24** 273; JW. **1912** 136[8]; RG. **83** 15, JW. **1913** 975[2], EisenbE. **30** 218.

Der Verletzte braucht sich jedoch nicht jeder Operation zu unterziehen. Er hat bei der Erfüllung der Verpflichtung zur Abwendung des Schadens die im Verkehr erforderliche Sorgfalt zu beachten (§§ 254 Abs. 2, 276). Er muß ferner so handeln, wie Treu und Glauben mit Rücksicht auf die Verkehrssitte es erfordern (§ 242). Das RG. hat hiernach folgende Forderungen aufgestellt, die an die Begründung des dahingehenden Einwandes zu stellen sind, der Verletzte habe es unterlassen, durch eine Operation seine Erwerbsfähigkeit ganz oder teilweise wieder herstellen zu lassen:

Die Operation muß nach dem Gutachten von Sachverständigen gefahrlos sein. Damit scheiden insbesondere Operationen aus, die im Gegensatz zu der bloßen örtlichen Unempfindlichmachung nur in der Chloroformnarkose vorgenommen werden können, weil hierbei die Möglichkeit eines tödlichen Ausgangs nicht mit Sicherheit auszuschließen ist. Die Operation darf auch nicht mit nennenswerten Schmerzen verknüpft sein. Sie muß ferner nach dem Gutachten von Sachverständigen mit Sicherheit eine beträchtliche Besserung der Leistungsfähigkeit des Verletzten erwarten lassen. Endlich muß der Schadenersatzpflichtige dem Verletzten zu erkennen gegeben haben, entweder er sei bereit, die Operation auf seine Kosten an geeigneter Stelle durch sachkundige Personen ausführen zu lassen, oder er wolle die Kosten für die Operation vorschießen. RG. **83** 15, JW. **1913** 975[2], EisenbE. **30** 218. Vgl. auch JW. **1907** 740[6], EisenbE. **24** 273; JW. **1912** 136[8]; EisenbE. **35** 178. Im übrigen kann die Entscheidung darüber, ob ein schuldhaftes Verhalten des Verletzten vorliegt, nur unter Würdigung aller im Einzelfalle vorliegenden Umstände getroffen werden. JW. **1907** 740[6], EisenbE. **24** 273; JW. **1912** 136[8].

Kein Verschulden liegt vor, wenn das unvernünftige Handeln des Verletzten auf einer durch den erlittenen Unfall verursachten Minderung und Störung seiner Intelligenz und Energie beruht. RG. in EisenbE. **23** 364.

Die schuldhafte Weigerung des Verletzten, sich operieren zu lassen, muß für die Entstehung des Schadens kausal sein. Dies ist nur dann der Fall, wenn die Vornahme der Operation in dem Zeitpunkt, in dem sich der Verletzte ihr zu unterziehen hatte, nach den Erfahrungen der medizinischen Wissenschaft eine Heilung oder wesentliche Besserung herbeizuführen geeignet war. RG. in JW. **1905** 201[4], EisenbE. **22** 47.

Für das Gebiet der Unfallversicherung wird eine Verpflichtung des Verletzten, sich einer Operation zu unterziehen, grundsätzlich verneint. Vgl. RVANachr. **88** 282[552]; 284[553]; **93** 159[1213].

Anm. 75. δ) Unterbrechung des Kausalzusammenhangs.

Von einer Unterbrechung des Kausalzusammenhangs spricht man, wenn eine neue Bedingung jede Beziehung der in Frage stehenden zum Erfolge so durchschneidet, daß letzterer seine zureichende Begründung allein in der letzten Bedingung findet (vgl. Staudinger, Vorbem. zu §§ 249—255 III 2 b). Hier handelt es sich um die Unterbrechung des Kausalzusammenhangs zwischen dem Unfall (der schädigenden Einwirkung) und dem eingetretenen Erfolg. Über die Unterbrechung des Kausalzusammenhangs zwischen Unfall und Betrieb vgl. unten Anm. 85.

Eine solche Unterbrechung des ursächlichen Zusammenhangs entsteht nicht notwendig durch das Dazwischentreten einer auf freiem Entschluß beruhenden Handlung des Verletzten oder eines Dritten. So wird z. B. der Kausalzusammenhang nicht unterbrochen, wenn die Folgen eines Unfalls durch das Publikum, das zur Hilfe herbeieilt, um den Verletzten aus seiner gefährlichen Lage zu befreien, verschlimmert werden. RG. in JW. **1916** 1115[2], EisenbE. **33** 423. Vgl. auch Anm. 85.

Macht der Unfall eine ärztliche Behandlung notwendig, und hat diese trotz Beobachtung der erforderlichen Sorgfalt den Tod oder eine Gesundheitsschädigung zur Folge, so ist auch dieser Erfolg durch den Unfall verursacht. Daher haftet z. B. der Unternehmer für den durch den Tod des Verletzten entstandenen Schaden, wenn der Unfall die Vornahme einer Narkose bedingt und der Verletzte, ohne daß von dem behandelnden Arzt ein Kunstfehler begangen wird, in der Narkose stirbt. RG. in JW. **1907** 750[24], EisenbE. **24** 276. Ebensowenig kommt eine Unterbrechung des Kausalzusammenhangs in Betracht, wenn die schädlichen Folgen zwar auf eine irrige Diagnose oder eine unrichtige Behandlung seitens des behandelnden Arztes zurückzuführen sind, ein Kunstfehler aber nicht begangen ist. RG. in JW. **1913** 322[7].

Anm. 76. Aber selbst die Begehung eines Kunstfehlers eröffnet nicht notwendig einen neuen Kausalverlauf. Ist der Erfolg einer ärztlichen Behandlung, insbesondere einer Operation, von vornherein zweifelhaft oder bei der Schwierigkeit des zu behandelnden Falles die Begehung eines Kunstfehlers, zumal seitens eines weniger erfahrenen Arztes, nicht unwahrscheinlich, so sind dem Unternehmer diese Folgen zuzurechnen. Nur dann fehlt der ursächliche Zusammenhang zwischen der beim Betriebe erlittenen Verletzung und den Folgen der ärztlichen Behandlung, wenn bei dieser alle ärztlichen Regeln und Erfahrungen aufs gröblichste außer acht gelassen sind. RG. in JW. **1911** 754[9], „Recht" **1911** Nr. 3181, EisenbE. **28** 328; JW. **1921** 741[3], EisenbE. **38** 300; RG. **102** 230; Rümelin, ArchZivPrax. **90** 264.

Unterbricht der Kunstfehler des Arztes nicht den ursächlichen Zusammenhang, ist also der Betriebsunternehmer für den Schaden verantwortlich, so entsteht die Frage, ob der Verletzte etwa gemäß § 254 Abs. 2 S. 2 das Verschulden des Arztes wie ein eigenes Verschulden zu vertreten hat. Wäre die Frage zu bejahen, so würde im Verhältnis des Unternehmers zum Verletzten die Verpflichtung zum Ersatz sowie der Umfang des zu leistenden Ersatzes davon abhängen, inwieweit der Schaden vorwiegend durch den Unfall oder den Kunstfehler verursacht worden ist. Die Frage ist jedoch zu verneinen. Der Verletzte ist dem Unternehmer gegenüber verpflichtet, den Schaden nach Möglichkeit abzuwenden oder zu mindern. Dieser Verpflichtung genügt er durch Hinzuziehung eines approbierten Arztes. Dessen Leistungen und die Richtigkeit seiner Anordnungen nachzuprüfen, kann von dem Verletzten regelmäßig nicht verlangt werden. Daher ist die ärztliche Behandlung nicht ein Teil der von dem Verletzten geschuldeten Erfüllungsleistung und der Kunstfehler nicht als bei Erfüllung der Verbindlichkeit begangen, sondern als ein außerkontraktliches Verschulden anzusehen. Vgl. RG. **72** 219, EisenbE. **26** 321; WarnRspr. **1920** Nr. 150; Staudinger Anm. 5 zu § 254; Gottschalk, Das mitwirkende Verschulden des Beschädigten S. 123; von Leyden, Die sog. Kulpakompensation S. 81. A. M. Planck Anm. 5 zu § 254; Dronke, EisenbE. **22** 214.

Stark umstritten ist die Frage, inwieweit gewisse nach Unfällen auf- **Anm. 77.** tretende nervöse Beschwerden, die als „Unfallneurose" (auch „traumatische Neurose") bezeichnet werden, als Folgen des Unfalles zu gelten haben.

Schrifttum:

Über das medizinische Problem orientieren insbesondere die Schriften: Die „Unfall(Kriegs-)Neurose", Vorträge und Erörterungen, zusammengestellt im Reichsarbeitsministerium 1929; Nägeli, Unfalls- und Begehrungsneurose 1917; Reichardt, Einführung in die Unfall- und Invaliditätsbegutachtung 2. Aufl. 1923; Stier, Die sogen. Unfallneurosen 1926; Bonhoeffer und His, Beurteilung, Begutachtung und Rechtsprechung bei den sogen. Unfallneurosen 1926; Zimmermann, Das medizinische Problem im Eisenbahnhaftpflichtrecht, EisenbE. **34** 8 ff.; Horn, „Über nervöse Erkrankungen nach Eisenbahnunfällen mit besonderer Berücksichtigung ihrer Beeinflussung durch Kapitalabfindung bzw. Rentenverfahren" 1913; derselbe, „Arzt und Haftpflichtgesetz", Ärztl. Sachverständigenzeitung 1916.

Über die rechtliche Seite vgl. Schikarski in EisenbE. **37** 1 ff.; Kersting in EisenbE. **44** 277 ff.; Seligsohn in EisenbE. **49** 314 ff.

Die medizinischen Anschauungen über das Wesen der Unfallneurose haben in neuerer Zeit eine bedeutsame Wandlung erfahren. Während die ehemals herrschende Lehre annahm, daß die sogen. traumatische Neurose (Rentenhysterie) eine echte Krankheit im medizinisch-biologischen Sinne darstelle, geht die neuerdings in fachärztlichen Kreisen als herrschend anzusehende Auffassung dahin, daß es sich bei der Unfallneurose nicht mehr um durch den Unfall bedingte Krankheitserscheinungen, sondern um psychologisch verständliche Reaktionen auf die Versicherung oder auf das Entschädigungsverfahren handele, die nicht als Unfallfolgen anzusprechen seien. Soweit sich Neurosen im Zusammenhang mit einem Entschädigungsverfahren gebildet haben, spricht man auch von „Prozeßneurosen", „Rentenkampfneurosen" oder „Rentenhysterie".

Aus dieser medizinischen Auffassung, gegen die allerdings wegen ihrer Verallgemeinerung verschiedentlich Einwendungen erhoben werden (vgl. z. B. die Anm. von Geheimrat Straßmann zu JW. **1929** 936[25]), hat das RVA. für die Unfallversicherung die rechtliche Schlußfolgerung gezogen, daß Unfallneurosen nicht als Unfallfolgen anzusehen seien. Nicht jeder Umstand, der irgendwie zum Erfolge beigetragen habe, könne — so wird in der als grundsätzlich abgedruckten Entscheidung vom 24. 9. 1926 (RVANachr. **1926** 480 ff.) ausgeführt — als rechtlich beachtliche Mitursache angesehen werden. Voraussetzung sei vielmehr, daß er zum Erfolge auch wesentlich mitgewirkt habe. Das treffe aber für die Fälle der Unfallneurose nicht zu. Hier beruhe die Einschränkung der Erwerbsfähigkeit lediglich auf Vorstellungen und Wünschen, nicht aber auf medizinisch-biologischen Wirkungen. Zu dieser Auffassung des RVA. sei bemerkt, daß die RVersO. nicht die Zuerkennung einer Teilrente aus dem Gesichtspunkt der mitwirkenden Verursachung kennt. Infolgedessen stellt das RVA. die Entscheidung darauf ab, ob der Unfall zum Erfolge „wesentlich" mitgewirkt habe, was für Unfallneurosen allgemein verneint wird.

Das RG. hat bezüglich der Neurose von jeher den Standpunkt vertreten, daß es Frage des einzelnen Falles sei, inwieweit zwischen dem Unfall und der Neurose ein ursächlicher Zusammenhang angenommen werden könne. Als Unfallfolgen sollen die Gesundheitsstörungen nur dann anzusprechen sein, wenn der Unfall gerade eine nervöse Erkrankung, wenn auch nur im Keime hervorgerufen oder eine vorhandene nervöse Reizung verschlimmert habe, dagegen nicht, wenn die Folgeerscheinungen nur im äußeren Zusammenhang mit dem Unfall ständen, d. h. nur an das Erleben des Unfalls anknüpften, ohne daß dieser gerade in der zutage tretenden Richtung auf die Gesundheit schädlich eingewirkt hätte. Ein ursächlicher Zusammenhang sei insbesondere insoweit nicht gegeben, als der Verletzte durch eigenes Verschulden, z. B. durch Erhebung maßloser Schadenersatzforderungen, eine Vergrößerung des Schadens verursacht habe. Vgl. die als grundlegend anzusprechende Entscheidung RG. **75** 19, JW. **1911** 49[4], EisenbE. **27** 332 und ferner insbesondere JW. **1915** 1436[10], EisenbE. **33** 105; JW. **1906** 231[15]; **1908** 526[11], EisenbE. **25** 180; JW. **1924** 464[8].

An diesem Standpunkt hat das RG., und zwar — wie es ausdrücklich betont — trotz des Wandels der medizinischen Auffassung festgehalten. Vgl. insbesondere die Urteile vom 12. 11. 1928 in JW. **1929** 936[25], EisenbE. **48** 403; 21. 2. 1929 in JW. **1929** 2251[1], EisenbE. **48** 403; 3. 3. 1930 in DAutR. **1930** 120.

Eine andere Ansicht würde sich mit allgemein anerkannten Rechtsgrundsätzen in Widerspruch setzen. Die Tatsache, daß andere Umstände, wie z. B. eine krankhafte Veranlagung des Verletzten, zur Herbeiführung des schädlichen Erfolges mitwirken, schließt den ursächlichen Zusammenhang nicht aus (vgl. oben Anm. 70). Insbesondere steht das „mitwirkende" eigene Verschulden des Verletzten nach den positiven gesetzlichen Bestimmungen des § 254 BGB. der Annahme des Kausalzusammenhanges nicht entgegen. Unterläßt es der Verletzte schuldhaft, den Schaden abzuwenden oder zu mindern — indem er es z. B. an dem erforderlichen Willen zur Heilung oder zur Arbeit fehlen läßt —, so ist gemäß § 254 abzuwägen, inwieweit der Schaden auf den Unfall und inwieweit auf das Verhalten des Verletzten zurückzuführen ist, und danach über die Ersatzpflicht und ihren Umfang zu entscheiden. Medizinische Sachverständige werden dieser Rechtslage entsprechend sorgfältig nach den tatsächlichen Umständen zu befragen sein. Eine Fragestellung nach dem rechtlichen Zusammenhang muß vermieden werden.

ε) Beweislast. Voraussetzung der Haftpflicht des Eisenbahnunternehmers ist, daß bei dem Betriebe der Eisenbahn ein Mensch getötet oder körperlich verletzt wird. Dem Schadenersatzberechtigten liegt daher der Beweis dafür ob, daß der Tod oder die Körperschädigung eine Folge des Unfalls ist. Darüber, ob dieser Nachweis als geführt anzusehen ist, entscheidet das Gericht unter Berücksichtigung des gesamten Inhalts der Verhandlungen und des Ergebnisses einer etwaigen Beweisaufnahme nach freier Überzeugung (§ 286 ZPO.). Vgl. Anm. 1 zu § 6. **Anm. 78.**

Es genügt, wenn dem Gericht Tatsachen dargetan werden, aus denen der Schluß gezogen werden kann, daß erfahrungsgemäß und nach dem natürlichen Laufe der Dinge der Unfall geeignet war, die Körperschädigung herbeizuführen. Des Nachweises der Abwesenheit aller sonst noch vielleicht denkbaren Ursachen, die den Schaden herbeigeführt oder doch zu seinem Eintritt mitgewirkt haben könnten, bedarf es zur Annahme der Kausalität nicht. RG. in Bolze **23** Nr. 163; RG. **68** 67; **95** 103; **95** 249; **102** 241.

Behauptet der Eisenbahnunternehmer, daß bei der Entstehung des Schadens ein eigenes Verschulden des Verletzten mitgewirkt habe, so trifft ihn die Beweislast für seine Behauptung. Denn er bestreitet damit nicht, was der Ersatzberechtigte vorträgt, daß nämlich der Unfall ursächlich den Tod oder die Verletzung herbeigeführt habe, sondern wendet eine rechtsändernde bzw. rechtsvernichtende Tatsache ein. Bestreitet dagegen der Eisenbahnunternehmer, daß der Unfall überhaupt kausal für den Schaden gewesen sei, so ist es Sache des Geschädigten, diese

Kausalität nachzuweisen. Macht also z. B. der Unternehmer geltend, daß die fahrlässige Behandlung der Wunde als selbständig wirkende Bedingung den Tod des Verletzten herbeigeführt habe, so hat der Entschädigung For dernde den Nachweis zu führen, daß nach der Art der Verletzung mit der Möglichkeit eines solchen Ausgangs gerechnet werden mußte.

Macht der Haftpflichtige geltend, daß der Schaden nicht entstanden wäre, wenn sich der Verletzte einer Operation oder einer Anstaltbehandlung unterzogen hätte, so liegt dem Unternehmer der Beweis dafür ob, daß bei pflichtmäßigem Handeln seitens des Verletzten nach den Ergebnissen der medizinischen Wissenschaft eine Heilung oder Besserung erzielt worden wäre. Sache des Ersatzbeanspruchenden ist es, demgegenüber die besonderen Umstände darzutun, die in dem gegebenen Falle den Eintritt eines solchen Erfolges ausschlossen. RG. **60** 147, JW. **1905** 201[4]; EisenbE. **23** 364. Vgl. Anm. 74.

Über die Beweislast, wenn eigene schuldhafte Verursachung des Unfalls durch den Verletzten in Frage steht, vgl. Anm. 204 ff.

Anm. 79. **IV. Zusammenhang zwischen Unfall und Betrieb.**

Nach § 1 haftet der Unternehmer für die Folgen eines Unfalls, der sich „bei dem Betriebe" ereignet. Das Wort „bei" deutet sowohl auf einen äußeren wie auf einen inneren Zusammenhang zwischen dem Unfall und dem Betriebe der Bahn hin. A. M. Behre in VerZtg. **1928** 674. Vgl. auch oben Anm. 20 ff.

1. Äußerer Zusammenhang.

Anm. 80. **a) Zeitlicher Zusammenhang.** Der Unfall muß unmittelbar vor, während oder unmittelbar nach der Vornahme einer Betriebshandlung eintreten. § 1 findet keine Anwendung, wenn sich der Unfall während der Betriebsruhe, d. h. zu einer Zeit, in der ein Betrieb in dem oben (unter II) erörterten Sinne nicht stattfindet, ereignet. Es muß eine zeitliche Beziehung zu einem bestimmten Betriebsereignis vorhanden sein. Unfälle, die ohne eine solche Beziehung lediglich auf die Eigenart oder Gefährlichkeit von Betriebseinrichtungen zurückzuführen sind, fallen nicht unter das HaftpflG.

Daher liegt beispielsweise kein Betriebsunfall vor, wenn ein Kind an der Drehscheibe eines Bahngeleises spielt und sich hierbei eine Verletzung zuzieht (OLG. Kolmar in EisenbE. **17** 133; OLG. Bamberg in EisenbE. **22** 369); wenn ein Wächter des Nachts über die Schienen einer Feldbahn stürzt (RG. in EisenbE. **17** 244); wenn ein Passant infolge Anrennens an eine geschlossene Straßenschranke der Bahn zu Schaden kommt (RG. in EisenbE. **26** 178); wenn jemand auf einer Eisenbahnüberführung den schmalen Weg neben den Geleisen benutzt und die Böschung hinabstürzt (RG. in WarnRspr. **1913** Nr. 304, EisenbE. **30** 108).

Das Erfordernis eines zeitlichen Zusammenhangs darf jedoch nicht überspannt werden. Es erscheint nicht zutreffend, wenn das RG. den zeitlichen Zusammenhang in einem Fall vermißte, wo ein Gesimsstück vom Bahnhofsgebäude mehrere Minuten nach dem Einlaufen eines Zuges in den Bahnhof herabfiel und jemand verletzte. JW. **1904** 487[11], EisenbE. **21** 179 (vgl. Anm. 34). Mit Recht erachtet das RG. dagegen einen Betriebsunfall für vorliegend, wenn jemand auf dem Bahnsteig durch Glatteis zu Fall kommt, das dadurch entstanden ist, daß aus der Maschine eines kurz vorher eingelaufenen Zuges Wasser abgelassen worden war. JW. **1911** 824[42]. A. M. Behre in VerZtg. **1928** 674.

Der zeitliche Zusammenhang darf nicht ein nur äußerlicher, zufälliger sein. Dies wäre der Fall, wenn sich der Unfall in gleicher Weise zur Zeit einer Betriebsruhe ereignet haben könnte. Stürzt z. B. jemand des Nachts über ein von ihm nicht wahrgenommenes Schienengeleise, so tritt der hierbei erlittene Unfall nicht deshalb in einen zeitlichen Zusammenhang zu dem „Betriebe", weil zufällig im folgenden Augenblick ein Eisenbahnzug die Unfallstelle durchfährt. Ebenso fehlt es an dem erforderlichen Zusammenhang, wenn auf einen Reisenden, der sich auf einer Station im Wartesaal aufhält, der Anblick seiner infolge eines Eisenbahnunfalls schwerverletzten Tochter eine solche psychische Einwirkung ausübt, daß er in eine schwere Geisteskrankheit verfällt. Dieselbe Wirkung hätte eintreten können, wenn er nicht Reisegenosse seiner Tochter gewesen wäre und sie erst nach längerer Zeit zu Hause zu Gesicht bekommen hätte. RG. **68** 47. Vgl. auch Anm. 84.

Der Unfall muß in zeitlicher Beziehung zu einem bestimmten Betriebsvorgang stehen. Es genügt nicht, daß er auf die Beförderungstätigkeit der Bahn im allgemeinen zurückzuführen ist. Vgl. Anm. 54.

b) Örtlicher Zusammenhang. Der Unfall muß sich da ereignen, wo die Betriebshandlungen vorgenommen werden, also auf der Fahrbahn oder in deren Nähe. Vgl. auch über die die Beförderung vorbereitenden und abschließenden Handlungen Anm. 43. **Anm. 81.**

Die Grenze darf freilich nicht zu eng gezogen werden. § 1 findet z. B. Anwendung, wenn infolge des durch eine Lokomotive verursachten Geräusches Pferde durchgehen und durch ein Dorf stürmend eine auf der Dorfstraße befindliche Person verletzen (OLG. Zweibrücken in EisenbE. **17** 113). Ebenso dürfte der örtliche Zusammenhang als vorhanden anzunehmen sein, wenn sich infolge der Einfahrt eines Zuges in eine Station innerhalb des Bahnhofsgebäudes ein Gegenstand loslöst und beim Herabfallen einen Menschen verletzt (a. M. RG. in JW. **1904** 487[11], EisenbE. **21** 179).

Der örtliche Zusammenhang darf nicht ein nur äußerlicher, zufälliger sein. RG. **68** 47. Vgl. Anm. 80.

2. Innerer Zusammenhang. **Anm. 82.**

Der Ausdruck „bei dem Betriebe" könnte den Anschein erwecken, als ob ein äußerer Zusammenhang zwischen dem Unfall und dem Betrieb zur

Begründung der Haftpflicht des Eisenbahnunternehmers genügte, als ob also dieser für alle bei Gelegenheit oder während des Betriebes eintretenden Unfälle verantwortlich gemacht werden könnte. Die Konsequenz wäre die, daß § 1 z. B. auch anzuwenden wäre, wenn ein Reisender während der Fahrt in der Eisenbahn infolge einer älteren Krankheit einen Schlaganfall erleidet. Es würde indessen dem Zweck des Gesetzes widersprechen, die Eisenbahn auch für solche Unfälle haftbar zu machen. Die Anwendung des HaftpflG. muß vielmehr auf Unfälle beschränkt werden, die nicht nur in einem äußeren, sondern auch in einem inneren (ursächlichen) Zusammenhang zum Betriebe stehen. Hierüber besteht in Theorie und Praxis Einigkeit.

Wann ein ursächlicher Zusammenhang vorliegt, ist nach allgemeinen Rechtsgrundsätzen zu entscheiden. Vgl. hierüber Anm. 67 und über die Frage, wann sich ein Unfall bei der Beförderung ereignet hat, Anm. 30 ff.

Im einzelnen ist zu bemerken:

Anm. 83. a) Der Unfall braucht nicht die **notwendige** Folge eines Betriebsvorgangs zu sein. Folgt dies schon aus allgemeinen Rechtsgrundsätzen (RG. **10** 140; RG. **13** 60), so gilt dies im besonderen Maße für § 1 HaftpflG., da der Gebrauch des Wortes „bei" jedenfalls gegen eine Überspannung des Kausalitätserfordernisses spricht. § 1 findet daher Anwendung, wenn auch nur die Möglichkeit eines ursächlichen Zusammenhangs zwischen dem Unfall und dem Betriebe vorhanden ist, vorausgesetzt, daß der Unfall bei Gelegenheit des Betriebes eintritt. Ereignet sich z. B. ein Unfall bei der eiligen Vornahme einer die Beförderung unmittelbar vorbereitenden Handlung (vgl. Anm. 47), so genügt es, wenn der Unfall möglicherweise ursächlich auf die Eile zurückzuführen ist. Es bedarf nicht des Nachweises, daß sich der Unfall nicht zugetragen hätte, wenn nicht Eile entwickelt worden wäre. RG. in EisenbE. **1** 243; RG. **3** 20, EisenbE. **1** 343; EisenbE. **6** 56; JW. **1917** 661[16].

Anm. 84. b) Der Unfall braucht nicht die **unmittelbare** Folge eines Betriebsvorgangs zu sein. Ein ursächlicher Zusammenhang zwischen dem Unfall und dem Betriebe liegt nicht nur dann vor, wenn ein Betriebsvorgang unmittelbar auf den Körper einwirkt, z. B. wenn jemand durch Überfahren getötet oder beim Schließen der Abteiltür verletzt wird, sondern auch dann, wenn der Betrieb zunächst ein anderes Ereignis herbeiführt und erst dieses den Unfall, d. h. die körperschädigende Einwirkung (vgl. Anm. 56), unmittelbar verursacht. Letzteres ist z. B. der Fall, wenn infolge der Betriebstätigkeit der Bahn Pferde scheu werden und den Tod oder die Verletzung eines Menschen herbeiführen (vgl. Anm. 34). Erforderlich ist, daß das Scheuen der Pferde durch die Betriebstätigkeit der Eisenbahn verursacht worden ist. Befindet sich daher eine Bahn zwar im Betriebe, tritt aber die Betriebstätigkeit nicht in die äußere Erscheinung (wie z. B. bei einer Lokomotive, die zum Zwecke des Dampfsammelns stillsteht), so bildet das Scheuen keine Folge des Betriebes (RG. in JW. **1907** 394[15], EisenbE.

24 66). Der ursächliche Zusammenhang ist ferner mit Recht in einem Falle für gegeben erachtet worden, in dem der Führer eines Kraftrades infolge des plötzlichen Herannahens und der hierdurch für ihn entstandenen Gefahr eines Zusammenstoßes in der Bestürzung die Gewalt über das Kraftrad verloren und dieses einen Dritten erfaßt hat (RG. in EisenbE. **37** 69). Vgl. auch die in Anm. 32 erwähnten Fälle von Körperverletzungen infolge von Explosionen.

Es fragt sich, ob ein innerer mittelbarer Zusammenhang zwischen Betrieb und Unfall auch gegeben ist, wenn jemand infolge des Schrecks und der Erregung über den in seiner Gegenwart eingetretenen Betriebsunfall einer anderen Person einen Gesundheitsschaden erleidet. Das RG. hat in einem Falle, in dem eine Frau den Sturz ihres Kindes aus einem Eisenbahnwagen wahrgenommen und infolgedessen eine Nervenerschütterung erlitten hatte, den inneren Zusammenhang mit dem Betriebe verneint. Es fehle, so wird ausgeführt, der unmittelbare innere Zusammenhang, da der Betriebsvorgang, der den Unfall des Kindes herbeigeführt (das Aufspringen der Wagentür), in keiner Weise auf die körperliche Integrität der Frau eingewirkt habe und ihre Nervenerschütterung lediglich die Folge eines außerhalb des Eisenbahnbetriebes liegenden Umstandes sei. RG. **75** 284, JW. **1911** 333[36]. Ist der Entscheidung auch im Ergebnis beizupflichten, so erscheint doch die Begründung nicht überzeugend. Ein unmittelbarer innerer Zusammenhang zwischen Betrieb und Unfall kann, wie oben ausgeführt ist, nicht gefordert werden. In dem vom RG. entschiedenen Rechtsfall fehlt es aber an der adäquaten Verursachung.

Der ursächliche Zusammenhang wird nicht notwendig durch das Da- **Anm. 85.** zwischentreten einer auf freiem Entschluß beruhenden Handlung eines Dritten unterbrochen. Vgl. Anm. 75.

Ergreift ein Dritter Maßregeln zum Schutze einer infolge eines Betriebsvorganges gefährdeten Person, und haben diese Maßregeln den Tod oder eine Verletzung dieser Person zur Folge, so ist gleichwohl der Tod oder die Verletzung ursächlich auf den Betrieb zurückzuführen. Erfaßt z. B. jemand die Zügel eines durch den Eisenbahnbetrieb scheu gewordenen Pferdes, und hat dies zur Folge, daß das Pferd durchgeht und eine im Wagen befindliche Person verletzt wird, so unterbricht die Rettungshandlung des Dritten nicht den Kausalzusammenhang. Fällt dem Dritten bei der Vornahme der Rettungshandlung ein Verschulden zur Last, so ist dieser für den Schaden allein verantwortlich, sofern sein Verschulden als selbständig wirkende Bedingung für den Schaden anzusehen ist. RG. **29** 120; RG. in JW. **1903** 30[32], EisenbE. **20** 122; WarnRspr. **1915** Nr. 242, EisenbE. **32** 460. Vgl. auch RG. in VerkRdsch. **2** 93, EisenbE. **39** 280.

3. Beweislast. **Anm. 86.**

Für das Vorhandensein des äußeren und inneren Zusammenhangs zwischen Unfall und Betrieb ist der Ersatzfordernde beweispflichtig. Darüber, ob dieser Nachweis geführt ist, entscheidet das Gericht unter Berücksichtigung des gesamten Inhalts der Verhandlungen und des Ergebnisses einer etwaigen Beweisaufnahme nach freier Überzeugung (§ 286 ZPO.). Vgl. Anm. 1 zu § 6.

Steht fest, daß sich der Unfall bei Gelegenheit des Eisenbahnbetriebes, also im äußeren Zusammenhang mit diesem ereignet hat, so genügt schon der Nachweis der Möglichkeit eines inneren (ursächlichen) Zusammenhanges zwischen Unfall und Betrieb. Sache des Unternehmers ist es, die besonderen Umstände des Falles nachzuweisen, aus denen sich das Fehlen des erforderlichen inneren Zusammenhangs ergibt. Vgl. Anm. 83.

V. Verletzter.

Anm. 87. **1. „Ein Mensch".**

Der Eisenbahnunternehmer haftet, wenn bei dem Betriebe einer Eisenbahn ein Mensch getötet oder verletzt wird. Der Ausdruck „Mensch" ist in dem umfassenden Sinne des gewöhnlichen Sprachgebrauchs verwendet. Der Eisenbahnunternehmer haftet daher für die Folgen der Tötung oder Körperverletzung eines jeden Menschen, mag dieser zu dem Unternehmer in dem Verhältnis eines Fahrgastes oder eines Bediensteten (Angestellten, Beamten, Arbeiters) oder eines unbeteiligten Dritten stehen. Es ist also auch unerheblich, ob zwischen dem Unternehmer und dem Verletzten zur Zeit des Unfalls ein Vertragsverhältnis bestand. Die Vorteile des § 1 kommen ebenso dem ohne Fahrkarte fahrenden Passagier wie dem ohne Wissen oder gar gegen den Willen des Unternehmers im Betriebe beschäftigten Angestellten zugute. Vgl. Eger Anm. 4 S. 61; Endemann S. 39; Reindl Anm. 3 zu § 1 S. 32. A. M. Josef in VerkRdsch. 5 538.

Nach § 1 BGB. beginnt die Rechtsfähigkeit des Menschen mit der Vollendung der Geburt. Auf das erzeugte, aber noch nicht geborene Wesen (nasciturus) findet demnach das HaftpflG. keine Anwendung. Ebenso Eger Anm. 4 S. 60.

Über Sachschaden vgl. Anm. 57.

Anm. 88. **2. Die Abänderung des § 1 HaftpflG. durch die Unfallversicherungs- und Fürsorgegesetzgebung.**

Das HaftpflG. hat durch die Unfallversicherungs- und Fürsorgegesetzgebung eine tiefgreifende Änderung erfahren. Gesetzliche Bestimmungen, in denen ausdrücklich die Änderung des HaftpflG. ausgesprochen wird, sind weder in diesem noch in den Versicherungs- und Fürsorgegesetzen vorgesehen. Sie ergibt sich indessen aus dem Inhalt der in Betracht kommenden Vorschriften. Es sind dies vornehmlich die §§ 898 ff., 1042, 1219, 1542 ff. RVersO. (früher §§ 135—140 GewUVG., §§ 146—151 LwUVG., §§ 45—47 BauUVG., §§ 133—138 SeeUVG., sämtlich in der Fassung vom 30. Juni 1900) sowie die §§ 10—14 BeamtUFürsG. Was im folgenden für die RVersO. ausgeführt wird, gilt in entsprechender Weise für das Gebiet des Angestelltenversicherungsgesetzes (vgl. § 89).

a) HaftpflG. und RVersO.

α) Die grundlegende Vorschrift, die das Anwendungsgebiet des HaftpflG. einschränkt, enthält § 898 RVersO., der wie folgt lautet: **Anm. 89.**

Der Unternehmer (§ 633) ist Versicherten und deren Hinterbliebenen (§§ 588—593), auch wenn sie keinen Anspruch auf Rente haben, nach anderen gesetzlichen Vorschriften zum Ersatz des Schadens, den ein Unfall der in den §§ 544, 546 bezeichneten Art verursacht hat, nur dann verpflichtet, wenn strafgerichtlich festgestellt worden ist, daß er den Unfall vorsätzlich herbeigeführt hat. Dann beschränkt sich die Verbindlichkeit des Unternehmers auf den Betrag, um den sie die Entschädigung aus der Unfallversicherung übersteigt.

Der Gewerbe-Unfallversicherung unterliegt der gesamte Betrieb der Eisenbahnen, sowohl der Groß- als auch der Kleinbahnen (§ 537 Ziff. 5 und 10 RVersO.). Demgemäß haftet nach § 898 der Unternehmer eines Eisenbahnbetriebes den Versicherten, wenn sie in diesem Betriebe beschäftigt sind, und den Hinterbliebenen für die Folgen eines Betriebsunfalles nach anderen gesetzlichen Vorschriften, insbesondere dem HaftpflG. — abgesehen von dem hier kaum praktischen Fall strafgerichtlich festgestellter vorsätzlicher Herbeiführung — überhaupt nicht. Die Versicherten und ihre Hinterbliebenen haben wegen der Unfallfolgen ausschließlich den in der RVersO. geregelten Leistungsanspruch (vgl. §§ 555 ff.), und zwar gegen den Träger der Versicherung (§§ 623 ff.). Dies ist für die Reichsbahnen die Deutsche Reichsbahn-Gesellschaft selbst (§ 626). Im übrigen sind Träger der Versicherung für Haupt- und Nebenbahnen die Privatbahnberufsgenossenschaft, für die Kleinbahnen die Straßen- und Kleinbahnberufsgenossenschaft. Vgl. hierzu Fritsch S. 293.

Gegen Betriebsunfälle versichert sind Arbeiter, Gehilfen, Gesellen, Lehrlinge und Betriebsbeamte, wenn sie in diesem der Versicherung unterliegenden Betriebe beschäftigt sind (§ 544 Abs. 1). Versicherungsfrei sind nach § 554 die daselbst aufgeführten Personenklassen, die einen Anspruch auf Unfallfürsorge oder Versorgung haben, und für die die unten Anm. 103 ff. erörterten besonderen Vorschriften gelten. **Anm. 90.**

Ausgeschlossen ist die Ersatzpflicht aus dem HaftpflG. nur, sofern ein Unfall im Sinne des § 544 vorliegt, auf den sich die Versicherung erstreckt. Im Anschluß an den früheren § 135 GewUVG., auf dem § 898 RVersO. beruht, war in der Praxis wiederholt die Ansicht hervorgetreten, daß nach dieser Vorschrift jede Haftung der Unternehmer gegenüber den versicherten Angestellten und deren Hinterbliebenen insoweit beseitigt worden sei, als nicht die in diesem Paragraphen enthaltene Ausnahme (durch strafgerichtliches Urteil festgestellte vorsätzliche Herbeiführung des Unfalls) zutreffe, auch wenn kein nach dem Unfallversicherungsgesetz entschädigungspflichtiger Betriebsunfall vorliege. Diese Auffassung hat das RG. in ständiger Praxis verworfen (RG. **24** 117; RG. **31** 76; JW. **1894** 520[20], EisenbE. **11** 243; EisenbE. **16** 46; JW. **1904** 10[12], EisenbE. **20** 329; RG. **60** 36). Durch die Fassung des § 898 RVersO. ist jeder Zweifel darüber beseitigt, daß die Anwendung anderer gesetzlicher Vorschriften, also auch des HaftpflG., nur insofern beschränkt ist, als ein nach der RVersO. entschädigungspflichtiger Betriebsunfall vorliegt.

Anm. 91. Der Unfallversicherung unterliegt nur der eigentliche technische Eisenbahnbetrieb, nicht der innere Dienst. Voraussetzung für die Anwendung der RVersO. ist ferner, daß der Versicherte zur Zeit des Unfalles im Eisenbahnbetriebe beschäftigt gewesen ist. Demgemäß finden die Grundsätze des HaftpflG. auf Betriebsunfälle zunächst uneingeschränkt Anwendung, wenn der Verletzte zwar zu den im Eisenbahnbetriebe beschäftigten, aber nicht zu den in diesem Betriebe versicherten Personen gehört. Unveränderte Geltung hat demgemäß § 1 z. B., wenn Büroangestellte, Hausdiener, Pförtner oder Kofferträger im Dienste einen Eisenbahnunfall erleiden, da diese Personen zwar im Eisenbahnbetriebe beschäftigt, aber nicht in ihm versichert sind. Ebenso finden die Vorschriften des HaftpflG. uneingeschränkt Anwendung, falls der Verletzte zwar zu den im Eisenbahnbetriebe Versicherten gehört, zur Zeit des Unfalles aber nicht in ihm beschäftigt war. Verunglückt beispielsweise ein Angestellter der Straßenbahn in einem Motorwagen auf einer außerdienstlichen Fahrt, so haftet der Straßenbahnunternehmer dem Angestellten nach den Bestimmungen des HaftpflG. wie jedem Dritten (vgl. RVA. in DJZ. **11** 1449, EisenbE. **28** 290). Der mit der Beschäftigung zusammenhängende Weg nach und von der Arbeitsstätte gilt nach dem durch Gesetz vom 14. 7. 1925 (RGBl. I S. 97) eingefügten § 545 a als Beschäftigung im Betriebe. Verbotswidriges Handeln — Aufspringen eines Versicherten auf einen fahrenden Zug — schließt die Anwendung des § 545 a nicht aus. RVA. in JW. **1927** 2395[12]. A. M. Hanow ebenda Anm.

Anm. 92. Durch § 898 ist lediglich die Haftung derjenigen Betriebsunternehmer beschränkt, die Arbeitgeber („Unternehmer") des Verletzten sind. Ist der Eisenbahnunternehmer, bei dessen Betriebe sich der Unfall ereignete, nicht der Unternehmer des Versicherten, vielmehr im Verhältnis zu dem Verletzten ein Dritter, so haftet er für die Folgen des Unfalls nach den Vorschriften des HaftpflG. In bezug auf die Frage, ob die Eisenbahn versicherten Arbeitern als Unternehmer oder als Dritter gegenübersteht, können sich im einzelnen Falle Zweifel ergeben. Vgl. unten Anm. 95.

§ 903 RVersO. sieht unter gewissen Voraussetzungen eine Haftung des Unternehmers gegenüber den Versicherungsträgern vor. Es handelt sich hier um einen auf Gesetz beruhenden den Versicherungsträgern aus eigenem Recht erwachsenden Erstattungsanspruch, der wohl von dem gemäß § 1542 RVersO. auf den Versicherungsträger übergegangenen Schadensersatzanspruch des Verletzten (vgl. unten Anm. 97) zu unterscheiden ist. Vgl. RG. **62** 340; **62** 428; **96** 135; JW. **1928** 2786[6].

Anm. 93. Die ordentlichen Gerichte, vor denen von einem Versicherten oder seinen Hinterbliebenen ein Anspruch auf Grund des HaftpflG. geltend gemacht wird, haben zu prüfen, ob überhaupt eine Haftung des Unternehmers mit Rücksicht auf § 898 RVO. in Frage kommt (vgl. auch unten

Anm. 102). In dieser Feststellung sind sie allerdings beschränkt. § 901 RVersO. bestimmt nämlich:

> Hat ein ordentliches Gericht über solche Ansprüche zu erkennen, so ist es an die Entscheidung gebunden, die in einem Verfahren nach diesem Gesetze darüber ergeht,
>
> ob ein entschädigungspflichtiger Unfall vorliegt; in welchem Umfang und von welchem Versicherungsträger die Entschädigung zu gewähren ist.
>
> Das ordentliche Gericht setzt sein Verfahren so lange aus, bis die Entscheidung in dem Verfahren nach diesem Gesetz ergangen ist. Dies gilt nicht für Arreste und einstweilige Verfügungen.

Schon nach früherem Recht (§ 135 Abs. 3 GewUVG.) waren die ordentlichen Gerichte an die Entscheidungen der Versicherungsbehörden gebunden (RG. **60** 36; RG. **71** 3; JW. **1910** 629[32]). Jedoch bestand früher gemäß § 148 ZPO. nur eine Befugnis, nicht, wie jetzt, eine Verpflichtung zur Aussetzung der Verfahrens (RG. **54** 33). Die Unterlassung der Aussetzung kann auch noch in der Revisionsinstanz gerügt werden. RG. **91** 94, EisenbE. **36** 58.

§ 901 ist nicht, wie es nach dem Wortlaut („über solche Ansprüche") den Anschein haben könnte, lediglich auf den Fall zu beziehen, daß ein auf eine strafgerichtlich festgestellte vorsätzliche Schadenszufügung gestützter Anspruch vor den ordentlichen Gerichten verfolgt wird. Der Vorschrift kommt vielmehr eine weitergehende Bedeutung dahin zu, daß in dem Verhältnis zwischen dem gegen Unfall versicherten Verletzten und dem Betriebsunternehmer für das über Ersatzansprüche erkennende Gericht die rechtskräftig ergangene Entscheidung bezüglich der Fragen, ob ein entschädigungspflichtiger Unfall vorliegt, in welchem Umfange und von welchem Versicherungsträger die Entschädigung zu gewähren ist, schlechthin bindend ist (RG. **60** 36; RG. **71** 3, EisenbE. **26** 47; WarnRspr. **1918** Nr. 83, EisenbE. **35** 341). Zu der Untersuchung, ob ein entschädigungspflichtiger Unfall vorliegt, gehört wiederum notwendig auch die Prüfung der Fragen, in wessen Betrieb der Verletzte beschäftigt war (RG. **92** 296, EisenbE. **35** 343; RG. **93** 321; **96** 204), und ob er zu den versicherungspflichtigen und versicherten Personen gehört (RG. **71** 3, EisenbE. **26** 47). Die Versicherungsinstanzen allein haben auch darüber zu befinden, ob gemäß § 1546 RVersO. der Anspruch auf Unfallentschädigung durch Fristablauf ausgeschlossen ist (RG. **91** 94).

Die Versicherungsinstanzen entscheiden ausschließlich über die Frage, ob ein nach der RVersO. entschädigungspflichtiger Betriebsunfall vorliegt. Nur insoweit haben ihre Entscheidungen für die Gerichte bindende Kraft. Wird in einem Verfahren nach der RVersO. das Vorliegen eines Betriebsunfalls verneint, so hat das ordentliche Gericht selbständig zu prüfen, ob nach den Bestimmungen des HaftpflG. ein Betriebsunfall vorliegt und für seine Folgen Entschädigung zu gewähren ist. RG. in WarnRspr. **1920** Nr. 133, EisenbE. **37** 321; RG. **102** 131.

Als Entscheidungen von bindender Kraft sind auch die Bescheide der

Versicherungsträger selbst, so z. B. der Berufsgenossenschaften, anzusehen. RG. in „Recht" **1913** Nr. 2788; RG. **93** 321; **102** 131; EisenbE. **41** 328.

Anm. 94. β) § 898 RVersO. (vgl. Anm. 89) schränkt nur die Haftung desjenigen Eisenbahnunternehmers ein, der Arbeitgeber („Unternehmer") des Verletzten ist. Dagegen enthält die RVersO. keine Bestimmungen über die Haftung anderer Personen, d. h. auch nicht über die Haftung derjenigen Betriebsunternehmer, die nicht Arbeitgeber der Versicherten sind. Ihre Haftung richtet sich daher nach den sonstigen gesetzlichen Vorschriften, mithin, soweit die Vorschriften des HaftpflG. in Frage kommen, nach diesen. Dies auszusprechen, hielt der Gesetzgeber nicht für erforderlich (vgl. Begr. zum Entw. der RVersO. S. 470). Das GewUVG. enthielt dagegen eine entsprechende Vorschrift in § 140 S. 1, welcher lautet:

„Die Haftung dritter, in den §§ 135, 136 nicht bezeichneter Personen richtet sich nach den sonstigen gesetzlichen Vorschriften."

Der Eisenbahnunternehmer, der nicht Arbeitgeber des Verletzten ist, haftet somit für die Folgen eines von einem Versicherten beim Eisenbahnbetrieb erlittenen Unfalls in jedem Falle nach den Bestimmungen des HaftpflG., und auch dann, wenn dem Verletzten oder dessen Hinterbliebenen ein Anspruch aus der Versicherung zusteht. Über die Aktivlegitimation zur Geltendmachung des Haftpflichtanspruchs vgl. Anm. 96.

Voraussetzung für die Anwendung des HaftpflG. ist hiernach, daß der Unternehmer des Eisenbahnbetriebs, in dem sich der Unfall ereignet, ein Dritter, d. h. eine andere Person als der Unternehmer desjenigen Betriebes ist, dem der Verletzte als Versicherter zugehört. Der Eisenbahnunternehmer ist demzufolge nach § 1 HaftpflG. beispielsweise ersatzpflichtig, wenn ein im Dienste eines Spediteurs auf einem Bahnhofe beschäftigter Speditionsarbeiter oder ein in der Nähe eines Bahnhofs von einem Bauunternehmer beschäftigter Arbeiter bei dem Betrieb der Eisenbahn eine Körperverletzung erleidet (RG. **23** 51; **24** 126); wenn ein im Dienste einer Stadt beschäftigter Straßenreiniger beim Betriebe der nicht städtischen Straßenbahn verletzt wird (RG. **31** 25); wenn ein landwirtschaftlicher Arbeiter in Ausübung seines Berufes beim Eisenbahnbetrieb verunglückt (RG. **62** 145). Das gleiche gilt, wenn ein Angestellter der Internationalen Schlafwagengesellschaft (die durch Beschluß des RVA. der Privatbahnberufsgenossenschaft angeschlossen ist) beim Bahnbetrieb verunglückt. RG. **47** 54; **99** 227.

Anm. 95. Bedeutsame Änderungen gegenüber dem ehemaligen Rechtszustand haben sich daraus ergeben, daß die Reichseisenbahnen durch die neuere Gesetzgebung (zuletzt durch das Reichsbahngesetz vom 30. 8. 1924, RGBl. II S. 272) zu einem selbständigen, eine juristische Person darstellenden Unternehmen unter der Firma „Deutsche Reichsbahn-Gesellschaft" umgewandelt sind. Früher war z. B. für einen im Betriebe der Preußischen Berg-Verwaltung Versicherten der Unternehmer des preußischen Eisenbahnbetriebes, für einen im bayerischen Postdienst Versicherten der bayerische Eisenbahnfiskus kein „Dritter", sondern dieselbe Rechtspersönlichkeit, so daß die Eisenbahn nach den Vorschriften des HaftpflG. nicht in Anspruch genommen werden konnte (RG. **31** 76; **21** 51). Jetzt steht den in Betrieben des Reiches (z. B. der Post- und Telegraphenverwaltung) und der Länder Versicherten die Reichsbahngesellschaft, sofern sich bei deren Betriebe ein Unfall ereignet, diesen als dritter Unternehmer gegenüber, der nach den Grundsätzen des HaftpflG. auf Ersatz des Schadens in Anspruch genommen werden kann. Über die entsprechenden Vorschriften der für die Beamten geltenden Fürsorgegesetzgebung vgl. unten Anm. 105.

In Fällen, in denen die Eisenbahn die Vornahme von Arbeiten (z. B. Tiefbau- oder Elektromontagearbeiten) an ihren Betriebsanlagen anderen Unternehmern in Auftrag gegeben hatte, ist wiederholt streitig geworden, ob der beim Eisenbahnbetrieb verunglückte Arbeitnehmer zugleich als in diesem Betriebe beschäftigt, mithin auch die Eisenbahn als Unternehmer im Sinne des § 898 (vgl. oben Anm. 89), nicht als Dritter anzusehen wäre. Das RG. hat früher den Standpunkt vertreten, es sei nach der tatsächlichen Gestaltung des einzelnen Falles zu beurteilen, ob Arbeiten, die die Eisenbahn einem Unternehmer übertragen habe, zugleich als zu ihrem eigenen Betriebe gehörig anzusehen seien. Maßgebend sei, in welchem engeren oder entfernteren Zusammenhang sie mit der Beförderungstätigkeit ständen, und wie weit die Aufsicht und Leitung der Bahnverwaltung über die Arbeiten reiche. Vgl. RG. **96** 204. Demgemäß hat das RG. wiederholt angenommen, daß die in Auftrag gegebenen Arbeiten auch zu dem versicherungspflichtigen Betriebe der Eisenbahnen gehörten, und die gemäß § 1542 RVersO. erhobenen Regreßansprüche der Berufsgenossenschaft zurückgewiesen. Vgl. RG. **74** 222; **97** 202; **98** 249.

Im Gegensatz hierzu hat das RVA. in der Rekursentscheidung 3192 (RVANachr. **1925** 188) den Grundsatz aufgestellt, daß im Sinne der Reichsunfallversicherung dem Verletzten als Unternehmer immer nur der Unternehmer desjenigen Betriebes gegenüberstehe, nach dem sich die Entschädigungspflicht des Versicherungsträgers richte. Das RVA. hat auch in der Folgezeit an diesem Standpunkt festgehalten (vgl. z. B. die Entsch. vom 22. 6. 1925, „Die Berufsgenossenschaft" **1925** 266). Das RG. hat sich in dem Urteil vom 27. 6. 1925 (RG. **111** 159) unter Aufgabe seiner bisherigen Ansicht dem RVA. angeschlossen. Ein Tiefbauunternehmer hatte durch Vertrag mit der Eisenbahn die auf einem Bahnhof erforderliche Umladung von Bahnfrachtgütern übernommen. Eine hierbei von dem Unternehmer beschäftigte Arbeiterin verunglückte durch den Bahnbetrieb. Die nach § 1542 RVersO. auf die Berufsgenossenschaft übergegangenen Ansprüche aus dem HaftpflG. (vgl. unten Anm. 97) wurden für begründet erachtet, da die Eisenbahn nicht als Betriebsunternehmer im Sinne der §§ 633, 898 RVersO., sondern als ein dritter Unternehmer zu gelten hätte. Bezüglich der Bindung der Gerichte an die Entscheidungen der Versicherungsinstanzen darüber, wer versicherungsrechtlich als Betriebsunternehmer anzusehen ist, vgl. unten Anm. 102.

Demnach bestehen, sofern der Unternehmer des Eisenbahnbetriebs, **Anm. 96.**

bei dem sich der Unfall ereignet, und der Arbeitgeber des Versicherten nicht dieselbe Person sind, nebeneinander a) der öffentlich-rechtliche Anspruch aus der Unfallversicherung und b) der zivilrechtliche Schadenersatzanspruch aus dem HaftpflG. Um die sich hieraus ergebende Möglichkeit einer Bereicherung des Geschädigten zu vermeiden, andererseits die Schadenersatzpflicht des dritten Unternehmers aufrechtzuerhalten, bestimmt § 1542 Abs. 1 RVersO.

Soweit die nach diesem Gesetze Versicherten oder ihre Hinterbliebenen nach anderen gesetzlichen Vorschriften Ersatz eines Schadens beanspruchen können, der ihnen durch Krankheit, Unfall, Invalidität oder durch den Tod des Ernährers erwachsen ist, geht der Anspruch auf die Träger der Versicherung insoweit über, als sie den Entschädigungsberechtigten nach diesem Gesetze Leistungen zu gewähren haben. Dies gilt nicht bei Ansprüchen, die aus Schwangerschaft und Niederkunft erwachsen sind. Bei den gegen Unfall Versicherten und ihren Hinterbliebenen gilt es nur insoweit, als es sich nicht um einen Anspruch gegen den Unternehmer oder die ihm nach § 899 Gleichgestellten handelt.

Die Rechtslage ist also folgende: Dem Verletzten bzw. seinen Hinterbliebenen steht zunächst der Anspruch auf die Leistungen aus der Versicherung nach den Bestimmungen der RVersO. zu. Der ihnen ferner nach dem HaftpflG. zustehende Schadenersatzanspruch geht auf den Versicherungsträger insoweit über, als dieser dem Geschädigten nach der RVersO. Leistungen zu gewähren hat. Dem Entschädigungsberechtigten selbst bleibt der Unternehmer nur in Höhe der Differenz zwischen dem Schaden, der nach dem HaftpflG. zu ersetzen ist, und der nach der RVersO. begründeten Leistungspflicht haftbar. Der Geschädigte kann nur noch über den ihm verbliebenen Teil des Schadenersatzanspruchs verfügen, z. B. sich vergleichen (vgl. Anm. 99), und ihn gerichtlich verfolgen.

Anm. 97. Der Ersatzanspruch des Versicherungsträgers gegen den haftpflichtigen Dritten beruht auf zwei durchaus verschiedenartigen Berechnungsgrundlagen. Zunächst schreibt § 1542 RVersO. vor, daß der Schadenersatzanspruch des Verletzten auf den Versicherungsträger übergeht. Das Gesetz gewährt mithin dem Versicherungsträger nicht etwa einen originären Anspruch gegen den Unternehmer auf Erstattung der nach der RVersO. geleisteten Aufwendungen. Vielmehr besteht dem Versicherungsträger gegenüber eine Ersatzpflicht des Unternehmers insoweit, als dieser dem Verletzten nach den maßgebenden Vorschriften, hier nach dem HaftpflG., zum Schadenersatz verpflichtet ist. Diese Ersatzpflicht des Unternehmers ist aber auf den Umfang derjenigen Leistungen beschränkt, die der Versicherungsträger dem Entschädigungsberechtigten nach der RVersO. zu gewähren hat.

Zwecks Feststellung der Ersatzpflicht des Unternehmers ist demnach zunächst zu ermitteln, in welchem Umfange dieser nach den Vorschriften des HaftpflG. Schadenersatz zu leisten hat. Diese Schadenersatzpflicht unterscheidet sich grundsätzlich von der Leistungspflicht nach der RVersO. So ist nach § 559 a RVersO. bei völliger Erwerbsunfähigkeit die Vollrente zu gewähren, die zwei Drittel des letzten Jahresarbeitsverdienstes ausmacht, bei Teilerwerbsunfähigkeit eine Teilrente, und zwar in Höhe desjenigen Teiles der Vollrente, der dem Maße der Einbuße an Erwerbsfähigkeit entspricht. Es ist mithin nach der RVersO. eine abstrakt berechnete Entschädigung für die Minderung der Erwerbsfähigkeit zu gewähren, während nach dem HaftpflG. — ebenso wie nach dem BGB. — Schadenersatz nur für die durch Beeinträchtigung der Erwerbsfähigkeit herbeigeführte tatsächliche Erwerbseinbuße zu leisten ist (vgl. Anm. 7 zu § 3 a). Infolgedessen kann unter Umständen — z. B. bei Verlust eines Auges — wohl nach der RVersO., jedoch nicht nach dem HaftpflG. eine Leistungspflicht begründet sein. Ferner kennt z. B. die RVersO. nicht wie das HaftpflG. eine zeitliche Begrenzung der Rente mit Rücksicht auf die Einflüsse des zunehmenden Alters auf die Erwerbsfähigkeit (vgl. Anm. 28 zu § 3 a). Die Schadenersatzpflicht nach dem HaftpflG. kann hiernach umfassender sein als die Leistungspflicht nach der RVersO. Sie kann aber auch hinter letzterer zurückbleiben. Der Versicherungsträger, der Ansprüche aus § 1542 geltend macht, genügt daher nicht seiner Darlegungspflicht, wenn er nachweist, was er nach der RVersO. dem Geschädigten zu gewähren hat. Vielmehr hat er in erster Linie darzutun, welche Schadenersatzansprüche dem Verletzten nach den Bestimmungen des HaftpflG. gegen den Unternehmer zustehen. Vgl. RG. in JW. **1911** 229[46]; **1911** 336[42]; **1925** 943[12].

Da der Versicherungsträger aus dem Recht des Verletzten klagt, so kann der in Anspruch genommene Unternehmer alle Einwendungen geltend machen, die er gegenüber dem Verletzten erheben kann, insbesondere den Einwand des eigenen Verschuldens. Aber auch nur das eigene Verschulden des Verletzten kann von dem nach § 1 HaftpflG. verantwortlichen Unternehmer dem Versicherungsträger entgegengehalten werden. Es kann daher z. B. der Berufsgenossenschaft gegenüber nicht der Einwand erhoben werden, daß einem ihr zugehörigen Unternehmer ein Verschulden an dem Unfall zur Last falle (RG. in JW. **1924** 1157[20]). Welche Bedeutung im übrigen dem Einwand des eigenen Verschuldens zukommt, ist unten Anm. 98 erörtert.

Der nach vorstehenden Grundsätzen festgestellte Schadenersatzanspruch **Anm. 98.** des Verletzten geht gemäß § 1542 RVersO. auf den Versicherungsträger insoweit über, als dieser den Entschädigungsberechtigten nach der RVersO. Leistungen zu gewähren hat. Der Umfang, in dem der Übergang stattfindet, bemißt sich nicht nach dem, was der Versicherungsträger den Geschädigten tatsächlich gewährt, sondern nach dem, was er zu leisten verpflichtet ist (RG. **91** 142, EisenbE. **36** 95). Nur die Leistungen, zu denen der Versicherungsträger verpflichtet ist, hat der haftpflichtige Dritte zu erstatten, also z. B. nicht die Kosten der geschäftlichen Behandlung des Anspruchs oder bare Auslagen für ärztliche Begutachtung (vgl. Lehmann RVersO. Note 13 zu § 1542; RVANachr. **1904** 623 Beschl. 2074). Im Umfange der Leistungspflicht des Versicherungsträgers vollzieht sich der Übergang der Schadenersatzansprüche. Hiermit ist zugleich vom Gesetz ausgesprochen, daß die Ersatzansprüche insoweit ungeachtet der Leistungen als bestehend zu gelten haben (RG. **92** 401). Es findet daher im Verhältnis zum Versicherungsträger kein Abzug der Sozialleistungen von der Ersatzforderung statt (vgl. Seligsohn in „Die Berufsgenossenschaft" **1927** 373 ff., Levin ebenda **1928** 78 ff.). Unanwendbar sind ferner die §§ 400, 412 BGB., die den gesetzlichen Übergang einer Forderung nur insoweit für zulässig erklären, als diese nicht der Pfändung unterworfen ist (RG. in WarnRspr. **1930** Nr. 5, EisenbE. **49** 269). Auch in der Hand des Versicherungsträgers unterliegt die Übertragung der Forderung nicht der genannten Beschränkung (RG. **89** 233; vgl. auch Lehmann RVersO. Anm. 11 zu § 1542).

Der Versicherungsträger hat den Umfang der Leistungen darzutun. Nach § 1542 Abs. 2 sind jedoch auf das Maß des Ersatzes für Krankenpflege und Krankenhauspflege sowie für Krankenbehandlung und Heilanstaltspflege die Vorschriften des § 1524 Abs. 1 S. 2 bis 4, die Ersatz nach Teilen des Grundlohnes vorsehen, entsprechend anzuwenden. Der Versicherungsträger ist also insoweit der Verpflichtung zur Darlegung seiner Aufwendungen enthoben. RG. **103** 216, EisenbE. **39** 35.

Neben dem Umfang der Schadenersatzpflicht nach dem HaftpflG. ist also der Umfang der Leistungspflicht des Versicherungsträgers nach der RVersO. festzustellen. Ist die Schadenersatzpflicht nach dem HaftpflG. umfassender, so ist die Ersatzpflicht des Unternehmers auf die Leistungspflicht, die ihm nach der RVersO. obliegt, zu beschränken. Geht letztere dagegen weiter, so besteht eine Ersatzpflicht lediglich im Rahmen des HaftpflG. Ist der Schadenersatzanspruch des Verletzten nach dem HaftpflG. wegen eines mitwirkenden eigenen Verschuldens des Verletzten nur zu einem Teil — z. B. in Höhe von $^1/_2$ — begründet, so geht dieser Teilanspruch auf den Versicherungsträger im Umfange seiner Leistungspflicht über. Es wäre daher durchaus unrichtig, wenn etwa der Versicherungsträger nur für berechtigt erklärt würde, mit Rücksicht auf das mitwirkende Verschulden die Erstattung der Hälfte seiner Aufwendungen zu verlangen. Vielmehr kann der Versicherungsträger den vollen Ersatz beanspruchen, soweit diese Forderung im Rahmen der Schadenersatzpflicht des Dritten liegt. RG. **62** 145; RG. in EisenbE. **25** 159; JW. **1909** 471[42]. Vgl. auch Lehmann RVersO. Note 11 zu § 1542 und die dort Zit.

Anm. 99. Die Frage, in welchem Zeitpunkt der Entschädigungsanspruch auf den Versicherungsträger übergeht, war für das Gebiet der Unfallversicherung früher umstritten. Während zu dem früheren § 140 GewUVG. im Schrifttum überwiegend der Standpunkt vertreten worden ist, daß die Forderung im Umfange der Leistungspflicht des Versicherungsträgers unmittelbar für diesen entstehe, hat das RG. zunächst angenommen, daß der Entschädigungsanspruch erst dann auf den Versicherungsträger übergehe, wenn dessen Leistungspflicht dem Versicherten bezw. seinen Hinterbliebenen gegenüber festgestellt sei (RG. **24** 126; JW. **1898** 423[22], EisenbE. **15** 157; JW. **1899** 747[23]; RG. **55** 385; JW. **1905** 27[36], EisenbE. **21** 284). Diese Ansicht hat jedoch das RG. später aufgegeben und in der neueren Praxis zum § 140 GewUVG. ständig angenommen, daß der Entschädigungsanspruch zwar zunächst in der Person des Verletzten entstehe, aber unmittelbar nach der Entstehung auf die Berufsgenossenschaft übergehe (RG. **60** 200; RG. **61** 164, EisenbE. **22** 180; JW. **1909** 326[31], EisenbE. **26** 59; RG. **76** 215). Den gleichen Standpunkt hat das RG. für den in der Fassung dem § 140 GewUVG. entsprechenden § 54 JnvVG. vertreten (RG. **76** 215).

Abweichend hiervon ließen § 57 KrankVG. und § 62 UWG. den Ersatzanspruch des Verletzten gegen den Dritten erst dann übergehen, wenn die Leistungen bewirkt sind. RG. **2** 45; **76** 215.

Jetzt ist die Frage für das Gebiet der gesamten Versicherung einheitlich durch § 1542 RVersO. (vgl. oben Anm. 96) geregelt, und zwar im Sinne der neuen Rechtsprechung des RG. (vgl. RG. **91** 142; LZ. **1921** 225, EisenbE. **38** 123). Das RG. hält daran fest, daß ein wirklicher Übergang stattfinde, sowie daß sich dieser unmittelbar nach der Entstehung der Forderung, d. h. nach dem Unfall, vollziehe. Dies ist bedeutsam für die Frage, ob sich der von dem Versicherungsträger in Anspruch genommene Unternehmer auf einen mit dem Geschädigten abgeschlossenen Vergleich berufen kann. Die Frage wäre schlechthin zu verneinen, wenn man annehmen würde, daß in Höhe der Leistungspflicht des Versicherungsträgers die Schadenersatzforderung nicht zunächst in der Person des Geschädigten, sondern sofort für den Versicherungsträger entstehe. Liegt jedoch, wie man nach dem Wortlaut des § 1542 RVersO. wohl anzunehmen hat, ein wirklicher Übergang des Anspruchs vor, so muß gemäß §§ 407, 412 BGB. der Versicherungsträger den Vergleich gegen sich gelten lassen, es sei denn, daß der ersatzpflichtige Unternehmer bei Abschluß des Vergleichs den Übergang des Anspruchs kennt. Eine solche Kenntnis ist dann anzunehmen, wenn dem dritten Unternehmer die tatsächlichen Umstände bekannt waren, an die das Gesetz den Übergang knüpft. RG. **31** 25; JW. **1898** 423[22]; RG. **60** 200; JW. **1912** 153[39]. So hat das RG. in der letztgenannten Entscheidung angenommen: Bereits aus der Tatsache, daß ein im Dienst einer Brauerei stehender Arbeiter bei einer Fahrt mit einem Bierwagen dieser Brauerei verletzt worden sei, habe mit genügender Sicherheit auf einen Betriebsunfall geschlossen und ferner damit gerechnet werden müssen, daß dem Verletzten ein Anspruch gegen die Berufsgenossenschaft erwachsen, und daß im Umfange dieser Leistungspflicht der Schadenersatzanspruch des Verletzten gegen die Brauerei auf die Berufsgenossenschaft übergegangen sei. Dieser Auffassung ist unbedingt beizupflichten. Die abweichende im Kommentar der RGRäte Note 1 zu § 407 BGB. vertretene Ansicht, daß der haftpflichtige Unternehmer von der Feststellung der Rente Kenntnis haben müsse, wenn die Wirksamkeit des Vergleiches dem Versicherungsträger gegenüber ausgeschlossen sein solle, ist mit § 1542 RVersO. nicht vereinbar. Erlangt etwa der Dritte die Kenntnis von den die Versicherung begründenden Tatsachen in der Zeit zwischen dem Vergleichsabschluß und der Zahlung der Vergleichssumme, so würde zwar der Vergleich den Versicherungsträger binden, der haftpflichtige Dritte aber verpflichtet sein, die Zahlung der Vergleichssumme noch einmal an den Versicherungsträger zu bewirken. RG. **60** 200 (207).

Anm. 100. Auf die Verjährung des Ersatzanspruchs des Versicherungsträgers finden die für die Schadenersatzforderung des Verletzten geltenden Bestimmungen — hier § 8 HaftpflG. — Anwendung (RG. in „Recht" **1908** Nr. 1287, EisenbE. **24** 388). Demgemäß verjährt der Ersatzanspruch des Versicherungsträgers in zwei Jahren von dem Unfall an. Darauf, wann der Verletzte oder der Versicherungsträger von dem Schaden und der Person des Ersatzpflichtigen Kenntnis erlangt hat, kommt es nach dem HaftpflG. nicht an (vgl. Anm. 7 zu § 8). Die Gefahr der Verjährung rechtfertigt die Erhebung einer Feststellungsklage auch dann, wenn der Versicherungsträger zu Leistungen noch nicht herangezogen, die Möglichkeit später hervortretender Unfallfolgen jedoch nicht ausgeschlossen ist. RG. **61** 164.

Anm. 101. Insoweit als der Übergang der Ersatzforderung stattfindet, ist zur Erhebung der Klage aus dem HaftpflG. nicht der Geschädigte, sondern der Versicherungsträger legitimiert. Stellt sich erst im Verlaufe des von dem Verletzten oder seinen Hinterbliebenen geführten Rechtsstreits die Leistungspflicht des Versicherungsträgers und damit der Übergang der Ersatzansprüche in gewisser Höhe heraus, so ist insoweit die Klage abzuweisen. Eine Abänderung des Klageantrags gemäß § 265 ZPO. auf Leistung an den Versicherungsträger kommt nicht in Frage, da der Übergang bereits mit der Entstehung der Leistungspflicht, also vor Erhebung der Klage, erfolgt ist.

Der Ersatzanspruch des Verletzten oder seiner Hinterbliebenen beschränkt sich auf die Differenz zwischen dem Schaden, dessen Ersatz nach den Bestimmungen des HaftpflG. beansprucht werden kann, und den Leistungen, die von dem Versicherungsträger zu gewähren sind. Der Geschädigte hat nicht etwa die Befugnis, zwischen der Schadenersatzforderung gegen den Eisenbahnunternehmer und dem Anspruch aus der Versicherung zu wählen. Denn der Anspruch auf Leistungen aus der öffentlichen Versicherung ist unverzichtbar. RVA. in EisenbE. **18** 327. Begreift mit Rücksicht auf ein mitwirkendes Verschulden des Verletzten der Schadenersatzanspruch nur einen Bruchteil des Schadens, so verbleibt dem Geschädigten selbst nur dann eine Forderung, wenn der Teilanspruch die Leistungen des Versicherungsträgers übersteigt. Letztere sind demnach von der Quote des Schadens abzuziehen, und es ist nicht etwa so zu verfahren, daß die Versicherungsleistungen zunächst von dem ganzen Schaden in Abzug gebracht werden und der Rest gemäß § 254 BGB. geteilt wird. Denn nach § 1542 RVersO. ist der Schadenersatzanspruch des Verletzten, also der wirkliche unter Berücksichtigung des § 254 festgestellte Anspruch, auf den Versicherungsträger im Umfange seiner Leistungspflicht übergegangen. Demzufolge darf auch ein Grundurteil gemäß § 304 ZPO. nur unter der Voraussetzung erlassen werden, daß nach Feststellung des Gerichtes die

Quote, in deren Höhe der Dritte ersatzpflichtig ist, die Leistungen des Versicherungsträgers übersteigt. RG. **62** 145; RG. **62** 337; EisenbE. **25** 159; JW. **1909** 471[42].

Der Versicherungsträger ist Gläubiger des ersatzpflichtigen Unternehmers in Höhe seiner Leistungspflicht, also auch nur so lange, als seine Verpflichtung besteht. Wird diese zufolge eines lediglich seine rechtlichen Beziehungen zum Verletzten berührenden Umstandes — z. B. der Weigerung des Verletzten, sich einem von der Berufsgenossenschaft angeordneten Heilverfahren zu unterziehen — beseitigt, so kommt auch insoweit der Übergang der Rechte in Fortfall, und der Geschädigte tritt wieder in seine vollen Rechte gegen den ersatzpflichtigen Unternehmer ein. RG. **72** 430, JW. **1910** 157[28].

Hat ein ordentliches Gericht über die in § 1542 RVersO. erwähnten Ansprüche des Versicherten, seiner Hinterbliebenen oder des Versicherungsträgers zu erkennen, so ist es an die Entscheidung gebunden, die in einem Verfahren nach der RVersO. darüber ergeht, ob und in welchem Umfange der Versicherungsträger verpflichtet ist (§ 1543 Abs. 1). Das frühere Recht kannte eine derartige Bindung nicht. Denn eine dem § 135 Abs. 3 GewUVG. (vgl. Anm. 93) entsprechende Bestimmung war für die Fälle, in denen der in Anspruch genommene Unternehmer nicht Arbeitgeber des Verletzten war, nicht vorgesehen (RG. **39** 109; EisenbE. **15** 148; RG. **55** 385). Die Bindung der ordentlichen Gerichte erstreckt sich insbesondere auf die Fragen, ob ein entschädigungspflichtiger Unfall vorliegt, in welchem Umfange und von welchem Versicherungsträger die Entschädigung zu gewähren ist, in wessen Betrieb der Verletzte beschäftigt war und ob er zu den versicherungspflichtigen Personen gehört (vgl. die oben Anm. 93 zit. Praxis). Durch die die Gerichte bindende Bestimmung des versicherungspflichtigen Betriebsunternehmers ist zugleich verbindlich festgestellt, daß ein Dritter nicht daneben versicherungsrechtlich als Betriebsunternehmer in Betracht kommt (RG. **111** 159). Vgl. oben Anm. 95. **Anm. 102.**

Nicht erforderlich ist, daß die Entscheidung zwischen denselben Parteien, sondern nur, daß sie in einem Verfahren nach der RVersO. ergangen ist (RG. **96** 204). Auch die von dem Versicherungsträger selbst, z. B. den Berufsgenossenschaften, erlassenen Entscheidungen haben bindende Kraft (vgl. Anm. 93). Die Bindung erstreckt sich aber nur auf die Entscheidungen, die nach der RVersO., also über die Frage der Leistungspflicht des Versicherungsträgers ergangen sind. Darüber, inwieweit dem Verletzten Schadenersatzansprüche gegen den dritten Unternehmer — hier den Eisenbahnunternehmer — nach den maßgebenden Vorschriften erwachsen sind, entscheiden die ordentlichen Gerichte, ohne in dieser Hinsicht irgendwie gebunden zu sein. RG. in JW. **1925** 943[12].

Das Gericht hat sein Verfahren, sofern es sich nicht um einen Arrest oder eine einstweilige Verfügung handelt, so lange auszusetzen, bis die Entscheidung in dem Verfahren nach der RVersO. ergangen ist (§§ 1543 Abs. 2, 901 Abs. 2).

Anm. 103. **b) HaftpflG. und BeamtUFürsG.**

In rechtsähnlicher Weise, wie es durch die RVersO. für die gegen Unfälle Versicherten geschehen ist, hat die Unfallfürsorgegesetzgebung für die Beamten und Personen des Soldatenstandes die sich aus dem HaftpflG. ergebenden Rechtsbeziehungen beeinflußt. Nach dem ReichsUnfFürsG. vom 18. 6. 1901 (RGBl. S. 211) erhalten Beamte der Reichszivilverwaltung, des Reichsheeres und der Marine sowie Personen des Soldatenstandes, welche in reichsgesetzlich der Unfallversicherung unterliegenden Betrieben beschäftigt sind, wenn sie infolge eines im Dienst erlittenen Betriebsunfalls dauernd dienstunfähig werden, eine Pension (§ 1). Die Hinterbliebenen der im § 1 bezeichneten Personen, die infolge eines im Dienste erlittenen Betriebsunfalls gestorben sind, erhalten Sterbegeld und eine Rente (§ 2). Für die früheren Angehörigen der deutschen Wehrmacht und ihre Hinterbliebenen gelten jedoch jetzt ausschließlich die Bestimmungen des Reichsversorgungsgesetzes in der Fassung vom 22. 12. 1927 (RGBl. I S. 515).

Das BeamtUFürsG. schränkt in bezug auf die in § 1 genannten Beamten die Ansprüche aus dem HaftpflG. durch die folgenden Bestimmungen ein:

§ 10.

Die in den §§ 1, 2 bezeichneten Personen können, auch wenn sie einen Anspruch auf Pension oder Rente nicht haben, einen Anspruch auf Ersatz des durch den Unfall erlittenen Schadens gegen die Betriebsverwaltung, in deren Dienste der Unfall sich ereignet hat, überhaupt nicht, und gegen deren Betriebsleiter, Bevollmächtigte oder Repräsentanten, Betriebs- oder Arbeiteraufseher nur dann geltend machen, wenn durch strafgerichtliches Urteil festgestellt worden ist, daß der in Anspruch Genommene den Unfall vorsätzlich herbeigeführt hat.

Der hiernach zulässige Anspruch ermäßigt sich um denjenigen Betrag, welcher den Berechtigten nach dem gegenwärtigen Gesetz zusteht.

§ 11.

Die in dem § 10 bezeichneten Ansprüche können, auch ohne daß die daselbst vorgesehene Feststellung durch strafgerichtliches Urteil stattgefunden hat, geltend gemacht werden, falls diese Feststellung wegen des Todes oder der Abwesenheit des Betreffenden oder aus einem anderen in seiner Person liegenden Grunde nicht erfolgen kann.

§ 12.

Die dem Verletzten oder dessen Hinterbliebenen auf Grund des § 1 des Gesetzes, betreffend die Verbindlichkeit zum Schadenersatze für die bei dem Betriebe von Eisenbahnen, Bergwerken usw. herbeigeführten Tötungen und Körperverletzungen, vom 7. Juni 1871 (RGBl. S. 207) gegen Eisenbahn-Betriebsunternehmer zustehenden Ansprüche gehen auf die Betriebsverwaltung, welche dem Verletzten oder dessen Hinterbliebenen auf Grund des gegenwärtigen Gesetzes oder anderweiter reichsgesetzlicher Vorschrift Pensionen, Kosten des Heilverfahrens, Renten oder Sterbegelder zu zahlen hat, in Höhe dieser Bezüge und vorbehaltlich der Bestimmungen des Artikel 8 des Gesetzes vom 20. Dezember 1875 (RGBl. S. 318) über.

Weitergehende Ansprüche als auf diese Bezüge stehen dem Verletzen und dessen Hinterbliebenen gegen das Reich und die Bundesstaaten nicht zu.

Die Haftung anderer, in dem § 10 nicht bezeichneter Personen bestimmt sich nach den sonstigen gesetzlichen Vorschriften. Jedoch geht die Forderung des Entschädigungsberechtigten an den Dritten auf die Betriebsverwaltung insoweit über, als sie zu den im Abs. 1 gedachten Zahlungen auf Grund dieses Gesetzes verpflichtet ist.

Diese Vorschriften finden nach § 9 des Reichsbahn-Personalgesetzes vom 30. 8. 1924 (RGBl. II S. 287) auf die im unfallversicherungspflichtigen Betriebe beschäftigten Reichsbahnbeamten und deren Hinterbliebenen sinngemäß Anwendung. Nach § 14 BeamtUFürsG. stehen auch den Staats- und Kommunalbeamten sowie deren Hinterbliebenen, für die durch die Landesgesetzgebung oder durch statutarische Festsetzung gegen die Folgen eines im Dienste erlittenen Betriebsunfalles eine den Vorschriften der §§ 1—7 BeamtUFürsG. mindestens gleichkommende Fürsorge getroffen ist, Ansprüche auf Ersatz des durch einen Unfall erlittenen Schadens nur nach Maßgabe der §§ 10—12 zu. § 14 bezieht sich jedoch ebenso wie § 1 nur auf solche Staats- und Kommunalbeamte, die in reichsgesetzlich der Unfallversicherung unterliegenden Betrieben beschäftigt sind (RG. **99** 274). Es genügt, daß die Fürsorge dem Resultat nach mindestens die gleiche wie die des Reichsgesetzes ist (RG. in Bolze **9** Nr. 194, EisenbE. **8** 14). In Preußen ist die Unfallfürsorge durch das Ges. v. 2. 6. 1902 (GS. S. 153) in Übereinstimmung mit dem Reichsgesetz geregelt. Über Unfallfürsorgeansprüche preußischer Eisenbahnbeamter, die nach dem KriegsleistG. der Militärverwaltung zur Verfügung gestellt werden, vgl. RG. **92** 367. Zur Auslegung des sächsischen Gesetzes vgl. die vom RG. behandelten Fälle in DJZ. **1907** 597, EisenbE. **24** 38 und RG. **99** 274. Wegen der Landesgesetzgebung sei im übrigen verwiesen auf Wörner, Nebengesetze zur Unfallversicherungsgesetzgebung, 1. Teil, ferner auf das bayerische Beamtenges. vom 16. 8. 1906 Art. 101 Abs. 1 und das badische Beamtenges. in der Fassung von 1908 § 72.

Es kann hiernach gemäß § 10 BeamtUFürsG. eine Eisenbahn auf Grund des HaftpflG. überhaupt nicht in Anspruch genommen werden, wenn eine der in § 1 bezeichneten Personen oder ein Reichsbahnbeamter in einem reichsgesetzlich der Unfallversicherung unterliegenden Betriebe beschäftigt ist (§ 1) und der Unfall sich ferner im Dienste dieser Eisenbahn ereignet (§ 10). Diese beiden Voraussetzungen müssen erfüllt sein, wenn eine Anwendung des HaftpflG. ausgeschlossen sein soll. Vgl. RG. in EisenbE. **14** 323.

Der Beamte muß also zunächst in einem der Unfallversicherung unterliegenden Betriebe beschäftigt sein (vgl. §§ 537 ff. RVersO.). **Anm. 104.** Der Ausdruck „Beschäftigung" ist in einem weiteren Sinne zu verstehen. Es gehören hierher auch solche Beamte, die zwar nicht in solchem Betriebe angestellt, aber vermöge ihrer amtlichen Funktionen in einem solchen tätig und seinen Gefahren ausgesetzt sind (RG. **60** 207; **73** 213). Es reicht jedoch nicht aus, daß der betreffende Beamte im dienstlichen Interesse den Gefahren eines versicherungspflichtigen Betriebes ausgesetzt ist, vielmehr muß hinzukommen, daß er in diesem Betriebe beschäftigt ist (RG. in EisenbE. **14** 323). So hat das RG. angenommen, daß ein Polizeibeamter, der im Kriege zur Bewachung einer Eisenbahnbrücke herangezogen, dadurch nicht in dem unfallversicherungspflichtigen Eisenbahnbetriebe beschäftigt worden sei, und hat daher den erlittenen Unfall dem HaftpflG. unterstellt (JW. **1921** 170[4], EisArch. **1921** 236, EisenbE. **38** 149). Ferner ist beispielsweise das Reich als derzeitiger Unternehmer der früheren sächsischen Staatsbahnen auf Grund des HaftpflG. in einem Falle für ersatzpflichtig erklärt worden, in dem ein sächsischer Ministerialbeamter auf einer Dienstreise beim Betriebe der früheren sächsischen Staatsbahn tödlich verunglückt war (RG. **99** 274). Das RG. nahm mit Recht an, daß sich auch § 14 BeamtUFürsG. nur auf solche Staats- und Kommunalbeamte beziehe, die in reichsgesetzlich der Unfallversicherung unterliegenden Betrieben beschäftigt seien.

Kröner (VerZtg. **1927** 210, **1928** 995) ist der Ansicht, daß der Reichsbahnbeamte, der in dem der Unfallversicherung nicht unterliegenden Verwaltungsdienst tätig, im unfallversicherungspflichtigen Betriebe beschäftigt sei, wenn er auf der Eisenbahn eine Dienstreise mache. Die bloße Benutzung der Eisenbahn als Beförderungsmittel stellt indessen so wenig wie für andere Reisende eine „Beschäftigung" in diesem Betriebe dar (ebenso Neumann VerZtg. **1928** 994). Gehört jedoch der Beamte dem versicherungspflichtigen Teil des Betriebes an, so fällt hierunter gemäß § 545 a RVersO. auch die dienstliche Reise des Beamten.

Anm. 105. Soll die Anwendung des HaftpflG. ausgeschlossen sein, so muß nach § 10 BeamtUFürsG. hinzukommen, daß sich der Unfall bei dem Betriebe, dem der Beamte angehört, ereignet hat. Da § 10 BeamtUFürsG. gemäß § 9 RBPersG. auch für die im unfallversicherungspflichtigen Betriebe beschäftigten Reichsbahnbeamten und deren Hinterbliebenen gilt (vgl. oben Anm. 103), so stehen, falls ein Reichsbahnbeamter im Betriebe der Reichsbahngesellschaft verunglückt, ihm oder seinen Hinterbliebenen nur die Ansprüche aus dem BeamtUFürsG. zu. Dagegen kommen die Vorschriften des HaftpflG. zur Anwendung, wenn der Beamte zwar in seinem Dienste, aber beim Betriebe eines dritten Unternehmers verunglückt, wenn also der Unternehmer des Beschäftigungsbetriebes und der Unternehmer des Verunglückungsbetriebes nicht die gleiche Persönlichkeit ist (vgl. oben Anm. 96). Daß sich in diesem Falle die Haftung nicht nach den Vorschriften des BeamtUFürsG., sondern nach den sonstigen gesetzlichen Vorschriften bestimmt, ist in § 12 Abs. 3 S. 1 ausdrücklich hervorgehoben. Demzufolge tritt z. B. die Ersatzpflicht des Eisenbahnunternehmers nach dem HaftpflG. ein, wenn ein im Dienste befindlicher Reichsbahnbeamter oder Reichspostbeamter beim Betriebe einer Privatbahn verunglückt (RG. **63** 382; **67** 139).

Anm. 106. Von dem Grundsatz, daß sich bei Verschiedenheit der Rechtspersönlichkeit des Eisenbahnunternehmers und des Dienstberechtigten die Ersatzpflicht nach dem HaftpflG. regelt, macht § 12 Abs. 2 eine wichtige Ausnahme. Nach dieser Vorschrift stehen dem Verletzten und seinen Hinterbliebenen weitergehende Ansprüche als auf diese Bezüge — nämlich die vorhergenannten auf dem BeamtUFürsG. und anderen reichsgesetzlichen Vorschriften beruhenden Bezüge von Pensionen usw. — gegen das Reich und die Bundesstaaten nicht zu. Für die Ersatzpflicht nach dem HaftpflG. war diese Bestimmung früher praktisch wichtig, als das Reich und die Bundesstaaten die Unternehmer der Volleisenbahnen waren. Verunglückte beispielsweise ein Reichs- (z. B. Post-) beamter beim Betriebe der preußischen Eisenbahn oder ein Staatsbeamter im Betriebe der elsaß-lothringischen Reichsbahn, so waren durch § 12 Abs. 2 über das BeamtUFürsG. hinausgehende Ansprüche ausgeschlossen (vgl. RG. **69** 349). Nach Übernahme der Eisenbahnen durch die eine besondere Rechtspersönlichkeit darstellende Deutsche Reichsbahn-Gesellschaft ist zweifelhaft geworden, ob § 12 Abs. 2 nunmehr auch für die Deutsche Reichsbahn-Gesellschaft gilt derart, daß ebensowenig wie gegen Reich und Länder auch nicht gegen die Deutsche Reichsbahn-Gesellschaft von Reichs-, Staats- oder Kommunalbeamten über die Unfallfürsorgegesetze hinaus Ansprüche erhoben werden dürfen. Diese Frage ist zu verneinen. Eine Gleichstellung der Deutschen Reichsbahn-Gesellschaft mit dem Reich und den Ländern ist nach dem Wortlaut des § 12 Abs. 2 nicht zulässig. Sie kann auch nicht aus den Bestimmungen des RBahnGes., die den Übergang der Rechte und Pflichten auf die Deutsche Reichsbahn-Gesellschaft oder die sinngemäße Anwendung des BeamtUFürsG. auf die Reichsbahnbeamten vorsehen, hergeleitet werden. Vgl. Fritsch S. 392, Breithaupt in EisenbE. **47** 214. Nach dem Entwurf eines neuen Unfallfürsorgegesetzes für Reichsbeamte (Reichstags-Drucks. Nr. 100/27) soll dagegen die Reichsbahngesellschaft ausdrücklich dem Reich, den Ländern, Gemeinden und sonstigen Körperschaften des öffentlichen Rechtes gleichgestellt werden.

Durch § 12 Abs. 2 sind alle weitergehenden Ansprüche gegen Reich und Länder schlechthin versagt, nicht nur solche, die auf das HaftpflG. gestützt werden, sondern auch solche, die sich auf den Beförderungsvertrag oder auf die §§ 823 ff. BGB. gründen. RG. **69** 349; **75** 10; **105** 212.

Sind Eisenbahnunternehmer und Dienstberechtigter verschiedene **Anm. 107.** Rechtspersönlichkeiten, so bestehen — entsprechend den oben (Anm. 96 ff.) für die Versicherung entwickelten Regeln — grundsätzlich nebeneinander die dem verletzten Beamten oder dessen Hinterbliebenen auf Grund des BeamtUFürsG. oder sonstiger reichsgesetzlicher Vorschriften zustehenden Ansprüche auf Pensionen, Kosten des Heilverfahrens, Rente oder Sterbegeld und die ihnen auf Grund des HaftpflG. zustehenden Schadenersatzansprüche gegen den Unternehmer. Für diesen Fall ist nun — in gleicher Weise wie in § 1542 Abs. 1 RVersO. für die Unfallversicherung (vgl. oben Anm. 96) — in § 12 Abs. 3 S. 2 BeamtUFürsG. bestimmt, daß die Forderung des Entschädigungsberechtigten an den Dritten auf die Betriebsverwaltung insoweit übergeht, als sie zu Zahlungen auf Grund dieses Gesetzes verpflichtet ist.

Abs. 1 enthält zum Überfluß noch die besondere Anwendung dieses allgemeinen Grundsatzes auf das HaftpflG. Die eigenartige, wenig glückliche Fassung der Gesetzesbestimmung erklärt sich aus der Entstehungsgeschichte des Paragraphen. Vgl. RG. **69** 349.

In der Praxis ist wiederholt die Ansicht hervorgetreten, daß insoweit, als der Beamte eine Pension erhalte, überhaupt kein Schadenersatzanspruch gegen den Unternehmer vorhanden sei, der auf die Betriebsverwaltung übergehen könnte, daß sich demnach die Verpflichtung des Unternehmers auf den Unterschied zwischen dem Diensteinkommen und der Summe der Unfallfürsorge- und Pensionsleistungen des Fiskus beschränke, und daß nur dieser Anspruch gemäß § 12 auf die Betriebsverwaltung übergehe.

Diese Auffassung ist nicht zutreffend. Wenn es auch richtig ist, daß sich grundsätzlich der Verletzte auf seinen Schaden die ihm zustehende Pension anrechnen lassen muß (vgl. Anm. 13 zu § 4), so kann doch nach dem Inhalt der §§ 10 bis 12 BeamtUFürsG. nicht zweifelhaft sein, daß dieses Gesetz von dem Bestande der dem Verletzten nach dem HaftpflG. zustehenden Schadenersatzansprüche ohne Rücksicht auf die gesetzlichen Pensionsleistungen ausgeht und den Schaden auch insoweit als fortbestehend behandelt, als er durch die Pensionsleistungen ausgeglichen wird.

Das HaftpflG. enthält keine ausdrückliche Bestimmung, die die Anrechnung gesetzlicher Pensionsleistungen vorschreibt. Wenn das BeamtUFürsG. die Materie unter Bezugnahme auf das HaftpflG. regelt, so muß angenommen werden, daß diese Regelung eine erschöpfende ist.

Daß das BeamtUFürsG. die Schadenersatzansprüche an sich in vollem Umfang als fortbestehend ansieht, ergibt besonders deutlich § 10. In dessen Abs. 2 ist gesagt, daß sich der nach Abs. 1 zulässige Schadenersatzanspruch um denjenigen Betrag ermäßigt, der den Berechtigten nach dem BeamtUFürsG. zusteht. Aber auch der Wortlaut des § 12 läßt darüber keinen Zweifel. Nach Abs. 1 gehen die Schadenersatzansprüche „in Höhe" der bezeichneten Bezüge, nach Abs. 3 S. 2 „insoweit" über, als die Betriebsverwaltung zu Leistungen verpflichtet ist. Diese Ausdrucksweise ist unvereinbar mit der Auffassung, daß die übergehenden Ansprüche die Leistungen der Betriebsverwaltung der Höhe nach nicht erreichen. Ebenso ergibt Abs. 2, daß nach der dem BeamtUFürsG. zugrunde liegenden Auffassung die Schadenersatzansprüche des Verletzten und seiner Hinterbliebenen als die Fürsorge- und Pensionsleistungen übersteigend angesehen werden.

Endlich ergibt auch die Begr. zu §§ 7 bis 9 des Entw. z. Ges. v. 15. 3. 86 (§§ 10 bis 12 d. Ges. in der jetzigen Fassung), daß bei dem Gesetzgeber die Absicht bestand, die Beamten insoweit, als ihnen ein haftpflichtiger Privatunternehmer gegenüberstand, keine Einbuße an der vollen Unfallentschädigung erleiden zu lassen. Eine solche würden sie aber haben, wenn den Gegenstand des Übergangs gemäß § 12 die ihnen gegen den Dritten zustehende Ausgleichsleistung bilden würde.

Ebenso RG. in ständiger Rechtsprechung. RG. **63** 382; **67** 139;

73 213; **80** 48; JW. **1913** 601[15]; RG. **89** 233. A. M. Benda, EisenbE. **29** 246. Entsprechendes gilt für die Sozialrenten. Vgl. oben Anm. 98.

Weder der gesetzliche Übergang auf die Betriebsverwaltung noch eine Weiterübertragung der Ersatzforderung unterliegt der Beschränkung durch § 400 BGB., der die Übertragung einer Forderung nur insoweit für zulässig erklärt, als diese der Pfändung nicht unterworfen ist. Vgl. oben Anm. 98.

Für die sich hiernach ergebende Rechtslage gelten die oben Anm. 98 ff. entwickelten Grundsätze entsprechend. Dem verletzten Beamten bzw. seinen Hinterbliebenen steht zunächst der Anspruch auf Pension, Rente usw. aus dem BeamtUFürsG. und sonstigen Gesetzen zu. Ist der dritte Unternehmer weder das Reich noch ein Land, so besteht außerdem ein Schadenersatzanspruch nach dem HaftpflG. gegen den dritten Unternehmer, der jedoch insoweit auf die Betriebsverwaltung des Verletzten übergeht, als diese zu den in § 12 Abs. 1 genannten Fürsorgeleistungen verpflichtet ist. Der Unternehmer bleibt den Entschädigungsberechtigten in Höhe der Differenz zwischen ihrem vollen Schaden und den ihnen zukommenden Fürsorgeleistungen haftbar. **Anm. 108.**

Hervorgehoben sei, daß auch hier die Betriebsverwaltung keinen selbständigen Anspruch auf Ersatz des ihr durch den Unfall entstandenen Schadens erhält, sondern den dem verletzten Beamten bzw. dessen Hinterbliebenen zustehenden Schadenersatzanspruch in Höhe ihrer Leistungen erwirbt. Der Betriebsverwaltung steht hiernach das Recht zu, sich wegen ihrer Leistungen an dem Unternehmer des Verunglückungsbetriebes insoweit schadlos zu halten, als der Anspruch des Verletzten gegen den haftpflichtigen Unternehmer reicht (vgl. Anm. 97). Auch hier gelten die Grundsätze, die oben hinsichtlich des mitwirkenden eigenen Verschuldens entwickelt sind. Nur das eigene Verschulden des Verletzten kann der Betriebsverwaltung entgegengehalten werden. Wird z. B. ein Zusammenstoß zwischen einem Wagen der Reichspost und der Straßenbahn durch das Verschulden des Lenkers des Postwagens herbeigeführt und hierbei ein Begleiter desselben verletzt, so kann der Postverwaltung, die den Begleiter nach dem BeamtUFürsG. entschädigt und gegen die Straßenbahn Rückgriff nimmt, nicht das Verschulden des Lenkers entgegengehalten werden. Aus dem Rechtsverhältnis zwischen dem Verletzten, dessen Ansprüche die Betriebsverwaltung erhebt, und der Straßenbahn könnte der Einwand in keinem Falle hergeleitet werden (vgl. Anm. 189). Aber auch unmittelbar der Zessionarin gegenüber erscheint der Einwand nicht gerechtfertigt. Weder läßt sich m. E. mit einer analogen Anwendung des § 831 BGB. operieren — das RG. hat dies im Urteil JW. **1924** 538[8] dahingestellt sein lassen —, noch kann der Einwand auf das Reichshaftungsgesetz v. 22. 5. 1910 gestützt werden (RG. in JW. **1925** 942[11]). Erlangt der Verletzte seine Erwerbsfähigkeit wieder, so entfällt das Rückgriffsrecht der Betriebsverwaltung, mag diese auch zur Fortzahlung des Ruhegehalts verpflichtet sein (RG. in LZ. **1919** 706[15]).

Anm. 109. Eine Einschränkung dahin, daß die Schadenersatzpflicht des Dritten insoweit nicht entstehe, als der Verletzte im Augenblick des Unfalls nach den allgemeinen gesetzlichen Bestimmungen sich eine Pensionsberechtigung bereits erdient hatte, findet im Gesetz keine Grundlage. Das RG. hat eine solche Einschränkung in der Entsch. v. 25. 11. 07 (RG. **67** 139) angenommen, diese Ansicht aber in der späteren Praxis wieder aufgegeben. Vgl. RG. **73** 213; JW. **1913** 601[15]; RG. **98** 341.

Dagegen erstreckt sich der Anspruch auf Schadenersatz wegen Verlustes des Diensteinkommens nicht über den Zeitpunkt hinaus, in dem die Dienstunfähigkeit auch ohne den Unfall eingetreten wäre. Denn von diesem Zeitpunkt an kann nicht mehr der Unfall als die Ursache des Verlustes des Diensteinkommens in Betracht kommen. So RG. v. 15. 2. 13 (JW. **1913** 601[15]) unter Aufgabe der in der Entsch. v. 25. 11. 07 (RG. **67** 139) vertretenen abweichenden Ansicht.

Bleibt die Unfallpension hinter der Pension zurück, die der Beamte ohne den Unfall erdient haben würde, so ist allerdings dem Verletzten infolge des Unfalls ein Schade entstanden. Da aber eine Ausgleichung dieses Schadens durch den Unfallfürsorgepflichtigen nicht stattfindet, so kann auch die Schadenersatzforderung nicht auf Grund des § 12 auf den Fürsorgepflichtigen übergehen. Die Geltendmachung dieses Schadens bleibt dem Verletzten vorbehalten. RG. in JW. **1913** 601[15]. Vgl. auch RG. in „Recht" **1908** Nr. 2485, EisenbE. **25** 166.

Übersteigt die Unfallpension den Betrag der Pension, die sich der Verletzte ohne den Unfall höchstens erdient haben würde, so kann der Fürsorgepflichtige wegen des Mehrbetrages den Unternehmer nicht in Anspruch nehmen, weil in dieser Höhe dem Verletzten durch den Unfall kein Schaden entstanden ist, also auch kein Anspruch besteht, der auf den Fürsorgepflichtigen übergehen könnte.

Wegen der Höhe der Schadensforderung wird im übrigen auf das in Anm. 97 Gesagte verwiesen.

Anm. 110. Was den Zeitpunkt des Übergangs des Entschädigungsanspruchs betrifft, so hatte auch hier, wie für die Unfallversicherung (vgl. Anm. 99), das RG. zunächst den Standpunkt vertreten, daß der Entschädigungsanspruch erst dann auf die Betriebsverwaltung übergehe, wenn deren Leistungspflicht gegenüber dem verletzten Beamten bzw. seinen Hinterbliebenen festgestellt sei (RG. **28** 89). Diese Ansicht hat das RG. in der neueren Praxis, ebenso wie für die Unfallversicherung (vgl. oben Anm. 99), aufgegeben und angenommen, daß der Zeitpunkt des Übergangs des Schadenersatzanspruchs mit demjenigen seiner Entstehung zusammenfalle. RG. **60** 207; „Recht" **1908** Nr. 1287, EisenbE. **24** 388.

Anm. 111. Eine Besonderheit gilt für das Verhältnis des Eisenbahnunternehmers zur Postverwaltung, wenn ein Postbeamter beim Betrieb der Eisenbahn verunglückt. Nach § 12 Abs. 1 BeamtUFürsG. (Anm. 103) gehen die Schadenersatzansprüche gegen den Eisenbahnunternehmer auf die fürsorgepflichtige Betriebsverwaltung „vorbehaltlich der

Bestimmungen des Artikel 8 des Gesetzes vom 20. Dezember 1875 (RGBl. S. 318)" über. Dieser Artikel bestimmt:

Wenn bei dem Betriebe einer Eisenbahn ein im Dienst befindlicher Postbeamter getötet oder körperlich verletzt worden ist, und die Eisenbahnverwaltung den nach den Gesetzen ihr obliegenden Schadenersatz dafür geleistet hat, so ist die Postverwaltung verpflichtet, derselben das Geleistete zu ersetzen, falls nicht der Tod oder die Körperverletzung durch ein Verschulden des Eisenbahnbetriebs-Unternehmers oder einer der im Eisenbahnbetriebe verwendeten Personen herbeigeführt worden ist.

Wie aus dem Zusammenhang der Bestimmungen dieses Gesetzes zu entnehmen ist, setzt Art. 8 voraus, daß der Postbeamte bei der dienstlichen Benutzung der im Eisenbahnbetrieb benutzten Postwagen oder anderer besonderer Einrichtungen einen Unfall erlitten hat. Eine Anwendung der Vorschrift kommt daher nicht in Frage, wenn sich z. B. ein Unfall bei dem Zusammenstoß zwischen einem Post- und einem Straßenbahnwagen ereignet. RG. in JW. **1924** 538[8].

Nach Art. 8 ist im Verhältnis von Post zu Eisenbahn grundsätzlich die Post der haftbare Teil. Letztere kann für Fürsorgeleistungen von der Bahn keinen Ersatz fordern und ist, wenn die Bahn Schadenersatz leistet, zu deren Schadloshaltung verpflichtet. Dagegen geht der Schaden zu Lasten der Eisenbahn, wenn durch ihr Verschulden der Unfall herbeigeführt worden ist. Für eine Anwendung des § 831 BGB., die zu einer Umkehrung der Beweislast führen würde, ist hier kein Raum. RG. in JW. **1921** 337[7]; v. d. Leyen Anm. ebenda; Fritsch, Eisenbahnrecht S. 392.

Damit die Postverwaltung in der Lage ist, ihre Rechte gebührend wahrzunehmen, insbesondere in einem Prozeß des Geschädigten gegen den Eisenbahnunternehmer letzterem als Nebeninterventienten beizutreten, ist zu Art. 8 durch Erlaß des Reichskanzlers v. 9. 2. 76 bestimmt, daß die Eisenbahnverwaltung Ersatzansprüche, die wegen einer bei dem Betriebe einer Eisenbahn erfolgten Tötung oder Verletzung eines im Dienst befindlichen Postbeamten erhoben werden, alsbald zur Kenntnis derjenigen Oberpostdirektion, in deren Bezirk sich der Unfall ereignete, zu bringen hat.

Die ordentlichen Gerichte prüfen selbständig, ob ein Unfall vorliegt, auf den die Bestimmungen des BeamtUFürsG. Anwendung finden. Sie sind an die Entscheidungen der Betriebsverwaltung des verletzten Beamten nicht gebunden. Die Frage jedoch, ob ein Beamter dienstunfähig geworden und deshalb die Zurruhesetzung auszusprechen war, kann einer Nachprüfung auf ihre Richtigkeit im Rechtswege nicht unterzogen werden. Hierüber hat lediglich die vorgesetzte Dienstbehörde zu entscheiden (§ 155 ReichsBeamtenG.). RG. **94** 30, EisenbE. **37** 22. Über die Bindung der ordentlichen Gerichte auf dem Gebiete der Unfallversicherung vgl. oben Anm. 102. **Anm. 112.**

Soweit außerhalb des Bereichs der Beamten-Unfallfürsorgegesetze der Verletzte oder seine Hinterbliebenen durch Pensionen, Witwen-, Waisengelder oder ähnliche Bezüge entschädigt werden, ist für den dritten **Anm. 113.**

Unternehmer eine Schadenersatzpflicht nach dem HaftpflG. nicht entstanden (vgl. Anm. 42 zu § 3, Anm. 13 zu § 4). Infolgedessen steht auch grundsätzlich dem zur Leistung von Pensionen usw. Verpflichteten kein aus der Person des Geschädigten abgeleiteter Ersatzanspruch gegen den Unternehmer des Betriebes, in dem sich der Unfall ereignete, zu. Dies ist nur dann der Fall, wenn — wie in der RVersO. und dem BeamtUFürsG. — im Gesetz ausdrücklich der Schadenersatzanspruch gegen den dritten Unternehmer in vollem Umfange aufrechterhalten und der Übergang dieses Anspruchs auf die versorgungspflichtige Verwaltung vorgeschrieben ist (vgl. RG. **82** 189). So bestimmt das RVersorgG. in der Fassung v. 22. 12. 27 (RGBl. I S. 515) in § 86, daß die nach diesem Gesetz versorgungsberechtigten Personen die Ansprüche aus dem HaftpflG. behalten, daß diese Ansprüche jedoch im Umfang der durch das RVersorgG. begründeten Versorgungspflicht auf das Reich übergehen (vgl. RG. **108** 151).

B. Subjekt der Haftpflicht.

Anm. 114. **Vorbemerkung.** § 25 PrEisenbG. v. 3. 11. 38 bezeichnet als Subjekt der Haftpflicht „die Gesellschaft". Betriebsunternehmer im Sinne dieser Bestimmung ist die Aktiengesellschaft, die landesherrliche Genehmigung zum Betriebe einer Eisenbahn erhalten hat (§ 1). Der Ausdruck Gesellschaft gab zu dem Zweifel Anlaß, ob § 25 auch auf Staatsbahnen Anwendung fände. Das RG. hat diese Frage in ständiger Praxis bejaht. Vgl. z. B. Gruchot **30** 147; RG. **23** 221.

Nach § 1 HaftpflG. haftet der Betriebsunternehmer, also jeder Unternehmer eines Eisenbahnbetriebes, mag er eine physische oder juristische Person, eine Person des privaten oder öffentlichen Rechts (Staat, Gemeinde usw.) sein.

Anm. 115.

I. Begriff.

Betriebsunternehmer ist, wer eine Eisenbahn für eigene Rechnung benutzt und über den Betrieb die Verfügung hat.

Anm. 116. **1. Benutzung für eigene Rechnung.**

Zum Begriff des Unternehmers gehört zunächst, daß der Betrieb auf seine Rechnung geht. Er braucht nicht notwendig Eigentümer der Anlage zu sein. Betriebsunternehmer ist auch derjenige, der die einem anderen gehörige Eisenbahnanlage benutzt, um auf ihr selbständig für eigene Rechnung und Gefahr ein Eisenbahnunternehmen zu betreiben. Dagegen ist nicht Betriebsunternehmer, wer zwar im eigenen Namen, aber für Rechnung eines anderen die Bahnanlage zu Transportzwecken benutzt.

Eger Anm. 7 S. 96; Endemann S. 43; Westerkamp S. 643; Reindl Anm. 6 zu § 1 S. 48.

Ebenso das RG. in ständiger Rechtsprechung. EisenbE. **1** 174; EisenbE. **2** 226; Gruchot **28** 1094, EisenbE. **3** 360; EisenbE. **10** 11; Bolze **19** Nr. 268, EisenbE. **12** 197; JW. **1901** 726[22], EisenbE. **18** 264; JW. **1903** 158[21], EisenbE. **20** 140; „Recht" **1907** Nr. 2441, EisenbE. **24** 171; RG. **66** 376, JW. **1907** 717[30], EisenbE. **24** 185. Vgl. auch OLG. Hamm in VerkRdsch. **1928** 331.

Für eigene Rechnung betreibt das Eisenbahnunternehmen derjenige, dem die Einnahmen und Ausgaben zufallen, dem also das jeweilige wirtschaftliche Ergebnis des Betriebes zum Vorteil oder Nachteil gereicht. Infolgedessen ist Betriebsunternehmer der Pächter einer Eisenbahnanlage, nicht der sie verpachtende Eigentümer. Betriebsunternehmer ist ferner nicht, wer einem andern zum Betriebe Personal oder Material gegen feste Vergütungen zur Verfügung stellt (RG. in EisenbE. **6** 436; EisenbE. **12** 207). **Anm. 117.**

Demnach ist z. B. für einen Unfall, den ein im Dienste eines ausländischen Staates stehender Eisenbahnbeamter im Inlande auf einer von einem deutschen Staat betriebenen, mit Material und Personal des ausländischen Staats ausgerüsteten Eisenbahn erleidet, der inländische Staat als Betriebsunternehmer verantwortlich. RG. **38** 90.

Betreibt der Unternehmer eines Eisenbahnbaus eine Arbeitsbahn (vgl. Anm. 17), und trägt er die Kosten dieses Betriebes, so ist er, nicht der Eisenbahnunternehmer, für den die Bahn gebaut wird, und der Lokomotiven und Wagen zur Verfügung stellt, Betriebsunternehmer im Sinne des § 1 (RG. in JW. **1907** 717[30], EisenbE. **24** 185; RG. **75** 7, JW. **1911** 62[66], EisenbE. **27** 425). Auch dann bleibt der Bauherr Unternehmer des Bahnbetriebes, wenn er den Transport durch von ihm angestellte und bezahlte Transportführer besorgen läßt (RG. in EisenbE. **10** 11).

2. Verfügung über den Betrieb. **Anm. 118.**

Das Merkmal des Betriebes „für eigene Rechnung" erschöpft nicht den Begriff „Betriebsunternehmer". Es muß hinzukommen, daß der Unternehmer die Verfügung über den Betrieb hat. Hierauf deutet auch § 9, in dem der Unternehmer des Betriebes mit dem Unternehmer der Anlage identifiziert wird. Nur demjenigen, dem die Leitung des gesamten technischen Betriebes, insbesondere also die Regelung des Verkehrs der Züge obliegt, kann verständigerweise die Verantwortung für Betriebsunfälle auferlegt werden. Ebenso RG. **66** 376, EisenbE. **24** 185; EisenbE. **25** 396; RG. **75** 7, JW. **1911** 62[66], EisenbE. **27** 425; WarnRspr. **1911** Nr. 285, EisenbE. **27** 437; WarnRspr. **1911** Nr. 438, EisenbE. **28** 241; WarnRspr. **15** Nr. 212, EisenbE. **32** 455; RG. **96** 204. Über die Frage, wer als Betriebsunternehmer anzusehen ist, wenn die Merkmale „Benutzung für eigene Rechnung" und „Verfügung über den Betrieb" auf verschiedene Personen entfallen, vgl. unten Anm. 121.

Unerheblich ist, ob der Bahnbetrieb der Aufsicht und Kontrolle eines anderen unterworfen ist. Dieser wird hierdurch nicht zum Betriebsunternehmer. RG. in EisenbE. **2** 226; JW. **1907** 717[30], EisenbE. **24** 185; JW. **1911** 62[66]; EisenbE. **28** 103; JW. **1921** 170[4], EisenbE. **38** 149.

Aus dem Gesagten folgt ferner, daß nicht Betriebsunternehmer derjenige ist, dem eine Eisenbahnanlage zeitweise zur Ausführung einzelner Transporte auf eigene Rechnung und Gefahr überlassen wird. Daher haftet z. B. der Unternehmer einer Feldbahn für die Folgen eines Betriebsunfalls, der sich ereignet, während mit seiner Erlaubnis ein anderer für eigene Rechnung und Gefahr die Feldbahn zu Transportzwecken benutzt (RG. in EisenbE. **15** 221). Ebenso ist z. B. der Eisenbahnunternehmer, der zeitweise der Militärverwaltung die Eisenbahnanlage zur eigenen Benutzung überläßt, in Ansehung eines bei einem solchen Transporte eintretenden Unfalls als haftpflichtiger Betriebsunternehmer anzusehen (RG. in EisenbE. **10** 11).

Nach dem als Reichsgesetz verkündeten „Abkommen zwischen Deutschland, Polen und der Freien Stadt Danzig über den freien Durchgangsverkehr zwischen Ostpreußen und dem übrigen Deutschland" v. 21. 4. 1921 (RGBl. S. 1069 ff.) haftet für Schaden, der aus einem Betriebsunfall entsteht, die „betriebführende Verwaltung" (Art. 36 § 8). Dies ist nach der Denkschrift (S. 104) nicht diejenige Verwaltung, die eine Strecke befährt, sondern diejenige, der die Verwaltung und Unterhaltung der Strecke, die Leitung des Fahrdienstes, die Regelung des Signalwesens usw. obliegt. Infolgedessen haftet für Eisenbahnunfälle, die sich im sogen. polnischen Korridor ereignen, nach den auch dort geltenden Grundsätzen des HaftpflG. allein die polnische Eisenbahnverwaltung, ohne daß es darauf ankommt, von welcher Verwaltung das Eisenbahnmaterial und -Personal gestellt, und mit wem der Beförderungsvertrag geschlossen ist. Die Bezeichnung der betriebführenden Verwaltung als der ersatzpflichtigen Unternehmung entspricht dem Begriff des Betriebsunternehmens im Sinne des HaftpflG. RG. in EisArch. **1929** 1330, VerkRdsch. **8** 205.

Anm. 119. Hiernach ist ein Unternehmen, das in fahrplanmäßige Züge Speise- oder Schlafwagen einstellt und in diesen durch eigene Angestellten Verrichtungen ausüben läßt, nicht als Betriebsunternehmer im Sinne des § 1 anzusehen. Dies ist auch dann nicht der Fall, wenn die Gesellschaft das gesamte für den Dienst der sogen. Luxuszüge erforderliche Material an Schlaf-, Salon-, Speise- und Gepäckwagen stellt. Denn die Verfügung über den eigentlichen technischen Betrieb behält die Eisenbahnverwaltung, die auch alle für diesen erforderlichen technischen Maßnahmen trifft.

Ebenso Eger Anm. 7 S. 98; Fuld, EisenbE. **24** 324; Rundnagel, GoldschmidtsZ. **58** 653; Heucke Note 22 c zu § 1; wohl auch RG. **99** 227, EisArch. **1921** 234; vgl. ferner RG. (Strafsenat) in EisenbE. **18** 329. A. M. Reindl (Anm. 6 zu § 1 und in EisenbE. **18** 367, **19** 88, **24** 319), der einen kombinierten Betrieb (vgl. Anm. 123) zwischen Eisenbahn und Schlafwagengesellschaft annimmt. Daß die Schlafwagengesellschaft die Leitung des Betriebes den mitbeteiligten Eisenbahnverwaltungen, auf deren Strecke der Zug jeweils fahre, überlasse, soll nach Reindl (EisenbE.

24 332) an ihrer Eigenschaft als Unternehmerin nichts ändern, da bei gemeinsamer Unternehmung eines Betriebes doch immer nur einer der beiden Unternehmer die Leitung der Ausführung übernehmen werde. Diese Argumentation würde etwas für sich haben, wenn die technische Leitung des Betriebes überhaupt den Schlafwagengesellschaften überlassen werden könnte. Dies ist aber ausgeschlossen, weil die Eisenbahnverwaltungen nach der Einrichtung des Eisenbahnbetriebes diesen in seiner Gesamtheit leiten müssen. Es würde ferner dem Zwecke des HaftpflG. widersprechen, die Schlafwagengesellschaft für die Folgen jedes Betriebsunfalls neben dem Eisenbahnunternehmer für mithaftbar zu erklären. Denn in den seltensten Fällen werden Betriebsunfälle auf mangelhafte Einrichtungen der Schlafwagengesellschaften oder auf schuldhaftes Verhalten ihrer Angestellten bei Ausübung ihres Dienstes zurückzuführen sein. Den Schlafwagengesellschaften wird auch, worauf Fuld (a. a. O. S. 325) zutreffend hinweist, keine Konzession zum Betriebe der Eisenbahn erteilt.

Hiernach gestaltet sich die Haftung für Unfälle bei dem Betriebe von Eisenbahnzügen, die ganz oder zum Teil Wagen von Schlafwagengesellschaften führen, folgendermaßen: **Anm. 120.**

Erleidet ein Angestellter der Schlafwagengesellschaft einen Unfall bei Ausübung seines Dienstes, so steht ihm bzw. seinen Hinterbliebenen nach Maßgabe der RVersO. ein Anspruch auf Rente gegen die Privatbahnberufsgenossenschaft zu. Dieser ist nach § 1542 RVersO. im Umfang ihrer Leistungspflicht die Eisenbahn regreßpflichtig. Dem Geschädigten haftet letztere in Höhe der Differenz zwischen dem vollen Schaden und den Leistungen der Berufsgenossenschaft. Die Haftung der Bahn ist nicht etwa mit Rücksicht auf § 898 RVersO. ausgeschlossen. Denn der Schlafwagenbeamte ist versicherungsrechtlich nicht im Eisenbahnbetrieb, sondern im Betrieb der Schlafwagengesellschaft beschäftigt. RG. **47** 54; **99** 227. Vgl. oben Anm. 91.

Wird ein Angestellter des Eisenbahnunternehmers beim Betriebe verletzt oder getötet, so steht ihm bzw. seinen Hinterbliebenen lediglich ein Renten- oder Pensionsanspruch nach Maßgabe der RVersO. oder des BeamtUFürsG. zu (vgl. Anm. 89, 103). Ein Anspruch gegen die Schlafwagengesellschaft besteht, soweit nicht etwa eine Haftung wegen Verschuldens nach allgemeinen Rechtsgrundsätzen in Frage kommt, nicht.

Einem beim Betriebe verletzten Fahrgast oder unbeteiligten Dritten haftet nach dem HaftpflG. nur der Eisenbahnunternehmer, nicht die Schlafwagengesellschaft.

3. Entfallen die Merkmale „Benutzung für eigene Rechnung" und „Verfügung über den Betrieb" auf verschiedene Personen, was nicht selten der Fall ist, so ist abzuwägen, welches Merkmal mit Rücksicht auf die besonderen Umstände des Falles als ausschlaggebend anzusehen ist. RG. **75** 7, JW. **1911** 62[66], EisenbE. **27** 425; WarnRspr. **1911** Nr. 285, EisenbE. **27** 437; JW. **1920** 556[10], EisenbE. **38** 68. Im Zweifel wird das entscheidende Gewicht darauf zu legen sein, wem die selbständige Ver- **Anm. 121.**

fügungsgewalt über den Betrieb zusteht. RG. in WarnRspr. **1911** Nr. 438, EisenbE. **28** 241; WarnRspr. **1912** 245, „Recht" **1912** Nr. 1247, EisenbE. **29** 90; RG. **96** 209; LZ. **1923** 398, EisenbE. **40** 220; RG. in VerkRdsch. **4** 646.

Durch eine von den Beteiligten getroffene Vereinbarung kann nicht mit Wirkung für Dritte die Eigenschaft des Betriebsunternehmers im Sinne des HaftpflG. jemandem beigelegt werden, dem eine solche Stellung gesetzlich nicht zukommt. RG. in LZ. **1923** 398, EisenbE. **40** 220.

II. Praktische Einzelfragen.

Anm. 122. **1. Betrieb auf Anschlußgleisen.**

Für die Beantwortung der Frage, wer als Betriebsunternehmer auf Anschlußgleisen, d. h. Verbindungsgleisen industrieller Unternehmungen (vgl. Anm. 15), anzusehen ist, kommt es ebensowenig darauf an, wer Eigentümer des Geländes ist, auf dem der Betrieb vor sich geht, wie darauf, von wem das Anschlußgleise erbaut ist. Maßgebend ist auch hier allein, auf wessen Rechnung und unter wessen Leitung der Betrieb bewirkt wird. Hierüber geben die Abmachungen der Bahnverwaltung und des Industrieunternehmens Aufschluß.

Betriebsunternehmer auf dem Anschlußgleise im Sinne des § 1 ist daher der Inhaber des Industrieunternehmens, wenn dieser auf eigene Kosten und unter eigener Leitung die Wagen von dem Hauptbahngleise abholen, zur Ladestelle bringen und die hier beladenen Wagen zurück zum Hauptbahngleise fahren läßt. Hieran würde auch der Umstand nichts ändern, daß die Eisenbahnverwaltung durch ihre Beamten die Aufsicht über den Betrieb führt. RG. in EisenbE. **3** 73.

Dagegen ist die Eisenbahnverwaltung Betriebsunternehmerin auf dem Anschlußgleise, wenn sie die Güter nach und von dem industriellen Etablissement gegen tarifmäßige Gebühren mit eigenem Personal und Wagenmaterial befördert. Daß auch der Inhaber des Etablissements ein wirtschaftliches Interesse an dem Betrieb hat, ist nicht erheblich. RG. in Bolze **19** Nr. 268, EisenbE. **12** 197; „Recht" **1911** Nr. 2441, EisenbE. **24** 171; JW. **1909** 59[30], EisenbE. **25** 315.

Häufig ist der Betrieb auf den Anschlußgleisen in der Weise geteilt, daß die Eisenbahnverwaltung die leeren Wagen bis zu einem bestimmten Punkt des Anschlußgleises (Merkpfahl) bringt und die beladenen dort wieder abholt. In diesem Fall ist Betriebsunternehmer auf dem einen Teil des Gleises die Eisenbahnverwaltung, auf dem anderen der Inhaber des industriellen Etablissements. RG. in Bolze **3** Nr. 392, EisenbE. **5** 34.

In einem Fall war z. B. der Betrieb auf dem Anschlußgleise in der Weise geregelt, daß die Arbeiter des Privatunternehmers die leeren Wagen bis auf eine Drehscheibe beförderten und von dieser auf das anstoßende Ablaufgleis schoben, auf dem sie infolge des Gefälles von selbst weiter rollten. Sie wurden dann auf dem Ablaufgleis von einer Lokomotive zusammengeschoben, von den Angestellten der Eisenbahnverwaltung zusammengekoppelt und abgefahren. Für einen beim Herabrollen der Wagen eingetretenen Unfall ist die Bahnverwaltung für haftpflichtig erklärt worden, weil das Weiterrollen der Wagen nicht mehr als ein Ausfluß der Betriebstätigkeit des Privatunternehmers, sondern als eine Folge der Einrichtung angesehen wurde, die die Bahnverwaltung dem ihr unterstehenden Betrieb gegeben hat. RG. in „Recht" **1910** Nr. 786, EisenbE. **26** 329.

Als Betriebsunternehmer können aber auch auf dem ganzen Anschlußgleise sowohl die Bahnverwaltung wie der Privatunternehmer in Betracht kommen, und zwar dann, wenn beide Teile zu verschiedenen Zeiten für eigene Rechnung und nach eigenen Anordnungen das Anschlußgleis zu Transportzwecken benutzen. In diesem Falle, in dem ein sogen. Konkurrenzbetrieb vorliegt (vgl. Anm. 125), haftet als Unternehmer derjenige, durch dessen Betriebstätigkeit der Unfall herbeigeführt wird. RG. in EisenbE. **7** 306.

Durch Vereinbarungen der Bahnverwaltung und des Privatunternehmers über die Haftpflicht werden die dem Verletzten oder seinen Hinterbliebenen gesetzlich zustehenden Ansprüche nicht berührt. Solche Vereinbarungen wirken nur im Verhältnis der Vertragschließenden zueinander. RG. in JW. **1896** 707[52], EisenbE. **13** 330.

2. Gemeinschaftlicher Betrieb. **Anm. 123.**

Ein gemeinschaftlicher Betrieb liegt vor, wenn mehrere Personen den Eisenbahnbetrieb für gemeinschaftliche Rechnung und unter gemeinschaftlicher Leitung ausführen.

Dies war z. B. bei der preußisch-hessischen Eisenbahngemeinschaft der Fall. Nach dem preußisch-hessischen Staatsvertrag vom 23. 6. 96 (PrGS. S. 215) bestand zwischen beiden Staaten eine Betriebs- und Finanzgemeinschaft in der Weise, daß der Betrieb der vereinigten Bahnen für Rechnung beider Staaten erfolgte, die sämtlichen Betriebseinnahmen und -ausgaben gemeinsame waren und der Überschuß nach einem speziell festgestellten Maßstab verteilt wurde (Art. 6). Gemeinschaftlich war auch die Verwaltung des Unternehmens. In der gemeinschaftlichen Zentralbehörde, dem preußischen Ministerium der öffentlichen Arbeiten, war die hessische Regierung vertreten (Art. 13). Daher hafteten für die Folgen eines Unfalles, der sich auf einer zur Betriebsgemeinschaft gehörenden preußischen oder hessischen Bahn ereignete, beide Staaten als Gesamtschuldner (§ 840 BGB.). Durch die Neuordnung des Eisenbahnwesens ist die preußisch-hessische Eisenbahngemeinschaft aufgehoben worden.

Kein gemeinschaftlicher Betrieb besteht zwischen der Eisenbahnverwaltung und der Schlafwagengesellschaft (vgl. Anm. 119). Über die Rechtsbeziehungen zwischen der deutschen und der polnischen Eisenbahnverwaltung in bezug auf den Eisenbahnverkehr im sogen. polnischen Korridor vgl. RG. in EisArch. **1929** 1330, VerkRdsch. **8** 205 und oben Anm. 118.

Zu welchen Anteilen die Unternehmer eines gemeinschaftlichen **Anm. 124.**

Betriebes in ihrem Verhältnis zueinander für die Folgen von Unfällen verpflichtet sind, bestimmt sich nach etwaigen Vereinbarungen. In Ermangelung solcher haften sie im Verhältnis zueinander zu gleichen Anteilen (§ 426 Abs. 1 BGB.).

Anm. 125. **3. Konkurrenzbetrieb.**

Von einem konkurrierenden Betrieb oder Konkurrenzbetrieb spricht man, wenn mehrere Eisenbahnunternehmer auf derselben Strecke selbständig, d. h. jeder für eigene Rechnung und unter eigener Leitung, ein Eisenbahnunternehmen betreiben. Solche Konkurrenzbetriebe sind besonders häufig auf Bahnhöfen und Grenzstrecken. Vgl. z. B. auch § 27 PrEisenbG. v. 3. 11. 38.

Für die Frage der Haftpflicht ist unerheblich, wer Eigentümer der Strecke ist, ob diese im Eigentum sämtlicher Konkurrenzunternehmer oder eines von ihnen oder eines Dritten steht (vgl. Anm. 116).

Der Konkurrenzunternehmer haftet nicht in Ansehung aller Betriebshandlungen, die auf der gemeinschaftlichen Strecke vorgenommen werden. Denn der Betrieb ist nicht ein gemeinschaftlicher, sondern ein geteilter. Hieraus ergibt sich für die Haftpflicht der Grundsatz, daß jeder Unternehmer für die Folgen solcher Unfälle haftet, die sich bei **seinem** Betriebe ereignen. Ein Unfall ereignet sich aber bei dem Betriebe desjenigen Unternehmers, in dessen Interesse die Betriebshandlung, die den Unfall zur Folge hat, vorgenommen wird. Ebenso Endemann S. 45; Eger Anm. 7 S. 107; Westerkamp S. 644; Reindl Anm. 6 zu § 1 S. 52; ROHG. **21** 266; RG. in EisenbE. **1** 174; JW. **1911** 332[35], WarnRspr. **1911** Nr. 197, EisenbE. **27** 433.

Ereignet sich ein Unfall infolge von Betriebshandlungen, die im Interesse mehrerer konkurrierender Unternehmer vorgenommen werden, so haften die Beteiligten als Gesamtschuldner (§ 840 Abs. 1 BGB.). Das gleiche gilt, wenn sich nicht ermitteln läßt, durch wessen Betriebshandlungen der Unfall herbeigeführt worden ist (§ 830 Abs. 1 S. 2 BGB.). Es wird z. B. auf dem Bahnkörper, auf dem ein Konkurrenzbetrieb stattfindet, der Leichnam eines Menschen gefunden und zwar festgestellt, daß der Tod infolge Überfahrens eingetreten, aber nicht ermittelt, bei wessen Betrieb dies geschehen ist.

Vereinbarungen der Konkurrenzunternehmer untereinander berühren die Ansprüche des Verletzten und seiner Hinterbliebenen nicht. Vgl. Anm. 12.

Anm. 126. **4. Durchgehende Züge.**

Hierunter versteht man Eisenbahnzüge, die die Anlagen mehrerer Betriebsunternehmer durchlaufen, indem entweder auf den Strecken der verschiedenen Unternehmer ein Wechsel des Bedienungspersonals vorgenommen oder aber dieses ganz oder zum Teil beibehalten wird.

Es fragt sich, welcher der beteiligten Unternehmer in Ansehung eines Unfalls als Betriebsunternehmer im Sinne des § 1 anzusehen ist. Als solcher könnte entweder derjenige in Betracht kommen, der den durchgehenden Zug abgehen läßt, oder jeder der beteiligten Unternehmer auf der ganzen Strecke oder endlich derjenige, auf dessen Strecke sich der Unfall ereignet. Die letzte Alternative ist die zutreffende. Denn der Betrieb der durchgehenden Züge geht auf Rechnung und unter der technischen Leitung des Eigentümers der Strecke. Ebenso Eger Anm. 7 S. 103; Endemann S. 44; Reindl Anm. 6 zu § 1 S. 50; ROHG. **22** 8; RG. in EisenbE. **1** 5; RG. **12** 145, EisenbE. **3** 441; EisenbE. **12** 204; RG. **38** 90, EisenbE. **14** 123.

Denkbar wäre freilich auch, daß die beteiligten Unternehmer Vereinbarungen treffen, aus denen auf einen gemeinschaftlichen Betrieb (Anm. 123) oder einen Konkurrenzbetrieb (Anm. 125) zu schließen ist. Üblich ist dies nicht. RG. **12** 145, EisenbE. **3** 441.

5. Mehrere Betriebe. Anm. 127.

Ein Unfall kann sich zugleich bei mehreren Betrieben ereignen. Dies ist z. B. der Fall, wenn jemand bei dem Zusammenstoß von Motorwagen verschiedener Unternehmer verunglückt (RG. **61** 56), oder wenn auf einem Bahnkörper, auf dem zwei Gleise verschiedener Betriebsunternehmer nebeneinanderherlaufen, ein Arbeiter beim Herannahen eines Zuges der einen Linie zu den Gleisen der anderen Linie ausbiegt und von einem Zug der letzteren überfahren wird (RG. in EisenbE. **3** 109). Vgl. auch RG. in JW. **1900** 188[19], EisenbE. **17** 139.

Die Unternehmer der beteiligten Betriebe haften als Gesamtschuldner (§ 840 BGB.). Vgl. Anm. 139.

6. Eisenbahnpostdienst. Anm. 128.

Literatur: Kittel, Die Ansprüche der Reichspostverwaltung und ihrer Angestellten für Schäden aus Eisenbahnunfällen, EisenbE. **24** 420 ff.; Breithaupt, Die Schadenersatzpflicht der Deutschen Reichsbahn-Gesellschaft bei Unfällen von Reichsbeamten im Eisenbahnbetrieb, EisenbE. **47** 214 ff.

Die Beförderung von Postsachen auf der Eisenbahn erfolgt entweder in Wagen der Bahnverwaltung oder in eigenen Wagen der Postverwaltung. In beiden Fällen ist Betriebsunternehmer allein die Eisenbahnverwaltung. Denn in ihrem Betriebe, auf ihre Kosten und unter ihrer Leitung findet die Beförderung der Poststücke bzw. der Postwagen statt. Ebenso Eger Anm. 7 S. 111; Westerkamp S. 644; Endemann S. 46.

Erleidet ein Postbeamter im Dienst bei dem Eisenbahnbetrieb einen Unfall, so steht ihm bzw. seinen Hinterbliebenen ein Anspruch gegen den Postfiskus zu. Daneben besteht der Ersatzanspruch nach dem HaftpflG. gegen den Eisenbahnunternehmer, es sei denn, daß dieser das Reich oder ein Land ist (§ 12 Abs. 2 BeamtUFürsG.). Nach der derzeitigen Rechtslage sind auch gegenüber der Reichsbahngesellschaft weitergehende Ansprüche nicht ausgeschlossen (vgl. oben Anm. 106). Soweit die Postverwaltung zu Leistungen verpflichtet ist, geht auf sie gemäß § 12 Abs. 1 BeamtUFürsG. in Höhe dieser Bezüge der Ersatzanspruch aus dem HaftpflG. über, jedoch vorbehaltlich der Bestimmungen des Art. 8 des Eisenbahnpostges. v. 20. 12. 1875. Vgl. Anm. 111.

C. Rechtliche Natur und Inhalt der Haftpflicht.

I. Rechtliche Natur der Haftpflicht.

Anm. 129. **1. Legalobligation.**

Man hat versucht, die Haftung des Eisenbahnunternehmers als eine Art Versicherung zu charakterisieren (vgl. Endemann S. 18; auch Eger Anm. 6 S. 81); schwerlich mit Recht. Unter „Versicherung" versteht man auf Gegenseitigkeit beruhende wirtschaftliche Veranstaltungen zwecks Deckung zufälligen schätzbaren Vermögensbedarfs (vgl. Manes, Versicherungswesen S. 1). Die Versicherung setzt also Leistung und Gegenleistung voraus. Dies trifft für die Haftpflicht des Unternehmers, wie sie in § 1 normiert ist, nicht zu. Der Gedanke einer Versicherung würde naheliegen, wenn es sich lediglich um die Haftpflicht des Betriebsunternehmers gegenüber seinen Angestellten und den zu befördernden Personen handelte. Aber der Umstand, daß § 1 auch allen am Betriebe nicht beteiligten Dritten wirtschaftlich Schutz gegen die Gefahren des Eisenbahnbetriebes gewährt, steht der Annahme eines Versicherungsverhältnisses entgegen. Ebenso Westerkamp S. 641; Römer GoldschmidtsZ. **18** 18; v. Bar, GrünhutsZ. **4** 84.

Die Haftpflicht des Betriebsunternehmers ist eine Legalobligation. Voraussetzung der Haftung ist allein die Tatsache der Tötung oder Verletzung beim Eisenbahnbetrieb. Die Ersatzpflicht besteht unabhängig von einem Verschulden des Unternehmers oder seiner Angestellten. Der in den Motiven und bei den Beratungen im Reichstage zur Rechtfertigung der Haftung hervorgehobene Gesichtspunkt, daß eine Schuld der Bahn zu präsumieren sei (vgl. StenogrBer. S. 202, 212, 213), hat im Gesetz keinen Ausdruck gefunden.

Der Betriebsunternehmer kann sich demnach von seiner Haftpflicht nicht durch den Nachweis befreien, daß weder ihn noch seine Angestellten ein Verschulden an dem Unfall treffe. Er kann sich z. B., wenn ein Betriebsunfall durch das Fehlen von Schranken an der Kreuzung einer Eisenbahnstrecke mit einem Wege verursacht ist, nicht damit verteidigen, daß die Eisenbahnaufsichtsbehörde die Anbringung von Schutzwehren nicht angeordnet habe (RG. in EisenbE. **9** 117; „Recht" **1909** Nr. 599, EisenbE. **25** 321); oder wenn die Lokomotive mit einer solchen Geschwindigkeit fuhr, daß ein sofortiges Anhalten und damit eine Verhütung des Unfalls unmöglich war, einwenden, daß die Aufsichtsbehörde die benutzte Geschwindigkeit gestattet habe (RG. in EisenbE. **13** 139). Vgl. auch OLG. Kolmar in „Recht" **1904** Nr. 1365, EisenbE. **20** 356.

Anm. 130. Der Betriebsunternehmer haftet selbst für die Folgen eines erwiesenermaßen zufällig entstandenen Unfalls (RG. in EisenbE. **1** 105; RG. **14** 82, EisenbE. **4** 370). Nur derjenige Zufall, der sich als „höhere Gewalt" darstellt, befreit den Unternehmer von seiner Haftpflicht. Vgl. Anm. 151.

2. Unerlaubte Handlung im Sinne des BGB. Anm. 131.

Die bei Schaffung des BGB. vorgenommene Neuredaktion einer Anzahl von Reichsgesetzen, darunter des HaftpflG. (Art. 42 EG.BGB.), hatte den ausgesprochenen Zweck, die Vorschriften dieser Gesetze mit dem Recht des BGB. in Einklang zu bringen. Dieses sollte mit den in Art. 32 EG.BGB. aufrecht erhaltenen Reichsgesetzen ein einheitliches Gesetzeswerk darstellen. Daraus folgt, daß die allgemeinen Rechtsgrundsätze des BGB. auf das Gebiet des HaftpflG. insoweit zu übertragen sind, als ihnen nicht Inhalt oder Zweck der Bestimmungen des letzteren entgegensteht. RG. **53** 75, EisenbE. **19** 344; **60** 300, JW. **1905** 317.

Die Haftung des Eisenbahnunternehmers nach § 1 HaftpflG. ist demnach in die unerlaubten Handlungen des BGB. (2. Buch, 7. Abschnitt, 25. Titel) einzureihen. Denn im Sinne des BGB. sind unerlaubte Handlungen die im genannten Titel geregelten Tatbestände, die neben Ansprüchen aus einem schuldhaften Verhalten auch solche Ansprüche umfassen, die auf einem vermuteten Verschulden oder unabhängig von einem Verschulden auf gesetzlicher Vorschrift beruhen. Als eine unerlaubte Handlung in diesem weiteren Sinne ist auch die Gefährdung durch den Eisenbahnbetrieb anzusehen. So das RG. — unter Aufgabe von RG. **50** 408 — in ständiger Praxis. RG. **53** 114, EisenbE. **20** 24; RG. **58** 335, EisenbE. **21** 177; RG. **60** 300, JW. **1905** 317[3]; RG. **61** 56, JW. **1905** 429[7], EisenbE. **22** 167; JW. **1905** 734[32], EisenbE. **22** 284; „Recht" **1909** Nr. 3490, EisenbE. **26** 208. A. M. Eger Anm. 1 S. 2.

Der Haftpflicht aus § 1 liegt der Gedanke zugrunde, daß der Eisenbahnunternehmer, der die Menschen durch die von ihm unterhaltenen Einrichtungen Gefahren aussetzt, für den infolge der gefährdenden Einrichtungen entstehenden Schaden aufzukommen hat. Die Haftpflicht stellt sich daher als eine sogen. Gefährdungshaftung dar und ist den in den §§ 833 S. 1 und 835 BGB. geregelten Tatbeständen an die Seite zu stellen.

Das RG. vertritt dagegen die Ansicht, daß die Verantwortlichkeit des Eisenbahnunternehmers im Gegensatz zu der reinen Gefährdungshaftung des Tierhalters als in der Mitte zwischen den auf vermutetem Verschulden und den auf reiner Gefährdung beruhenden Schadenshaftungen liegend anzusehen sei (RG. **61** 56, JW. **1905** 429[7], EisenbE. **22** 167; JW. **1905** 734[32], EisenbE. **22** 284). Dem vermögen wir nicht beizupflichten. Der Gedanke einer Schuldvermutung, der allerdings in den Materialien eine Rolle spielt (vgl. Anm. 129), hat im Gesetz selbst keine Verwendung gefunden. Es kann nicht zugegeben werden, daß er etwa wie das RG. meint, in der Zulassung des Einwandes der höheren Gewalt zum Ausdruck komme. Gerade hier zeigt sich vielmehr der Charakter der Haftpflicht als der einer reinen Gefährdungshaftung. Denn während sich der Unternehmer allerdings von der Haftung für sogen. äußere Zufälle durch den Nachweis der Anwendung äußerster Sorgfalt befreien kann, haftet er unbedingt für sogen. innere Zufälle, insbesondere für solche, die lediglich in der gefährdenden Natur des Betriebes ihren Grund haben. Vgl. Seligsohn, JW. **1912** 375.

Anm. 132. Aus der Einreihung der Haftpflicht gemäß § 1 HaftpflG. in die „unerlaubten Handlungen" folgt materiellrechtlich, daß die in diesem Titel enthaltenen Bestimmungen über die Verweisungen des § 7 Abs. 2 HaftpflG. hinaus auf das Gebiet des HaftpflG. entsprechend anzuwenden sind, soweit hier die Materie nicht anders geregelt ist. Daher gelten für das Gebiet des § 1 HaftpflG. die §§ 828 (Anm. 174), 830, 840 (Anm. 139) und § 846 (Anm. 195).

Dagegen sind von der Übertragung diejenigen Vorschriften ausgeschlossen, die die Art und den Umfang des zu ersetzenden Schadens und die Person des Ersatzberechtigten betreffen, da diese Materie in den §§ 3 und 3 a HaftpflG. erschöpfend geregelt ist. Keine Anwendung finden daher die §§ 842 bis 845 und 847 (RG. **57** 52, JW. **1904** 174[16], EisenbE. **20** 347). Vgl. Anm. 2 zu § 3. Desgleichen ist § 831 von der Übertragung ausgeschlossen (vgl. Anm. 192). Einer Anwendung des die Verjährung regelnden § 852 steht die abweichende Bestimmung des § 8 HaftpflG. entgegen.

Anm. 133. In prozessualer Beziehung ergibt sich aus der Unterordnung der Eisenbahnbetriebsgefährdung unter die „unerlaubten Handlungen", daß für Klagen, die auf Grund des § 1 HaftpflG. erhoben werden, auch das Gericht zuständig ist, in dessen Bezirk sich der Betriebsunfall ereignet hat (§ 32 ZPO.). Ebenso RG. **60** 300, JW. **1905** 317[3], EisenbE. **21** 394 (unter Aufgabe von RG. **50** 408); Stein-Jonas Note II 2 zu § 32 ZPO.

Das bezeichnete Gericht ist nur für Klagen aus § 1 HaftpflG. zuständig. Seine Zuständigkeit erstreckt sich daher nicht auf einen zugleich beigefügten anderen Klagegrund, z. B. den des Vertrages. RG. **27** 385; JW. **1905** 342[15]; Stein-Jonas a. a. O.

Der Betriebsunfall, d. h. die schädigende Einwirkung (vgl. Anm. 56), kann sich in mehreren Gerichtsbezirken abspielen. Dies ist beispielsweise der Fall, wenn ein Pferd durch eine Eisenbahn zum Scheuen gebracht und hierdurch ein Mensch getötet oder verletzt wird, und wenn in diesem Falle das Gelände der Eisenbahn zu einem anderen Gerichtsbezirk gehört als der Ort, wo sich die Verletzung ereignet. In solchen Fällen ist die Zuständigkeit jedes Gerichts begründet, in dessen Bezirk ein Tatbestandsmerkmal der körperschädigenden Einwirkung verwirklicht ist. RG. **72** 41, JW. **1910** 24[40]. Vgl. auch Isaac Anm. 4 zu § 20 KFG. A. M. Eger KFG. Anm. 142 S. 468.

II. Inhalt der Haftpflicht.

Der Betriebsunternehmer haftet „für den dadurch entstandenen Schaden".

Anm. 134. **1. Schaden.**

§ 1 verpflichtet den Unternehmer zum Ersatz des Schadens, der durch die Tötung oder Verletzung eines Menschen entstanden ist. Es erzeugt also nicht schon die Beeinträchtigung der körperlichen Unversehrtheit an sich einen Ersatzanspruch. Voraussetzung ist vielmehr, daß dem Verletzten oder bestimmten Hinterbliebenen aus dem Unfall gewisse Vermögensnachteile entstanden sind, die in § 1 unter dem Ausdruck „Schaden" zusammengefaßt und in §§ 3, 3 a im einzelnen aufgeführt sind. Wegen eines Schadens, der nicht Vermögensschaden ist, kann, abweichend von § 847 BGB., auf Grund des HaftpflG. eine Entschädigung nicht verlangt werden. Vgl. Anm. 2 zu § 3.

Indem das Gesetz die Entstehung eines Schadens verlangt, schließt es die Geltendmachung von Haftpflichtansprüchen aus, sofern ein Vermögensschaden überhaupt nicht entstanden ist. Die Tatsache einer Verletzung allein rechtfertigt noch nicht eine Klage auf Grund des HaftpflG. Ein Ersatzpflichtanspruch ist demnach nicht gegeben, wenn die Verletzung weder eine mit Kosten verbundene Heilbehandlung noch eine Beeinträchtigung der Erwerbsfähigkeit zur Folge hat. Aber selbst der Verlust oder die Minderung der Erwerbsfähigkeit rechtfertigt nicht schlechthin einen Schadenersatzanspruch. Erscheint es z. B. mit Rücksicht auf das Alter oder die Vermögensverhältnisse des Verletzten ausgeschlossen, daß dieser in Zukunft von seiner Erwerbsfähigkeit Gebrauch gemacht hätte, so ist ihm durch Beeinträchtigung derselben kein Vermögensschaden entstanden.

Andererseits ist aber nicht erforderlich, daß der Schaden schon zur Zeit **Anm. 135.**
der Klageerhebung hervorgetreten ist. Es genügt vielmehr die Möglichkeit, daß künftig ein Vermögensnachteil zur Entstehung gelangt. Man denke z. B. an den Fall, daß ein Kind verletzt und dadurch dessen zukünftige Erwerbsfähigkeit möglicherweise beeinträchtigt wird (vgl. Anm. 25 zu § 3a), oder an den Fall, daß jemand einen Körperschaden erleidet, der ihn zurzeit noch nicht in seiner Erwerbsfähigkeit beeinträchtigt, eine Beeinträchtigung aber in Zukunft nach sich ziehen kann (RG. in JW. **1906** 92[16], EisenbE. **22** 299).

Ist nur die Möglichkeit des künftigen Eintritts eines Schadens vorhanden, so ist der zur vorläufigen Durchführung des Ersatzanspruchs gegebene Weg die Feststellungsklage gemäß § 256 ZPO. Vgl. Anm. 14 ff. zu § 8.

In welchem Umfange Schadenersatz zu leisten ist, bestimmen die **Anm. 136.**
§§ 3, 3a HaftpflG. Hiernach besteht der zu vergütende Schade im Falle der Tötung in den Kosten einer versuchten Heilung, den Kosten der Beerdigung, dem Vermögensnachteil, den der Verunglückte infolge Aufhebung oder Minderung seiner Erwerbsfähigkeit und Vermehrung seiner Bedürfnisse während der Krankheit erlitten hat, sowie in der Einbuße, die dem Unterhaltsberechtigten durch den Verlust seines Unterhaltsrechts entstanden ist (§ 3); im Fall einer Körperverletzung in den Kosten der Heilung und in dem Vermögensnachteil, der dem Verunglückten infolge Aufhebung oder Minderung seiner Erwerbsfähigkeit und Vermehrung seiner Bedürfnisse erwachsen ist (§ 3a).

In den §§ 3 und 3a ist der Inhalt der Ersatzpflicht des Unternehmers erschöpfend angegeben. Für die hier bezeichneten Kosten und Vermögensnachteile ist der Unternehmer in jedem Falle ersatzpflichtig. Er haftet aber auch nur für sie. Ein darüber hinausgehender reeller oder ideeller Schaden ist auf Grund des HaftpflG. nicht zu ersetzen. Vgl. Anm. 2 zu § 3.

Anm. 137. **2. Kausalzusammenhang.**

Der Betriebsunternehmer haftet für den dadurch entstandenen Schaden, d. h. für den Schaden, der durch die beim Eisenbahnbetrieb erfolgte Tötung oder Körperverletzung entstanden ist. Erfordert wird also ein ursächlicher Zusammenhang zwischen der Tötung oder Körperverletzung und dem Vermögensschaden. Für einen Schaden, der nicht hierdurch, sondern durch andere Umstände, wie z. B. durch Beschädigung von Sachen oder Zeitversäumnis, hervorgerufen ist, kommt eine Haftpflicht auf Grund des HaftpflG. nicht in Frage.

Wegen des Begriffs der Kausalität wird auf Anm. 67ff. verwiesen.

Der Ersatzanspruch gegen den Betriebsunternehmer hat hiernach einen dreifachen Kausalzusammenhang zur Voraussetzung:

a) Der Unfall muß sich bei dem Betriebe der Eisenbahn ereignet haben, d. h. die körperschädigende Einwirkung muß auf den Betrieb ursächlich zurückzuführen sein. Vgl. Anm. 82ff.

b) Die körperschädigende Einwirkung muß den Tod oder eine Körperverletzung zur Folge haben. Vgl. Anm. 67ff.

c) Durch den Tod oder die Körperverletzung muß ein Vermögensschaden gemäß §§ 3, 3a entstanden sein.

III. Zusammentreffen mit anderen Ersatzpflichtigen.

Anm. 138. Das HaftpflG. enthält über das Zusammentreffen der Haftpflicht des Betriebsunternehmers mit der Leistungspflicht einer anderen Person nur zwei Bestimmungen. § 4 regelt den Fall, daß der Getötete oder Verletzte unter Mitleistung von Prämien oder anderen Beiträgen durch den Betriebsunternehmer bei einer Versicherungsanstalt, Knappschafts-, Unterstützungs-, Kranken- oder ähnlichen Kasse gegen den Unfall versichert ist. § 7 Abs. 2 i. Verbind. m. § 843 Abs. 4 BGB. behandelt das Zusammentreffen der Haftpflicht des Betriebsunternehmers mit der Unterhaltsverpflichtung eines Dritten.

Im übrigen bestimmt § 9 lediglich, daß die gesetzlichen Vorschriften, nach welchen außer den im HaftpflG. vorgesehenen Fällen der Unternehmer einer in den §§ 1, 2 bezeichneten Anlage oder eine andere Person, insbesondere wegen eines eigenen Verschuldens, für den beim Betriebe entstandenen Schaden haftet, unberührt bleiben. Darüber, in welchem Verhältnis die Haftpflicht des Betriebsunternehmers zu der Ersatzpflicht anderer Personen steht, enthält das HaftpflG. keine Vorschriften. Die in Betracht kommenden rechtlichen Beziehungen sollen im folgenden kurz erörtert werden.

1. Zusammentreffen mit der Haftung eines anderen aus unerlaubter Handlung. **Anm. 139.**

Die Haftpflicht aus § 1 HaftpflG. ist, wie oben (Anm. 131) erwähnt, den im Titel „Unerlaubte Handlungen" geregelten Tatbeständen einer Gefährdehaftung anzureihen. Daraus folgt, daß, wenn neben dem nach § 1 haftbaren Eisenbahnunternehmer ein anderer aus einer unerlaubten Handlung ersatzpflichtig ist, beide gemäß § 840 Abs. 1 als Gesamtschuldner haften. Hierbei ist es gleichgültig, ob der andere auf Grund einer unerlaubten Handlung im engeren Sinne (eines subjektiven Verschuldens) oder gleichfalls aus dem Gesichtspunkt der Gefährdung, z. B. als Tierhalter (vgl. Anm. 142) oder Halter eines Kraftfahrzeugs (vgl. Anm. 143), ersatzpflichtig ist. Als Gesamtschuldner haften demnach auch zwei Eisenbahnunternehmer, die für den durch einen Betriebsunfall verursachten Schaden verantwortlich sind. Letzteres ist der Fall, wenn sich der Unfall beim Betriebe von zwei verschiedenen Eisenbahnunternehmungen, z. B. beim Zusammenstoß eines Eisenbahnzuges mit dem Motorwagen einer Straßenbahn, ereignet (vgl. Anm. 30). Kein Gesamtschuldverhältnis besteht beim Unfall eines Kindes zwischen der Eisenbahn und dem Vater, der die ihm nach familienrechtlichen Vorschriften obliegende Aufsichtspflicht verletzt. Denn eine Haftung des Vaters aus unerlaubter Handlung besteht nur, wenn zugleich allgemeine Rechtspflichten verletzt sind, die jedermann gegen jeden obliegen. RG. **75** 251; Gruchot **65** 477, EisenbE. **38** 301.

Im Innenverhältnis sind nach dem Regelgrundsatz des § 426 Abs. 1 S. 1 BGB. die Gesamtschuldner zu gleichen Anteilen verpflichtet, soweit nicht etwas anderes bestimmt ist. Eine solche anderweitige Bestimmung ergibt sich nach der Rechtsprechung des RG. auch aus einer entsprechenden Anwendung des Rechtsgrundsatzes des § 254 BGB. auf das innere Verhältnis der für einen Schaden ersatzpflichtigen Gesamtschuldner. Die Ausgleichung hängt demgemäß davon ab, welche größere oder geringere ursächliche Bedeutung den die Ersatzpflicht der einzelnen Gesamtschuldner begründenden Tatbeständen für den eingetretenen Schaden zukommt. Einen Maßstab für die Abwägung bildet, soweit es sich um die Gefährdungshaftung aus § 1 HaftpflG. handelt, die Größe der Betriebsgefahr, die durch ein schuldhaftes oder sachwidriges Verhalten erhöht sein kann, andererseits die Schwere des Verschuldens. Vgl. RG. **75** 251; WarnRspr. **1911** Nr. 394, JW. **1911** 753[8]; JW. **1912** 71[8], EisenbE. **28** 356; JW. **1912** 190[7]; RG. **92** 143; RG. **93** 96.

Der Ausgleichungsanspruch ist an die Grenzen gebunden, in denen der einzelne Mitverpflichtete dem Verletzten haftbar ist (RG. **84** 415). Es kann also beispielsweise der aus § 823 auf Ersatz des vollen (auch des ideellen) Schadens in Anspruch Genommene von dem nach § 1 HaftpflG. haftbaren Eisenbahnunternehmer nicht Ausgleichung in Ansehung des ideellen Schadens verlangen, da für diesen nach dem HaftpflG. kein Ersatz zu leisten ist. Ebenso findet der Ausgleichsanspruch gegenüber dem nach dem HaftpflG. ersatzpflichtigen Eisenbahnunternehmer seine Grenze in dem durch § 7a **Anm. 140.**

HaftpflG. vorgeschriebenen Höchstbetrag (vgl. Anm. 3 zu § 7a). Über die Ausgleichung zwischen Eisenbahnunternehmer und Kraftfahrzeughalter vgl. Anm. 143ff.

Anm. 141. Soweit einer der Gesamtschuldner den Geschädigten befriedigt und gegen einen anderen Gesamtschuldner einen Anspruch auf Ausgleichung hat, geht die Forderung des Geschädigten auf ihn über (§ 426 Abs. 2 S. 1 BGB.). An diesem gesetzlichen Forderungsübergang kann durch eine Abtretung nichts geändert werden. Vgl. Boethke, EisenbE. **20** 367.

Anm. 142. **2. Zusammentreffen mit der Haftung des Tierhalters.**

Über die Frage, wie Eisenbahnunternehmer und Tierhalter im Verhältnis zueinander haften, gehen die Ansichten auseinander.

Das RG. nimmt in ständiger Rechtsprechung an, daß in ihrem Verhältnis zueinander der Eisenbahnunternehmer allein verpflichtet ist.

RG. **53** 114, EisenbE. **20** 24; RG. **58** 335, EisenbE. **21** 177; RG. **61** 56, EisenbE. **22** 167; JW. **1905** 734[32], EisenbE. **22** 284; „Recht" **1910** Nr. 1580; JW. **1911** 220[25], WarnRspr. **1911** Nr. 122, EisenbE. **29** 35; JW. **1915** 324[2].

Ebenso RGRäte Note 7 zu § 840; Staudinger Anm. 2b zu § 840 BGB.; Kohler, Bürgerl. Recht Bd. 2 S. 487; Oertmann Anm. 2b zu § 840 BGB.; Planck Anm. 2c zu § 840 BGB.; Krückmann, EisenbE. **25** 200.

Die Entscheidung hängt von der Auslegung des § 840 Abs. 3 ab, der bestimmt, daß, wenn neben den nach den §§ 833 bis 838 zum Schadenersatz Verpflichteten ein Dritter für den Schaden verantwortlich ist, in ihrem Verhältnis zueinander der Dritte allein haftet. Das RG. sieht den nach § 1 HaftpflG. verantwortlichen Eisenbahnunternehmer als „Dritten" an. Dem kann u. E. nicht beigepflichtet werden.

§ 840 Abs. 3 hat bei der Verpflichtung des „Dritten" eine Haftung aus einer unerlaubten Handlung im engeren (deliktischen), nicht, wie das RG. (RG. **53** 114, EisenbE. **20** 24) meint, im weiteren Sinne im Auge. In den §§ 833 bis 838 sind sämtliche im 25. Titel geregelten Haftungsfälle zitiert, in denen im Gegensatz zu der allgemeinen deliktischen Haftung eine Ersatzpflicht wegen bloßer Gefährdung (§§ 833 S. 1, 835) oder auf Grund einer Schuldvermutung (§§ 833 S. 2, 834, 836 bis 838) Platz greift. Wenn daher Abs. 3 bestimmt, daß im Verhältnis zu diesen Ersatzpflichtigen ein neben ihnen haftender „Dritter" allein verantwortlich sein soll, so ergibt der Sinn der Vorschrift, daß unter dem „Dritten" ein nach den allgemeinen Vorschriften über unerlaubte Handlungen Haftender zu verstehen ist. Diese Auffassung wird auch durch die Entstehungsgeschichte des § 840 gestützt (vgl. Prot. der Kommission für die 2. Lesung Bd. 2 S. 646ff., 650, 651, 657, 808, 836).

Hinzu kommt folgende Erwägung. Der Grund der Haftpflicht gemäß § 1 HaftpflG. liegt nicht, wie das RG. meint, in der Mitte zwischen Gefährdung und vermutetem Verschulden, vielmehr ist die Haftung des Eisenbahnunternehmers als eine reine Gefährdungshaftung anzusehen (vgl. Anm. 131). Andererseits beruht die Haftung des Tierhalters, soweit es sich um Haustiere handelt, die dem Berufe, der Erwerbstätigkeit oder dem Unterhalt zu dienen bestimmt sind — also in der großen Mehrheit der in Betracht kommenden Schadensfälle —, auf einer Schuldvermutung (§ 833 S. 2). Es widerspricht daher dem Grundgedanken des § 840 Abs. 3, selbst wenn man hinsichtlich der Beurteilung des § 1 HaftpflG. der Ansicht des RG. folgt, den Eisenbahnunternehmer gegenüber dem aus vermutetem Verschulden haftenden Tierhalter als „Dritten" anzusehen.

Vgl. Seligsohn, Eisenbahnunternehmer und Tierhalter, JW. **1912** 375. Übereinstimmend (im Ergebnis) Eck-Leonhard, Vorträge über das Recht des BGB. Bd. I S. 610; Schultz, Rückgriff und Weitergriff S. 50; Weber EisenbE. **21** 81; Mattes „Recht" **1907** 43.

Für das Verhältnis von Eisenbahnunternehmer und Tierhalter zueinander bewendet es daher bei der Regel des § 426 Abs. 1 S. 1 mit entsprechender Anwendung des § 254 (vgl. Anm. 139). Dieses Ergebnis erscheint auch praktisch, da § 17 KFG. für das Zusammenwirken von Kraftfahrzeug und Tier die Ausgleichung unter analoger Anwendung des § 254 regelt (vgl. Anm. 143) und es nicht angemessen erscheint, im Verhältnis zum Tierhalter den Eisenbahnunternehmer anders als den Kraftfahrzeughalter zu behandeln.

Die vorstehenden Grundsätze finden auch Anwendung, wenn der Tierhalter selbst der Geschädigte ist. A. M. RG. in JW. **1915** 324[2]; Dronke EisenbE. **21** 302 Anm. 2, der geltend macht, daß das HaftpflG. die eigene Haftung des Beschädigten ausdrücklich auf die Fälle der höheren Gewalt und des eigenen Verschuldens beschränke. Das HaftpflG. behandelt jedoch ausschließlich die rechtlichen Beziehungen zwischen dem Eisenbahnunternehmer und dem Geschädigten als solchen. Die Frage, wie sich die Haftung gestaltet, wenn der Geschädigte zugleich eine nach anderen gesetzlichen Bestimmungen für den Unfall verantwortliche Person ist, wird allein durch die Vorschriften des HaftpflG. nicht beantwortet. Vgl. Seligsohn a. a. O. S. 378.

3. Zusammentreffen mit der Haftpflicht aus dem Kraftfahrzeuggesetz. Anm. 143.

Die Frage, wie die Ausgleichung der Schadenersatzpflichtigen erfolgt, wenn der Schaden durch eine Eisenbahn und ein Kraftfahrzeug verursacht wird, ist in den §§ 17, 18 KFG. geregelt. Die Bestimmungen lauten:

§ 17.

Wird ein Schaden durch mehrere Kraftfahrzeuge verursacht und sind die beteiligten Fahrzeughalter einem Dritten kraft Gesetzes zum Ersatze des Schadens verpflichtet, so hängt im Verhältnisse der Fahrzeughalter zueinander die Verpflichtung zum Ersatze sowie der Umfang des zu leistenden Ersatzes von den Umständen, insbesondere davon ab, inwieweit der Schaden vorwiegend von dem einen oder dem anderen Teile verursacht worden ist. Das gleiche gilt, wenn der Schaden einem der beteiligten Fahrzeughalter entstanden ist, von der Haftpflicht, die für einen anderen von ihnen eintritt.

Die Vorschriften des Abs. 1 finden entsprechende Anwendung, wenn der Schaden durch ein Kraftfahrzeug und ein Tier oder durch ein Kraftfahrzeug und eine Eisenbahn verursacht wird.

§ 18.

In den Fällen des § 7 Abs. 1 ist auch der Führer des Kraftfahrzeuges zum Ersatze des Schadens nach den Vorschriften der §§ 8 bis 15 verpflichtet. Die Ersatzpflicht ist ausgeschlossen, wenn der Schaden nicht durch ein Verschulden des Führers verursacht ist.

Die Vorschrift des § 16 findet entsprechende Anwendung.

Ist in den Fällen des § 17 auch der Führer eines Fahrzeugs zum Ersatze des Schadens verpflichtet, so finden auf diese Verpflichtung in seinem Verhältnisse zu den Haltern und Führern der anderen beteiligten Fahrzeuge, zu dem Tierhalter oder Eisenbahnunternehmer die Vorschriften des § 17 entsprechende Anwendung.

Die Beteiligten müssen kraft Gesetzes zum Schadenersatz verpflichtet sein. Aus welchem Gesetz die Haftung entspringt, ist gleichgültig. Demgemäß braucht die Schadenersatzpflicht der Eisenbahn nicht notwendig auf dem HaftpflG., die des Halters oder Führers des Kraftfahrzeugs nicht notwendig auf dem KFG. zu beruhen. Die §§ 17, 18 finden auch Anwendung, wenn die Haftung nicht nach einem der Sondergesetze, sondern den Vorschriften des BGB. über unerlaubte Handlungen (z. B. §§ 823, 831) begründet ist. So die ständige, auch im Schrifttum allgemein gutgeheißene Rechtsprechung des RG. Vgl. RG. **82** 436, JW. **1913** 978[6]; **84** 415; **87** 64, JW. **1915** 1018[23]; RG. **96** 68, JW. **1919** 732[21]; VerkRdsch. **6** 33; JW. **1929** 918[10].

Die Ausgleichung erfolgt aber auch nur, soweit die beteiligten Unternehmer, Halter oder Führer nach dem Gesetze zum Schadenersatz verpflichtet sind. Es besteht also z. B. kein Ausgleichungsanspruch gegenüber dem Eisenbahnunternehmer, dessen Haftung wegen höherer Gewalt, oder gegen den Kraftfahrzeugunternehmer, dessen Haftung aus dem Gesichtspunkt des unabwendbaren Ereignisses (§ 7 Abs. 2 KFG.) oder nach § 8 KFG. ausgeschlossen ist. Zu den die Haftung und demgemäß die Ausgleichung ausschließenden Umständen gehört beispielsweise auch die Beschränkung des Schadenersatzanspruchs gegenüber dem Eisenbahnunternehmer des Versicherten gemäß § 898 RVersO. (RG. **84** 415). Über die Abwägung der Verursachung vgl. unten Anm. 144.

Nach der in der Rechtsprechung und im Schrifttum herrschenden Ansicht soll die Ersatzpflicht „kraft Gesetzes“ einen Gegensatz zur Haftung aus Vertrag bilden, so daß z. B. eine Ausgleichung nach §§ 17, 18 insoweit nicht Platz zu greifen hätte, als einer der Beteiligten auf Grund eines Beförderungsvertrages zum Schadenersatz verpflichtet ist. RG. **82** 436, JW. **1913** 978[6]; RG. **84** 415; RG. **87** 64, JW. **1915** 1018[23]; Eger KFG. Anm.

127 S. 448; Kirchner Anm. 2b zu § 17; Waldeck Anm. 3 zu § 17. A. M. Isaac Anm. II A 5b zu § 17; Neukirch-Rosenmeyer Anm. 1 zu § 17. M. E. besteht keine Notwendigkeit, die Worte „kraft Gesetzes" in diesem begrenzten Sinne zu verstehen. Indessen entbehrt die Meinungsverschiedenheit der praktischen Bedeutung. Denn auch soweit sich die Ausgleichung nach den Grundsätzen der §§ 840, 426 BGB. richtet, findet ergänzend § 254 BGB. Anwendung, so daß auch in diesem Fall eine Abwägung im Sinne des § 17 Platz greift. Vgl. RG. **84** 415; **87** 64, JW. **1915** 1018[23]; VerkRdsch. **6** 585.

Maßgebend für die Ausgleichung ist gemäß § 17 die Beteiligung der **Anm. 144.**
Verpflichteten an der Verursachung des Schadens. Dies bedeutet, daß die Betriebsgefahren der beteiligten Beförderungsmittel, die diese Gefahren erhöhenden Umstände, insbesondere ein auf der einen oder anderen Seite vorliegendes Verschulden, und die für den Unfall ursächliche Bedeutung aller dieser Umstände gegeneinander abzuwägen sind. Je nach dem Maße dieser Verursachung kann das Gericht einen Teil allein für haftbar erklären oder den Schaden beiden zu gleichen oder verschiedenen Anteilen auferlegen. So RG. in ständiger Praxis. Vgl. insbesondere RG. **84** 415; **96** 68; VerkRdsch. **6** 30. Bei dieser Abwägung sind aber stets nur solche Umstände zu berücksichtigen, die nach den zur Anwendung kommenden gesetzlichen Bestimmungen die Ersatzpflicht begründen. Haftet ein Beteiligter nur aus dem Gesichtspunkt der unerlaubten Handlung (§ 823) — z. B. der Kraftfahrzeughalter mit Rücksicht auf § 8 KFG. —, so darf auch bei der Abwägung nur das Verschulden, nicht die Betriebsgefahr des Kraftwagens berücksichtigt werden. RG. in JW. **1929** 918[10]; a. M. OLG. Karlsruhe in VerkRdsch. **8** 463.

Demgemäß ist z. B. in dem Falle eines Zusammenstoßes eines Straßenbahnwagens mit einem Kraftwagen der daraus entstandene Schaden zu je $1/4$ der Straßenbahn und dem Kraftwagenhalter, zu $1/2$ dem Kraftwagenführer mit Rücksicht auf dessen schuldhaftes Verhalten auferlegt worden (RG. in JW. **1914** 922[7]; vgl. auch RG. in JW. **1919** 246[16], EisenbE. **37** 170). In einem Falle, in dem bei dem Zusammenstoß eines Kraftrades mit einer Straßenbahn der auf dem Soziussitz des Kraftrades befindliche Begleiter verletzt wurde, ist der Schaden auf die Straßenbahn zu $2/3$ und auf den Kraftfahrzeughalter zu $1/3$ verteilt worden, da bei der Abwägung nur das Verschulden des letzteren, jedoch — mit Rücksicht auf § 8 Ziff. 1 KFG. — nicht die Betriebsgefahr des Kraftrades zu berücksichtigen war (RG. in JW. **1929** 918[10]). Tritt die Betriebsgefahr der Straßenbahn gegenüber der durch das schuldhafte Verhalten des Kraftwagenführers erhöhten Betriebsgefahr des Kraftwagens vollständig zurück, so haftet im Verhältnis zur Straßenbahn allein Halter und Führer des Kraftwagens (RG. **84** 415; VerkRdsch. **6** 585).

Die Frage, wie bei Zusammenstößen von Kraftwagen und Eisenbahnen an schrankenlosen Übergängen die Ausgleichung zu erfolgen hat, beschäftigt vielfach die Praxis. Bei der Abwägung sind die allgemeinen Betriebsgefahren von Kraftwagen und Eisenbahn, sodann ihre etwaige Steigerung durch ein auf der einen oder anderen Seite vorliegendes Verschulden oder durch andere Umstände — wie z. B. Fehlen der Schranke, Dunkelheit, ungünstige Witterung, Unübersichtlichkeit des Eisenbahngeländes — gebührend zu berücksichtigen.

Die mit der Überquerung eines schrankenlosen Überganges verbundenen Gefahren erfordern nach § 276 BGB. vom Kraftwagenführer die Beobachtung der größten Vorsicht und Aufmerksamkeit. Überdies folgt aus § 18 der Verordnung über Kraftfahrzeug-Verkehr — was in der älteren Fassung noch deutlicher zum Ausdruck gebracht war — die Obliegenheit des Führers, die Fahrt so zu verlangsamen, daß das Fahrzeug auf kürzeste Entfernung zum Stehen gebracht werden kann. Dem Führer, der dieser Verpflichtung zuwiderhandelt, fällt ein besonders schweres, die Betriebsgefahren des Kraftwagens erheblich steigerndes Verschulden zur Last. Vgl. RG. in VerZtg. **1924** 638; VerkRdsch. **6** 33; **6** 188; **7** 133; **7** 332; **8** 562, DAutR. **1929** 396; OLG. Köln VerkRdsch. **7** 389; OLG. Stuttgart VerkRdsch. **8** 312; BayOLG. in DAutR. **1929** 66.

Bei Hauptbahnen sind nach § 18 EisenbBauBetrO. v. 17. 7. 1928 (RGBl. II 541 ff.) Wegübergänge stets mit Schranken, evtl. mit anderen vom Reichsverkehrsminister genehmigten Sicherungsvorrichtungen zu versehen. Bei Nebenbahnen sind verkehrsreiche Wegübergänge mit Schranken zu versehen oder in anderer Weise zu sichern. Bei übersichtlichen Wegübergängen ist dies nicht erforderlich, wenn dort die Eisenbahnfahrzeuge mit einer Geschwindigkeit von höchstens 15 km in der Stunde fahren. Auch in anderen Fällen kann die Aufsichtsbehörde beim Vorliegen besonderer Verhältnisse Ausnahmen zulassen. Welche Maßregeln zum Schutze des öffentlichen Verkehrs erforderlich sind, hat das Gericht selbständig nach Lage der Verhältnisse zu entscheiden. Der Ansicht der bei der Planfeststellung beteiligten Eisenbahnbehörde ist keine ausschlaggebende Bedeutung beizumessen (RG. in VerZtg. **1928** 1243; OLG. Königsberg in VerkRdsch. **7** 389).

In der Rechtsprechung ist eine Verteilung des Schadens auf die Eisenbahn allein in Fällen für angemessen erachtet worden, in denen das Verschulden des Kraftwagenführers gegenüber einer außerordentlichen Steigerung der Betriebsgefahren der Bahn — z. B. wegen mangelhafter Beleuchtung der Warnungstafeln oder ungünstiger Wetterverhältnisse — als milde zu bewerten war (RG. in JW. **1926** 573[5]; **1927** 1687[13]; DAutR. **1929** 394). Dagegen ist der Halter oder Führer des Kraftwagens mit dem Schaden allein belastet worden, wenn die Betriebsgefahren der Bahn zwar gesteigert waren, dem Führer aber ein erhebliches Verschulden zur Last fiel, indem dieser trotz rechtzeitiger Erkennung des Bahnüberganges die Fahrgeschwindigkeit nicht ermäßigte oder gar vor dem Zuge das Gleise zu kreuzen versuchte (RG. in VerkRdsch. **6** 33; EisenbE. **45** 210; VerkRdsch. **8** 562, DAutR. **1929** 396; OLG. Köln in VerkRdsch. **7** 389; OLG. Hamm in VerkRdsch. **8** 566; OLG. Stuttgart in DAutR. **1929** 135). Eine Unübersichtlichkeit des Geländes oder ein Fehlen von Schranken oder Warnungstafeln ist für die Entstehung des Unfalls überhaupt nicht als ursächlich anzusehen, wenn dem Kraftwagenführer die örtlichen Verhältnisse genau bekannt waren (RG. in VerZtg. **1924** 638; OLG. Stuttgart in VerkRdsch. **8** 312).

Die Abwägung des Verhältnisses der für die Verursachung maßgebenden Umstände (Betriebsgefahren, Verschulden) unterliegt nach feststehender Praxis der Nachprüfung des Revisionsgerichts, das demgemäß auf Grund des vom Berufungsgericht festgestellten Sachverhalts die Abwägung selbst vornehmen kann. RG. in JW. **1904** 448[2 3]; **1906** 544[9]; **1912** 71[8]; **1920** 282[3].

Eine Ausgleichspflicht besteht nur im Rahmen der Ersatzpflicht. Ist die Haftung eines der Beteiligten nach den für diesen maßgebenden gesetzlichen Bestimmungen ausgeschlossen (z. B. die Haftpflicht des Eisenbahnunternehmers wegen höherer Gewalt oder die des Kraftfahrzeughalters nach § 8 KFG.), so besteht insoweit auch kein Rückgriffsrecht. Vgl. Anm. 143. **Anm. 145.**

Eine besondere Einschränkung erfährt das Rückgriffsrecht durch die Bestimmungen, die die Haftung nach oben begrenzen, nämlich § 7a HaftpflG. (vgl. unten) und § 12 KFG. Nach letzterer Vorschrift haftet der Ersatzpflichtige im Falle der Tötung oder Verletzung eines Menschen nur bis zu einem Kapitalbetrag von 25 000 RM. oder bis zu einem Rentenbetrag von jährlich 1500 RM., im Falle der Tötung oder Verletzung mehrerer Menschen nur bis zu einem Kapitalbetrag von insgesamt 75 000 RM. oder bis zu einem Rentenbetrag von insgesamt 4500 RM.

In dem Schrifttum gehen die Ansichten darüber auseinander, wie die Ausgleichung zu erfolgen hat, wenn die Ersatzpflicht nach dem KFG. mit derjenigen nach anderen gesetzlichen Bestimmungen, z. B. dem HaftpflG., zusammentrifft und der dem Verletzten entstandene Schaden die Haftungsgrenze des § 12 KFG. übersteigt. Jemand erleidet z. B. bei dem Zusammenstoß eines Kraftwagens mit einer Eisenbahn einen Unfall, für den beide Betriebsunternehmer in gleichem Maße zu je einhalb verantwortlich sind. Der Eisenbahnunternehmer hat dem Verletzten eine Rente von jährlich 3000 RM., der Kraftwagenhalter nach § 12 nur eine solche von jährlich 1500 RM. zu zahlen.

In diesem Falle haftet nach der einen Ansicht im Verhältnis zueinander der Eisenbahnunternehmer in Höhe von 2250 RM., der Kraftwagenhalter in Höhe von 750 RM., da nur in Höhe von 1500 RM. ein Gesamtschuldverhältnis bestehe und innerhalb dieses Betrages die Ausgleichung zu erfolgen habe. So Krause Anm. 7 zu § 17; Isaac Anm. III 5d zu § 17; Müller S. 361.

Diese Auffassung erscheint nicht zutreffend. Die Ausgleichung ist zunächst ohne Rücksicht auf § 12 lediglich nach den Grundsätzen des § 17 vorzunehmen. Nur soweit sich bei dieser Verteilung eine Überschreitung der Haftungsgrenze des § 12 ergibt, hat eine entsprechende Reduktion zu erfolgen. Demgemäß haften im gegebenen Beispiel Kraftfahrzeughalter und Eisenbahnunternehmer im Verhältnis zueinander in Höhe von je 1500 RM. Ebenso Eger Anm. 6 S. 91; derselbe KFG. Anm. 80 S. 347; Neukirch-

Rosenmeyer Anm. 5 zu § 17; Kirchner Anm. 3 zu § 17; Heucke KFG. Anm. 7 zu § 17. Vgl. auch RG. **87** 402, JW. **1916** 591[15].

Der Ausgleichsanspruch aus § 17 ist ein von dem Schadenersatzanspruch des Verletzten verschiedener selbständiger Anspruch. Demgemäß richtet sich seine Verjährung nicht nach den Vorschriften der Sondergesetze (§§ 8 HaftpflG., 14 KFG.), sondern nach § 195 BGB. Ist jedoch der Verletzte einer der beteiligten Halter (vgl. § 17 Abs. 1 S. 2 i. Verb. m. Abs. 2), so finden auf die Verjährung die für den Schadenersatzanspruch des Verletzten maßgebenden Bestimmungen Anwendung. RG. **84** 415; **87** 64; **90** 290.

Die Frage, ob die Kosten des von einem Verletzten gegen einen Gesamtschuldner wegen Erstattung des Schadens geführten Rechtsstreits von dem Belangten in den Ausgleichsanspruch hineinbezogen werden dürfen, wird mit Heucke (Anm. 11 zu § 17 und in EisenbE. **45** 154 ff.) jedenfalls dann zu bejahen sein, wenn die Führung des Prozesses dem Interesse des oder der anderen Ausgleichspflichtigen entsprach. Abweichend RG. **92** 143; Müller S. 362.

Durch § 17 ist § 426 BGB. nur insoweit ausgeschaltet, als es sich um den Verteilungsmaßstab handelt. Unberührt bleiben diejenigen Bestimmungen des § 426, die die Folgen des Ausfalls eines Gesamtschuldnerbeitrags (Abs. 1 S. 2) und der Befriedigung des Gläubigers (Abs. 2) regeln. RG. **92** 143.

Anm. 146. **4. Zusammentreffen mit einer Haftung aus Vertrag.**

Ist neben dem nach § 1 haftpflichtigen Betriebsunternehmer ein anderer dem Geschädigten aus einem Vertrage ersatzpflichtig, so findet die Ausgleichung — sofern nicht § 17 KFG. in Betracht kommt (vgl. Anm. 143) — nach § 426 BGB. in Verbindung mit § 254 BGB. statt (vgl. Anm. 139). Voraussetzung ist, daß ein sog. echtes Gesamtschuldverhältnis im Sinne der §§ 421, 426 BGB. vorliegt. Ein solches wird nicht etwa durch die Verschiedenheit des Entstehungsgrundes (HaftpflG. und Vertrag) ausgeschlossen. Auch die geschuldeten Leistungen brauchen bei dem einen und dem anderen nicht genau dieselben zu sein. Erforderlich ist aber, daß die Ersatzpflichtigen nicht zufällig und ohne inneren Zusammenhang Schuldner geworden sind. RG. **77** 317; **79** 288; JW. **1913** 859[5], RG. **82** 436, JW. **1913** 978[6]; RG. **92** 408.

Ein echtes Gesamtschuldverhältnis liegt demnach z. B. vor, wenn aus einem Unfall, der durch den Zusammenstoß einer Eisenbahn mit einem anderen Transportmittel einem in diesem befindlichen Fahrgast zustößt, der Eisenbahnunternehmer nach § 1 HaftpflG., der andere Unternehmer auf Grund des Beförderungsvertrages gemäß § 276 BGB. haftbar ist. Das Recht auf Ausgleichung gemäß § 426 BGB. wurde beispielsweise auch in einem Falle anerkannt, wo zwei Eisenbahnunternehmer für die Schadensfolgen eines durch den beiderseitigen Betrieb herbeigeführten Unfalls aus § 1 HaftpflG. hafteten und der eine daneben dem Verletzten aus dem Beförderungsvertrag ersatzpflichtig war. RG. **61** 56.

Kein Gesamtschuldverhältnis besteht zwischen dem nach § 1 HaftpflG. haftbaren Betriebsunternehmer und dem aus einem Versicherungsvertrag Verpflichteten. Der verletzte Versicherungsnehmer kann Ansprüche aus einem Versicherungsvertrag neben dem Anspruch aus § 1 geltend machen (vgl. Anm. 11 Anh. zu § 4). Der Ersatzanspruch des Versicherten oder seiner Erben geht auf den Versicherer nur über, wenn der Übergang ausbedungen wird, was in der Unfallversicherung üblich ist (vgl. Hager-Bruck Anm. 2 zu § 67 VersVG.).

Über die Art der Ausgleichung vgl. das Anm. 144 Gesagte.

5. Zusammentreffen mit dem Anspruch aus der Unfallversicherung oder -fürsorge. **Anm. 147.**

Haftet für die Folgen eines Unfalls neben dem nach § 1 HaftpflG. ersatzpflichtigen Betriebsunternehmer ein Versicherungsträger nach der RVersO. oder der Fiskus nach den Bestimmungen der Unfallfürsorgegesetze, so geht der Entschädigungsanspruch des Verletzten oder seiner Hinterbliebenen auf den Versicherungsträger bzw. den Fiskus im Umfange ihrer Leistungspflicht über (vgl. §§ 1542 RVersO., 12 BeamtUFürsG.). Der Geschädigte behält grundsätzlich neben dem Anspruch aus der Versicherung bzw. der Fürsorge einen Schadenersatzanspruch gegen den Eisenbahnunternehmer in Höhe der Differenz zwischen dem vollen Schaden und den Versicherungs- oder Fürsorgeleistungen. Vgl. Näheres Anm. 88ff.

D. Ausschluß der Haftpflicht.

Vorbemerkung. § 1 knüpft die Schadenersatzpflicht des Eisenbahnunternehmers an die Tatsache, daß ein Mensch bei dem Betriebe getötet oder verletzt wird (vgl. Anm. 129). Zur Begründung der Haftung ist der Beweis, daß den Unternehmer oder seine Leute ein Verschulden treffe, ebensowenig erforderlich, wie ihn der Nachweis, daß auf seiner Seite kein Verschulden vorliege, von der Haftung befreit. RG. in Bolze **11** Nr. 190. Die Haftung des Unternehmers ist nur dann ausgeschlossen, wenn er beweist, daß der Unfall durch höhere Gewalt oder durch eigenes Verschulden des Getöteten oder Verletzten verursacht ist. **Anm. 148.**

I. Unfall. **Anm. 149.**

„Unfall" im Sinne des HaftpflG. bedeutet die plötzliche Einwirkung eines Vorgangs auf den menschlichen Körper, die den Tod oder eine Verletzung zur Folge hat. Vgl. Anm. 56.

„Unfall" bedeutet daher weder das Ereignis, das die schädlichen Folgen verursacht, noch die schädlichen Folgen (Tod, Körperverletzung) selbst. Infolgedessen genügt zur Befreiung von der Haftung wegen höherer Gewalt z. B. nicht der Nachweis, daß das Feuer in der Bahn infolge höherer Gewalt (Blitzschlags) entstanden ist. Vielmehr ist der Nachweis erforderlich, daß auch die schädigende Einwirkung des Feuers auf höherer Gewalt beruht und nicht etwa eine Folge mangelhafter Betriebseinrichtungen oder dienstlicher Anordnungen gewesen ist.

II. Höhere Gewalt.

Literatur. Außer den Bearbeitungen der einschlägigen Gesetze seien hervorgehoben:

Goldschmidt, GoldschmidtsZ. Bd. 3 S. 58 ff., Bd. 16 S. 325 ff.; Exner, GrünhutsZ. Bd. 10 S. 491 ff.; Dernburg, ebenda Bd. 11 S. 334; Hafner, Begriff der höheren Gewalt (1887); Hölder, KrVJSchr. N. F. Bd. 7 S. 535; Stucki, Begriff der höheren Gewalt (1888); Schneider, ZSchweizR. Bd. 24 S. 656; Brückner, Die custodia (1889) S. 253 ff.; Engelmann, Die custodiae praestatio nach römischem Recht (1887) S. 146 ff.; v. Hollander, Vis maior als Schranke der Haftung (1892); Knauer, Die höhere Gewalt im Reichsrecht; Huber, Höhere Gewalt (1885); Gerth, Begriff der vis maior (1890); Unger, JheringsJ. Bd. 30 S. 414 ff.; Fischer, ebenda Bd. 37 S. 199 ff.; Baron, ArchZivPrax. Bd. 78 S. 203 ff.; Stinzing, ebenda Bd. 81 S. 427; Stammler, SächsArch. Bd. 3 S. 65; Rümelin, Der Zufall im Recht S. 26 ff.; R. Merkel, Die Kollision rechtmäßiger Interessen S. 209 ff.; Langen, Die privatrechtliche Stellung der Wirte und der Gastaufnahmevertrag S. 79 ff.; Birkenbihl, EisenbE. Bd. 18 S. 76 ff.; Dronke, ebenda Bd. 20 S. 265 ff.; Eckstein, JW. 1910 S. 646 ff.; Dungs, „Recht" 1910 S. 106; Seligsohn, GoldschmidtsZ. Bd. 71 S. 181 ff.; derselbe, EisenbE. Bd. 36 S. 7 ff. u. S. 107 ff.; derselbe, Zur Rechtspr. in Haftpflichtsachen, VerZtg. 1921 S. 516 ff.; derselbe, Höhere Gewalt u. unabwendbares Ereignis, Festgabe für Max Fuchs 1926 S. 68 ff.; Schachian, Betriebsunfall u. höhere Gewalt usw., EisenbE. Bd. 16 S. 265 ff.; Schmidt-Ernsthausen, Die höhere Gewalt im Eisenbahnrecht, EisenbE. Bd. 36 S. 109 ff.; derselbe, Die Einrede der höheren Gewalt usw., VerZtg. 1919 S. 591 ff.; Hanow, Höhere Gewalt u. Reichsgericht, EisenbE. Bd. 37 S. 290 ff., Bd. 38 S. 25 ff.; v. Kienitz, Zur Frage der „höheren Gewalt", EisenbE. Bd. 41 S. 281 ff.; Oertmann, Höhere Gewalt, VerkRdsch. Bd. 3 S. 145 ff.; Kluckhohn, Zum Begriff der höheren Gewalt usw., KGBl. 1919 S. 103 ff.; Heucke, Zum Begriff der höheren Gewalt im HaftpflG., DanzJWsch. 1926 S. 91 f.

Anm. 150. **Vorbemerkung.** Das HaftpflG. enthält keine Bestimmung des Begriffs „höhere Gewalt". Auch in den anderen Reichsgesetzen, die den Begriff verwenden, findet sich keine Definition.

Nach § 25 PrEisenbG., der inhaltlich für § 1 HaftpflG. als Vorbild diente (StenogrBer. **3** 70), ist der Unternehmer von der Haftpflicht befreit, wenn der Schaden durch einen „unabwendbaren äußeren Zufall" bewirkt worden ist. Dieser Ausdruck geht auf den § 1734 II 8 PrAllgLandR. zurück, der den Schiffer von seiner Haftpflicht befreit, wenn der Schaden „durch einen äußeren Zufall entstanden ist, dessen Abwendung er nicht in seiner Gewalt hatte" (StenogrBer. **1** 451). § 25 S. 2 sagt erläuternd, daß die gefährliche Natur der Unternehmung selbst als ein solcher von dem Schadenersatz befreiender Zufall nicht zu betrachten ist. Jn § 1 HaftpflG. sind die Worte „durch einen unabwendbaren äußeren Zufall" mit dem Ausdruck „durch höhere Gewalt" im Anschluß an Art. 395 AllgDHGB. „vertauscht" und § 25 S. 2 als entbehrlich fortgelassen (vgl. Mot. zu § 1, Drucks. Nr. 16). Eine materielle Änderung gegenüber dem preußischen Gesetz war hiermit nicht beabsichtigt (StenogrBer. **1** 207, 451).

1. Begriff.

„Höhere Gewalt" ist nicht gleichbedeutend mit „Zufall". Deshalb **Anm. 151.** genügt zur Befreiung von der Haftpflicht nicht schon der Nachweis, daß der Schaden trotz Anwendung größter Sorgfalt nicht abzuwenden war. Unter den Begriff „höhere Gewalt" fällt vielmehr nur eine bestimmte Kategorie zufälliger Ereignisse, nämlich nur die Kategorie derjenigen zufälligen Ereignisse, die von außen in den Betrieb hineinwirken. Jnsoweit herrscht in Schrifttum und Rechtsprechung im wesentlichen Übereinstimmung. A. M. Schmidt-Ernsthausen in EisenbE. **36** 127 ff., der das Merkmal der Außenheit als unklar ablehnt.

Über die Frage aber, welcher Art diese äußeren Ereignisse sein müssen, gehen die Ansichten auseinander. Jm wesentlichen stehen sich zwei Theorien gegenüber. Die eine, die sog. relative Theorie, beruht auf der von Goldschmidt a. a. O. entwickelten Lehre. Nach dieser haftete der Rezipient (nauta, caupo, stabularius) für die Schadenszufügungen seiner eigenen Leute und der Passagiere (vectores, viatores) unbedingt, für andere Schadensereignisse in dem Falle, daß er nicht deren völlige Unabwendbarkeit durch diejenigen Maßregeln, welche unter den konkreten Verhältnissen zur Abwendung solcher Gefahren nach verständigem Ermessen geboten erschienen und zur Anwendung gelangt sind, darlegte (GoldschmidtsZ. **16** 328).

Jm Anschluß an diese Lehre hat das ROHG. und ihn folgend ehemals das RG. unter höherer Gewalt ein von außen einwirkendes Ereignis verstanden, das nicht vorhergesehen und auch durch die äußerste, nach der Sachlage vernünftigerweise zu erwartende Sorgfalt nicht verhütet und unschädlich gemacht werden kann. Vgl. ROHG. **8** 26; **8** 159; RG. in EisenbE. **1** 250; EisenbE. **1** 360; RG. **21** 13; EisenbE. **15** 138, JW. **1902** 591[16]; EisenbE. **20** 184; JW. **1904** 577[12]. Ebenso Eger Anm. 11 S. 127; Endemann S. 54; Reindl Anm. 10 zu § 1 S. 60; Coermann S. 49; Genzmer S. 44; Hammer S. 772. Merkmale des Tatbestands der höheren Gewalt sind nach dieser Begriffsbestimmung: a) die Einwirkung von außen und b) die Unabwendbarkeit.

Jm Gegensatz zu dieser Theorie hat Exner (a. a. O.), ausgehend **Anm. 152.** von dem Begriff »vis maior« in den römischen Rechtsquellen, „höhere Gewalt" definiert als ein Ereignis, das außerhalb des Betriebskreises der betreffenden Unternehmung entsprungen, durch Hereinwirken in diesen

Betriebskreis einen Schaden verursacht, und das vermöge der Art und Wucht seines Auftretens die im ordentlichen Lauf des Lebens zu gewärtigenden Zufälle augenscheinlich übersteigt (a. a. O. S. 582). Damit wird an den Begriff ein absoluter Maßstab gelegt. Der Richter hat sich nach Exner mit dem individuellen Fall nur insoweit zu befassen, als es erforderlich erscheint, um festzustellen, ob dieser die Artcharaktere der höheren Gewalt (äußeres Ereignis, Wucht des Auftretens) an sich trägt. Auf die Möglichkeit der Abwendung und Unschädlichmachung des Ereignisses soll es nicht ankommen (S. 582). Nach dieser Theorie sind für den Tatbestand der höheren Gewalt kennzeichnend: a) die Einwirkung von außen und b) die Außergewöhnlichkeit des Ereignisses. Da nach Exner das fragliche Ereignis das Maß der nach der Regel des Lebens zu erwartenden Zufälle augenscheinlich überschreiten muß, kommt für ihn höhere Gewalt beispielsweise bei solchen Eisenbahnunfällen nicht in Betracht, die durch mutwilliges Hinwerfen eines Hindernisses, den Eingriff eines Wahnsinnigen in die Weichenstellung, die Laune eines Kindes, verursacht würden, da solchen Eingriffen jede Unternehmung unterworfen sei (S. 571).

In Anlehnung an diese sog. absolute (objektive) Theorie, aber unter Kombinierung der Merkmale beider Theorien versteht das RG. in neuerer ständiger Rechtsprechung unter höherer Gewalt ein von außen auf den Betrieb einwirkendes und außergewöhnliches (elementares) Ereignis, das nicht vorhergesehen und auch durch die zweckmäßigsten Maßnahmen nicht abgewendet oder in seinen Folgen unschädlich gemacht werden kann. Vgl. insbesondere RG. **95** 64; JW. **1920** 710[10]; RG. **101** 94. Der Tatbestand der höheren Gewalt ist demnach durch drei Merkmale gekennzeichnet: a) die Einwirkung von außen, b) die Ungewöhnlichkeit (elementare Art) und c) die Unabwendbarkeit des Ereignisses.

Anm. 153. Der Ausdruck „höhere Gewalt" sollte nach der Absicht des Gesetzgebers dasselbe besagen wie der Begriff „unabwendbarer äußerer Zufall" in § 25 PrEisenbG. Lediglich aus gesetzestechnischen Gründen wurde statt des letzteren im Anschluß an Art. 395 AllgDHGB. der Ausdruck „höhere Gewalt" gewählt (vgl. Anm. 150). Soweit bei den Reichstagsberatungen versucht wurde, den Begriff zu definieren, geschah dies in voller Übereinstimmung mit der Goldschmidtschen Lehre (StenogrBer. **1** 216, 442, 451, 590). Nur mit Rücksicht darauf, daß bei den Verhandlungen vollkommene Einigkeit darüber erzielt wurde, daß in diesem Punkt eine Verschärfung der Haftpflicht über die Grenzen des PrEisenbG. hinaus nicht eintreten sollte, wurde ein Antrag der von Mitgliedern der verschiedenen Parteien gebildeten sog. freien Kommission auf Beibehaltung des Ausdrucks „unabwendbarer äußerer Zufall" zurückgezogen (Drucks. Nr. 65; StenogrBer. **1** 441, 453, 457). Nach der Absicht des Gesetzgebers würde demnach der Begriff der höheren Gewalt nur durch die beiden Merkmale der Einwirkung von außen und der Unabwendbarkeit zu bestimmen sein (vgl. Anm. 151). Da sich indessen die absolute Theorie nunmehr in langer ständiger Praxis des RG. durchgesetzt hat, wird man die grundsätzlichen aus der Entstehungsgeschichte des Gesetzes herzuleitenden (in der ersten Auflage erhobenen) Bedenken zurückzustellen haben. Inwieweit Einwendungen gegen die praktischen Ergebnisse zu machen sind, wird bei den einzelnen Begriffsmerkmalen zu erörtern sein.

2. Die einzelnen Begriffsmerkmale.

a) Ein von außen in den Betrieb hineinwirkendes Ereignis. **Anm. 154.**

Nicht jedes Ereignis, dessen Abwendung oder Unschädlichmachung dem Unternehmer trotz Anwendung höchster Sorgfalt nicht gelingt, ist höhere Gewalt. Das Ereignis muß von außen in den Betrieb hineinwirken. Es muß sich um ein Ereignis handeln, dessen Ursachen außerhalb des Eisenbahnbetriebs und seiner Einrichtungen liegen, das also nicht durch Gefahrenquellen hervorgerufen wird, die innerhalb des Betriebskreises der Eisenbahn entspringen (RG. in EisArch. **1922** 966). Denn § 1 bezweckt gerade, dem Eisenbahnunternehmer über die Grenzen des Verschuldens hinaus die Haftpflicht für solche Unfälle aufzuerlegen, die sich als eine Folge der gefährdenden Natur der Eisenbahnunternehmung darstellen (vgl. § 25 S. 2 PrEisenbG.; Anm. 150). Damit erhält der Begriff ein objektives Merkmal (RG. **19** 37).

Der Eisenbahnunternehmer haftet demnach für andere als von außen kommende Ereignisse, für sog. innere Zufälle unbedingt.

α) Innere Zufälle sind:

αα) Wirkungen der Betriebsmittel. **Anm. 155.**

Der Eisenbahnunternehmer haftet unbedingt für alle Folgen des ordnungsmäßigen Betriebes, also z. B. für Unfälle, die durch den einer Lokomotive entströmenden Kohlenstaub oder den Funkenflug oder dadurch herbeigeführt werden, daß die Lokomotive „schleudert“, d. h. beim Bergauffahren geräuschvoll ihre Räder auf der Stelle dreht. RG. **11** 146; RG. in JW. **1910** 619[13]; JW. **1911** 93[13]; „Recht“ **1911** Nr. 3384, EisenbE. **30** 442.

Der Unternehmer haftet aber auch unbedingt für die Folgen von Betriebsstörungen und Mängeln der Betriebsmittel, insbesondere für die Folgen von Material- oder Konstruktionsfehlern, ohne daß es auf die Frage eines Verschuldens ankommt. RG. in EisenbE. **20** 184. Daher rechtfertigt z. B. nicht den Einwand der höheren Gewalt der Bruch eines Radreifens an einer Lokomotive infolge eines plötzlichen Temperaturwechsels (RG. in EisenbE. **3** 86), der Bruch einer Schiene, das plötzliche Versagen der Vakuumbremse. Höhere Gewalt wurde ferner mit Recht in einem Falle nicht für vorliegend geachtet, wo ein auf einen Straßenbahnwagen steigender Fahrgast beim Anfassen der seitlich angebrachten metallenen Haltestange einen elektrischen Schlag erhielt (RG. in JW. **1918** 176[12], EisenbE. **36** 74). Vgl. auch RG. im „Recht“ **1914** Nr. 1739, EisenbE. **31** 349.

Nicht zuzustimmen vermögen wir aber dem RG., wenn dieses schon in der Möglichkeit des Eingreifens eines Dritten in den Mechanismus des Straßenbahnbetriebes, in dem die Regulierung der Stromführung eine wesentliche Rolle spielt, einen Betriebsmangel erblickt, für dessen nachteilige Folgen der Unternehmer unbedingt hafte. Vgl. RG. in EisenbE. **17** 265. Hiergegen auch Schachian, EisenbE. **16** 265.

Anm. 156. ββ) Handlungen von Eisenbahnbediensteten.

Für Handlungen von Eisenbahnbediensteten haftet der Betriebsunternehmer in gleicher Weise wie für das ordnungsmäßige Funktionieren seiner Betriebsmittel unbedingt (RG. **1** 253; RG. in JW. **1903** 316[17]; JW. **1914** 96[25]). Dies gilt allerdings nicht für alle Handlungen von Eisenbahnbediensteten. Es gibt Fälle, in denen die Handlungen von Eisenbahnbediensteten nicht anders als die Handlungen von Passagieren oder am Betriebe nicht beteiligten Dritten beurteilt werden können. Es fragt sich, wo hier die Grenze zu ziehen ist.

In dem Schrifttum wird meist der Standpunkt vertreten, daß der Unternehmer nur für diejenigen Handlungen seiner Leute verantwortlich sei, die mit ihren dienstlichen Verrichtungen zusammenhingen, in Ausübung ihres Dienstes vorgenommen würden. So Eger Anm. 11 S. 137; Westerkamp S. 654; Reindl Anm. 10 zu § 1. Ein Angestellter steht indessen, auch wenn er im Augenblick nicht seinen Dienst versieht, dem Betriebe anders als ein beliebiger Dritter gegenüber. Denn ihm ist vermöge der Art seiner Stellung und Beschäftigung eher als anderen Personen die Möglichkeit zu schädigenden Eingriffen in den Betrieb gegeben. Es kann keinen Unterschied machen, ob ein Weichensteller bei Gelegenheit der Ausübung seines Dienstes oder aber in einer dienstfreien Stunde eine von ihm zu bedienende Weiche in verbrecherischer Absicht falsch stellt. Ein innerer Zufall ist deshalb für vorliegend zu erachten, wenn die Handlung von dem Eisenbahnbediensteten entweder bei Gelegenheit der Ausübung seines Dienstes vorgenommen oder wenn ihre Vornahme durch seine dienstliche Stellung oder Beschäftigung ermöglicht oder erleichtert ist. Vgl. Seligsohn, GoldschmidtsZ. **71** 184 ff.

So erachtet auch das RG. einen inneren Zufall für vorliegend, wenn ein Streckenwärter, der ohne Genehmigung seiner Vorgesetzten und gegen seine Dienstvorschriften mit einem Bahnmeisterwagen fährt, durch Unachtsamkeit einen Betriebsunfall herbeiführt. RG. in JW. **1911** 227[43].

Über plötzliche Erkrankung von Eisenbahnbediensteten vgl. unten Anm. 159.

Anm. 157. γγ) Ereignisse, die in der gefährdenden Natur des Eisenbahnbetriebes ihren Grund haben.

Daß für diese Ereignisse der Eisenbahnunternehmer unbedingt zu haften hat, entspricht dem Zweck des Gesetzes. Es folgt dies auch aus dem (für das HaftpflG. als entbehrlich angesehenen) § 25 S. 2 PrEisenbG., in dem besonders ausgesprochen ist, daß die gefährliche Natur der Eisenbahnunternehmung nicht als ein vom Schadenersatz befreiender Zufall zu betrachten ist. Ebenso das RG. in ständiger (unten zitierter) Praxis. A. M. Eger Anm. 11 S. 151.

Ein häufiges Ereignis, das in der gefährdenden Natur des Eisenbahnbetriebes seinen Grund hat, ist z. B. das Scheuen von Zugtieren. Das Scheuen ist, zumal bei Tieren, die nicht an einen Eisenbahnverkehr gewöhnt sind, die natürliche Wirkung der geschwinden Fahrt der Eisenbahn und des mit dem Betriebe verbundenen eigentümlichen starken Geräusches. RG. **19** 37, EisenbE. **5** 393; EisenbE. **8** 245; EisenbE. **10** 270; RG. **62** 145, JW. **1906** 54[4]; „Recht" **1909** Nr. 160, EisenbE. **25** 308; „Recht" **1906** Nr. 2306.

Ebenso ist die begreifliche Verwirrung, Bestürzung oder Ratlosigkeit eines Passagiers oder eines Passanten, die durch einen Betriebsvorgang hervorgerufen wird, ein Ereignis, das in der Natur des Eisenbahnbetriebs begründet ist. RG. in JW. **1902** 31[28]; EisenbE. **18** 336; RG. **50** 92, JW. **1902** 136[52]; EisenbE. **22** 12; „Recht" **1907** Nr. 668, EisenbE. **23** 393; JW. **1919** 38[5]; OLG. Dresden in EisenbE. **20** 226. Dagegen liegt ein äußerer Zufall vor, wenn die geistige Verwirrung oder Bestürzung nicht die Folge eines Betriebsvorgangs, sondern einer krankhaften Anlage ist (vgl. Anm. 159).

Ein Reisender, der infolge eines Traumes vorübergehend unter der Wahnvorstellung stand, ein Eisenbahnunfall bringe die im Zuge Bleibenden in höchste Lebensgefahr, sprang aus dem Fenster des fahrenden Zuges und verunglückte. Die hohe Wahrscheinlichkeit sprach dafür, daß sich die Einbildung bei ihm infolge eines am Tage vorher miterlebten Eisenbahnbetriebsunfalls (Achsenbruch und Zusammenstoß zweier Wagen) gebildet hatte. Ursächlich konnten aber auch die sonstigen Ereignisse der Fahrt gewesen sein, namentlich der lange Aufenthalt in dem fahrenden Wagen, die Geräusche des Betriebes und die Bewegungen des Zuges. Höhere Gewalt wurde vom RG. verneint, da die verhängnisvolle Wahnvorstellung auf den Eisenbahnbetrieb zurückzuführen sei, und zwar entweder auf den Zusammenstoß in der verflossenen Nacht oder auf die sonstigen Ereignisse der ganzen Fahrt. RG. **95** 64, JW. **1919** 38[5], EisenbE. **36** 284. Der Entscheidung ist nur mit Einschränkung beizupflichten. Lediglich eine geistige Verwirrung, die die begreifliche, normalerweise zu erwartende Folge eines Betriebsunfalls sein kann, könnte als innerer Zufall angesehen werden. Nur ein außerordentlicher Vorfall, wie der Zusammenstoß könnte den Wahnanfall begreiflich erscheinen lassen, nicht der Eisenbahnbetrieb mit seinen gewöhnlichen Erscheinungen (den Geräuschen, Bewegungen usw.). Vgl. auch Kluckhohn in KGBl. **1919** 103. Über Handeln in Schlaftrunkenheit vgl. unten Anm. 159.

Auch die Überfüllung von Eisenbahnabteilen durch Reisende ist ein Ereignis, das auf die gefährdende Art des Eisenbahnbetriebs zurückzuführen ist und deshalb nicht den Einwand der höheren Gewalt rechtfertigen kann. RG. im „Recht" **1908** Nr. 1082, EisenbE. **24** 392.

Zweifelhaft erscheint, ob auch für Unfälle, die sich durch Hinauswerfen von Gegenständen aus einem fahrenden Zuge ereignen, der Unternehmer unbedingt haftet. Die Frage dürfte mit dem RG. zu bejahen sein. Denn die Gefährlichkeit der Handlung beruht darin, daß der herausgeworfene Gegenstand von der ursprünglichen Wurfrichtung abgetrieben wird und eine weit über die ihm gegebene Wurfkraft hinausgehende Geschwindigkeit annimmt. Die Art des Wurfes liegt somit in der Natur der Eisenbahnunternehmung begründet. RG. in JW. **1905** 405[34], EisenbE. **22** 72; JW. **1911** 192[27]; EisenbE. **27** 337. Vgl. Anm. 31.

Über Ereignisse, die bei dem Betriebe mit einer gewissen Häufigkeit vorkommen, und mit denen der Unternehmer deshalb zu rechnen hat, vgl. unten Anm. 161.

β) Äußere Zufälle sind:

Anm. 158. αα) Elementare Ereignisse, wie Feuer, Blitzschlag, orkanartiger Sturm, Erdbeben, Überschwemmung. Höhere Gewalt wurde z. B. mit Recht in einem Fall angenommen, in dem die Entgleisung eines Eisenbahnzuges und damit ein Unfall dadurch herbeigeführt worden ist, daß ein außerordentlich heftiger Schneesturm eingesetzt hatte und die durch ihn auf die Schienen geworfenen vereisten Schneemassen nicht von den Rädern der Maschine beiseite gedrängt werden konnten. RG. **101** 94; EisArch. **1921** 464. Dagegen hat das RG. nicht als ein von außen einwirkendes Ereignis einen durch herabstürzende Felsmassen verursachten Einsturz eines Eisenbahntunnels angesehen, weil im gegebenen Falle der Felseinsturz nicht den in der Fahrt befindlichen Zug getroffen, sondern lediglich eine Verschüttung der Gleise bewirkt habe. Der Unfall sei deshalb auf die Gefährlichkeit des Eisenbahnbetriebes, der sich in ein für allemal festliegenden Schienen bewege, zurückzuführen, RG. **93** 305, EisenbE. **37** 84. Unseres Erachtens liegt hier indessen ein äußerer Zufall vor. Die Unterscheidung, die das RG. macht, erscheint anfechtbar. Auch wenn der Felssturz einen in Bewegung befindlichen Zug trifft, bildet die Gebundenheit an die Schienen ein für den Unfall miturſächliches Gefahrmoment. Der Umstand, daß der Unfall auf die Gefährlichkeit des Eisenbahnbetriebes zurückzuführen ist, berührt aber nicht die Frage, ob er durch ein von außen einwirkendes, sich als höhere Gewalt darstellendes Ereignis verursacht wurde.

Anm. 159. Als ein von außen kommendes, gleichsam elementares Ereignis ist unter Umständen auch eine plötzlich eintretende geistige Verwirrung anzusehen. Nicht in Frage kommt allerdings höhere Gewalt, wenn eine geistige Verwirrung, Bestürzung oder Ratlosigkeit durch einen Betriebsvorgang hervorgerufen ist. Hier liegt ein innerer Zufall vor. Vgl. Anm. 157.

Ein von außen kommendes, betriebsfremdes Ereignis ist nicht anzunehmen, wenn ein im Dienste befindlicher Eisenbahnangestellter in einem Anfall geistiger Störung eine Handlung oder Unterlassung begeht, die einen Unfall zur Folge hat. Für Handlungen von Eisenbahnbediensteten haftet der Betriebsunternehmer in gleicher Weise wie für das ordnungsmäßige Funktionieren seiner Betriebsmittel unbedingt (vgl. Anm. 156). Da er das ordnungsmäßige Funktionieren des Betriebes zu gewährleisten hat, so fallen ihm auch zufällige Mängel, gleichviel ob solche seinen Betriebsmitteln oder Betriebspersonen anhaften, zur Last. Demgemäß hat das RG. z. B. höhere Gewalt mit Recht in einem Falle verneint, in dem der Unfall auf eine Gedankenablenkung des Lokomotivführers zurückzuführen war, der an progressiver Paralyse litt (RG. **114** 12, JW. **1927** 2201[18], EisArch. **1928** 1033). Höhere Gewalt kommt nur dann in Frage, wenn die plötzliche geistige Störung oder Ablenkung des Beamten auf ein von außen einwirkendes, elementares oder sonstiges betriebsfremdes Ereignis zurückzuführen ist. Vgl. Staub Anm. 8 zu § 456 HGB.; OLG. Kiel in SchleswigHolstAnz. **1921** 159.

Dagegen ist ein von außen einwirkendes, auch ungewöhnliches Ereignis (vgl. unten Anm. 161) anzunehmen, wenn ein Fahrgast oder ein am Betriebe unbeteiligter Dritter infolge einer plötzlichen Erkrankung (z. B. eines Schwindel- oder Ohnmachtsanfalles) einen Unfall beim Betriebe erleidet. Die Rechtsprechung ist nicht einheitlich. So hat das RG. z. B. ein äußeres Ereignis in einem Falle für vorliegend erachtet, wo ein abgelöster, als Fahrgast beförderter Eisenbahnbediensteter während der Fahrt in einem Anfall plötzlicher Geistesstörung das Eisenbahnabteil verließ, auf den Trittbrettern herumkletterte und hierbei unter den Zug geriet (EisenbE. **1** 250); ferner in einem Falle, wo ein Rottenarbeiter beim Herannahen eines Eisenbahnzuges einen Schwindelanfall erlitt, auf das Gleis stürzte und getötet wurde (RG. zit. in EisenbE. **18** 77); wo ein auf der vorderen Plattform eines Straßenbahnwagens stehender Fahrgast infolge eines Ohnmachtsanfalles herabstürzte (EisenbE. **34** 144). Vgl. auch die hiermit übereinstimmenden Entscheidungen JW. **1888** 79[24], EisenbE. **6** 102; RG. **95** 64. Andererseits hat das RG. in einem Falle, in dem ein Fahrgast infolge eines Schwindelanfalles vom Bahnsteig auf die Gleise gestürzt war, höhere Gewalt mit der Begründung verneint, daß die durch den Schwindelanfall herbeigeführte Bewußtlosigkeit einen Vorgang darstellte, „der die durch den Eisenbahnbetrieb geschaffene Gefahr wirkend macht" (EisenbE. **33** 108). Ebenso RG. in EisenbE. **32** 92; JurRdsch. **1925** Nr. 1656. Den letztgenannten Entscheidungen liegt eine Auffassung zugrunde, die mit dem Wortlaut und Grundgedanken des § 1 nicht vereinbar erscheint. Nach dieser Vorschrift haftet der Unternehmer, wenn „bei dem Betriebe", also infolge der mit dem Betriebe verbundenen Gefahren, ein Mensch getötet oder verletzt wird. Der Unternehmer soll aber von der Haftpflicht befreit sein, wenn der auf diese Weise entstandene Unfall „durch höhere Gewalt verursacht", d. h. durch ein Ereignis ausgelöst wurde, das von außen auf den Betrieb einwirkte und nicht abgewendet werden konnte. Seligsohn, EisenbE. **36** 11.

Höhere Gewalt hat das RG. auch in einem Falle verneint, in dem ein Eisenbahnfahrgast in Schlaftrunkenheit aus dem fahrenden Zuge ausstieg und verunglückte. Das RG. läßt dahingestellt, ob der Unfall auf ein äußeres Ereignis zurückzuführen sei. Jedenfalls handele es sich nicht um ein außergewöhnliches Vorkommnis. JW. **1920** 710[10], EisenbE. **38** 69. Vgl. auch JW. **1919** 38[5]. M. E. liegt hier nicht nur ein äußeres, sondern auch ein ungewöhnliches Ereignis in dem unten Anm. 161 erörterten Sinne vor. Es handelt sich doch gewiß um einen — gemessen an den gewaltigen Verkehrsziffern — durchaus vereinzelten, ungewöhnlichen Vorgang, mit dem der Unternehmer nicht rechnen kann. Vgl. v. d. Leyen Anm. JW. **1920** 710[10].

Über die Frage der Unabwendbarkeit elementarer Ereignisse vgl. Anm. 168.

Anm. 160. ββ) Handlungen Dritter. Nicht allein elementare Ereignisse, sondern auch menschliche Handlungen können sich als höhere Gewalt darstellen. Ein von außen kommendes Ereignis liegt vor, wenn ein Dritter, d. h. jemand, der nicht Organ des Betriebes ist (vgl. Anm. 156), auf den Betrieb einwirkt. Ebenso Eger Anm. 11 S. 141; Endemann S. 57; Westerkamp S. 654.

Ein „äußerer Zufall" ist hiernach anzunehmen, wenn ein am Betriebe nicht beteiligter Dritter in den Betrieb eingreift, indem er z. B. in verbrecherischer Absicht das Gleise zerstört oder eine Weiche falsch stellt (RG. in VerkRdsch. **5** 464, EisenbE. **46** 398; EisenbE. **47** 384) oder ein Hindernis auf die Fahrbahn schafft. Allerdings kann in solchen verbrecherischen Eingriffen höhere Gewalt nur dann erblickt werden, wenn sowohl in bezug auf die Überwachung als auch die Abwendung unglücklicher Folgen eines derartigen Verbrechens seitens des Unternehmers das höchste Maß an Sorgfalt aufgewendet worden ist (vgl. die vorgenannten Urteile und Anm. 166). Mit Recht ist höhere Gewalt in einem Falle bejaht worden, in dem ein Stein von einem unbekannten Dritten gegen einen fahrenden Eisenbahnzug geworfen wurde und einen Fahrgast verletzte (RG. in EisenbE. **46** 95, VerZtg. **1927** 915). Das unvorsichtige Verhalten eines Passanten, z. B. das Hineinlaufen in die Fahrbahn, bildet zwar ein von außen kommendes Ereignis. In der Regel fehlt hier jedoch das Merkmal der Ungewöhnlichkeit (vgl. unten Anm. 161), so daß das Ereignis nur unter dem Gesichtspunkt des eigenen Verschuldens zu werten ist.

Handlungen von Fahrgästen können nicht schlechthin wie Handlungen Dritter beurteilt werden. Es läßt sich nicht verkennen, daß die in der Bahn befindlichen Fahrgäste dem Betriebe in manchen Beziehungen in ähnlicher Weise wie Eisenbahnbedienstete gegenüberstehen. Sie müssen oder dürfen selbst eine Reihe von Betriebshandlungen vornehmen, wie z. B. das Öffnen und Schließen der Türen und Fenster der Abteile, das Hineinlegen von Gepäckstücken in die Netze, die Regulierung der Heizung, im Kleinbahnverkehr oft auch das Geben von Halte- und Abfahrtszeichen. Solche den Betrieb betreffenden Handlungen der Fahrgäste, deren Vornahme der Eisenbahnunternehmer anordnet oder zuläßt, bei denen die Fahrgäste also befugterweise in den Betrieb eingreifen, sind nicht als von außen kommende Ereignisse anzusehen, gleichgültig, ob die Fahrgäste bei

Vornahme dieser Handlungen mit der im Verkehr erforderlichen Sorgfalt verfahren oder nicht. Ein innerer Zufall liegt daher z. B. vor, wenn ein Fahrgast beim Schließen der Wagentür einen Mitreisenden verletzt, oder wenn sich ein Unfall infolge Herabfallens eines von einem Passagier in das Netz gelegten Gepäckstückes ereignet. A. M. Eger (Anm. 11 S. 139), der die Passagiere schlechthin als Dritte und ihre Handlungen deshalb als von außen kommende Ereignisse ansieht, für die der Unternehmer nur bedingt hafte.

Anders verhält es sich mit unzulässigen Handlungen der Fahrgäste. Auch hierin die Fahrgäste den Eisenbahnbediensteten gleichzustellen, wäre unbillig. Für unzulässige Handlungen der Eisenbahnbediensteten kann der Unternehmer unbedingt haftbar gemacht werden, weil er die Macht und die Pflicht hat, nur geeignete Elemente in dem Betriebe als Angestellte zu verwenden und ihre Handlungen zu überwachen. Anders steht der Unternehmer den Fahrgästen gegenüber, zu deren Aufnahme in die Beförderungsmittel er unterschiedslos verpflichtet ist. Es erscheint daher gerechtfertigt, unzulässige Handlungen der Fahrgäste als von außen kommende Ereignisse anzusehen, für die der Unternehmer nur bedingt haftet. Vgl. Seligsohn, GoldschmidtsZ. **71** 186 ff. Anders, wenn ein Mangel in den Betriebseinrichtungen die unzulässige Handlung ermöglicht oder erleichtert. RG. im „Recht" **1914** Nr. 1739, EisenbE. **31** 349. Vgl. Anm. 155.

Mit Recht ist daher z. B. höhere Gewalt in einem Falle angenommen worden, in dem ein Fahrgast durch den verbrecherischen Angriff eines Mitreisenden bestimmt wurde, aus dem fahrenden Zuge herauszuspringen, und hierbei verunglückte (RG. **109** 172, JW. **1925** 619[23], VerkRdsch. **4** 270). Dagegen hat das RG. höhere Gewalt in solchen Fällen verneint, in denen ein Unfall dadurch verursacht wurde, daß ein von einem Reisenden im Eisenbahnabteil als Gepäckstück verbotswidrig (§ 27 EVO.) mitgeführter gefährlicher Gegenstand (Handgranaten, Vulkanisierlösung) explodierte. Begründet ist diese Ansicht damit, daß hier neben einem von außen einwirkenden, für die Bahn unvermeidbaren Ereignis ein gefahrbringender Betriebsvorgang (z. B. das starke Anrucken des Zuges) mitgewirkt habe, daß höhere Gewalt aber nur dann anzunehmen sei, wenn der von außen wirkende Umstand den Unfall tatsächlich herbeigeführt, nicht bloß die Vorbedingungen für sein Eintreten geschaffen habe. So RG. 29. 4. 20 WarnRspr. **1920** Nr. 172, EisenbE. **38** 72; 16. 10. 24 LZ. **1925** 596, EisenbE. **41** 374. Diese Ansicht kann nicht für zutreffend erachtet werden. Zwei Dinge sind auseinanderzuhalten. Zunächst bedarf die Frage der Prüfung, ob sich der Unfall bei dem Betriebe ereignet, ob also der Unfall ursächlich auf Einrichtungen oder Vorgänge des Betriebes zurückzuführen ist. Nur wenn ein solcher Zusammenhang feststeht, kommt eine Haftung nach dem HaftpflG. in Betracht (vgl. oben Anm. 32). Der Unternehmer soll jedoch nach § 1 befreit sein, wenn ein solcher, d. h. ein durch Betriebsgefahren herbeigeführter Unfall auf höhere Gewalt zurückzuführen ist. Das von außen einwirkende Ereignis braucht keineswegs die unmittelbare Ursache des Unfalls zu sein. Auch wenn von verbrecherischer Hand die Weiche falsch gestellt wird, zwei Züge zusammenstoßen und bei dem hierdurch entstehenden Brande jemand verletzt wird, hat das Verbrechen die Bedingung für die Herbeiführung des Unfalls gesetzt. Notwendig und ausreichend ist vielmehr, daß zwischen dem Ereignis und dem Unfall ein adäquater ursächlicher Zusammenhang besteht (vgl. Anm. 202), und dieser ist sicherlich in den genannten Fällen gegeben.

Ein von außen kommendes und ungewöhnliches Ereignis liegt ferner vor, wenn ein Fahrgast schuldhaft, z. B. in Trunkenheit oder im Streit, einen Mitreisenden von der Bahn herabstößt (OLG. Frankfurt a. M. in VerkRdsch. **7** 283), es sei denn, daß das Ereignis abwendbar war (RG. im „Recht" **1907** Nr. 818, EisenbE. **23** 396). Dagegen kommt höhere Gewalt nicht in Frage, wenn ein Fahrgast beim Aussteigen von einem einsteigenden Reisenden zur Seite gedrängt wird und verunglückt (RG. in JurRdsch. **1926** Nr. 1382), oder wenn eine Frau, die auf ihrem Arm ein Kind trägt, bei dem Versuch, einen bereits anfahrenden Zug zu besteigen, hinfällt und das Kind hierbei verunglückt (RG. im „Recht" **1925** 47[2]). Hier handelt es sich nicht um ungewöhnliche, sondern um typische Betriebsunfälle (vgl. unten Anm. 170).

Anm. 161. **b) Ungewöhnliches Ereignis.**

Das RG. hat früher angenommen, daß als Ereignisse, die in der gefährdenden Natur des Betriebes ihren Grund hätten, also als „innere" Ereignisse (vgl. oben Anm. 157) auch solche anzusehen seien, die bei dem Betriebe mit einer gewissen Häufigkeit vorkämen, und mit denen der Unternehmer deshalb zu rechnen habe. EisenbE. **11** 337; RG. **44** 27, JW. **1899** 497[38]; JW. **1899** 773[18]; EisenbE. **16** 335; RG. **50** 92; JW. **1903** 110[40], EisenbE. **20** 127; RG. **54** 404, JW. **1903** 273[12]; JW. **1904** 183[32], EisenbE. **20** 346; JW. **1904** 468[5], EisenbE. **21** 177; JW. **1906** 706[1], EisenbE. **23** 187; „Recht" **1907** Nr. 539, EisenbE. **23** 305; JW. **1908** 210[32], EisenbE. **24** 390; WarnRspr. **1911** Nr. 198, EisenbE. **28** 94; JW. **1911** 596[50], EisenbE. **28** 302; „Recht" **1912** Nr. 680, EisenbE. **28** 432; JW. **1912** 805[27], EisenbE. **29** 202; JW. **1913** 218[36], EisenbE. **29** 347; u. a. Entsch. Begründet war diese Auffassung in der Regel damit, daß solche häufiger vorkommenden Ereignisse „vom Betriebsunternehmer von vornherein in Aussicht zu nehmen und demgemäß als mit diesem Betriebe und seinen Gefahren im Zusammenhang stehend zu erachten seien". RG. **54** 404, JW. **1903** 273[12]. Vgl. auch z. B. JW. **1899** 773[18], EisenbE. **16** 335; JW. **1904** 183[32], EisenbE. **20** 346. Das RG. hat später diese gekünstelte Konstruktion aufgegeben und in neuerer Praxis im Anschluß an die Exnersche Lehre ständig die Ansicht vertreten, es müsse, wenn höhere Gewalt vorliegen solle, zu den beiden Merkmalen der Einwirkung von außen und der Unabwendbarkeit als dritte Voraussetzung hinzukommen, daß es sich um ein „außergewöhnliches, gewissermaßen elementares Ereignis" handele. Vgl. RG. in JW. **1911** 596[50]; JW. **1912** 805[15]; RG. **93** 305.

Zu den Ereignissen, die nicht ungewöhnlicher Art sind, und mit denen der Unternehmer zu rechnen hat, gehört nach der ständigen Rechtsprechung des RG. das in verkehrsreichen Orten häufig vorkommende unbedachtsame Hineinlaufen von Kindern in die Straßenbahngleise. RG. **44** 27, JW. **1899** 497[38]; JW. **1899** 773[18], EisenbE. **16** 335; JW. **1903** 110[40], EisenbE. **20** 127; RG. **54** 404, JW. **1903** 273[12]; JW. **1904** 183[32], „Recht" **1904** Nr. 1113, EisenbE. **20** 346; JW. **1906** 706[1], EisenbE. **23** 187; JW. **1908** 210[32], EisenbE. **24** 390; JW. **1913** 218[36], EisenbE. **29** 347. **Anm. 162.**

Der Einwand höherer Gewalt kommt ferner nicht in Betracht, wenn in einem verkehrsreichen Orte eine Straßenbahn mit einem anderen Gefährt unvorhergesehenerweise zusammenstößt. Auch derartige Ereignisse gehören zu den täglichen Vorkommnissen, mit denen der Unternehmer zu rechnen hat. RG. in JW. **1907** 58[23], EisenbE. **23** 386. Vgl. ferner RG. **50** 92; WarnRspr. **1911** Nr. 198, EisenbE. **28** 94; JW. **1911** 596[50], EisenbE. **28** 302; „Recht" **1912** Nr. 680, EisenbE. **28** 432; JW. **1912** 805[27], EisenbE. **29** 202; EisenbE. **31** 369. Höhere Gewalt ist deshalb z. B. auch in einem Falle verneint worden, in dem ein Radfahrer von seinem Rad vor eine in gleicher Richtung mit ihm fahrende Straßenbahn gestürzt war (RG. in VerkRdsch. **7** 130, JurRdsch. **1928** Nr. 890). Das RG. hat dagegen den Einwand der höheren Gewalt in einem Falle für durchgreifend erachtet, wo der Zusammenstoß der Straßenbahn mit einem Wagen erfolgte, der von führerlosen, scheu gewordenen und in vollem Laufe dahinrasenden Pferden gezogen wurde. JW. **1907** 58[23], EisenbE. **23** 386. **Anm. 163.**

Zusammenstöße von Eisenbahnen mit Kraftfahrzeugen auf durch Schranken nicht gesicherten Übergängen wird man jetzt nicht mehr zu den ungewöhnlichen Ereignissen zu rechnen haben (vgl. RG. in EisenbE. **44** 233; LZ. **1926** 284, JurRdsch. **1926** Nr. 384). Dagegen wird man dem RG. nicht folgen können, wenn es höhere Gewalt in einem Falle verneinte, in dem ein Kraftwagen eine am Wegübergang angebrachte, ordnungsmäßig geschlossene und beleuchtete Schranke durchgedrückt hatte und auf einen vorüberfahrenden Eisenbahnzug aufgefahren war. „Der Eisenbahnunternehmer, der sich in solcher Weise mit seinem Betriebe in den Straßenverkehr hineinbegibt, schafft damit für diesen eine Gefahrenquelle, die dem Eisenbahnbetriebe als solchem zuzuzählen ist" (RG. **93** 66, JW. **1918** 689[7], EisenbE. **36** 282). Diese Auffassung kann für solche Unfälle, die sich an durch Schranken ordnungsmäßig gesicherten Übergängen ereignen, nicht für zutreffend erachtet werden (vgl. auch v. d. Leyen in JW. a. a. O.) Ob höhere Gewalt in Fällen anzunehmen ist, in denen unzulässigerweise Passanten sich auf den abgetrennten Eisenbahndamm begeben oder zufällig auf ihn geraten, hängt von den besonderen Umständen ab (RG. in JW. **1916** 839[11], EisenbE. **33** 334; JW. **1916** 1336[6]). **Anm. 164.**

Auch das plötzliche Erscheinen einer bewußtlosen Person auf den Gleisen einer Straßenbahn rechnet das RG. zu den Ereignissen, die auf der gefährdenden Natur des Betriebes beruhen (RG. in **Anm. 165.**

„Recht" **1907** Nr. 539, EisenbE. **23** 305; „Recht" **1908** Nr. 2543, EisenbE. **25** 165). In den Gründen der erstgenannten Entscheidung wird ausgeführt:

„Diejenigen Unfälle können nicht als Folgen der Einwirkung einer höheren Gewalt angesehen werden, die ihre Ursache in der mit der Art des Betriebes unmittelbar zusammenhängenden Gefahr haben. Denn die Haftung für diese Gefahren ist eben vom Gesetz dem Unternehmer auferlegt. Nun bringt der Betrieb einer Straßenbahn in den belebten Straßen einer Stadt notwendig die Gefahr mit sich, daß in der Straße verkehrende Personen überfahren werden. Eine durch Schlaftrunkenheit bewirkte vorübergehende Bewußtlosigkeit ist somit nicht ein von außen in den Bahnbetrieb eingreifendes Ereignis..."

Die Gefahr, daß Gleise überschreitende Personen überfahren werden, bringt jeder Eisenbahnverkehr mit sich. Die Erkenntnis dieser Gefahr hat zur Einführung der strengen, von einem Verschulden unabhängigen Haftung des Eisenbahnunternehmers geführt. Mit dieser Erwägung kann nicht dem Unternehmer auch der Einwand der höheren Gewalt versagt werden.

Als ein Vorkommnis, mit dem der Straßenbahnunternehmer zu rechnen hat, ist mit Recht das Herabfallen von Telephon- oder Telegraphendrähten auf die Leitungsdrähte einer elektrischen Bahn angesehen worden. RG. in JW. **1906** 706[1], EisenbE. **23** 187.

c) Unabwendbarkeit.

Anm. 166. α) Allgemeine Grundsätze.

Als drittes Begriffsmerkmal muß hinzutreten, daß das Ereignis nicht vorausgesehen und auch durch die zweckmäßigsten, mit der Wirtschaftlichkeit des Unternehmens zu vereinigenden Maßnahmen nicht abgewendet oder in seinen Folgen unschädlich gemacht werden konnte. Vgl. RG. **14** 82, EisenbE. **4** 370; RG. **21** 13, JW. **1888** 197[6], EisenbE. **6** 216; RG. **60** 300; JW. **1907** 58[23], EisenbE. **23** 386; u. a. Entsch.

Dem Betriebsunternehmer liegt demnach mehr ob als die Beobachtung der im Verkehr erforderlichen Sorgfalt. Er muß die wirksamsten Einrichtungen und Veranstaltungen treffen, um die am Betriebe Beteiligten sowie Dritte vor Schaden zu sichern. Hierzu gehört vor allem, daß er sich die Fortschritte der Technik zunutze macht, um den mit dem Betrieb verbundenen Gefahren so wirksam wie möglich begegnen zu können. Wer solches verabsäumt, haftet wegen der Unvollkommenheit seiner Veranstaltungen, auch wenn ihm im gegebenen Fall kein Vorwurf gemacht werden kann. Vgl. Dernburg, Preuß. Privatrecht Bd. 2 § 69 und in GrünhutsZ. **11** 335 ff.

Sind an die Veranstaltungen des Unternehmers auch besonders strenge Anforderungen zu stellen, so dürfen ihm doch nicht solche Maßnahmen zugemutet werden, die vollkommen außer jedem Verhältnis zu dem wirtschaftlichen Zweck des Unternehmens stehen. Wollte man von dem Unternehmer beanspruchen, daß die Transportanlagen und Transportmittel in solcher Vollkommenheit hergestellt würden, daß sie gegen alle denkbaren Fälle elementarer und anderer äußerer Ereignisse Sicherheit gewähren, so würde der Eisenbahnbetrieb unmöglich gemacht werden. Das Maß dessen, was zur Abwendung des Ereignisses gefordert werden kann, findet seine Grenzen in der notwendigen vernünftigen Rücksicht auf die Wirtschaftlichkeit des Unternehmens. Vgl. die Anm. 151 zit. Praxis. In der Entsch. RG. 21 13 wird ausgeführt:

„Es kommt nicht darauf an, ob die Abwendung des schädigenden Ereignisses oder seiner Folgen überhaupt (in abstracto) möglich war, sondern ob die Abwendung bei den gegebenen Verhältnissen durch die äußerste, diesen Umständen angemessene Sorgfalt und durch Mittel, deren Anwendung dem Haftpflichtigen vernünftigerweise zugemutet werden durfte, erreicht werden konnte... Von demjenigen, der bis zur höheren Gewalt zu haften hat, muß allerdings nachgewiesen werden, daß auch mit Aufbietung der äußersten Vorsicht und Sorgfalt und Aufwendung aller Kräfte, welche den Menschen überhaupt zu Gebote stehen, das schädigende Ereignis nicht abgewendet oder unschädlich gemacht werden konnte. Aber hierbei kommen doch nur solche Mittel in Betracht, deren Anwendung überhaupt möglich ist, ohne den wirtschaftlichen Erfolg des Unternehmens vollständig auszuschließen... Es ist deshalb an der Auffassung festzuhalten, nach welcher bei Beurteilung der Frage der Abwendbarkeit auf die Verhältnisse des einzelnen Falles, insbesondere das Verhältnis zwischen dem anzustrebenden Erfolge und den aufzuwendenden Mitteln Rücksicht zu nehmen ist."

Während die Frage, ob ein von außen kommendes Ereignis vorliegt, nach objektiven Merkmalen zu entscheiden ist, kommt es also für die Frage der Abwendbarkeit auf die konkreten Verhältnisse an. In Betracht zu ziehen ist die ganze Individualität des Ereignisses im Hinblick auf die besonderen Verhältnisse der Verkehrsunternehmung. RG. **19** 37, EisenbE. **5** 393. Hierbei können insbesondere auch die örtlichen Verhältnisse eine Rolle spielen. Vgl. RG. **71** 208, JW. **1909** 469[11], EisenbE. **26** 179 (Eisenbahnbetrieb in den Kolonien).

β) Einzelheiten.

αα) Elementare Ereignisse sind meistens in bezug auf ihren Eintritt unvermeidlich. Dagegen können sie unter Umständen in ihren Wirkungen durch geeignete Maßnahmen unschädlich gemacht werden. Ist auch dieses unmöglich, so liegt höhere Gewalt vor. **Anm. 167.**

Dronke (EisenbE. **20** 265) hält nicht in allen Fällen, in denen Unabwendbarkeit des Ereignisses und seiner schädlichen Folgen vorliegt, höhere Gewalt für gegeben. Er ist der Ansicht, daß, wenn der eingetretene Schaden auf dem Zusammenwirken eines Naturereignisses und einer Betriebsgefahr beruhe, die Betriebsgefahr als die rechtlich erhebliche Ursache anzusehen und der Unternehmer auch dann haftpflichtig sei, wenn das Naturereignis und die aus ihm allein entspringenden Folgen mit den vernünftigerweise zu verlangenden Sicherungsmaßregeln nicht hätten abgewendet werden können. Diese Auffassung erscheint nicht zutreffend. Löst ein Naturereignis Betriebsgefahren aus, so liegt höhere Gewalt vor, wenn die Folgen des Naturereignisses und der Betriebsgefahren auch mit den zweckmäßigsten Maßnahmen nicht abwendbar sind. Tötet beispielsweise der Blitz die Bemannung der Lokomotive, und richtet die ungeleitet fortfahrende Maschine Schaden an, so greift der Einwand der höheren Gewalt durch, obwohl zur Entstehung des Unfalls neben dem Naturereignis die Betriebsgefahren der Bahn (Dampfkraft, Schnelligkeit, Gebundensein an Schienen usw.) mitgewirkt haben.

Der von Dronke als Beispiel angeführte Rechtsfall kann seine Ansicht nicht stützen. Auf einem Feldwege, der eine Nebenbahn kreuzte, weigerten sich zwei Pferde, als sie gerade auf dem Gleise waren, wegen des in diesem Augenblick besonders heftig einsetzenden Hagelschlags weiterzugehen, und wurden überfahren. Durch das Vorhandensein einer Wegschranke hätte der Unfall vermieden werden können. Dronke ist der Ansicht, daß höhere Gewalt nicht vorliege, weil zwar nicht die Folgen des Naturereignisses, wohl aber die Folgen der durch das Fehlen der Schranke erhöhten Betriebsgefahren zu vermeiden gewesen wären. Diese Unterscheidung erscheint gekünstelt. Durch eine Wegeschranke wäre der Aufenthalt der Tiere auf dem Gleise und damit die Einwirkung des Unwetters auf die in kritischer Lage befindlichen Tiere vermieden worden. Im Falle des Vorhandenseins einer Wegeschranke hätte also das Unwetter nicht die Schadenwirkung gehabt. Das Ereignis war aus diesem Grunde abwendbar.

Anm. 168. Beispiele zur Frage der Abwendbarkeit elementarer Ereignisse.

In einem Falle, wo eine Eisenbahnstrecke durch wolkenbruchartigen Regen unterspült war, wurde höhere Gewalt nicht für vorliegend erachtet, weil die Fahrt nach dem Regen an der durch Unterspülung bedrohten Stelle so verlangsamt hätte werden müssen, daß ein rechtzeitiges Bremsen vor dem Hindernis möglich war (RG. in JW. **1903** 316[17], „Recht" **1903** Nr. 2523, EisenbE. **20** 184). Es wurde ferner angenommen, daß in einer bestimmten Gegend zu einer bestimmten Jahreszeit wiederkehrende Hochwasser den Einwand der höheren Gewalt nicht rechtfertigten, da bei Wetterumschlag und Hochwassergefahr der Bahndamm genau untersucht, die Festigkeit der Gleise geprüft und die Tätigkeit der Eisenbahnbediensteten hätte überwacht werden müssen (RG. in EisenbE. **26** 127). Ebenso wurde das Umwerfen des Zuges einer Kleinbahn durch einen Sturm nicht auf höhere Gewalt zurückgeführt, da die Gefahr, die der Sturm einem fahrenden Zuge bringen konnte, der Bahnverwaltung bekannt und ihr von der Aufsichtsbehörde zur Pflicht gemacht war, bei gewissen Windstärken den Betrieb einzustellen (RG. in JW. **1905** 321[10], EisenbE. **21** 394; vgl. auch RG. in JW. **1910** 619[13]). Starkes Schneegestöber wurde nicht als höhere Gewalt angesehen, weil die dadurch hervorgerufenen Schwierigkeiten nicht unüberwindlich wären, zur entsprechenden Jahreszeit und Witterung damit gerechnet werden müßte und bei angemessener Aufmerksamkeit Zusammenstöße im Straßenbahnverkehr zu vermeiden wären (RG. in EisenbE. **33** 323). Dagegen wurde höhere Gewalt in einem Falle bejaht, in dem die

Entgleisung eines Eisenbahnzuges dadurch herbeigeführt worden ist, daß ein außerordentlich heftiger Schneesturm, wie er in dieser Stärke noch nicht erlebt war, eingesetzt hatte und die dadurch auf die Schienen geworfenen vereisten Schneemassen nicht von den Rädern der Maschine beiseite gedrängt werden konnten (RG. **101** 94, EisenbE. **38** 225).

Als „unabwendbarer äußerer Zufall" im Sinne des § 25 PrEisenbG. v. 3. 11. 38 wurde angesehen, daß Pferde aus einer etwa eine halbe Meile von der Bahn entfernt gelegenen Koppel ausbrachen und an einer nicht zum Übergang bestimmten Stelle zur Nachtzeit auf das Schienengleise gelangten (RG. in EisenbE. **1** 360). Höhere Gewalt wurde in einem Falle angenommen, wo scheu gewordene und in vollem Laufe dahinrasende Pferde einen Zusammenstoß des von ihnen gezogenen Fuhrwerks mit einem Straßenbahnwagen herbeiführten (RG. in JW. **1907** 58[23], EisenbE. **23** 386). Vgl. auch RG. in JW. **1903** 110[10], EisenbE. **20** 127; EisenbE. **21** 382.

Weitere Beispiele: RG. in EisenbE. **3** 416 (Loslösung von Erdmassen); JW. **1917** 717[13], EisenbE. **34** 144 (Ohnmachtsanfall eines Straßenbahnfahrgastes); OLG. Kolmar in EisenbE. **16** 219 (Nässe der Schienen infolge Regenwetters); OLG. Kolmar in EisenbE. **18** 229 (Glatteis auf Trittbrettern); OestObGH. in EisenbE. **4** 287 (Nebel).

ββ) Handlungen Dritter. Anm. 169.

Handelt es sich bei den elementaren Ereignissen in der Regel nur um die Frage der Abwendbarkeit der schädlichen Wirkungen, so ist bei den Handlungen Dritter (vgl. oben Anm. 160) zu prüfen, ob der Betriebsunternehmer auch alles zur Vermeidung des Eintritts des schädigenden Ereignisses getan hat.

Beispiele.

Handlungen von Fahrgästen. Ob das ungestüme Andrängen Anm. 170. des auf die Beförderung harrenden Publikums auf einen Eisenbahnzug oder eine Straßenbahn höhere Gewalt darstellt, hängt von den Umständen des Falles ab. Nach der obigen Begriffsbestimmung (vgl. Anm. 166) ist höhere Gewalt zu verneinen, wenn ein außerordentlicher Andrang vorauszusehen war und durch entsprechende, dem Betriebsunternehmer vernünftigerweise zuzumutende, wenn auch außergewöhnliche Maßnahmen abgewendet werden konnte. So RG. in ständiger Praxis. Vgl. EisenbE. **6** 222; **8** 40; **10** 58; WarnRspr. **1914** Nr. 22, EisenbE. **31** 226; EisArch. **1919** 788, EisenbE. **37** 255; JW. **1921** 398[8]; **1925** 1273[6].

Nicht für begründet erachtet wurde der Einwand der höheren Gewalt bei einem Unfall, den bei einer Schlägerei im Eisenbahnabteil ein unbeteiligter Dritter dadurch erlitt, daß er aus dem Wagen hinausgedrängt wurde. Es wurde angenommen, daß ein solches Ereignis bei den eigenartigen Verhältnissen im rheinisch-westfälischen Industriebezirk, wo die an Sonntagen in Massen die Eisenbahn benutzende Arbeiterbevölkerung zu Exzessen neige, von der Eisenbahnverwaltung hätte vorausgesehen und durch geeignete Vorkehrungen abgewendet werden können. RG. im „Recht" **1907** Nr. 818, EisenbE. **23** 396; vgl. auch OLG. Dresden in EisenbE. **48** 80.

Dagegen wurde mit Recht höhere Gewalt in einem Falle bejaht, in dem ein Fahrgast von einem angeheiterten Mitreisenden aus einem Wagenabteil hinausgestoßen worden ist, ohne daß dies der diensttuende Schaffner hätte voraussehen oder verhindern können. OLG. Frankfurt a. M. in VerkRdsch. **7** 283.

In einem Falle, in dem ein dreijähriges Kind die Tür eines Eisenbahnabteils während der Fahrt öffnete und hinausstürzte, wurde höhere Gewalt verneint, weil die Tür zu leicht zu öffnen gewesen sei. RG. in JW. **1906** 192[9], DJZ. **1906** 430.

Verbrecherische Eingriffe. Das gewaltsame Aufreißen der eine Weiche festhaltenden Vorrichtung wurde nicht als höhere Gewalt angesehen, weil zwischen dieser Tat und dem Unfall mehr als ein halber Tag lag und bei Vornahme einer Revision der Weichenstellung die eingetretene Veränderung rechtzeitig entdeckt worden wäre. RG. in JW. **1902** 591[16], EisenbE. **19** 258. Ebenso wurde in einem Falle, wo durch eine von verbrecherischer Hand auf das Geleise gebrachte Straßenwalze eine Entgleisung verursacht worden war, der Einwand der höheren Gewalt nicht für durchgreifend erachtet, da der Betriebsunternehmer nicht den Nachweis erbrachte, daß der Unfall auch bei ausreichender Überwachung der Gleise eingetreten wäre. RG. in JW. **1904** 577[12], EisenbE. **21** 371. Vgl. auch RG. **70** 98, JW. **1909** 80[17], EisenbE. **25** 319; WarnRspr. **1910** Nr. 278, EisenbE. **27** 93; JW. **1926** 2290[6], VerkRdsch. **5** 464.

Handlungen von Passanten. Der Einwand der höheren Gewalt wurde in Fällen zurückgewiesen, in denen an viel begangenen Wegen nicht durch Zäune oder Wegschranken Vorsorge getroffen war, um das Gelangen von Kindern auf den Bahndamm zu verhindern. RG. **1** 276, EisenbE. **1** 279; EisenbE. **2** 291; EisenbE. **9** 91; „Recht" **1911** Nr. 2478, EisenbE. **28** 111; OLG. Köln in EisenbE. **27** 59. Ebenso wurde höhere Gewalt in einem Falle verneint, in dem die Bahn nicht ausreichende Maßnahmen gegen das Eindringen von Kindern in ein Freiladegleis getroffen hatte. RG. in JW. **1925** 254[1], VerkRdsch. **4** 324.

Über Unfälle von Kindern in verkehrsreichen Orten vgl. Anm. 162.

III. Eigenes Verschulden des Verletzten.

1. Verschulden.

Anm. 171. **a) Bedeutung.**

Der Begriff des Verschuldens ist nach den Grundsätzen des BGB. zu bestimmen. Dieses unterscheidet als die zwei Hauptarten schuldhaften Verhaltens Vorsatz und Fahrlässigkeit.

Der Vorsatz wird im BGB. nicht definiert. Vorsätzlich handelt, wer einen bestimmten Erfolg herbeiführen will oder sich wenigstens bewußt ist, daß seine Handlung einen bestimmten Erfolg haben werde. Goldmann-Lilienthal, BGB. 1. Buch § 33 S. 138; RG. **57** 241; **58** 216.

Die Fahrlässigkeit wird im BGB. definiert als das Außerachtlassen der im Verkehr erforderlichen Sorgfalt (§ 276 Abs. 1). Zur Annahme einer Fahrlässigkeit des Verletzten ist erforderlich, daß dieser bei Anwendung der nach den Umständen gebotenen Sorgfalt den eingetretenen Erfolg als eine mögliche Folge seiner Handlung voraussehen konnte (RG. **13** 9; JW. **1896** 343[60], EisenbE. **13** 163; „Recht" **1901** Nr. 239, EisenbE. **18** 35). Zum Wesen der Fahrlässigkeit gehört jedoch nicht die Voraussehbarkeit der konkreten Gestaltung des Schadens im einzelnen. RG. in JW. **1906** 740[9]; **1909** 358[3].

Welche Sorgfalt geboten ist, hat der Richter nach den Verhältnissen des einzelnen Falles zu beurteilen. Das Maß der anzuwendenden Sorgfalt hat sich insbesondere nach der Größe der Gefahr zu richten. Auf eine etwa eingerissene Unachtsamkeit ist keine Rücksicht zu nehmen. Als Maßstab gilt das Verhalten, das von einem vernünftigen und vorsichtigen Menschen unter den gleichen Umständen erwartet werden muß. RG. **38** 162, EisenbE. **14** 137; EisenbE. **16** 255; EisenbE. **16** 340; EisenbE. **17** 210; DJZ. **1907** 1322, EisenbE. **24** 259.

Auf den Grad der Fahrlässigkeit kommt es nicht an. Auch die geringste Fahrlässigkeit begründet den Einwand des eigenen Verschuldens. Vgl. Endemann S. 58; Eger Anm. 12 S. 160.

Die vorsätzliche oder fahrlässige Nichtbeachtung bahn- oder verkehrspolizeilicher Vorschriften und Anordnungen bildet einen häufigen Fall eigenen Verschuldens. Es ist aber nicht der einzige. Das eigene Verschulden kann auch in einer Handlung oder Unterlassung liegen, die keine Übertretung dienstlicher Anweisungen, trotzdem eine vorsätzliche oder fahrlässige Gefährdung der eigenen Person darstellt. Einzelheiten vgl. Anm. 183 ff.

Eine dem Verletzten als Verschulden anzurechnende Handlung kann zugleich als höhere Gewalt in Frage kommen, was der Fall ist, wenn die Handlung für den Betriebsunternehmer ein von außen kommendes, ungewöhnliches und unabwendbares Ereignis bildet (vgl. Anm. 152). Schließt das eigene Verschulden des Verletzten die Haftpflicht des Unternehmers aus, so bedarf es nicht der Untersuchung, ob die schuldhafte Handlung auch unter den Begriff der höheren Gewalt fällt. RG. **21** 13.

Die Frage, ob die festgestellten Tatsachen ein eigenes Verschulden des Verletzten begründen, unterliegt der Nachprüfung des Revisionsgerichts. RG. in JW. **1903** 157[19], EisenbE. **20** 138; JW. **1905** 43[6], EisenbE. **21** 288; EisenbE. **29** 406.

b) Verantwortlichkeit (Deliktsfähigkeit). Anm. 172.

Ein Verschulden setzt voraus, daß der Verletzte für sein Tun verantwortlich gemacht werden kann. Wer aus subjektiven Gründen für einen Schaden, den er einem anderen zufügt, nicht haftet, ist auch bei einem Schaden, den er sich selbst verursacht, keines vertretbaren Verschuldens fähig. Daher finden auf ein Verschulden des Verletzten die §§ 827, 828

BGB. entsprechende Anwendung. Ebenso RG. **51** 275; **54** 407; **59** 221; JW. **1906** 192[9], EisenbE. **22** 400; Dronke, EisenbE. **21** 300; Hammer S. 845. A. M. Pfizer, DJZ. **1904** 712.

Anm. 173. α) Unzurechnungsfähigkeit. Dem Verletzten fällt kein Verschulden zur Last, wenn er sich bei Entstehung des Unfalles im Zustande der Bewußtlosigkeit oder in einem die freie Willensbestimmung ausschließenden Zustand krankhafter Störung der Geistestätigkeit befand (§ 827 S. 1).

Die selbstverschuldete Trunkenheit begründet den Einwand eignen Verschuldens (§ 827 S. 2). RG. in JW. **1900** 256[12], EisenbE. **17** 147; JW. **1902** 212 (Beil.)[55], EisenbE. **19** 50; JW. **1905** 696[23], EisenbE. **22** 190; JW. **1906** 192[8], EisenbE. **22** 401; EisenbE. **25** 312, 380. Voraussetzung ist, daß nachweislich durch das Verhalten des Verunglückten in der Trunkenheit der Unfall herbeigeführt ist. Es liegt daher kein Verschulden vor, wenn der Verunglückte etwas getan hat, das auch einem nüchternen Menschen nicht als Verschulden angerechnet werden könnte. Hätte z. B. bei der mangelhaften Beleuchtung der Unfallstelle auch ein nüchterner Mensch von einem Motorwagen überfahren werden können, so würde nicht der Nachweis erbracht sein, daß der Unfall auf die verschuldete Trunkenheit zurückzuführen sei. RG. in JW. **1902** 212 (Beil.)[55], EisenbE. **19** 50. Vgl. auch OLG. Köln in EisenbE. **43** 221. Die Beweispflicht dafür, daß die Trunkenheit keine selbstverschuldete ist, trifft den Geschädigten (§ 827 S. 2 Halbs. 2). Vgl. RGRäte Anm. 5 zu § 827.

Anm. 174. β) Jugendliches Alter. Kinder, die das siebente Lebensjahr nicht vollendet haben, trifft schlechthin kein Verschulden (§ 828 Abs. 1). RG. **54** 407; JW. **1906** 192[9], EisenbE. **22** 400. Ebenso schon für die Zeit vor Inkrafttreten des BGB. RG. in EisenbE. **1** 31; RG. **1** 276; EisenbE. **2** 291; EisenbE. **9** 91.

Einer Person im Alter von 7 bis 18 Jahren fällt eigenes Verschulden zur Last, wenn sie die im Verkehr gebotene Sorgfalt außer acht läßt, obgleich sie die zur Erkenntnis der Verantwortlichkeit erforderliche Einsicht hat (§ 828 Abs. 2 S. 2). Diese Einsicht hat eine Person im Alter zwischen 7 und 18 Jahren, sofern sie das Bewußtsein von der Gefährlichkeit ihres Tuns besitzt. RG. in JW. **1896** 192[27], EisenbE. **13** 56; WarnRspr. **1908** Nr. 579, EisenbE. **25** 76. Daß die im einzelnen Falle vorhandenen besonderen Gefahren erkannt werden, ist nicht erforderlich, sondern das Bewußtsein genügend, sich überhaupt einer Gefahr auszusetzen.

Ein allgemeiner Maßstab dafür, wann dieses Bewußtsein vorhanden ist, läßt sich nicht aufstellen. Daher ist die Erwägung nicht zulässig, daß Knaben oder Mädchen eines bestimmten Alters bei normaler Entwicklung die Gefährlichkeit ihres Tuns übersehen (vgl. Staudinger Anm. 2 b γ zu § 828; RG. in JW. **1903** 101 (Beil.)[228]. Vielmehr muß das Gericht nach der Individualität des Jugendlichen prüfen, ob dieser die Erkenntnis von der Gefährlichkeit besessen hat. Hierbei sind vor allem die geistige und körperliche Entwicklung, die Erziehung und Gewöhnung zu berücksichtigen.

Im Zweifel ist anzunehmen, daß ein über 7 Jahre altes Kind die erforderliche Einsicht besitzt. Für das Fehlen der Einsicht ist der Jugendliche beweispflichtig. RG. **51** 30; **61** 239; WarnRspr. **1908** Nr. 579, EisenbE. **25** 76; DJZ. **1911** 1217, EisenbE. **28** 237; EisenbE. **39** 210.

Die Feststellung, daß der Verunglückte die zur Erkenntnis der Gefährlichkeit seiner Handlung erforderliche Einsicht gehabt hat, ist tatsächlicher Natur. RG. **51** 275.

Die Jugendlichkeit ist aber nicht nur bei Prüfung der Frage, ob überhaupt ein Verschulden vorliegt, sondern auch im Falle der Bejahung bei Abwägung des Maßes dieses Verschuldens gegenüber der Verantwortlichkeit der Eisenbahn nach § 254 BGB. gebührend zu berücksichtigen. Vgl. Anm. 197 ff.

Beispiele. Anm. 175.

Bei einem $9\frac{1}{2}$jährigen Knaben wurde aus dem während längerer Zeit erfolgten Passieren von Eisenbahngleisen und der mehrjährigen Benutzung von Bahnen auf die Kenntnis der mit dem Bahnbetrieb verbundenen Gefahren und auf ihre richtige Würdigung geschlossen (RG. in Gruchot **47** 290, JW. **1903** 76 [Beil.][175], EisenbE. **20** 160). Ebenso ist bei einem 9jährigen Knaben, der auf dem nicht durch Schranken bewehrten Übergang des nach seinem väterlichen Gutshof führenden öffentlichen Weges von einem durchfahrenden Eisenbahnzug überfahren wurde, angenommen worden, daß er in Anbetracht der unmittelbaren Nähe des elterlichen Hauses an den Bahngleisen mit dem Verkehr der Züge und der Gefährlichkeit des Überschreitens der Gleise vertraut gewesen sei (RG. in JW. **1910** 37[60], WarnRspr. **1910** Nr. 19, EisenbE. **26** 313).

Bei einem Großstadtkind im Alter von fast 13 Jahren kann ohne weiteres die erforderliche Erkenntnis der Gefährlichkeit des Aufspringens auf einen fahrenden Straßenbahnwagen angenommen werden (RG. in VerkRdsch. **7** 131). Bei einem etwas über 7 Jahre alten Kind ist nach den Umständen des Falles diese Einsicht verneint worden (RG. in EisenbE. **41** 373); ebenso in einem Falle, in dem ein achtjähriges Kind von einem fahrenden Straßenbahnwagen abgestiegen war (RG. in Gruchot **65** 74, EisenbE. **38** 73).

Verneint wurde das eigene Verschulden in einem Falle, wo ein 8jähriger Knabe über die Gleise einer Straßenbahn, als ein Wagen noch mindestens 5 m entfernt war, zu laufen versuchte und hierbei in den Schienen hängen blieb (RG. in JW. **1906** 747[18], „Recht" **1907** Nr. 291, EisenbE. **23** 285; vgl. auch RG. in JW. **1924** 51[11], EisenbE. **40** 295).

c) Individualität. Anm. 176.

Soweit nicht die Zurechnungsfähigkeit in Frage steht, kommt es auf die individuelle Beschaffenheit des Verunglückten nicht an. Für die Frage, ob ein Verschulden vorliegt, ist das Verhalten eines vernünftigen und vorsichtigen Menschen (diligens paterfamilias) maßgebend. Jeder haftet, sofern ihm die Handlung überhaupt zugerechnet werden kann, für die Fehler seiner Individualität. Ebenso Endemann S. 60; Eger Anm. 12 S. 162; RG. in JW. **1896** 343[60], EisenbE. **13** 163; RG. **68** 422.

Daraus folgt aber nicht, daß der Begriff der Sorgfalt für alle Personen ohne Unterschied absolut derselbe ist. Verdient auch die Individualität des einzelnen nicht Beachtung, so ist doch die Verschiedenheit gewisser Gruppen von Menschen nach Alter, Geschlecht, Bildung und Lebensstellung zu berücksichtigen. RG. in Gruchot **48** 788; RG. **68** 422; EisArch. **1921** 233, Gruchot **65** 74.

So wurde z. B. in einem Falle, in dem eine 82jährige Frau aus dem Volke beim Aussteigen aus einem haltenden Straßenbahnwagen trotz einer Plakatbelehrung die falsche Richtung einhielt, mit Rücksicht auf die mit dem hohen Alter verbundene körperliche und geistige Schwerfälligkeit und den bei weiblichen Personen zu beobachtenden Mangel an Verständnis für das Aussteigen nach der richtigen Richtung eigenes Verschulden verneint. OLG. Dresden in EisenbE. **26** 254. Vgl. auch OLG. Hamburg in JW. **1918** 572[8].

Hiernach muß auch insbesondere für die Eisenbahnbediensteten bei Prüfung der Frage, ob von ihnen die im Verkehr erforderliche Sorgfalt beobachtet worden ist, ein eigener, und zwar ein milderer Maßstab angelegt werden. Die Vertrautheit mit den Gefahren des Betriebes und die Notwendigkeit, sich ihnen dauernd auszusetzen, bringt es mit sich, daß sich das Empfinden für die Gefährlichkeit abstumpft. Der beständige Umgang mit den Gefahren und die hierdurch erworbene Gewandtheit in ihrer Vermeidung führen notwendig zu der Gewohnheit, sie weniger zu achten, als dies Laien zu tun pflegen, und Vorsichtsmaßregeln, die für letztere geboten wären, zu unterlassen. Zu berücksichtigen ist auch, daß der Eisenbahnbedienstete unter Umständen einen ständig mit Gefahren verbundenen Dienst zu verrichten hat und in diesem Falle überhaupt nicht in der Lage ist, die für Laien gebotene gewöhnliche Sorgfalt zu beobachten. Laxe Gewohnheiten können allerdings nicht von dem Vorwurf schuldhaften Handelns befreien. Ebensowenig kann mit Rücksicht auf die Gewöhnung an die Gefahren große Leichtfertigkeit als entschuldigt gelten. Von dem Eisenbahnbediensteten muß diejenige Aufmerksamkeit gefordert werden, die ein vorsichtiger Eisenbahnbediensteter in gleicher Lage beweisen würde. ROHG. **19** 294; RG. in EisenbE. **1** 263; **1** 264; **3** 200; **3** 260; **26** 319; **32** 99.

Diesen Grundsätzen gemäß ist z. B. in einem Falle, in dem ein Eisenbahnwärter bei der Beschäftigung, eine locker gewordene Schienenschraube anzuziehen, von einem heranbrausenden Zuge erfaßt und getötet wurde, kein eigenes Verschulden angenommen worden, weil der Verunglückte bei seiner Tätigkeit, die er zur Beseitigung einer dem Eisenbahnzuge drohenden Gefahr vornahm, sehr wohl die gewöhnliche Vorsicht für die eigene Person beiseitesetzen konnte (RG. in Bolze **2** Nr. 619). Desgleichen wurde das Vorliegen eigenen Verschuldens bei einem Unfall verneint, den ein Gepäckschaffner dadurch erlitt, daß er auf einer Station, nachdem sich der Zug bereits in Bewegung gesetzt hatte, eine Fußbank auslud und sich beim Absetzen derselben tief aus dem Packwagen beugte (RG. in EisenbE. **3** 260).

Während die Frage, ob überhaupt ein Verschulden vorliegt, nach einem objektiven allgemeinen Normalmaß zu beurteilen ist, sind in den Fällen des § 254 BGB. bei der Abwägung des mitwirkenden Verschuldens gegenüber der Verantwortlichkeit des anderen Teils die individuellen Verhältnisse des Beschädigten zu berücksichtigen. RG. in DJZ. **1911** 1217, EisenbE. **28** 237.

d) Schuldausschließungsgründe.

α) Irrtum. **Anm. 177.**

Ein verbots- oder zweckwidriges Handeln schließt kein Verschulden in sich, wenn es auf einem Irrtum beruht und dieser Irrtum nicht durch Verabsäumung der Pflicht zur Aufmerksamkeit entstanden ist. RG. in EisenbE. **16** 340. Ein selbstverschuldeter Irrtum wurde in einem Falle angenommen, wo jemand aus einem noch in Bewegung befindlichen Zuge ausstieg, indem er der irrigen Annahme war, daß der Zug bereits zum Stehen gekommen sei. OLG. Darmstadt in EisenbE. **19** 200.

β) Einwirkungen des Betriebes. **Anm. 178.**

Betriebsereignisse können derartig auf die freie Willensbestimmung einwirken, daß der Mangel an besonnener Überlegung zu entschuldigen und deshalb trotz sachwidrigen Handelns kein eigenes Verschulden anzunehmen ist. RG. in JW. **1902** 31[28], EisenbE. **18** 336. Daher rechtfertigt eine unzweckmäßige Handlung, die in einer durch einen Betriebsvorgang hervorgerufenen begreiflichen Bestürzung vorgenommen wird, nicht den Einwand des eigenen Verschuldens.

Der Einwand des eigenen Verschuldens ist z. B. in einem Falle verworfen worden, wo ein auf der Vorderplattform eines Straßenbahnwagens befindlicher Fahrgast beim Voraussehen eines Zusammenstoßes mit einem anderen Motorwagen in dem Glauben, sich durch Herunterspringen retten zu können, in sachwidriger Weise einen Fuß auf das Trittbrett setzte und verunglückte (RG. **50** 92, JW. **1902** 136[52], EisenbE. **19** 18). Eigenes Verschulden ist ferner in einem Falle nicht für vorliegend erachtet, in dem ein auf der Vorderplattform eines Motorwagens stehender Fahrgast infolge Inbrandgeratens des an der Vorderplattform befindlichen Schalterkastens heftig erschrak und in ungeeigneter Weise absprang (OLG. Dresden in EisenbE. **20** 226). Vgl. auch RG. in JW. **1899** 344[29], EisenbE. **16** 148; „Recht" **1903** Nr. 2130, EisenbE. **20** 71; EisenbE. **23** 73; EisenbE. **29** 35; „Recht" **1912** Nr. 1248, EisenbE. **29** 93; „Recht" **1913** Nr. 1521, EisenbE. **30** 102; JW. **1924** 51[11], EisenbE. **40** 295.

Kann die durch den Betrieb hervorgerufene Bestürzung oder Erregung den Verletzten nicht von dem Vorwurf des Verschuldens befreien, so ist sie jedenfalls bei der Abwägung gemäß § 254 (vgl. Anm. 197ff.) zu berücksichtigen. RG. in JW. **1927** 1141[3].

γ) Befolgung von dienstlichen Anweisungen. **Anm. 179.**

Das Publikum trifft kein Verschulden, wenn es die Weisungen der zuständigen Beamten oder der in entschuldbarem Irrtum für zuständige

Beamte gehaltenen Personen befolgt. Deshalb handelt z. B. ein Eisenbahnfahrgast, der sich wegen Überfüllung der Abteile entgegen einem ihm bekannten bahnpolizeilichen Verbot auf die Plattform des Wagens stellt, nicht schuldhaft, wenn ihm der Zugführer den Platz auf der Plattform anweist. RG. in EisenbE. **8** 374.

Die Eisenbahnbediensteten handeln nicht schuldhaft, wenn sie den ihnen von ihren Vorgesetzten erteilten Aufträgen Folge leisten. Auch dann liegt kein eigenes Verschulden vor, wenn ein Beamter die Dienstanweisung eines unmittelbaren Vorgesetzten befolgt, obgleich sie dem früheren Verbot eines höheren Vorgesetzten oder einer allgemeinen polizeilichen Anordnung widerspricht. ROHG. **19** 26; **19** 412; RG. in EisenbE. **3** 76.

Ebenso ist kein eigenes Verschulden anzunehmen, wenn anderen Verwaltungen dienstlich unterstellte Personen den allgemeinen Anordnungen ihrer Behörden oder den besonderen Befehlen ihrer Vorgesetzten Folge leisten und damit bahnpolizeilichen Anordnungen zuwiderhandeln oder die erforderliche Sorgfalt außer acht lassen. Kein Verschulden trifft beispielsweise Soldaten, die bei einer Übung, Forstbeamte, die auf einer Jagd ohne die gebotene Vorsicht auf Befehl ihrer Vorgesetzten den Bahnkörper betreten. Ein Verschulden wurde ferner z. B. in einem Falle verneint, wo ein Postbeamter unter Befolgung seiner Dienstanweisung, aber entgegen der Betriebsordnung beim Rangieren in dem Postwagen verblieb. RG. in EisenbE. **2** 224.

Anm. 180. δ) Duldung von Übertretungen polizeilicher Verbote.

Die Zuwiderhandlung gegen ein bahnpolizeiliches Verbot stellt sich in der Regel als ein schuldhaftes Verhalten dar (vgl. Anm. 171). Voraussetzung für die Annahme eines Verschuldens ist aber, daß das Verbot nicht nur formell besteht, sondern daß es auch von den zuständigen Beamten in solcher Weise gehandhabt wird, daß das Bestehen und die Ernstlichkeit des Verbots denjenigen, für die es bestimmt ist, zum Bewußtsein kommt. Diese Voraussetzung ist nicht erfüllt, wenn eine Übertretung des Verbotes durch Eisenbahnbedienstete oder das Publikum seitens der vorgesetzten Behörden stillschweigend gebilligt wird. Wird einem Verbot unter Duldung der Behörden in der Regel keine Beachtung geschenkt, so kann sich auf dieses der Betriebsunternehmer nicht in dem Fall, daß jemand bei Zuwiderhandlung gegen das Verbot verunglückt, berufen. RG. in EisenbE. **1** 63; RG. **1** 48; **4** 25; EisenbE. **2** 465; **3** 64; **3** 121; RG. **13** 9; EisenbE. **4** 141; Bolze **2** Nr. 618, EisenbE. **4** 405; **8** 23; JW. **1896** 343[60], EisenbE. **13** 163; „Recht" **1903** Nr. 2224, EisenbE. **20** 77; JW. **1904** 232[5], EisenbE. **21** 52.

Kein eigenes Verschulden ist beispielsweise in Fällen angenommen, wo die Übertretung einer schriftlich und mündlich unter Strafandrohung ergangenen Instruktion, die den Bediensteten verbietet, zwischen noch in Bewegung befindliche Wagen zu gehen, von den mit der Leitung und Aufsicht beim Rangierdienst betrauten Beamten geduldet worden ist (RG. **1** 48); wo trotz des für das Publikum bestehenden Verbots, den Bahnkörper mit Ausnahme der öffentlichen Übergänge zu betreten, jahrelang ein über die

Gleise führender verbotener Weg von vielen Personen unter den Augen und unter allseitiger Duldung des Bahnpersonals benutzt wurde (RG. in EisenbE. 8 23). Dagegen wurde eigenes Verschulden in einem Falle für vorliegend erachtet, wo das verbotswidrige Überschreiten der Gleise deshalb, weil gewöhnlich an der fraglichen Stelle Bahnbeamte nicht stationiert waren, unbemerkt bleiben und eine Duldung daher nur in vereinzelten Fällen stattgefunden haben konnte (RG. in EisenbE. 2 465).

Wird eine Vorschrift im allgemeinen zwar befolgt, in gewissen Ausnahmefällen aber, für die sie nicht paßt, nicht beachtet, so greift der Einwand des eigenen Verschuldens nicht durch, wenn sich der Unfall nachweislich bei Übertretung der Vorschrift in einem solchen Ausnahmefall ereignet. RG. **4** 25. Wird dagegen die Übertretung eines Verbots im allgemeinen stillschweigend geduldet, in einem Ausnahmefall aber die Zuwiderhandlung von dem vorgesetzten Beamten verboten, so liegt eigenes Verschulden vor, wenn diesem besonderen Verbot zuwidergehandelt wird. RG. in Bolze **2** Nr. 618, EisenbE. **4** 405.

Schließt die Duldung eigenes Verschulden nicht aus, so kann sie bei der Abwägung nach § 254 BGB. als ein das Verschulden mildernder Umstand gewertet werden. RG. in EisArch. **1923** 184, EisenbE. **40** 59; EisenbE. **46** 408, VerkRdsch. **7** 28.

ε) Sittliche Beweggründe. **Anm. 181.**

Eine Handlung, die unter gewöhnlichen Verhältnissen als eine schuldhafte Gefährdung des eigenen Lebens erscheint, ist als eine solche nicht anzusehen, wenn sie vorgenommen wird, um eine sittliche Pflicht zu erfüllen, insbesondere, um ein Menschenleben zu retten. Voraussetzung ist allerdings, daß der seine eigene Person Gefährdende von seiner Handlung vernünftigerweise einen Erfolg erwarten kann und bei Ausführung der Handlung nicht fahrlässig verfährt. Hierbei ist aber auch zu berücksichtigen, daß die Erkenntnis von der Notwendigkeit eines sofortigen Eingreifens dem Handelnden die Kaltblütigkeit und Umsicht entzieht, die man von einem vorsichtigen Menschen unter gewöhnlichen Verhältnissen erwarten darf. ROHG. in SeuffA. **34** 183; RG. in Gruchot **29** 1019, EisenbE. **4** 144; JW. **1902** 136[53], EisenbE. **19** 24; JW. **1907** 673[8], „Recht" **1907** Nr. 3454, EisenbE. **24** 179; EisArch. **1925** 783, EisenbE. **42** 348; OLG. Frankfurt in EisenbE. **4** 76.

Abweichend Eger Anm. 12 S. 192.

Keiner sittlichen Pflicht entspricht es, zur Abwendung einer Gefahr von Sachen, insbesondere von Tieren, sein Leben aufs Spiel zu setzen. Wer zu diesem Zweck ein bahnpolizeiliches Verbot übertritt oder sonst ohne Vorsicht seine eigene Person gefährdet, handelt schuldhaft. RG. in SächsArch. **1900** 622, EisenbE. **17** 210.

ζ) Beweislast. **Anm. 182.**

Hat der Verunglückte gegen eine bahnpolizeiliche Anordnung oder in anderer Weise objektiv sachwidrig gehandelt, so ist es Sache des Geschädigten, das Vorhandensein solcher Umstände nachzuweisen, die ein subjektives Verschulden im gegebenen Falle ausschließen. RG. in JW. **1902** 136[53], EisenbE. **19** 24. Abweichend RG. in EisenbE. **4** 141, wo der Einwand des eigenen Verschuldens deshalb verworfen wurde, weil unaufgeklärt geblieben sei, ob nicht besondere Umstände die Übertretung des bahnpolizeilichen Verbotes als gerechtfertigt erscheinen ließen.

Anm. 183. **e) Rechtsprechung (Beispiele).**

Richtlinien für die Beurteilung, wann im einzelnen Falle ein eigenes Verschulden des Verunglückten anzunehmen ist, lassen sich zweckmäßig aus Beispielen der äußerst reichhaltigen Rechtsprechung entnehmen. Wir erörtern gesondert die schuldhafte Gefährdung der eigenen Person im Verkehr der Eisenbahnen (Vollbahnen) und solche im Verkehr der Straßenbahnen.

Die Rechtsprechung über die Abwägung der Verursachung (§ 254 BGB.) vgl. Anm. 198 ff.

α) Eigenes Verschulden im Verkehr der Eisenbahnen (Vollbahnen).

Anm. 184. αα) Eisenbahnbedienstete.

Den Eisenbahnbediensteten trifft nicht schon dann ein Verschulden, wenn er aus dienstlichen Gründen, während der Zug sich in Bewegung befindet, auf- und absteigt (RG. in Gruchot **28** 1094, EisenbE. **3** 276); wohl aber, wenn dies ohne zwingenden Grund geschieht. Das gleiche gilt von dem Aufenthalt auf Gleisen und von dem Überschreiten derselben (RG. in EisenbE. **5** 19). Bedingt der Dienst solche Handlungen, so ist der Eisenbahnbeamte zu besonderer Aufmerksamkeit verpflichtet (RG. in EisenbE. **2** 209; JW. **1904** 232[5], EisenbE. **21** 52; EisenbE. **27** 70). Ein Mangel an Aufmerksamkeit ist darin nicht gefunden worden, daß ein Bahnbediensteter bei seiner mit Eile verbundenen dienstlichen Tätigkeit unterlassen hat, vor dem Überschreiten der Gleise nach allen Seiten hin ängstlich Umschau zu halten (RG. in EisenbE. **1** 263). Desgleichen wurde in dem instruktionswidrigen, mit Gefahr verbundenen Befestigen der Zugleine während der Fahrt seitens eines Beamten kein Verschulden erblickt, weil sich in dem gegebenen Falle der Verunglückte im Interesse der Sicherheit des Zuges für verpflichtet halten konnte, die Handlung während der Fahrt vorzunehmen (RG. in EisenbE. **1** 324). Dagegen wurde als Verschulden angesehen, daß ein Eisenbahnbeamter unter einem im Rangieren begriffenen Zuge hindurchkroch, um den rechtzeitigen Abgang des Zuges zu ermöglichen (RG. in EisenbE. **4** 373).

Anm. 185. ββ) Passagiere.

Das Ein- und Aussteigen der Passagiere ist, wenn der Zug noch nicht vollständig zum Stehen gebracht oder wieder in Bewegung gesetzt ist, in jedem Falle als eine schuldhafte Handlung anzusehen. RG. in JW. **1899** 185[27], EisenbE. **16** 48; JW. **1905** 112[6], EisenbE. **21** 292; DJZ. **1907** 1322, EisenbE. **24** 260; WarnRspr. **1908** Nr. 18, EisenbE. **24** 278; „Recht" **1908** Nr. 2996, EisenbE. **25** 188; EisenbE. **26** 45; JW. **1911** 62[65], EisenbE. **27** 318; WarnRspr. **1920** Nr. 49.

Einen Reisenden, der beim Aussteigen aus einem haltenden Zuge zu Schaden kommt, trifft eigenes Verschulden, wenn er verabsäumt hat, sich der zum Festhalten an dem Wagen angebrachten Schutzstange zu bedienen (RG. in WarnRspr. **1908** Nr. 20, EisenbE. **24** 272). Dagegen kann einem Passagier nicht als Verschulden angerechnet werden, wenn er sich bei einem besonders hohen Abstand zwischen Trittbrett und Erdboden keiner besonderen Vorsichtsmaßregel, z. B. der Hilfe von Bahnbeamten, bedient (RG. in EisenbE. **24** 402; JW. **1909** 59[31], EisenbE. **25** 316; „Recht" **1912** Nr. 1364, EisenbE. **29** 95).

Der Reisende handelt schuldhaft, wenn er sich nicht auf dem Bahnsteig beim Einfahren eines Zuges in ausreichender Entfernung von den Gleisen hält (OLG. Frankfurt a. M. in EisenbE. **48** 79). Er muß gegebenenfalls auch mit der Unsitte des reisenden Publikums, die Abteiltüren vorzeitig zu öffnen, rechnen (RG. in EisArch. **1924** 169, EisenbE. **41** 275). Herrscht starker Andrang, so kann dem Reisenden kein Vorwurf daraus gemacht werden, daß er sich beeilt, einen Platz zu erlangen, und zu diesem Zweck an dem Zuge entlangläuft (RG. in WarnRspr. **1919** Nr. 199; EisenbE. **40** 222, LZ. **1923** 455). Als Verschulden wurde ferner einem Reisenden nicht angerechnet, daß er sich bei Massenandrang trotz Überfüllung des ganzen Zuges noch innerhalb eines überfüllten Abteils einen Platz verschafft hat (RG. in EisArch. **1921** 1225; JW. **1925** 1273[6]).

Besondere Aufmerksamkeit muß der Fahrgast dem Öffnen und Schließen der Waggontür zuwenden (vgl. hierzu Freudenberger in VerZtg. **1927** 1415). Er handelt fahrlässig, wenn er bei geöffneter Tür seine Hand an dem Türrahmen oder an der Kante der Wagentür derartig beläßt, daß er Gefahr läuft, bei plötzlichem Zuschlagen der Tür verletzt zu werden. RG. in JW. **1896** 417[38], EisenbE. **13** 238; „Recht" **1907** Nr. 563, EisenbE. **24** 36; „Recht" **1907** Nr. 819, EisenbE. **24** 43; EisenbE. **26** 67; KG. in VerkRdsch. **7** 475, EisenbE. **48** 83. Vgl. auch RG. in EisenbE. **28** 111; „Recht" **1912** Nr. 2977, EisenbE. **30** 366. Eigenes Verschulden ist anzunehmen, wenn ein Fahrgast vor dem Anhalten des Zuges die Abteiltür öffnet (RG. in EisenbE. **26** 315).

Der Reisende hat sich während der Fahrt mit der erforderlichen Vorsicht zu bewegen und sich beim Aufstehen, Gehen und sonstigen Bewegungen festzuhalten. Unterläßt er dies, so trifft ihn im allgemeinen der Vorwurf des Verschuldens (RG. im „Recht" **1914** Nr. 983, EisenbE. **31** 103). Schon darin, daß ein Fahrgast während der Fahrt aus dem Abteil in den Seitengang des D-Wagens tritt, liegt auch dann kein Verschulden, wenn ihn hierzu kein besonderer triftiger Grund (wie z. B. Aufsuchen des Speisewagens, Gang zum Abort) veranlaßt hat (RG. in „Recht" **1909** Nr. 2541, EisenbE. **26** 194). Auch braucht er nicht mit außerordentlich heftigen Stößen zu rechnen (RG. in JW. **1926** 1975[6], EisenbE. **45** 424). Ebensowenig handelt ein Reisender der 3. Klasse schuldhaft, wenn er während der Fahrt, obgleich Sitzplätze frei sind, stehen bleibt und sich an einem hierzu bestimmten, an der Wagendecke angebrachten Riemen festhält (RG. in „Recht" **1917** Nr. 710, EisenbE. **35** 90). Der Reisende handelt fahrlässig, wenn er sich an eine Wagentür anlehnt, ohne sich davon zu vergewissern, daß sie fest verschlossen ist (RG. in JW. **1909** 734[42], EisenbE. **26** 396; vgl. auch Röder in VerkRdsch. **7** 314). Ebenso stellt das Betreten der Plattform während der Fahrt ein Verschulden dar (RG. in VerkRdsch. **7** 523; OLG. Marienwerder in EisenbE. **48** 84).

Schuldhaft handelt nicht allein der Fahrgast, der aus einem auf freier Strecke haltenden Zug ohne Erlaubnis des Zugpersonals aussteigt, sondern auch derjenige, der einen auf einer Station haltenden Zug verläßt, ohne sich zu vergewissern, ob es sich um einen wirklichen Haltepunkt handelt, oder ob der Zug nur auf Grund eines Haltesignals anhält (RG. in JW. **1913** 23[9], EisenbE. **29** 327).

Reisende, die innerhalb einer Station Gleise überschreiten müssen, um zu ihrem Zuge zu gelangen, dürfen damit rechnen, daß diese Gleise während der hierfür nötigen Zeit nicht durch Eisenbahntransporte benutzt werden (RG. in „Recht" **1913** Nr. 1520, EisenbE. **30** 99).

Anm. 186. γγ) Am Betriebe nicht beteiligte Dritte.

Diese trifft ein eigenes Verschulden, wenn sie eine Eisenbahnstrecke außerhalb der erlaubten Übergänge betreten (RG. in EisenbE. **4** 183). Wird das Betreten des Bahnkörpers beispielsweise notwendig, um einem unruhig gewordenen Pferde besser beikommen zu können, so liegt jedenfalls dann ein Verschulden vor, wenn verabsäumt wird, nach dem Herannahen eines Zuges Umschau zu halten (RG. in EisenbE. **13** 194).

Personen, die Gleise an einem Bahnübergang überschreiten, handeln schuldhaft, wenn sie sich nicht darüber vergewissern, ob ein Zug herannaht, insbesondere nicht darauf achten, ob das Läutewerk der Lokomotive ertönt (RG. **38** 162, EisenbE. **14** 137; JW. **1899** 578[20], EisenbE. **16** 258; JW. **1905** 229[4], EisenbE. **22** 54; WarnRspr. **1909** Nr. 276; EisenbE. **26** 41; EisenbE. **28** 68; „Recht" **1913** Nr. 2644/46, EisenbE. **30** 228). Dies gilt auch für das Überschreiten von Gleisübergängen innerhalb eines Bahnhofs (RG. in „Recht" **1908** Nr. 2458, EisenbE. **25** 168; EisenbE. **26** 307). Der Kraftwagenführer insbesondere hat bei Annäherung an einen schrankenlosen Bahnübergang die Fahrt so zu verlangsamen, daß das Fahrzeug auf kürzeste Entfernung zum Stehen gebracht werden kann (vgl. oben Anm. 144). Ein besonders gröbliches Verschulden liegt vor, wenn jemand unmittelbar vor dem von ihm bemerkten heranfahrenden Eisenbahnzug über die Gleise zu laufen oder mit seinem Fuhrwerk zu fahren versucht (RG. in EisenbE. **24** 265; WarnRspr. **1908** Nr. 289; „Recht" **1912** Nr. 3263, EisenbE. **29** 320).

Als kein Verschulden wurde das Halten auf einem zum Scheuen geneigten Pferde bei Annäherung eines Eisenbahnzuges angesehen, da sich der Reiter nach seiner Reitfähigkeit die Beherrschung des Pferdes zutrauen konnte (RG. in JW. **1899** 185[28], EisenbE. **16** 51). Ebensowenig liegt in der Benutzung eines zum Scheuen geneigten Pferdes auf einer neben der Bahn laufenden Landstraße ein Verschulden des Fuhrmanns, wenn dieser alle erforderlichen Vorsichtsmaßregeln getroffen hat (RG. in JW. **1907** 369[19], EisenbE. **24** 61). Fahrlässig handelt jedoch der Fuhrwerksbesitzer, dessen neu angeschafftes Pferd sich unterwegs mehrfach als störrisch gezeigt hat, wenn er beim Herannahen eines Straßenbahnwagens nicht absteigt und das Pferd am Kopfe faßt (RG. in „Recht" **1913** Nr. 2926, EisenbE. **30** 344). Vgl. ferner RG. in „Recht" **1914** Nr. 1078, EisenbE. **31** 109.

β) Eigenes Verschulden im Verkehr der Straßenbahnen.

αα) Fahrgäste. Anm. 187.

Das Ein- und Aussteigen der Fahrgäste während der Fahrt rechtfertigt den Einwand des eigenen Verschuldens, und zwar nicht nur im Verkehr der Motorwagen, sondern auch in dem der Pferdebahnwagen (RG. in EisenbE. 2 202; EisenbE. **5** 114; JW. **1896** 343[60], EisenbE. **13** 163; JW. **1907** 98, EisenbE. **23** 294; WarnRspr. **1908** Nr. 19; EisenbE. **24** 277; WarnRspr. **1908** Nr. 288, EisenbE. **25** 45; WarnRspr. **1909** Nr. 275; EisenbE. **26** 47; WarnRspr. **1919** Nr. 73). Kein Verschulden trifft den Fahrgast, wenn ihm der Wagenführer, um dessen ungefährdetes Abspringen zu ermöglichen, zusichert, langsamer zu fahren, und diese Zusicherung nicht erfüllt (RG. in WarnRspr. **1911** Nr. 91, EisenbE. **27** 335).

Ein schuldhaftes Verhalten wurde darin nicht gesehen, daß jemand den Versuch des Aufsteigens machte, trotzdem die Plattform voll besetzt war (RG. in EisenbE. **37** 268; **38** 228); daß jemand auf einen sich in Bewegung setzenden Straßenbahnwagen noch aufzuspringen suchte, nachdem er schon vorher beim Halten des Wagens die Griffe desselben erfaßt hatte (RG. in EisenbE. **25** 77); auch darin — m. E. zu Unrecht — nicht, daß jemand auf eine Straßenbahn aufzuspringen versuchte, die die Haltestelle durchfuhr, obwohl mit ihrem Anhalten gerechnet werden konnte (RG. in VerkRdsch. **7** 288 Nr. 186, EisenbE. **48** 83). Ebenso wurde eigenes Verschulden nicht in einem Falle angenommen, wo sich der Straßenbahnwagen an der Haltestelle wieder in Bewegung setzte, bevor der Fahrgast das Aussteigen beendet hatte (OLG. Dresden in SeuffA. **64** 185, EisenbE. **26** 22); wohl aber in einem Falle, in dem das Abspringen erfolgte, nachdem der Wagen schon 30 m weitergefahren war (RG. in VerkRdsch. **7** 288 Nr. 187). Ein Verschulden liegt ferner nicht vor, wenn sich ein Fahrgast beim Aussteigen hinsichtlich des Haltens des Straßenbahnwagens in einem entschuldbaren Irrtum befindet (RG. in JW. **1906** 235[22], EisenbE. **22** 403); wohl aber, wenn er aus einem außerhalb der Haltestelle haltenden Straßenbahnwagen aussteigt (OLG. Braunschweig in EisenbE. **27** 328).

In den das Herabsteigen von einem Straßenbahnwagen beim Herannahen der Haltestelle vorbereitenden Handlungen eines auf der Vorder- oder Hinterplattform stehenden Fahrgastes wurde kein schuldhaftes Verhalten erblickt (RG. in JW. **1900** 396[19], EisenbE. **17** 238; WarnRspr. **1912** Nr. 93; EisenbE. **28** 414); desgleichen nicht schon unter allen Umständen in dem Betreten des Trittbretts während der Fahrt zum Zwecke des Absteigens (RG. in JW. **1905** 43[6], EisenbE. **21** 288). Wohl aber handelt ein

Fahrgast schuldhaft, der eine überfüllte vordere Plattform besteigt und sich auf dieser nicht genügend gegen einen Absturz sichert (RG. in WarnRspr. **1920** Nr. 11 und Nr. 85); ferner, wer sich während der Fahrt an die durch kein Gitter versperrte Abstiegtreppe begibt, ohne sich gegen die Gefahr eines Absturzes zu sichern (RG. in „Recht" **1913** Nr. 114, EisenbE. **29** 335). Vgl. auch OLG. Düsseldorf in JW. **1925** 1140[12].

Anm. 188. ββ) Passanten.

Literatur: Coermann, Recht u. Pflicht im Straßenverkehr, Gruchot **51** 286 ff.

Bei dem Straßenbahnverkehr ist zu berücksichtigen, daß die Bahnstrecke nicht nur dem Bahnbetrieb, sondern als Bestandteil der öffentlichen Straße auch dem Verkehr des Publikums dient. Deshalb kann nicht in jeder gefahrbringenden Annäherung an eine auf einer öffentlichen Straße angelegte Bahn unter allen Umständen ein Verschulden gefunden werden (RG. in „Recht" **1901** Nr. 239, EisenbE. **18** 35). Insbesondere stellt nicht schon das Betreten eines auf einer öffentlichen Straße angebrachten Gleises außerhalb der Straßenkreuzung ein Verschulden dar (RG. in JW. **1899** 310[25], EisenbE. **16** 139). Eigenes Verschulden liegt aber vor, wenn der Passant bei aufmerksamem Überschreiten der Gleise das Herannahen eines Straßenbahnwagens wahrnehmen mußte (RG. in JW. **1905** 686[7], EisenbE. **22** 189; JW. **1906** 350[8], EisenbE. **23** 55; EisenbE. **24** 174; WarnRspr. **1909** Nr. 10, EisenbE. **25** 290; JW. **1909** 47[7], EisenbE. **25** 318). Verneint wurde eigenes Verschulden in einem Falle, wo der Verunglückte bei sehr starkem Verkehr zur Abendzeit das Herannahen des Straßenbahnwagens nicht bemerkte (RG. in EisenbE. **16** 333; vgl. auch JW. **1905** 119[25], EisenbE. **21** 388; OLG. Köln in EisenbE. **25** 47).

Eine besondere Aufmerksamkeit und ein sorgfältiges Umschauen nach allen Seiten vor dem Betreten des Fahrdamms muß von einer schwerhörigen oder sonst gebrechlichen Person verlangt werden (RG. in JW. **1903** 92 [Beil.][213], EisenbE. **20** 179; JW. **1905** 170[8], EisenbE. **22** 38; OLG. Köln im „Recht" **1903** Nr. 1778, EisenbE. **20** 68).

Der Versuch, ein Straßenbahngleis trotz Wahrnehmung eines herankommenden Motorwagens zu kreuzen, stellt regelmäßig ein grobes Verschulden dar (RG. im „Recht" **1907** Nr. 3457, EisenbE. **24** 269). Dies gilt insbesondere auch für Fuhrwerke (RG. in JW. **1904** 577[12], EisenbE. **21** 371; EisenbE. **26** 170; „Recht" **1924** Nr. 118).

Besonders gefährlich ist der Aufenthalt auf Gleisen und das Überschreiten von Gleisen an Stellen, wo ein Wahrnehmen des Herannahens von Straßenbahnwagen unmöglich oder mit Schwierigkeiten verbunden ist. Deshalb liegt insbesondere grobes eigenes Verschulden vor, wenn ein Passant hinter oder vor einem Straßenbahnwagen das danebenliegende Gleis betritt, ohne sich vorher zu vergewissern, daß aus der entgegengesetzten Richtung kein Wagen herankommt (RG. in EisenbE. **17** 228; EisenbE. **22** 183; „Recht" **1908** Nr. 3751, EisenbE. **25** 375; EisenbE. **28** 81). Ebenso handelt schuldhaft, wer Gleise an einer die Aussicht versperrenden Kurve überschreitet, ohne vorher festzustellen, daß keine Bahn naht (OLG. Kolmar in EisenbE. **16** 208).

Das Fahren von Fuhrwerken im Bereich der Straßenbahngleise stellt noch kein Verschulden dar; wohl aber, wenn die Freigabe des Gleises beim Herannahen eines Straßenbahnwagens schuldhaft verzögert wird (RG. in JW. **1903** 390[24], EisenbE. **20** 248).

Vgl. ferner RG. in EisenbE. **27** 295 (Verletzung eines auf dem Bürgersteig befindlichen Fußgängers durch einen vorüberfahrenden Straßenbahnwagen).

2. Eigenes Verschulden. Anm. 189.

Nur das eigene Verschulden des Getöteten oder Verletzten schließt die Haftpflicht des Unternehmers aus, nicht das Verschulden einer anderen Person. Erleiden z. B. Eheleute zusammen einen Betriebsunfall, so kann nicht den Schadenersatzansprüchen des einen Teils bzw. dessen Hinterbliebenen das Verschulden des anderen Teils als eigenes Verschulden entgegengehalten werden (RG. in WarnRspr. **1910** Nr. 461, EisenbE. **27** 322), es sei denn, daß der verantwortliche Teil die ihm abgetretenen Ersatzansprüche des Verletzten geltend macht (RG. in JW. **1930** 1954[18]). Ebenso kann sich, wenn bei einem Zusammenstoß eines Straßenbahnwagens mit einem Tandem der hinten sitzende Radfahrer verunglückt, der Betriebsunternehmer von der Haftpflicht nicht durch den Nachweis befreien, daß dem Führer des Tandems ein Verschulden zur Last fällt (RG. in JW. **1903** 403[19], EisenbE. **20** 249). Macht ein Versicherungsträger gegen die Eisenbahn die auf ihn gemäß § 1542 RVO. übergegangenen Ersatzansprüche des Verletzten geltend, so kann dem Versicherungsträger wohl ein Verschulden des Verletzten (vgl. oben Anm. 97), aber nicht ein solches seines Arbeitgebers entgegengehalten werden (RG. in JW. **1924** 1157[20]). Vgl. auch RG. in JurRdsch. **1926** Nr. 384, LZ. **1926** 284.

Vor dem Inkrafttreten des BGB. galt der Grundsatz, daß nur das persönliche Verschulden des Verletzten die Haftpflicht ausschließe, ohne jede Einschränkung. Dem eigenen Verschulden wurde nicht das Verschulden des gesetzlichen Vertreters, Aufsichtspflichtigen, Beauftragten, Angestellten oder Gehilfen des Verletzten gleich geachtet. So wurde z. B. angenommen, daß dem Kinde, das infolge Verschuldens der Eltern, durch unzureichende Beaufsichtigung einen Betriebsunfall erleidet, nicht der Einwand eigenen Verschuldens entgegengesetzt werden könne (RG. in EisenbE. **1** 31; RG. **1** 276, EisenbE. **1** 149; EisenbE. **9** 91). Desgleichen wurde beispielsweise dem beim Eisenbahnbetrieb verunglückten Fahrgast einer Droschke nicht als eigenes Verschulden angerechnet, daß der Fuhrherr ein zum Scheuen geneigtes Pferd ohne die geeigneten Vorsichtsmaßregeln zum Droschkenbetrieb verwendet hatte (RG. in EisenbE. **10** 270). Anm. 190.

Dem entsprach auch die Praxis zu § 25 PrEisenbG. v. 3. 11. 38. Vgl. RG. **5** 232; Bolze **11** Nr. 197, EisenbE. **9** 32; JW. **1897** 280[46], EisenbE. **14** 160.

Anm. 191. Nach dem Inkrafttreten des BGB. ist streitig geworden, ob und in welchem Umfange die Vorschriften des BGB., nach denen das Verschulden anderer Personen wie ein eigenes Verschulden zu vertreten ist, auf das Gebiet des HaftpflG. Anwendung fänden. In Betracht kommen zunächst die §§ 254 und 278, welche lauten:

§ 254

Hat bei der Entstehung des Schadens ein Verschulden des Beschädigten mitgewirkt, so hängt die Verpflichtung zum Ersatze sowie der Umfang des zu leistenden Ersatzes von den Umständen, insbesondere davon ab, inwieweit der Schaden vorwiegend von dem einen oder dem anderen Teile verursacht worden ist.

Dies gilt auch dann, wenn sich das Verschulden des Beschädigten darauf beschränkt, daß er unterlassen hat, den Schuldner auf die Gefahr eines ungewöhnlich hohen Schadens aufmerksam zu machen, die der Schuldner weder kannte noch kennen mußte, oder daß er unterlassen hat, den Schaden abzuwenden oder zu mindern. Die Vorschrift des § 278 findet entsprechende Anwendung.

§ 278

Der Schuldner hat ein Verschulden seines gesetzlichen Vertreters und der Personen, deren er sich zur Erfüllung seiner Verbindlichkeit bedient, in gleichem Umfange zu vertreten wie eigenes Verschulden. Die Vorschrift des § 276 Abs. 2 findet keine Anwendung.

Nach der ständigen Praxis des RG. greift die Vorschrift des § 278 im Gebiet der unerlaubten Handlungen nur Platz, wenn es sich um die Abwendung eines aus einer verursachten unerlaubten Handlung drohenden oder um die Minderung eines bereits daraus entstandenen Schadens handelt. Dagegen lehnt das RG. die Anwendung des § 278 ab, wenn dem gesetzlichen Vertreter oder der Hilfsperson ein Verschulden bei der Entstehung des Unfalls zur Last fällt. Diese Ansicht wird damit begründet, daß eine „entsprechende" Anwendung des § 278 eine Verbindlichkeit oder „etwas einer Verbindlichkeit Ähnliches" voraussetze, wovon vor Begehung einer unerlaubten Handlung nicht die Rede sein könne, daß aber auch eine andere Auffassung eine auffallende Rechtsungleichheit zuungunsten des Beschädigten herbeiführen würde, da auf der Seite des Schädigers grundsätzlich der Vertretene und Geschäftsherr für ein Verschulden seines gesetzlichen Vertreters gar nicht und für das Verschulden einer Hilfsperson nur nach Maßgabe des § 831 einzustehen habe. RG. **62** 346, JW. **1906** 192[9]; RG. **75** 257, JW. **1911** 211[4], EisenbE. **28** 183; RG. **77** 211, JW. **1911** 806[8]; JW. **1912** 138[12]; RG. **79** 319; RG. **91** 134, JW. **1920** 965[4]. Ebenso Eger Anm. 12 S. 156; derselbe KFG. Anm. 54 S. 220, 226; Kirchner Anm. 3 zu § 9; Krause Anm. 10 zu § 9; Müller Anm. B III a zu § 9; Schmid-Wagner Anm. 1e zu § 9; Warneyer Note V zu § 254.

Die Praxis des RG. hat lebhaften Widerspruch erfahren. In der Literatur wird überwiegend § 278 auch auf ein vor oder bei dem Eintritt des Unfalls mitwirkendes Verschulden des Vertreters angewendet. Zum Teil geschieht dies mit der Begründung, daß schon vor dem Unfall ein Schuldverhältnis, nämlich die Verbindlichkeit, sich vor Schaden zu hüten, bestehe. Zum Teil wird geltend gemacht, daß eine „entsprechende" Anwendung des § 278 überhaupt kein Schuldverhältnis voraussetze, da sonst die Bezugnahme auf § 278 überflüssig sei. Vgl. Staudinger Anm. 2cβ zu § 254; Oertmann Anm. 5bα zu § 254; Planck Anm. 5 zu § 254; Meyer in „Recht" **1924** 508 ff.; Isaac Anm. IV 3 C zu § 9; Waldeck Anm. 11 zu § 9; Neukirch-Rosenmeyer Anm. 7 zu § 9; Przibilla JW. **1909** 179; Kahn ArchBürgR. **34** 350 ff. (mit Literaturangaben); Fuchs JW. **1929** 554; Schröder ArchZivPrax. **95** 298 ff.; Kohler ebenda **96** 355 ff.; Grünebaum „Recht" **1908** 97; Dronke EisenbE. **21** 415 ff. Vgl. auch OLG. Nürnberg in EisenbE. **26** 30; KG. in EisenbE. **27** 155.

Die Ansicht des RG. verdient den Vorzug. Die Auffassung, daß die Verweisung auf § 278, wenn das Vorhandensein einer Verbindlichkeit oder einer Art von Verbindlichkeit gefordert werde, überflüssig sei, ist nicht begründet. § 254 Abs. 2 S. 1 normiert nicht eine (klagbare) Verpflichtung, den Schuldner auf die Gefahr eines ungewöhnlich hohen Schadens aufmerksam zu machen, den Schaden abzuwenden oder zu mindern, sondern knüpft lediglich an die Unterlassung dieser Handlungen bestimmte Rechtsfolgen. Wenn § 254 Abs. 2 S. 2 also § 278 für entsprechend anwendbar erklärt, so unterstellt er, daß insoweit auf seiten des Beschädigten eine wirkliche Verbindlichkeit zur Vornahme der bezeichneten Handlungen vorliege. Wo nach dem Gesetz nichts vorliegt, was einer Verbindlichkeit ähnlich ist, kann von einer entsprechenden Anwendung des § 278 nicht die Rede sein. Das Ergebnis ist auch keineswegs unbillig. Erleidet der Fahrgast einer Kraftdroschke infolge zusammenwirkenden schuldhaften Verhaltens sowohl des Kraftfahrers als auch des Führers eines Straßenbahnwagens einen Betriebsunfall, so erscheint es nicht angemessen, dem Verletzten die Unzuverlässigkeit oder Unfähigkeit des ihm unbekannten Fahrers als eigenes Verschulden anzurechnen.

Daraus folgt auch, daß einem beim Eisenbahnbetrieb verunglückten, aus § 1 Schadenersatz beanspruchenden Kinde nicht ein Verschulden der Eltern, begangen durch ungenügende Beaufsichtigung, entgegengehalten werden kann. RG. **62** 346, JW. **1906** 192[9]; JW. **1920** 965[4], EisenbE. **38** 73; „Recht" **1925** 47[2], SeuffA. **79** 50. A. M. OLG. Köln in VerkRdsch. **6** 572, EisenbE. **46** 314.

Streit herrscht ferner über die Frage, ob der Beschädigte für Handlungen von Hilfspersonen nach Maßgabe des § 831 einzustehen hat. § 831 bestimmt: **Anm. 192.**

Wer einen anderen zu einer Verrichtung bestellt, ist zum Ersatze des Schadens verpflichtet, den der andere in Ausführung der Verrichtung einem Dritten widerrechtlich zufügt. Die Ersatzpflicht tritt nicht ein, wenn der Geschäftsherr bei der Auswahl der bestellten Person und, sofern er Vorrichtungen oder Gerätschaften zu beschaffen oder die Ausführung der Verrichtung zu leiten hat, bei der Beschaffung oder der Leitung die im Verkehr erforderliche Sorgfalt beobachtet oder wenn der Schaden auch bei Anwendung dieser Sorgfalt entstanden sein würde.

Die gleiche Verantwortlichkeit trifft denjenigen, welcher für den Geschäftsherrn die Besorgung eines der im Abs. 1 Satz 2 bezeichneten Geschäfte durch Vertrag übernimmt.

Das RG. hat die genannte Frage wiederholt bejaht. RG. **77** 211, JW. **1911** 806[3], EisenbE. **28** 339; JW. **1911** 944[9]; JW. **1912** 138[12], EisenbE. **28** 417; RG. **79** 312. Ebenso Dronke EisenbE. **21** 295, 413; Hammer in Annalen **1906** 847. Vgl. auch für das KFG. Isaac Anm. IV 3A zu § 9; Müller Anm. B IIIb zu § 9; Heucke KFG. Anm. 23 zu § 9; Kirchner Anm. 3 zu § 9.

Diese Ansicht erscheint, jedenfalls soweit das HaftpflG. in Betracht kommt, nicht haltbar. Die Vorschriften des BGB. sind nur insoweit auf das Gebiet des HaftpflG. zu übertragen, als sie mit dessen Grundsätzen vereinbar sind (vgl. Anm. 132). Dies ist in Ansehung von § 831 nicht der Fall. Nach § 1 HaftpflG. haftet der Betriebsunternehmer, sofern er nicht beweist, daß der Unfall durch eigenes Verschulden des Getöteten oder Verletzten verursacht ist. Ein etwaiger Zweifel über das Vorhandensein eines eigenen Verschuldens oder des ursächlichen Zusammenhangs zwischen diesem und dem Unfall geht zu Lasten des Unternehmers (vgl. Anm. 205). Demgegenüber wäre nach § 831 sowohl ein eigenes Verschulden des Geschäftsherrn, d. h. in diesem Falle des Beschädigten, als auch der ursächliche Zusammenhang zwischen dem Verschulden und dem Schaden zu vermuten. Vermag der Verletzte diese Vermutung nicht zu entkräften, so haftet er für ein objektiv rechtswidriges Verhalten des Gehilfen. Diese Grundsätze sind mit Wortlaut und Grundgedanken des § 1 HaftpflG. unvereinbar. Übereinstimmend (im Ergebnis) Eger Anm. 12 S. 155; Löwe S. 42.

3. Konkurrierendes Verschulden, Betriebsgefahr.

Anm. 193. **Vorbemerkung.**

Während man unter konkurrierendem Verschulden im allgemeinen das bei der Entstehung eines Schadens mitwirkende Verschulden des Verletzten begreift, spricht man im Haftpflichtrecht von konkurrierendem Verschulden, wenn ein Verschulden des Verletzten mit einem Verschulden des Betriebsunternehmers oder seiner Angestellten zusammentrifft. Vgl. Endemann S. 63; Westerkamp S. 660.

§ 1 HaftpflG. regelt nur den Fall, daß der beim Eisenbahnbetrieb entstandene Unfall „durch eigenes Verschulden des Getöteten oder Verletzten verursacht ist“, trifft also für das konkurrierende Verschulden des Betriebsunternehmers oder seiner Leute keine Bestimmung.

Anm. 194. **a) Grundsätze.**

Für die Zeit vor dem Inkrafttreten des BGB. herrschte in Schrifttum und Rechtsprechung über folgende Grundsätze Übereinstimmung:

Wirken ein Verschulden der Bahn und ein solches des Verletzten zusammen, so kommt es darauf an, welches von beiden für die Entstehung des Unfalls vorwiegend kausal gewesen ist. Ist der Unfall überwiegend auf das schuldhafte Verhalten des Verletzten zurückzuführen, so ist der Betriebsunternehmer von der Haftpflicht vollständig befreit. Dagegen haftet dieser in vollem Umfange, wenn sein Verschulden oder das seiner Leute als die überwiegende Ursache anzusehen ist. Eine Teilung des Schadens findet nicht statt.

Eger Anm. 12 S. 198; Endemann S. 63; Westerkamp S. 661; Reindl Anm. 11 zu § 1 S. 81.

RG. in EisenbE. **2** 426; **3** 200; Gruchot **26** 142, EisenbE. **3** 245; EisenbE. **3** 416; **6** 54; **8** 16; Bolze **19** Nr. 269, EisenbE. **12** 199; Bolze **22** Nr. 219; JW. **1899** 185[27], EisenbE. **16** 48; EisenbE. **16** 333.

So ist z. B. der Betriebsunternehmer in vollem Umfang in einem Falle für ersatzpflichtig erklärt worden, in dem jemand an der Haltestelle einer elektrischen Bahn bei dem Versuche, auf den in schneller Fahrt befindlichen Wagen zu springen, verunglückte, da der Führer des Wagens instruktionswidrig den Zug an der Haltestelle nicht hatte halten lassen, auch den Aufspringenden nicht durch Zuruf oder Gebärde davon verständigt hatte, daß die Bahn sogleich halten würde (RG. in Bolze **22** Nr. 219). Dagegen ist das eigene Verschulden des Verletzten als überwiegend und der Unternehmer für haftfrei in einem Falle gehalten worden, wo der Schaffner die Abfahrt des Eisenbahnzuges veranlaßte, bevor alle Fahrgäste ausgestiegen waren, der Verunglückte aber in Kenntnis dieses Umstandes, ohne daß es geboten oder zu entschuldigen gewesen wäre, aus dem wieder in Bewegung gesetzten Zuge zu steigen versuchte (RG. in JW. **1899** 185[27], EisenbE. **16** 48).

Nach dem Inkrafttreten des BGB. ist die Frage streitig geworden, ob für das Gebiet des § 1 HaftpflG. auch fernerhin die bisherigen Grundsätze zu gelten hätten, oder ob die §§ 254, 846 BGB. anzuwenden seien. Nach diesen Bestimmungen hängt, wenn bei der Entstehung des Schadens ein Verschulden des Verletzten mitgewirkt hat, die Verpflichtung zum Ersatze sowie der Umfang des zu leistenden Ersatzes von den Umständen, insbesondere davon ab, inwieweit der Schaden vorwiegend von dem einen oder dem anderen Teile verursacht worden ist. Anm. 195.

Das RG. hat die Frage in ständiger Praxis bejaht. Vgl. z. B. RG. **53** 75, EisenbE. **19** 344; RG. **53** 394; RG. **56** 154, EisenbE. **20** 263; RG. **62** 346; **63** 332; JW. **1909** 469[41], EisenbE. **26** 189; JW. **1911** 753[8]; JW. **1912** 71[8]; JW. **1913** 144[24].

Ebenso Staudinger Anm. II 2b zu Art. 42 EG.BGB.; Planck Anm. 1 zu § 254; Oertmann Anm. 3a zu § 254; v. Weinrich EisenbE. **19** 369; Schierlinger SeuffBl. **70** 109; Dronke EisenbE. **21** 413; derselbe, EisenbE. **25** (Sonderheft) 35 Anm. 1; Hammer S. 850; Weber EisenbE. **19** 78 ff.

Verneint wird die Frage von Eger Anm. 12 S. 205; Reindl Anm. 11 zu § 1 S. 81; Aron EisenbE. **14** 190; v. Rutz SeuffBl. **64** 91;

v. Königslöw, Unzulässigkeit der Schadensteilung; Laß-Maier S. 99; v. Weinrich S. 151 (jetzt a. M. in EisenbE. **19** 369); OLG. Hamburg in EisenbE. **20** 33.

Wir sind der Ansicht, daß die §§ 254, 846 Anwendung finden. Die in Art. 42 EG.BGB. vorgenommene Neuredaktion des HaftpflG. verfolgte den ausgesprochenen Zweck, die Vorschriften dieses Gesetzes mit dem BGB. in Einklang zu bringen, so daß sich das Recht des BGB. mit dem des HaftpflG. als eine einheitliche Kodifikation darstellt. Daraus folgt, daß die grundsätzlichen Vorschriften des ersten Buches und des ersten Abschnitts des zweiten Buches auch für das HaftpflG. Geltung haben, soweit nicht Inhalt und Zweck der Bestimmungen des HaftpflG. entgegenstehen. RG. **53** 75, EisenbE. **19** 344. Vgl. Anm. 131.

Inhalt und Zweck der Vorschriften des HaftpflG. stehen aber der Anwendung der §§ 254, 846 nicht entgegen. § 1 enthält keine Bestimmungen für den Fall, daß der Unfall zugleich durch ein Verschulden der Bahnverwaltung und des Verletzten verursacht ist. Die Auffassung, daß § 1 auch diesen Fall regele, und daß bei beiderseitigem Verschulden die überwiegende Ursache als die „eigentliche", „wirkliche" Ursache anzusehen sei, erscheint gekünstelt und mit heutigen Rechtsbegriffen nicht vereinbar. Damit ergibt sich aber die Berechtigung und die Notwendigkeit, den § 1 HaftpflG. durch die §§ 254, 846 zu ergänzen. Wenn vor dem Inkrafttreten des BGB. die allgemeinen Grundsätze des bürgerlichen Rechts über das konkurrierende Verschulden nicht ergänzend herangezogen wurden, so beruhte diese Auffassung auf dem Bestreben, die Rechtseinheit nicht durch das Eindringen der Partikularrechte zu beeinträchtigen. Vgl. ROHG. **16** **111**; **20** 135.

Die Ansicht, daß die §§ 254, 846 keine Anwendung fänden, wird durchweg auch mit dem Hinweis auf die Verhandlungen der zweiten Kommission über den die Beziehungen des BGB. zum HaftpflG. regelnden Art. 42 EG.BGB. begründet, in denen die vorgeschlagene Verweisung auf § 254 BGB. abgelehnt wurde. Indessen läßt sich, abgesehen davon, daß die Bedeutung der Materialien nicht überschätzt werden darf, aus der wenig klaren Wiedergabe der Beratungen keineswegs der Schluß ziehen, daß die Absicht bestanden habe, das Prinzip des § 254 von einer Anwendung auf das Gebiet des HaftpflG. auszuschließen. Wie wenig man gesonnen war, entscheidend zu der Frage Stellung zu nehmen, ergibt auch das Resümee über die Verhandlungen (Prot. **6** 594):

> „Das Ergebnis der Debatte, in welcher auch eine Meinungsverschiedenheit darüber zutage trat, ob ein mitwirkendes Verschulden des Beschädigten nur in den Fällen des § 2 oder auch in denen des § 1 vorliegen könne, war, daß jede Allegierung des § 217 (jetzt § 254) im HaftpflG. abgelehnt wurde."

Aus der Anwendung der §§ 254, 846 ergibt sich, daß, wenn ein Verschulden der Bahn mit einem eigenen Verschulden des Verletzten konkurriert, das Gericht je nach den Umständen die Verpflichtung zum Ersatz ganz bejahen oder ganz verneinen oder aber auch den Unternehmer zu einem Teil für haftpflichtig erklären kann. Die Verpflichtung und der Umfang des zu leistenden Ersatzes hängen davon ab, inwieweit der Schaden vorwiegend von dem einen oder dem anderen Teil verursacht ist. Maßgebend ist also nicht das größere oder geringere Verschulden, sondern die Tatsache, welches der beiden Verschulden für den Unfall überwiegend kausal gewesen ist. RG. in JW. **1897** 271[13], EisenbE. **14** 159; JW. **1899** 185[27], EisenbE. **16** 48; RG. **53** 394, EisenbE. **20** 51. Praktisch wird allerdings regelmäßig das größere Verschulden auch das überwiegend kausale sein. RG. **54** 13; JW. **1909** 47[7], EisenbE. **25** 313.

Beispiele aus der Praxis vgl. Anm. 198 ff.

Die Abwägung des beiderseitigen Verschuldens unterliegt der Nach- **Anm. 196.** prüfung des Revisionsgerichts. Entzogen ist der Revisionsinstanz nur die Nachprüfung der von dem Berufungsgericht tatsächlich festgestellten Sachlage, dagegen nicht ihre durch § 254 geforderte allseitige Beurteilung, von der die Entscheidung über die Schadenersatzpflicht und deren Umfang abhängt. RG. in JW. **1904** 448[2] u. [3]; JW. **1905** 43[6], EisenbE. **21** 288; JW. **1906** 54[4]; JW. **1912** 71[8]; EisenbE. **29** 406. A. M. anscheinend RG. in JW. **1917** 663[19], EisenbE. **34** 145.

Das RG. wendet aber die §§ 254, 846 BGB. nicht nur bei konkur- **Anm. 197.** rierendem Verschulden der Bahn und des Verletzten, sondern auch auf solche Fälle an, in denen neben eigenem Verschulden des Verletzten lediglich die Betriebsgefahren für den Unfall ursächlich gewesen sind. Gefolgert wird dies aus § 254, der nicht ein beiderseitiges Verschulden voraussetze, sondern auch zur Anwendung gelange, wenn bei der Entstehung eines von einem Dritten ohne Verschulden zu vertretenden Schadens ein Verschulden des Beschädigten bei der Entstehung des Schadens mitgewirkt habe.

So die ständige Praxis. Vgl. insbesondere RG. **53** 75; RG. **53** 394, EisenbE. **20** 51; JW. **1903** 92 (Beil.)[212], EisenbE. **20** 175; JW. **1903** 136 (Beil.)[298], EisenbE. **20** 256; SeuffA. **59** 224, EisenbE. **21** 14; RG. **56** 154, EisenbE. **20** 263; JW. **1904** 287[6], EisenbE. **21** 66; JW. **1905** 14[7], EisenbE. **21** 378; JW. **1906** 422[6], EisenbE. **23** 62; „Recht" **1907** Nr. 859, EisenbE. **24** 44; „Recht" **1908** Nr. 2883, EisenbE. **25** 188; JW. **1911** 578[13]; WarnRspr. **1912** Nr. 332, EisenbE. **29** 108; SeuffA. **70** 187, EisenbE. **32** 93; EisArch. **1929** 203, EisenbE. **47** 383.

Gewisse Bedenken, die der Auffassung des RG. entgegenstehen, lassen sich nicht verkennen. Nach § 1 haftet der Unternehmer für die Folgen eines bei dem Betriebe, d. h. eines durch die Gefahren des Betriebes entstandenen Unfalls, nicht, wenn dieser Betriebsunfall durch das eigene Verschulden des Verletzten verursacht ist. Infolgedessen kann nach dem Wortlaut der Bestimmung der Unternehmer, wenn nur der Betrieb und das eigene Verschulden „konkurrieren", auch nicht zum Teil für ersatzpflichtig erklärt werden, wobei es gleichgültig ist, ob mit dem Betriebe nur die allgemeinen oder auch besondere Gefahren verbunden gewesen sind.

Der m. E. der Auffassung des RG. zugrunde liegende Irrtum besteht darin, daß zu Unrecht das eigene Verschulden im Verhältnis zu den Betriebsgefahren im Sinne des § 1 als eine mitwirkende Ursache angesehen wird. Das RG. sagt in der Entsch. JW. **1903** 136 (Beil.)[298], EisenbE. **20** 256:

„Vom rechtlichen Gesichtspunkte des § 1 des RHG. wie des § 254 BGB. aus kann nun überhaupt nicht davon gesprochen werden, daß ein Unfall, der ‚bei dem Betriebe einer Eisenbahn' sich ereignet und eine Person beschädigt hat, allein auf das Verschulden des Beschädigten als seine Ursache zurückzuführen wäre. Denn ‚bei dem Betriebe' einer Eisenbahn ist eine Verletzung nur erfolgt, wenn sie auf den Betrieb als Ursache hinweist (Entsch. des RG. Bd. 27 S. 31, Bd. 50 S. 92); daraus ergibt sich, daß ein eigenes Verschulden des Verletzten nur als mitwirkende Ursache in Betracht kommen kann, nicht als alleinige, wie das Berufungsgericht angenommen hat."

Vgl. auch RG. in EisenbE. **28** 405.

Diese Erwägungen treffen für den § 254 BGB., jedoch nicht für den § 1 HaftpflG. zu. § 1 besagt, daß der Unternehmer nicht haften soll, wenn sich der Verunglückte schuldhafterweise der gefährdenden Einwirkung des Betriebes ausgesetzt hat, wenn m. a. W. die mit dem Betriebe verbundenen Gefahren durch das eigene Verschulden ausgelöst, zu einer körperschädigenden Wirkung gebracht sind. Auch die Gleichstellung des eigenen Verschuldens mit der höheren Gewalt zeigt, daß eigenes Verschulden und Betriebsgefahren nicht im Verhältnis mitwirkender Ursachen zueinander stehen. Vgl. auch v. d. Leyen zu RG. in JW. **1920** 434[4].

Andererseits spricht aber, wie anerkannt werden muß, für den Standpunkt des RG., daß Erwägungen der Zweckmäßigkeit und Billigkeit eine Fortbildung des § 1 in Gemäßheit des § 254 als erwünscht erscheinen lassen müssen. Als besonders ungerecht müßte empfunden werden, wenn ein verhältnismäßig geringfügiges Versehen des Verletzten geeignet sein sollte, die Haftpflicht des Unternehmers ganz auszuschließen. Für das Gebiet des KFG. ist durch § 9, für das des LVG. durch § 20 die Anwendung des § 254 ausdrücklich vorgeschrieben.

Die Anwendung des § 254 BGB. führt nach der Rechtsprechung des RG. zu folgendem Ergebnis:

Zu erwägen ist, in welchem Maße einerseits durch das Verschulden des Verletzten, andererseits durch die von dem Unternehmer zu vertretende Betriebsgefahr der Unfall verursacht worden ist. Hierbei sind alle Momente in Betracht zu ziehen, auf der einen Seite diejenigen, die das Verschulden des Verletzten größer oder geringer erscheinen lassen, auf der andern Seite diejenigen, die etwa auf die Betriebsgefahr erhöhend oder mindernd gewirkt haben. Aber auch wenn neben dem eigenen Verschulden des Verletzten auf seiten des Unternehmers nur die allgemeine Betriebsgefahr in Betracht kommt, ist zu erwägen, ob der Unternehmer wenigstens zum Ersatz eines Teiles des dem Verletzten entstandenen Schadens angehalten werden muß.

Die erhöhte Betriebsgefahr ist kein festgelegter Rechtsbegriff. Die besondere Gestaltung der Betriebsgefahren im einzelnen Falle muß den Maßstab bei der Abwägung bilden. Von einer erhöhten oder gesteigerten Betriebsgefahr spricht man, wenn Umstände in Betracht kommen, die nicht schlechthin und regelmäßig mit dem Betriebe der Eisenbahn verbunden sind, sondern hinzutreten, ihn für den Verkehr mit besonderen Gefahren umkleidet erscheinen lassen. RG. in JW. **1920** 434[4]; LZ. **1921** 178; EisenbE. **48** 399. Beweispflichtig für das Vorhandensein gefahrsteigernder Umstände ist der Geschädigte. RG. in EisenbE. **43** 331.

Gesteigert ist insbesondere die Ursächlichkeit der Betriebsgefahr im Verhältnis zur Ursächlichkeit des eigenen Verschuldens des Verletzten, wenn ein schuldhaftes Verhalten des Unternehmers oder eines seiner Angestellten als Element jener Gefahr in Betracht kommt (RG. in LZ. **1920** 958; EisArch. **1921** 1225). Ferner sind als die Betriebsgefahr erhöhende Umstände beispielsweise angesehen worden: großer Andrang auf dem Bahnsteig (RG. in JW. **1920** 434[4], Gruchot **64** 238; EisArch. **1921** 1225; JW. **1929** 2815[2]), das Fehlen von Schranken oder Warnungstafeln an Straßenkreuzungen sowie die Unübersichtlichkeit des Geländes an solchen (RG. in JW. **1926** 573[5]; JW. **1927** 687[13]; EisenbE. **47** 186; EisArch. **1929** 1018, VerkRdsch. **8** 313; EisenbE. **49** 70), die bahnseitige Duldung verbotswidrigen Verhaltens (RG. in EisArch. **1923** 184, VerkRdsch. **3** 75; VerkRdsch. **7** 523[340]), die regelmäßige Überfüllung bestimmter Züge (RG. in EisenbE. **48** 298), die Verrichtung von Arbeiten unmittelbar an Gleisen (RG. in EisArch. **1929** 762, EisenbE. **48** 405), das ruckweise Anziehen der Straßenbahn sowie das Durchfahren einer Kurve mit hoher Geschwindigkeit (RG. in WarnRspr. **1920** Nr. 85; VerkRdsch. **7** 588, JW. **1928** 3170[1]). Vgl. auch RG. in JW. **1927** 1141[3], EisenbE. **47** 176; DAutR. **1930** 255.

b) Rechtsprechung (Beispiele).

α) Ein Anspruch auf Ersatz des **halben Schadens** wird regelmäßig in solchen Fällen zuerkannt, in denen einem erheblichen eigenen Verschulden des Verletzten ein Verschulden der Bahn oder gesteigerte Betriebsgefahren oder einem mäßigen eigenen Verschulden des Verletzten die allgemeinen Betriebsgefahren gegenüberstehen. **Anm. 198.**

Jemand fuhr über die Gleise der Straßenbahn, obwohl er bei aufmerksamer Umschau einen herannahenden Motorwagen hätte bemerken müssen, und verunglückte. Den Motorwagenführer traf insofern gleichfalls ein Verschulden, als er zwar zunächst bremste, jedoch, als er das Geschirr bereits auf den Schienen sah, sogleich wieder schneller fuhr (RG. in JW. **1905** 14[7], EisenbE. **21** 378). Der Verletzte hat im Vertrauen auf die Kenntnis der örtlichen Verhältnisse gemeint, dem von ihm bemerkten Eisenbahnzug sicher aus dem Wege zu gehen, und sich nicht genügend die Möglichkeit gegenwärtig gehalten, daß auch auf der anderen den Übergang kreuzenden Strecke ein Zug herankommen konnte, dessen Annäherung durch das vom ersten Zuge ausgehende Geräusch weniger bemerkbar war, und der regelmäßig nicht zugleich mit diesem eintraf (RG. **53** 394, EisenbE. **20** 52).

Den Verunglückten traf insofern ein erhebliches Verschulden, als er auf einem Bahnhof Gleise überschreiten wollte, ohne sich nach dem Herankommen eines Zuges umzuschauen. Andererseits wurde aber die Gefährlichkeit des Bahnbetriebes für besonders groß erachtet, da kein Steg über die Gleise führte und nicht auf die Gefahr des Überschreitens der Gleise aufmerksam gemacht, auch kein Bahnbediensteter behufs Warnung aufgestellt war (RG. in EisenbE. **26** 307). Ein Radfahrer wurde bei der unachtsamen Einfahrt in eine verkehrsreiche Straße von einem zur Probe fahrenden Motorwagen der städtischen Straßenbahn überfahren. Die Betriebsgefahren wurden mit Rücksicht darauf als gesteigert angesehen, daß das Publikum noch nicht an den Verkehr der städtischen Straßenbahn gewöhnt war (RG. im „Recht" **1909** Nr. 2543, EisenbE. **26** 195). Ein neunjähriger Knabe verunglückte beim Aufspringen auf einen fahrenden Straßenbahnwagen. Das Verschulden wurde mit Rücksicht auf seine große Jugend und die durch sie bedingte Unüberlegtheit und Unbesonnenheit als ein mäßiges angesehen (RG. im „Recht" **1910** Nr. 843, EisenbE. **26** 330). Ein Fahrgast stürzte infolge von Unvorsichtigkeit von der vorderen Plattform eines Triebwagens beim Durchfahren einer Kurve ab. Die Betriebsgefahren wurden für gesteigert angesehen (RG. in WarnRspr. **1920** Nr. 85; WarnRspr. **1927** Nr. 58; abw. OLG. Düsseldorf in JW. **1925** 1140[12], VerkRdsch. **3** 399). Der Verunglückte hielt sich wegen Überfüllung der Abteile unerlaubterweise auf der Plattform eines Eisenbahnwagens auf. Die Bahn hatte nichts zur Beseitigung dieses ihr bekannten und häufig vorkommenden Mißstandes getan (RG. in EisenbE. **48** 298, EisArch. **1929** 1564; vgl. auch RG. **114** 291, EisArch. **1928** 1032). Ein Eisenbahnfahrgast, der sich aus einem geöffneten Wagenfenster hinausbeugte, erhielt einen Schlag durch die nicht geschlossene Wagentür eines entgegenkommenden Zuges (OLG. Nürnberg VerkRdsch. **7** 389). Vgl. ferner RG. in EisenbE. **30** 497; „Recht" **1914** Nr. 835, EisenbE. **31** 67; „Recht" **1914** Nr. 539, EisenbE. **31** 87; WarnRspr. **1919** Nr. 74; VerZtg. **1922** 613; VerkRdsch. **7** 28; KG. in VerkRdsch. **6** 573.

Anm. 199. β) **Überwiegend zugunsten des Geschädigten** wird regelmäßig erkannt, wenn den allgemeinen oder gesteigerten Betriebsgefahren ein geringes Verschulden des Verunglückten gegenübersteht.

Der Schadenersatzanspruch wurde in Höhe von drei Viertel in einem Falle für begründet erachtet, wo jemand aus einem bereits fahrenden Eisenbahnzug sprang, sich aber in dem Augenblick, in dem sich der Zug in Bewegung setzte, bereits auf der untersten Stufe der Wagentreppe befand (RG. in JW. **1909** 190[4], EisenbE. **25** 404). Ebenso wurden drei Viertel des Schadens einem Eisenbahnfahrgast zugesprochen, der dadurch verunglückte, daß er des Nachts aus dem Zuge, der außerhalb eines Bahnhofs halten mußte, in dem Glauben, er sei schon an seinem Reiseziel angelangt, aussteigen wollte und, als sich im selben Moment der Zug mit einem Ruck wieder in Bewegung setzte, vom Trittbrett herabfiel (RG. in JW. **1913** 23[9]). In gleicher Weise wurde das eigene Verschulden gegenüber den Betriebsgefahren in einem Falle bewertet, wo ein Fahrgast bei großem Andrang und starkem Fuhrwerksverkehr kurz vor dem Halten des Straßenbahnwagens aufzusteigen versuchte (RG. in WarnRspr. **1920** Nr. 49); wo ein Straßenbahnfahrgast in der irrigen Annahme des Vorhandenseins einer Haltestelle und in ungeeigneter Weise abstieg und der Schaffner verhindert war, das Absteigen zu überwachen (RG. in „Recht" **1913** Nr. 3067, EisenbE. **30** 352); desgleichen in einem Falle, in dem ein Kraftwagenführer sich nicht mit der nötigen Vorsicht einem schrankenlosen Bahnübergang näherte, andererseits die Betriebsgefahren erheblich durch das Fehlen von Schranken und einer Beleuchtung sowie die Unübersichtlichkeit der Bahnstrecke, die herrschende Dämmerung und die Ungunst des Wetters gesteigert waren (RG. in JW. **1927** 1687[13]; ähnlich RG. in JW. **1926** 573[5]). Auf zwei Drittel ist der Entschädigungsanspruch in einem Falle bemessen worden, in dem der Verunglückte noch während der Fahrt des Straßenbahnwagens das Trittbrett zum Zwecke des Absteigens betrat, obwohl sich auf diesem Schnee befand, und obwohl er unter dem Arm ein Paket trug, das ihm unmöglich machte, im Augenblicke des Ruckes eine der Griffstangen zu erfassen (RG. in JW. **1905** 43[6], EisenbE. **21** 288). Ebenso ist der Schaden in einem Falle verteilt worden, wo der Verletzte die Straßenbahngleise überschritt, ohne vorher Umschau zu halten, die Betriebsgefahren aber infolge dichten Nebels und anderer Umstände erheblich gesteigert waren (RG. in JurRdsch. **1928** Nr. 891, VerkRdsch. **7** 525); desgleichen in einem Falle, in dem ein in unmittelbarer Nähe von Eisenbahngleisen beschäftigter Arbeiter beim Überschreiten derselben von einem Zuge erfaßt worden ist, die Betriebsgefahr andererseits als verstärkt anzusehen war, da die Arbeiter häufig während der Arbeit den Bahnkörper überschritten, ohne daß die Bahn Maßnahmen zur Beseitigung des ihr bekannt gewordenen gefährlichen Zustandes getroffen hatte (RG. in JW. **1924** 1157[20]). Vgl. ferner RG. in JW. **1906** 421[5], EisenbE. **23** 68; „Recht" **1907** Nr. 2514; EisenbE. **24** 176; **26** 174; **32** 459; JurRdsch. **1927** Nr. 825, EisenbE. **45** 319.

γ) Nur **ein geringerer Teil des Schadens** wird in der Regel **Anm. 200.**
dem Geschädigten zugesprochen, wenn den allgemeinen oder gesteigerten Betriebsgefahren oder einem schuldhaften Verhalten auf seiten der Bahn ein grobes Verschulden des Verletzten gegenübersteht.

Jemand verunglückt dadurch, daß er hinter einem Motorwagen das Nachbargleis betritt, ohne sich durch vorsichtiges Umschauen davon überzeugt zu haben, daß auf diesem kein Wagen heranfährt. In einem solchen Falle wurde der Klageanspruch in Höhe von einem Drittel für begründet erachtet, da den Wagenführer insofern ein Mitverschulden traf, als er nicht sofort bremste (RG. in JW. **1904** 287[6], EisenbE. **21** 66). In einem gleichartigen Falle, in dem jedoch kein Mitverschulden der Bahn vorlag, wurde mit Rücksicht auf die Betriebsgefahren ein Viertel des Schadens zugebilligt

(RG. in EisenbE. **22** 183). In Höhe von einem Drittel wurde der Schadenersatzanspruch in einem Falle für gerechtfertigt erklärt, in dem jemand schon beide Einsteigegriffe des Straßenbahnwagens erfaßt und sich sodann entschlossen hat, nicht mitzufahren, der Schaffner aber das Klingelzeichen zur Weiterfahrt zu einer Zeit gegeben hat, als der Verunglückte noch mit beiden Händen die Griffe gefaßt hielt (RG. in VerkRdsch. **7** 286). In gleicher Höhe wurde Schadenersatz in einem Falle zuerkannt, wo jemand auf dem Fahrdamm einer Straße so unvorsichtig eine Sense getragen hat, daß deren Griff von einem entgegenkommenden Motorwagen erfaßt und der Träger der Sense umgeworfen wurde (RG. in JW. **1906** 422[6], EisenbE. **23** 62); in Höhe von einem Viertel in einem Falle, wo der Verletzte infolge seiner Angetrunkenheit auf das Gleis stürzte, ohne daß die allgemeine Betriebsgefahr gesteigert war (RG. in JW. **1913** 735[3], EisenbE. **30** 208). In den beiden letzten Fällen hätte wohl richtiger der Ersatzanspruch vollständig aberkannt werden müssen; desgleichen in einem Falle, in dem jemand beim Überschreiten des Gleises einer Kleinbahn überfahren worden ist, während der Zug langsam fuhr, andauernd Läutezeichen gab und die Scheinwerfer mit hellem Lichte brannten; die Bahn wurde mit $^1/_3$ des Schadens belastet (RG. in JW. **1920** 282[3]; a. M. auch v. d. Leyen Anm. ebenda). Vgl. ferner RG. in „Recht" **1907** Nr. 1973, EisenbE. **24** 71; „Recht" **1913** Nr. 1664, EisenbE. **30** 197; „Recht" **1913** Nr. 2927, EisenbE. **30** 347; JurRdsch. **1925** Nr. 1790; JW. **1926** 573[5].

Anm. 201. δ) **Vollständig aberkannt** wird regelmäßig der Ersatzanspruch, wenn dem Verletzten ein so schweres Verschulden zur Last fällt, daß demgegenüber die Gefährlichkeit des Betriebes nicht in Betracht kommt.

Ein so grobes Verschulden wird in der Regel angenommen, wenn jemand unter Außerachtlassung der gewöhnlichen Sorgfalt die Gleise der Eisenbahn oder der Straßenbahn überschreitet (RG. in JW. **1906** 350[8], EisenbE. **23** 55; EisenbE. **24** 174; WarnRspr. **1909** Nr. 276, EisenbE. **26** 41; EisenbE. **26** 170; **27** 70; **27** 410; **28** 68; RG. in JW. **1913** 921[8], EisenbE. **30** 212; WarnRspr. **1916** Nr. 146, EisenbE. **33** 331; JurRdsch. **1926** Nr. 383; VerkRdsch. **5** 378); insbesondere, wenn ein Kraftwagenführer trotz Erkennung eines Bahnübergangs die Gleise überquert, ohne rechtzeitig die Fahrt zu verlangsamen und sorgfältig Umschau zu halten, oder gar vor dem herannahenden Zuge noch hinüberzukommen versucht (RG. in VerkRdsch. **6** 33; EisenbE. **45** 210; VerkRdsch. **8** 562; OLG. Köln in VerkRdsch. **7** 389; OLG. Hamm in VerkRdsch. **8** 566; OLG. Stuttgart in DAutR. **1929** 135); desgleichen, wenn jemand auf einen Wagen der in der Fahrt befindlichen Eisenbahn aufspringt oder von ihm abspringt, es sei denn, daß Umstände vorliegen, die ein solches Verhalten in milderem Lichte erscheinen lassen (RG. in JW. **1907** 9[8], EisenbE. **23** 294; EisenbE. **24** 278; WarnRspr. **1909** 241, EisenbE. **26** 47; WarnRspr. **1915** Nr. 149, EisenbE. **32** 104; JW. **1918** 38[13]; WarnRspr. **1919** Nr. 73; LZ. **1921** 270; EisenbE. **47** 375, VerkRdsch. **7** 235[145]; VerZtg. **1929** 1368; KG. in EisenbE. **43** 112);

ebenso, wenn ein Fahrgast die Hand in den Türspalt legt, obwohl er jederzeit mit dem Schließen der Wagentür rechnen muß (RG. im „Recht" **1912** Nr. 2977, EisenbE. **30** 366; vgl. auch Freudenberger, VerZtg. **1927** 1415); desgleichen, wenn er es beim Aussteigen an jeder Vorsicht fehlen läßt (KG. in VerkRdsch. **9** 76).

Ein grobes, die Haftung des Unternehmers ausschließendes Verschulden wurde auch erblickt in dem Entlanggehen auf einer Bordschwelle in unmittelbarer Nähe eines Straßenbahnzuges (RG. im „Recht" **1912** Nr. 1947, EisenbE. **29** 189) oder auf dem Schotterbelag der Eisenbahngleise (OLG. Frankfurt a. M. in VerlRdsch. **7** 128), in dem Öffnen der Abteiltür eines fahrenden Eisenbahnzuges (RG. in JW. **1913** 144[24], EisenbE. **29** 341), in dem Versuch, unter einer niedergehenden Schranke eilig hindurchzukommen (RG. in WarnRspr. **1915** Nr. 150, EisenbE. **32** 106). Vgl. auch RG. in DJZ. **1907** 1322, EisenbE. **24** 259; EisenbE. **29** 167; „Recht" **1912** Nr. 2998, EisenbE. **29** 318; „Recht" **1912** Nr. 2999, EisenbE. **29** 317; „Recht" **1913** Nr. 5, EisenbE. **29** 425.

IV. Ursächlicher Zusammenhang.

Der Betriebsunternehmer ist von der Haftpflicht befreit, wenn der Unfall durch höhere Gewalt oder durch eigenes Verschulden des Getöteten oder Verletzten verursacht worden ist.

1. Zwischen dem Unfall und der höheren Gewalt. Anm. 202.

Nach den allgemeinen Rechtsgrundsätzen über den Kausalzusammenhang (vgl. Anm. 67) muß zunächst das sich als höhere Gewalt darstellende Ereignis eine Bedingung des Unfalls gewesen sein (ursächlicher Zusammenhang im natürlichen Sinne). Voraussetzung ist also, daß der Unfall ohne das Ereignis nicht eingetreten sein würde. Ein Kausalzusammenhang besteht hiernach z. B. nicht, wenn ein plötzlich geisteskrank gewordener Passant des Nachts beim Betrieb einer Eisenbahn verunglückt, die mangelhafte Beleuchtung der Gleise aber auch den Unfall eines Gesunden herbeigeführt haben könnte.

Das Ereignis muß ferner eine adäquate Ursache bilden (ursächlicher Zusammenhang im Rechtssinne). Es muß nach der Erfahrung des Lebens geeignet sein, den Unfall herbeizuführen. Letzterer darf nicht nur eine zufällige Folge des Ereignisses bilden. Kein ursächlicher Zusammenhang liegt z. B. vor, wenn infolge höherer Gewalt ein Eisenbahnwagen in Brand gerät, ein Fahrgast infolgedessen aus einem Abteilfenster hinaussieht und durch Kohlenstaub der Lokomotive eine Augenverletzung davonträgt.

Es genügt ein mittelbarer Zusammenhang. Vgl. oben Anm. 84.

2. Zwischen dem Unfall und dem eigenen Verschulden. Anm. 203.

Entsprechend den Ausführungen zu 1 ist ein ursächlicher Zusammenhang nicht vorhanden, wenn sich der Unfall auch ohne das eigene Verschulden ereignet hätte. Dies ist beispielsweise der Fall, wenn der Fahrgast, der sich beim Eintritt eines Eisenbahnunglücks verbotswidrig auf der Plattform befand, auch dann zu Schaden gekommen sein würde, wenn er sich in einem Abteil befunden hätte.

Voraussetzung ist ferner, daß der Schaden dem Verletzten zugerechnet werden kann, daß er in der Richtung der schuldhaften Handlung liegt. RG. in EisenbE. **3** 374; RG. **42** 291; „Recht" **1908** Nr. 3343, EisenbE. **25** 290; JW. **1911** 95[19]. Dies ist nicht der Fall, wenn z. B. ein Fahrgast, der verbotswidrig eine Eisenbahn ohne Fahrkarte benutzt, bei dem Betriebe verunglückt; wenn ein Passagier vorschriftswidrig in einem für ihn nicht bestimmten Abteil Platz nimmt und in diesem einen Unfall erleidet; wenn ein Gepäckschaffner unerlaubterweise in den Packwagen ein Gepäckstück hineinstellt und beim Ausladen desselben zu Schaden kommt (RG. in EisenbE. **3** 260). In allen diesen Fällen fehlt es an einem ursächlichen Zusammenhang zwischen dem Unfall und dem schuldhaften Verhalten des Verletzten. Der Schaden kann nicht dem Verschulden zugerechnet werden, weil er sich nicht als eine nach dem gewöhnlichen Lauf der Dinge zu erwartende mögliche Folge gerade der betreffenden Verbotshandlung darstellt.

Dagegen ist der ursächliche Zusammenhang gegeben, wenn sich beispielsweise ein Fahrgast verbotswidrig auf die Plattform begibt und herabstürzt; wenn ein Radfahrer einem Polizeiverbot zuwider die linke Seite des Fahrdamms benutzt und von einer Straßenbahn erfaßt wird (OLG. Hamburg in EisenbE. **18** 206).

Auch in dem Fall ist der Kausalzusammenhang gegeben, wenn jemand verbotswidrig den Bahnkörper betritt und infolge eines Ereignisses, das sich als Betriebsstörung darstellt (z. B. einer Entgleisung oder einer Explosion), verunglückt. Hier fehlt es nicht an dem ursächlichen Zusammenhang zwischen dem Unfall und dem schuldhaften Verhalten, da solche betriebstörenden Ereignisse nicht als außerhalb aller Berechnung liegende Umstände angesehen werden können. Daß der Verunglückte bei ordnungsmäßiger Abwicklung des Betriebes nicht mit dem Ereignis rechnen konnte, mag eine mildere Beurteilung seines Verschuldens rechtfertigen, steht aber nicht der Annahme des Kausalzusammenhangs entgegen. Ebenso Eger Anm. 12 S. 175. A. M. Westerkamp S. 659.

Nicht erforderlich ist die Feststellung, daß der Unfall die notwendige, jede andere Möglichkeit ausschließende Folge des Verschuldens gewesen ist, vielmehr genügend, daß er sich als eine nach dem gewöhnlichen Lauf der Dinge mögliche Folge des Verschuldens darstellt. RG. **10** 64, EisenbE. **3** 125; RG. **12** 188; JW. **1903** 30[32], EisenbE. **20** 122.

Das eigene Verschulden braucht ferner nicht die unmittelbare Ursache des Unfalls zu sein. Der Kausalzusammenhang ist auch gegeben, wenn das Verschulden das Eingreifen eines anderen, z. B. das pflichtmäßige Einschreiten eines Eisenbahnbeamten, notwendig macht und erst dieses den Unfall herbeiführt. Diese mittelbare ursächliche Beziehung fehlt jedoch, wenn der Unfall auf das unberechtigte oder unverständige Eingreifen eines Dritten zurückzuführen ist. Deshalb ist z. B. der Kausalzusammenhang in einem Falle verneint worden, in dem ein Fahrgast, der auf einen fahrenden Eisenbahnzug aufgesprungen war und bereits festen Fuß gefaßt hatte, in unverständiger Weise von einem Bahnbediensteten herabgerissen wurde und dadurch verunglückte. RG. in JW. **1893** 101[27], EisenbE. **10** 44; EisenbE. **12** 12. Vgl. hierzu Riesenfeld, EisenbE. **12** 253.

Bei mittelbarer Verursachung ist gleichgültig, ob jedes einzelne Glied der Kausalitätskette in seiner genauen Gestaltung festgestellt werden kann, sofern nur die verbindenden Glieder insoweit erkannt werden, daß das Dazwischentreten eines dem natürlichen Verlauf fremden Kausalitätsmoments ausgeschlossen erscheint. RG. in JW. **1900** 396[18], EisenbE. **17** 231.

V. Beweislast.

Der Betriebsunternehmer haftet, sofern er nicht beweist, daß der Unfall durch höhere Gewalt oder durch eigenes Verschulden des Getöteten oder Verletzten verursacht ist. **Anm. 204.**

Die Geltendmachung höherer Gewalt oder eigenen Verschuldens ist keine Einrede im Sinne des BGB., sondern die Einwendung einer rechtshindernden Tatsache. Es ist daher nicht erforderlich, daß der Betriebsunternehmer formell den Einwand der höheren Gewalt oder des eigenen Verschuldens geltend macht oder auch nur die höhere Gewalt oder eigenes Verschulden begründenden Tatsachen selbst vorbringt. Seine Haftpflicht ist auch dann ausgeschlossen, wenn etwa schon aus dem Vortrag des Entschädigungsberechtigten das Vorhandensein höherer Gewalt oder eigenen Verschuldens hervorgeht.

Nicht genügend ist, daß außergerichtlich oder gerichtlich von dem Geschädigten selbst zugegeben wird, es liege höhere Gewalt bzw. eigenes Verschulden vor. Hierin liegt nicht das Zugeständnis von Tatsachen, sondern nur die Äußerung einer Rechtsansicht, die auch eine irrige sein kann. RG. in EisenbE. **1** 144.

Dem Betriebsunternehmer liegt ein doppelter Beweis ob. Er hat **Anm. 205.** sowohl die Tatsachen, aus denen höhere Gewalt oder eigenes Verschulden gefolgert wird, als auch den ursächlichen Zusammenhang zwischen diesen Tatsachen und dem Unfall nachzuweisen. Gelingt ihm dieser Beweis nicht vollständig, bleibt die Ursache des Unfalls unaufgeklärt, so ist er in vollem Umfange haftbar. Eine etwaige Ungewißheit geht zu seinen Lasten. RG. in EisenbE. **2** 426; EisenbE. **3** 29; JW. **1902** 446[14], EisenbE. **19** 148; JW. **1909** 59[31], EisenbE. **25** 316; JW. **1909** 429[35], EisenbE. **26** 175; WarnRspr. **1915** Nr. 212, EisenbE. **32** 455; JW. **1923** 121[6], EisArch. **1923** 185; JurRdsch. **1926** Nr. 383.

Wer höhere Gewalt einwendet, muß nachweisen, daß es sich um ein von außen kommendes, ungewöhnliches Ereignis handelte, und daß eine Abwendung oder Unschädlichmachung des Ereignisses auch durch die zweckmäßigsten, mit der Wirtschaftlichkeit des Unternehmens zu vereinigenden Maßnahmen nicht möglich war (vgl. Anm. 152). Dem Unternehmer liegt ob darzutun, daß alle in Betracht kommenden Mittel nicht ausgereicht hätten, um das Ereignis abzuwenden oder in seinen Folgen unschädlich zu machen. Es ist nicht etwa Sache des Gerichts anzugeben, was zur Verhütung des Unfalls hätte geschehen können und was im gegebenen Falle versäumt worden ist. RG. in EisenbE. **9** 177; EisenbE. **9** 368.

Wer eigenes Verschulden einwendet, muß vollständig und überzeugend nachweisen, daß dem Verletzten eigenes Verschulden zur Last fällt. Stellt sich jedoch das Verhalten des Verletzten nach dem äußeren Hergang und dem gewöhnlichen Lauf der Dinge als verbotswidrig oder als schuldhafte Außerachtlassung der durch die Umstände gebotenen Vorsicht dar, so ist dem Betriebsunternehmer nicht die Beweispflicht dafür aufzuerlegen, daß auch keine besonderen Umstände vorgelegen hätten, durch die dem Verhalten des Verletzten der Charakter eines Verschuldens genommen würde. Vielmehr ist es Sache des Verletzten, das Schuldmoment zu widerlegen. RG. in DJZ. **1908** 1105; WarnRspr. **1911** Nr. 90, EisenbE. **27** 333; JW. **1914** 477, EisenbE. **31** 108; WarnRspr. **1915** Nr. 212; EisenbE. **33** 428; RG. **94** 11; EisArch. **1930** 229; KG. in VerZtg. **1930** 148.

Kann auch nicht der Beweis mathematischer Gewißheit gefordert werden, so muß doch so viel dargetan sein, daß das Gericht nach § 286 ZPO. in der Lage ist, nach freier Überzeugung das Verschulden des Verletzten für dargetan anzusehen (RG. in EisArch. **1930** 228). Besteht nach dem festgestellten Sachverhalt auch nur die Möglichkeit, daß dem Verletzten kein Verschulden zur Last fällt, so haftet der Unternehmer in vollem Umfange. Solange insbesondere noch zweifelhaft bleibt, ob eigenes Tun oder Zufall oder das Eingreifen anderer Personen den Unfall verursacht hat, ist der dem Unternehmer obliegenden Beweispflicht nicht genügt. RG. in JW. **1923** 121[6]; JW. **1925** 2005[2], EisenbE. **42** 346. Wird z. B. auf dem Bahnkörper der Leichnam einer von einem Zuge überfahrenen Person aufgefunden, und ist der Hergang nicht aufgeklärt, so ist eigenes Verschulden nicht anzunehmen, wenn die Möglichkeit vorhanden ist, daß sich der Vorfall ohne ein Verschulden des Getöteten ereignet hat (RG. im „Recht" **1908** Nr. 2883, EisenbE. **25** 162; vgl. auch RG. in VerkRdsch. **7** 330). In einem Fall, in dem ein im Dienst befindlicher Wärter an seiner Bude betäubt und mit von einem Eisenbahnzug herrührenden Verletzungen aufgefunden wurde, hat das RG. trotz der Wahrscheinlichkeit eines vorliegenden eigenen Verschuldens den hierauf gerichteten Einwand des Betriebsunternehmers verworfen, da es denkbar erschien, daß der Verunglückte infolge der in seiner Bude vorhanden gewesenen schlechten, mit Kohlendunst geschwängerten warmen Luft und der plötzlichen Temperaturveränderung beim Heraustreten von einem Schwindel befallen und in diesem Zustand ohne Verschulden mit dem Zuge in Berührung gekommen war. RG. in EisenbE. **1** 206. In einem anderen Falle, in dem ein Reisender aus einem Abteil des fahrenden Zuges herausgestürzt war, ist der Beweis eigenen Verschuldens nicht für geführt erachtet worden, da sich nicht hatte klarstellen lassen, wie es zu dem Sturz des Verunglückten gekommen war (RG. in EisArch. **1930** 229). Vgl. auch RG. in Bolze **4** Nr. 406, EisenbE. **6** 51; EisenbE. **8** 51; **21** 32; JW. **1909** 429, EisenbE. **26** 175; JW. **1909** 735[41], EisenbE. **26** 393; „Recht" **1914** Nr. 1619, EisenbE. **31** 115; WarnRspr. **1915** Nr. 212, EisenbE. **32** 455; EisenbE. **43** 230; OLG. München in EisenbE. **39** 208.

Bei konkurrierendem Verschulden liegt die Beweispflicht für ein auf seiten des Betriebsunternehmers vorliegendes Verschulden dem Geschädigten ob. Dieser hat den vollen Beweis dafür zu erbringen, daß der Unfall mit auf ein schuldhaftes Verhalten der Bahn oder auf sonstige die allgemeine Betriebsgefahr erhöhende Umstände zurückzuführen ist. RG. in EisenbE. **6** 54; RG. **38** 162, EisenbE. **14** 137; EisenbE. **25** 380; OLG. Frankfurt a. M. in EisenbE. **48** 79. **Anm. 206.**

Der Unternehmer befreit sich auch von der Haftpflicht, wenn er den Nachweis führt, daß der Unfall entweder durch höhere Gewalt oder durch eigenes Verschulden des Verletzten verursacht worden ist. Dieser Beweis muß als erbracht gelten, wenn der Sachverhalt ergibt, daß nur eine jener beiden Möglichkeiten zutreffen kann und die Möglichkeit einer anderen Kausalität ausscheidet. RG. in EisenbE. **17** 147; RG. **94** 11. Ist in einem solchen Falle die rechtliche Lage des Geschädigten bei Annahme eigenen Verschuldens mit Rücksicht auf § 254 BGB. eine günstigere, so ist diese Alternative anzunehmen. **Anm. 207.**

Anhang.

Das örtliche Geltungsgebiet des § 1.

Über den örtlichen Geltungsbereich des § 1 enthält das HaftpflG. keine Bestimmung. Es versteht sich aber von selbst, daß § 1 auf den Eisenbahnbetrieb innerhalb des Deutschen Reiches Anwendung findet (RG. in JW. **1886** 120[32]; OLG. München in EisenbE. **29** 275). Diese Geltung war auch für das besetzt gewesene rheinische Gebiet nicht aufgehoben, insoweit und solange sich die dortigen Eisenbahnen in der Verwaltung der französisch-belgischen Eisenbahnregie befanden (Anfang März 1923 bis 15. Nov. 1924). Jedoch war während dieser Zeit Betriebsunternehmer im Sinne des § 1 nicht die Deutsche Reichsbahn, sondern die Regieverwaltung. Vgl. OLG. Hamm in JW. **1925** 1306[13]; Horch, JW. **1925** 1262; Goltermann, VerkRdsch. **3** 3 f. **Anm. 208.**

§ 1 gilt ferner für Betriebsunfälle, die sich in den Schutzgebieten während ihrer Zugehörigkeit zum Deutschen Reiche ereigneten. Die Verschiedenheit der Verhältnisse des Reiches und der Schutzgebiete kann allerdings insofern von Bedeutung sein, als bei einem Unfall in den Schutzgebieten mit Rücksicht auf das geringere Maß von Verkehrssicherheit unter Umständen das Vorliegen höherer Gewalt angenommen werden kann, wo dies bei sonst gleicher Lage in Deutschland verneint werden müßte. RG.

71 208, JW. **1909** 469[41], EisenbE. **26** 179; WarnRspr. **1917** Nr. 92, EisenbE. **34** 140.

Anm. 202. Für die Folgen von Unfällen, die sich auf außerdeutschen Strecken ereignen, findet grundsätzlich eine Haftung auf Grund des § 1 auch dann nicht statt, wenn die ausländische Strecke einer inländischen Verwaltung unterstellt ist. Vgl. RG. in EisenbE. 5 304.

Reindl (Anm. 2 zu § 1 S. 32) ist der Ansicht, daß dieser Grundsatz gemäß Art. 30 EGBGB. in der Richtung gegen einen inländischen Unternehmer eine Einschränkung dann erleide, wenn das ausländische Gesetz hinsichtlich der Voraussetzungen und des Umfangs der Schadenersatzpflicht des Eisenbahnunternehmers hinter dem deutschen HaftpflG. erheblich zurückstehe, da in einem solchen Falle die Anwendung des ausländischen Rechts gegen den Zweck des HaftpflG. verstoßen würde. Diese Auffassung erscheint nicht zutreffend. Die Anwendung ausländischen Rechtes ist nur dann ausgeschlossen, wenn der Unterschied zwischen den politischen und sozialen Anschauungen, auf denen dieses Recht und das konkurrierende deutsche Recht beruht, so erheblich ist, daß die Anwendung des ausländischen Rechts die Grundlagen des deutschen staatlichen oder wirtschaftlichen Lebens angreifen würde. RG. **60** 295. Hiervon kann im gegebenen Falle nicht die Rede sein. Die Benachteiligung des deutschen Eisenbahnunternehmers gegenüber dem ausländischen wäre aber auch unbillig und unzweckmäßig. Ebenso (im Ergebnis) Eger Anm. 3 S. 43.

Das HaftpflG. ist im Gebiet der Freien Stadt Danzig und in den früher zum Deutschen Reich gehörenden Teilen von Polen materiell in Geltung geblieben. Eine besondere gesetzliche Regelung hat der Eisenbahnverkehr durch den sog. polnischen Korridor erfahren. Für ihn gilt das „Abkommen zwischen Deutschland, Polen und der Freien Stadt Danzig über den freien Durchgangsverkehr zwischen Ostpreußen und dem übrigen Deutschland" vom 21. April 1921, das als deutsches Reichsgesetz verkündet (RGBl. S. 1069) und damit innerdeutsches Recht geworden ist. Nach Art. 36 § 1 dieses Abkommens sind für die Haftung bei Unfällen im Eisenbahnbetrieb die Gesetze, Verordnungen und Bestimmungen maßgebend, die für die Eisenbahnen dort Geltung haben, wo sich der Unfall ereignet hat. Demgemäß gilt für diesen Durchgangsverkehr, auch soweit er auf polnischem Gebiet stattfindet, das HaftpflG., daselbst jedoch als polnisches Recht. Als haftpflichtigen Betriebsunternehmer im Verhältnis zu denjenigen, die einen Betriebsunfall erleiden, bezeichnet Art. 36 § 8 die betriebführende Verwaltung. Dies ist nach den zutreffenden Ausführungen der dem Gesetzentwurf beigegebenen Denkschrift (Reichstagsdrucks. Nr. 2191 I. Wahlperiode 1921 S. 104) nicht diejenige Verwaltung, die eine Strecke befährt, sondern diejenige, der die Verwaltung und Unterhaltung der Strecke, die Leitung des Fahrdienstes, die Regelung des Signalwesens usw. obliegt. „Betriebführende Verwaltung" bedeutet demnach dasselbe wie der Ausdruck „Betriebsunternehmer" des § 1 HaftpflG. (vgl. oben Anm. 118 ff.). Demgemäß haftet für Unfälle auf polnischem Gebiet — mit gewissen örtlichen Verschiebungen, die sich aus der Lage der Betriebswechselbahnhöfe ergeben — den Geschädigten die polnische Eisenbahnverwaltung, und allein diese. Vgl. RG. **124** 204, EisArch. **1929** 1330, EisenbE. **48** 299; Gerh. Eger in VerZtg. **1930** 257.

In dem deutsch-polnischen Abkommen vom 11. Juni 1922 (RGBl. II S. 237), das u. a. den Eisenbahnverkehr in dem oberschlesischen Abstimmungsgebiet regelt, wird als haftpflichtig bezeichnet: „diejenige Direktion, auf deren Gebiet die Beschädigung eingetreten ist, und zwar selbst dann, wenn die Beschädigung auf das Verschulden der anderen Direktion oder ihres Personals zurückzuführen ist. Das gilt sowohl Dritten gegenüber wie für das Verhältnis der Direktionen untereinander." Die vorbezeichnete Direktion wird zwar in der Regel zugleich die betriebführende Verwaltung in dem oben erwähnten Sinne sein. Jedoch ist dies nicht immer der Fall. In diesem Punkte besteht also eine Abweichung von der für den Verkehr im polnischen Korridor getroffenen Regelung. Vgl. auch § 16 Abs. 2 des deutsch-polnischen Abkommens vom 24. Juni 1922 (RGBl. 1923 II 456).

Es fragt sich, ob sich an der vorstehend skizzierten Rechtslage etwas **Anm. 210.** durch das am 1. Oktober 1928 in Kraft getretene Internationale Übereinkommen über den Eisenbahn-Personen- und Gepäckverkehr (J. Ü. P.) vom 23. Oktober 1924 (RGBl. 1925 II 483) geändert hat. Dieses Übereinkommen findet gemäß Art. 1 § 1 auf alle Beförderungen von Personen auf Grund internationaler Fahrausweise Anwendung, sofern der Beförderungsweg die Gebiete mindestens zweier Vertragsstaaten berührt und ausschließlich Strecken umfaßt, die in der gemäß Art. 58 dieses Übereinkommens aufgestellten Liste verzeichnet sind. Ausgenommen sind nach § 2 von der Anwendung: 1. Beförderungen, deren Abgangs- und Bestimmungsstationen im Gebiete desselben Staates liegen und das Gebiet eines anderen Staates nur im Durchgang berühren: a) wenn die Durchgangsstrecken von einer Eisenbahn des Abgangsstaates betrieben werden, b) auch dann, wenn die Durchgangsstrecken nicht von einer Eisenbahn des Abgangsstaates betrieben werden, die beteiligten Eisenbahnen aber besondere Abkommen geschlossen haben, nach denen diese Beförderungen nicht als internationale angesehen werden sollen; 2. Beförderungen zwischen Stationen zweier Nachbarstaaten, wenn sie auf der ganzen Strecke von Eisenbahnen des einen dieser Staaten bewirkt werden und keiner dieser Staaten widerspricht. Über die Haftung für Personenschaden enthält lediglich Art. 28 folgende Bestimmungen:

§ 1.

Die Haftung der Eisenbahn für die Tötung oder Verletzung eines Reisenden infolge eines Zugunfalles ... richtet sich nach den Gesetzen und Reglementen des Staates, in dem das schädigende Ereignis eingetreten ist. Die Vorschriften dieses Titels finden in diesen Fällen keine Anwendung.

§ 3.

Eine Haftungsgemeinschaft der Eisenbahnen ist in diesen Fällen ausgeschlossen.

Die vorstehenden Bestimmungen erwähnen nur die Haftung für Unfälle von Reisenden. Die Verantwortlichkeit für Unfälle von Angestellten und Dritten bestimmt sich also ohnedies nach Landesrecht. Der Ausdruck „Zugunfall" ist im Sinne von Betriebsunfall zu verstehen (vgl. Loening J. Ü. P. Bem. 3 zu Art. 28). Nach Art. 28 § 1 richtet sich die Haftung nach den Vorschriften des Staates, auf dessen Strecken der Unfall eingetreten ist. Diese Vorschrift läßt mithin sowohl die Geltung des HaftpflG. als auch der oben erwähnten Abkommen, die gleichfalls nationales Recht darstellen, unberührt. Daß das J. Ü. P. auf die nach dem Abkommen vom 21. April 1921 erfolgenden Beförderungen keine Anwendung finde, wie Gerh. Eger (a. a. O.) meint, erscheint mir nicht richtig (vgl. auch das oben erwähnte Urteil des RG.). Die Bestimmung des § 3, der eine Haftungsgemeinschaft der Eisenbahnen ausschließt, könnte den Anschein erwecken, als ob hier auch für die sich nach nationalen Grundsätzen bestimmenden Haftungsfälle ein für das gesamte Vertragsgebiet geltender einheitlicher Grundsatz aufgestellt werden solle. Dies ist jedoch keineswegs der Fall. Art. 28 § 3 ist nur im Zusammenhang mit den anderen Grundsätzen des J. Ü. P. sowie den Vorschriften des Internationalen Übereinkommens über den Eisenbahnfrachtverkehr (J. Ü. G.) zu verstehen. Sowohl nach Art. 29 J. Ü. P. wie auch nach Art. 26 J. Ü. G. besteht nämlich in Ansehung des Reisegepäcks und der Frachtgüter eine Haftungsgemeinschaft sämtlicher an der Beförderung beteiligten Eisenbahnen. Eine solche Haftungsgemeinschaft ist aus dem J. Ü. P. in Ansehung von Personenschäden nicht herzuleiten. Dies schließt aber nicht aus, daß nach nationalem Recht eine Haftungsgemeinschaft mehrerer Betriebsverwaltungen an sich möglich ist. Ebenso Loening J. Ü. P. Bem. 8 zu Art. 28. Abweichend anscheinend RG. a. a. O.

Anm. 211. In welchem Umfange für Betriebe, die aus dem Gebiet des einen Staates in das des anderen übergreifen, sowie für Versicherte, die zeitweise im Gebiete des anderen Staates beschäftigt werden, die Fürsorge nach der RVersO. oder nach den Fürsorgevorschriften des anderen Staates geregelt wird, ist internationalen Vereinbarungen überlassen (§ 157 RVersO.).

§ 2.

Wer ein Bergwerk, einen Steinbruch, eine Gräberei (Grube) oder eine Fabrik betreibt, haftet, wenn ein Bevollmächtigter oder ein Repräsentant oder eine zur Leitung oder Beaufsichtigung des Betriebes oder der Arbeiter angenommene Person durch ein Verschulden in Ausführung der Dienstverrichtungen den Tod oder die Körperverletzung eines Menschen herbeigeführt hat, für den dadurch entstandenen Schaden.

Literatur: Neukamp, Der § 2 HaftpflG. in seiner praktischen Bedeutung und seinem Verhältnis zum allgemeinen bürgerlichen Recht, BayZ. **15** 1 ff.

Inhaltsübersicht.

	Anm.
Vorbemerkung	1
A. Voraussetzungen der Haftpflicht	
I. Haftpflichtige Anlagen	2
1. Bergwerk	3
a) Gewinnung	4
b) Mineralien	5
c) Unterirdische Lagerung	6
d) Bergtechnische Regeln	7
e) Einzelheiten	8
2. Steinbruch	9
3. Gräberei (Grube)	10
4. Fabrik	11—16
II. Betrieb	17
1. Technischer Betrieb	18—19
2. Im Betriebe	20
3. Umfang der technischen Funktionen	21
4. Örtliche Grenzen	22—23
III. Schuldhaftes Verhalten von Angestellten.	
Vorbemerkung	24
1. Arten von Angestellten	
a) Allgemeines	25—29
b) Die einzelnen Kategorien	
α) Bevollmächtigter	30—33
β) Repräsentant	34
γ) Aufsichtsperson	35—40
2. Verschulden	
Vorbemerkung	41
a) Begriff	42
b) Verschulden gegenüber Angestellten	43—49
c) Verschulden gegenüber Dritten	50
3. In Ausführung der Dienstverrichtungen	51—53
IV. Unfall	54
V. Ursächlicher Zusammenhang zwischen Verschulden und Unfall	55
VI. Verletzter	
1. Ein „Mensch"	56
2. Abänderung des § 2 durch die Unfall-Vers.- u. Fürsorgegesetzgebung	57—59
B. Subjekt der Haftpflicht	60
C. Rechtliche Natur u. Inhalt der Haftpflicht.	
I. Rechtliche Natur	61—62
II. Inhalt	63
III. Zusammentreffen mit anderen Haftpflichtigen	64
1. mit Haftung der schuldigen Aufsichtsperson	65
2. mit Haftung eines Dritten aus unerlaubter Handlung	66
3. mit Haftung aus Vertrag	67
4. mit Anspruch aus Unfallvers. oder Unfallfürsorge	68
D. Ausschluß der Haftpflicht	69—70

Vorbemerkung. Die im § 2 HaftpflG. geregelte Haftpflicht ist gegenüber den Grundsätzen des bürgerlichen Rechts insofern eine gesteigerte, als die Unternehmer der bezeichneten Anlagen haften, ohne daß ihnen selbst ein Verschulden zur Last fällt. Darin stimmen die §§ 1 und 2 überein. Während aber nach § 1 die Verpflichtung zum Schadenersatz allein an die Tatsache der Tötung oder Verletzung eines Menschen beim Eisenbahnbetrieb geknüpft ist, haftet nach § 2 der Unternehmer nur für solche Betriebsunfälle, die durch das Verschulden eines Bevollmächtigten, eines Repräsentanten oder einer zur Leitung oder Beaufsichtigung des Betriebes oder der Arbeiter angenommenen Person in Ausführung der Dienstverrichtungen herbeigeführt worden sind. § 2 legt also dem Unternehmer eine Haftung für Verschulden auf, und zwar für fremdes Verschulden. Vgl. RG. in JW. **1921** 25[4], EisenbE. **38** 152. **Anm. 1.**

Über das Verhältnis des § 2 zur Haftung nach den Vorschriften über unerlaubte Handlungen vgl. Anm. 3, 7 ff. zu § 9.

A. Die Voraussetzungen der Haftpflicht.

Anm. 2. I. Die haftpflichtigen Anlagen.

Als solche sind im § 2 genannt: Bergwerke, Steinbrüche Gräbereien (Gruben) und Fabriken. Nur auf diese vier Kategorien gewerblicher Anlagen findet § 2 Anwendung. Eine Ausdehnung der Vorschrift auf andere Unternehmungen ist ausgeschlossen. Unter § 2 fallen daher auch solche Anlagen nicht, die mit einer dieser haftpflichtigen Unternehmungen verbunden sind, ohne jedoch integrierende Bestandteile derselben zu sein. Dagegen findet § 2 auf solche Anlagen Anwendung, die begrifflich zu einer dieser vier Kategorien gehören, aber wirtschaftlich nur Teile anderer, nicht unter § 2 fallender Unternehmungen bilden. Dies gilt z. B. von den landwirtschaftlichen Nebengewerben, wie Käsereien, Brennereien, Brauereien, Ziegeleien, Säge- und Getreidemühlen. Vgl. Anm. 12.

Anm. 3. **1. Bergwerk.**

Der Begriff ist reichsgesetzlich nicht bestimmt. Die durch Art. 67 EG. BGB. aufrechterhaltenen landesgesetzlichen Bestimmungen sind, da das HaftpflG. für das Deutsche Reich einheitliches Recht schafft, für den Begriff nicht maßgebend. Dieser muß aus dem HaftpflG. selbst gefunden werden.

Im juristischen Sinne ist unter „Bergwerk" das in einem bestimmten Felde unter einem bestimmten Namen verliehene Bergwerkseigentum zu verstehen. Das HaftpflG. verwendet den Ausdruck dagegen in einem technischen (sachlichen) Sinne. In diesem bedeutet „Bergwerk" eine Anlage, mittels welcher unterirdische Mineralien nach Auffindung von Fundstätten nach bergtechnischen Regeln gewonnen werden; ROHG. **25** 145; RG. **19** 189, JW. **1887** 497[13].

Die Merkmale des Begriffs „Bergwerk" sind demnach folgende:

Anm. 4. a) Die Anlage muß die **Gewinnung** von Mineralien bezwecken. Der Bergwerksbetrieb beginnt erst nach Auffindung der Fundstätten. Zu ihm gehören daher nicht die Veranstaltungen zur Aufsuchung von Fundstätten, wie das Schürfen und Bohren. ROHG. **25** 145.

Mit der Gewinnung der Mineralien ist der eigentliche Bergwerksbetrieb beendigt. Anstalten oder Einrichtungen, die nicht mehr der Gewinnung, sondern der Bearbeitung, Aufbewahrung, Weiterbeförderung oder Verwertung der gewonnenen Mineralien dienen, fallen nicht unter den Begriff „Bergwerk". RG. **26** 224. Sie gehören auch dann nicht zum Bergwerksbetrieb, wenn sie in engster örtlicher Verbindung zu einem Bergwerk stehen, akzessorische Anlagen desselben sind. Ebenso Endemann S. 68; Eger Anm. 15 S. 226.

Da der Zweck der Anlage die Gewinnung von Mineralien sein muß, ist selbstverständlich der Bau eines Tunnels kein Bergwerksbetrieb (RG. in EisenbE. **2** 79; RG. **8** 51, JW. **1882** 236[16], EisenbE. **2** 347). Dasselbe gilt z. B. von der Anlegung von Kohlenabfuhrwegen (RG. in ZBergR. **22** 528) sowie einer Anlage behufs Entwässerung einer durch den Bergwerksbetrieb gesunkenen und versumpften Gegend (RG. **26** 224).

Dagegen gehören z. B. die Halden zum Bergwerk, weil die Herausschaffung des Minerals und die Ablagerung in der Halde einen Teil der Förderung bildet (RG. **26** 22).

b) Die Anlage muß zur Gewinnung von **Mineralien** bestimmt sein. Anlagen zur Gewinnung von Erdölen, Mineralwassern, Trinkwasser fallen nicht unter den Begriff „Bergwerk". Eger Anm. 15 S. 224; Reindl Anm. 2 zu § 2 S. 92. **Anm. 5.**

c) Die zu gewinnenden Mineralien müssen **unterirdisch** gelagert sein. Nach der gemeinen Auffassung wird der eigentliche Bergbau von der Gewinnung der in oberflächlicher Lagerstätte befindlichen Fossilien unterschieden. Deshalb nennt auch § 2 neben den Bergwerken besonders die Steinbrüche und Gräbereien. **Anm. 6.**

d) Die Gewinnung der Mineralien muß **nach bergtechnischen Regeln** erfolgen. Schon mangels dieses Merkmals ist daher z. B. die Herstellung von Bohrlöchern zum Zwecke der Gewinnung von Petroleum kein Bergwerksbetrieb. RG. **19** 189, JW. **1887** 497[13]. Vgl. auch Anm. 4. **Anm. 7.**

Ob der Betrieb nach bergtechnischen Regeln, in bergmännischer Weise erfolgt, ist nach dem Stande der Bergwissenschaft zu beurteilen. Eger Anm. 15 S. 226.

e) Im einzelnen ist noch zu bemerken: **Anm. 8.**

Kriterium des Begriffs „Bergwerk" ist nicht, daß die Anlage der bergpolizeilichen Aufsicht nach Maßgabe der Landesgesetze unterliegt. Sonst würde bei Verschiedenheit der landesrechtlichen Vorschriften das Reichsgesetz verschieden auszulegen und die einzelstaatliche Gesetzgebung in der Lage sein, die Bergwerke ihres Territoriums der Haftung gemäß § 2 zu entziehen. Übereinstimmend Endemann S. 69; Reindl Anm. 2 zu § 2 S. 93; Westerkamp S. 666; Genzmer S. 59; RG. **19** 189, JW. **1887** 497[13]. Abweichend Eger Anm. 15 S. 222.

Gewerbsmäßigkeit des Betriebes ist nicht Erfordernis. Unter § 2 fallen auch Bergwerke, die nicht gewerblichen, sondern etwa bergwissenschaftlichen Zwecken dienen. Ebenso Eger Anm. 16 S. 228. A. M. Genzmer S. 59.

Auf den Umfang des Bergwerks kommt es ebensowenig an wie darauf, ob das Recht zur Gewinnung auf staatlicher Verleihung beruht oder aus dem Recht des Grundeigentums fließt (Stenogr. Ber. **3** 71). Ferner ist es gleichgültig, ob das Bergwerk als Hauptbetrieb erscheint oder nur das Akzessorium einer anderen Anlage bildet. Vgl. Anm. 2.

Unter § 2 fällt das Bergwerk mit allen seinen Bestandteilen. Die Vorschrift findet somit auf jede Anlage Anwendung, die ein wesentlicher Bestandteil des Bergwerks ist. Einen solchen bilden z. B. auch die unterirdischen Bergwerkseisenbahnen (Grubenbahnen). Denn diese sind nicht selbständige Verkehrsunternehmungen, sondern gehören zu den der Förderung dienenden Anlagen. Daher findet auf sie nicht § 1, sondern § 2 Anwendung. Vgl. Anm. 14 zu § 1.

Anm. 9. **2. Steinbruch.**

Die Steinbrüche sind neben den Bergwerken nach den Motiven zu § 2 besonders aufgeführt, „da die durchschnittliche Gefährlichkeit derselben die Anwendung des Gesetzes auf dieselben erheischt und andererseits es zweifelhaft sein könnte, ob ein Steinbruch unter die Bezeichnung ‚Bergwerk' zu subsumieren sein würde" (vgl. Mot. S. 10). Ihre ausdrückliche Erwähnung erscheint angemessen. Denn die Praxis kennt — im Gegensatz zu den nur unterirdischen Bergwerken — über Tage und unterirdisch betriebene Brüche und unterscheidet auch letztere von den Bergwerken (vgl. §§ 154, 154a GewO.).

Im Sinne des HaftpflG. bedeutet Steinbruch eine Anlage, in der Steinarten nach besonderen technischen Regeln gewonnen werden.

Der Zweck muß unmittelbar auf Gewinnung von Steinen gerichtet sein. Infolgedessen fällt nicht unter den Begriff „Steinbruch" eine gewerbliche Unternehmung, bei der das Steinmaterial nicht das zu erzielende Produkt bildet, sondern mit Rücksicht auf die Herstellung einer baulichen Anlage, weil es ein Hindernis bildet, aus dem Wege zu räumen ist. Kein Steinbruch ist hiernach z. B. eine Anlage, die die Führung einer Eisenbahn durch felsiges Terrain oder die Durchbrechung eines Tunnels bezweckt, auch wenn die Arbeitsweise die gleiche wie beim Betriebe von Steinbrüchen ist. ROHG. **20** 3; RG. in JW. **1881** 158, EisenbE. **2** 79; RG. **8** 51, JW. **1882** 236[16], EisenbE. **2** 347; BayObLG. in EisenbE. **4** 136.

Die Grenzen der „Gewinnung" wird man jedoch nicht zu eng ziehen dürfen und dazu auch das Sortieren der Steine zu rechnen haben, mag dieses in dem örtlichen Bereich des eigentlichen Steinbruchs oder in einiger Entfernung von diesem erfolgen. RG. in „Recht" **1905** Nr. 3165, Gruchot **1906** 133, EisenbE. **22** 352. A. M. Eger S. 229.

Daß die Anlage nach Maßgabe landesgesetzlicher Vorschriften staatlicher Aufsicht untersteht, ist hier ebensowenig wie bei Bergwerken zur Anwendung des § 2 erforderlich (vgl. Anm. 8). A. M. Eger Anm. 16 S. 228.

Auch gewerbsmäßig braucht der Steinbruch nicht betrieben zu werden (vgl. Anm. 8). Ebenso Eger Anm. 16 S. 228. A. M. Endemann S. 70; Reindl Anm. 3 zu § 2 S. 94.

Gleichgültig ist, ob der Steinbruch ein selbständiges Unternehmen bildet oder nur als akzessorische Anlage eines anderen Betriebes erscheint.

Ob die Gewinnung nach besonderen technischen Regeln erfolgt, richtet sich nach dem Stande der Wissenschaft. Vgl. Anm. 7.

§ 2 findet auf alle Arten von Steinbrüchen, sowohl die über Tage als auch die unterirdisch betriebenen, Anwendung.

3. Gräberei (Grube). Anm. 10.

Gräbereien (Gruben) sind Anlagen, in denen an der Erdoberfläche gelagerte Mineralien oder Erdarten durch Ausgraben gewonnen werden.

Wesentlich ist ebenso wie für die Begriffe „Bergwerk" und „Steinbruch", daß der Zweck der Anlage die Gewinnung des Materials ist. Daher sind keine Gräbereien die Anlagen zur Hebung und Fortschaffung von Erdmassen für bauliche Zwecke, z. B. das Ausgraben der Fundamente eines Gebäudes, die Ausschachtungsarbeiten zwecks Anlegung eines Docks (ROHG. **23** 403), die Erdarbeiten zwecks Durchbrechung eines Tunnels (ROHG. **20** 3; RG. in JW. **1881** 158, EisenbE. **2** 79; RG. **8** 51, JW. **1882** 236[16], EisenbE. **2** 347; BayObLG. in EisenbE. **4** 136).

Wesentlich ist ferner, daß die Anlage der Gewinnung der in oberflächlichen Lagerstätten vorkommenden Mineralien oder Erdarten dient. Daß die Gewinnung durch einen am Tage stattfindenden Erdbau erfolgt, genügt nicht. Keine Gräberei ist daher z. B. eine Anlage, bei der tief in der Erde sich sammelndes Erdöl durch Tiefbohrungen in der Weise gewonnen wird, daß Löcher zum Teil bis auf große Tiefen in die Erde gebohrt werden und dann das in diesen sich sammelnde Erdöl entweder von selbst ausfließt oder mittels Pumpwerken heraufgepumpt oder ausgeschöpft wird. RG. **19** 193, JW. **1887** 497[13].

Voraussetzung der Anwendung von § 2 ist auch, daß es sich um eine Anlage von größerem Umfange handelt. Denn nach den Motiven zu § 2 ist bei den Gräbereien an solche den Bergwerken ähnliche Unternehmungen gedacht, deren Gefährlichkeit die Anwendung des Gesetzes erheischt. Vgl. RG. in Bolze **19** Nr. 274, JW. **1895** 18[18].

Daß die Anlage staatlicher Aufsicht untersteht, ist nicht erforderlich. Vgl. Anm. 8. A. M. Eger Anm. 17 S. 230.

Ebensowenig kommt es darauf an, ob die Gräberei gewerbsmäßig betrieben wird oder nicht. Vgl. Anm. 8. Ebenso Eger Anm. 17 S. 230. A. M. Endemann S. 70; Reindl Anm. 4 zu § 2 S. 95. Die von letzterem angezogene Entscheidung des ROHG. (Bolze **2** Nr. 626) betrifft eine andere Frage. Daher ist auch unerheblich, ob das gewonnene Material verkauft oder für eigene Zwecke verwendet wird. RG. in Bolze **19** Nr. 274, JW. **1895** 18[18].

Gleichgültig ist endlich, ob die Gräberei selbständig oder, wie z. B. eine mit einem landwirtschaftlichen Unternehmen verbundene Mergelgrube, als akzessorische Anlage eines anderen Unternehmens betrieben wird. RG. in Bolze **19** Nr. 274, JW. **1895** 18[18].

Als Beispiele von Gräbereien nennen die Motive Mergel-, Kies-, Sand-, Ton-, Lehmgruben, ohne damit jedoch eine erschöpfende Aufzählung aller Arten von Gräbereien geben zu wollen. Unter den Begriff fallen z. B. auch Strontianitgruben (RG. in Bolze **4** Nr. 403, JW. **1886** 233[29]), Torf- und Bernsteingräbereien. Vgl. Reindl Anm. 4 zu § 2 S. 95; Westerkamp S. 666; Eger Anm. 17 S. 230.

Anm. 11. **4. Fabrik.**

Eine Definition des Begriffes gibt das Gesetz nicht. Die Motive bemerken, man werde es „in Zweifelsfällen dem Richter überlassen müssen, eine Entscheidung darüber zu treffen, ob es sich um ein Fabrikunternehmen handelt oder nicht, und von dem vergeblichen Versuche abzustehen haben, im Gesetz eine Feststellung des Begriffs einer Fabrik vorzunehmen" (vgl. Mot. S. 11).

Ebensowenig ist in anderen Gesetzen, in denen der Begriff „Fabrik" eine Rolle spielt, der Versuch gemacht, ihn zu bestimmen. § 538 RVersO. zählt allerdings (wie früher § 2 GewUVG.) diejenigen Betriebe auf, die als Fabriken im Sinne dieses Gesetzes anzusehen sein sollen. Es sind dies die Betriebe, die 1. gewerbsmäßig Gegenstände bearbeiten oder verarbeiten und hierzu mindestens zehn Arbeiter regelmäßig beschäftigen; 2. gewerbsmäßig Sprengstoffe oder explodierende Gegenstände erzeugen oder verarbeiten oder elektrische Kraft erzeugen oder weitergeben; 3. nicht bloß vorübergehend Dampfkessel oder von elementarer oder tierischer Kraft bewegte Triebwerke verwenden; 4. vom Reichsversicherungsamt den Fabriken gleichgestellt werden. Eine allgemeine Bedeutung kann jedoch diese Vorschrift nicht beanspruchen. Auf das HaftpflG. insbesondere ist sie nicht übertragbar. Vgl. RGSt. in JW. **1899** 477[1], EisenbE. **16** 103; Eger Anm. 18 S. 233.

Die Schwierigkeit der Bestimmung des Begriffs liegt in seiner Abgrenzung gegenüber dem Begriff „Handwerk". Verzichtet man darauf, diese Grenze genauer zu fixieren, so läßt sich eine Fabrik bezeichnen als eine *gewerbliche Anlage, in der Gegenstände im großen bearbeitet oder verarbeitet werden*. Vgl. Endemann S. 71; Eger Anm. 18 S. 237; RG. **67** 229, JW. **1908** 115[17], EisenbE. **24** 287.

Anm. 12. Eine Fabrik ist eine *gewerbliche* Anlage. Daher fallen unter den Begriff „Fabrik" nicht die *landwirtschaftlichen Betriebe*, auch wenn in diesen Maschinen in größerem Umfange Verwendung finden. Denn die Landwirtschaft gehört nicht zu den *Gewerben*. ROHG. **21** 276; RG. **1** 265; RGSt. **18** 371; JW. **1899** 477[1], EisenbE. **16** 103.

§ 2 kommt demnach auf solche Betriebe nicht zur Anwendung, bei denen entweder lediglich die Gewinnung landwirtschaftlicher Erzeugnisse, d. h. die Erzeugung von Rohprodukten unmittelbar aus dem Boden heraus, oder deren Zurechtstellung, Zubereitung und Reinigung für den Verkehr ohne weitere *Verarbeitung* innerhalb eines solchen Betriebes in Frage steht. Deshalb ist z. B. nicht als Fabrik angesehen worden eine mit einem landwirtschaftlichen Betriebe verbundene Flachsschwingerei, in der an 2 Knickmaschinen und 22 Schwingstöcken 32 Personen unter einem Meister beschäftigt wurden, weil das maschinell betriebene Rösten, Dörren, Brechen und Schwingen des Flachses wie das Ausdreschen des Getreides nur der Gewinnung des Rohproduktes diene und deshalb zum eigentlichen Flachsbau gehöre. RGSt. **18** 371.

Wohl aber sind Fabriken diejenigen mit landwirtschaftlichen Betrieben verbundenen Anlagen, in denen die land- und forstwirtschaftlichen Rohprodukte zur **Verarbeitung** gelangen, wie z. B. Käsereien, Brennereien, Brauereien, Molkereien, Ziegeleien, Getreide-, Öl-, Holzschneidemühlen, Stärkefabriken, Zuckerfabriken, sofern die sonstigen Merkmale einer Fabrik vorhanden sind. ROHG. **22** 415; RG. **1** 265; Eger Anm. 18 S. 239; Reindl Anm. 5 zu § 2 S. 98; Endemann S. 71.

Der Begriff „Fabrik" setzt eine Anlage, ein Etablissement voraus. Daher ist § 2 nicht auf Unternehmungen anwendbar, in denen die Be- oder Verarbeitung von Sachen ohne eine gemeinsame Arbeitsstätte stattfindet. RG. **57** 381. So fällt z. B. die Fabrikation im Wege der Hausindustrie nicht unter § 2.

Daß ein Bauunternehmen keine gewerbliche Anlage zur Bearbeitung oder Verarbeitung beweglicher Sachen darstellt, ist einleuchtend. Selbstverständlich kann aber eine gewerbliche Anlage, in der die für einen Bau erforderlichen Materialien hergestellt werden, eine Fabrik im Sinne des § 2 sein. Ebenso Eger Anm. 18 S. 238; Reindl Anm. 5 zu § 2 S. 98; Genzmer S. 63.

Welcher Art die Gegenstände sind, die der Betrieb umfaßt, ist gleichgültig. Dieselben Erzeugnisse können im Wege des Fabrik- wie des Handwerksbetriebes hergestellt werden. Als Fabriken kommen auch solche Betriebe in Betracht, die sich nicht mit der Umwandlung und Verarbeitung von Rohstoffen, sondern mit anderen Arbeitsarten befassen, für die gemeinhin nicht der Ausdruck „Fabrizieren" angewendet wird, so z. B. Färbereien und Waschanstalten. RGSt. **26** 189; RG. in JW. **1899** 477[1], EisenbE. **16** 103. **Anm. 13.**

Es brauchen nicht notwendig körperliche Sachen (feste, flüssige oder gasförmige) verarbeitet zu werden und die Substanz des gewonnenen Erzeugnisses zu bilden. Auch gewerbliche Anstalten, in denen z. B. Elektrizität im großen erzeugt wird, sind als Fabriken im Sinne des § 2 anzusehen. RG. **67** 229, JW. **1908** 115[17], EisenbE. **24** 287; vgl. auch RG. **56** 403.

Durch das Merkmal der Arbeit im großen unterscheidet sich der fabrikmäßige vom handwerksmäßigen Betrieb. Darüber, ob ein Großbetrieb anzunehmen ist, entscheidet richterliches Ermessen. Vgl. ROHG. in SeuffA. **34** Nr. 217; BayObLG. in SeuffA. **42** Nr. 98. **Anm. 14.**

Für die Entscheidung im Einzelfalle wird die Tendenz des HaftpflG. von maßgebender Bedeutung sein. Die „Anschauungen des Verkehrs" und der „gewöhnliche Sprachgebrauch" werden weniger Berücksichtigung verdienen (a. M. RG. **54** 183). Denn nach den Anschauungen des Verkehrs und dem Sprachgebrauch gelten vielfach Anlagen, wie z. B. Holzschneidemühlen, Getreidemühlen, Gas- und Elektrizitätswerke, nicht als „Fabriken", obwohl diese im Sinne des § 2 ohne Zweifel als solche anzusehen sind. Ebenso Eger Anm. 18 S. 237.

Wenn auch hiernach alles auf die Würdigung des konkreten Falles ankommt, so besteht doch in Theorie und Praxis darüber Einigkeit, daß es

Merkmale gibt, die für den Fabrikbetrieb im Gegensatz zum Handwerksbetrieb charakteristisch sind. Als solche charakteristischen Merkmale werden angesehen: die Größe und Ausdehnung der Arbeitsräume, die Größe des Umsatzes, die beträchtliche Zahl der dauernd beschäftigten Arbeiter, die Arbeitsteilung (die leitende, wesentlich kaufmännische Tätigkeit des Unternehmers, die vorwiegend mechanische Tätigkeit der technischen Gehilfen, die Beaufsichtigung durch Werkführer), die Scheidung des Leiters von den ausführenden Arbeitern durch Bildung, Besitz und soziale Stellung. RG. **57** 381; RGSt. **14** 423; RG. **24** 357; RG. **25** 4; RG. **26** 161; JW. **1899** 477[1], EisenbE. **16** 103; KG. in DJZ. **1896** 99; DJZ. **1902** 437; BayObLG. in SeuffA. **42** Nr. 98.

Damit soll nicht gesagt werden, daß stets sämtliche Merkmale vorhanden sein müssen. Es wird vielmehr genügen, wenn sie im wesentlichen in überwiegender Mehrheit vorliegen. Vgl. RGSt. **14** 423.

Als weniger wesentliche, wenn auch meist beim Fabrikbetrieb anzutreffende Merkmale kommen z. B. in Betracht die Erzeugung in Massen (auf Vorrat, Lager) und die Benutzung von Dampf- oder anderen elementaren Triebkräften. RG. in JW. **1899** 477[1], EisenbE. **16** 103.

Ist die Verwendung elementarer Kräfte auch keine wesentliche Voraussetzung (vgl. RG. **4** 98, EisenbE. **2** 32), so wird doch da jedenfalls, wo sie mit einer größeren Zahl von Arbeitern zusammentrifft, eine Fabrik für vorliegend zu erachten sein. RGSt. **14** 423. Man wird z. B. als Fabrik im Sinne des HaftpflG. nicht eine Mühle ansehen können, in der eine Dampfmaschine verwendet wird, aber nur drei Arbeiter ständig beschäftigt werden. Abweichend ROHG. in SeuffA. **34** Nr. 217.

Dagegen ist beispielsweise als Fabrik eine Wäscherei anzusehen, in der 30 Arbeiterinnen beschäftigt und eine Waschmaschine, eine Zentrifugaltrockenmaschine und eine Rollmaschine mittels einer Dampfmaschine von 14 Pferdekräften in Bewegung gesetzt werden. RG. **26** 189.

Anm. 15. Nicht erforderlich ist Gewerbsmäßigkeit des Betriebes in dem Sinne, daß dieser eine dauernde Einnahmequelle bildet. Unter den Begriff „Fabrik" fällt auch ein städtisches Wasserwerk, bei dem kein Gewinn erzielt werden soll, und dessen Kosten durch Abgaben und Steuern gedeckt werden. OLG. Hamburg in DJZ. **1906** 376, EisenbE. **22** 373.

Infolgedessen ist auch nicht nötig, daß mit dem Betriebe ein Handelsgewerbe verbunden ist, oder daß überhaupt die zu be- oder verarbeitenden Produkte für den Handel bestimmt sind. § 2 findet daher auch auf fabrikmäßige Anlagen Anwendung, die lediglich zur Befriedigung des eigenen Bedarfs des Unternehmers bestimmt sind. ROHG. **22** 415; **24** 103; RGSt. **25** 4; Endemann S. 72. A. M. Eger Anm. 18 S. 237.

Als Fabriken kommen daher z. B. auch die Werkstätten der Eisenbahnverwaltung, in denen die Transportmittel hergestellt und ausgebessert, und sonstige Anlagen in Betracht, in denen für die Zwecke der Eisenbahnen Erzeugnisse im großen hergestellt oder ausgebessert werden. ROHG. **13** 81; **15** 92.

Der Begriff „Fabrik“ umfaßt die Anlage in ihrer Gesamtheit, einschließlich aller wesentlichen Bestandteile. § 2 findet demnach z. B. auch auf Eisenbahnen Anwendung, die ein Unternehmer innerhalb seines Fabriketablissements zum Transporte seiner Produkte oder Arbeiter verwendet. Vgl. Anm. 13 zu § 1. Anm. 16.

II. Betrieb.

§ 2 spricht im Gegensatz zu § 1 nicht aus, daß der Unfall bei dem Betriebe erfolgen muß. Der Wortlaut der Bestimmung läßt aber keinen Zweifel darüber zu, daß dies Voraussetzung der Haftpflicht des Unternehmers ist. Denn es heißt in § 2, daß, wer eine der genannten Anlagen betreibt, für den Schaden haftet, der dadurch entsteht, daß ein Bevollmächtigter oder ein Repräsentant oder eine zur Leitung oder Beaufsichtigung angenommene Person durch ein Verschulden in Ausführung der Dienstverrichtungen den Unfall eines Menschen herbeigeführt hat. Es ergibt sich dies auch aus § 9. Nach diesem bleiben die gesetzlichen Vorschriften unberührt, nach welchen außer den in diesem Gesetz vorgesehenen Fällen der Unternehmer einer in den §§ 1, 2 bezeichneten Anlage oder eine andere Person für den bei dem Betriebe der Anlage durch Tötung oder Körperverletzung eines Menschen entstandenen Schaden haftet. Anm. 17.

Ebenso ROHG. **22** 311; Eger Anm. 19 S. 247; Reindl Anm. 1 zu § 2 S. 88.

1. Unter „Betrieb“ kann nicht der gesamte gewerbliche Betrieb der genannten vier Unternehmungen, einschließlich der Bureautätigkeit, sondern nur der **technische Betrieb** verstanden werden. Dies folgt aus dem Zweck des HaftpflG., ist aber auch aus dem Wortlaut des § 9 zu entnehmen, der nicht von dem Betriebe der in den §§ 1 und 2 genannten Unternehmungen, sondern der hier bezeichneten Anlagen spricht. Anm. 18.

Unter den Begriff „Betrieb“ fällt aber der technische Betrieb in seiner Gesamtheit. Zum Betriebe im Sinne des § 2 gehören alle Verrichtungen und Veranstaltungen, die sich als Teile des technischen Betriebes darstellen.

Dies ist nicht unbestritten. In dem Schrifttum wird die Ansicht vertreten, es sei ebenso wie für § 1 (vgl. Anm. 23 zu § 1) innerhalb des technischen Betriebes eine weitere Abgrenzung nach dem Momente der eigentümlichen Gefährlichkeit zu machen. Unter „Betrieb“ sollen hiernach nur diejenigen Verrichtungen des Betriebes zu verstehen sein, die ihm die eigentümliche Gefährlichkeit verleihen. So Eger Anm. 19 S. 248; Endemann S. 67.

Allein diese Auffassung ist abzulehnen. Weder mit dem Wortlaut noch mit dem Zweck der Bestimmung ist eine solche Auslegung vereinbar. Auch die Materialien des Gesetzes gewähren für diese keinen Anhalt (vgl. ROHG. **21** 276). Ebenso verfehlt ist der Hinweis auf § 1. Auch für diese Bestimmung ist es unrichtig, das Moment der eigentümlichen Gefährlichkeit in irgendeiner Beziehung zum Kriterium des Begriffs „Betrieb" zu machen. Vgl. Anm. 22 ff. zu § 1.

Die einschränkende Auslegung des § 2 führt praktisch auch zu unmöglichen Konsequenzen. Eger (Anm. 19 S. 253) nimmt von seinem Standpunkt als folgerichtig an, unter § 2 fielen nur Verletzungen bei solchen Verrichtungen, die den in § 2 bezeichneten Betrieben die ihnen im Vergleiche mit anderen gewerblichen Anstalten eigentümliche Gefährlichkeit verliehen und somit bei letzteren nicht in gleicher Weise vorkommen könnten. Danach würde also z. B. § 2 nicht auf eine im Fabrikbetriebe vorgenommene Arbeitsverrichtung anzuwenden sein, wenn eine solche auch in einem Handwerksbetriebe, in dem Erzeugnisse gleicher Art in kleinerem Umfange hergestellt werden, vorkommt. Diese Konsequenz entspricht offenbar nicht den Zwecken des Gesetzes. Denn Fabrik- und Handwerksbetrieb unterscheiden sich auch durch Merkmale, die mit der Gefährlichkeit des Betriebes an sich nichts zu tun haben.

Anm. 19. Die Beschränkung des § 2 auf solche Unfälle, die sich auf die eigentümliche Gefährlichkeit des Betriebes zurückführen lassen, ist von dem ROHG. wie von dem RG. abgelehnt worden. Die Ansicht von Eger (Anm. 19 S. 251) und Reindl (Anm. 1 zu § 2 S. 90), daß die Rechtsprechung schwanke, ist nicht zutreffend.

Das ROHG. hat zu der Frage nur in dem grundlegenden Urteil ROHG. **21** 276 Stellung genommen. In einem Dampfsägewerkbetrieb war ein Arbeiter, der damit beschäftigt war, Bretter von einer Lori abzuladen, durch herabfallende Bretter verletzt worden. Den Einwand, der Unfall hänge nicht mit den dem Fabrikbetrieb eigentümlichen Gefahren zusammen, weist das ROHG. zurück und führt aus (S. 280):

„... Man war sich bewußt, daß die Bestimmung, soweit sie sich insbesondere auf Fabriken bezieht, auch solche Unternehmungen treffe, deren Betrieb nur geringe oder gar keine besonderen Gefahren mit sich bringt, und die Versuche, welche aus der Mitte des Reichstags gemacht wurden, die ungefährlichen Fabrikationszweige auszuscheiden und das Gesetz auf diejenigen Fabriken zu beschränken, bei denen rücksichtlich der Gefährlichkeit des Betriebes eine Analogie mit den Bergwerken, Steinbrüchen und Gruben bestehe, blieben erfolglos ... Außerdem ergibt sich aus den Debatten, daß man die Gefährlichkeit des Betriebes nicht als den alleinigen Grund zur Erlassung der Vorschrift ansah; namentlich wurde hervorgehoben, daß die Grundsätze des Gesetzes auch überall gelten müßten, wo der Unternehmer genötigt sei, sich durch andere vertreten zu lassen ... Also auch die Umfänglichkeit des Betriebes, welche die Zuziehung anderer Personen zur Leitung und Beaufsichtigung desselben mit sich bringt, war ein Motiv, die Haftpflicht des Unternehmers für die Verschuldung seiner Vertreter zu statuieren. Es muß hiernach angenommen werden, daß die Vorschrift nicht lediglich auf solche Unfälle berechnet sei, welche mit einer der betreffenden Unternehmung eigentümlichen Gefährlichkeit des Betriebs in Verbindung stehen, sondern nach der Absicht des Gesetzgebers die Haftpflicht des Unternehmers eintreten solle, sofern nur das Verschulden seines Vertreters sich auf eine zum Betrieb gehörige Verrichtung bezieht. Die entgegengesetzte Ansicht würde dazu führen, daß die Vorschrift auf alle diejenigen Fabrikationszweige, welche rücksichtlich des Betriebs mit besonderen Gefahren überhaupt nicht verbunden sind, gar keine Anwendung finden könnte — was ebensosehr der ausgesprochenen Absicht des Gesetzgebers als der allgemeinen Fassung der Vorschrift zuwiderlaufen würde."

Was den Standpunkt des RG. betrifft, so hat der V. ZS. in der Entsch. v. 22. 9. 80 (EisenbE. **1** 272) und der VI. ZS. in der Entsch. v. 15. 5. 05 (Gruchot **1906** 133, EisenbE. **22** 352) die Frage auf sich beruhen lassen. Dagegen hat der II. ZS. zu ihr in dem Urteil vom 31. 5. 81 (RG. **4** 98, EisenbE. **2** 32) Stellung genommen. Ein Arbeiter erlitt einen Unfall, als er damit beschäftigt war, in einer Brauerei ein 1000 l fassendes Faß auf Lager zu bringen. Das RG. hält die Auffassung der Vorinstanzen, daß § 2 nicht Anwendung finde, weil das Lagern der Bierfässer nicht zu den spezifisch gefahrbringenden Veranstaltungen einer Dampfbrauerei gehöre, für unzutreffend:

„Es ist allerdings anzuerkennen, daß das Spezialgesetz vom 7. Juni 1871 seinen hauptsächlichen legislatorischen Grund in der eigentümlichen Gefährlichkeit hat, die mit dem Betrieb von Eisenbahnen, Bergwerken und Fabriken verbunden ist, aber es ist nicht richtig, daß die vom Gesetzgeber bezüglich des Fabrikbetriebes im Gegensatz zum Handwerksbetriebe unterstellte Gefährlichkeit nur dann und insoweit vorliegt, wenn und inwieweit die Fertigung gewerblicher Objekte mittels Maschinen und insbesondere Dampfmaschinen bewirkt wird. Ist dies aber für den Begriff von ‚Fabrik' im Sinne des Haftpflichtgesetzes gleichgültig, so kann es auch zur Beantwortung der Frage, was bei einer als Fabrik anerkannten Bierbrauerei zum Fabrikbetriebe zu rechnen, und was als ‚Außenarbeit' zu erachten sei, nicht darauf ankommen, ob eine besondere Verrichtung, im vorliegenden Falle das Auflagern eines Bierfasses in den dazu bestimmten Räumen der Brauerei, mit jenen vom Appellationsrichter bezeichneten spezifisch gefahrbringenden Anstalten in Verbindung steht. Was zur Anwendbarkeit des § 2 a. a. O. allein erfordert wird, ist nur dies, daß die Verrichtung, bei welcher ein Unfall sich zugetragen, mit dem technischen und mechanischen Betriebe des als Fabrik sich charakterisierenden Unternehmens in Verbindung steht und der Leitung bzw. Beaufsichtigung desjenigen unterstellt ist, dessen Verschulden den Unfall veranlaßt haben soll."

In einem Urteil des III. ZS. vom 6. 12. 81 (EisenbE. **2** 163) wird ebenfalls die Annahme für unrichtig erklärt, daß die Bestimmungen des § 2 HaftpflG. lediglich mit Rücksicht auf die Gefährlichkeit des Fabrikbetriebes erlassen worden seien.

In den sonstigen von Eger (Anm. 19 S. 251, 252) und Reindl (Anm. 1 zu § 2 S. 90, 91) zitierten Entscheidungen des RG. ist zu der erörterten Frage überhaupt nicht Stellung genommen. Dagegen geht auch aus einer Reihe weiterer Entscheidungen, ohne daß dies ausdrücklich erklärt wird, hervor, daß das RG. zur Anwendung des § 2 einen Zusammenhang mit den spezifisch eigentümlichen Gefahren nicht für erforderlich erachtet. So wurde z. B. § 2 auf einen Fall für anwendbar erklärt, in dem sich ein Arbeiter auf einem Fabrikhof bei dem Zurseiteschieben eines Wagens, der mit einem zum Gießereibetriebe dienenden Formkasten beladen war, beteiligte und hierbei zu Schaden kam. RG. in EisenbE. 2 240. Vgl. auch RG. in Bolze **5** Nr. 365; RG. **60** 207 und insbesondere RG. in „Recht" **1914** Nr. 133, EisenbE. **30** 492.

§ 2 erstreckt sich demnach auf alle Unfälle, die auf technische Einrichtungen des Betriebes oder auf technische Handlungen der in dem Betriebe beschäftigten Personen zurückzuführen sind. Ebenso Westerkamp S. 669; Genzmer S. 65.

§ 2 findet daher z. B. Anwendung auf einen Unfall, der sich im Betrieb einer Brauerei beim Ausheben von Erdreich zu dem Zwecke, um einen vom Flaschenkeller ausgehenden verstopften Kanal zu reinigen (RG. in Bolze **5** Nr. 265), oder beim Schärfen der Werkzeuge durch die Arbeiter einer Fabrik in den hierfür vorgesehenen Räumlichkeiten ereignet (RG. in Bolze **4** Nr. 403). Ebenso liegt ein Betriebsunfall vor, wenn ein Arbeiter, der mit dem Sortieren und Verladen der in einem Steinbruch gebrochenen Steine beschäftigt ist, einen Stein aus einem Wagen hinauswirft und hierbei jemanden verletzt (RG. in Gruchot **1906** 133, EisenbE. **22** 352). Vgl. ferner RG. im „Recht" **1907** Nr. 2831.

Für einen Unfall, der mit den Einrichtungen des Betriebes oder mit Betriebshandlungen in keinem Zusammenhang steht, trifft den Unternehmer nach § 2 keine Verantwortung. Daher haftet z. B. der Unternehmer eines Dampfhammers nicht für die Folgen eines Unfalls, den ein Schmied dadurch erleidet, daß er wegen Nichtbefolgung einer Anordnung des Obermeisters von diesem an der Brust gepackt und derartig fortgestoßen wird, daß er rücklings auf den eisernen Fußboden der Werkstatt stürzt. RG. in EisenbE. 5 436.

Anm. 20. 2. Die haftpflichtige Anlage muß sich **im Betriebe** befinden. Daher können Unfälle, die sich ereignen, bevor der Anfang mit dem Betrieb gemacht ist, nicht als beim Betrieb erfolgt angesehen werden. § 2 kommt hiernach nicht auf Unfälle zur Anwendung, die sich bei dem Bau, der Einrichtung und Instandsetzung der Anlage ereignen. ROHG. **20** 13; **25** 201; RG. **16** 19, JW. **1886** 198[21], EisenbE. **4** 452; JW. **1890** 280[23], EisenbE. **7** 446.

Maßgebend für den Beginn des Betriebes ist der Zeitpunkt der tatsächlichen Inbetriebnahme. Ob diese mit der erforderlichen behördlichen Genehmigung oder ohne sie erfolgt, ist für die Frage der Haftpflicht gleichgültig. Ebenso Endemann S. 66; Reindl Anm. 1 zu § 2 S. 88; Westerkamp S. 668. A. M. Eger Anm. 14 S. 220.

Ebenso sind diejenigen Unfälle nicht als beim Betrieb erfolgt anzusehen, die sich zu einer Zeit ereignen, während der Betrieb der Anlage eingestellt ist. Dies gilt insbesondere von Unfällen bei Reparaturarbeiten, die während der Zeit der Betriebseinstellung vorgenommen werden. Voraussetzung ist jedoch, daß es sich um eine Einstellung des ganzen Betriebes handelt. Macht die Vornahme einer Reparatur nur die vorübergehende Außerbetriebsetzung einer Maschine, nicht den Stillstand des ganzen Betriebes erforderlich, so ist ein bei der Reparatur eintretender Unfall als Betriebsunfall anzusehen. ROHG. **25** 201; RG. in EisenbE. **2** 128; RG. **16** 22, EisenbE. **2** 365; EisenbE. **3** 85.

Eine Unterbrechung des Betriebes ist in keinem Falle anzunehmen, wenn der Betriebszweck auch auf Vornahme solcher Reparaturen gerichtet ist. RG. in EisenbE. **2** 128.

3. Zum „Betriebe" gehören nicht lediglich diejenigen technischen Funktionen, die den Zwecken des Unternehmens **unmittelbar** zu dienen bestimmt sind, insbesondere also nicht nur diejenigen Maßnahmen, die unmittelbar auf Förderung der den Zweck des Unternehmens bildenden Gewinnung oder Bearbeitung der Erzeugnisse gerichtet sind. **Anm. 21.**

Daß z. B. das Ausprobieren der in einer Fabrik hergestellten Maschine eine unter § 2 fallende Betriebshandlung darstellt, kann nicht bezweifelt werden. Zum „Betrieb" gehört auch, wenn ein in einer Fabrik hergestellter Apparat in dieser Kauflustigen oder sonstigen Interessenten vorgeführt wird (RG. **71** 1, JW. **1906** 249[4], EisenbE. **25** 414); wenn ein Motor zum Zweck einer photographischen Aufnahme in eine hierzu geeignete Lage gebracht wird (RG. in JW. **1915** 659[12]).

Zum „Betrieb" gehört ferner beispielsweise in einer Dampfbrauerei das mittels Dampfsäge bewirkte Zerkleinern von Holz, das zur Heizung von Geschäftsräumen bestimmt ist (RG. in Bolze **4** Nr. 407); ebenso die Tätigkeit, die ein Arbeiter während des Betriebes mit Mitteln desselben auf Grund einer Erlaubnis des Unternehmers oder seines Vertreters für seine eigene Person oder einen Dritten entfaltet oder nach den Einrichtungen und dem Geschäftsgange des Unternehmens zu entfalten sich für befugt halten kann (RG. in Bolze **4** Nr. 393).

4. Zum „Betriebe" gehören regelmäßig nur Einrichtungen und Veranstaltungen, die **innerhalb der örtlichen Grenzen** der Anlage getroffen werden. Das schadenbringende Ereignis muß innerhalb der Anlage eintreten oder von ihren Einrichtungen oder den von ihr getroffenen Veranstaltungen ausgehen. Auf Unfälle, die sich bei Arbeiten außerhalb der Betriebsanlage ereignen oder nicht auf eine innerhalb der Betriebsanlage vorhandene Einrichtung zurückzuführen sind, findet § 2 keine Anwendung. **Anm. 22.**

Der Unternehmer einer Fabrik (Mühle) haftet z. B. nicht für die Folgen eines Unfalls, der sich beim Ausbessern eines unterhalb der Fabrikanlage gelegenen Wehres ereignet (RG. in Bolze **10** Nr. 278).

Nicht zum Betrieb gehört insbesondere der Transport von Gegenständen nach und von den Betriebsanlagen. So liegt z. B. kein Betriebsunfall vor, wenn das in einer Fabrik hergestellte Eisen mittels Fuhrwerks durch einen Fuhrwerksunternehmer nach dem in einiger Entfernung gelegenen Bahnhof transportiert wird und ein Stück Eisen beim Verladen in einen Eisenbahnwagen einer dabei beschäftigten Person aufs Bein fällt (ROHG. **22** 311), oder wenn jemand für eine Zuckerfabrik Fässer auf einem Fuhrwerk herbeizuholen hat und durch ein während des Transportes vom Wagen herabfallendes Faß beschädigt wird (RG. **1** 46, EisenbE. **1** 58).

Anm. 23. Unter besonderen Umständen findet aber § 2 auf Veranstaltungen außerhalb der Betriebsanlage Anwendung, wenn nämlich diese Veranstaltungen in einem solchen Zusammenhange mit dem Betriebe stehen, daß sie als integrierender Teil desselben anzusehen sind. Solche Veranstaltungen werden unter der Bezeichnung „Außenwerke“ oder „Außenarbeiten“ zusammengefaßt.

Zum Betriebe gehören hiernach zunächst diejenigen Veranstaltungen, die sich zwar außerhalb der örtlichen Grenzen der eigentlichen Anlage befinden, aber in einem engen räumlichen Zusammenhang mit dieser stehen und deshalb schon äußerlich als deren Teile erscheinen. Zum Betrieb eines Sägewerks gehört z. B. ein Kran, der zur Hebung der für das Werk bestimmten Hölzer dient und mit diesem in räumlichem Zusammenhang steht, sich aber auf fremdem Grund und Boden befindet (RG. in EisenbE. **21** 355); ferner zum Betrieb einer Hütte ein Schienengeleise, das von dieser zur Bahnstation führt (RG. im „Recht“ **1914** Nr. 133, EisenbE. **30** 492); desgleichen ein Schienengeleise, auf dem Räumasche zu einem in der Nähe gelegenen Teich abgefahren wird (RG. **95** 177).

Desgleichen gehören z. B. zum Betrieb eines Elektrizitätswerks die Kabel, mittels der der elektrische Strom von der Erzeugungs- nach der Verbrauchsstelle geleitet wird. Die Zuleitung des elektrischen Stroms läßt sich nicht etwa mit dem Transporte fertiger Fabrikate auf eine Stufe stellen. Denn die Zuleitung erfordert besondere dauernde Einrichtungen, die mit dem Werk selbst verbunden und von diesem derartig abhängig sind, daß sie nur funktionieren, wenn das Werk im Betrieb ist. Die Kabel erscheinen somit als Bestandteile des Gesamtwerkes. RG. **67** 229, JW. **1908** 115[17], EisenbE. **24** 287; JW. **1908** 107[4], „Recht“ **1908** Nr. 639, EisenbE. **24** 380; OLG. Hamburg in DJZ. **1906** 376, EisenbE. **22** 373.

Aber auch wenn kein solcher räumlicher Zusammenhang vorliegt, ist eine Veranstaltung dann als zum Betriebe gehörig anzusehen, wenn sie sich technisch als ein Teil desselben darstellt. So ist z. B. das Transformatorhäuschen eines Elektrizitätswerkes als Teil des Betriebes zu erachten (RG. in EisenbE. **43** 114, SeuffA. **79** 151). Ferner ist als zum Fabrikbetrieb gehörig angesehen worden, daß eine Eisengießerei für eine städtische Wasserleitung außer der Anfertigung von gußeisernen Röhren es übernahm, die Röhren in den gefertigten Gräben zu versenken, zusammenzufügen und zu verdichten, und diese Arbeiten unter Beaufsichtigung ihrer Werkmeister und Aufseher ausführen ließ (ROHG. **25** 184). Der Transport einer Maschine ist als zum Betriebe einer Maschinenfabrik gehörig in einem Falle erachtet worden, in dem ein Fabrikant übernommen hatte, eine Dampfmaschine anzufertigen, in dem Etablissement des Bestellers aufzustellen und in Betrieb zu setzen, und zum Transport und Aufstellen der Maschine besondere technische Kenntnisse erforderlich waren (RG. in EisenbE. **2** 132). Vgl. auch RG. in JW. **1915** 1195[6], EisenbE. **33** 94 (Transport eines 60 Zentner schweren Schwungrades). Dagegen ist nicht etwa jede Montierung eines Apparates in dem Etablissement des Bestellers noch als Teil des Betriebes anzusehen, in dem der Apparat fabriziert worden ist. RG. in JW. **1908** 107[4], „Recht" **08** Nr. 639, EisenbE. **24** 380.

Das RG. hat § 2 auch beispielsweise für anwendbar erklärt, wenn eine Bahnverwaltung, die eine Reparaturwerkstätte besitzt, schadhaft gewordene Fahrstühle, die zur Beförderung des Gepäcks aus den Gepäckräumen auf den Bahnsteig dienen, von der Werkstätte aus reparieren läßt. RG. in EisenbE. **4** 362. Vgl. auch OLG. Hamburg in OLG. **13** 17.

III. Schuldhaftes Verhalten von Angestellten.

Vorbemerkung. Während § 1 die Haftpflicht des Unternehmers schlechthin an die Tatsache des Eintritts eines Unfalls bei dem Betriebe knüpft, ist die Haftung des Unternehmers auf Grund des § 2 dadurch bedingt, daß den Unfall ein Bevollmächtigter oder ein Repräsentant oder eine zur Leitung oder Beaufsichtigung des Betriebes oder der Arbeiter angenommene Person durch ein Verschulden in Ausführung der Dienstverrichtungen herbeigeführt hat. Voraussetzung der Haftung des Unternehmers ist demnach, **Anm. 24.**

1. daß der Urheber des Unfalls einer der bezeichneten Personenklassen angehört,
2. daß dieser schuldhaft gehandelt hat,
3. daß das Verschulden in Ausführung der Dienstverrichtungen begangen ist.

1. Die Arten von Angestellten.

a) Allgemeines. § 2 führt drei bestimmte Arten von Angestellten auf. Der Urheber des Unfalls muß ein Bevollmächtigter oder ein Repräsentant oder eine zur Leitung oder Beaufsichtigung des Betriebes oder der Arbeiter angenommene Person sein. **Anm. 25.**

Das Verschulden anderer Personen fällt nicht unter § 2. Diese Vorschrift findet daher keine Anwendung, wenn der Unfall durch ein Verschulden des Unternehmers selbst oder eines nicht zu einer der drei Klassen gehörigen Angestellten oder eines unbeteiligten Dritten herbeigeführt worden ist. Das Verschulden dieser Personen ist nach sonstigen gesetzlichen Vorschriften, insbesondere den Bestimmungen des BGB. über unerlaubte Handlungen, zu beurteilen.

Im konkreten Falle können Zweifel darüber obwalten, ob das Verschulden dem Unternehmer selbst oder einem Angestellten der in § 2 genannten Art zur Last fällt. Unter Umständen kann dem letzteren der Vorwurf eines Verschuldens deshalb nicht gemacht werden, weil er einer besseren Einsicht nicht fähig oder für den Posten nicht genügend vorgebildet ist. Dann trifft die Schuld, wenn nicht einen höheren Beamten, den Unternehmer selbst, der den ungeeigneten Beamten angestellt hat, ohne sich über dessen Befähigung zu vergewissern oder ihn mit ausreichenden Instruktionen zu versehen. Vgl. RG. **4** 23, EisenbE. **2** 11.

Bestehen solche Zweifel, so wird die Klage zweckmäßig auf das Verschulden beider gestützt werden. Für eine Haftung aus dem HaftpflG. kommt jedoch nur das Verschulden des Angestellten in Betracht.

Die Voraussetzungen des § 2 sind andere als die des § 831 BGB. Nach § 2 haftet der Unternehmer auch dann, wenn ihn erwiesenermaßen bei Auswahl und Beaufsichtigung der Aufsichtsperson kein Verschulden trifft. Vgl. RG. **95** 177.

Anm. 26. Ein gemeinsames Merkmal der drei Klassen von Angestellten, deren Verschulden der Unternehmer zu vertreten hat, ist eine gewisse Selbständigkeit. Mit den drei Kategorien von Personen sollten alle diejenigen Angestellten bezeichnet werden, die eine leitende oder beaufsichtigende Tätigkeit irgendwelcher Art ausüben, die also nicht nur als Lohnarbeiter, die lediglich den Anordnungen anderer Personen Folge zu leisten haben, beschäftigt sind. Bei den Beratungen des Gesetzes wurde darauf hingewiesen, daß zu den bezeichneten Personen jeder zu rechnen sei, der eine Aufsichtsfunktion irgendwelcher Art vorübergehend oder dauernd ausübe (vgl. Stenogr. Ber. **1** 206). Die Aufzählung der drei Klassen von Personen ist nicht zu dem Zwecke geschehen, um bloß für einzelne Arten von Hilfspersonen, welche in der Mitte zwischen dem Betriebsunternehmer und den Arbeitern stehen, die Haftpflicht einzuführen, sondern um den Kreis dieser Personen mit möglichster Vollständigkeit zu bezeichnen (ROHG. **21** 175). Es ist daher auch nicht richtig, daß der Gesetzgeber, wie Eger (Anm. 21 S. 259) meint, mit den drei Kategorien scharf voneinander gesonderte Klassen im Auge gehabt habe. Die Begriffe schließen keineswegs einander aus.

Infolgedessen bedarf es nicht der Feststellung der Person des Schuldigen und seiner Zugehörigkeit zu einer bestimmten der drei Klassen. Vielmehr genügt es, wenn überhaupt ein Verschulden der Betriebsleitung im weitesten Sinne für vorliegend erachtet wird. Ebenso RG. in Bolze **1** Nr. 126; EisenbE. **4** 364; EisenbE. **4** 416; RG. **67** 229; EisenbE. **28** 286. A. M. Eger Anm. 25 S. 309; Reindl Anm. 10 zu § 2 S. 112.

Anm. 27. Gemeinsam ist den drei Klassen von Personen ferner das Abhängigkeitsverhältnis. Die Personen müssen zu dem Unternehmer in einem Auftrags- bzw. Dienstverhältnis stehen. Darauf deutet auch die Wendung „in Ausführung der Dienstverrichtungen" hin. Ebenso Eger Anm. 21 S. 260. Vgl. Stenogr. Ber. **1** 206.

Daher kann z. B. zu dem bezeichneten Personenkreis nicht jemand gerechnet werden, der von dem Eigentümer eines Steinbruchs durch Vertrag das Brechen der Steine übernimmt und sich verpflichtet, die gesamte Ausbeute gegen vertragsmäßig festgesetzte Preise an den Eigentümer abzuliefern. In diesem Falle ist derjenige, der das Brechen der Steine übernimmt, selbst Betriebsunternehmer. Ebenso Eger Anm. 21 S. 260; Westerkamp S. 672; Reindl Anm. 7 zu § 2 S. 104; v. Weinrich S. 157 Anm. 4. A. M. ROHG. **21** 175; Endemann S. 76.

Ebenso gehört z. B. zu einer der drei Klassen nicht ein Markscheider,

der im Auftrage eines Bergwerkunternehmers einen dem Bergbaubetrieb zugrunde zu legenden Spezialriß anfertigt und diese Arbeit selbständig und unter eigener Verantwortlichkeit auszuführen hat (RG. in JW. **1881** 17, EisenbE. **1** 284). Dagegen gehört zu den in § 2 aufgeführten Personen auch der geschäftsführende Gesellschafter einer offenen Handelsgesellschaft. Vgl. Anm. 30.

Die Beweispflicht dafür, daß der Urheber des Unfalls zu den drei Personenkategorien gehört, liegt demjenigen ob, der auf Grund des § 2 Ansprüche gegen den Betriebsunternehmer erhebt. ROHG. **14** 196. **Anm. 28.**

Die in § 899 RVersO. (früher § 136 GewUVG.) gewählte Zusammenstellung „Bevollmächtigte oder Repräsentanten des Unternehmers ..... Betriebs- und Arbeiteraufseher" weicht von der Fassung des § 2 nur in redaktioneller Beziehung ab. Inhaltlich besagen die Bezeichnungen beider Bestimmungen dasselbe. Vgl. Mot. z. Entw. d. GewUVG., Verhandl. d. Reichstages 1884, Drucks. Nr. 4 S. 82, 83; RG. in EisenbE. **23** 263. **Anm. 29.**

b) Die einzelnen Kategorien.

α) Ein Bevollmächtigter. **Anm. 30.**

Vollmacht ist die durch Rechtsgeschäft erteilte Vertretungsmacht (§ 166 BGB.). Bevollmächtigter des Betriebsunternehmers ist derjenige, der zum Abschluß von Rechtsgeschäften mit Wirkung für den Unternehmer befugt ist. Eine Vollmacht im Rechtssinne liegt nicht vor, wenn sich die übertragenen Verrichtungen in tatsächlichen Dienstleistungen erschöpfen.

Das RG. ist der Ansicht, daß der Gesetzgeber des HaftpflG. bei dem Ausdruck „Bevollmächtigter" nicht wohl an die Erteilung einer Vollmacht im eigentlichen Sinne gedacht habe, da unter dem „Betriebe" im Sinne des § 2 nur das Technische der Fabrikation oder Produktion zu verstehen sei (RG. in JW. **1881** 17, EisenbE. **1** 284). Dem kann nicht zugestimmt werden, wenn überhaupt eine klare Vorstellung mit dem Ausdruck „Bevollmächtigter" verbunden werden soll. Die Angestellten sind entweder lediglich mit tatsächlichen Verrichtungen betraut oder aber Vertreter im Rechtssinne. Da § 2 besonders diejenigen Personen aufführt, die eine leitende oder beaufsichtigende Funktion faktisch ausüben, so hat die besondere Aufführung der „Bevollmächtigten" nur Sinn, wenn mit diesem Ausdruck Vertreter im Rechtssinne bezeichnet werden sollten. Ebenso Eger Anm. 22 S. 262; Reindl Anm. 7 zu § 2 S. 104; Westerkamp S. 671; Genzmer S. 69. Abweichend Endemann S. 76.

Die Vollmacht muß sich auf den technischen Betrieb erstrecken. **Anm. 31.** Dies folgt daraus, daß der Unternehmer nur für Unfälle haftet, die sich bei dem technischen Betrieb ereignen (vgl. Anm. 18), und daß das Verschulden „in Ausführung der Dienstverrichtungen" begangen sein muß. Für schuldhafte Handlungen von Personen, die für den eigentlich kaufmännischen Teil des Betriebes bevollmächtigt sind, wie Kassierer, Buchhalter u. dgl., kann der Unternehmer auf Grund des § 2 nicht verantwortlich gemacht werden.

Der Umfang der Vollmacht kann im übrigen ein sehr verschiedener sein. Sie kann eine spezielle oder generelle sein. Zu den generell Bevollmächtigten gehört auch der geschäftsführende Gesellschafter einer offenen Handelsgesellschaft. Nicht dieser ist Betriebsunternehmer, sondern die Gesellschaft. Daß sie nicht Rechtspersönlichkeit besitzt, ist gleichgültig. Der geschäftsführende Gesellschafter **vertritt** die Gesellschaft Dritten gegenüber (§ 125 HGB.). Gemäß § 105 Abs. 2 HGB. in Verbindung mit § 713 BGB. bestimmen sich seine Rechte und Verpflichtungen nach den für den Auftrag geltenden Vorschriften der §§ 664—670 BGB. Man kann also nicht sagen, daß der Gesellschafter Mitunternehmer ist. Übereinstimmend ROHG. **18** 216; RG. in EisenbE. **1** 291; v. Weinrich S. 157 Anm. 3; Reindl Anm. 7 zu § 2 S. 103; Genzmer S. 71. A. M. Eger Anm. 21 S. 261; Endemann S. 74 Anm. 63; Westerkamp S. 672.

Anm. 32. Die **Erteilung** der Vollmacht erfolgt durch Erklärung gegenüber dem zu Bevollmächtigenden oder dem Dritten, dem gegenüber die Vertretung stattfinden soll. Die Erklärung bedarf nicht der Form, welche für das Rechtsgeschäft bestimmt ist, auf das sich die Vollmacht bezieht (§ 167 BGB.). Sie kann daher auch stillschweigend oder durch schlüssige Handlungen erteilt werden. Vgl. RG. in EisenbE. **3** 178.

Eine solche stillschweigende Bevollmächtigung wird überall da anzunehmen sein, wo sich aus der Art der übertragenen Stellung eine Vertretungsbefugnis ergibt. Vgl. Endemann S. 75.

Gleichgültig ist, ob die Vollmacht von dem Betriebsunternehmer selbst oder einem Bevollmächtigten innerhalb seiner Vertretungsmacht erteilt ist.

Anm. 33. Nur für die Handlungen eines **Bevollmächtigten** haftet der Unternehmer. Für Handlungen einer Person, die sich ohne oder gegen den Willen des Unternehmers Befugnisse anmaßt, kann der Unternehmer nach § 2 HaftpflG. nicht verantwortlich gemacht werden. Der Unternehmer ist daher nach dieser Vorschrift z. B. nicht haftbar, wenn jemand, der nur für den kaufmännischen Betrieb bevollmächtigt ist, ohne Befugnis im technischen Betriebe Anordnungen gibt, die einen Unfall zur Folge haben.

Unerheblich ist, ob das Vorhandensein oder das Fehlen der Vollmacht dem Angestellten oder Dritten bekannt war. Denn es handelt sich nicht um den Abschluß von Rechtsgeschäften, sondern um außerkontraktliche Schädigungen. Ebenso Reindl Anm. 7 zu § 2 S. 105; Endemann S. 77.

Anm. 34. β) **Ein Repräsentant.**

Der Ausdruck ist in Anlehnung an die Berggesetzgebung gebraucht (vgl. PrBergG. v. 24. 6. 65 §§ 117 ff.). Hier ist „Repräsentant" der Generalbevollmächtigte, der die Gewerkschaft in allen ihren Angelegenheiten gerichtlich und außergerichtlich vertritt (§ 119 a. a. O.).

Als Repräsentanten im Sinne des § 2 HaftpflG. wird man demnach diejenigen Personen anzusehen haben, die zur Vertretung des Betriebsunternehmers in seinen **gesamten** Angelegenheiten ermächtigt sind. Im

Gegensatz zu dem Bevollmächtigten, dessen Vollmacht sich nur auf den technischen Betrieb erstreckt und auch innerhalb desselben genereller oder spezieller Natur sein kann, vertritt der „Repräsentant" das Unternehmen in seiner Gesamtheit.

Aus welchen Gründen der Gesetzgeber für nötig befunden hat, neben dem „Bevollmächtigten" den „Repräsentanten" besonders zu erwähnen, ist freilich nicht ersichtlich. Denn die Vollmacht des Repräsentanten umfaßt auch die Vertretung für den technischen Betrieb, und auf diese allein kommt es an. A. M. Eger Anm. 23 S. 267.

Außer den Repräsentanten im bergrechtlichen Sinne gehören zu dieser Kategorie überhaupt die gesetzlichen Vertreter der juristischen Personen im Sinne des § 31 BGB. (vgl. Neukamp a. a. O. S. 3). Es sind daher hierher z. B. die Mitglieder des Grubenvorstandes einer Gewerkschaft (§ 117 Abs. 2 a. a. O.), die Direktoren der Aktiengesellschaften (RG. in EisenbE. **3** 195) und die Vorstandsmitglieder sonstiger juristischer Personen, die Generalbevollmächtigten und Prokuristen (RG. in JW. **1911** 949[22], EisenbE. 28 347) zu rechnen. Als Repräsentant ist auch der geschäftsführende Gesellschafter einer offenen Handelsgesellschaft anzusehen (vgl. Anm. 31), dagegen nicht ein selbständiger Gewerbetreibender, der akkordmäßig den Betrieb übernimmt (vgl. Anm. 27).

γ) Eine zur Leitung oder Beaufsichtigung des Betriebes oder der Arbeiter angenommene Person. **Anm. 35.**

Der Ausdruck ist dem § 74 Abs. 1 PrBergG. v. 24. 6. 65 entnommen, wonach der Bergwerksbesitzer die zur Leitung und Beaufsichtigung des Betriebes angenommenen Personen, wie Betriebsführer, Steiger, technische Aufseher usw., der Bergbehörde namhaft zu machen hat (vgl. Stenogr. Ber. **3** 72). In § 2 HaftpflG. sind noch die Worte „oder der Arbeiter" eingefügt, um jeden Zweifel darüber auszuschließen, daß nicht nur die zur Leitung und Beaufsichtigung des Betriebes, d. h. im engeren Sinne der Anlagen, sondern auch die zur Leitung und Beaufsichtigung der Arbeiter bestellten Personen unter die Bestimmung fallen.

In dem Ausdruck werden demnach vier Klassen von Personen zusammengefaßt, nämlich Personen, die angenommen sind: 1. zur Leitung des Betriebes, 2. zur Leitung der Arbeiter, 3. zur Beaufsichtigung des Betriebes, 4. zur Beaufsichtigung der Arbeiter. Es genügt, daß eins dieser vier Merkmale vorhanden ist.

Die zu dieser Kategorie gehörigen Angestellten stehen in einem gewissen Gegensatz zu den beiden anderen Kategorien, den Bevollmächtigten und Repräsentanten. Während diese beiden Vertretungsmacht im Rechtssinne besitzen, sind jene Angestellten mit Funktionen betraut, die sich als Dienstleistungen faktischer Art darstellen. Ebenso Eger Anm. 24 S. 271. A. M. Endemann S. 78.

Die Begriffe „Leitung" und „Beaufsichtigung" sind im weitesten Sinne aufzufassen. Vgl. Stenogr. Ber. **1** 206, 478; **3** 72. Es gehören zu dieser Personenkategorie alle Angestellten, die eine leitende oder **Anm. 36.**

beaufsichtigende Funktion irgendwelcher Art ausüben. Dabei ist es gleichgültig, ob diese Tätigkeit eine dauernde oder vorübergehende, eine einfache oder schwierige ist, ob sie ein geringeres oder größeres Maß von Fähigkeiten oder Kenntnissen erfordert, und ob die Aufsichtsperson noch höheren Organen unterstellt ist oder nicht. RG. **1** 28, EisenbE. **1** 44; EisenbE. **2** 240.

Erforderlich ist aber ein gewisses Maß von Selbständigkeit. Der Angestellte muß den ihm anvertrauten Teil des Betriebes oder der Arbeiter leiten oder beaufsichtigen, ohne hierin lediglich von dem Willen eines anderen abhängig zu sein. Vgl. Westerkamp S. 672; Eger Anm. 24 S. 273; RG. in EisenbE. **23** 263.

Die Ausdrücke „Leitung" und „Beaufsichtigung" haben den Sinn, den ihnen der gewöhnliche Sprachgebrauch beilegt, und besagen verschiedenes. Die Leitung und Beaufsichtigung können im einzelnen Fall zusammentreffen, müssen es aber nicht. RG. in EisenbE. **3** 39. Eine begrifflich scharfe Abgrenzung beider Ausdrücke ist jedoch nicht möglich. Das frühere GewUVG. (§§ 135, 136) und ihm folgend die RVersO. (§ 899) erachten die „Beaufsichtigung" als den umfassenderen Begriff und bezeichnen die gleiche Personenkategorie mit dem Ausdruck „Betriebs- oder Arbeiteraufseher". Diese Fassung weicht also nur in redaktioneller Beziehung von der des § 2 ab. RG. in EisenbE. **23** 263.

Nicht erforderlich ist, daß der Angestellte mit der Leitung und Beaufsichtigung betraut ist, vielmehr genügend, daß er eine dieser beiden Befugnisse besitzt.

Wesentlich ist, daß sich die Tätigkeit im Gegensatz zu eigenen Betriebshandlungen als Beaufsichtigung anderweitiger Betriebstätigkeit darstellt, einerlei, ob die letztere von Arbeitern oder etwa nur von Maschinen ausgeübt wird. RG. in EisenbE. **3** 328.

In welcher Art die leitende oder beaufsichtigende Tätigkeit ausgeübt wird, ist gleichgültig. Sie braucht nicht mit der Obliegenheit zu selbständigem Eingreifen in den Betrieb und zur Befehligung der Arbeiter verbunden zu sein. Zu den Aufsichtsorganen ist daher beispielsweise auch eine Person zu rechnen, deren Dienstverrichtung nur darin besteht, Arbeiter durch Warnungen, Beraten und Belehren gegen Gefahren zu schützen, Sicherungsvorkehrungen zu treffen und zu veranlassen, ohne daß sie befugt und gehalten wäre, gegen Arbeiter, die die gegebene Weisung nicht befolgen, einzuschreiten. RG. in JW. **1883** 186[28], EisenbE. **3** 39.

Eigenes Mitarbeiten schließt eine leitende oder beaufsichtigende Tätigkeit nicht aus. Aus der Gleichheit der Tätigkeit der mitwirkenden Aufsichtsperson mit derjenigen der ihr unterstellten gewöhnlichen Arbeiter kann nicht die Folgerung gezogen werden, daß ein Verschulden der Aufsichtsperson bei der Ausführung der Verrichtung nicht als ein Verschulden bei der Leitung oder Beaufsichtigung zu gelten habe. Es ist denkbar, daß das mittätige Eingreifen des Aufsehers, obgleich es an sich betrachtet als die gleiche Tätigkeit wie die der übrigen Arbeiter erscheint, dennoch die gleiche Bedeutung wie eine leitende oder beaufsichtigende Tätigkeit hat.

Dies ist der Fall, wenn das Mitarbeiten für die Ausführung der gemeinschaftlich zu vollbringenden Arbeit entscheidend ist und für die Mitarbeiter das maßgebende Beispiel bildet. RG. **1** 28, EisenbE. **1** 60. Vgl. auch RG. in EisenbE. **1** 332; EisenbE. **2** 240; EisenbE. **4** 37.

Der Angestellte muß zur Leitung oder Beaufsichtigung des Betriebes oder der Arbeiter angenommen sein. Auch hier kommt nur die Leitung des technischen Betriebes und der in diesem beschäftigten Arbeiter in Betracht. ROHG. **21** 276; Endemann S. 80; Reindl Anm. 9 zu § 2 S. 107. Vgl. Anm. 31. Zum Betriebe gehören also namentlich die Funktionen der verwendeten Maschinen, Werkzeuge und Geräte. RG. **3** 4, EisenbE. **1** 321. **Anm. 37.**

Im besonderen Falle kann auch ein Angestellter, der gewöhnlich mit dem technischen Betrieb nichts zu tun hat, zu einer Aufsichtsperson im Sinne des § 2 werden. Als solche ist z. B. der Leiter der literarischen Abteilung einer Fabrik angesehen worden, zu dessen Obliegenheiten die Herstellung der für einen Katalog erforderlichen photographischen Aufnahmen gehörte, und der einem Arbeiter Weisungen erteilte, um einen zu photographierenden Motor in eine hierzu geeignete Lage zu bringen. RG. in JW. **1915** 659[12], EisenbE. **32** 109.

Gleichgültig ist, ob sich die Leitung oder Beaufsichtigung auf den Betrieb in seiner Gesamtheit oder aber nur einen Teil des Betriebes oder der Arbeiter erstreckt. Stenogr. Ber. **1** 478; RG. **3** 4, EisenbE. **1** 321; EisenbE. **2** 128; **3** 328; **23** 263. Daher gehören z. B. diejenigen Angestellten hierher, deren Aufgabe die Überwachung der Tüchtigkeit und Instandhaltung von Maschinen, Werkzeugen und Geräten bildet. RG. **3** 4, EisenbE. **1** 321.

Auch wer nur eine Betriebsverrichtung oder einen Arbeiter zu leiten oder beaufsichtigen hat, gilt als Aufsichtsperson im Sinne des § 2. Vgl. Eger Anm. 24 S. 273. Die Bedienung einer Maschine allein genügt freilich nicht. Es muß in der Tätigkeit eine leitende oder beaufsichtigende Verrichtung liegen. Der Rangierer einer Farbenfabrik hatte von dem mit der Oberleitung der Rangierbewegungen in dem betreffenden Abschnitt betrauten Oberrangierer den Auftrag erhalten, einen von ihm auszuwählenden Phosgenkesselwagen nach Entleerung an eine Fabriklokomotive anzukoppeln und aus dem Gebäude, in dem die Entleerung vor sich ging, herauszurangieren. Er hatte zu diesem Zweck zu prüfen, ob der Wagen völlig entleert und nicht mehr an die Leitung, die zur Entleerung diente, angeschlossen war, und hatte dem ihm als Hilfskraft zugewiesenen und zur Befolgung seiner Weisungen verpflichteten Lokomotivführer das Zeichen zur Abfahrt zu geben. Der Rangierer ist mit Recht als Leiter im Sinne des § 2 angesehen worden. RG. in JurRdsch. **1926** Nr. 1953, EisenbE. **45** 87. Vgl. auch Anm. 39.

Als Aufsichtspersonen im Sinne des § 2 sind im Bergwerksbetriebe z. B. Betriebsführer, Steiger, technische Aufseher anzusehen (§ 74 PrBergG.), auch Häuer, sofern ihnen die Untersuchung der Arbeitsorte nach den **Anm. 38.**

Sprengungen und die Erwägung, ob Sicherheitsmaßregeln zu treffen sind, obliegt (RG. in Bolze **4** 119); dagegen nicht die sog. „Drittelführer". Vgl. Eger Anm. 24 S. 275.

Im Fabrikbetrieb zählen z. B. zu den Aufsichtspersonen Betriebsleiter, Werkstättenvorsteher, Maschinenmeister, Werkführer, Werkmeister, Monteure. Vgl. Eger Anm. 24 S. 275; Reindl Anm. 9 zu § 2 S. 108.

Da unter die dritte Personenkategorie alle Angestellten fallen, die irgendeine Aufsichtsfunktion, und sei sie noch so geringfügiger Art, ausüben, so haftet der Betriebsunternehmer nur für eine Klasse von Angestellten nicht, nämlich für Handlungen der gewöhnlichen Arbeiter. ROHG. **14** 196; RG. **3** 4, EisenbE. **1** 321; EisenbE. **2** 240; RG. **8** 30, EisenbE. **2** 391; EisenbE. **4** 37; EisenbE. **23** 263.

Diese Beschränkung der Haftpflicht war vom Gesetzgeber ausdrücklich gewollt. Sie wurde damit motiviert, daß dem Betriebsunternehmer die Möglichkeit der Kontrolle über eine große Zahl von Arbeitern fehle, ferner damit, daß die Unvorsichtigkeit der Arbeiter befördert werde, wenn sie wüßten, daß der Betriebsunternehmer für die durch sie verursachten Schäden aufzukommen habe, und schließlich, daß der Arbeiter in den Betrieb mit dem Bewußtsein der Gefahren eintrete, die aus der Mitarbeit zahlreicher Genossen ihm erwachsen könnten. Vgl. Stenogr. Ber. **3** 70.

Haftet der Unternehmer nicht für die Handlungen der gewöhnlichen Arbeiter, so kann er auch dann nicht verantwortlich gemacht werden, wenn eine zur Leitung oder Beaufsichtigung angenommene Person wie ein gewöhnlicher Arbeiter tätig ist und sich bei solcher Betriebshandlung ein Unfall ereignet. Vgl. Westerkamp S. 673; Eger Anm. 24 S. 280. Andererseits haftet der Unternehmer, wenn eine im allgemeinen als gewöhnlicher Arbeiter beschäftigte Person bei der schadenverursachenden Handlung eine Aufsichtsfunktion ausübte. Vgl. Anm. 40.

Anm. 39. Bezüglich einzelner Klassen von Angestellten sind Zweifel entstanden, ob sie zu den Aufsichtspersonen oder zu den gewöhnlichen Lohnarbeitern zu rechnen sind.

Vorarbeiter sind als Aufsichtspersonen anzusehen. So hat auch das RG. z. B. einen Gießer, der die Stellung eines Vorarbeiters einnahm, und dessen Befehlen die ihm zur Aushilfe beim Heben und Tragen der Pfanne zugeteilten Tagelöhner zu gehorchen hatten, als zu den Aufsichtspersonen im Sinne des § 2 gehörig erachtet. RG. **1** 28, EisenbE. **1** 44. Dem Vorarbeiter ist auch dann nicht die Eigenschaft eines Aufsichtsorgans abzusprechen, wenn er nur ein Recht hat, andere Arbeiter zu warnen, aber nicht die Befugnis, den Betrieb zu dirigieren, Anweisungen zu erteilen und diesen nötigenfalls Nachdruck zu verschaffen. RG. in JW. **1883** 186[28], EisenbE. **3** 38.

Ebenso sind die Kesselwärter zu den Personen zu rechnen, die im Sinne des § 2 zur Leitung oder Beaufsichtigung des Betriebes angenommen sind. Denn ihnen liegt gesetzlich die Pflicht ob, dafür Sorge zu tragen, daß während des Betriebes die Sicherheitsvorrichtungen bestimmungsgemäß benutzt und Kessel, die sich nicht in gefahrlosem Zustande befinden, nicht im Betriebe erhalten werden. RG. in EisenbE. 2 268. RG. 3 4, EisenbE. 1 321; Stenogr. Ber. 1 478.

Was die Maschinisten und Heizer betrifft, so war bei der Beratung des Gesetzentwurfs im Reichstag der Antrag gestellt, durch Einschaltung der entsprechenden Worte den Unternehmer auch für deren Verschulden für haftpflichtig zu erklären. Dieser Antrag wurde vom Bundeskommissar mit der Ausführung bekämpft, daß er eine unnötige und zu Zweifeln Anlaß gebende Spezialisierung enthalte, und daß es von dem ihnen in dem einzelnen Falle angewiesenen Geschäftskreise abhänge, ob sie unter die in § 2 aufgeführten Personen fielen. Der Antrag wurde darauf zurückgezogen. Vgl. Stenogr. Ber. 1 478; 3 72 und 185 Nr. 73.

Dieser Ansicht ist die Rechtsprechung gefolgt. Für maßgebend wird erachtet, ob der Maschinist durch seine Stellung ein Recht hat, den Betrieb oder einen Zweig desselben zu dirigieren, oder ob er lediglich die Maschine bedient und hierbei an die Weisung anderer gebunden ist. Hiernach wurde z. B. nicht als Aufsichtsperson angesehen der Maschinist eines einzelnen Dampfhammers, der, wenn er auch die Maschine bediente, doch in dieser mechanischen Verrichtung keine Selbständigkeit besaß, sondern gleich den anderen Arbeitern am Hammer dem Hammerschmiedemeister untergeben war (ROHG. 14 196). Dagegen hat in einem anderen Falle das RG. auf Grund der besonderen Umstände des Falles einen Hammerführer, von dessen Bestimmung das Auf- und Niederlassen des Dampfhammers bei der fraglichen Arbeit abhängig war, als Leiter des Betriebes des Dampfhammers angesehen. RG. in EisenbE. 2 128.

Der Unternehmer haftet für das Verschulden einer jeden zur Leitung oder Beaufsichtigung des Betriebes oder der Arbeiter angenommenen Person. Anm. 40. Es kommt nicht darauf an, welche Stellung diese bei dem Unternehmer bekleidet, ob sie ein nur zum Zweck der Leitung oder Beaufsichtigung des Betriebes oder der Arbeiter diesen vorgesetzter Angestellter ist, welcher selbst an den Arbeiten keinen tätigen Anteil nimmt, oder ob sie der Klasse der gewöhnlichen Arbeiter angehört. Wird ein gewöhnlicher Arbeiter von dem Unternehmer mit der Wahrnehmung von Geschäften, die zur Leitung oder Beaufsichtigung des Betriebes gehören, beauftragt, so wird er hierdurch hinsichtlich dieser Geschäfte zu einer Persönlichkeit, für die der Unternehmer gemäß § 2 zu haften hat. Das Wesentliche ist also, daß die betreffende Person bei der Arbeit, bei der sich der Unfall ereignet hat, mit der Leitung oder Beaufsichtigung des Betriebes beauftragt war. RG. 3 4, EisenbE. 1 321; EisenbE. 1 332; EisenbE. 2 240; RG. 8 30, EisenbE. 2 391; EisenbE. 4 37.

Die Person muß zur Leitung oder Beaufsichtigung des Betriebes oder der Arbeiter angenommen sein. Von wem die Annahme erfolgt sein muß, sagt das Gesetz nicht ausdrücklich. Es erhellt aber, daß die Person von dem Unternehmer selbst oder einem Bevollmächtigten angenommen sein muß. Denn auch bei den beiden vorgenannten Klassen, den „Repräsentanten" und „Bevollmächtigten", handelt es sich um Beamte des Unternehmers. Außerdem weist der Ausdruck „in Ausführung der Dienstverrichtungen" darauf hin, daß nur Angestellte des Unternehmers gemeint sein können.

Daraus folgt zunächst, daß der Unternehmer nicht für die Handlungen einer Person haftet, die überhaupt nicht zur Leitung oder Beaufsichtigung angenommen ist, die sich unbefugt eine solche Funktion anmaßt oder ihren Wirkungskreis überschreitet. Vgl. Endemann S. 81; Eger Anm. 24 S. 274; RG. in Bolze **4** Nr. 412.

Der Unternehmer haftet aber auch dann nicht, wenn der Auftrag zur Leitung oder Beaufsichtigung nicht von ihm oder einem Bevollmächtigten, sondern von dritter Seite ausgeht. Zu denken ist hier z. B. an die vom Staate zur Beaufsichtigung bestellten Beamten, z. B. Fabrikinspektoren und Bergrevierbeamte, oder Personen, die für einen anderen Unternehmer in dessen Interesse eine leitende oder beaufsichtigende Verrichtung ausüben. Vgl. Eger Anm. 24 S. 273; RG. **27** 136, EisenbE. **9** 61.

Die Annahme braucht nicht ausdrücklich zu erfolgen. Auch ein stillschweigender Auftrag genügt. Vgl. Anm. 32.

2. Verschulden.

Anm. 41. **Vorbemerkung.** Der Tod oder die Körperverletzung muß durch ein Verschulden einer der in § 2 bezeichneten Personen herbeigeführt sein. Hierin liegt der grundsätzliche Unterschied zwischen § 2 und § 1. Während § 1 die Haftpflicht des Unternehmers an die bloße Tatsache der Tötung oder Verletzung eines Menschen bei dem Eisenbahnbetriebe knüpft, haftet nach § 2 der Unternehmer nur im Falle eines schuldhaften Verhaltens einer Aufsichtsperson. Eine Schuldvermutung besteht nach dem Gesetz nicht. Nur ein erwiesenes Verschulden verpflichtet den Unternehmer zum Schadenersatz. Vgl. auch RG. in SeuffA. **76** 28.

Es muß ein Verschulden eines der in § 2 genannten Angestellten vorliegen. Lediglich schuldhaftes Verhalten dieser Personen rechtfertigt eine Haftpflicht auf Grund des § 2, nicht ein Verschulden anderer, insbesondere nicht ein solches des Unternehmers selbst. Vgl. Anm. 25.

Wenn nun auch der Anspruch aus § 2 nicht auf ein Verschulden des Unternehmers selbst, sondern nur auf ein solches seiner Angestellten gestützt werden kann, so werden sich doch die folgenden Erörterungen allgemein mit dem schuldhaften Verhalten aller leitenden Personen, einschließlich des Unternehmers selbst, zu befassen haben. Denn die „zur Leitung oder Beaufsichtigung des Betriebes oder der Arbeiter angenommenen Personen" sind den Arbeitern gegenüber Vertreter des Unternehmers und deshalb zur Beobachtung derjenigen Sorgfalt verpflichtet, die einem Unternehmer selbst seinen Arbeitern gegenüber obliegt. RG. in EisenbE. **4** 139. Zudem gehören auch die gesetzlichen Vertreter der juristischen Personen (Vorstandsmitglieder, Geschäftsführer, Repräsentanten usw.) zu den in § 2 genannten Kategorien. Vgl. Anm. 34.

a) Begriff. Anm. 42.

Der Begriff „Verschulden" ist im HaftpflG. nicht definiert. Er ist deshalb nach den Grundsätzen des BGB. zu bestimmen. Dieses unterscheidet als die zwei Hauptarten schuldhaften Verhaltens Vorsatz und Fahrlässigkeit. Über diese Begriffe vgl. Anm. 171 zu § 1.

Auf den Grad der Fahrlässigkeit kommt es nicht an. Auch die geringste Fahrlässigkeit genügt, sofern nur der erforderliche Kausalzusammenhang zwischen diesem Verschulden und dem Unfall besteht. Vgl. RG. in EisenbE. **4** 38; Anm. 171 zu § 1.

Bei Beantwortung der Frage, welchen Grad von Sorgfalt ein Gewerbeunternehmer anzuwenden hat, ist ein von den persönlichen Verhältnissen des einzelnen Gewerbeunternehmers unabhängiger, durch die Natur des Geschäftsbetriebs bedingter objektiver Maßstab anzulegen. Von dem Gewerbeunternehmer ist die Sorgfalt zu verlangen, aber auch nur die, die ein sorgfältiger Gewerbetreibender des betreffenden Geschäftszweiges bei einem Unternehmen gleicher Art anwendet. RG. in EisenbE. **1** 236; EisenbE. **2** 148; RG. **8** 148; JW. **1893** 185[17 18], EisenbE. **10** 157; BayObLG. in EisenbE. **6** 356.

Der Richter hat jedoch hierbei den Verhältnissen des konkreten Falles gebührend Rechnung zu tragen. Insbesondere kann der Umfang der Pflichten und der Grad der hiernach innezuhaltenden Sorgfalt nur nach der Stellung, die der Angestellte in dem besonderen Betriebe einnimmt, bemessen werden. Vgl. Endemann S. 81.

Das Verschulden kann sowohl in einem positiven Tun als auch in einer Unterlassung liegen; in einer Unterlassung allerdings nur dann, wenn eine Verpflichtung zu einem positiven Tun besteht. RG. in EisenbE. **14** 28.

Das Verschulden kann sich gegen Angestellte sowie gegen am Betriebe nicht beteiligte Dritte richten. Beide Fälle sollen im folgenden behandelt werden.

b) Verschulden gegenüber Angestellten. Anm. 43.

Den Hauptfall eines Verschuldens der Aufsichtsperson bildet die vorsätzliche oder fahrlässige Nichtbeachtung der gesetzlichen oder polizeilichen Bestimmungen, die die von dem Unternehmer zum Schutze der Angestellten gegen Gefahren für Leben und Gesundheit zu treffenden Einrichtungen regeln. Von gesetzlichen Vorschriften kommen in dieser Beziehung vornehmlich § 618 BGB., § 62 HGB., die §§ 120 a bis 120 f GewO. und die §§ 848 ff. RVersO., die von der Unfallverhütung handeln, in Betracht. In der Rechtsprechung zu § 2 haben hauptsächlich die Vorschriften des jetzigen § 120 a eine Rolle gespielt. Nach § 120 a Abs. 1 sind die Gewerbeunternehmer verpflichtet, die Arbeitsräume, Betriebsvorrichtungen, Maschinen und Gerätschaften so einzurichten und zu unterhalten und den Betrieb so zu regeln, daß die Arbeiter gegen Gefahren für Leben und Gesundheit soweit geschützt sind, wie es die Natur des Betriebes gestattet.

Anm. 44. Die **Arbeitsräume** sind so herzustellen und zu unterhalten, daß die Arbeiter tunlichst gegen Gefahren geschützt sind. Dies gilt nicht nur von denjenigen Räumlichkeiten, in denen sich die Maschinen oder sonstige gefährliche Gerätschaften befinden, sondern von allen Teilen der gewerblichen Anlage, die von den Arbeitern im Betriebe benutzt werden. Wird also z. B. ein Fabrikgrundstück von einer Eisenbahnstrecke durchschnitten, und findet ein häufiger Verkehr der Arbeiter über den auf dem Grundstück befindlichen Bahnübergang statt, so hat die Betriebsleitung die für die Sicherheit des Übergangs erforderlichen Vorkehrungen zu treffen. Sie handelt schuldhaft, wenn sie die Durchgangstür nicht unter ständigem Verschluß halten läßt, keine Bewachung anordnet, auch unterläßt, den Eisenbahnunternehmer zu Schutzmaßregeln zu veranlassen. RG. in DJZ. **1907** 1087, EisenbE. **24** 170. Vgl. auch RG. in EisenbE. **1** 430.

Die Ausführungen von **Eger** (Anm. 25 S. 293) über die Pflicht zur Instandhaltung der für die Arbeiter bestimmten **Erholungsräume** sind für § 2 HaftpflG. ohne praktische Bedeutung. Denn eine Vernachlässigung dieser Pflicht würde nicht eine Haftpflicht auf Grund dieser Vorschrift begründen können. Vgl. Anm. 18 ff.

Dem Gewerbeunternehmer liegt auch dann die Pflicht zur Erhaltung der Arbeitsräume in gefahrlosem Zustand ob, wenn er nicht Eigentümer, sondern nur Mieter der Arbeitsräume ist. RG. in EisenbE. 2 201.

Beschäftigt ein Gewerbeunternehmer seine Arbeiter **außerhalb seiner Arbeitsstätte** oder mit sog. **Außenarbeiten** (vgl. Anm. 23), so muß er gleichfalls die zur tunlichsten Sicherung der Arbeiter erforderlichen Vorkehrungen treffen. Ist er selbst nicht in der Lage, in dem fremden Etablissement oder an der fremden Arbeitsstätte, wo Arbeiten durch die in seinem Dienst stehenden Arbeiter vorzunehmen sind, die erforderlichen Schutzvorrichtungen anzuordnen, so muß er dafür Sorge tragen, daß dies seitens des betreffenden Unternehmers geschieht und, wenn seinem Ersuchen nicht Rechnung getragen wird, die Vornahme der Arbeiten unterlassen. RG. in JW. **1886** 356 [36], EisenbE. **5** 98; vgl. auch RG. in EisenbE. **6** 271.

Anm. 45. Den Betriebsleitern liegt gemäß § 120 a Abs. 1 weiter ob, die **Betriebsvorrichtungen, Maschinen und Gerätschaften** so einzurichten und zu unterhalten, daß die Arbeiter tunlichst gegen Gefahren für Leben und Gesundheit geschützt sind.

In der Übertragung einer gefährlichen Arbeit sowie in der Benutzung gefährlicher Werkzeuge, Maschinen und Materialien allein kann regelmäßig noch kein Verschulden erblickt werden. Im Interesse der Arbeiter kann nur eine **Sicherung** gegen die Gefahren, nicht eine **Beseitigung** der gefährdenden Arbeiten und Gegenstände gefordert werden. ROHG. **19** 412; RG. in EisenbE. **1** 85; EisenbE. **1** 249. Unstatthaft ist aber die Zulassung des Gebrauchs von Gerätschaften, die ohne zwingende Notwendigkeit gefährlich sind. Ein Betriebsleiter, der die Arbeiter nötigt, mit Maschinen umzugehen, die infolge veralteter oder fehlerhafter Bauart Leben und Gesundheit mehr in Gefahr bringen, als es beim Gebrauch moderner oder ordnungsmäßig hergestellter Maschinen der Fall wäre, handelt schuldhaft. RG. in EisenbE. **1** 24; **1** 382.

Die Verpflichtung des Unternehmers zur Sicherung der Arbeiter gegen die Gefahren des Betriebes reicht soweit, wie es die Natur des Betriebes gestattet (§ 120 a Abs. 1). Er hat die Betriebseinrichtungen so herzustellen und zu erhalten, wie es die besondere Beschaffenheit des Gewerbes und der Betriebsstätte erheischt. RG. **5** 73; JW. **1893** 185 [17 18], EisenbE. **10** 157; EisenbE. **11** 346. Die Beseitigung aller Gefahren kann vom Unternehmer nicht gefordert werden. Fast jeder Gewerbebetrieb bringt Gefahren für die Arbeiter mit sich, die unvermeidlich sind oder nur mit unverhältnismäßigen Kosten beseitigt werden können. ROHG. **19** 396.

Die Verpflichtung des Unternehmers beschränkt sich jedoch nicht darauf, **Anm. 46.** die für den Betrieb bestimmten Maschinen und Geräte möglichst ungefährlich einzurichten. Er hat auch selbständig diejenigen Vorrichtungen herzustellen, die zum Schutze der Arbeiter gegen gefährliche Berührungen mit Maschinen oder Maschinenteilen oder gegen andere in der Natur der Betriebsstätte oder des Betriebes liegende Gefahren erforderlich sind (§ 120 a Abs. 3); und zwar sind nicht nur diejenigen Schutzvorrichtungen zu treffen, die geeignet sind, einen absoluten Schutz gegen die mit dem Betriebe verbundenen Gefahren zu gewähren, sondern auch solche, welche geeignet sind, diese Gefahren in erheblichem Grade zu vermindern und damit, wenn auch nicht immer, so doch der Regel nach, eine Beschädigung der Arbeiter zu verhüten. RG. **1** 271, EisenbE. **1** 68; RG. **1** 275, EisenbE. **1** 198; EisenbE. **2** 134; EisenbE. **2** 240; EisenbE. **4** 123.

Solche Schutzvorrichtungen sind z. B. die in vielen Gewerbebetrieben zu benutzenden Schutzbrillen. RG. in EisenbE. **1** 198; EisenbE. **1** 341; RG. **5** 101, EisenbE. **2** 111; EisenbE. **2** 134; RG. **11** 23, EisenbE. **3** 313; EisenbE. **3** 184.

Es darf nicht den Arbeitern überlassen werden, die erforderlichen Schutzmittel auf eigene Kosten anzuschaffen. Vielmehr hat der Gewerbeunternehmer in allen Fällen, wo die Anwendung von Schutzmitteln erforderlich ist, für die Beschaffung auf seine Kosten zu sorgen. RG. **11** 23, EisenbE. **3** 313, unter Aufgabe von EisenbE. **1** 198.

Demgemäß wurde z. B. der Unternehmer einer Eisengießerei, in der den Arbeitern keine Schutzbrillen geliefert wurden, für die Folgen einer Augenverletzung für verantwortlich erklärt, die sich ein Eisengießer beim Ablassen flüssigen Eisens durch ausspritzende Sternchen zuzog. RG. **1** 271, EisenbE. **1** 68. Desgleichen wurde der Gebrauch von Schutzbrillen zur Sicherung der Arbeiter gegen die mit dem Gußputzen verbundene Gefahr einer Verletzung der Augen durch abspringende Splitter für geboten erachtet. RG. in EisenbE. **2** 134.

Die dem Unternehmer nach § 120 a Abs. 3 obliegende Pflicht erstreckt sich nur auf die Anwendung bekannter Schutzvorrichtungen. Die Erfindung neuer kann vom Unternehmer im allgemeinen nicht verlangt werden.

RG. in EisenbE. **1** 236. Ebensowenig kann vom Unternehmer die Einführung jeder neuen Erfindung einer Schutzvorrichtung, die sich praktisch bewährt hat, erwartet werden. Eine solche Pflicht ist nur dann anzuerkennen, wenn die alten bestehenden Einrichtungen einen objektiv unzureichenden Schutz gewähren. RG. in EisenbE. **3** 271.

Welche Vorrichtungen zur tunlichsten Sicherheit gegen Gefahren notwendig sind, hat, soweit nicht die Unfallverhütungsvorschriften das Erforderliche ergeben, der Gewerbeunternehmer selbständig zu prüfen. Wenn er auch die Fürsorge eines sorgfältigen Gewerbetreibenden seines Geschäftszweiges anzuwenden hat (vgl. Anm. 42), so ist doch der Umstand, daß auch in anderen Betriebsstätten die fragliche Schutzvorrichtung nicht gebräuchlich ist, für sich allein nicht geeignet, die Annahme eines Verschuldens des Unternehmers auszuschließen. Denn eine allgemeine Nachlässigkeit kann den Unternehmer nicht entschuldigen. ROHG. **23** 47; RG. **12** 130.

Auch die Auffassung der Aufsichtsorgane über die Notwendigkeit oder Zweckmäßigkeit von Schutzvorrichtungen ist nicht schlechthin maßgeblich. Daher kann sich der Unternehmer, wenn eine notwendige Schutzvorrichtung im Betriebe nicht eingeführt ist, zu seiner Entschuldigung nicht darauf berufen, daß der Gewerbeinspektor bei den wiederholten Inspektionen des Betriebes das Fehlen der fraglichen Schutzvorrichtung nicht gerügt habe (RG. **12** 45) oder daß von ihm die polizeilich vorgeschriebenen Sicherungsmaßregeln beobachtet worden seien (RG. in EisenbE. **2** 160). Vgl. auch RG. in Bolze **1** Nr. 585; Bolze **2** Nr. 639.

Daß der Unternehmer die Notwendigkeit oder Zweckmäßigkeit der betreffenden Schutzvorrichtung gekannt hat, ist nicht Voraussetzung für die Annahme eines Verschuldens. Es ist Pflicht des Unternehmers, sich nach denjenigen Einrichtungen zu erkundigen, die für den Gewerbebetrieb, in dem er Arbeiter beschäftigt, zum tunlichsten Schutze derselben gegen Gefahren notwendig und geeignet sind. Ein Verschulden fällt ihm deshalb auch dann zur Last, wenn er die Notwendigkeit der Schutzvorrichtung bei Anwendung pflichtmäßiger Sorgfalt kennen konnte. RG. **1** 271; **12** 45; **12** 130; Bolze **2** Nr. 640, EisenbE. **4** 377.

Fehlt es an einer vorgeschriebenen oder den Umständen nach gebotenen Schutzvorrichtung, so haftet der Unternehmer für die Folgen eines Unfalls, sofern er nicht zu seiner Entlastung besondere Umstände nachweist, aus denen sich ergibt, daß auch bei Anwendung pflichtmäßiger Sorgfalt die zum Schutz der Arbeiter geeigneten und notwendigen Vorrichtungen nicht getroffen werden konnten. RG. **5** 73; **12** 45; JW. **1892** 376[22], EisenbE. **9** 326.

Es genügt aber nicht, daß der Unternehmer nur für das Vorhandensein der Schutzvorrichtungen sorgt. Er muß auch auf ihre Benutzung bedacht sein. Deshalb handelt er schuldhaft, wenn er die Arbeiter nicht auf den Gebrauch der Schutzmittel hinweist (RG. **5** 101, EisenbE. **2** 111), den Arbeitern die Benutzung durch lästige Vorschriften — wie die Anordnung der Haftung der Arbeiter für Verlust oder Beschädigung ohne Beschränkung auf den Fall der Verschuldung — erschwert (RG. in Bolze **6** Nr. 301, EisenbE. **7** 142) oder gar von ihrer Anwendung abmahnt und seine Mißbilligung ihrer Benutzung zu erkennen gibt (RG. in EisenbE. **1** 414).

Endlich sind nach § 120a Abs. 4 GewO. diejenigen Vorschriften über die Ordnung des Betriebes und das Verhalten der Arbeiter zu erlassen, welche zur Sicherung eines gefahrlosen Betriebes erforderlich sind. Daraus ergibt sich für den Unternehmer bzw. die Aufsichtspersonen auch die Pflicht, wenn es zu dem zweckentsprechenden Gebrauch der Einrichtungen für die Arbeiter besonderer Anweisungen und Belehrungen bedarf, diese zu erteilen. RG. **4** 23; BayObLG. in EisenbE. **4** 183. Ein Verstoß gegen diese Pflicht liegt z. B. vor, wenn der Unternehmer oder sein Repräsentant bei Anstellung eines unerfahrenen Arbeiters es unterläßt, diesen über den geeigneten Gebrauch der zum Schutze der Arbeiter dienenden Einrichtungen zu unterrichten, obwohl er weiß, daß unter den übrigen Arbeitern ein den schützenden Gebrauch vernachlässigendes Verfahren herkömmlich geworden ist, und deshalb voraussetzen muß, daß sich der unerfahrene Arbeiter, wenn er keine entsprechende Belehrung erhält, diesem Verfahren anschließen werde. RG. **4** 23. Ebenso wurde einem Fabrikleiter als Verschulden angerechnet, daß er einen Angestellten, der in seiner bisherigen Stellung ein einfacher Fabrikarbeiter war, mit einer Arbeit betraute, die sonst ein Bau- oder Maschinenmeister leistet, ohne ihm genaue Verhaltungsmaßregeln für die Arbeit zu geben oder den Beistand und Rat eines technischen Sachverständigen zu gewähren. RG. in EisenbE. **1** 56. Anm. 47.

Ist der Arbeiter durch eigene Erfahrung mit dem Betriebe vertraut geworden, so trifft den Betriebsleiter kein Vorwurf, wenn er im Vertrauen auf die ihm bekannte Sachkenntnis des Arbeiters eine besondere Belehrung unterläßt. RG. in EisenbE. **2** 386; vgl. auch ROHG. **15** 92. Dagegen muß der Betriebsleiter mit Belehrung, Warnung oder Verbot einschreiten, wenn ihm oder seinen gewerblichen Vertretern Umstände zur Kenntnis kommen, aus denen sich ergibt, daß die Arbeiter die mit dem Betriebe verbundenen Gefahren nicht begreifen oder leichtsinnig außer acht lassen. RG. in Bolze **1** Nr. 587, EisenbE. **4** 132.

Werden Anweisungen an die Arbeiter erteilt, so ist es Sache der Aufsichtspersonen, darauf zu achten, daß die Anweisungen richtig verstanden worden sind. RG. in EisenbE. **2** 307. Insbesondere wird es oft bei der Beschäftigung jugendlicher Arbeiter geboten sein, die erteilten Weisungen zum besseren Verständnis zu erläutern. RG. in EisenbE. **1** 73. Überhaupt ist es nicht schon für genügend anzusehen, daß der Gewerbeunternehmer den im Gewerbebetrieb beschäftigten Arbeitern Vorschriften über ihr Verhalten erteilt. Er muß regelmäßig auch für deren Beobachtung und Durchführung soweit als möglich Sorge tragen. RG. in EisenbE. **3** 235; EisenbE. **14** 28; OLG. Darmstadt in SeuffA. **46** 32.

Der Unternehmer ist aber nicht zur Abwendung jeder Gefahr für die Arbeiter verpflichtet (vgl. Anm. 45). Er darf sich darauf verlassen, daß auch die Arbeiter die gewöhnliche Vorsicht bei einer ihrer Natur gefährlichen Arbeit beobachten. RG. in EisenbE. **1** 24; EisenbE. **2** 148; JW. **1893** 185[17 18], EisenbE. **10** 157. Zu strenge Anforderungen dürfen an die Vorsicht der Arbeiter nicht gestellt, vor allem darf nicht etwa mit einer besonderen Geschicklichkeit derselben gerechnet werden. RG. in EisenbE. **4** 252.

Anm. 48. Bei Beurteilung der Notwendigkeit der vom Unternehmer zu treffenden Maßnahmen ist ein Maßstab anzulegen, der den im allgemeinen geringeren Bildungsgrad der Arbeiter und die in der menschlichen Natur liegende, sich aus der Gewöhnung an Gefahren bildende Gleichgültigkeit und Mißachtung derselben berücksichtigt. Die hiernach erfahrungsgemäß häufig vorkommende Unachtsamkeit und Unbesonnenheit der Arbeiter muß der Arbeitgeber bei den ihm obliegenden Einrichtungen in Rechnung ziehen. ROHG. **12** 303; **20** 240; RG. in EisenbE. **1** 382; **2** 78; **3** 90; **3** 332; RG. **19** 189. Die Aufsichtspersonen haben daher die Pflicht, gegen ungeeignetes Verhalten der Arbeiter einzuschreiten und diese gegen die nachteiligen Folgen ihrer erfahrungsgemäß vorhandenen Unvorsichtigkeit zu schützen. ROHG. **12** 303; RG. in EisenbE. **1** 376; **2** 203; EisenbE. **2** 269.

Soweit aber Gefahren durch eigene grobe Unvorsichtigkeit der Arbeiter herbeigeführt werden, läßt sich die Notwendigkeit besonderer Schutzvorrichtungen nicht anerkennen. Der Betriebsleiter handelt nicht schuldhaft, wenn er unterläßt, gegen ein außergewöhnliches unvorsichtiges Verhalten der Arbeiter Schutzvorkehrungen zu treffen. RG. in EisenbE. **2** 1; **2** 148.

Ebensowenig kann der Unternehmer für verpflichtet erachtet werden, den durch etwaige Ausschreitungen der Arbeiter entstehenden Gefahren mittels geeigneter Vorkehrungen vorzubeugen. RG. in EisenbE. **1** 338; WarnRspr. **1910** Nr. 13.

Anm. 49. Die Zuwiderhandlung gegen gesetzliche oder polizeiliche Vorschriften bildet aber nicht die einzige Möglichkeit eines Verschuldens der Betriebsleitung. Ein Verschulden bildet jede mangelnde Sorgfalt bei Leitung oder Beaufsichtigung des Betriebes oder der Arbeiter. Für die Würdigung des Verhaltens des Betriebsleiters ist maßgebend, ob in dem Betriebe diejenige Sorgfalt beobachtet worden ist, die von einem sorgsamen Gewerbetreibenden, der sich alle technischen Erfahrungen zunutze macht, beansprucht werden kann. Vgl. RG. in EisenbE. **2** 159; Eger Anm. 25 S. 289.

Anm. 50. **c) Verschulden gegenüber Dritten.**

Ebenso wie für den Schutz seiner Angestellten hat der Betriebsleiter auch für die Sicherheit dritter Personen zu sorgen, die befugterweise, wie z. B. Aufsichtsorgane oder Interessenten, mit dem Betriebe in Berührung kommen. Sind diese mit der Einrichtung des Betriebes, der Gefährlichkeit gewisser Anlagen nicht vertraut, so wird eine erhöhte Sorgfalt geboten sein.

Dagegen ist der Betriebsleiter nicht für verpflichtet zu erachten, die Anlagen so einzurichten, daß Personen, die unberufener- und verbotenerweise in das Innere der Räume eindringen, daselbst nicht durch unvorsichtige Berührung von Maschinen oder sonstwie beschädigt werden. Vgl. BayObLG. in SeuffBl. **64** 345.

Wird das Betreten der Räume durch Unbefugte, z. B. spielende Kinder, ausdrücklich oder stillschweigend geduldet, so ist für deren Sicherheit nach Möglichkeit Sorge zu tragen. Vgl. RG. in DJZ. **1906** 968, EisenbE. **23** 170.

3. In Ausführung der Dienstverrichtungen.

Der Unternehmer haftet nicht für jedes beliebige Verschulden einer **Anm. 51.** Aufsichtsperson, das den Tod oder die Körperverletzung eines Menschen zur Folge hat. Es muß der Unfall von der Aufsichtsperson in Ausführung der Dienstverrichtungen herbeigeführt sein.

Über die Bedeutung des Ausdrucks „in Ausführung der Dienstverrichtungen" sind die Ansichten geteilt. Endemann (2. Aufl. S. 37) und Kah (S. 77) wollen die Worte gleichbedeutend mit „in Ausübung des Dienstes" oder „im Betriebe" nehmen. Endemann (3. Aufl. S. 83) meint jedoch, es dränge dahin, den Betriebsunternehmer ebenso wie für die Existenz der nötigen objektiven Einrichtungen, so auch für die ganze subjektive Tätigkeit seiner Angestellten, die den Betrieb erfülle, verantwortlich zu machen, ihn also auch dann haften zu lassen, wenn der einzelne Angestellte über seine speziell angewiesene Stellung hinausgreife.

Nach der herrschenden Ansicht dagegen bedeutet „in Ausführung der Dienstverrichtungen" soviel wie in Ausübung derjenigen Geschäfte, die zu dem der Aufsichtsperson übertragenen Kreis von Verrichtungen gehören. So Eger Anm. 26 S. 312; Westerkamp S. 675; Reindl Anm. 11 zu § 2 S. 117; Genzmer S. 81; v. Königslöw, EisenbE. **24** 208.

Die Fassung des Gesetzes gibt allerdings zu Zweifeln Anlaß. Denn wörtlich genommen kann normalerweise „in Ausführung der Dienstverrichtungen" überhaupt nicht schuldhaft gehandelt werden. Wer schuldhaft den Unfall eines Menschen herbeiführt, befindet sich in jedem Falle außerhalb des ihm übertragenen Pflichtenkreises, nicht „in Ausführung der Dienstverrichtungen". Das Dienstverhältnis verpflichtet, wie Endemann (2. Aufl. S. 37) zutreffend bemerkt, zur Unterlassung jedweder Übergriffe innerhalb und außerhalb des dem Angestellten übertragenen Kreises von Geschäften. Daraus ließe sich dann mit einem Schein von Recht folgern, daß § 2 eine verschiedene Behandlung schuldhaften Verhaltens nicht zulasse.

Die natürliche Erklärung der Worte führt indessen zu der herrschenden Ansicht. Mit dem Ausdruck „in Ausführung der Dienstverrichtungen" sollte offenbar ausgesprochen werden, daß der Unternehmer nur dann haftet, wenn der Angestellte innerhalb des Kreises der ihm übertragenen Verrichtungen schuldhafterweise einen Unfall herbeiführt.

Diese Auslegung findet ihre Bestätigung in der Entstehungsgeschichte des Paragraphen. In dem ersten Entwurf hieß es „in Ausführung ihrer Dienstverrichtungen". Auf den Bericht des Ausschusses für Justizwesen aber, der statt „ihrer Dienstverrichtungen“ „der Dienstverrichtungen“ zu setzen empfahl, „um die mögliche Bezugnahme des Wortes ‚ihrer‘ auf die vorangehenden Arbeiter auszuschließen“, wurde vom Bundesrat die vorliegende Fassung beschlossen (vgl. Eger Anm. 26 S. 312). Wäre aber zu lesen „ihrer Dienstverrichtungen“, so ist noch deutlicher, daß es sich um solche Dienstverrichtungen handeln muß, die dem betreffenden Angestellten übertragen sind.

Das RG. hat zu der Frage bisher nicht ausdrücklich Stellung genommen. Indessen läßt sich aus einer Reihe von Erkenntnissen der Schluß ziehen, daß es die herrschende Auffassung teilt. Das RG. hat wiederholt die Ansicht vertreten, daß ein einfacher Arbeiter, der den Auftrag zur Wahrnehmung von Geschäften, die zur Leitung oder Beaufsichtigung des Betriebes gehören, erhält, hierdurch hinsichtlich dieser Geschäfte zu einer Person wird, für deren Handlungen der Unternehmer gemäß § 2 verantwortlich ist (vgl. die Anm. 40 zit. Entscheidungen). Daraus kann gefolgert werden, daß auch nach der Ansicht des RG. der Unternehmer nicht haftbar ist, wenn sich ein Angestellter im Dienste Aufsichtsfunktionen, die nicht zu dem Kreise der ihm übertragenen Verrichtungen gehören, anmaßt. Vgl. auch RG. in JW. **1907** 673[8].

Der Unternehmer haftet demnach nur dann, wenn die Handlung oder Unterlassung des Angestellten, die den Unfall herbeiführt, innerhalb des diesem zugewiesenen Kreises von Verrichtungen liegt.

Anm. 52. Was zu den Dienstverrichtungen des Angestellten gehört, und ob sich der Angestellte bei Begehung einer schuldhaften Handlung innerhalb der ihm übertragenen Funktionen befand, wird in der Regel unschwer festzustellen sein. Am umfassendsten ist der Kreis der Verrichtungen bei den Repräsentanten und Generalbevollmächtigten. Deren schuldhafte Handlungen verpflichten den Unternehmer ausnahmslos. Für die anderen Angestellten ist in erster Linie der Inhalt des Dienstvertrages maßgebend. In entsprechender Anwendung des § 54 HGB. werden zu den Dienstverrichtungen sodann alle diejenigen Handlungen zu rechnen sein, deren Vornahme die Besorgung der übertragenen Dienste gewöhnlich mit sich bringt. Vgl. Eger Anm. 26 S. 316.

Der Unternehmer haftet auch dann, wenn eine im allgemeinen zu den Dienstverrichtungen zu rechnende Handlung im besonderen Falle dem Angestellten von höherer Stelle verboten war.

Der Monteur einer Fabrik hatte den Auftrag erhalten, eine Maschine wieder instand zu setzen, zu welchem Zweck ihm die erforderlichen Hilfsarbeiter beigegeben wurden. Der ihm vorgesetzte Oberingenieur hatte ihm verboten, die Maschine nach Beendigung der Reparatur in Gang zu setzen, ohne daß ein Ingenieur zugegen sei. Bei dem von dem Monteur verbotswidrig allein unternommenen Versuch, die Maschine in Gang zu setzen, ereignete sich ein Unfall. Das RG. nahm an, daß der Monteur den ihm von dem Unternehmer zugewiesenen Geschäftskreis nicht überschritten hätte. Das Verbot des Oberingenieurs stelle lediglich eine interne Anweisung dar, durch die die leitende Aufsichtsstellung des Monteurs seinen ihm zugewiesenen Hilfsarbeitern gegenüber nicht berührt worden sei. RG. in JW. **1907** 673[8].

Die Entscheidung wird von v. Königslöw (EisenbE. **24** 208) bekämpft. v. Königslöw ist der Ansicht, der Monteur habe bei dem Versuch der Ingangsetzung der Maschine nicht „in Ausführung der Dienstverrichtungen" gehandelt. Denn durch das Verbot sei der für derartige Ausführungen sonst übliche Geschäftskreis beschränkt, ihm sei für diese Verrichtung die Eigenschaft einer Aufsichtsperson entzogen und die Stellung eines gewöhnlichen Arbeiters gegeben worden. Dieser Ansicht ist nicht beizupflichten. Der Monteur beging die schuldhafte Handlung, nämlich die verbotswidrige Ingangsetzung der Maschine, ohne Zweifel in Ausführung der ihm übertragenen Reparatur derselben. Das Verschulden als solches bildet niemals einen Teil der Dienstverrichtungen. Denn der Dienstvertrag verpflichtet zur Unterlassung schuldhafter Handlungen. Vgl. Anm. 51.

v. Königslöws Ansicht würde auch bei konsequenter Durchführung zu unannehmbaren Konsequenzen führen. Den Aufsichtspersonen liegt die gewissenhafte Befolgung der gewerbepolizeilichen Vorschriften ob. Deren Übertretung ist ihnen verboten. Sind die Aufsichtspersonen in dem Dienstvertrag noch ausdrücklich hierauf hingewiesen, so würde nach v. Königslöw der Unternehmer nicht haften, wenn ein Dienstverpflichteter gegen das ausdrückliche Verbot handelte, da er insoweit seine Befugnisse überschreiten würde. Der Unternehmer könnte sich also leicht von der ihm gesetzlich obliegenden Haftpflicht befreien.

Ausgeschlossen ist die Haftung des Unternehmers, wenn ein Ange- **Anm. 53.**
stellter nicht in Ausführung, sondern nur bei Gelegenheit dienstlicher Verrichtungen schuldhaft einen Unfall herbeiführt. Der Unternehmer ist daher z. B. nicht verantwortlich, wenn der Arbeiteraufseher bei Gelegenheit der Ausübung seines Dienstes mit einem Arbeiter in Streit gerät und diesen hierbei vorsätzlich oder fahrlässig verletzt. RG. in Bolze **5** Nr. 358.

IV. Unfall. **Anm. 54.**

Nach § 2 haftet der Unternehmer, wenn eine Aufsichtsperson den Tod oder die Körperverletzung eines Menschen verschuldet hat. Wenn auch in § 2 im Gegensatz zu § 1 die Bezeichnung „Unfall" nicht enthalten ist, so besteht doch kein Zweifel, daß auch für § 2 Voraussetzung der Haftung das Vorhandensein eines „Unfalls" ist. Dies folgt auch aus § 8, der die Verjährungsfrist der Forderungen auf Schadenersatz mit dem Zeitpunkt des „Unfalls" beginnen läßt.

„Unfall" im Sinne des HaftpflG. bedeutet die plötzliche Einwirkung eines Vorgangs auf den menschlichen Körper, die den Tod oder eine Verletzung zur Folge hat. Auf die Erläuterungen des Begriffes in Anm. 56 bis 78 zu § 1 wird Bezug genommen. Hier sei noch folgendes hervorgehoben.

Die Einwirkung muß eine plötzliche sein. Deshalb fällt unter den Begriff „Unfall" nicht die sog. Berufs- oder Gewerbekrankheit. Hierunter ist eine Krankheit zu verstehen, die sich als das Ergebnis regelmäßiger, sich auf eine längere Zeit verteilender nachteiliger Einwirkungen eines Betriebes auf den Körper darstellt. RG. **44** 253. Vgl. Anm. 64 zu § 1.

Ein Unfall liegt demnach beispielsweise nicht vor, wenn ein Arbeiter in einer direkt über einem Maschinenraum gelegenen Sattlerwerkstätte jahrelang tätig ist und die andauernden Erschütterungen des Fußbodens der Sattlerwerkstätte, die durch das Arbeiten der darunter befindlichen Maschinen verursacht werden, allmählich eine Nervenerkrankung desselben hervorrufen (RG. **29** 42); desgleichen nicht, wenn sich ein Lackierer, der sich viel mit Bleiweiß zu beschäftigen hat, durch das als Staub in der Luft umherfliegende Bleiweiß eine von Jahr zu Jahr zunehmende allmähliche Vergiftung zuzieht (RG. **21** 76; vgl. auch RG. in EisenbE. **14** 358); wenn sich ein Bergmann bei der Arbeit in der Grube eine Infektion mit den Erzeugern der Wurmkrankheit (Wurmlarven) zuzieht und erblindet (RG. **66** 433); auch nicht im Fall einer allmählich eintretenden Verkrümmung der Beine eines jugendlichen Arbeiters durch vorschriftswidrige Überbürdung mit ungeeigneten Arbeiten (a. M. RG. in EisenbE. **3** 195; gegen RG. Eger Anm. 27 S. 318; Reindl Anm. 12 zu § 2 S. 119). Vgl. auch OLG. Hamm in EisenbE. **18** 248.

Anm. 55. **V. Ursächlicher Zusammenhang zwischen Verschulden und Unfall.**

Der Unfall muß durch das Verschulden einer Aufsichtsperson herbeigeführt sein. Der Ausdruck „herbeigeführt" bedeutet dasselbe wie in § 1 das Wort „verursacht". Erforderlich ist demnach, daß zwischen dem Verschulden der Aufsichtsperson und dem Unfall ein ursächlicher Zusammenhang besteht.

Wann ein ursächlicher Zusammenhang vorliegt, ist nach allgemeinen Rechtsgrundsätzen zu beurteilen (vgl. Anm. 67 zu § 1). Hiernach ist zunächst ein ursächlicher Zusammenhang im natürlichen Sinne erforderlich. Dies bedeutet, daß das Verschulden eine Bedingung für den Eintritt des Unfalls bilden muß, daß also der Unfall ohne das Verschulden nicht eingetreten wäre. Der Unternehmer haftet hiernach nicht, wenn der Geschädigte den Unfall in jedem Falle, gleichviel ob das Verschulden begangen wurde oder nicht, erlitten hätte.

Dieser Kausalzusammenhang im natürlichen Sinne wird jedoch nicht als genügend angesehen. Nach der in Literatur und Rechtsprechung als herrschend anzusehenden Lehre von der adäquaten Verursachung gilt nur diejenige Bedingung als kausal für den Erfolg, die nach der Erfahrung des Lebens von vornherein geeignet war, sei es für sich, sei es in Verbindung mit anderen gegebenen Bedingungen, den eingetretenen Erfolg herbeizuführen oder dessen Eintritt zu begünstigen. Vgl. Anm. 67 zu § 1.

Ein solcher Kausalzusammenhang „im Rechtssinne" besteht z. B. nicht, wenn in einem Bergwerk durch Verschulden einer Aufsichtsperson Feuer ausbricht, ein Arbeiter sich vor dem Feuer ins Freie rettet und hier von einem herabfallenden Meteorstein erschlagen wird. RG. in EisenbE. **2** 125.

Auch im folgenden Fall erachtete das RG. den Kausalzusammenhang nicht für gegeben: In einer Mühle verunglückte ein Arbeiter dadurch, daß er in einen um eine Welle hängenden Riemen hineingriff. Den Aufseher traf für das Herunterhängen des Riemens zwar ein Verschulden, er konnte aber nicht voraussehen, daß ein Arbeiter so kopflos handeln und in den Riemen hineingreifen würde. RG. in EisenbE. **3** 374.

Nicht erforderlich ist, daß sich der Unfall als die notwendige, jede andere Möglichkeit ausschließende Folge des Verschuldens darstellt, vielmehr genügend, daß er eine nach dem gewöhnlichen Lauf der Dinge mögliche Folge des Verschuldens bildet. Vgl. Anm. 83 zu § 1. Dies ist wichtig für die Frage der Haftung des Unternehmers im Falle pflichtwidriger Unterlassung von Schutzmaßregeln (vgl. Anm. 46 zu § 2). Der Kausalzusammenhang zwischen dem Verschulden und dem Unfall ist hier schon dann für vorliegend zu erachten, wenn bei Anwendung der in Frage stehenden Vorsichtsmaßregel der Wahrscheinlichkeit nach der Unfall verhütet worden wäre. Die Führung des Beweises, daß der Unfall in keinem Fall eingetreten sein würde, wäre auch unmöglich, wenn es sich um solche Schutzvorrichtungen handelt, die, wie z. B. die von Fabrikarbeitern gebrauchten Schutzbrillen, nur einen relativen Schutz gewähren. RG. **1** 271, EisenbE. **1** 68; RG. **10** 64, EisenbE. **3** 125; EisenbE. **4** 71.

Der Ersatzberechtigte genügt im allgemeinen seiner Beweispflicht, wenn er darlegt, daß gewissen Vorschriften über Verhütung von Unfällen seitens des Unternehmers zuwidergehandelt worden ist. In diesem Falle spricht die Vermutung für den ursächlichen Zusammenhang zwischen der Zuwiderhandlung und dem Unfall. Demgegenüber ist es Sache des Unternehmers nachzuweisen, daß sich der Unfall auch bei Beobachtung der Unfallverhütungsvorschriften ereignet hätte. RG. in JW. **1915** 243[6]; JW. **1919** 509[18]; JW. **1929** 1461[6]; RG. **128** 320.

Gleichgültig ist, ob das Verschulden die unmittelbare oder mittelbare Ursache des Unfalls ist. Vgl. Anm. 84 zu § 1. Unmittelbare Ursache ist das Verschulden z. B., wenn ein Angestellter durch ordnungswidriges Schließen eines Ventils die Explosion eines Dampfkessels und die Verletzung der in der Nähe desselben beschäftigten Arbeiter herbeiführt. Eine mittelbare Verursachung liegt dagegen z. B. vor, wenn sich ein Arbeiter vor den Folgen einer schuldhaft verursachten Explosion zu retten sucht und hierbei in einen von ihm nicht bemerkten Schacht stürzt.

Das Verschulden braucht nicht die alleinige Ursache des Unfalls zu sein. Die Tatsache, daß noch andere Umstände bei der Entstehung des Schadens mitwirkten, steht der Annahme eines Kausalzusammenhangs nicht entgegen.

VI. Verletzter.

Anm. 56. **1. Ein „Mensch".**

Der Unternehmer haftet, wenn bei dem Betriebe durch das Verschulden einer Aufsichtsperson „ein Mensch" getötet oder verletzt wird. Hier ist ebenso wie in § 1 (vgl. Anm. 87 zu § 1) unter „Mensch" jede physische Person zu verstehen, gleichgültig, ob diese im Betriebe tätig oder ein unbeteiligter Dritter ist. Auch eine Beschäftigung ohne oder gar gegen den Willen des Unternehmers oder seiner Vertreter schließt die Anwendung des § 2 nicht aus.

Nach § 1 BGB. beginnt die Rechtsfähigkeit des Menschen mit der Vollendung der Geburt. Auf das erzeugte, aber noch nicht geborene Wesen (nasciturus) findet das HaftpflG. keine Anwendung.

Anm. 57. **2. Die Abänderung des § 2 durch die Unfallversicherungs- und Fürsorgegesetzgebung.**

§ 2 hat ebenso wie § 1 durch die Unfallversicherungs- und Fürsorgegesetzgebung eine erhebliche Einschränkung erfahren. Diese greift praktisch noch weiter als diejenige des § 1, da Unfälle nicht versicherter oder fürsorgeberechtigter Personen bei den in § 2 genannten Betrieben erheblich seltener als beim Eisenbahnbetriebe vorkommen, auch der Fall, daß der Unternehmer als „Dritter" haftet (vgl. Anm. 58), verhältnismäßig selten eintritt.

Hinsichtlich des Umfangs der Änderung kann im wesentlichen auf die Erörterungen in Anm. 88 bis 113 zu § 1 verwiesen werden. Hier sei nur folgendes bemerkt:

Anm. 58. **a) HaftpflG. und RVersO.**

Nach § 898 RVersO. haftet der Unternehmer eines der in § 2 bezeichneten Betriebe den Versicherten, wenn sie in diesem Betriebe beschäftigt sind, sowie ihren Hinterbliebenen für die Folgen eines Betriebsunfalls — abgesehen von dem wenig praktischen Fall strafgerichtlich festgestellter vorsätzlicher Herbeiführung — nach den Vorschriften des HaftpflG. überhaupt nicht. Die Versicherten und ihre Hinterbliebenen haben grundsätzlich wegen der Unfallfolgen ausschließlich den in der RVersO. geregelten Ersatzanspruch gegen die Träger der Versicherung. Vgl. Anm. 89 zu § 1.

§ 2 behält hiernach zunächst Geltung für durch Verschulden des Aufsichtspersonals herbeigeführte Betriebsunfälle solcher Personen, die nicht im Betriebe beschäftigt sind, wie z. B. Besucher der Fabrik (Interessenten, Kunden usw.), Handwerker oder Angestellte anderer Unternehmer, die in der Fabrik eine Arbeit zu verrichten haben, es sei denn, daß die Versicherung durch Satzung auf diese Personen ausgedehnt ist (§ 552 Ziff. 2

RVersO.). So wurde § 2 z. B. in einem Falle für anwendbar erklärt, in dem ein Maschinenteil von der Fabrik zu dem Ort seiner Verwendung transportiert und hierbei ein zur Montage zugezogener Arbeiter eines anderen Unternehmers (Maurermeisters) verletzt wurde. Denn der Arbeiter war nicht in dem haftpflichtigen Betriebe „beschäftigt". RG. in JW. **1915** 1195[6].

§ 2 findet auch auf Betriebsunfälle solcher Personen uneingeschränkt Anwendung, die zwar in dem Betrieb beschäftigt sind, aber nicht der Versicherung unterliegen, wie z. B. regelmäßig (vgl. Ausnahmefälle §§ 548, 552 RVersO.) die Handlungsgehilfen (§ 59 HGB.) und sonstigen Angestellten, die keine gewerblichen Dienste leisten (Hausdiener, Laufburschen, Aufwartefrauen, Portiers usw.).

Die Bestimmungen des HaftpflG. gelten ferner, wenn jemand bei einem der in § 2 genannten Betriebe verunglückt und hiermit einen Unfall in einem anderen Betriebe erleidet, in dem er versichert ist. Hier ist beispielsweise an den Fall zu denken, daß ein versicherter Angestellter des A bei Erledigung eines dienstlichen Auftrags in der Fabrik des B durch das Verschulden einer Aufsichtsperson des letzteren einen Betriebsunfall erleidet. Hier haftet B nach § 2 HaftpflG. Denn die Haftung dritter, d. h. nicht der eigenen, Unternehmer (§ 898 RVersO.) bestimmt sich nach den sonstigen gesetzlichen Vorschriften. Der nach diesen bestehende Schadenersatzanspruch geht jedoch gemäß § 1542 RVersO. auf den Träger der Versicherung insoweit über, als dieser zu Leistungen nach der RVersO. verpflichtet ist. Vgl. nähere Einzelheiten Anm. 98 zu § 1.

Endlich findet § 2 auf solche Unfälle Anwendung, die sich nicht als Betriebsunfälle im Sinne der RVersO. darstellen, jedoch unter § 2 fallen. Vgl. Anm. 89 zu § 1; Reindl S. 17 Ziff. 9.

b) HaftpflG. und Unfallfürsorgegesetze. **Anm. 59.**

Die Voraussetzungen, unter denen Beamte und Personen des Soldatenstandes, die in reichsgesetzlich der Unfallversicherung unterliegenden Betrieben beschäftigt sind, Schadenersatzansprüche nach dem HaftpflG. erheben können, sind in Anm. 103 ff. zu § 1 erörtert. Besteht nebeneinander ein Fürsorgeanspruch auf Grund des BeamtUFürsG. oder sonstiger Vorschriften sowie ein Schadenersatzanspruch gegen einen dritten Unternehmer nach § 2 HaftpflG., so geht gemäß § 12 Abs. 3 BeamtUFürsG. die Forderung des Entschädigungsberechtigten an den Dritten auf die dienstberechtigte Betriebsverwaltung insoweit über, als sie zu Leistungen verpflichtet ist. Vgl. RG. **60** 207; **73** 214; Anm. 107 zu § 1.

In der Rechtsprechung sind Zweifel hervorgetreten, ob § 12 Abs. 2 (vgl. Anm. 103 zu § 1), der weitergehende Ansprüche über die Fürsorgegesetze hinaus ausschließt, sofern der dritte Unternehmer eine Betriebsverwaltung des Reiches oder eines Bundesstaates (jetzt Landes) ist, auch dann Anwendung findet, wenn die Ersatzforderung nicht auf § 1 HaftpflG., sondern eine andere gesetzliche Vorschrift gestützt ist. Nach der Stellung des Abs. 2 könnte es den Anschein haben, als ob der weitergehende Ersatzanspruch nur dann ausgeschlossen sein sollte, wenn er sich auf § 1 gründe. Indessen kann ein berechtigter Grund zu einer unterschiedlichen Behandlung der auf § 1 und auf anderen gesetzlichen Vorschriften beruhenden Schadenersatzansprüche nicht anerkannt werden. Aus der Entstehungsgeschichte des § 12 geht auch hervor, daß es an einem inneren Zusammenhang zwischen Abs. 1 und Abs. 2 fehlt, und daß dem Abs. 2 die Bedeutung einer für sich stehenden Gesetzesbestimmung zukommt. RG. **69** 349. Demnach sind durch § 12 Abs. 2 auch Schadenersatzansprüche gemäß § 2 HaftpflG. ausgeschlossen.

Anm. 60.

B. Subjekt der Haftpflicht.

Als Subjekt der Haftpflicht ist in § 2 bezeichnet, wer ein Bergwerk, einen Steinbruch, eine Gräberei oder eine Fabrik betreibt. Die Fassung weicht von derjenigen des § 1, der als Subjekt der Haftpflicht den Betriebsunternehmer nennt, ab. Ein materieller Unterschied besteht jedoch in Ansehung des haftpflichtigen Subjekts nicht. Dies ist allgemeine Meinung. Vgl. Eger Anm. 14 S. 217; Endemann S. 65; Westerkamp S. 664; Reindl Anm. 1 zu § 2 S. 87; Genzmer S. 65; ROHG. **21** 175.

Der Begriff „Betriebsunternehmer" ist in Anm. 115 ff. zu § 1 erörtert. Das dort Gesagte gilt entsprechend auch für § 2. Danach ist Betriebsunternehmer im Sinne des § 2, wer eine der bezeichneten Anlagen für eigene Rechnung benutzt und über den Betrieb die Verfügung hat.

Das erste wesentliche Merkmal ist, daß der Betrieb für eigene Rechnung erfolgt. Darauf, wer Eigentümer der Anlage ist, kommt es nicht an. Für eigene Rechnung betreibt das Unternehmen derjenige, dem die Einnahmen und Ausgaben zufallen, dem also das ökonomische Ergebnis des Betriebes zum Vorteil oder Nachteil gereicht. Vgl. Anm. 117 zu § 1.

Daher ist z. B. Betriebsunternehmer eines Steinbruchs jemand, der von dem Eigentümer desselben durch Vertrag das Brechen der Steine durch eigene Arbeiter übernimmt und sich verpflichtet, die gesamte Ausbeute gegen vertragsmäßig festgesetzte Preise an den Eigentümer abzuliefern; nicht der Eigentümer, wie das ROHG. (**21** 175) und Endemann (S. 76) annehmen. Ebenso Eger Anm. 21 S. 260; Westerkamp S. 672; Reindl Anm. 7 zu § 2 S. 104.

Das Merkmal, daß der Betrieb für eigene Rechnung erfolgt, erschöpft aber nicht den Begriff „Betriebsunternehmer". Als weiteres Kennzeichen muß die Verfügungsmacht über den Betrieb hinzukommen. Vgl. Anm. 118 zu § 1.

Daher ist z. B. nicht Betriebsunternehmer eines Bergwerks, wer zum Zwecke der Ausnutzung eines solchen durch den Eigentümer einen unterirdischen Stollen durch das Erzlager im Akkord ausführt. RG. in

Bolze 5 Nr. 360. Ebenso ist als Betriebsunternehmer nicht ein Zimmermeister anzusehen, dem die Abnahme eines blechernen Kamins in einer Glashütte übertragen wird, und dem von der Hüttenverwaltung mehrere ihrer eigenen Arbeiter zur Hilfeleistung beigegeben werden. RG. in EisenbE. 4 361.

Entfallen die Merkmale Betrieb für eigene Rechnung und Verfügung über den Betrieb auf verschiedene Personen, so ist abzuwägen, welches Merkmal mit Rücksicht auf die besonderen Umstände des Falles als ausschlaggebend anzusehen ist. Vgl. Anm. 121 zu § 1.

C. Rechtliche Natur und Inhalt der Haftpflicht.

I. Rechtliche Natur der Haftpflicht.

Die rechtliche Natur des Haftpflichtanspruchs auf Grund des § 2 ist **Anm. 61.** wesentlich verschieden von derjenigen des Anspruchs aus § 1. Während nach § 1 Voraussetzung der Haftpflicht allein die Tatsache der Tötung oder Verletzung beim Eisenbahnbetriebe ist, hat die Haftung aus § 2 zur Voraussetzung, daß der Unfall durch das Verschulden einer der im § 2 genannten Aufsichtspersonen herbeigeführt ist. Mit Rücksicht auf diese grundsätzliche Verschiedenheit beider Vorschriften ist bei der Beratung des Gesetzes im Reichstage von mehreren Seiten mit Recht hervorgehoben worden, daß es sich in Wahrheit um zwei verschiedene Gesetze handle, die nur zufällig, wegen Gleichheit des Gegenstandes der Entschädigung, in einer Vorlage zusammengefaßt seien. Vgl. StenogrBer. 1 210, 216.

Im Gegensatz zu der sich als Legalobligation darstellenden Haftpflicht aus § 1 (vgl. Anm. 129 zu § 1) hat man die Haftpflicht des Unternehmers auf Grund des § 2 in Rechtsprechung und Schrifttum mit Recht als eine sog. quasideliktische Obligation angesehen. ROHG. **16** 4; RG. **6** 383, EisenbE. **2** 192; RG. **15** 51; RG. **63** 332, EisenbE. **23** 71; Eger Anm. 13 S. 215; Reindl Anm. 6 zu § 2 S. 100; Westerkamp S. 663. A. M. Endemann S. 17.

In prozessualer Beziehung folgt aus der quasideliktischen Natur, daß für Klagen aus § 2 das Gericht zuständig ist, in dessen Bezirk sich der Betriebsunfall ereignet hat (§ 32 ZPO.). RG. **6** 383, EisenbE. **2** 192.

Bleibt die Haftpflicht aus § 2 an Strenge hinter derjenigen aus § 1 **Anm. 62.** zurück, so geht sie doch über die allgemeine Haftpflicht des Unternehmers nach dem BGB. hinaus. Ist der Unternehmer eine juristische Person (Aktiengesellschaft, Fiskus), so haftet er nach § 823 in Verbindung mit §§ 30, 31, 89 BGB. für den Schaden, den ein verfassungsmäßig berufener Vertreter durch eine in Ausführung der ihm zustehenden Verrichtung begangene, schuldhafte Handlung einem Dritten zufügt. Diese Bestimmungen gelten also nur für Handlungen verfassungsmäßig berufener Vertreter juristischer Personen.

Für das Verschulden aller anderen Angestellten haftet der Geschäftsherr, gleichgültig, ob er eine physische oder juristische Person ist, nach § 831 BGB. Danach ist der Geschäftsherr, der einen anderen zu einer Verrichtung bestellt, für Ersatz des Schadens verantwortlich, den der andere einem Dritten widerrechtlich zufügt. Er kann sich jedoch von der Haftung durch den Nachweis befreien, daß er bei der Auswahl der bestellten Person und, sofern er Vorrichtungen oder Gerätschaften zu beschaffen oder die Ausführung der Verrichtung zu leiten hat, bei der Beschaffung oder der Leitung die im Verkehr erforderliche Sorgfalt beobachtet habe, oder daß der Schaden auch bei Anwendung dieser Sorgfalt entstanden sein würde. Nach § 2 dagegen haftet der Unternehmer, dessen Betriebsaufseher schuldhaft einen Unfall herbeiführt, für den Schaden schlechthin, ohne daß ihm der dem Geschäftsherrn nach § 831 gestattete Entlastungsbeweis offensteht. Vgl. RG. in JW. **1912** 1110[14], WarnRspr. **1912** Nr. 429, EisenbE. **29** 224, 322; Eger Anm. 13 S. 216. Vom Standpunkt des Verletzten aus ist die Vorschrift des § 831 andererseits insofern günstiger, als es nicht darauf ankommt, ob der Angestellte vorsätzlich oder fahrlässig gehandelt hat, da die dem Verletzten zugefügte Körperverletzung oder der ihm verursachte Tod stets eine widerrechtliche Handlung des Täters darstellt. Vgl. Neukamp a. a. O. S. 3; auch Anm. 7 zu § 9.

Anm. 63.

II. Inhalt der Haftpflicht.

Über den Inhalt der Haftpflicht besagt § 2 ebenso wie § 1 nur, daß der Betriebsunternehmer „für den dadurch entstandenen Schaden" haftet. Es wird hierzu auf das Anm. 134 ff. zu § 1 Gesagte verwiesen. In welchem Umfange Schadenersatz zu leisten ist, bestimmen die §§ 3, 3a HaftpflG.

Anm. 64.

III. Zusammentreffen mit anderen Ersatzpflichtigen.

Das HaftpflG. enthält über das Zusammentreffen der Haftpflicht des Betriebsunternehmers mit der Ersatzpflicht einer anderen Person nur zwei Bestimmungen, nämlich § 4, der den Fall der Versicherung des Verletzten unter Mitleistung des Betriebsunternehmers regelt, und § 7 Abs. 2 HaftpflG. (in Verb. m. § 843 Abs. 4 BGB.), der das Zusammentreffen der Haftpflicht des Betriebsunternehmers mit der Unterhaltsverpflichtung eines Dritten behandelt. Im übrigen bestimmt § 9 lediglich, daß die gesetzlichen Vorschriften, nach welchen außer den im HaftpflG. vorgesehenen Fällen der Unternehmer einer in den §§ 1, 2 bezeichneten Anlage oder eine andere Person, insbesondere wegen eines eigenen Verschuldens, für den beim Betriebe entstandenen Schaden haftet, unberührt bleiben. Darüber, in welchem Verhältnis die Haftpflicht des Betriebsunternehmers zu der Ersatzpflicht anderer Personen steht, enthält das HaftpflG. keine Bestimmungen. Die wichtigeren hier in Betracht kommenden Rechtsbeziehungen sollen im folgenden kurz erörtert werden.

1. Zusammentreffen mit der Haftung der schuldigen Aufsichtsperson. Anm. 65.

Neben dem gemäß § 2 haftpflichtigen Unternehmer haftet stets die Aufsichtsperson, durch deren Verschulden der Unfall herbeigeführt ist, auf Grund des § 823 BGB. Denn Voraussetzung der Haftung des Unternehmers ist, daß die Aufsichtsperson den Tod oder die Körperverletzung durch ihr Verschulden verursacht hat. Unternehmer und Angestellter haften nach § 840 Abs. 1 als Gesamtschuldner.

In ihrem Verhältnis zueinander ist die Aufsichtsperson allein verpflichtet. Dies folgt aus den §§ 611, 276 sowie einer analogen Anwendung des § 840 Abs. 2, die auch dann für geboten zu erachten ist, wenn die Aufsichtsperson der gesetzliche Vertreter einer juristischen Person ist. Vgl. Neukamp a. a. O. S. 4.

Über die Frage, ob der Verletzte den Unternehmer selbst sowohl auf Grund des § 2 wie der Vorschriften über unerlaubte Handlungen in Anspruch nehmen kann, wenn aus beiden Gesichtspunkten die Haftpflicht begründet ist, vgl. Anm. 3 zu § 9.

2. Zusammentreffen mit der Haftung eines Dritten aus einer unerlaubten Handlung. Anm. 66.

Mit der Haftung des Unternehmers kann auch die Haftung eines Dritten aus einer unerlaubten Handlung zusammentreffen. Auf einer unerlaubten Handlung (im weiteren Sinne) beruht beispielsweise die Ersatzpflicht des nach § 1 HaftpflG. haftenden Eisenbahnunternehmers (vgl. Anm. 131 zu § 1). Das Zusammentreffen mit einer solchen kommt z. B. in Betracht, wenn eine Eisenbahn durch ein Fabrikgrundstück hindurchführt und sich infolge Verschuldens einer Aufsichtsperson der Fabrik bei dem Eisenbahnbetriebe ein Unfall ereignet. In diesem Falle haften der Fabrikunternehmer (§ 2 HaftpflG.), die Aufsichtsperson (§ 823 BGB.) und der Eisenbahnunternehmer (§ 1 HaftpflG.) als Gesamtschuldner (§ 840 Abs. 1 BGB.).

Im Verhältnis der beiden Unternehmer zueinander hängt die Ausgleichung davon ab, welche größere oder geringere ursächliche Bedeutung den ihre Ersatzpflicht begründenden Tatbeständen für den eingetretenen Schaden zukommt. Dasselbe gilt für das Verhältnis von Eisenbahnunternehmer und Aufsichtsperson zueinander. Vgl. Anm. 139 zu § 1.

Mit der Haftung des Unternehmers kann auch die Haftung eines Dritten aus einer unerlaubten Handlung im engeren Sinne konkurrieren. Hier z. B. ist an den Fall zu denken, daß jemand, der eine gewerbliche Anlage besichtigt, durch eine Aufsichtsperson eine verbotswidrige Handlung vornehmen läßt oder unter Duldung der Aufsichtsperson selbst vornimmt, und daß hierbei ein Dritter zu Schaden kommt. In diesem Falle haften der Unternehmer, die Aufsichtsperson und der Besichtigende als Gesamtschuldner (§ 840 Abs. 1 BGB.).

Im Verhältnis des Unternehmers und des Besichtigenden zueinander ist letzterer allein verpflichtet (vgl. Anm. 65). Die Ausgleichung zwischen diesem und der Aufsichtsperson erfolgt nach den Grundsätzen der §§ 254, 846 BGB.

Anm. 67. **3. Zusammentreffen mit einer Haftung aus Vertrag.**

Es genügt, auf die Erörterungen in Anm. 146 zu § 1 Bezug zu nehmen, die entsprechend auch für § 2 gelten.

Anm. 68. **4. Zusammentreffen mit dem Anspruch aus der Unfallversicherung oder der Unfallfürsorge.**

Hier gelten entsprechend die Erörterungen in Anm. 147 zu § 1.

D. Ausschluß der Haftpflicht.

Anm. 69. Im Gegensatz zu § 1, der eine Befreiung von der Haftpflicht für den Fall der Herbeiführung des Unfalls durch höhere Gewalt oder eigenes Verschulden vorsieht, nennt § 2 keine Haftausschließungsgründe.

Die Haftung auf Grund des § 2 ist naturgemäß ausgeschlossen, wenn eine der gesetzlichen Voraussetzungen nicht erfüllt ist. Deshalb bedurfte es in § 2 nicht der Anführung der höheren Gewalt als eines den Unternehmer von der Haftpflicht befreienden Umstandes. Denn wenn höhere Gewalt die Ursache des Unfalls bildet, so kann dieser nicht durch Verschulden einer Aufsichtsperson herbeigeführt sein. Liegen aber Verschulden einer Aufsichtsperson und höhere Gewalt vor, so ist nur eine Unterbrechung des Kausalzusammenhangs zwischen Verschulden und Unfall durch das sich als höhere Gewalt darstellende Ereignis denkbar.

Wer die Herbeiführung des Unfalls durch höhere Gewalt behauptet, verhält sich gegenüber dem Vorbringen des Ersatz Beanspruchenden bestreitend. Diesen trifft daher die Beweislast. A. M. Reindl Anm. 14 zu § 2 S. 123; Endemann S. 86; anscheinend auch Eger Anm. 29 S. 325.

Anm. 70. Anders verhält es sich mit dem eigenen Verschulden des Getöteten oder Verletzten. Dieses kann als Ursache des Unfalls in Betracht kommen, auch wenn die Voraussetzungen, unter denen nach § 2 eine Haftung des Unternehmers stattfindet, gegeben sind. Denn bei der Entstehung des Unfalls kann neben dem Verschulden einer Aufsichtsperson ein eigenes Verschulden des Getöteten oder Verletzten mitgewirkt haben.

Bezüglich der Haftpflicht des Unternehmers in einem solchen Falle konkurrierenden Verschuldens galten vor dem Inkrafttreten des BGB. folgende Grundsätze:

Wirken ein Verschulden der Aufsichtsperson und ein eigenes Verschulden des Getöteten oder Verletzten zusammen, so ist unter Abwägung des beiderseitigen Verschuldens festzustellen, welches von beiden als für die Entstehung des Unfalls vorwiegend kausal anzusehen ist. Ist der Unfall überwiegend auf das schuldhafte Verhalten des Getöteten oder

Verletzten zurückzuführen, so ist der Betriebsunternehmer von der Haftpflicht vollständig befreit. Dagegen haftet dieser in vollem Umfange, wenn das Verschulden seines Aufsichtsorgans als die überwiegende Ursache anzusehen ist. Maßgebend dafür, welches Verschulden als vorwiegend kausal in Betracht kommt, ist vornehmlich der Grad des Verschuldens. ROHG. **16** 111; RG. in EisenbE. **1** 52; **1** 162; **1** 258; JW. **1887** 99[23], EisenbE. **5** 248. Im Zweifel ist zugunsten des Verletzten zu entscheiden. RG. in EisenbE. **2** 426; EisenbE. **3** 29.

Seit dem Inkrafttreten des BGB. ist ebenso wie für § 1 auch für § 2 die Frage streitig geworden, ob die Bestimmungen der §§ 254, 846 BGB. Anwendung zu finden haben. Die Frage ist aus den in Anm. 195 zu § 1 erörterten Gründen zu bejahen. Ebenso RG. **63** 332, EisenbE. **23** 71. A. M. Eger Anm. 29 S. 327; Reindl Anm. 14 zu § 2 S. 124.

Konkurriert demnach mit dem Verschulden der Aufsichtsperson ein eigenes Verschulden des Getöteten oder Verletzten, so hängt die Verpflichtung zum Ersatze sowie der Umfang des zu leistenden Ersatzes von den Umständen, insbesondere davon ab, inwieweit der Schaden vorwiegend von dem einen oder dem anderen Teil verursacht ist (§ 254 Abs. 1). Das Gericht kann daher je nach den Umständen die Verpflichtung zum Ersatz ganz bejahen oder ganz verneinen oder auch den Unternehmer zu einem Anteil für haftpflichtig erklären.

Bei der Abwägung wird z. B. das eigene Verschulden des Verletzten im Verhältnis zu demjenigen der Aufsichtsperson als ein unerhebliches anzusehen sein, wenn die von der Aufsichtsperson schuldhaft verabsäumten Vorkehrungen gerade den Zweck haben, Angestellte gegen eigenes durch natürliche Gleichgültigkeit und gewohnheitsmäßige Nichtachtung von Gefahren veranlaßtes Verschulden zu schützen. Vgl. RG. in EisenbE. **5** 271.

Ist die Aufsichtsperson, der ein Verschulden zur Last fällt, mit dem Verletzten identisch, so findet § 2 keine Anwendung. Vgl. RG. im „Recht" **1910** Nr. 2308, EisenbE. **27** 81; Eger Anm. 25 S. 312.

Darüber, was „eigenes Verschulden" bedeutet, vgl. die Erläuterungen der Anm. 171 ff. zu § 1, die entsprechend auch hier gelten.

Das eigene Verschulden des Getöteten oder Verletzten muß bei der Entstehung des Unfalls mitgewirkt haben. Es ist also ein ursächlicher Zusammenhang zwischen dem Verschulden und dem Unfall erforderlich. Ein solcher ist gegeben, wenn der Unfall ohne das eigene Verschulden nicht eingetreten wäre, und wenn er außerdem dem Verletzten zugerechnet werden kann, d. h. in der Richtung der schuldhaften Handlung des Verletzten liegt. Vgl. Anm. 202 ff. zu § 1.

Bezüglich der Beweispflicht gelten die entsprechenden Grundsätze wie für § 1. Sache des Verletzten oder seiner Hinterbliebenen ist es zu beweisen, daß der Unfall durch ein Verschulden einer Aufsichtsperson verursacht worden ist. Demgegenüber muß der Unternehmer dartun, daß bei der Entstehung des Unfalls ein eigenes Verschulden des Getöteten oder Verletzten mitgewirkt hat. A. M. Eger (Anm. 29 S. 331), der dem Beschädigten die Beweislast dafür auferlegt, daß nicht konkurrierendes Verschulden den Unfall herbeigeführt habe, da er zur Begründung seines Anspruchs dartun müsse, daß das Verschulden eines Angestellten die Ursache der Verletzung bilde. Egers Ansicht beruht auf der unrichtigen Auffassung, daß nur das eine oder das andere Verschulden Ursache des Unfalls sein könne. Der Unfall kann aber auch auf das Verschulden beider zurückzuführen sein.

Vgl. im übrigen Anm. 204 ff. zu § 1.

§ 3.

Im Falle der Tötung ist der Schadenersatz (§§ 1 und 2) durch Ersatz der Kosten einer versuchten Heilung sowie des Vermögensnachteils zu leisten, den der Getötete dadurch erlitten hat, daß während der Krankheit seine Erwerbsfähigkeit aufgehoben oder gemindert oder eine Vermehrung seiner Bedürfnisse eingetreten war. Der Ersatzpflichtige hat außerdem die Kosten der Beerdigung demjenigen zu ersetzen, dem die Verpflichtung obliegt, diese Kosten zu tragen.

Stand der Getötete zur Zeit der Verletzung zu einem Dritten in einem Verhältnisse, vermöge dessen er diesem gegenüber kraft Gesetzes unterhaltspflichtig war oder unterhaltspflichtig werden konnte, und ist dem Dritten infolge der Tötung das Recht auf den Unterhalt entzogen, so hat der Ersatzpflichtige dem Dritten insoweit Schadenersatz zu leisten, als der Getötete während der mutmaßlichen Dauer seines Lebens zur Gewährung des Unterhalts verpflichtet gewesen sein würde. Die Ersatzpflicht tritt auch dann ein, wenn der Dritte zur Zeit der Verletzung erzeugt, aber noch nicht geboren war.

Inhaltsübersicht.

	Anm.
Einleitung	
1. Entstehungsgeschichte	1
2. Grundsätzliche Regelung	2
3. Inhalt des § 3	3
A. Der durch die Krankheit (Körperverletzung) entstandene Vermögensschaden (Abs. 1 S. 1)	
I. Die Heilungskosten	4
1. Heilung	5
2. Kosten (Notwendigkeit, Angemessenheit)	6—9
3. Versuchte Heilung	10
4. Anspruchsberechtigter	11
5. Aufwendungen Unterhaltsverpflichteter	12

Anm.
6. Art der Erstattung 13
II. Der infolge Beeinträchtigung der Erwerbsfähigkeit erlittene Vermögensnachteil 14
III. Der infolge Vermehrung der Bedürfnisse erlittene Vermögensnachteil 15

B. Die Kosten der Beerdigung (Abs. 1 S. 2) 16
I. Begriff 17
II. Umfang der Erstattungspflicht 18
III. Ersatzberechtigter 19

C. Schadenersatzanspruch des Unterhaltsberechtigten (Abs. 2) 20
I. Voraussetzungen der Ersatzpflicht 21—22
1. Kraft Gesetzes 21—22
2. Unterhaltspflicht 23
3. Zukünftige Entstehung der Unterhaltspflicht 24—25
4. Zur Zeit der Verletzung 26—28
5. Entziehung des Unterhaltsrechts infolge der Tötung
a) Unterhaltsrecht 29
b) Entziehung 30—31
c) Entziehung als Folge der Tötung 32—33
6. Beweispflicht 34
II. Rechtliche Natur u. Inhalt der Ersatzpflicht
1. Rechtliche Natur 35
2. Inhalt 36
a) Umfang der Ersatzpflicht
α) Abhängig von Unterhaltspflicht 37
β) Bemessung der Höhe 38
αα) Ersatzanspruch der Witwe 39—42
ββ) Ersatzanspruch der Kinder 43—44
b) Dauer der Ersatzpflicht
α) Mutmaßliche Lebenszeit des Getöteten 45
β) Andere zeitliche Begrenzung 46—48
γ) Beginn der Rentenpflicht 49
c) Form des Schadenersatzes 51
III. Ersatzberechtigter 50

Einleitung.

1. Entstehungsgeschichte. **Anm. 1.**

Die jetzige Fassung der §§ 3 und 3a beruht auf Art. 42 EG. BGB. Diese sind an die Stelle des früheren § 3 getreten, welcher lautete:

Der Schadenersatz (§§ 1 und 2) ist zu leisten:

1. im Falle der Tötung durch Ersatz der Kosten einer versuchten Heilung und der Beerdigung, sowie des Vermögensnachteils, welchen der Getötete während der Krankheit durch Erwerbsunfähigkeit oder Verminderung der Erwerbsfähigkeit erlitten hat. War der Getötete zur Zeit seines Todes vermöge Gesetzes verpflichtet, einem anderen Unterhalt zu gewähren, so kann dieser insoweit Ersatz fordern, als ihm infolge des Todesfalles der Unterhalt entzogen worden ist;

2. im Falle einer Körperverletzung durch Ersatz der Heilungskosten und des Vermögensnachteils, welchen der Verletzte durch eine infolge der Verletzung eingetretene zeitweise oder dauernde Erwerbsunfähigkeit oder Verminderung der Erwerbsfähigkeit erleidet.

Die Änderungen bestehen in folgendem:

a) Der bisherige § 3 ist nach dem Vorgang der §§ 843 und 844 BGB. in zwei Teile zerlegt. Jetzt regelt § 3 den Umfang des Schadenersatzes im Falle der Tötung, § 3a denjenigen im Falle der Körperverletzung.

b) Im Falle der Tötung wie im Falle der Körperverletzung ist die Entschädigungspflicht ausgedehnt auf den Ersatz des Vermögensnachteils, der dem Verletzten aus der Vermehrung seiner Bedürfnisse während der Krankheit entstanden ist.

c) Für die Kosten der Beerdigung ist als Ersatzberechtigter derjenige genannt, dem die Verpflichtung obliegt, diese Kosten zu tragen.

d) Der Anspruch des unterhaltsberechtigten Dritten (§ 3 Abs. 2) ist in wörtlicher Anlehnung an den § 844 Abs. 2 BGB. geregelt.

Anm. 2. **2. Grundsätzliche Regelung der Schadenersatzpflicht.**

Während die §§ 1 und 2 die Voraussetzungen bestimmen, unter denen der Unternehmer haftet, regeln die §§ 3 und 3 a den Umfang der Schadenersatzpflicht, und zwar § 3 für den Fall der Tötung und § 3 a für den Fall der Körperverletzung.

Das HaftpflG. berücksichtigt als zu ersetzenden Schaden nur einen Vermögensschaden. Der volle Vermögensschaden umfaßt neben dem sog. effektiven Schaden, der in der Beeinträchtigung vorhandener Werte besteht, den entgangenen Gewinn. Durch die §§ 3 und 3 a wird jedoch dieser volle Schaden nicht getroffen. An effektivem Schaden werden danach vielmehr nur die Heilungs- und die Beerdigungskosten ersetzt, an entgangenem Gewinn nur der infolge Aufhebung oder Minderung der Erwerbsfähigkeit erlittene Vermögensnachteil und der einem Dritten durch den Verlust des Rechts auf Unterhalt entstandene Schaden.

Der nach den §§ 3, 3 a zu erstattende Schaden bleibt an Umfang hinter demjenigen, der nach den Vorschriften des BGB. über die Schadenersatzpflicht aus unerlaubten Handlungen zu ersetzen ist, zurück. Während nach dem HaftpflG. der Schaden zu ersetzen ist, den der Verletzte dadurch erleidet, daß während der Krankheit seine Erwerbsfähigkeit aufgehoben oder gemindert ist, erstreckt sich gemäß § 842 BGB. die Verpflichtung zum Schadenersatz auf alle Nachteile, die die schädigende Handlung für den Erwerb oder das Fortkommen des Verletzten herbeiführt. Unter § 842 fällt abweichend von den §§ 3, 3 a z. B. auch der schätzbare Vermögensschade, den eine weibliche Person dadurch erleidet, daß infolge körperlicher Entstellung die Aussichten auf eine Heirat aufgehoben oder gemindert sind. Nach § 845 — nicht nach dem HaftpflG. — hat ferner der Ersatzpflichtige, wenn der Verletzte kraft Gesetzes einem Dritten zur Leistung von Diensten in dessen Hauswesen oder Gewerbe verpflichtet war, dem Dritten für die entgehenden Dienste Ersatz zu leisten. Endlich kann auf Grund des § 847 der Verletzte auch wegen des ideellen Schadens eine Geldentschädigung verlangen, während die §§ 3 und 3 a nur eine Schadloshaltung für Vermögensschaden vorsehen. Vgl. Anm. 8 zu § 9.

Die §§ 3 und 3 a lassen eine Ergänzung durch die weitergehenden Vorschriften des BGB. nicht zu. Das HaftpflG. ist ein Sondergesetz, das Art und Umfang des zu ersetzenden Schadens in ausschließlicher und erschöpfender Weise regelt. Allerdings stellt sich die Haftpflicht auf Grund des HaftpflG. als eine unerlaubte Handlung im weiteren Sinne dar, und dies rechtfertigt die Anwendung einzelner Vorschriften des bezüglichen

Titels des BGB. (vgl. Anm. 132 zu § 1). Eine Übertragung ist jedoch nur insoweit zulässig, als dies mit dem Inhalt und dem Charakter des Gesetzes als eines Spezialgesetzes vereinbar ist.

Demnach kann auf Grund des HaftpflG. auf Schadenersatz nur in den Grenzen der §§ 3 und 3 a erkannt werden. Insbesondere kann also weder der Ersatz eines ideellen Schadens (Schmerzensgeld) beansprucht noch eine Entschädigung von demjenigen gefordert werden, dem der Verletzte kraft Gesetzes zur Leistung von Diensten im Hauswesen oder Gewerbe verpflichtet war. RG. in EisenbE. **1** 73; **3** 209; RG. **39** 35; RG. **57** 52, JW. **1904** 174[16], EisenbE. **21** 36; JW. **1909** 483[1], WarnRspr. **1909** Nr. 507, EisenbE. **26** 194; JW. **1913** 99[15], EisenbE. **29** 331; JW. **1916** 488[7]; RG. **99** 263; KG. in JW. **1929** 1494[1]. Vgl. auch Eger Anm. 31 S. 334; Endemann S. 95; Reindl Anm. 1 zu § 3 S. 126; Genzmer S. 86; Heucke Anm. 2 zu § 3.

Durch § 7 a, der auf dem Gesetz v. 8. Juli 1923 und der Verordnung v. 24. Oktober 1923 beruht, hat die Haftung auch eine ziffernmäßige Begrenzung erfahren.

Ansprüche, die über den im HaftpflG. normierten Inhalt hinausgehen, können jedoch gemäß § 9 nach sonstigen gesetzlichen Vorschriften, sofern deren Voraussetzungen gegeben sind, geltend gemacht werden. Vgl. Anm. 6 ff. zu § 9.

Den Umfang der Haftung für die Folgen von Automobilunfällen regeln die §§ 10 und 11 KFG. in wörtlicher Übereinstimmung, abgesehen von einer geringen redaktionellen Abweichung in § 11, desgleichen die §§ 21 und 22 LVG. den Umfang der Haftung für die Folge von Luftverkehrsunfällen.

3. Inhalt des § 3. Anm. 3.

§ 3 faßt alle diejenigen Leistungen zusammen, die dem haftpflichtigen Unternehmer im Falle der Tötung eines Menschen obliegen. Der zu ersetzende Schade besteht aus:

A. dem durch die Krankheit (Körperverletzung) entstandenen Vermögensschaden (Abs. 1 S. 1),
B. den Kosten der Beerdigung (Abs. 1 S. 2) und
C. den Ansprüchen des unterhaltsberechtigten Dritten (Abs. 2).

A. Der durch die Krankheit (Körperverletzung) entstandene Vermögensschaden (Abs. 1 S. 1).

Der durch die Krankheit (Körperverletzung) entstandene Schaden, der zu ersetzen ist, besteht nach § 3 Abs. 1 S. 1 aus den Kosten einer versuchten Heilung sowie dem vom Getöteten durch Aufhebung oder Minderung seiner Erwerbsfähigkeit und durch Vermehrung seiner Bedürfnisse erlittenen Vermögensnachteil.

I. Die Kosten einer versuchten Heilung.

Anm. 4. Nach § 3 a sind im Falle einer Körperverletzung die Kosten der Heilung zu ersetzen. Es hätte daher im § 3, der den Fall einer tödlich verlaufenden Körperverletzung regelt, einer besonderen Aufführung des Anspruchs auf Erstattung der Heilungskosten streng genommen nicht bedurft. Sie sind aber zweckmäßig auch in § 3 erwähnt, da im Falle ihrer Weglassung der Eindruck hätte erweckt werden können, als ob nur die Kosten erfolgreicher Heilungsversuche zu erstatten wären. Vgl. Mot. z. BGB. **2** 774.

Anm. 5. **1.** Die Kosten einer versuchten **Heilung** sind zu ersetzen. Im wörtlichen Sinne würde unter „Heilung" die Hebung des körperlichen Leidens, die Wiedererlangung der Gesundheit zu verstehen sein. Danach hätte der Haftpflichtige nur das zu ersetzen, was im Interesse einer Wiederherstellung des Verletzten aufgewendet worden ist. So eng ist der Ausdruck jedoch nicht zu fassen. Vielmehr gehört zu den Kosten der Heilung alles das, was im Interesse des körperlichen Befindens des Verletzten, insbesondere zur Erzielung einer Besserung, eines Stillstandes im Leiden, zur Hinhaltung des tödlichen Ausgangs, zur Linderung von Schmerzen und zur Ausgleichung körperlicher Gebrechen, aufgewendet wird. RG. **3** 2, EisenbE. **1** 285; JW. **1891** 152[16], EisenbE. 8 221; JW. **1905** 443[29]; JW. **1907** 373[25], EisenbE. **24** 61; „Recht" **1907** Nr. 2643; EisenbE. **28** 228; RG. in OLG. **14** 405. Eger Anm. 34 S. 346; Endemann S. 96; Westerkamp S. 680.

Zu den Heilungskosten gehören demnach insbesondere die Aufwendungen für ärztliche Behandlung, Arzneien, Krankenernährung, Pflegepersonal, Behandlung in einem Krankenhaus und den Transport hierhin, Badekuren, Luftkuren (RG. im „Recht" **1907** Nr. 2643), Badereisen, Beschaffung künstlicher Gliedmaßen (RG. in JW. **1906** 696[19], EisenbE. **23** 186) usw. Vgl. auch die Beispiele bei Eger Anm. 34 S. 346. Die Beschädigung künstlicher Glieder oder Zähne ist Sachschaden, nicht Körperverletzung (RG. in JW. **1924** 1870[16], VerkRdsch. **3** 458, LZ. **1924** 580). Inwieweit hierfür Schadenersatz zu leisten ist, bestimmt sich nicht nach dem HaftpflG., sondern nach den auf Grund des Art. 105 EG. BGB. erlassenen landesrechtlichen und den Bestimmungen des BGB. über unerlaubte Handlungen.

In der Praxis zu dem früheren § 3 war wiederholt zweifelhaft geworden, ob auch solche Kosten erstattet werden müssen, die, wie z. B. die Kosten für bessere Ernährung, Kleidung, Wohnung und Wartung, nicht eigentlich zu Heilungszwecken aufgewendet, sondern infolge einer Vermehrung der persönlichen Bedürfnisse des Verletzten entstanden sind. Um jeden Zweifel auszuschließen, ist durch die jetzige auf Art. 42 EG. BGB. beruhende Fassung bestimmt, daß auch derjenige Vermögensnachteil zu ersetzen ist, der dem Verletzten durch eine Vermehrung seiner Bedürfnisse entstanden ist (vgl. Anm. 15). Kirchner (Anm. 3 zu § 11) erblickt das Unterscheidungsmerkmal darin, daß nunmehr unter Heilungskosten nur die außergewöhnlichen Aufwendungen fielen, die vorübergehend notwendig seien, um die körperliche Gesundheit wiederherzustellen, während zu den Kosten für vermehrte Bedürfnisse alles gehöre, was für eine voraussichtlich längere Zeit des Siechtums oder der Pflegebedürftigkeit an **dauernden** Ausgaben zur Linderung des Leidens aufgewendet werde. Ebenso Isaac Anm. IV 2 zu § 3; **Müller** Anm. B III zu § 10. Ob eine Unterscheidung in diesem Sinne wirklich beabsichtigt war, kann dahingestellt bleiben. Das Ergebnis ist jedenfalls insofern praktisch brauchbar, als es eine Handhabe bietet, um auch für Heilungskosten bei dauerndem Krankheitszustand Ersatz in Form einer Rente zu gewähren. Vgl. Anm. 2 zu § 7.

2. § 3 spricht schlechthin von den **Kosten** einer versuchten Heilung. Voraussetzung der Geltendmachung des Ersatzanspruchs ist nicht, daß der **Verletzte** die Kosten bezahlt hat oder schuldig geworden ist. Erforderlich ist aber, daß die Kosten **tatsächlich aufgewendet** sind. Das Verlangen nach Ersatz der Heilungskosten setzt eine selbständige Berechnung nach den tatsächlich aufgewendeten Beträgen voraus, damit die Notwendigkeit und Angemessenheit geprüft werden können (vgl. Anm. 7). Daher ist z. B. die bloße Behauptung, daß sich der Verletzte seit dem Unfall fortdauernd in ärztlicher Behandlung befunden habe, unzureichend (RG. in JW. **1891** 121[11], EisenbE. **8** 210). Ebenso können Kosten, deren Aufwendung zwar nach der Natur des Leidens erforderlich gewesen wären, in Wirklichkeit aber nicht ausgegeben sind, nicht beansprucht werden (vgl. **Eger** Anm. 34 S. 342). Demgemäß kann z. B. der Verletzte, der eine ihm angebotene Behandlung in einer Heilanstalt ablehnt, nicht etwa den Betrag verlangen, der durch seine Weigerung erspart worden ist. RG. in BayZ. **1916** 356[IV], EisenbE. **33** 426. Über die Pflicht des Verletzten, sich der Behandlung in einer Heilanstalt zu unterziehen, vgl. Anm. 73 zu § 1. **Anm. 6.**

Nach dem Wortlaut der Vorschrift könnte es scheinen, als ob der Ersatzpflichtige **alle** entstandenen Kosten ohne Rücksicht auf ihre Notwendigkeit und Angemessenheit zu erstatten hätte. Dies ist nicht der Fall. Da der Unternehmer nur für den Schaden aufzukommen hat, der ihm als eine Folge des Unfalls zugerechnet werden kann (vgl. Anm. 137 zu § 1), so können nur diejenigen Kosten beansprucht werden, die zur Heilung **notwendig** waren und auch **angemessen** sind. **Anm. 7.**

Die Kosten müssen **notwendig** sein. Dies bedeutet, daß nur der Aufwand für solche Mittel beansprucht werden kann, die geeignet sind, eine Heilwirkung in dem oben (Anm. 5) erörterten Sinne auszuüben. Demgemäß sind z. B. Aufwendungen für die Behandlung durch tierischen Magnetismus nicht zu erstatten (OLG. Dresden in EisenbE. **18** 239). Überhaupt braucht der Haftpflichtige nicht zu ersetzen, was zweck- und sinnwidrig für Kurpfuschereien gezahlt wird. Jedoch kann nicht etwa die Notwendigkeit von Aufwendungen ohne weiteres für jede Behandlung durch nicht approbierte Ärzte verneint werden. Vielmehr ist in solchem Falle zu prüfen, ob die angewendeten Mittel zweckentsprechend waren.

Im allgemeinen sind Aufwendungen für eine **ärztliche** Behandlung als notwendig anzusehen. Daß sich im besonderen Falle die ärztlichen Anordnungen zur Erzielung einer Heilwirkung als ungeeignet erwiesen haben, schließt die Ersatzpflicht ebensowenig aus wie der Umstand, daß sich der Arzt einen Kunstfehler zuschulden kommen ließ, mag dieser noch so gröblich sein. Wenn auch bei gröblicher Außerachtlassung aller ärztlichen Regeln und Erfahrungen der Erfolg einer solchen Behandlung dem Unternehmer nicht zugerechnet werden kann (vgl. Anm. 76 zu § 1), so kann dies doch nicht von den Aufwendungen für die ärztliche Behandlung gelten. Denn es muß als genügend angesehen werden, daß der Verletzte die Kosten ohne eigenes Verschulden für notwendig erachtete. Vgl. auch Wussow S. 42; Neukirch-Rosenmeyer Anm. 3 zu §§ 10, 11 KFG..

Beweispflichtig für die Höhe der Heilungskosten ist der Ersatzberechtigte. Es fragt sich, wem die Beweispflicht obliegt, wenn der Haftpflichtige ihre Notwendigkeit bestreitet. Westerkamp (S. 681) hält letzteren für beweispflichtig, da das Gesetz einen Anspruch auf Erstattung der Heilungskosten schlechthin gewähre. Dem wird nicht beizupflichten sein. Für die Notwendigkeit der Aufwendungen ist der Ersatzberechtigte beweispflichtig. Jedoch ist dieser nicht gehalten, die Zweckmäßigkeit ärztlicher Anordnungen darzutun. Behauptet der Haftpflichtige ihre Unzweckmäßigkeit und Nutzlosigkeit, so trifft ihn hierfür die Beweislast. So auch die herrschende Meinung. Vgl. Eger Anm. 34 S. 345; Reindl Anm. 4 zu § 3 S. 129; Isaac Anm. IV 3 zu § 10; Kirchner Anm. 3 zu § 11; Gordan S. 95.

Anm. 8. Die Kosten der versuchten Heilung müssen ferner angemessen sein. Zunächst in dem Sinne, daß sie der Behandlung entsprechen müssen. Unangemessen hohe Beträge, die an Ärzte, Pfleger, Krankenanstalten usw. gezahlt oder von diesen beansprucht worden sind, braucht der Haftpflichtige nicht zu erstatten. Die Kosten müssen aber auch regelmäßig den Verhältnissen des Verletzten entsprechen. Im allgemeinen dürfen die Kosten, deren Erstattung gefordert wird, nicht wesentlich über dasjenige Maß hinausgehen, das Personen gleichen Standes und in gleicher wirtschaftlicher Lage aufzuwenden pflegen. Danach wird insbesondere auch zu beurteilen sein, ob die Erstattung solcher Kosten beansprucht werden kann, die z. B. durch Hinzuziehung mehrerer Ärzte, eines an einem anderen Orte wohnenden Arztes oder den Besuch eines kostspieligen Sanatoriums entstanden sind. Jedenfalls wird man m. E. nicht verlangen können, daß der Verletzte in seinen Ansprüchen unter das Maß dessen herabgeht, was er selbst nachweisbar für sich aufgewendet hat. Abweichend RG. in JW. **1924** 1870[16], VerkRdsch. **3** 458, LZ. **1924** 580.

Unter Umständen sind aber Aufwendungen für eine besonders kostspielige Behandlung auch dann zu ersetzen, wenn anzunehmen ist, daß der Verletzte aus eigenem Vermögen diese Aufwendungen nicht gemacht haben würde. Denn nach § 254 BGB. ist der Verletzte verpflichtet, nichts zu unterlassen, was geeignet wäre, den Schaden abzuwenden oder zu mindern. Kann durch eine zur Abwendung oder Minderung des Schadens zwar notwendig erscheinende, aber den Verhältnissen des Verletzten nicht angemessene Behandlung, z. B. eine sehr kostspielige Reise oder Operation, seine Wiederherstellung ganz oder teilweise erwartet werden, so wäre es unbillig, die Kosten, die unter Umständen dem Unternehmer höhere Aufwendungen ersparen und deshalb in seinem Interesse liegen, dem Verletzten aufzubürden. Konnte der Verletzte von den Maßnahmen einen Erfolg erwarten, so kommt es nicht darauf an, ob dieser auch tatsächlich eingetreten ist. Krause Anm. 8 S. 123. Vgl. auch Eger Anm. 34 S. 346; Neukirch-Rosenmeyer Anm. 3 zu §§ 10, 11.

Die Beweispflicht liegt auch bezüglich der Angemessenheit dem Ersatz Fordernden ob. Vgl. Anm. 7.

Der Ersatz der Heilungskosten darf nicht zur Bereicherung führen. **Anm. 9.** Zu ersetzen sind demnach nur diejenigen Kosten, die über das Maß dessen hinausgehen, was der Verletzte für den Fall, daß er von dem Unfall verschont geblieben wäre, aufgewendet hätte. Der Ersatz Fordernde muß sich daher dasjenige anrechnen lassen, was der Verletzte sonst für Wohnung, Verpflegung, Bedienung, ärztliche Behandlung u. dgl. aufgewendet haben würde. In Abzug zu bringen sind also beispielsweise bei Verordnung einer besonderen Diät die Kosten für die sonst gewohnte Ernährung, im Fall einer Badereise die infolge derselben im Haushalt gemachten Ersparnisse (LG. Köln in DJZ. **1902** 560[1], EisenbE. **19** 199). Ebenso Eger Anm. 34 S. 347; Reindl Anm. 4 S. 129; Genzmer S. 89; Isaac Anm. IV 4 zu § 10; Krause Anm. 8 S. 126. A. M. Westerkamp S. 681.

Nicht in Anrechnung zu bringen ist jedoch z. B., was der Verletzte früher für freiwillig und zu seinem Vergnügen unternommene Erholungsreisen aufgewendet hat. Ist er infolge der durch den Unfall hervorgerufenen Schwächung des Gesundheitszustandes gezwungen, eine Erholungsreise zu machen, so muß der Haftpflichtige für diese Vermehrung seiner Bedürfnisse in vollem Umfang aufkommen. RG. im „Recht" **1913** Nr. 1851, 1852, EisenbE. **30** 206.

3. § 3 spricht von den Kosten **einer versuchten** Heilung. Dies ist **Anm. 10.** selbstverständlich nicht im zahlenmäßigen Sinne zu verstehen. Die Worte sind gleichbedeutend mit „der etwa versuchten Heilung". Es sind also auch die Kosten wiederholter Heilungsversuche zu ersetzen. Endemann S. 96; Eger Anm. 34 S. 342; Reindl Anm. 4 S. 127; Genzmer S. 90.

4. Darüber, wem der Anspruch auf Erstattung der Hei- **Anm. 11.** lungskosten zusteht, besagt § 3 ausdrücklich nichts. Es kann jedoch nicht zweifelhaft sein, daß der Ersatzanspruch nur dem Verletzten bzw. seinen Erben gewährt ist. Der Eingang des § 3 nimmt ausdrücklich auf die §§ 1 und 2 Bezug. Diese behandeln aber nur den Schaden, von dem der Verletzte betroffen wird. Hierzu kommt, daß § 3 Abs. 1 die Heilungskosten mit dem Vermögensnachteil zusammenstellt, den der Getötete durch Aufhebung oder Minderung seiner Erwerbsfähigkeit oder Vermehrung seiner Bedürfnisse erlitten hat. Ebenso Eger Anm. 52 S. 452; Genzmer S. 87; Reindl Anm. 4 zu § 3 S. 127; RG. **31** 25, EisenbE. **11** 108; EisenbE. **12** 245; Gruchot **47** 920; RG. **63** 195, JW. **1906** 385[12], EisenbE.

23 58; RG. **64** 350, JW. **1907** 23[26]; JW. **1906** 810[7]; EisenbE. **23** 292; „Recht" **1907** Nr. 3806; JW. **1909** 483[1], EisenbE. **26** 194. A. M. Endemann S. 125.

Der Anspruch auf Ersatz der Heilungskosten geht mit dem Tode des Verletzten auf seine Erben über. Auf Grund des HaftpflG. haben demgemäß die Hinterbliebenen nur als Erben des Verletzten Anspruch auf Erstattung der verauslagten Kurkosten.

Ob andere Personen als der Getötete und dessen Erben einen Erstattungsanspruch aus eigenem Recht haben, richtet sich nach den Vorschriften des BGB. Ein solcher Anspruch kann aus dem Rechtsgrund der Geschäftsführung ohne Auftrag (§§ 677 ff. BGB.) gegeben sein. Erforderlich ist hierfür, daß der die Kosten Aufwendende ein Geschäft des haftpflichtigen Unternehmers besorgen wollte, also mit dem Vorsatz handelte, seine Aufwendungen diesem in Rechnung zu stellen. RG. im „Recht" **1907** Nr. 3806; „Recht" **1908** Nr. 1092; WarnRspr. **1909** Nr. 86; JW. **1909** 137[15], EisenbE. **25** 397; JW. **1910** 389[6]; RG. **84** 390 (jedoch besteht kein Anspruch auf Ersatz künftiger Aufwendungen; vgl. auch JW. **1920** 639[4]). Demgemäß steht ein Anspruch aus der Geschäftsführung nicht etwa denjenigen zu, die zum Zwecke der Heilung selbst tätig gewesen sind, wie Krankenanstalten, Ärzten, Pflegern, Bediensteten. Denn diese haben mit ihrer Tätigkeit nicht Geschäfte des Haftpflichtigen, sondern ausschließlich eigene Geschäfte besorgt. Ihnen steht nur ein Anspruch gegen den Verletzten selbst oder dessen Erben zu.

Das RG. nimmt an, daß der Unterhaltspflichtige, der Kurkosten aufwende, einen Erstattungsanspruch auch nach den Grundsätzen der ungerechtfertigten Bereicherung geltend machen könne. „Gerade durch die Bestimmung des § 843 Abs. 4 BGB. ist die Rechtslage geschaffen, daß der Schädiger infolge seiner unerlaubten Handlung für alle Leistungen, die zum Ersatze des angerichteten Schadens gehören, in erster Linie verpflichtet wird, auch wenn dieselben Leistungen von einem anderen auf Grund der gesetzlichen Unterhaltspflicht geschuldet werden. Der Unterhaltspflichtige erfüllt also durch seine Unterhaltsleistung eine Verpflichtung, die zunächst dem Schädiger obliegt; er befreit ihn dadurch von seiner Schuld, und damit ist die Voraussetzung der ungerechtfertigten Bereicherung gegeben (§ 812 BGB., JW. **1903** Beil. S. 8 Nr. 19)." JW. **1909** 137[15], EisenbE. **25** 397. Vgl. auch WarnRspr. **1909** Nr. 86; JW. **1910** 389[6].

Diese Ansicht erscheint nicht unbedenklich. Durch die Leistungen des Unterhaltspflichtigen erlangt der Ersatzpflichtige nichts (§ 812), er wird nicht von seiner Schuld befreit. Denn nach § 7 Abs. 2 HaftpflG. (§ 843 Abs. 4 BGB.) wird der Anspruch des Verletzten gegen den Unternehmer nicht dadurch ausgeschlossen, daß ein anderer dem Verletzten Unterhalt zu gewähren hat. Der Anspruch des Verletzten bleibt unberührt und kann unbeschränkt von ihm geltend gemacht werden (vgl. RG. in JW. **1911** 774[42], WarnRspr. **1911** Nr. 407). Im Verhältnis des Verletzten zu dem

Unternehmer tritt nach positiver gesetzlicher Bestimmung keine Vermögensverschiebung ein. Vgl. Anm. 12. Zustimmend Heucke Anm. 3 zu § 3.

5. Der Anspruch auf Ersatz der Heilungskosten wird dadurch nicht berührt, daß neben dem haftpflichtigen Unternehmer noch eine andere Person für die Aufwendungen aufzukommen hat. Insbesondere wird das Recht des Verletzten auf Erstattung der Heilungskosten dadurch nicht ausgeschlossen oder gemindert, daß ein anderer als der Haftpflichtige dem Verletzten gegenüber (auf Grund Gesetzes oder Vertrages) unterhaltspflichtig ist. § 843 Abs. 4 BGB., der gemäß § 7 Abs. 2 HaftpflG. auf das Gebiet des HaftpflG. Anwendung findet, hat allerdings dem Wortlaut nach zunächst nur die Fälle im Auge, daß infolge einer Verletzung des Körpers oder der Gesundheit die Erwerbsfähigkeit des Verletzten aufgehoben oder gemindert, ohne daß eine Vermehrung seiner Bedürfnisse eingetreten ist. Nach der Entstehungsgeschichte unterliegt aber keinem Zweifel, daß damit ein allgemeiner, sämtliche Fälle der Schadenersatzpflicht wegen Verletzung des Körpers oder der Gesundheit umfassender Grundsatz aufgestellt werden sollte. Der Klage auf Ersatz der Heilungskosten kann demnach nicht mit dem Einwand begegnet werden, der hierzu erforderliche Aufwand sei bereits von einer dem Verletzten gegenüber unterhaltspflichtigen Person getragen worden. RG. **65** 162; WarnRspr. **1911** Nr. 407, JW. **1911** 774[42]; JW. **1913** 1147[4]. Vgl. auch Anm. 14 zu § 7. Anm. 12.

Über das Verhältnis des haftpflichtigen Unternehmers zu dem versicherungs- und fürsorgepflichtigen Dritten vgl. Anm. 98 ff. zu § 1.

6. Für die Heilungskosten ist Ersatz in **Kapital** zu leisten. Sie können (im Fall des § 3a) für die Zukunft in Form einer Rente zugesprochen werden, wenn das Leiden einen stationären und gleichförmigen Charakter angenommen hat und die Aufwendungen zu Heilungszwecken sich deshalb als Kosten für vermehrte Bedürfnisse darstellen. Vgl. Anm. 2 zu § 3a, Anm. 2 zu § 7. Anm. 13.

II. Der infolge Beeinträchtigung der Erwerbsfähigkeit erlittene Vermögensnachteil. Anm. 14.

Zu ersetzen ist nach § 3 ferner der Vermögensnachteil, den der Getötete dadurch erlitten hat, daß während der Krankheit seine Erwerbsfähigkeit aufgehoben oder gemindert war. Dieser Anspruch, der im Falle des Todes des Verletzten den Erben zusteht, entspricht demjenigen, den der Verletzte selbst gemäß § 3a im Fall einer Beeinträchtigung seiner Erwerbsfähigkeit geltend machen kann. Die rechtliche Grundlage beider Ansprüche ist die gleiche. Umfassender ist der Ersatzanspruch aus § 3a, der nicht nur, wie gemäß § 3, auf Erstattung des in der Vergangenheit abgeschlossenen, sondern auch des künftig entstehenden Schadens gerichtet ist. Eine Erläuterung dieser Schadenskategorie erfolgt daher zweckmäßig bei § 3a, auf dessen Anm. 3 ff. Bezug genommen wird.

Die Fassungen der Ansprüche in den §§ 3 und 3a unterscheiden sich in zwei Punkten, ohne daß die Verschiedenheit materieller Art ist. Während nach § 3a der Ersatzanspruch zur Voraussetzung hat, daß die Erwerbsfähigkeit „infolge der Verletzung“ aufgehoben oder gemindert wird, ist gemäß § 3 für die „während der Krankheit“ hervorgerufene Beeinträchtigung der Erwerbsfähigkeit Ersatz zu leisten. Im § 3 fehlt ferner der Zusatz „zeitweise oder dauernd“.

Die Worte „während der Krankheit“ geben nicht korrekt wieder, was gemeint ist. Ohne Zweifel können sie nicht bloß zeitlich, nämlich in dem Sinne verstanden werden, daß jede „während“ der Krankheit erlittene Erwerbsbeeinträchtigung ersetzt werden soll. Auch für § 3 gilt vielmehr, daß die Aufhebung oder Minderung der Erwerbsfähigkeit eine Folge der Verletzung sein muß. Den Worten ist ferner nicht etwa der Sinn beizumessen, daß nur eine, und zwar die dem Tode vorhergehende letzte Krankheit in Betracht komme. Es ist selbstverständlich möglich, daß der durch die Verletzung hervorgerufene krankhafte Zustand eine ein- oder mehrmalige vorübergehende Besserung erfährt, so daß streng genommen mehrere Krankheiten zwischen dem Unfall und dem Tode liegen. Die Worte „während der Krankheit“ bedeuten daher soviel wie „während der durch den Unfall hervorgerufenen Schädigung der Gesundheit“. Vgl. Eger Anm. 37 S. 351; Reindl Anm. 7 zu § 3 S. 133; Endemann S. 99.

Die Unterscheidung einer „zeitweise oder dauernd“ wirkenden Beeinträchtigung kommt für den Fall des tödlichen Verlaufs nicht in Betracht und ist deshalb in § 3 fortgelassen. Vgl. Anm. 27 zu § 3a.

Anm. 15. **III. Der infolge Vermehrung der Bedürfnisse erlittene Vermögensnachteil.**

Nach § 3 ist auch der Vermögensnachteil zu ersetzen, den der Getötete dadurch erlitten hat, daß während der Krankheit eine Vermehrung seiner Bedürfnisse eingetreten war. Durch Art. 42 EG. BGB. ist in Übereinstimmung mit § 843 Abs. 1 BGB. dieser Anspruch ausdrücklich aufgenommen worden, um klarzustellen, daß auch solche Kosten zu ersetzen sind, die nicht zu Zwecken der Heilung im eigentlichen Sinne, sondern zu Zwecken der Befriedigung der durch den Unfall gesteigerten Bedürfnisse aufgewendet werden. Zweckmäßig sind nunmehr die „Heilungskosten“ begrifflich auf diejenigen Aufwendungen zu beschränken, die vorübergehend notwendig sind, um einen krankhaften Zustand zu beseitigen oder zu mildern, während zu den Kosten für vermehrte Bedürfnisse alles gehört, was für eine voraussichtlich längere Zeit des Siechtums oder der Pflegebedürftigkeit an dauernden Ausgaben zur Linderung des Leidens aufgewendet wird. Kirchner Anm. 3 zu § 11; vgl. auch RGRäte Anm. 2b zu § 843 BGB.; RG. in JW. **1907** 373[25].

Die Kosten für vermehrte Bedürfnisse können **neben** den Heilungskosten und dem Erwerbsausfall als erstattungspflichtig in Betracht kommen. Die eine Kategorie schließt die andere nicht aus.

Zu den Kosten für vermehrte Bedürfnisse gehören die Aufwendungen für vermehrte Wartung und Pflege, wie z. B. die Kosten eines Begleiters bei Spaziergängen (OLG. Dresden in EisenbE. **4** 16) oder auf der Reise (RG. in EisenbE. **28** 431), die Kosten für bessere Ernährung, eine zweckmäßigere Wohnung und den Umzug in eine solche (RG. in EisenbE. **5** 79; „Recht" **1910** Nr. 2179; WarnRspr. **1919** Nr. 195), für Beschaffung eines Fahrstuhls und die Bedienung beim Fahren, für besondere Kleidungsstücke (wie Geradehalter, Bandagen, Gummistrümpfe), Apparate und Instrumente (wie Schienen, Krücken, künstliche Glieder), der Mehraufwand für Benutzung von Beförderungsmitteln, für Badereisen usw. Auch die Kosten für ärztliche Behandlung und Medikamente gehören hierzu, sofern sich diese dauernd und regelmäßig nötig machen. Ferner fallen Erschwerungen des Unterhalts, des Unterrichts oder der Berufsausbildung von Kindern infolge der von ihnen erlittenen Körperverletzungen unter die Vermehrung der Bedürfnisse (RG. in JW. **1906** 810[7], EisenbE. **23** 292; JW. **1914** 81[13]). So ist z. B. bei Verstümmelung eines Knaben durch Amputation der Beine der Mehraufwand für besonderen Privatunterricht als eine Vermehrung der Bedürfnisse im Sinne des Gesetzes betrachtet worden (RG. in EisenbE. **23** 64). Der Verpflichtete hat körperliche Schäden nicht in der billigsten, sondern in der technisch vollkommensten Art wiedergutzumachen. So kann z. B. erforderlichenfalls Ersatz der Kosten eines künstlichen Beines, nicht nur eines Stelzfußes, beansprucht werden. OLG. Hamburg in SeuffA. **75** 39, EisenbE. **37** 347. Vgl. auch Anm. 8.

Dagegen fällt ein Schade **infolge Störung in der Vorbereitung auf einen Beruf** nicht unter eine „Vermehrung der Bedürfnisse". Einer bei Beratung des Art. 42 EG. BGB. (§ 3 HaftpflG.) in der zweiten Kommission erfolgten Anregung, die Haftpflicht auch auf diesen Schaden auszudehnen, wurde nicht entsprochen, da eine solche Vorschrift deshalb entbehrlich erscheine, weil § 287 ZPO. genügende Aushilfe biete (Prot. d. 2. Lesg. d. BGB. **6** 595). Der Schade kann unter Umständen als eine Minderung der Erwerbsfähigkeit in Betracht kommen. Vgl. **Isaac** Anm. VI 5 zu § 3.

Die Frage, was zu den Aufwendungen wegen Vermehrung der Bedürfnisse oder zu den Heilungskosten gehört, hat insofern praktische Bedeutung, als gemäß § 7 Abs. 1 nur die ersteren für die Zukunft in Form einer **Rente** zuerkannt werden können. Vgl. Anm. 2 zu § 7.

Im übrigen gilt für die Aufwendungen für vermehrte Bedürfnisse dasselbe wie für die Heilungskosten (vgl. Anm. 6ff.). Selbstverständlich kommen nur diejenigen vermehrten Bedürfnisse in Betracht, die eine Folge des Unfalls sind. Soweit sie auf andere Ursachen zurückzuführen sind, z. B. auf mit dem Unfall nicht zusammenhängende Krankheiten, Teuerung der Lebensmittel, allgemeine Steigerung der Mieten, kommt ein Ersatzanspruch nicht in Frage. Über Vermehrung der Aufwendungen im Falle der Verlegung des Wohnsitzes ins Ausland vgl. Gerh. Eger in LZ. **1920** 557.

B. Die Kosten der Beerdigung (Abs. 1 S. 2).

Anm. 16. Der Anspruch auf Erstattung dieser Kosten geht in gewisser Beziehung über den Schadenersatzanspruch hinaus. Denn die Tötung hat nur bewirkt, daß die Beerdigungskosten früher zu bestreiten sind, als dies ohne den Eintritt des Unfalls geschehen wäre. Die Verpflichtung zur Tragung dieser Kosten hatte aus Gründen der Billigkeit der § 3 HaftpflG. bereits in der früheren Fassung ausgesprochen. In der jetzigen Fassung ist sie beibehalten, und in Übereinstimmung mit § 844 Abs. 1 ist hinzugefügt, daß sie demjenigen zu ersetzen sind, dem die Verpflichtung obliegt, diese Kosten zu tragen. Vgl. Mot. z. BGB. **2** 775.

Anm. 17.

I. Begriff.

Zu den Kosten der Beerdigung sind nicht nur die eigentlichen Kosten des Begräbnisses, sondern alle Aufwendungen zu rechnen, die mit Rücksicht auf die Beisetzung der Leiche gemacht werden, insbesondere also die Kosten für die üblichen Feierlichkeiten, auch wohl das sogenannte Leichenmahl, wenn es üblich ist (Planck Anm. 2 zu § 1968), Traueranzeigen, Blumen, den Transport der Leiche nach dem Friedhof. Dagegen gehören regelmäßig die Kosten des Transports der Leiche nach einem anderen von dem Sterbeort entfernt gelegenen Beisetzungsort nicht zu den Beerdigungskosten, es müßten denn besondere Gründe hierfür vorliegen. RG. **66** 306, „Recht" **1907** Nr. 3311; Eger Anm. 40 S. 401. Ferner fallen hierunter nicht die nach der Beerdigung entstehenden Aufwendungen, wie z. B. für Danksagungen, für die Unterhaltung und Pflege der Grabstätte. Desgleichen sind zu den Beerdigungskosten nicht die Kosten für ein Grabdenkmal oder einen Grabstein zu rechnen. Ebenso Planck Anm. 2 zu § 1968; RGRäte Anm. 2 zu § 1968. Vgl. auch Mot. z. BGB. **5** 536. A. M. Staudinger Anm. 3 zu § 1968; Isaac Anm. VII 3b zu § 10; Krause S. 142; OLG. Kolmar in „Recht" **1905** Nr. 1451. Auch die Ausgaben für Trauerkleidung gehören im allgemeinen nicht hierzu, wohl aber für Trauerkleidung vermögensloser Angehöriger und Bediensteter des Erblassers, wenn und soweit die Lebensstellung des Verstorbenen und das Herkommen am Bestattungsort zur Beerdigung eine Trauerkleidung für diese Personen erforderlich machen. Vgl. KG. in OLG. **14** 290; RGRäte Anm. 2 zu § 1968; Staudinger Anm. 3 zu § 1968 BGB.; Planck Anm. 2 zu § 1968. Die Kosten der Beförderung des tödlich Verletzten zum Krankenhaus bilden einen Teil des Schadens, der dem Verletzten selbst entstanden ist, sind daher nicht nach § 3 Abs. 1 S. 2, sondern nach S. 1 zu erstatten. Vgl. RG. in JW. **1905** 144[24].

Der Ausdruck „Beerdigung" ist begrifflich nicht auf die Bestattung zur Erde zu beschränken. Vielmehr fällt darunter jede andere gesetzlich zulässige Bestattungsart, auch die Feuerbestattung. Über die Pflicht zur Erstattung dieser Kosten vgl. Anm. 18.

II. Umfang der Erstattungspflicht. Anm. 18.

Die entstandenen Beerdigungskosten sind nicht unbegrenzt, sondern nur in dem Umfange dem Ersatzberechtigten zu erstatten, in dem für diesen eine Pflicht zur Tragung derselben besteht. Sofern diese Verpflichtung auf Gesetz beruht, haftet demgemäß der Ersatzpflichtige für die Kosten der standesmäßigen Beerdigung (§ 1968 BGB.). Maßgebend ist der Stand des Getöteten (§ 1610).

Ist Feuerbestattung vom Verstorbenen angeordnet oder von dem Verpflichteten gewählt, so sind vom Unternehmer die der Lebensstellung des Verstorbenen angemessenen Kosten dieser Bestattungsart in vollem Umfang zu ersetzen. Die Ersatzpflicht nur insoweit anzuerkennen, als die Aufwendungen einer standesgemäßen Erdbestattung nicht übersteigen werden, erscheint unbillig, da die Feuerbestattung gesetzlich zugelassen ist und den Empfindungen weiter Volkskreise entspricht. Ebenso Isaac Anm. VII 3b zu § 10; Planck Anm. 2 zu § 1968; Staudinger Anm. 4 zu § 1968; RGRäte Anm. 2 zu § 1968. A. M. Eger Anm. 40 S. 402; Kirchner Anm. 3 zu § 10; Hilse, EisenbE. **21** 404; Reindl, EisenbE. **22** 201.

Voraussetzung der Geltendmachung des Anspruchs ist nicht, daß der Ersatzberechtigte die Kosten bereits gezahlt hat, vielmehr ist erforderlich und genügend, daß sie ihm entstanden sind. Eine Verpflichtung zur Vorschußleistung besteht für den haftpflichtigen Unternehmer nicht. Vgl. Mot. z. BGB. **2** 775; Eger Anm. 40 S. 402; Reindl Anm. 10 zu § 3 S. 137; v. Rutz, SeuffBl. **64** 46.

III. Der Ersatzberechtigte. Anm. 19.

Anspruch auf Erstattung der Kosten hat derjenige, dem die Verpflichtung obliegt, diese Kosten zu tragen. Bei der früheren Fassung des § 3, in der der Anspruchsberechtigte nicht bezeichnet ist, war zweifelhaft, ob außer den Erben des Getöteten auch andere Personen, z. B. Angehörige, die nicht Erben sind, auf Grund des HaftpflG. einen direkten Anspruch auf Erstattung der Beerdigungskosten gegen den Unternehmer geltend machen könnten. Die Frage war in der Rechtsprechung verneint worden (RG. in EisenbE. **12** 245). Durch die jetzige Fassung des § 3 ist allen denjenigen ein selbständiger direkter Ersatzanspruch gegen den haftpflichtigen Unternehmer gegeben, denen die Verpflichtung obliegt, die Beerdigungskosten zu tragen.

Nach dem Gesetz sind zur Tragung der Beerdigungskosten verpflichtet: der Erbe (§ 1968 BGB.) und, soweit von diesem Bezahlung nicht zu erlangen ist, die unterhaltspflichtigen Verwandten (§ 1615 Abs. 2), Ehegatten (§§ 1360 Abs. 3, 1580 Abs. 3), der außereheliche Vater (§ 1713 Abs. 2), der Beschenkte (§ 528). In Betracht kommen auch andere gesetzliche, insbesondere auf Landesrecht beruhende Verpflichtungen, z. B. diejenigen des Armenverbandes.

In der Literatur wird ganz überwiegend angenommen, daß die Verpflichtung außer auf Gesetz auch auf anderen Rechtsgründen, nämlich auf *Vertrag* und *letztwilliger Auflage*, beruhen könne. Vgl. *Staudinger* Anm. III A 1b zu § 844 BGB.; RGRäte Anm. 3 zu § 844; *Oertmann* Anm. 5a zu § 844; *Fischer-Henle* Anm. 3 zu § 844; *Eger* Anm. 40 S. 401; *Reindl* Anm. 11 zu § 3 S. 138; ders. in VerZtg. **1897** 338; v. Rutz, SeuffBl. **64** 45; *Isaac* Anm. VII 2f zu § 10; *Kirchner* Anm. 3 zu § 10 S. 165; *Heucke* Anm. 12 zu § 3.

Dieser Ansicht wird m. E. nicht beigetreten werden können. Wenn auch die Verpflichtung des Unternehmers zur Tragung der Beerdigungskosten über den Schadenersatz im eigentlichen Sinne hinausgeht (vgl. Anm. 16), so liegt doch jedenfalls der Bestimmung der Gedanke zugrunde, den Betroffenen vor Nachteilen zu bewahren. Dies kommt aber weder für eine auf Vertrag noch für eine auf letztwilliger Auflage beruhende Verpflichtung in Betracht. Wer sich vertraglich zur Übernahme der Beerdigungskosten verpflichtet, wie z. B. eine Begräbnis- oder Sterbekasse, hat eine Gegenleistung erhalten oder aber erwartet, falls ein Akt der Freigebigkeit vorliegt, keine Gegenleistung. Es würde also zu einer nicht beabsichtigten Bereicherung führen, wollte man einen solchen Verpflichteten für ersatzberechtigt halten. Ähnlich liegt der Fall bei der letztwilligen Auflage. Diese erfolgt mit Rücksicht auf eine die Gegenleistung bildende Zuwendung. Außerdem bedeutet sie keine Verpflichtung im gewöhnlichen Sinne (vgl. § 1940 BGB.). Gegen die herrschende Meinung auch *Planck* Anm. 3 zu § 844.

Keinen Ersatzanspruch gegen den haftpflichtigen Unternehmer hat, wer die Tragung der Beerdigungskosten, ohne verpflichtet zu sein, aus freien Stücken übernimmt. Dieser kann sich jedoch unter Umständen an den Verpflichteten halten, wenn er von diesem einen Auftrag erhalten (§ 670 BGB.) oder dessen Geschäfte ohne Auftrag besorgt hat (§ 683), oder wenn der Verpflichtete ungerechtfertigt bereichert ist (§ 812). Vgl. *Krause* S. 142. Der Anspruch des Verpflichteten gegen den haftpflichtigen Unternehmer wird hierdurch nicht berührt.

Der Ersatzberechtigte hat einen *selbständigen Anspruch*, der ebenso wie derjenige der Unterhaltsberechtigten (§ 3 Abs. 2; vgl. Anm. 51) unabhängig von den in §§ 3, 3a geregelten Schadenersatzansprüchen des Verletzten und seiner Erben besteht. Infolgedessen kann ihm z. B. kein vom Verunglückten mit dem Haftpflichtigen geschlossener Vertrag (Vergleich oder Verzicht) entgegengehalten werden, sofern der Ersatzberechtigte nicht hieran in seiner Eigenschaft als Erbe gebunden ist. Vgl. auch OLG. Stuttgart in SeuffA. **64** 264.

Der Ersatzanspruch ist unbeschränkt übertragbar und pfändbar.

C. Der Schadenersatzanspruch des unterhaltsberechtigten Dritten (Abs. 2).

§ 3 Abs. 2 enthält eine weitere Ausnahme von dem Grundsatz, daß nur dem Verletzten selbst oder seinem Rechtsnachfolger Ersatz für den infolge der Verletzung entstandenen Vermögensschaden zu leisten ist (vgl. auch Anm. 19). Die auf Art. 42 EG. BGB. beruhende Fassung schließt sich im Wortlaut dem § 844 Abs. 2 BGB. an. Es fehlen jedoch die in diesem enthaltenen Worte „durch Entrichtung einer Geldrente" sowie der Halbsatz „die Vorschriften des § 843 Abs. 2 bis 4 finden entsprechende Anwendung". Die bezüglichen Bestimmungen sind in § 7 Abs. 1 und 2 enthalten. Anm. 20.

I. Die Voraussetzungen der Ersatzpflicht.

Die Ersatzpflicht hat zur Voraussetzung, daß der Getötete zu einem Dritten in einem Verhältnis stand, vermöge dessen er diesem gegenüber kraft Gesetzes unterhaltspflichtig war oder unterhaltspflichtig werden konnte.

1. Der Kreis der Ersatzberechtigten umfaßt nicht alle Personen, denen der Getötete unterhaltspflichtig war oder werden konnte, vielmehr nur diejenigen, denen gegenüber eine solche Verpflichtung **kraft Gesetzes** bestand oder möglicherweise zur Entstehung gelangte. Dies bedeutet, daß sich die Unterhaltspflicht unmittelbar aus dem Gesetz ergeben muß. Eine auf Vertrag beruhende Verpflichtung begründet, obwohl auch diese letzten Endes im Gesetz ihre Grundlage hat, keinen Ersatzanspruch. Anm. 21.

Daß der Ausdruck „kraft Gesetzes" in diesem einschränkenden Sinne zu verstehen ist, ergibt schon die Tatsache der Einfügung der beiden Worte. Denn diese wären überflüssig, wenn auch eine vertragsmäßige Unterhaltsverpflichtung einen Ersatzanspruch zugunsten des Berechtigten begründen würde. Es ergibt sich dies auch aus der Entstehungsgeschichte des § 3. Der in dem früheren § 3 stehende Ausdruck „vermöge Gesetzes" ist entgegen dem Antrag, ihn durch das Wort „gesetzlich" zu ersetzen, beibehalten worden, um zum Ausdruck zu bringen, daß nur diejenige Verpflichtung gemeint ist, die unmittelbar aus dem Gesetz entspringt. Demgemäß ist ein Antrag, durch Streichung des Wortes „gesetzlich" auch vertragliche Unterhaltsverpflichtungen hineinzubeziehen, verworfen worden (vgl. Stenogr. Ber. 1 482, 484; Drucksachen Nr. 71 IV). Hiernach haben keinen Ersatzanspruch diejenigen, deren Unterhaltsrechte z. B. auf einem Leibrenten- oder Altenteilvertrag beruhen. Dagegen wird eine „kraft Gesetzes" bestehende Unterhaltspflicht nicht dadurch ihrem Charakter nach geändert, daß sie vertraglich anerkannt oder hinsichtlich einzelner Modalitäten näher geregelt wird. Nur dürfen sich für den Haftpflichtigen keine höheren Leistungen ergeben, als sie nach dem Gesetz begründet sind. Hat sich z. B. der geschiedene Ehemann seiner früheren Ehefrau gegenüber zu mehr verpflichtet, als ihm das Gesetz auferlegt, so kann insoweit der Unternehmer nicht in Anspruch genommen werden. Ebenso Eger Anm. 41 S. 405; Reindl Anm. 13 zu § 3 S. 140; Isaac Anm. VIII C 3 zu § 10; Kirchner Anm. 4 II zu § 10.

Ebensowenig haben diejenigen einen Ersatzanspruch, denen der Getötete ohne eine rechtliche Verpflichtung nur **tatsächlich**, z. B. aus Liberalität oder um einer Anstandspflicht zu genügen, Unterhalt gewährt hatte. Ein bei der Beratung des HaftpflG. gestellter Antrag, auch diese Personen zu berücksichtigen, wurde abgelehnt (Drucks. Nr. 71 IV, Stenogr. Ber. S. 482). Vgl. Anm. 37.

Anm. 22. Auf welchen gesetzlichen Bestimmungen die Unterhaltspflicht beruht, ist gleichgültig. In Betracht kommen in erster Linie die Vorschriften des BGB. über die Unterhaltspflicht

a) der Ehegatten (§§ 1360, 1361, 1578—1583, 1345—1347, 1351),
b) der Verwandten (§§ 1601 ff.),
c) der Eltern gegenüber
 Kindern aus nichtiger Ehe (§§ 1700, 1703),
 legitimierten Kindern (§ 1719),
 an Kindes Statt angenommenen Kindern (§§ 1757, 1762, 1765—1766),
d) des Vaters gegenüber
 einem unehelichen Kinde (§ 1708),
 der Mutter eines unehelichen Kindes (§ 1715),
e) des Erben gegenüber
 Familienangehörigen des Erblassers (§ 1969),
 der Mutter des zu erwartenden Nacherben (§ 2141).

Dagegen gehört nicht hierher die Unterhaltung des verarmten Schenkers durch den Beschenkten gemäß § 528 Abs. 1 S. 2. Denn der Beschenkte steht nicht zu dem Schenker in einem Verhältnis, vermöge dessen er diesem unterhaltspflichtig ist oder unterhaltspflichtig werden kann. Vielmehr räumt § 528 Abs. 1 S. 2 dem Beschenkten, der auf Herausgabe der Schenkung vom Schenker in Anspruch genommen wird, die **Befugnis** ein, die Herausgabe durch Zahlung des für den Unterhalt erforderlichen Betrages abzuwenden. Ebenso Staudinger Anm. III A 2bα zu § 844; Planck Anm. 4a zu § 844; Kirchner Anm. 4 II zu § 10; Isaac Anm. VIII C 5. A. M. Eger Anm. 41 S. 409; Reindl Anm. 13 zu § 3 S. 140.

Ebensowenig kommen die auf Unterhaltsgewährung gerichteten **Schadenersatzansprüche**, z. B. gemäß §§ 844 Abs. 2 BGB., 3 Abs. 2 HaftpflG., 10 Abs. 2 KFG., 21 Abs. 2 LVG. hier in Betracht.

Anm. 23. 2. Nur darauf kommt es an, ob eine gesetzliche **Verpflichtung** zur Gewährung des Unterhalts bestand. Wie es **tatsächlich** geübt wurde, ist unerheblich. Es ist also gleichgültig, ob der Getötete seiner Verpflichtung zuwider die Gewährung des Unterhalts verweigert oder diesen ohne rechtliche Verbindlichkeit, aus Liberalität oder anderen Gründen, gewährt hat. Vgl. Anm. 37.

Ob eine Unterhaltspflicht besteht, richtet sich nach den einzelnen gesetzlichen Vorschriften (vgl. Anm. 22). Nach diesen bestimmt sich insbesondere, ob der Unterhaltsanspruch von der Bedürftigkeit des Dritten, der Leistungsfähigkeit des Getöteten abhing, und ob die Verpflichtung des Getöteten eine primäre oder subsidiäre war. Vgl. im übrigen Anm. 39 ff.

3. § 3 Abs. 2 gewährt nicht nur denjenigen einen Schadenersatzanspruch, denen der Getötete zur Zeit der Verletzung kraft Gesetzes bereits unterhaltspflichtig war, sondern auch denjenigen, denen er **unterhaltspflichtig werden konnte.** Es muß lediglich ein Verhältnis bestehen, das als Grundlage für eine gesetzliche Unterhaltspflicht in Betracht kommt. Ersatzberechtigt sind demnach auch diejenigen, die zur Zeit der Verletzung zu den unterhaltsberechtigten Personen gehören, für die aber ein Unterhaltsanspruch mangels eines gesetzlichen Erfordernisses noch nicht zur Entstehung gelangt ist, sofern nachträglich dieses Erfordernis eintritt. Die Rente ist erst von dem Zeitpunkt an zu entrichten, in welchem der Verletzte, falls er am Leben geblieben wäre, unterhaltspflichtig geworden sein würde. Im gleichen Sinne war schon der frühere § 3 HaftpflG. ausgelegt worden, der den Fall, daß der Getötete unterhaltspflichtig werden konnte, nicht ausdrücklich vorsah. RG. **4** 104, EisenbE. **1** 424; EisenbE. **2** 141; **4** 313; **6** 328; RG. **33** 281; JW. **1894** 520[20], EisenbE. **11** 243. Anm. 24.

Ein Schadenersatzanspruch aus § 3 ist daher beispielsweise gegeben, wenn die Bedürftigkeit des Berechtigten (vgl. z. B. §§ 1602 Abs. 1, 1360 Abs. 2) zur Zeit der Beibringung der Verletzung noch nicht vorhanden war, aber anzunehmen ist, daß sie später eintreten wird; oder wenn der Getötete bis zum Tode nicht in der Lage gewesen ist, seiner Unterhaltspflicht zu genügen (z. B. § 1603), die Leistungsfähigkeit aber später voraussichtlich erlangt hätte; oder wenn der Getötete zur Zeit der Verletzung nur subsidiär unterhaltspflichtig war (z. B. § 1606), aber mit dem Wegfall der Leistungsfähigkeit des in erster Linie Verpflichteten gerechnet werden kann. Der Schadenersatz ist in allen diesen Fällen von dem Zeitpunkt an zu leisten, in dem der Getötete, falls er am Leben geblieben wäre, zum Unterhalt verpflichtet gewesen sein würde.

Besteht die Möglichkeit, daß der Fall der Verpflichtung zur Gewährung des Unterhalts eintritt, so kann nicht die Leistungsklage, sondern nur eine Klage auf Feststellung (§ 256 ZPO.) erhoben werden, und zwar dahingehend, daß, falls die gesetzliche Voraussetzung (Bedürftigkeit des Berechtigten, Wegfall des prinzipiell Verpflichteten usw.) eintreten sollte, der Beklagte zur Leistung des Unterhalts verpflichtet sei. RG. in EisenbE. **4** 313; JW. **1907** 710[18], EisenbE. **24** 186; „Recht" **1908** Nr. 314 u. Nr. 412, EisenbE. **24** 368; JW. **1909** 314[12]; WarnRspr. **1911** Nr. 9, EisenbE. **27** 336. Das RG. hat z. B. in JW. **1909** 314[12] eine Feststellungsklage zugelassen, die dahin ging, den Beklagten für verpflichtet zu erachten, dem Kläger für den Fall, daß er unterhaltspflichtig werde, durch Gewährung einer Geldrente insoweit Schadenersatz zu leisten, als der getötete (sieben Jahre alte) Sohn des Klägers während der mutmaßlichen Dauer seines Lebens ihm zur Gewährung des Unterhalts verpflichtet gewesen sein würde. Vgl. auch RG. in SeuffA. **77** 53, EisenbE. **39** 209. Das Interesse an der Anm. 25.

Feststellung ergibt sich aus der drohenden Verjährung (vgl. Anm. 16 zu § 8).

Die Bestimmung des § 3 Abs. 2 ist jedoch nicht etwa in dem Sinne zu verstehen, daß der Anspruch gegeben sei, falls irgendeine, wenn auch noch so entfernte Möglichkeit besteht, daß der Getötete unterhaltspflichtig geworden wäre. Vielmehr ist Voraussetzung, daß die Unterhaltspflicht des Getöteten nach der Erfahrung des Lebens und dem gewöhnlichen Lauf der Dinge, wenn auch nicht mit Gewißheit, so doch mit einer gewissen Wahrscheinlichkeit eingetreten sein würde. War der Getötete also z. B. noch ein Kind, so ist es Sache der Eltern, zur Begründung ihres Schadenersatzanspruchs darzutun, daß nach der Erfahrung des Lebens und dem gewöhnlichen Lauf der Dinge mit einem gewissen Zeitpunkt ihre Unterhaltsbedürftigkeit und die Fähigkeit des Kindes eingetreten wäre, ohne Gefährdung seines standesmäßigen Unterhalts und bei Berücksichtigung seiner sonstigen Verpflichtungen seiner Unterhaltspflicht gegenüber den Eltern zu genügen (§ 1603 BGB.). RG. in WarnRspr. **1911** Nr. 9, JW. **1911** 153[9]; OLG. Dresden in SeuffA. **64** 191, EisenbE. **26** 27. Abweichend RG. in SeuffA. **77** 53, EisenbE. **39** 209, wo schon eine ganz entfernte Möglichkeit für ausreichend erachtet ist, und OLG. Hamburg (in DJZ. **1904** 752, EisenbE. **21** 10), das die Schadenersatzklage des Vaters (Arbeiters) eines verunglückten vierjährigen Kindes ohne Prüfung der besonderen Verhältnisse mit der Begründung abwies, daß es ungewiß sei, ob das Kind am Leben geblieben und zu einem Erwerb gekommen wäre. Vgl. jedoch auch OLG. Hamburg in „Recht" **1914** Nr. 1593, EisenbE. **31** 126; EisenbE. **44** 231. Eine Feststellungsklage des Verletzten, daß im Falle seines Todes der Ersatzpflichtige den unterhaltsberechtigten Hinterbliebenen schadenersatzpflichtig sei, ist in Ermangelung eines Feststellungsinteresses unzulässig. RG. **95** 248. Vgl. auch Anm. 32.

Die Leistungsklage ist gegeben, wenn die gesetzliche Voraussetzung, von deren Eintritt die Leistungspflicht abhängt, inzwischen eingetreten ist. Aber auch eine Klage auf zukünftige Leistung vor Eintritt der gesetzlichen Voraussetzung ist nicht ausgeschlossen. Vgl. RG. im „Recht" **1907** Nr. 1322, EisenbE. **24** 147; BayObLG. in SeuffA. **57** 408, EisenbE. **19** 221.

Anm. 26. **4.** Der Getötete muß **zur Zeit der Verletzung** zu dem Dritten in dem bezeichneten Verhältnis gestanden haben. Während nach der früheren Fassung des § 3 der Augenblick des Todes der entsprechende Zeitpunkt war, ist jetzt derjenige Zeitpunkt maßgebend, in dem die tödliche Verletzung beigebracht ist.

Der Unternehmer ist hiernach nicht ersatzpflichtig, wenn dieses Verhältnis, vermöge dessen eine Unterhaltspflicht bestand oder entstehen konnte, zur Zeit der Verletzung nicht mehr vorhanden gewesen (z. B. infolge Scheidung der Ehe) oder erst später entstanden ist. Hat der Verletzte z. B. erst nach Beibringung der Verletzung eine Ehe geschlossen, so steht der Witwe und den aus dieser Ehe stammenden Kindern ein Ersatzanspruch nicht zu. RG. in JW. **1903** 68[14], EisenbE. **20** 131. Entsprechendes gilt für Kinder, die erst nach dem Zeitpunkt der Beibringung der Verletzung für ehelich erklärt oder an Kindes Statt angenommen worden sind. Daß die Ehelichkeitserklärung selbst (§ 1736) oder die Bestätigung der Annahme (§ 1754) erst nach dem Unfall erfolgt, ist ohne Belang, sofern nur der Antrag vor dem Unfall gestellt ist (§§ 1733, 1753). Vgl. Isaac Anm. VIII C 2 a zu § 10.

Eine Ausnahme von dem Grundsatz, daß der Getötete zur Zeit der Verletzung in dem bezeichneten Verhältnis stand, enthält § 3 Abs. 2 S. 2. Danach tritt die Ersatzpflicht auch ein, wenn der Dritte zur Zeit der Verletzung erzeugt, aber noch nicht geboren war. Diese Bestimmung, die durch Art. 42 EG. BGB. neu hinzugefügt ist, entspricht der Rechtsprechung zu dem Paragraphen in seiner früheren Fassung (ROHG. **23** 197; RG. in EisenbE. **12** 245; EisenbE. **16** 46). Die Vorschrift gilt in gleicher Weise für eheliche wie für uneheliche Kinder. Ist das vor der Verletzung des Vaters gezeugte uneheliche Kind nach der Verletzung legitimiert worden, so kann es gegen den Haftpflichtigen Ersatzansprüche nur auf Grund seiner Rechtsstellung als uneheliches Kind geltend machen. Ebenso Kirchner Anm. 4 II zu § 10. Anm. 27.

Darüber, ob der Dritte erzeugt war, entscheidet das Gericht nach dem Grundsatz der freien Beweiswürdigung (§ 286 ZPO.), ohne durch die Bestimmungen des BGB. über die Empfängniszeit (§§ 1592, 1717 Abs. 2) gebunden zu sein. Ebenso RGRäte Anm. 4 zu § 844; Staudinger Bem. III A 2 a zu § 844; Planck Bem. 4 a zu § 844. A. M. Isaac Anm. VIII II 4 zu § 10; Kirchner Anm. 4 II zu § 10.

Hinsichtlich der Rentenberechtigung der Witwe kommt es auch nach dem Unfallversicherungs- und Beamtenunfallfürsorgerecht auf den Zeitpunkt der Verletzung („Unfall"), nicht auf den des Todes an (§ 590 RVersO., § 2 Abs. 4 BeamtUFürsG.). Hingegen wird nach dem Unfallversicherungsrecht (§ 591 RVersO.) und dem Beamtenunfallfürsorgerecht der Rentenanspruch der Kinder nicht dadurch ausgeschlossen, daß die Ehe erst nach dem Unfall geschlossen ist, wohl aber nach dem Beamtenunfallfürsorgerecht, wenn die Schließung der Ehe nach der Versetzung des Beamten in den Ruhestand erfolgt. Vgl. Landmann Anm. 3 zu § 2 BeamtUFürsG.; Handbuch der Unfallversicherung 2. Aufl. S. 175 Ziff. 6; Reindl Anm. 12 zu § 3 S. 139. Anm. 28.

5. Endlich hat der Ersatzanspruch zur Voraussetzung, daß dem Dritten infolge der Tötung das Recht auf den Unterhalt entzogen ist.

a) Das **Recht** auf den Unterhalt muß entzogen sein. Wie es tatsächlich gehandhabt wurde, ist unerheblich. Es kommt also nicht darauf an, inwieweit der Dritte bei Lebzeiten des Getöteten von seinem Recht Gebrauch gemacht, oder was der Getötete ohne Verpflichtung tatsächlich geleistet hat. Vgl. Anm. 37. Anm. 29.

Über den Kreis der Berechtigten vgl. Anm. 22.

Anm. 30. **b)** Das Recht auf Unterhalt wird dem Dritten **entzogen,** wenn es mit dem Tode des Verpflichteten erlischt. Ein Schadenersatzanspruch ist daher mangels Entziehung des Unterhaltsrechts nicht begründet, wenn die Unterhaltspflicht des Getöteten auf seine Erben übergeht. Dies ist der Fall bei dem Unterhaltsanspruch des geschiedenen Ehegatten (§ 1582), des Ehegatten bei Nichtigkeit der Ehe (§ 1345), des unehelichen Kindes (§ 1712), der Mutter des unehelichen Kindes (§ 1715), dem sog. Dreißigsten (§ 1969). Der Ersatzanspruch ist jedoch auch in diesen Fällen insoweit gegeben, als die Haftung des Erben eine beschränkte ist (§§ 1975, 1990; RG. **74** 377), oder insoweit, als sich die Stellung des Unterhaltsberechtigten durch die dem Erben des Verpflichteten zustehende Befugnis auf Herabsetzung der Rente (§ 1582 Abs. 2 u. 3) oder Zahlung einer Abfindung (§ 1712 Abs. 2) verschlechtert. Vgl. Planck Anm. 4 b zu § 844; Staudinger Anm. III A 2 c zu § 844. Erhebt also z. B. ein uneheliches Kind einen Schadenersatzanspruch wegen Entziehung des Rechtes auf Unterhalt, so muß es die besonderen Verhältnisse des Falles darlegen, aus denen folgt, daß trotz Fortbestehens des Unterhaltsrechts (§ 1712 Abs. 1) vermöge der besonderen Verhältnisse des Falles sein Anspruch begründet ist. RG. in „Recht" **1908** Nr. 523, EisenbE. **24** 287.

Dagegen liegt keine Entziehung des Rechtes auf Unterhalt vor, wenn der unbeschränkt haftende Erbe tatsächlich (infolge Zahlungsunfähigkeit, Abwesenheit usw.) nicht zu belangen ist. Vgl. Isaac Anm. VIII D 3 zu § 10.

Die Entziehung des Rechtes auf Unterhalt wird nicht dadurch beseitigt, daß statt des Getöteten ein anderer bis dahin nur subsidiär Verpflichteter den Unterhalt zu gewähren hat. Bei der früheren Fassung des Gesetzes war dies streitig. Die Frage ist im Anschluß an die frühere Rechtsprechung (ROHG. **13** 23; **14** 406; RG. in SeuffA. **37** Nr. 222) durch die ausdrückliche Vorschrift des § 7 Abs. 2 HaftpflG. in Verb. m. § 843 Abs. 4 BGB. in diesem Sinne entschieden worden (vgl. Mot. z. BGB. **2** 782; Reindl Anm. 14 zu § 3 S. 142). Die Erben sind nicht „andere" im Sinne des § 843 Abs. 4 BGB. Vgl. Kirchner Anm. 4 III zu § 10; Isaac Anm. VIII D 2 zu § 10.

Anm. 31. Nur für Entziehung eines Unterhaltsrechts gewährt § 3 Abs. 2 Schadenersatz. Das OLG. Hamburg (JW. **1927** 2586[7], EisenbE. **46** 404) hat einem unehelichen Kinde, dessen Mutter beim Eisenbahnbetrieb getötet worden ist, eine Rente als Ersatz für die fortgefallene persönliche Sorge der Mutter zugesprochen. Es rechnet zum „Unterhalt" im Sinne des § 3 Abs. 2 auch die Sorge für die Person des Kindes. Dieser Auffassung kann nicht beigepflichtet werden. Worin der von Verwandten zu gewährende „Unterhalt" besteht, ist im § 1610 Abs. 2 bestimmt. Danach umfaßt der zu gewährende Unterhalt den gesamten Lebensbedarf, bei einer der Erziehung bedürftigen Person auch die Kosten der Erziehung und der Vorbildung zu einem Berufe. Dieses Unterhaltsrecht ist dem Kinde durch die Tötung der Mutter nicht entzogen, da der Erzeuger gemäß § 1708 Abs. 1

S. 2 zur Gewährung des gesamten Lebensbedarfs im genannten Sinne verpflichtet ist. Vgl. meine Anmerkung in JW. a. a. O.

Keinen Ersatzanspruch hat, wer infolge der Tötung des in erster Linie zur Unterhaltsgewährung Verpflichteten die Unterhaltspflicht übernehmen muß. Die Witwe des Getöteten kann also z. B. Schadenersatz nicht deshalb beanspruchen, weil sie infolge Tötung ihres Ehemannes selbst ihren unmündigen Kindern Unterhalt zu gewähren hat. RG. **64** 344; **64** 350, „Recht" **1907** Nr. 879; JW. **1907** 388[5]; JW. **1920** 639[4], WarnRspr. **1920** Nr. 161; Oertmann Anm. 8 zu § 844; Staudinger Anm. III A 2 d zu § 844.

c) Dem Dritten muß **infolge der Tötung** das Recht auf den Unterhalt entzogen sein. Hieraus folgt zunächst in zeitlicher Beziehung, daß ein Ersatzanspruch erst mit dem Tode des Unterhaltspflichtigen zur Entstehung gelangt. Daher können nicht etwa von dem Unterhaltsberechtigten oder gar dem zum Unterhalt verpflichteten Verletzten selbst Ersatzansprüche daraus hergeleitet werden, daß schon infolge der Verletzung das Recht auf Unterhalt beeinträchtigt worden ist. Vgl. Eger Anm. 41 S. 404, 411; Reindl Anm. 14 zu § 3 S. 142. Ebensowenig kann der Verletzte selbst schon bei Lebzeiten beanspruchen, daß im Falle seines Todes eine Rente an seine unterhaltsberechtigte Witwe gezahlt werde. RG. in JW. **1905** 647[17], EisenbE. **22** 274; EisenbE. **26** 203; RG. **95** 248. Zugleich ist damit der Tod des Verpflichteten als der Anfangspunkt der Rechte auf Unterhaltsgewährung bezeichnet, ohne Rücksicht auf den früheren oder späteren Zeitpunkt der prozessualen Geltendmachung der Ansprüche. ROHG. **13** 87; Eger Anm. 42 S. 411. Anm. 32.

Die Entziehung des Rechtes muß ferner eine Folge der Tötung sein. Daher kann z. B. allein aus der Tatsache, daß dem durch andere Umstände herbeigeführten Tode des Ernährers früher einmal ein Betriebsunfall vorausgegangen war, auf Grund dessen der Ernährer eine lebenslängliche Rente bezogen hatte, von den Hinterbliebenen kein Anspruch auf weitere Unterhaltsgewährung hergeleitet werden (RG. in Bolze **7** Nr. 321). Keine Kausalität zwischen Tötung und Unterhaltsentziehung besteht ferner insoweit, als das Recht auf Unterhalt auch ohne die Tötung erloschen wäre, z. B. weil der Getötete mutmaßlich über eine gewisse Zeit hinaus nicht gelebt (RG. **7** 50) oder wenigstens seine Leistungsfähigkeit nicht behalten hätte oder die Bedürftigkeit des Berechtigten, falls sie Voraussetzung des Unterhaltsrechts ist, in Wegfall kommt. Anm. 33.

6. Die **Beweispflicht** für die Voraussetzungen des Ersatzanspruchs (Ziff. 1 bis 5) liegt dem unterhaltsberechtigten Dritten ob. Anm. 34.

II. Rechtliche Natur und Inhalt der Ersatzpflicht.

1. Rechtliche Natur.

Anm. 35.

Bei der früheren Fassung des § 3 waren Zweifel über den rechtlichen Charakter des Ersatzanspruchs entstanden. Die eine Ansicht ging dahin, daß der Anspruch des Dritten der Unterhaltsanspruch sei, der dem Getöteten gegenüber bestanden habe, daß also der Unternehmer dem Dritten gegenüber in die Verpflichtung des Getöteten eintrete. Dagegen sahen andere den Anspruch als einen solchen auf Schadenersatz wegen des Fortfalls der Unterhaltsverpflichtung des Getöteten an. Die Rechtsprechung entschied sich für die letztere Auffassung. RG. **1** 231, EisenbE. **1** 113; EisenbE. **2** 227; EisenbE. **3** 282. Durch die jetzige Fassung des § 3 ist in Übereinstimmung mit dieser Praxis zum Ausdruck gebracht, daß der Anspruch des Dritten seiner Natur nach ein Schadenersatzanspruch, kein Unterhaltsanspruch ist. RG. **55** 24; JW. **1907** 130[10]; RG. **74** 274, EisenbE. **27** 317; Eger Anm. 43 S. 416; Reindl Anm. 16 zu § 3 S. 143.

Daraus folgt, daß, wenn z. B. der Haftpflichtige selbst durch einen Betriebsunfall zu Tode kommt, ein nach § 3 Abs. 2 Ersatzberechtigter nicht etwa auf Grund dieser Bestimmung gegen den für den neuen Unfall verantwortlichen Unternehmer Ansprüche geltend machen kann. Denn der Anspruch aus § 3 Abs. 2 ist kein „Recht auf Unterhalt". Vgl. Kirchner Anm. 4 IV zu § 10. Aus der rechtlichen Natur des Anspruchs als eines Schadenersatzanspruchs ergibt sich ferner, daß grundsätzlich die Unterhaltspflicht betreffende Vorschriften des BGB. (wie z. B. die §§ 1613, 1615 Abs. 1, 1713 Abs. 1) auf den Entschädigungsanspruch aus § 3 Abs. 2 keine Anwendung finden.

In gewissen Beziehungen wird jedoch der Schadenersatzanspruch wie ein Unterhaltsanspruch behandelt. Der nach § 3 Abs. 2 zu gewährende Schadenersatz ist ebenso wie der Unterhalt (§§ 1612, 1710 BGB. usw.) für die Zukunft durch Entrichtung einer Geldrente zu leisten (§ 7 Abs. 1 HaftpflG.), und auf diese Rente finden die Bestimmungen des § 760 BGB. über die Leibrente Anwendung (§ 7 Abs. 2 HaftpflG.). Nach § 7 Abs. 2 HaftpflG. (§ 708 Nr. 6 ZPO.) sind ferner die Urteile, die die Verpflichtung zur Entrichtung einer nach den Vorschriften des HaftpflG. geschuldeten Geldrente aussprechen, soweit die Entrichtung für die Zeit nach der Erhebung der Klage und für das der Erhebung der Klage vorausgehende letzte Vierteljahr zu erfolgen hat, auch ohne Antrag für vorläufig vollstreckbar zu erklären. Endlich ist gemäß § 7 Abs. 2 HaftpflG. (§ 850 Abs. 1 Nr. 2 ZPO.) die zu entrichtende Geldrente gänzlich unpfändbar und demzufolge auch nicht der Abtretung, Verpfändung, Aufrechnung, Nießbrauchbestellung und Zugehörigkeit zur Konkursmasse unterworfen. Vgl. Anm. 16 ff. zu § 7.

Anm. 36. **2. Inhalt der Ersatzpflicht.**

§ 3 Abs. 2 bestimmt den Inhalt der Ersatzpflicht dahin, daß dem Dritten *insoweit Schadenersatz zu leisten ist, als der Getötete während der mutmaßlichen Dauer seines Lebens zur Gewährung des Unterhalts verpflichtet gewesen sein würde.* Diese Regelung bezweckt, möglichst den Zustand herzustellen, wie er sich wahrscheinlich gestaltet hätte, wenn der Tod des Unterhaltspflichtigen nicht eingetreten wäre (vgl. § 249 S. 1 BGB.).

a) Umfang der Ersatzpflicht.

α) Nach der früheren Fassung des § 3 Ziff. 1 war dem Dritten insoweit Ersatz zu leisten, „als ihm infolge des Todesfalles **der Unterhalt entzogen worden ist**". In der Rechtsprechung ist dies dahin ausgelegt worden, daß sich die Höhe des Ersatzanspruchs nicht nach dem **tatsächlich** gewährten Unterhalt bemißt, sondern danach, inwieweit der Getötete zur Gewährung des Unterhalts gesetzlich **verpflichtet** war. RG. in EisenbE. **1** 325; JW. **1889** 141[18]; JW. **1897** 246[65], EisenbE. **14** 153. Durch die jetzige Fassung des § 3 ist klargestellt, daß für die Höhe des Ersatzanspruchs allein die Unterhaltsleistungen maßgebend sind, die der Getötete zu gewähren verpflichtet gewesen wäre. Es ist also für die Bemessung des Ersatzanspruchs gleichgültig, daß die Unterhaltsleistungen des Getöteten hinter demjenigen, was nach dem Gesetz zu gewähren war, aus bösem Willen des Verpflichteten oder anderen Gründen zurückblieben, oder aber daß der Getötete aus Liberalität oder sonstigen Motiven den Unterhalt in einem seine gesetzlichen Verpflichtungen übersteigenden Maße gewährte. Für die Bemessung des Unterhaltsanspruchs des Vaters z. B. kommt es demnach nicht darauf an, was der getötete Sohn von seinem Verdienst **tatsächlich** abgegeben hat, sondern ob und gegebenenfalls wieviel er kraft Gesetzes leisten mußte. RG. in JW. **1907** 480[13], EisenbE. **24** 161; EisenbE. **26** 321. Vgl. Anm. 23. Anm. 37.

β) Für den Umfang der Schadenersatzpflicht sind diejenigen Leistungen maßgebend, die der Getötete, wenn er am Leben geblieben wäre, zugunsten des Unterhaltsberechtigten aufzuwenden gehabt hätte. Die Leistungspflicht richtet sich je nach dem Rechtsverhältnis, auf dem die Unterhaltspflicht beruht (vgl. Anm. 22). Für die Bemessung der Höhe der Entschädigung geben die tatsächlichen Erwerbsverhältnisse des Getöteten, wie sie **zur Zeit des Todes** bestanden, die Grundlage. Eine günstigere oder ungünstigere Gestaltung der Erwerbsverhältnisse in der Zukunft wird nicht vermutet. Ist aber anzunehmen, daß bei dem Getöteten in späterer Zeit nach dem gewöhnlichen Lauf der Dinge oder den besonderen Umständen eine Steigerung oder Minderung seiner Erwerbsfähigkeit eingetreten sein würde, so ist dieses Moment bei der Berechnung des Schadens zu berücksichtigen. RG. in Gruchot **25** 1104, EisenbE. **1** 324; Bolze **1** Nr. 609; Bolze **12** Nr. 233; Gruchot **37** 742, EisenbE. **9** 368. Vgl. auch Anm. 19 ff. zu § 3 a. Anm. 38.

Die praktisch wichtigsten Rechtsverhältnisse sollen im folgenden erörtert werden.

αα) **Ersatzanspruch der Witwe des Getöteten.** Anm. 39.

Der Mann hat der Frau nach **Maßgabe seiner Lebensstellung, seines Vermögens und seiner Erwerbsfähigkeit** Unterhalt zu gewähren (§ 1360 Abs. 1 BGB.). Der Unterhaltsanspruch ist nicht durch Bedürftigkeit bedingt. Unterhalt und demgemäß auch Schadenersatz für die Entziehung des Unterhaltsrechts ist der Frau unabhängig davon zu leisten, ob sie vermögend oder erwerbsfähig ist.

Im Falle des Getrenntlebens der Ehegatten fällt die Unterhaltspflicht des Mannes weg oder beschränkt sich auf die Zahlung eines Beitrages, wenn der Wegfall oder die Beschränkung mit Rücksicht auf die Bedürfnisse sowie auf die Vermögens- und Erwerbsverhältnisse der Ehegatten der Billigkeit entspricht (§ 1361 Abs. 2). Der Umstand, daß eine Ehefrau zur Zeit des Todes ihres Mannes von diesem getrennt in ehebrecherischem Verkehr lebte, beseitigt nicht den Unterhaltsanspruch. In diesem Falle kann aber unter Umständen nur der notdürftige Unterhalt beansprucht werden (§ 1611 Abs. 2). RG. in WarnRspr. **1908** Nr. 639. Ist die Ehe geschieden, so hat die Ehefrau einen Unterhaltsanspruch nur gegen den allein für schuldig erklärten Mann. Dieser hat ihr den standesmäßigen Unterhalt insoweit zu gewähren, als sie ihn nicht aus den Einkünften ihres Vermögens und, sofern nach den Verhältnissen, in denen die Ehegatten gelebt haben, Erwerb durch Arbeit der Frau üblich ist, aus dem Ertrag ihrer Arbeit bestreiten kann (§ 1578).

Zu ersetzen ist der Witwe der Verlust des Rechts auf Unterhalt. Sie kann also nicht Ersatz dafür beanspruchen, daß die Erwerbstätigkeit des Mannes in Wegfall gekommen ist. Vielmehr kommt als Schaden im Sinne des § 3 Abs. 2 derjenige Teil seiner Einnahmen in Betracht, den er nach seiner Lebensstellung, seinem Vermögen und seiner Erwerbsfähigkeit für den Unterhalt der Frau zu verwenden verpflichtet war. Der Haftpflichtige muß die Witwe in den Stand setzen, diejenige Lebensweise fortzusetzen, welche sie bei Lebzeiten des Mannes führen zu können von diesem verlangen durfte, auch wenn sich der entsprechende Aufwand für die alleinstehende Frau teurer als bei bestehender Ehe stellt. RG. in EisenbE. **3** 439.

Für den Umfang des Ersatzanspruchs der Frau fällt nun aber der Umstand ins Gewicht, daß ihr Unterhalt nicht ausschließlich aus dem Vermögen und dem Erwerb des Mannes bestritten wird. Bei dem gesetzlichen Güterstand der Verwaltung und Nutznießung des Mannes trägt die Frau mit ihrem eingebrachten Gute zur Bestreitung des ihr zu gewährenden Unterhalts bei (§ 1389). Sie hat auch aus ihrem Vorbehaltsgut einen Beitrag zur Bestreitung des ehelichen Aufwands insoweit zu leisten, als der Mann nicht schon durch die Nutzungen des eingebrachten Gutes einen angemessenen Beitrag erhält (§ 1371). In den Güterständen der Gütergemeinschaft (allgemeinen Gütergemeinschaft, Errungenschaftsgemeinschaft, Fahrnisgemeinschaft) trägt die Frau zu dem Unterhalt dadurch bei, daß der eheliche Aufwand dem Gesamtgut zur Last fällt (§§ 1458, 1529 Abs. 1, 1549) und erforderlichenfalls von ihr auch aus dem Vorbehaltsgut ein Beitrag zur Bestreitung des ehelichen Aufwands geleistet wird (§§ 1441, 1526, 1549). Im Falle der Gütertrennung hat die Frau einen angemessenen Beitrag aus den Einkünften ihres Vermögens und dem Ertrag ihrer Arbeit oder eines von ihr selbständig betriebenen Erwerbsgeschäfts zu leisten (§ 1427 Abs. 2). Soweit es den Verhältnissen, in denen die Ehegatten leben, entspricht, ist die Frau zu Arbeiten im Hauswesen und im Geschäfte des Mannes verpflichtet (§ 1356 Abs. 2). Auch dadurch trägt sie indirekt zur Bestreitung ihres Unterhalts mit bei.

Es fragt sich, inwieweit bei Ermittlung des der Witwe entstandenen Schadens auch die **Vorteile** zu berücksichtigen sind, die sich für sie daraus ergeben, daß ihre Arbeitskraft und ein ihr gehöriges Vermögen nicht mehr den mit der Ehe verbundenen Beschränkungen unterliegen und ein auf sie übergegangenes Vermögen des Mannes Mittel zur Bestreitung ihres Unterhalts weiterhin gewährt. Abzulehnen ist die in Literatur und Praxis mehrfach vertretene Auffassung, daß es sich hier um eigentliche Fälle einer Aufrechnung von Vorteilen und Nachteilen, die für die Geschädigte durch dasselbe Ereignis entstanden sind (compensatio lucri cum damno), handle. Denn zunächst ist der Tod des Mannes zwar für die Entziehung des Rechts auf Unterhalt, jedoch nicht für die genannten Vorteile Ursache im Rechtssinne (vgl. Oertmann, Vorteilsausgleichung S. 89). Sodann aber handelt es sich überhaupt nicht um eine Ausgleichung von Nachteilen durch Vorteile, sondern um die Prüfung, ob und inwieweit der Witwe Mittel zur Bestreitung ihres Unterhalts verblieben sind. RG. **64** 350, JW. **1907** 23[26]; RG. **91** 398, EisenbE. **36** 201. **Anm. 40.**

Die Quellen, aus denen der Mann die Mittel zur Bestreitung des Unterhalts der Frau schöpft, sind seine Arbeitskraft, sein Vermögen, die Arbeitskraft der Frau, soweit diese zur Arbeit verpflichtet ist (§ 1356 Abs. 2), und ihr Vermögen, soweit es zur Bestreitung des ehelichen Aufwands zu dienen hat (vgl. Anm. 39). Schadenersatz ist nach § 3 Abs. 2 insoweit zu leisten, als der Getötete während der mutmaßlichen Dauer seines Lebens zur Gewährung des Unterhalts verpflichtet gewesen sein würde. Demgemäß ist im Sinne dieser Vorschrift ein Schade nur insoweit entstanden, als das, was der Frau von den genannten Quellen verblieben ist, nicht zur Bestreitung des von ihr zu beanspruchenden Unterhalts ausreicht.

Das RG. war zunächst anscheinend anderer Meinung. In der Entsch. v. 5. 11. 06 (RG. **64** 350, JW. **1907** 23[26]) nahm es zu der Frage Stellung, wie bei Berechnung des Schadens die Einkünfte des infolge des Todes des Mannes übergegangenen gütergemeinschaftlichen Vermögens in Anschlag zu bringen seien, und vertrat die Ansicht, daß die aus dem eigenen Vermögen der Ehefrau zu ihrem Unterhalt entnommenen Mittel nicht schlechthin als Leistungen gelten könnten, die der Ehemann für den Unterhalt der Frau zu bewirken hatte und jetzt zu ersetzen wären. Nach dieser Entscheidung würde demnach bei Berechnung des Schadens nicht zu berücksichtigen sein, was die Ehefrau an Vermögen im Wege des Erbgangs erwirbt, wie das RG. auch in früherer Rechtsprechung angenommen hatte (EisenbE. **3** 122; RG. **10** 52). Vgl. auch die Entsch. v. 11. 5. 08, EisenbE. **25** 72. Dagegen kann nach der zu billigenden neueren Praxis des RG. die Witwe von dem Haftpflichtigen insoweit keinen Ersatz beanspruchen, als ihr in den Einkünften des infolge des Todes ihres Ehemannes zu ihrer Verfügung gelangten Vermögens (einschließlich des durch Erbfolge zugefallenen) die Mittel zur Bestreitung ihres Unterhalts geblieben sind. Hat insbesondere die Witwe aus dem Nachlaß des Getöteten so viel erhalten, daß die Kosten des ihr zukommenden Unterhalts vollständig gedeckt sind, so kann eine weitere Einnahmequelle, die der Getötete darüber hinaus noch hatte, die aber durch seinen Tod versiegt ist, zur Begründung eines Schadenersatzanspruchs nicht verwertet werden. Vgl. „Recht" **1910** Nr. 702, EisenbE. **26** 332; RG. **72** 438, JW. **1910** 289[23]; WarnRspr. **1910** Nr. 155, EisenbE. **26** 441; JW. **1911** 375[12]; LZ. **1914** 1664[5], EisenbE. **31** 349.

Dagegen braucht sich die Witwe z. B. nicht die Vorteile in Anrechnung bringen zu lassen, die sie dadurch erzielt, daß sie durch Verkauf des von ihrem Manne ererbten Geschäfts Gewinn erzielt. Derartige Handlungen vermögen den Umfang des durch den Tod des Unterhaltspflichtigen entstandenen Schadens ebensowenig zu schmälern, wie sie ihn erhöhen würden, wenn das ererbte Vermögen ungünstig veräußert und durch den Kaufpreis ein geringerer Ertrag erzielt würde, als das Vermögen zu Lebzeiten des Verunglückten ergeben hat. RG. **91** 398.

Anm. 41. Durch den Tod des Mannes erhält die Frau auch ihre Arbeitskraft, die durch die Ehe gebunden war, zur freien Verfügung zurück. War sie nach den Verhältnissen, in denen die Eheleute lebten, zu Arbeiten im Hause und im Geschäft des Mannes verpflichtet (§ 1356 Abs. 2), so ist das Freiwerden ihrer Arbeitskraft bei Bemessung des Schadens insoweit zu berücksichtigen, als sie nunmehr in der Lage ist, von derselben für den Erwerb ihres Unterhalts einen angemessenen Gebrauch zu machen. Dagegen ist sie nicht verpflichtet, sich im Interesse der Minderung ihres Schadens in einer Art zu betätigen, die ihr von ihrem Ehemann nicht zugemutet werden konnte. Demnach hat bei Berechnung des zu ersetzenden Schadens außer Betracht zu bleiben, was die Frau durch Verwertung ihrer Arbeitskraft über die ihr obliegende Pflicht hinaus erwirbt. RG. **5** 108, EisenbE. **2** 156; EisenbE. **3** 282; JW. **1907** 130[10], „Recht" **1907** Nr. 295/98; „Recht" **1909** Nr. 3559, EisenbE. **26** 314; RG. **72** 438, JW. **1910** 289[23].

Verwertet die Witwe ihre Arbeitskraft, ohne nach ihren bisherigen Verhältnissen hierzu verpflichtet zu sein, in einem ererbten Erwerbsgeschäft, so bleibt für die Feststellung des Schadens derjenige Teil der hieraus fließenden Einnahmen außer Anrechnung, den sie ihrer eigenen Arbeitskraft und nicht den ihr von dem verstorbenen Ehemann hinterlassenen Vermögenswerten verdankt. Hierbei ist aber zu berücksichtigen, daß z. B. ein gut fundiertes Handelsgeschäft unter Umständen nicht nur einen realen, in dem Komplex der gesamten Betriebsmittel verkörperten Vermögenswert darstellt, sondern auch eine dauernde Einnahmequelle für die Hinterbliebenen bildet. RG. **72** 438, JW. **1910** 289[23].

Anm. 42. Der Erwerb, der auf der Arbeitskraft des Mannes beruht, geht durch den Tod desselben der Frau regelmäßig verloren und ist ihr daher, soweit hierdurch ihr Unterhaltsrecht beeinträchtigt wird, zu ersetzen. Dieser Erwerb verbleibt ihr jedoch insofern, als auf Grund eines Beamten- oder

Angestelltenverhältnisses eine Witwenpension gezahlt wird. Auch hier handelt es sich nicht eigentlich um eine compensatio lucri cum damno (vgl. Anm. 40). Soweit der Witwe ein solcher Pensionsanspruch zusteht, ist ihr vielmehr der in dem Amtseinkommen des Ernährers gewährleistete Unterhalt nicht im ganzen Umfang entzogen, sondern nur geschmälert, ihr Schade daher ein (um den Betrag der Pension) geringerer. Einer Anrechnung der Witwengelder auf die Entschädigung steht nicht etwa die Vorschrift des § 843 Abs. 4 (§ 844 Abs. 2) BGB. entgegen, da der Unterhaltsanspruch der Witwe gegenüber dem Getöteten bis zum Betrage der fortdauernden Bezüge nicht beseitigt, sondern gedeckt ist. RG. **64** 350, JW. **1907** 23[26]. Vgl. auch RG. in EisenbE. **3** 215; RG. **15** 114, EisenbE. **4** 400; RG. **82** 189; **92** 401; OLG. Frankfurt a. M. in EisenbE. **43** 430. Diese Grundsätze gelten auch dann, wenn der Beamte oder Angestellte bestimmte Beiträge zu der Pensionskasse zu leisten hatte oder ihm solche Beiträge von vornherein am Gehalt gekürzt wurden. Voraussetzung ist nur, daß der Pensionsanspruch unmittelbar in den gesetzlichen oder organisatorischen Anstellungsbedingungen, nicht in einem besonderen außerhalb der Amtsstellung des Getöteten gelegenen Rechtsgrund wurzelt. RG. **64** 350, JW. **1907** 23[26]; Kirchner Anm. 4 V zu § 10 S. 185.

Hatte dagegen der Getötete auf Grund eines privaten Versicherungsvertrages für seine Hinterbliebenen den Anspruch auf eine Versicherungssumme, eine Rente oder sonstige Leistungen erworben, so bleiben diese Bezüge bei Berechnung der der Witwe zukommenden Entschädigung außer Anrechnung. Anders als bei der Witwenpension bleibt hier der Verlust des Amtseinkommens in vollem Umfang bestehen. Es fehlt auch an den Voraussetzungen für eine „Vorteilsausgleichung". Denn die Entstehung des Vorteils, der Anspruch auf die Versicherungssumme, hat zur Ursache im Rechtssinne nicht den Tod, sondern den Versicherungsvertrag und die Zahlung der Prämien. Die Auszahlung der Versicherungssumme bildet die durch den Eintritt des Todes bedingte Gegenleistung für die Prämien. RG. **10** 50, EisenbE. **3** 93; RG. **64** 350, JW. **1907** 23[26]; RG. **68** 45; „Recht" **1908** Nr. 2940/41, EisenbE. **25** 192; LZ. **1914** 1033[10], EisenbE. **31** 115; WarnRspr. **1917** Nr. 266; RG. **92** 401.

Über Anrechnung von Vorteilen im Falle der Wiederverheiratung der Witwe vgl. Anm. 48.

αα) Ersatzanspruch der Kinder des Getöteten. Anm. 43.

Der Unterhaltsanspruch der Kinder ist bedingt durch Bedürftigkeit (§ 1602 Abs. 1 BGB.). Vom Berechtigten ist demgemäß darzutun, daß weder sein Vermögen noch seine der Lebensstellung entsprechend zu verwertende Arbeitskraft das erforderliche Maß des Unterhalts zu beschaffen vermögen (RG. in JW. **1901** 480; **1917** 42[8]). Ein minderjähriges unverheiratetes Kind kann, auch wenn es Vermögen hat, die Gewährung des Unterhalts insoweit verlangen, als die Einkünfte aus Vermögen und Arbeit zum Unterhalt nicht ausreichen (§ 1602 Abs. 2).

Neben der Bedürftigkeit des Kindes ist weitere Voraussetzung des Unterhaltsanspruchs die **Leistungsfähigkeit** des Verpflichteten. Unterhaltspflichtig ist nicht, wer bei Berücksichtigung seiner sonstigen Verpflichtungen außerstande ist, ohne Gefährdung seines eigenen standesmäßigen Unterhalts den Unterhalt zu gewähren (§ 1603 Abs. 1). Minderjährigen unverheirateten Kindern gegenüber sind jedoch Eltern verpflichtet, alle verfügbaren Mittel zu ihrem und der Kinder Unterhalt gleichmäßig zur Verfügung zu stellen (§ 1602 Abs. 2 S. 1). Diese Verpflichtung greift wiederum nicht Platz, a) wenn ein anderer unterhaltspflichtiger Verwandter vorhanden ist, b) gegenüber einem Kinde, dessen Unterhalt aus dem Stamme seines Vermögens bestritten werden kann (§ 1602 Abs. 2 S. 2).

Das Maß des zu gewährenden Unterhalts bestimmt sich nach der Lebensstellung des **Bedürftigen** (§ 1610 Abs. 1). Der Unterhalt umfaßt den gesamten Lebensbedarf, bei einer der Erziehung bedürftigen Person auch die Kosten der Erziehung und der Vorbildung zu einem Berufe (Abs. 2). In welcher Höhe die Kosten der Vorbildung zu einem Berufe von dem Ersatzpflichtigen zu tragen sind, richtet sich nach den persönlichen Verhältnissen und der Lebensstellung des Bedürftigen. Danach ist insbesondere zu beurteilen, ob von dem haftpflichtigen Unternehmer auch z. B. die Kosten eines Universitätsstudiums oder der Ausbildung in einer Kunst zu gewähren sind.

Anm. 44. Ein Schadenersatzanspruch besteht hiernach nicht, soweit das Kind die Mittel zu seinem standesmäßigen Unterhalt besitzt. Gleichgültig ist hierbei, aus welcher Quelle diese Mittel stammen, ob aus eigener Erwerbstätigkeit oder aus Vermögen, das das Kind besitzt oder infolge des Todes des Unterhaltspflichtigen (als Erbteil, Vermächtnis, Versicherungsgelder, Pension, Waisengeld usw.) erwirbt. Dagegen wird der Anspruch des Kindes nicht dadurch berührt, daß dieses den Unterhalt von einem Dritten lediglich aus **Wohltätigkeit** erhält. RG. **92** 57, EisenbE. **36** 204. Vgl. auch RG. **72** 199.

Außer Betracht bleibt für die Berechnung des Schadens jedoch nach § 843 Abs. 4 BGB. (§ 7 Abs. 2 HaftpflG.) **der Unterhaltsanspruch des Kindes gegen einen anderen.** „Ein anderer" ist z. B. auch die Mutter, die nach dem Tode des Vaters dem Kinde unterhaltspflichtig wird. Hier ist aber eine Einschränkung für den Fall zu machen, daß die Verpflichtete den Unterhalt aus demselben Vermögen wie der Getötete bestreitet. Wird z. B. von der Witwe und den Kindern die **Gütergemeinschaft** fortgesetzt, so ist den Kindern insoweit kein Schaden erwachsen, als ihnen in den Einkünften des gemeinschaftlichen Vermögens die Mittel zur Bestreitung ihres Unterhalts verblieben sind (vgl. Anm. 40). Allerdings bildet nach den Vorschriften des BGB. formellrechtlich der Unterhalt der Abkömmlinge keine Last des Gesamtgutes, vielmehr bewendet es bei der Verpflichtung der Mutter, den Unterhalt den Bestimmungen der §§ 1601 ff. BGB. gemäß zu gewähren. Indessen kann bezüglich der Einkünfte aus dem Gesamtgut die Mutter nicht als „ein anderer" im Sinne des § 843 Abs. 4 BGB. angesehen werden. „Wirtschaftlich betrachtet ist entweder das Unterhaltsrecht der Kinder insoweit, als zu dessen Erfüllung das gütergemeinschaftliche Vermögen zu dienen hat, ihnen durch den Tod des Vaters nicht entzogen, oder aber es trifft insoweit die Voraussetzung des Unterhaltsbedürfnisses nicht zu, indem die Kinder aus den Einkünften ihres eigenen Vermögens unterhalten werden. Die Vorschrift in § 843 Abs. 4, wonach der Ersatzanspruch nicht dadurch ausgeschlossen wird, daß ein anderer dem Verletzten Unterhalt zu gewähren hat, würde seinem Wortlaut nach auf einen Fall der vorliegenden Art zutreffen, wenn man nur auf die nunmehr der Mutter obliegende Unterhaltspflicht zu sehen hätte. Allein nach Sinn und Zweck des Gesetzes (Motive Bd. 2 S. 782) kann jene Vorschrift nicht dazu führen, daß für den Schadenersatzanspruch der Kinder des Getöteten die zu ihrem Unterhalt nach wie vor verwendbaren Einkünfte des gütergemeinschaftlichen Vermögens ganz außer Betracht bleiben und auf diese Weise dem nur schadenersatzberechtigten Kinde tatsächlich eine Bereicherung zuteil würde." RG. **64** 350, JW. **1907** 23[26]. Vgl. auch EisenbE. **25** 72; WarnRspr. **1910** Nr. 155, EisenbE. **26** 441; JW. **1911** 375[42].

Der Grundsatz, daß der dem Kinde gegen einen anderen zustehende Unterhaltsanspruch bei der Schadenbemessung unberücksichtigt bleibt, erfährt noch eine weitere Ausnahme. Die Arbeitskraft des dem Hausstand der Eltern angehörenden Kindes wird durch den Tod des Vaters frei, dieses wird also geschädigt, wenn es nunmehr in dem Hauswesen oder Erwerbsgeschäft der Mutter unentgeltlich Dienste zu leisten hat (§ 1617 BGB.). In diesem Fall ist aber der dem Kinde geleistete Unterhalt ausgleichend zu berücksichtigen. Denn wenn auch der Unterhalt, den das Kind empfängt, im Rechtssinn nicht als Bezahlung seiner Dienste anzusehen ist, so stehen doch die beiderseitigen Pflichten im engsten innerlichen Zusammenhang. RG. in JW. **1907** 130[10], EisenbE. **23** 299.

Eine Erstattung desjenigen Schadens, den die Witwe dadurch erleidet, daß die Unterhaltspflicht von dem getöteten Mann auf sie übergeht, kann nicht beansprucht werden. Das Gesetz gewährt einen Schadenersatzanspruch nur für Entziehung des Rechts auf Unterhalt. Vgl. Anm. 31.

b) Dauer der Ersatzpflicht.

α) Die Zeit, für die die Rente zu entrichten ist, richtet sich nach der mutmaßlichen Dauer des Lebens des Getöteten. Für diese ist also die Rente zuzusprechen, nicht etwa für die Lebenszeit des unterhaltsberechtigten Dritten. Mit dem Zeitpunkt, in dem der Getötete ohne den Unfall mutmaßlich gestorben sein würde, hört jede Entschädigungspflicht auf. RG. in EisenbE. **23** 366; RG. **64** 33, JW. **1906** 553[23]. **Anm. 45.**

Eine zeitliche Begrenzung der Rente nach der Lebensdauer des Unterhaltsberechtigten ist hiernach in jedem Fall unzulässig, auch dann, wenn der unterhaltspflichtige Getötete vermutlich ebensolange wie der Berechtigte gelebt haben würde. Denn mit einem auf die Lebensdauer des Berechtigten lautenden Ausspruch würde die Dauer der Rente zeitlich nicht auf einen bestimmten Zeitraum begrenzt, sondern auf einen Zeitraum von ganz ungewisser Dauer zugesprochen. So RG. in JW. **1908** 109[7]; RG. **90** 226, JW. **1917** 813[4]; WarnRspr. **1919** Nr. 74, EisenbE. **37** 180; JW. **1927** 2371[7]; RG. **128** 218; unter Aufgabe der in früheren Entscheidungen (RG. **64** 33, JW. **1906** 553[23]; JW. **1910** 812[31], EisenbE. **27** 209) vertretenen abweichenden Ansicht.

Das Gericht hat im Urteil die mutmaßliche Lebensdauer des Getöteten festzustellen. Über ihre Berechnung sagt das HaftpflG. nichts. Für die Zeit vor dem 1. Januar 1900 war in der Rechtsprechung überwiegend anerkannt, daß im Gebiet des preußischen Rechts § 38 I 1 ALR. ebensowenig maßgebend sei wie in den Gebieten des gemeinen Rechts die l. 68 D. 35, 2, da beide Vorschriften nur besondere Fälle regelten und keine allgemeine Geltung beanspruchen könnten. RG. **5** 108; EisenbE. **3** 149; **5** 39. Abweichend RG. in EisenbE. **3** 240. Dagegen war der eine Vermutung über die mutmaßliche Lebensdauer aufstellende § 35 SächsBGB. wegen seines allgemeinen Charakters für das Geltungsgebiet dieses Gesetzes für anwendbar erklärt worden. RG. in EisenbE. **4** 46; **5** 39.

Präsumptionen der Landesgesetze sind jetzt schon mit Rücksicht auf Art. 55 EG.BGB. unanwendbar. Das schließt aber nicht aus, die in § 35 SächsBGB. niedergelegten Ergebnisse statistischer Untersuchungen auch fernerhin als solche zu verwerten. So mit Recht OLG. Dresden in EisenbE. **20** 226.

Die Zeit, die der Getötete ohne den Unfall vermutlich noch gelebt hätte, ist auf Grund der nach den Ergebnissen der Statistik einem Menschen seines Alters durchschnittlich zuzuschreibenden Lebensdauer zu berechnen (vgl. RG. in LZ. **1914** 190[6], EisenbE. **30** 339). Daneben sind die persönlichen Verhältnisse des Verstorbenen zu berücksichtigen, durch die eine längere oder kürzere Lebensdauer als die durchschnittliche wahrscheinlich gemacht wird. Als berücksichtigenswerte Momente kommen insbesondere Gesundheitszustand, Beruf, Lebensbedingungen und Lebensgewohnheiten des Getöteten in Betracht. RG. **5** 108, EisenbE. **2** 156; RG. **7** 50, EisenbE. **2** 296; JW. **1884** 57[44]; EisenbE. **3** 149; EisenbE. **5** 39.

Die Beweispflicht bezüglich der Angaben, nach denen die mutmaßliche Lebensdauer berechnet werden soll, liegt dem Unterhaltsberechtigten ob. Vgl. RG. in EisenbE. **10** 32. Das Gericht ist jedoch an das Parteivorbringen nicht gebunden. Es entscheidet nach § 287 ZPO. unter Würdigung aller Umstände nach freier Überzeugung. Vgl. Anm. 29 zu § 3a.

Wird das Prozeßverfahren nach Grund und Betrag des Anspruchs geteilt, so ist grundsätzlich die zeitliche Begrenzung der Rente in dem Urteil über den Grund des Anspruchs festzustellen. Fordert der Unterhaltsberechtigte eine Rente über die gesetzlich zulässige Zeit hinaus (z. B. für die Dauer seines Lebens), so würde ohne eine zeitliche Begrenzung der Rente im Urteil über den Grund des Anspruchs durch dieses rechtskräftig festgestellt sein, daß der Berechtigte einen nur noch ziffermäßig festzusetzenden Rentenanspruch für die Dauer seines Lebens habe. RG. **64** 33, JW. **1906** 553[23]; JW. **1907** 482[20], EisenbE. **24** 68; JW. **1908** 9[9]. In neueren Entscheidungen hat das RG. auch für zulässig erklärt, die Frage der Dauer der Ersatzrente in dem Verfahren über die Höhe des Anspruchs zu erörtern, jedoch nur dann, wenn in dem Urteil über den Grund des Anspruchs (sei es in der Formel, sei es in den Gründen) die Erörterung dieser Frage ausdrücklich dem Nachverfahren vorbehalten worden ist. JW. **1909** 225[21]; JW. **1911** 488[10], EisenbE. **28** 108; LZ. **1914** 1032[8], EisenbE. **31** 85; LZ. **1914** 1033[9], EisenbE. **31** 91. Vgl. auch Anm. 30 zu § 3a.

Die Vorabentscheidung über den Grund des Anspruchs setzt nur voraus, daß der Anspruch nach Grund und Betrag streitig ist. Der Schade braucht im Klageantrag nicht unbedingt beziffert zu sein. Es genügt, den Anspruch im Antrag so bestimmt zu kennzeichnen, daß auf Grund der tatsächlichen Unterlagen der Betrag durch richterliches Ermessen ziffermäßig festgestellt werden kann. RG. in JW. **1911** 459[33]; **1913** 750[20]; WarnRspr. **1913** Nr. 340 mit Nachw.; RG. **93** 152, EisenbE. **37** 77.

β) Die mutmaßliche Lebensdauer des Getöteten bildet die äußerste zeitliche Grenze der Entschädigungspflicht. Über diesen Punkt hinaus kann der berechtigte Dritte keinen Ersatz beanspruchen, auch wenn er noch weiterhin durch den Tod des Unterhaltspflichtigen geschädigt sein sollte. Dies gilt z. B. für die Witwe eines Beamten, die insofern geschädigt sein kann, als ihr die Witwenpension ganz oder zum Teil fehlt, die sie nach dem Dienstalter ihres Mannes mutmaßlich erhalten haben würde, wenn der Mann länger im Dienst geblieben wäre. RG. in JW. **1906** 570[12]. Anm. 46.

Die Ersatzpflicht endigt aber jedenfalls schon in demjenigen Zeitpunkt, in dem die Unterhaltspflicht, wenn der Getötete am Leben geblieben wäre, fortgefallen sein würde. Dies kann vor dem mutmaßlichen Zeitpunkt des Todes des Unterhaltspflichtigen der Fall sein, wenn die Unterhaltspflicht nach dem Gesetz zeitlich begrenzt ist (§§ 1708, 1715), oder wenn der Unterhaltsanspruch Bedürftigkeit voraussetzt (§§ 1360 Abs. 2, 1578, 1602) und diese voraussichtlich von einem bestimmten Zeitpunkt ab nicht mehr vorliegt, oder wenn der Getötete, wenn er am Leben geblieben wäre, voraussichtlich bereits vor seinem mutmaßlichen Tode die zur Gewährung des Unterhalts erforderliche Leistungsfähigkeit (§§ 1360, 1603) ganz oder zum Teil verloren hätte. Vgl. Anm. 28 zu § 3a.

Beansprucht der Vater oder die Mutter Schadenersatz wegen Tötung der unterhaltspflichtigen Tochter, so ist die Rente auf die Zeit bis zu ihrer mutmaßlichen Verheiratung zu beschränken, sofern nicht nach ihren Vermögens- und Erwerbsverhältnissen anzunehmen ist, daß sie über diesen Zeitpunkt hinaus zum Unterhalt verpflichtet gewesen wäre. Der Schwiegersohn als solcher ist nicht unterhaltspflichtig; er haftet jedoch, soweit die Leistungen aus den Einkünften des eingebrachten Gutes zu bestreiten sind (§§ 1386 Abs. 1 S. 2, 1388 BGB.). RG. im „Recht" **1908** Nr. 314 und 412, EisenbE. **24** 368; JW. **1909** 660[11].

Ist anzunehmen, daß aus einem dieser Gründe die Rentenpflicht bereits vor dem mutmaßlichen Zeitpunkt des Todes des Unterhaltspflichtigen endigen werde, so darf das Gericht nicht die Verurteilung zur Rentenzahlung auf die gesamte mutmaßliche Lebensdauer erstrecken und den Haftpflichtigen auf eine spätere Klage nach § 323 ZPO. verweisen. Vielmehr hat es die künftige Gestaltung der Verhältnisse, soweit überhaupt möglich, von vornherein in Betracht zu ziehen und dementsprechend die Rente zeitlich zu begrenzen. Maßgebend ist hierbei der normale und der Erfahrung entsprechende Verlauf der Dinge unter Berücksichtigung der besonderen Umstände des einzelnen Falles. Nur da, wo eine vorausschauende Beurteilung der zukünftigen Verhältnisse unmöglich ist, muß auf eine solche zeitliche Begrenzung der Rente verzichtet werden. Weicht der wirkliche Verlauf der Dinge von dem angenommenen ab, so ist im Wege des § 323 ZPO. den veränderten Umständen Rechnung zu tragen. RG. **7** 50, EisenbE. **2** 296; JW. **1905** 143[23], EisenbE. **21** 388; JW. **1905** 152[28], EisenbE. **21** 392.

Anm. 47. Ist der **Berechtigte ein Kind**, so bildet derjenige Zeitpunkt die Grenze der Rentenpflicht, in dem das Kind voraussichtlich sich selbst zu unterhalten in der Lage sein wird (§ 1602). Wann dieser Zeitpunkt als eingetreten anzusehen ist, richtet sich zunächst nach der Lebensstellung des Bedürftigen (§ 1610). Nach dieser ist zu beurteilen, welche Zeit der Besuch der Schule und die Vorbildung zu einem Berufe voraussichtlich in Anspruch nehmen wird. Hierbei sind neben dem normalen Verlauf der Dinge die besonderen Verhältnisse des Falles, wie die körperliche und geistige Entwicklung des Kindes, seine Begabung, die väterliche Bestimmung für einen Beruf usw., zu berücksichtigen. Bestimmte Regeln, wie z. B. die, daß dem Arbeiterstande angehörende Kinder nach Beendigung der Volksschule (Vollendung des 14. Lebensjahres) oder mit vollendetem 15. Lebensjahr in der Lage seien, selbst ihren Unterhalt zu verdienen (so RG. in EisenbE. **1** 63; vgl. auch Eger Anm. 44 S. 422), lassen sich nicht aufstellen. Vielmehr besteht regelmäßig auch über diesen Zeitpunkt hinaus noch für längere Zeit das Bedürfnis einer Unterstützung der Kinder durch die Eltern und somit die Unterhaltspflicht der letzteren fort, wenn auch oft in vermindertem Umfange. RG. in JW. **1905** 143[23], EisenbE. **21** 388. Auch § 1708, der die Unterhaltspflicht gegenüber den unehelichen Kindern bis zum 16. Lebensjahr festsetzt, läßt keine Verallgemeinerung zu. Isaac Anm. VIII B b zu § 10.

Der Ersatzanspruch der Tochter des Getöteten erlischt, wenn nicht schon mit Erlangung der Erwerbsfähigkeit, jedenfalls in der Regel mit ihrer Verheiratung, weil der Ehegatte, sofern er leistungsfähig ist, vor den Eltern Unterhalt zu gewähren hat. Kirchner Anm. 4 IV A zu § 10.

Anm. 48. Über die Frage, welchen Einfluß eine Wiederverheiratung der Witwe auf ihren Ersatzanspruch ausübt, gehen die Ansichten auseinander.

Einige Schriftsteller vertreten den Standpunkt, der Ersatzanspruch werde durch die Wiederverheiratung der Witwe überhaupt nicht berührt, da er nicht von Bedürftigkeit abhängig sei (§ 1360 BGB.), auch nach § 843 Abs. 4 BGB. (§ 7 Abs. 2 HaftpflG.) nicht dadurch ausgeschlossen werde, daß ein anderer der Berechtigten Unterhalt zu gewähren habe. Eger Anm. 44 S. 440; Goldmann-Lilienthal, BGB. **1** 922 Anm. 17; Dernburg, Bürgerl. Recht **2** § 391 II 3e.

Nach der herrschenden Ansicht soll dagegen der Ersatzanspruch der Witwe im Fall ihrer Wiederverheiratung insoweit fortfallen, als der ihr entstandene Schaden durch den von dem jetzigen Ehemann gewährten Unterhalt ausgeglichen werde. Demgemäß sei vom Gericht die Rente zwar nicht von vornherein der Witwe lediglich bis zum Zeitpunkt ihrer etwaigen Wiederverheiratung zuzubilligen, aber dem Haftpflichtigen überlassen, in diesem Fall im Wege des § 323 eine Abänderung des früheren Urteils herbeizuführen. Vgl. Staudinger Anm. V 3a zu § 844; Oertmann Anm. 4b zu § 844; RGRäte Anm. 6a zu § 844; Reindl Anm. 18 zu § 3 S. 149; Isaac Anm. VIII Bc zu § 10; Kirchner Anm. 4 IV A zu § 10; Krause Anh. zu § 10 S. 155; Heucke Anm. 17 zu § 3. Ebenso RG. in ständiger Praxis, sowohl vor als auch seit Inkrafttreten des BGB. JW. **1887** 356[24], EisenbE. **5** 376; EisenbE. **10** 32; JW. **1896** 272[5], EisenbE. **13** 143; JW. **1899** 168[22], EisenbE. **15** 351; EisenbE. **19** 212; JW. **1905** 143[23], EisenbE. **21** 388; SeuffA. **56** 151, EisenbE. **26** 383. Zur Begründung des Anspruchs auf Aufhebung der Rente wird für ausreichend erachtet, wenn geltend gemacht wird, daß die bisherige Witwe tatsächlich von ihrem jetzigen Ehemann in gleicher Weise wie vor dem Unfall von dem Verstorbenen unterhalten werde (SeuffA. **56** 151, EisenbE. **26** 383).

Unseres Erachtens entfällt der Ersatzanspruch mit der Wiederverheiratung der Witwe vollständig. Dem Unterhaltsberechtigten wird vom Gesetz nicht voller Ersatz alles dessen gewährt, was er tatsächlich gehabt hätte, wenn der Unterhaltspflichtige am Leben geblieben wäre. Vielmehr ist der Ersatz insoweit zu leisten, als der Getötete während der Dauer seines Lebens zur Unterhaltsgewährung verpflichtet gewesen sein würde. § 3 Abs. 2 HaftpflG. (§ 844 Abs. 2 BGB.) setzt ein Verhältnis voraus, vermöge dessen der Getötete einem Dritten gegenüber unterhaltspflichtig war oder werden konnte, und nur insoweit, als dieses Verhältnis besteht, ist Schadenersatz zu gewähren. Da das Gesetz die Schadensberechnung darauf abstellt, wie sich die Unterhaltspflicht bei Lebzeiten des Getöteten gestaltet hätte, so ist Voraussetzung der Schadenersatzpflicht, daß ohne den Unfall das Verhältnis, vermöge dessen eine Unterhaltspflicht bestand oder zur Entstehung gelangen konnte, fortbestanden hätte. Mit dem Grundgedanken der gesetzlichen Bestimmung erscheint es daher unvereinbar, den Unternehmer über den Zeitpunkt der Wiederverheiratung hinaus für haftbar zu erklären.

Mit der Wiederverheiratung der Witwe wird aber auch der ursächliche Zusammenhang zwischen Unfall und Schaden unterbrochen. Die Witwe erschließt sich mit der Wiederverheiratung eine neue Quelle der Versorgung. Ein Schade, der ihr daraus entsteht, daß ihr Ehemann seine Unterhaltspflichten **verletzt**, kann nicht als Folge des Unfalls angesehen werden. Andererseits widerspricht es ethischen Gesichtspunkten, eine Frau, die nach den Verhältnissen und dem Stande des neuen Mannes angemessen unterhalten wird, für geschädigt zu erachten, wenn, wie z. B. OLG. Hamburg (JW. **1918** 147[7], EisenbE. **35** 92) meint, „die neue Ehe der Frau nicht dieselben Vermögensvorteile bringt wie die frühere".

Dem RG. ist darin beizutreten, daß die Rente der Witwe ohne Beschränkung auf die Zeit bis zu ihrer etwaigen Wiederverheiratung zuzuerkennen und dem Haftpflichtigen zu überlassen ist, gegebenenfalls eine Abänderung des Urteils im Wege des § 323 ZPO. herbeizuführen.

Anm. 49. γ) War der Unterhaltsanspruch zur Zeit des Todes des Unterhaltspflichtigen **noch nicht zur Entstehung gelangt**, weil es in diesem Zeitpunkt an einer gesetzlichen Voraussetzung, z. B. der Bedürftigkeit des Berechtigten oder der Leistungsfähigkeit des Getöteten, fehlte, so ist die Rente erst von dem Zeitpunkt an zu entrichten, in dem der Verletzte, falls er nicht getötet worden wäre, zum Unterhalt verpflichtet gewesen sein würde. Vgl. Anm. 24.

Anm. 50. c) Der Schadenersatz ist regelmäßig **in Form einer Geldrente** zu gewähren. Statt der Rente kann eine Abfindung in Kapital verlangt werden, wenn ein wichtiger Grund vorliegt. Vgl. Anm. 2 zu § 7.

Anm. 51.

III. Ersatzberechtigter.

Ersatzberechtigter ist der „Dritte", d. h. derjenige, dem der Getötete zur Zeit der Verletzung unterhaltspflichtig war oder werden konnte, und dem infolge der Tötung das Recht auf den Unterhalt entzogen ist.

Der Dritte ist nur für seine Person ersatzberechtigt. Sein Erbe könnte nur insoweit einen Anspruch geltend machen, als der Anspruch des Getöteten gegen den Betriebsunternehmer bereits existent und Bestandteil des Nachlasses geworden war. **Reindl** Anm. 15 zu § 3 S. 143.

Der Anspruch des Dritten ist der Pfändung gänzlich entzogen (§§ **7** Abs. 2 HaftpflG., 850 Abs. **1** Nr. 2 ZPO.). Er unterliegt demgemäß nicht der Abtretung (§ 400 BGB.), der Aufrechnung (§ 394 BGB.), der Verpfändung (§ 1274 Abs. 2 BGB.), der Nießbrauchbestellung (§ 1069 Abs. 2 BGB.), der Zugehörigkeit zur Konkursmasse (§ 1 KO.). Vgl. Anm. 16 ff. zu § 7.

Der Dritte hat einen **selbständigen** Anspruch, der in seiner Person von vornherein entstanden, von dem Recht des Verletzten unabhängig und dessen Verfügung entzogen ist. RG. **55** 24; **65** 313; **69** 186. Der Verletzte und seine Erben können daher nicht mit Wirkung gegen den Unterhaltsberechtigten auf Schadenersatzansprüche verzichten oder sich über diese vergleichen.

§ 3a.

Im Falle einer Körperverletzung ist der Schadenersatz (§§ 1 und 2) durch Ersatz der Kosten der Heilung sowie des Vermögensnachteils zu leisten, den der Verletzte dadurch erleidet, daß infolge der Verletzung zeitweise oder dauernd seine Erwerbsfähigkeit aufgehoben oder gemindert oder eine Vermehrung seiner Bedürfnisse eingetreten ist.

Inhaltsübersicht.

Anm.

Einleitung 1
A. Die Heilungskosten 2
B. Der infolge Beeinträchtigung der Erwerbsfähigkeit entstandene Vermögensnachteil 3
I. Ersatzberechtigter 4
II. Inhalt der Ersatzpflicht
1. Umfang der Ersatzpflicht
a) Ursächlicher Zusammenhang 5
b) Erwerbsfähigkeit 6
c) Vermögensnachteil 7
α) Ausnutzung der Erwerbsfähigkeit wie bisher 8
β) Von Erwerbsfähigkeit kein Gebrauch gemacht
αα) als Rentner 9
ββ) Zu eigenem Nutzen 10—12
d) Aufhebung u. Minderung der Erwerbsfähigkeit 13
α) Verwertung der Arbeitsfähigkeit 14
β) Bemessung der verbliebenen Arbeitskraft 15
γ) Bei Unfähigkeit zur Ausübung bisherigen Erwerbes 16
δ) Beweislast 17
e) Berechnung des Schadens 18
α) Erwerbsverhältnisse zur Zeit des Unfalls 19—21
β) Zukünftige Gestaltung der Verhältnisse 22—26
2. Dauer der Ersatzpflicht 27—30
C. Der infolge Vermehrung der Bedürfnisse entstandene Vermögensnachteil 31

Einleitung. Anm. 1.

Über die Entstehungsgeschichte und die grundsätzliche Regelung der Schadenersatzpflicht vgl. Anm. 1, 2 zu § 3.

§ 3a zählt diejenigen Leistungen erschöpfend auf, die dem haftpflichtigen Unternehmer im Fall einer Körperverletzung obliegen. Zu ersetzen sind:

A. die Kosten der Heilung,

B. der infolge Beeinträchtigung der Erwerbsfähigkeit entstandene Vermögensnachteil,

C. der infolge Vermehrung der Bedürfnisse entstandene Vermögensnachteil.

Diese Ansprüche können von dem Verletzten sowohl einzeln als auch nebeneinander geltend gemacht werden.

Anm. 2.

A. Die Kosten der Heilung.

Abweichend von § 3, der die Kosten einer versuchten Heilung aufführt, spricht § 3a von den Kosten der Heilung. Die verschiedene Fassung beruht darauf, daß § 3 davon ausgeht, daß infolge des Unfalls der Tod eingetreten, eine Heilung also nicht erfolgt, sondern nur versucht ist, während § 3a zur Voraussetzung hat, daß der Unfall den Tod nicht oder noch nicht zur Folge hatte. Auch im Falle des § 3a können bloße Heilungsversuche in Frage kommen, und zwar nicht nur dann, wenn der Tod auf andere Umstände als den Betriebsunfall zurückzuführen ist, sondern auch dann, wenn die Verletzung zwar keine so schwere war, daß sie zum Tode führte, aber auch nicht geheilt werden konnte.

Im Falle des § 3a kommt nicht nur, wie im Falle des § 3, eine Erstattung der in der Vergangenheit entstandenen, sondern auch der in der Zukunft notwendig werdenden Heilungskosten in Frage. Diese können für die Zukunft in Form einer Rente zugesprochen werden, wenn das Leiden einen dauernden und gleichförmigen Charakter angenommen hat, und die Aufwendungen zu Heilungszwecken sich deshalb als Kosten für vermehrte Bedürfnisse darstellen. RG. im „Recht" **1907** Nr. 376, EisenbE. **23** 300; „Recht" **1907** Nr. 2643, EisenbE. **24** 172; JW. **1910** 747[29], EisenbE. **27** 92; LZ. **1916** 1008[13], EisenbE. **33** 216; Kirchner Anm. 3 zu § 11; Isaac Anm. IV 5 zu § 10. A. M. Eger Anm. 84 S. 532. Eine Pflicht zur Vorschießung der Kosten, falls das Leiden nicht stationär geworden ist, besteht nach dem HaftpflG. nicht. Ebenso für das KFG. Neukirch-Rosenmeyer Anm. 3 zu §§ 10, 11. A. M. Kirchner Anm. 3 zu § 11; Isaac Anm. IV 5 zu § 10.

Sind die Heilungskosten in Form einer Rente zu erstatten, so ist der Anspruch nach § 7 Abs. 2 HaftpflG. (§ 850 Abs. 3 ZPO.) der Pfändung nur nach Maßgabe der Verordnung über Lohnpfändung v. 25. 6. 1919 (in der Fassung des Ges. v. 27. 2. 1928, RGBl. I S. 45) unterworfen (vgl. Anm. 17 zu § 7). Nur im Rahmen der Pfändbarkeit unterliegt der Anspruch auch der Abtretung (§ 400 BGB.), der Aufrechnung (§ 394 BGB.), der Verpfändung (§ 1274 Abs. 2 BGB.), der Nießbrauchbestellung (§ 1069 Abs. 2 BGB.) und der Zugehörigkeit zur Konkursmasse (§ 1 KO.). Diese Beschränkungen bestehen nicht, sofern die Heilungskosten in Form eines Kapitals geschuldet werden.

Der Anspruch auf Erstattung der Heilungskosten steht nur dem Verletzten zu (vgl. Anm. 11 zu § 3). Ist eine Ehefrau verletzt, so entsteht ohne Rücksicht auf den Güterstand der Ersatzanspruch lediglich in ihrer Person. Ihr kann demzufolge z. B. ein mitwirkendes Verschulden des Mannes nicht entgegengehalten werden. „Recht" **1915** 2235, EisenbE. **32** 454. Gewährt dem Verletzten ein Versicherungsträger Krankenpflege, so kann letzterer nach § 1542 Abs. 2 RVersO. ohne Nachweis der Aufwendungen im einzelnen von dem nach dem HaftpflG. ersatzpflichtigen Unternehmer Erstattung der in § 1524 Abs. 1 RVersO. festgesetzten Pauschsätze beanspruchen. RG. **103** 216, EisenbE. **39** 35. Vgl. Anm. 98 zu § 1.

Im übrigen wird auf das zu § 3 (Anm. 4 ff.) Gesagte verwiesen.

B. Der infolge Beeinträchtigung der Erwerbsfähigkeit entstandene Vermögensnachteil.

Abgesehen von dem sog. effektiven Schaden, der dem Verletzten durch Aufwendungen für Zwecke der Heilung und für vermehrte Bedürfnisse erwächst, ist ihm der entgangene Gewinn zu ersetzen (vgl. Anm. 2 zu § 3). Als solchen fixiert das Gesetz den Vermögensnachteil, den der Verletzte dadurch erleidet, daß infolge der Verletzung zeitweise oder dauernd seine Erwerbsfähigkeit aufgehoben oder gemindert ist. Anm. 3.

I. Ersatzberechtigter. Anm. 4.

Ersetzt wird der Schade, den der Verletzte erleidet. Andere Personen, die durch den Unfall mittelbar geschädigt sind, können auf Grund des § 3a keine Ansprüche geltend machen. Nicht ersatzberechtigt sind also nach dieser Vorschrift Angestellte des Verletzten, die ihrer Stellung verlustig gehen, aus eigenem Recht Versicherungsträger, die infolge des Unfalls zu Leistungen an den Verletzten oder seine Familienmitglieder verpflichtet sind — wohl aber als Rechtsnachfolger gemäß § 1542 RVersO. (vgl. Anm. 96 zu § 1) —, der Ehegatte, der Vater, der Dienstherr des Verletzten, die eine Arbeitskraft verlieren (RG. in EisenbE. **48** 186). Nach dem HaftpflG. ist also z. B. nicht ersatzberechtigt die Gesellschaft m. b. H. wegen eines Schadens, der ihr aus einem Unfall ihres Geschäftsführers erwächst. Wohl aber kann dieser, falls er zugleich Gesellschafter ist, auch den entgangenen Gesellschaftergewinn als Schadenersatz beanspruchen, sofern die Einbuße an Erwerbs- und Arbeitsfähigkeit zu einer Schmälerung dieses Gewinnes geführt hat. RG. **92** 55, JW. **1918** 227[18]. Nicht ersatzberechtigt sind ferner Unterhaltsberechtigte, die in ihrem Unterhalt beeinträchtigt sind. Die Letztgenannten können nur im Falle des Todes des Verpflichteten, nicht bei dessen Lebzeiten, Ersatzansprüche gegen den Unternehmer geltend machen (§ 3 Abs. 2). Auf ihre Ansprüche ist auch nicht bei Bemessung der Rente Rücksicht zu nehmen. Denn für diese kommt nur der eigene Schaden des Verletzten (die Beeinträchtigung seiner Erwerbsfähigkeit, die Vermehrung seiner Bedürfnisse) in Betracht. Ebenso Eger Anm. 49 S. 448; Isaac Anm. IIIc zu § 11; Kirchner Anm. 2 zu § 11. Abweichend Endemann S. 115. Die Unterhaltsberechtigten können aber die Ersatzansprüche des Verletzten pfänden (vgl. § 7 Abs. 2 HaftpflG., § 850 ZPO.).

Wohl aber kann für einen Dritten aus der Beeinträchtigung der Erwerbsfähigkeit des Verletzten ein Schadenersatzanspruch nach anderen gesetzlichen Bestimmungen, sofern deren Voraussetzungen gegeben sind, begründet sein. So hat gemäß § 845 BGB. der Ersatzpflichtige im Fall einer Verletzung des Körpers demjenigen, dem der Verletzte kraft Gesetzes zur Leistung von Diensten in dessen Hauswesen oder Gewerbe verpflichtet war, für die entgehenden Dienste Ersatz zu leisten. In Frage kommt ferner seine Haftung aus Auftrag, Geschäftsführung ohne Auftrag oder Bereicherung.

Der Anspruch auf Ersatz des durch Beeinträchtigung der Erwerbsfähigkeit entstandenen Schadens ist übertragbar. Jedoch unterliegt eine Rente den sich aus der Anwendung des § 850 Abs. 3, 4 ZPO. (§ 7 Abs. 2 HaftpflG.) ergebenden Beschränkungen. Vgl. Anm. 16ff. zu § 7.

II. Inhalt der Ersatzpflicht.

1. Umfang der Ersatzpflicht.

Den Maßstaß für den Umfang des Ersatzanspruchs bildet **die Aufhebung oder Minderung der Erwerbsfähigkeit durch die Verletzung.**

Anm. 5. **a) Ursächlicher Zusammenhang.** Durch die Worte „infolge der Verletzung" ist deutlicher als in § 3 („während der Krankheit") zum Ausdruck gebracht, daß zwischen der Verletzung und der Beeinträchtigung der Erwerbsfähigkeit ein Kausalzusammenhang bestehen muß.

Unter „Verletzung" ist nicht, wie Eger (Anm. 50 S. 449) meint, die bloße gesundheitschädigende Einwirkung des Betriebsereignisses, sondern der infolge dieser Einwirkung, d. h. des Unfalls, entstandene Gesundheitsschaden zu verstehen (vgl. Anm. 56 zu § 1). Über den Begriff „Körperverletzung" vgl. Anm. 66 zu § 1.

Ein Kausalzusammenhang zwischen der Verletzung und der Beeinträchtigung der Erwerbsfähigkeit besteht nicht, soweit die Erwerbsfähigkeit bereits zur Zeit des Unfalls infolge einer Krankheit oder eines früher erlittenen Unfalls aufgehoben oder gemindert war. War also z. B. der Verletzte bereits vor dem Unfall infolge einer Lähmung vollständig erwerbsunfähig, so begründet der Unfall auch dann keine Schadenersatzpflicht des Unternehmers, wenn der Unfall gleichfalls die Erwerbsunfähigkeit (z. B. durch den Verlust des Gehörs oder des Gesichts) herbeigeführt hätte. Vgl. Eger Anm. 38 S. 370.

Der Kausalzusammenhang hat aber nicht nur ursprünglich, sondern auch in jedem Zeitabschnitt vorhanden zu sein, für den Schadenersatz begehrt wird. Treten also nachher unabhängig von der Verletzung Umstände ein, die ohnedies eine Aufhebung oder Minderung der Erwerbsfähigkeit zur Folge gehabt hätten, so besteht insoweit keine Ersatzpflicht des Unternehmers. RG. in JW. **1908** 434[11]. Als solche Umstände können z. B. in Betracht kommen zunehmendes Alter, Verlust der Anstellung einer Frau infolge Heirat (RG. in JW. **1912** 594[15]), Krankheit, ungünstige wirtschaftliche Verhältnisse (Arbeitslosigkeit, unlohnender Betrieb), Verbüßung einer Freiheitsstrafe (RG. **1** 66, EisenbE. **1** 71; EisenbE. **8** 65), ein neuer Unfall

(RG. in JW. **1911** 658[35]), schuldhafte Vereitelung einer Verbesserung der Einkommenverhältnisse. Vgl. auch Anm. 28 zu § 3a, Anm. 11 Anhang zu § 7.

Die Verletzung braucht nicht die einzige Ursache der Beeinträchtigung der Erwerbsfähigkeit zu sein. Hat die Beeinträchtigung noch andere Ursachen, so ist für den Umfang der Ersatzpflicht maßgebend, inwieweit der Schaden auf die Verletzung, und inwieweit er auf andere Umstände zurückzuführen ist. Vgl. Isaac Anm. V 5 Bc zu § 11.

Beweispflichtig für den Kausalzusammenhang zwischen Verletzung und Erwerbsbeeinträchtigung ist der Verletzte. Die Unterbrechung des Kausalzusammenhangs hat der Ersatzpflichtige zu beweisen. Über den Umfang der Beweispflicht vgl. Anm. 29 zu § 3a.

b) Erwerbsfähigkeit. **Anm. 6.**

Unter Erwerbsfähigkeit versteht man die Eigenschaft einer Person, sich durch Arbeit materielle Güter zu verschaffen.

Arbeit muß aufgewandt werden. Nicht in Betracht kommt der arbeitslose Erwerb aus Vermögen, der Erwerb durch Zufall, Glücksspiel, aus Unterstützungen. Vgl. Isaac Anm. V 1b zu § 11.

Die Art der Tätigkeit ist gleichgültig. Es gehört hierher geistige wie körperliche, selbständige wie unselbständige, künstlerische, wissenschaftliche und gewerbliche Arbeit. Die Tätigkeit braucht nicht notwendig wirtschaftlich nützlich zu sein. Auch die Arbeit von Zirkusleuten, Taschenspielern u. dgl. kommt in Betracht, sofern sie Erwerbszwecken dient. Eger Anm. 38 S. 352; Endemann S. 101.

Nur muß die Erwerbstätigkeit eine zulässige sein. Der gesetzlich unerlaubte Erwerb (z. B. der Dirnen, nicht konzessionierten Buchmacher, Bettler, Spieler) ist ebensowenig wie der vertraglich verbotene (z. B. von Angestellten) bei der Bemessung des Schadens zu berücksichtigen.

Daß ein erzwingbares Recht auf den erzielten Erwerb besteht, ist nicht erforderlich. In Betracht kommen demnach auch erlaubte Vermögenszuwendungen, die infolge einer Berufstätigkeit üblicherweise vereinnahmt werden, wie z. B. Trinkgelder, sofern diese Einnahmen eine durchschnittliche Veranschlagung gestatten. RG. **7** 112, EisenbE. **2** 346.

c) Vermögensnachteil. **Anm. 7.**

Ersatz ist nach § 3a für den Vermögensnachteil zu leisten, den der Verletzte durch Beeinträchtigung seiner Erwerbsfähigkeit erleidet. Daher ist eine Entschädigung nicht für die abstrakte Minderung der Erwerbsfähigkeit, sondern nur für die durch ihre Beeinträchtigung herbeigeführte tatsächliche Erwerbseinbuße zu gewähren. RG. in Gruchot **27** 1021, EisenbE. **2** 352; JW. **1892** 152[12 13], EisenbE. **9** 143; JW. **1899** 168[23], EisenbE. **15** 353; JW. **1899** 443[33], EisenbE. **16** 161; RG. **47** 84; JW. **1908** 273[8]; JW. **1910** 19[27], WarnRspr. **1910** Nr. 22. Dagegen wird nach der RVersO. dem Verletzten eine Rente nach dem Maße der Einbuße an Erwerbsfähigkeit gewährt (§ 559a). Dies ist im Falle der Geltendmachung von Ersatzansprüchen durch die Versicherungsträger gemäß § 1542 RVersO. zu beachten. Vgl. Anm. 97 zu § 1.

Anm. 8. α) Eine Ersatzpflicht besteht insoweit nicht, als der Verletzte seine Erwerbsfähigkeit in der bisherigen Weise ausnutzt. Hat trotz Minderung der Erwerbsfähigkeit der Erwerb des Verletzten überhaupt keine Einbuße erlitten, so ist der Unternehmer nicht ersatzpflichtig. Demgemäß hat das RG. in einem Falle, in dem der Verletzte trotz Verlustes eines Auges und entsprechender Minderung der Erwerbsfähigkeit dieselben Einnahmen wie früher gehabt hat, eine Entschädigung abgelehnt (Bolze 5 Nr. 369, EisenbE. **6** 269), in einem anderen Falle dagegen, in dem der Verletzte ohne Verlust des einen Auges einen höheren Verdienst gehabt haben würde, eine Rente zuerkannt (Gruchot **29** 414, EisenbE. **4** 12). Vgl. auch RG. in JW. **1908** 451[17].

Das Gericht hat demnach unter Prüfung der gesamten konkreten Umstände festzustellen, ob und wieviel der Verletzte ohne die erlittene Beeinträchtigung seiner Erwerbsfähigkeit mehr verdient haben würde. Es wird sich bei der Bemessung des Schadenersatzes nicht lediglich auf Gutachten ärztlicher Sachverständiger stützen können, die in der Regel einen rein abstrakten Maßstab anlegen und den dem Verletzten in Wirklichkeit erwachsenen Erwerbsverlust, zu dessen Beurteilung ihnen meistens die Unterlagen fehlen, unberücksichtigt lassen. RG. in JW. **1910** 19[27], WarnRspr. **1910** Nr. 22.

β) Eine Ersatzpflicht besteht insoweit nicht, als der Verletzte von seiner Erwerbsfähigkeit keinen Gebrauch zu seinem Nutzen gemacht hat.

Anm. 9. αα) Keinen Schadenersatzanspruch hat daher der Verletzte, dessen Erwerbsfähigkeit aufgehoben oder gemindert ist, wenn er vor dem Unfall als Rentner von seinen Zinsen gelebt hat und anzunehmen ist, daß dies ohne den Unfall auch in Zukunft der Fall gewesen sein würde. Besteht jedoch die Möglichkeit, daß eine Erwerbstätigkeit in Zukunft notwendig wird, so kann die Klage auf Feststellung der Ersatzpflicht des Unternehmers gegeben sein. Vgl. Anm. 14ff. zu § 8.

Anm. 10. ββ) Ebenso ist nicht ersatzberechtigt, wer von seiner Erwerbsfähigkeit zwar Gebrauch gemacht hat, aber nicht zu eigenem Nutzen, sondern zum Vorteil eines anderen.

Hier kommt namentlich das Verhältnis der Ehefrau zum Mann in Betracht. Nach § 1356 Abs. 2 BGB. ist die Frau zu Arbeiten im Hauswesen und im Geschäfte des Mannes verpflichtet, soweit eine solche Tätigkeit nach den Verhältnissen, in denen die Ehegatten leben, üblich ist. Was hierbei die in dem gesetzlichen Güterrecht lebende Frau erwirbt oder an Aufwendungen für eine andere Arbeitskraft erspart, kommt nicht ihr, sondern dem Manne zugute. Wird daher die Erwerbsfähigkeit einer lediglich im Haushalt oder dem Geschäft des Mannes tätigen Frau infolge eines Unfalls aufgehoben oder gemindert, so erleidet hierdurch in erster Linie nur der Mann einen Vermögensnachteil (anders, wenn die

Frau die gesamten Haushaltskosten bisher aus ihrem Vorbehaltsgut bestritten hat. Vgl. RG. in JW. **1914** 874[13], EisenbE. **31** 245). Nach dem HaftpflG. hat also regelmäßig in diesem Falle weder der Ehemann noch die Ehefrau einen Ersatzanspruch, der Ehemann, weil er nicht der Verletzte ist (vgl. Anm. 4), die Ehefrau, weil sie keinen Vermögensnachteil erleidet. RG. in EisenbE. **41** 274, „Recht" **1924** Nr. 289.

Nicht ausgeschlossen ist aber, daß wenigstens mittelbar auch die Frau einen Schaden erleidet. Werden durch die Minderung ihrer Arbeitsfähigkeit die Erwerbsverhältnisse des Mannes verschlechtert oder durch die Ausgaben für anzunehmende Hilfskräfte seine Einnahmen so weit aufgezehrt, daß dadurch der Unterhalt der Frau beeinträchtigt oder wenigstens gegen früher geschmälert wird, so kann insoweit die Minderung ihrer Erwerbsfähigkeit für sie einen Vermögensnachteil zur Folge haben. RG. **47** 84, EisenbE. **18** 27; JW. **1906** 469[26], EisenbE. **23** 76; „Recht" **1907** Nr. 760, EisenbE. **24** 37; „Recht" **1908** Nr. 2997, EisenbE. **25** 192; JW. **1909** 483[1], EisenbE. **26** 194; JW. **1911** 810[17]; JW. **1913** 99[15], WarnRspr. **1913** Nr. 22, EisenbE. **29** 331; „Recht" **1915** Nr. 66, EisenbE. **33** 101.

Zur Substantiierung dieses Ersatzanspruchs sind die Erwerbsverhältnisse des Ehemanns vor und nach dem Unfall der Frau, der Verlust an Einnahmen bzw. die Steigerung von Ausgaben infolge Wegfalls ihrer Arbeitskraft und dessen Rückwirkung auf den Unterhalt darzulegen. Demgegenüber ist es Sache des haftpflichtigen Unternehmers nachzuweisen, daß den Eheleuten außer den von ihnen angegebenen noch weitere Einnahmen zu Gebote ständen, die die behauptete Schmälerung des Unterhalts nicht eintreten ließen. RG. in JW. **1906** 469[26], EisenbE. **23** 76; EisenbE. **26** 327.

Wenn auch durch diese Praxis in der Mehrzahl der Fälle einem Ersatzanspruch der im gesetzlichen Güterrecht lebenden Ehefrau zur Anerkennung verholfen ist, so bleibt doch eine Unbilligkeit in denjenigen Fällen bestehen, in denen sich eine Beeinträchtigung des der Ehefrau zu gewährenden Unterhalts nicht feststellen läßt. Es ist jedoch nicht zu verkennen, daß auch hier die Ehefrau, wenn der Wegfall ihrer Arbeitskraft erhöhte Aufwendungen notwendig macht, in der Regel mittelbar eine Einbuße erleidet. So gehen ihr die Ersparnisse verloren, die der Mann in ihrem Interesse hätte machen können, und die ihr im Wege der Beerbung oder Versicherung zugute gekommen wären (vgl. RG. **47** 84, EisenbE. **18** 27). Eine Handhabe, den sich aus dieser Rechtslage ergebenden Unbilligkeiten zu begegnen, bietet m. E. § 843 Abs. 4 BGB., der gemäß § 7 Abs. 2 HaftpflG. entsprechende Anwendung findet. Nach dieser Vorschrift wird ein Schadenersatzanspruch nicht dadurch ausgeschlossen, daß ein anderer dem Verletzten Unterhalt zu gewähren hat. Bei der Schadenberechnung muß demnach außer Betracht bleiben, daß der Mann die Frau zu unterhalten hat (§ 1360 BGB.). Die Sache wäre mit anderen Worten so anzusehen, wie wenn die Ehefrau für ihren Unterhalt selbst zu sorgen, also den ehelichen Aufwand, der sonst nur dem Manne zur Last fällt (§ 1389 Abs. 1 BGB.), mitzutragen hätte.

Anders liegt die Sache, wenn der Unternehmer für die Folgen des Unfalls nach den Bestimmungen über unerlaubte Handlungen (§§ 823 ff. BGB.) haftbar ist. In diesem Fall kann der Ehemann gemäß § 845 für die entgehenden häuslichen und geschäftlichen Dienste der Frau Schadenersatz beanspruchen. Erhält der Ehemann eine Entschädigung zugesprochen, so wird hiermit ein entsprechender Ersatzanspruch der Frau aufgezehrt. RG. **47** 92; JW. **1905** 341[12], EisenbE. **22** 150; „Recht" **1907** Nr. 760, EisenbE. **24** 37.

Die im gesetzlichen Güterrecht lebende Ehefrau kann auch Ersatzansprüche für den Fall geltend machen, daß sie infolge einer in den ehelichen Verhältnissen eintretenden Veränderung, z. B. der Auflösung der Ehe oder des Eintritts der Erwerbsunfähigkeit des Mannes, in die Lage kommen sollte, ihre freiwerdende Arbeitskraft für ihren eigenen Erwerb auszunutzen. RG. **39** 35, EisenbE. **14** 157; JW. **1905** 341[12], EisenbE. **22** 150; JW. **1906** 385[12], EisenbE. **23** 58; „Recht" **1907** Nr. 760, EisenbE. **24** 37; „Recht" **1908** Nr. 2997, EisenbE. **25** 192. Ist eine solche Möglichkeit nicht ausgeschlossen, so steht der Ehefrau der Weg der Feststellungsklage offen. Unter Umständen kann auch ein Anspruch auf zukünftige Leistung gegeben sein. Vgl. RG. in JW. **1905** 341[12], EisenbE. **22** 150.

Die Ersatzansprüche der im gesetzlichen Güterrecht lebenden Ehefrau sind nach dem HaftpflG. insoweit beschränkt, als sie ihre Arbeitskraft im Haushalt oder Erwerbsgeschäft des Mannes betätigt. Was sie, abgesehen von dieser Tätigkeit, durch ihre Arbeit oder durch den Betrieb eines eigenen Erwerbsgeschäftes verdient, erwirbt sie als Vorbehaltsgut (§ 1367 BGB.). Soweit sie durch den Unfall diese Erwerbsmöglichkeit verliert, ist sie selbst unmittelbar geschädigt und demgemäß ersatzberechtigt. RG. in JW. **1905** 341[12], EisenbE. **22** 150; RG. **64** 323, JW. **1906** 751[23]; „Recht" **1907** Nr. 760, EisenbE. **24** 37.

Einen unmittelbaren Vermögensnachteil erleidet die Ehefrau aber auch, wenn sie zwar lediglich in dem Erwerbsgeschäft des Mannes tätig war, ihre Arbeiten aber als Gewerbegehilfin gegen Entgelt verrichtete. Was die Frau derart verdient, erwirbt sie als Vorbehaltsgut (§ 1367 BGB.), wobei es nicht darauf ankommt, ob diese Arbeit zu dem Kreise der Dienste gehört, zu deren (unentgeltlicher) Leistung die Ehefrau verpflichtet ist (§ 1356 Abs. 2 BGB.). Durch Gewährung der Vergütung bringt der Ehemann zum Ausdruck, daß er eine unentgeltliche Leistung der Dienste nicht in Anspruch nehmen will. RG. **64** 323, JW. **1906** 751[23]. A. M. Staudinger Anm. 6 zu § 1356 BGB.

Soweit die Frau nicht in ihrem Vorbehaltsgut geschädigt wird (vgl. § 1371), kann der Mann Ersatzansprüche der Frau kraft seines ehemännlichen Verwaltungsrechts im eigenen Namen gerichtlich geltend machen (§ 1380 BGB.), sie selbst mit seiner Zustimmung (§ 1400 Abs. 2). Dies gilt z. B. für den Ersatzanspruch wegen vermehrter Bedürfnisse (RG. in JW. **1921** 393[3]); ebenso für den Anspruch auf Schmerzensgeld, der allerdings nicht nach dem HaftpflG., wohl aber nach den Vorschriften über unerlaubte Handlungen (§ 847) gegeben sein kann. RG. **90** 65.

Bei den Güterständen der Gütergemeinschaft fällt der eheliche Aufwand nicht dem Manne, sondern dem Gesamtgut zur Last (§§ 1458, 1529 Abs. 1, 1549 BGB.), und zu diesem gehört alles, was der Mann oder die Frau erwirbt (§§ 1438, 1519, 1549 BGB.). Was die Frau durch ihre Tätigkeit erwirbt oder an Aufwendungen erspart, kommt dem Gesamtgut zustatten. Infolgedessen erleiden im Falle einer Aufhebung oder Minderung der Erwerbsfähigkeit der Frau beide Ehegatten Schaden. Sie sind Gesamtgläubiger des haftpflichtigen Unternehmers; jeder Teil kann Erstattung des gesamten Schadens beanspruchen (§ 428 BGB.). RG. **73** 309, EisenbE. **27** 84; JW. **1910** 818[39], EisenbE. **27** 300; JW. **1911** 810[17]; EisenbE. **30** 83; JW. **1917** 655[6], EisenbE. **34** 144; LG. I Berlin in EisenbE. **45** 318. **Anm. 11.**

Zur Erhebung der Schadenersatzklage aktiv legitimiert ist der Ehemann (§§ 1443 Abs. 1, 1519 Abs. 2, 1549). Dieser braucht nicht auf Leistung an beide Ehegatten zu klagen. RG. **67** 262. Mit Zustimmung des Mannes kann auch die Frau den Rechtsstreit mit Wirkung für das Gesamtgut führen. RG. **60** 146; RG. **73** 309, EisenbE. **27** 84; JW. **1911** 810[17].

Auch das Hauskind macht unter Umständen von seiner Erwerbsfähigkeit nicht zu eigenem Nutzen Gebrauch. Nach § 1617 BGB. ist es verpflichtet, solange es dem elterlichen Hausstand angehört und von den Eltern erzogen oder unterhalten wird, in einer seinen Kräften und seiner Lebensstellung entsprechenden Weise den Eltern in ihrem Hauswesen und Geschäfte Dienste zu leisten. Im Gegensatz zu dem Verhältnis der Ehefrau zum Ehemann ist das Dienstverhältnis des Hauskindes zu den Eltern in der Regel ein vorübergehendes. Das Kind ist jederzeit in der Lage, seine Erwerbskraft außerhalb des elterlichen Hauswesens oder Geschäftes zu verwerten. Die Beeinträchtigung dieser Möglichkeit ist ein Vermögensnachteil, für den das verletzte Hauskind zu entschädigen ist. RG. in Bolze **21** Nr. 261, EisenbE. **13** 234; JW. **1897** 330[25]; JW. **1907** 340[25], EisenbE. **24** 56. **Anm. 12.**

d) Aufhebung und Minderung der Erwerbsfähigkeit. **Anm. 13.**

Die Erwerbsfähigkeit ist aufgehoben, wenn der Verletzte außerstande ist, sich durch eine Tätigkeit Erwerb zu verschaffen. Sie ist gemindert, wenn er hierzu nur noch in beschränktem Maße imstande ist.

α) Für diese Feststellung ist nicht nur maßgebend, in welchem Grade, vom ärztlichen Standpunkt aus, die Arbeitsfähigkeit des Verletzten eine Einbuße erlitten hat (vgl. Anm. 8). Es kommt vielmehr auch darauf an, inwieweit der Verletzte noch imstande ist, die ihm verbliebene Arbeitsfähigkeit zu verwerten. RG. in EisenbE. **9** 144; JW. **1899** 443[33], EisenbE. **16** 161. **Anm. 14.**

Deshalb kann die Erwerbsfähigkeit vollständig aufgehoben sein, obwohl die Arbeitsfähigkeit nach sachverständigem Gutachten nur als gemindert anzusehen ist. So ist z. B. ein Wagenwärtergehilfe, dessen

Arbeitsfähigkeit infolge des Unfalls nur als vermindert anzusehen war, für vollständig erwerbsunfähig erachtet worden, da er in Anbetracht der Konkurrenz gesunder Arbeiter weder seinen früheren Beruf als Kaminkehrer ausüben, noch als Eisenbahntagelöhner Beschäftigung und Verdienst finden könnte (RG. in Bolze **10** Nr. 279 b, EisenbE. **8** 157). Hat eine „Zuspringerin" (Bedienungsfrau) 50 Prozent derjenigen Leistungsfähigkeit verloren, die ihr gestatten würde, selbständig ihren Unterhalt zu erwerben, so ist zu prüfen, ob und in welchem Maße sie wegen der geminderten Arbeitsfähigkeit noch neben der Besorgung ihrer eigenen häuslichen Geschäfte andere nutzbringende Arbeiten übernehmen kann (RG. in JW. **1911** 325[19]). Vgl. auch WarnRspr. **1913** Nr. 292, EisenbE. **30** 107.

Ebenso kann die Erwerbsfähigkeit als erheblich gemindert anzusehen sein, obgleich die Arbeitsfähigkeit nur eine geringe Minderung erfahren hat. So hat das RG. z. B. in einem Falle, wo ein Agent infolge eines Unfalls die von ihm längere Zeit hindurch besorgten Tabaksagenturen verloren hatte, den Unternehmer zur Zahlung einer Rente in Höhe von mehr als zwei Drittel des früheren Jahresverdienstes verurteilt, obwohl das ärztliche Gutachten eine Herabminderung der Erwerbsfähigkeit nur um ein Drittel angenommen hatte. Es wurde berücksichtigt, daß nicht absehbar sei, ob es dem Verletzten gelingen werde, neue Agenturen oder anderen Verdienst als Kaufmann zu erlangen. RG. **14** 25, EisenbE. **4** 196.

Bei gänzlicher Erblindung ist regelmäßig völlige Erwerbsunfähigkeit anzunehmen. Bei Arbeitern bedingt auch der Verlust des rechten Armes in der Regel die völlige Aufhebung der Erwerbsfähigkeit (RG. in EisenbE. **1** 258).

Anm. 15. β) Die dem Verletzten verbliebene Arbeitskraft ist nach ihrer allgemeinen Verwertbarkeit zu bemessen. Keinen Maßstab gewährt daher das Anerbieten des Haftpflichtigen selbst, dem Verletzten gegen Benutzung seiner beschränkten Arbeitskraft, ohne Rücksicht auf deren gemeinen Wert, den früheren Lohn weiterzuzahlen. Der Verletzte ist auch nicht verpflichtet, seine Arbeitskraft in der ihm vom Haftpflichtigen angebotenen Art zu verwerten. Dies würde ebenso mit den Grundsätzen der freien Selbstbestimmung wie mit dem Zweck des HaftpflG., das Ausgleichung des Schadens durch Entrichtung einer Rente vorschreibt (§ 7), in Widerspruch stehen. ROHG. **19** 12; RG. in EisenbE. **1** 18; RG. **1** 281, EisenbE. **1** 167; EisenbE. **3** 351; EisenbE. **4** 127; Bolze **3** Nr. 394; EisenbE. **5** 275.

Nimmt aber der Verletzte das Angebot des Haftpflichtigen, ihn zu beschäftigen, an, so hängt es von den Umständen des einzelnen Falles ab, ob und inwieweit der Schade durch die Gehaltszahlungen des Unternehmers verringert wird. Soweit sich diese nach Lage der Sache lediglich als ein Ausfluß der Liberalität des Haftpflichtigen oder als eine Form, den von ihm geschuldeten Schadenersatz zu leisten, darstellen, sind sie bei der Bemessung des Schadens als solchen außer Betracht zu lassen. RG. in EisenbE. **6** 243. In dieser Entscheidung wurde z. B. angenommen, daß der Verletzte trotz des Fortbezuges des bisherigen Lohnes von 900 M. nicht mehr als 360 M. jährlich verdienen könne. Vgl. auch RG. in EisenbE. 4 12. In einem anderen Falle hat das RG. dagegen angenommen, daß der als Fabrikwächter mit einem Tagelohn von 2 M. von dem haftpflichtigen Unternehmer beschäftigte Verletzte während der Dauer des Anstellungsverhältnisses nur in Höhe des diesen Lohn übersteigenden früheren Verdienstes als geschädigt anzusehen sei. EisenbE. 3 95.

In jedem Falle kann der Verletzte, der sich von dem Haftpflichtigen für den bisherigen Lohn weiterbeschäftigen läßt, auf Feststellung der Schadenersatzpflicht klagen, sofern er bei Lösung des Dienstverhältnisses einen Schaden zu besorgen hat. RG. in JW. **1888** 317[2], EisenbE. **6** 329; OLG. Kolmar in EisenbE. **21** 253.

Auch was ein Dritter dem Verletzten in unverbindlicher Art, aus Freigebigkeit usw., gewährt, kommt bei Bemessung des durch die Beeinträchtigung der Erwerbsfähigkeit erlittenen Schadens nicht in Betracht. RG. in JW. **1905** 212[21], EisenbE. **22** 42; WarnRspr. **1909** Nr. 540; RG. **92** 57; OLG. Dresden in EisenbE. **33** 317.

γ) Hat der Verletzte infolge des Unfalls die Fähigkeit zu seiner bisherigen Erwerbstätigkeit verloren, so ist für die Entscheidung der Frage, in welchem Umfange die ihm verbliebene Arbeitskraft noch verwertbar ist, maßgebend, was dem Verletzten mit Rücksicht auf seine Kenntnisse, seinen Bildungsgrad, seine bisherige Beschäftigung und seine soziale Stellung an Arbeit zugemutet werden kann. Der Verletzte, der seiner bisherigen Beschäftigung nicht mehr nachgehen kann, darf nicht ablehnen, sich auf eine andere seinen Lebensverhältnissen entsprechende Weise Erwerb zu verschaffen. Dies folgt nicht aus den Grundsätzen über mitwirkendes eigenes Verschulden (so Isaac Anm. V 3 b zu § 11 KFG. unter Verweisung auf § 9), sondern aus der Erwägung, daß der Grad der Beeinträchtigung der Erwerbsfähigkeit von der nach einem objektiven Maßstab zu beurteilenden Verwertbarkeit abhängig ist. ROHG. **19** 12; RG. in EisenbE. **2** 367; EisenbE. **3** 1; EisenbE. **4** 127; RG. **14** 25; RG. **53** 48, EisenbE. **19** 340; JW. **1909** 495[18], EisenbE. **26** 289. **Anm. 16.**

Hiernach ist zu unterscheiden, ob es sich um Personen handelt, deren Erwerbstätigkeit keine oder eine nur geringe Vorbereitung erfordert, wie ungelernte Arbeiter, Tagelöhner, kleine Gewerbetreibende, oder um solche, deren Beruf eine gründliche wissenschaftliche, technische, fachmännische Ausbildung voraussetzt. Vgl. Eger Anm. 38 S. 389, 392; Endemann S. 122; Isaac Anm. V 3 b zu § 11; Kirchner Anm. 7 zu § 11.

Ungelernte Arbeiter und andere Personen ohne oder mit nur geringer Vorbildung haben mannigfache Möglichkeit, ihre Arbeitskraft in einer ihren Verhältnissen entsprechenden Weise zu verwerten. Sie werden im allgemeinen keine Arbeit zu verrichten ablehnen können, zu der sie noch körperlich fähig sind. Von Erwerbsunfähigkeit wird also in der Regel bei diesen erst dann die Rede sein können, wenn sie überhaupt keine Arbeit mehr zu leisten vermögen. Beispielsweise wurde angenommen: Ein Metalldreher, der bisher in einer Fabrik beschäftigt war, kann nicht geltend machen, ihm sei nicht zuzumuten, außerhalb einer solchen Arbeit zu suchen, und es genügt nicht, wenn er behauptet, daß er in keiner Fabrik habe Arbeit finden können. RG. in EisenbE. **3** 108.

Nicht in allen Fällen wird aber allein die körperliche Fähigkeit entscheidend sein. Von dem Verletzten wird z. B. nicht erwartet werden können, daß er seinen Wohnsitz aufgebe und sich anderswo Beschäftigung suche. RG. in Bolze **3** Nr. 394; Bolze **10** Nr. 279 b, EisenbE. **8** 157.

Gelernte Arbeiter dagegen und andere Personen, deren Beruf eine gründlichere Vorbereitung erfordert, wie Gelehrte, Kaufleute, Beamte, Handwerker, sind nur verpflichtet, eine Tätigkeit zu übernehmen, die ihrer Vorbildung und sozialen Stellung entspricht. Hiernach ist zu beurteilen, ob ihnen überhaupt keine andere Tätigkeit oder die Beschäftigung in einem anderen Beruf oder die Übernahme einer geringeren Stellung in dem bisherigen oder einem anderen Beruf zugemutet werden kann. Das RG. hat z. B. in einem Falle angenommen, daß ein Kaufmann, der bisher eine leitende Stellung innegehabt hätte, sich nicht auf eine solche versteifen dürfe, sondern auch eine andere angemessene Stellung in einem kaufmännischen Betriebe anzunehmen verpflichtet sei. RG. in EisenbE. **26** 308. Vgl. auch RG. in SeuffA. **73** 126, EisenbE. **36** 211.

Der Verletzte hat in allen Fällen nur die Pflicht, sich einen seinen Lebensverhältnissen entsprechenden Erwerb zu verschaffen. Dagegen ist er in der Wahl der Beschäftigung frei. Der haftpflichtige Unternehmer kann nicht beanspruchen, daß der Verletzte eine Tätigkeit wähle, durch die der zu ersetzende Schade nach Möglichkeit verringert wird. „Dem Interesse des haftpflichtigen Unternehmers daran, daß der Verletzte eine Tätigkeit ergreife, bei der sein Erwerb möglichst wenig durch die Folgen des Unfalls geschmälert wird, steht als gleichberechtigter Faktor das Recht des Verletzten auf Berufswahl als Ausfluß der freien Selbstbestimmung in wirtschaftlicher Beziehung gegenüber." RG. **53** 48, EisenbE. **19** 340; vgl. auch OLG. Dresden in EisenbE. **24** 344.

Hiernach ist auch eine Verpflichtung des Verletzten zur Erlernung einer neuen Erwerbsart nicht anzuerkennen. RG. in EisenbE. **3** 351; EisenbE. **20** 129. Wohl aber kann dem Verletzten zugemutet werden, sich einige ihm fehlende Fertigkeiten und Kenntnisse anzueignen. Der zur Erlernung nötige Aufwand fällt unter die durch den Unfall hervorgerufene Vermehrung der Bedürfnisse und ist auf Verlangen vorzuschießen. RG. in JW. **1909** 495[18].

Anm. 17. δ) Beweislast.

Sache des Verletzten ist es, die Aufhebung oder Minderung seiner Erwerbsfähigkeit darzulegen. Macht er Erwerbsunfähigkeit geltend, so hat er regelmäßig nur darzutun, daß er infolge des Unfalls zur Ausübung seiner bisherigen Erwerbstätigkeit untauglich sei. Demgegenüber ist es Sache des Haftpflichtigen darzulegen, daß der Verletzte in der Lage sei, sich einen anderen, seinen Lebensverhältnissen entsprechenden und ihm zuzumutenden Erwerb zu verschaffen. RG. in EisenbE. **4** 365; „Recht" **1910** Nr. 290 und 317, EisenbE. **26** 325; JW. **1914** 757³, EisenbE. **31** 233; SeuffA. **73** 126, EisenbE. **36** 211. Soweit es sich um Verrichtungen höherer Art handelt, genügt der Ersatzpflichtige der Beweispflicht noch nicht durch den Hinweis auf allgemeine Erwerbsmöglichkeiten, sondern er hat zu beweisen, daß nach den konkreten wirtschaftlichen Umständen dem Verletzten bestimmte Erwerbszweige offenständen und von ihm nach seinen persönlichen Verhältnissen ergriffen werden könnten. RG. in JW. **1912** 597²⁰, EisenbE. **28** 441. Vgl. auch RG. in JurRdsch. **1926** Nr. 958.

Es steht jedoch auch im Ermessen des Gerichts, sich unabhängig von der Darlegungspflicht der Parteien über das Vorhandensein und die Höhe des dem Verletzten entstandenen Schadens unter Würdigung aller Umstände ein Urteil zu bilden (§ 287 ZPO.). RG. **68** 35; **68** 163; JW. **1914** 757³, EisenbE. **31** 233.

e) Berechnung des Schadens. **Anm. 18.**

Der dem Verletzten zu ersetzende Schaden besteht in der Differenz zwischen demjenigen Einkommen, das er infolge Beeinträchtigung seiner Erwerbsfähigkeit — bei deren angemessener Verwertung — erzielt hat oder in Zukunft erzielen wird, und demjenigen, welches er ohne Beeinträchtigung seiner Erwerbsfähigkeit erlangt haben würde. Das Einkommen, das der Verletzte mit der geminderten Erwerbsfähigkeit in der Vergangenheit erzielt hat, kann mit Gewißheit bestimmt werden. Was er in Zukunft erzielen wird, läßt sich nur schätzungsweise berechnen. Es hängt dies davon ab, welcher Grad von Arbeitsfähigkeit dem Verletzten verblieben, und inwieweit dieser imstande ist, die ihm verbliebene Arbeitskraft zu verwerten. Vgl. Anm. 14.

Ebenso wie der wirkliche zukünftige Verdienst kann das Einkommen, das er erzielt hätte, wenn seine Erwerbsfähigkeit durch den Unfall nicht beeinträchtigt worden wäre, nur schätzungsweise bestimmt werden. Diese Bestimmung erfolgt nach folgenden Grundsätzen:

α) Den Ausgangspunkt für die Berechnung des Erwerbsausfalls bilden die Erwerbsverhältnisse des Verletzten zur Zeit des Unfalls. RG. in EisenbE. **2** 268; RG. **16** 80; RG. **17** 45; EisenbE. **8** 210; EisenbE. **9** 368; EisenbE. **20** 261; WarnRspr. **1908** Nr. 169, EisenbE. **24** 371; JW. **1911** 584²⁶. Von der konkreten Sachlage, nicht von abstrakten Möglichkeiten ist auszugehen. RG. in VerkRdsch. **7** 592. **Anm. 19.**

Voraussetzung ist aber, daß der zur Zeit des Eintritts des Unfalls vorhandene tatsächliche Erwerb des Verletzten seiner Erwerbsfähigkeit entspricht. Denn der Verletzte wird nach § 3 a nicht für den ihm entgangenen tatsächlichen Erwerb, sondern für die Beeinträchtigung seiner Erwerbsfähigkeit entschädigt. Daher gewähren die Erwerbsverhältnisse des Verletzten nur dann eine geeignete Grundlage für die Schadensberechnung, wenn sie nicht nur zufälliger und vorübergehender, sondern dauernder Art sind.

Befand sich der Verletzte in einer zeitweilig ungünstigen, seiner Erwerbsfähigkeit nicht entsprechenden Lage, z. B. weil er krank, vorübergehend beschäftigungslos oder in dem elterlichen Erwerbsgeschäft tätig war (vgl. Anm. 12), so können diese zufällig ungünstigen Erwerbsverhältnisse nicht dem Haftpflichtigen zugute kommen. RG. in EisenbE. **12** 234; WarnRspr. **1908** Nr. 169, EisenbE. **24** 371; JW. **1911** 584[26].

Zu berücksichtigen sind die gesamten, aus erlaubter Tätigkeit fließenden Vermögenswerte, nicht allein die Haupt-, sondern auch zulässige Nebeneinnahmen, sofern diese, wie z. B. in der Regel Trinkgelder, eine durchschnittliche Veranschlagung gestatten. RG. **7** 112, EisenbE. **2** 346. Vgl. Anm. 6.

Anm. 20. Was die in einem Dienstverhältnis stehenden Personen, wie Beamte, Angestellte, Arbeiter, betrifft, so ist bei der Berechnung des Schadens deren gesamtes auf dem Dienstverhältnis beruhendes Einkommen zu berücksichtigen. Zu diesem gehört insbesondere das feste Gehalt, Gehaltsleistungen in Gestalt von Naturalien (z. B. Feuerung, Beleuchtung, landwirtschaftliche Nutzungen), Tantiemen (OLG. Kolmar in EisenbE. **18** 320), regelmäßigen Gratifikationen, Prämien, erlaubten Trinkgeldern (vgl. Anm. 6), Einnahmen aus erlaubten Nebenbeschäftigungen (RG. in EisenbE. **6** 451; RG. in EisenbE. **7** 331), der Wert der freien Dienstwohnung, der Wohnungsgeldzuschuß, und zwar in Höhe des zuletzt tatsächlich bezogenen, nicht nach einem durchschnittlichen (pensionsfähigen) Betrage (RG. in EisenbE. **1** 63; a. M. OLG. Celle in EisenbE. **4** 196).

Auch die Teuerungs- und Ortszulagen werden in der Regel zu dem Diensteinkommen zu rechnen sein, für deren Verlust der Verletzte zu entschädigen ist. Das RG. verneint dies mit der Begründung, daß mit dem Fortfall des Amtes für den Beamten der dienstliche Zwang zur Wahl des teuren Wohnsitzes aufhöre. EisenbE. **1** 306. Dem Verletzten kann aber nicht zugemutet werden, im Interesse des Haftpflichtigen seinen Wohnsitz zu wechseln. Vgl. Anm. 16.

Dagegen bleiben alle diejenigen Bezüge außer Betracht, die als Ersatz für dienstliche Aufwendungen gewährt werden. Dies gilt z. B. von Repräsentationsgeldern, Pferdegeldern, Entschädigungen für Bürounkosten. Eine Ausnahme ist für die Dienstkleidungsgelder zu machen. Diese Bezüge bilden nicht nur einen Ersatz für dienstliche Aufwendungen, vielmehr wird durch die kostenlose Gewährung dienstlicher Kleidung auch ein entsprechender privater Aufwand erspart. RG. in JW. **1906** 94[20], EisenbE. **22** 300. A. M. Endemann S. 119.

Gewisse Aufwandsentschädigungen, insbesondere die unter dem Namen Fahr-, Tage-, Nacht-, Meilen- und Kilometergelder gewährten Reisediäten, dienen nicht lediglich zur Deckung des mit dem Dienste verbundenen Aufwands, sondern auch als Entschädigung für die Beschwerden eines solchen Dienstes. Insoweit als diese Bezüge die wirklichen Aufwendungen übersteigen und Ersparnisse gestatten, haben sie den Charakter von zwar schwankenden, aber eine durchschnittliche Veranschlagung gestattenden Gehaltszuschüssen und sind daher bei der Berechnung des Gesamteinkommens zu berücksichtigen. ROHG. **16** 173; RG. in EisenbE. **1** 63; EisenbE. **1** 258; EisenbE. **2** 227. In welcher Höhe diese Aufwandsentschädigungen als Einkommen zu betrachten sind, richtet sich nach der Lage des einzelnen Falles. Es ist Sache des Verletzten, dem Gericht die für die Berechnung oder Schätzung geeigneten Unterlagen zu verschaffen.

Bei der Berechnung des Diensteinkommens ist in Absatz zu bringen, was der Verletzte an eine Pensions-, Witwen-, Waisen- oder ähnliche Kasse vermöge des Dienstverhältnisses zu zahlen hat, oder was seitens des Dienstberechtigten zu diesen Zwecken von dem Gehalt einbehalten wird. Würde dies nicht in Anrechnung gebracht, so würde der Verletzte mehr erhalten, als er an Einkommen bezogen hätte, wenn der Unfall nicht eingetreten wäre. RG. in EisenbE. **1** 306; RG. **17** 45. A. M. Eger Anm. 38 S. 368. Eine andere Frage ist die der Anrechnung von Pensionen auf die zu leistende Entschädigung. Hierüber vgl. Anm. 13 zu § 4.

Dagegen ist nicht in Abzug zu bringen, was von dem Gehalt des Verletzten zur Befriedigung gegenwärtiger wirtschaftlicher Bedürfnisse (z. B. für die Kasinokasse, Kleiderkasse u. dgl.) einbehalten wird. Vgl. Kirchner Anm. 8 I zu § 11.

Schwieriger wird im allgemeinen die Erwerbslage derjenigen fest- **Anm. 21.**
zustellen sein, die einen selbständigen Beruf betreiben, wie z. B. Handwerker, Kaufleute, Architekten, Ärzte, Rechtsanwälte, Gelehrte, Künstler. Eine Regel läßt sich hier nicht aufstellen. Es kommt alles auf den konkreten Fall an. Im allgemeinen wird man bei einem nicht zu großen Schwankungen unterworfenen Erwerbe den Verdienst des letzten Jahres, bei sehr schwankenden Einnahmen den Durchschnitt von mehreren Jahren als Maßstab anzunehmen haben. Vgl. Eger Anm. 38 S. 362, 369; Reindl Anm. 9 zu § 3a S. 166.

Bei einem selbständigen Gewerbetreibenden kommt in Frage, inwieweit für den wirtschaftlichen Ertrag seines Unternehmens die aufgehobene oder verminderte persönliche Arbeitskraft in Ansatz zu bringen ist (vgl. RGRäte Anm. 3c zu § 843).

Kommen einem verletzten Gewerbetreibenden die Hilfeleistungen seiner Ehefrau oder seiner Kinder, die seine Geschäftsunkosten verringern, zustatten, so ist ihm der wirkliche Reinverdienst, nicht etwa der normalerweise bei Verwendung bezahlter Hilfskräfte zu ziehende Gewinn zu ersetzen. RG. in JW. **1911** 773[41].

β) Bei Bemessung des für die Zukunft zu leistenden Schadenersatzes **Anm. 22.**
ist aber nicht allein die Erwerbslage des Verletzten, wie sie zur Zeit des Unfalls war, in Betracht zu ziehen. Das Gericht hat vielmehr auch die zukünftige Gestaltung der Verhältnisse, die für den Umfang und die Dauer des Rentenanspruchs maßgebend sind, zu berücksichtigen, soweit sich überhaupt die künftige Entwicklung nach dem gewöhnlichen Lauf der Dinge und den besonderen Umständen

des Falles im voraus beurteilen läßt. Dieser Aufgabe kann sich das Gericht nicht mit Rücksicht auf § 323 ZPO. (vgl. Anhang zu § 7) entziehen. Denn diese Bestimmung setzt eine solche wesentliche Veränderung der für die Existenz und Höhe des Schadens bedeutsamen Verhältnisse voraus, die zur Zeit der früheren Verurteilung vorschauend noch nicht zu übersehen war und dem gewöhnlichen Lauf der Dinge, wie er zu dieser Zeit erscheinen mußte, nicht entspricht. So RG. in ständiger Rechtsprechung. Vgl. z. B. JW. **1892** 152[12 13], EisenbE. **9** 143; EisenbE. **16** 257; JW. **1905** 283[4], EisenbE. **22** 64; EisenbE. **22** 145; „Recht" **1905** Nr. 1939, EisenbE. **22** 175; JW. **1906** 27[30], EisenbE. **22** 290; Gruchot **50** 673, EisenbE. **23** 245; JW. **1906** 308[13], EisenbE. **23** 44; JW. **1906** 548[15]; WarnRspr. **1908** Nr. 57, EisenbE. **24** 366; JW. **1908** 140[10], EisenbE. **25** 34; JW. **1909** 686[10], EisenbE. **26** 311; RG. **83** 65; RG. **86** 181; RG. **86** 377.

In der Regel ist davon auszugehen, daß der Verletzte den Verdienst, den er zur Zeit des Unfalls hatte, auch in Zukunft gehabt hätte, wenn die Verletzung und damit die Beeinträchtigung seiner Erwerbsfähigkeit nicht eingetreten wäre. RG. in Bolze **1** Nr. 609; RG. **17** 45; JW. **1911** 584[26], EisenbE. **28** 118. Über den Einfluß des zunehmenden Lebensalters auf die Erwerbsfähigkeit vgl. Anm. 28.

Anm. 23. Macht der Verletzte geltend, daß in Zukunft eine Steigerung seines Erwerbes eingetreten sein würde, so ist es seine Sache, die Tatsachen, aus denen auf eine Änderung zu schließen ist, zu behaupten und zu beweisen. Dieser Beweispflicht ist genügt, wenn er darlegt, daß die Verdienststeigerung nach dem gewöhnlichen Lauf der Dinge oder nach den besonderen Umständen mit Wahrscheinlichkeit zu erwarten gewesen sei. ROHG. **14** 341; RG. **17** 45; JW. **1906** 767[39], EisenbE. **23** 289. Vgl. auch RG. **68** 163. Das Gericht ist indessen an das Vorbringen der Partei nicht gebunden. Es hat sich unabhängig von der Beweispflicht des Verletzten gemäß § 287 ZPO. ein Urteil darüber zu bilden, ob und in welcher Höhe ein Schaden entstanden ist. Vgl. Anm. 17.

Der Nachweis, daß eine Verdienststeigerung mit Gewißheit oder mit hoher Wahrscheinlichkeit eingetreten wäre, ist nicht erforderlich. In einigen älteren Entscheidungen war angenommen worden, daß nur eine solche zukünftige Erhöhung des Erwerbes zu berücksichtigen sei, die zur Zeit des Unfalls in sicherer Aussicht gestanden habe. Vgl. ROHG. **16** 176; RG. in SeuffA. **46** 305, EisenbE. **8** 210; EisenbE. **8** 374; EisenbE. **9** 373; JW. **1893** 39[14 15], EisenbE. **10** 31. Gleicher Ansicht ist noch Eger Anm. 38 S. 378. Diese Auffassung mochte früher im Gebiete des ALR. mit Rücksicht auf §§ 13, 117 ALR. I 6 gerechtfertigt gewesen sein. Mit heutigen Rechtsgrundsätzen ist sie nicht vereinbar (vgl. § 252 BGB.).

Bei Angestellten und Beamten ist daher bei Berechnung des Erwerbsausfalls gegebenenfalls zu berücksichtigen, daß sie nach dem gewöhnlichen Lauf der Dinge eine Gehaltszulage oder ein mit einer Beförderung in eine höhere Stellung verbundenes größeres Gehalt zu erwarten gehabt hätten. Zugunsten des Verletzten ist zunächst anzunehmen, daß er dasselbe erlangt hätte, was seine Berufsgenossen der gleichen Beamtenkategorie durchschnittlich erreichen. Hat er sich bisher dienstlich gut geführt, so kann als wahrscheinlich gelten, daß dies auch in Zukunft der Fall sein wird. RG. in EisenbE. **1** 37; Bolze **8** Nr. 226, EisenbE. **7** 125; SeuffA. **46** 305, EisenbE. **8** 210. Ob der Verletzte ein Recht auf die Gehaltserhöhung hatte, ist gleichgültig. RG. in EisenbE. **5** 79; Bolze **8** Nr. 226, EisenbE. **7** 125.

Die Aussicht auf eine Gehaltserhöhung ist aber nicht nur in solchen Fällen in Betracht zu ziehen, in denen diese ohne Rücksicht auf die individuelle Persönlichkeit nach dem Dienstalter zu geschehen pflegt. Es kommt vielmehr auf die Lage jedes einzelnen Falles an. Ist nach den besonderen Umständen, z. B. den hervorragenden Leistungen, der guten Qualifizierung des Verletzten usw., anzunehmen, daß dieser gegenüber dem Durchschnitt seiner Berufsgenossen eine bevorzugte Stellung und ein entsprechend höheres Einkommen erlangt hätte, so ist dieses für die Berechnung des Schadens maßgebend. Ebenso Kirchner Anm. 8 II b zu § 11; Staudinger Anm. 2 b zu § 252 BGB.

Erfahren die Gehälter der Beamtenklasse, der der Verletzte angehörte, nachträglich durch neue gesetzliche Bestimmungen eine Erhöhung, so kann eine entsprechende Vergrößerung der Rente im Wege der Klage gemäß § 323 ZPO. verlangt werden. Dagegen sind die nach den bestehenden gesetzlichen Bestimmungen zu erwartenden Zulagen im ersten Prozeß geltend zu machen und zu berücksichtigen. Eine nachträgliche Geltendmachung auf Grund des § 323 ist für solche Zulagen ausgeschlossen. RG. in JW. **1906** 767[39], EisenbE. **23** 289; JW. **1906** 768[40], EisenbE. **23** 290.

Nur was mit Wahrscheinlichkeit erwartet werden kann, ist zu berücksichtigen. Mehr oder minder entfernte Möglichkeiten sind nicht in Betracht zu ziehen. Demgemäß kann z. B. der bloßen Absicht eines Berufswechsels keine Erheblichkeit beigemessen werden, sofern von dem Verletzten nicht die Verwirklichung der Absicht angebahnt oder wenigstens sein Entschluß als endgültig erkennbar geworden ist. ROHG. **14** 341. In einem vom RG. entschiedenen Fall wurde bei Bemessung der Rente berücksichtigt, daß sich die Ersatzberechtigte, falls sie nicht verunglückt wäre, im Verfolge des von ihr längere Zeit vor dem Unfall im Einvernehmen mit ihren Eltern und ihrem damaligen Verlobten gefaßten Planes ein Damenschneidereigeschäft selbständig zum Zwecke ihres Erwerbes eingerichtet und hierbei durchschnittlich jährlich mindestens 1000 M. verdient haben würde. JW. **1908** 140[11]. **Anm. 24.**

Befand sich die Erwerbsfähigkeit des Verletzten zur Zeit des Unfalls noch in der Entwicklung, so ist bei Berechnung des Schadens zu berücksichtigen, was der Verletzte mit voller Erwerbsfähigkeit nach seiner sozialen Stellung, Vorbildung und Veranlagung erreicht haben würde. So ist z. B. in einem Falle angenommen worden, daß der Verletzte, ein geschickter und anstelliger Lehrling, die Aussicht gehabt hätte, sich später als Meister selbständig zu machen und einen höheren Verdienst zu erlangen. RG. in **Anm. 25.**

EisenbE. **1** 131. Dagegen ist in einem anderen Falle als vollständig ungewiß angesehen, ob der Verletzte, ein Fleischergeselle, jemals die Stellung eines Unternehmers erlangt hätte, und demgemäß für die Bemessung des Vermögensnachteils nur seine augenblickliche Erwerbslage zugrunde gelegt worden. RG. in JW. **1895** 542[29]. Vgl. auch OLG. Braunschweig in EisenbE. **6** 6.

War der Verletzte im Augenblick des Unfalls noch ein Kind und daher überhaupt nicht erwerbsfähig, so kann allerdings streng genommen von einer Aufhebung oder Minderung der Erwerbsfähigkeit noch nicht gesprochen werden. Daraus ist von Eger (Anm. 38 S. 370) geschlossen worden, daß bei Verletzung eines noch erwerbsunfähigen Kindes ein Schadenersatzanspruch überhaupt nicht in Betracht komme. Dies ist unzutreffend. Nach dem gewöhnlichen Lauf der Dinge würde das verletzte Kind ohne den Unfall seine volle Erwerbsfähigkeit erlangt haben. Es besteht daher auch die Vermutung, daß diese sich infolge des Unfalls als aufgehoben oder gemindert erweisen wird. Es ist nicht ersichtlich, weshalb dem Verletzten für diesen Fall nicht Schadenersatz zu leisten sein sollte. Der Umstand, daß der Verletzte möglicherweise den Eintritt seiner Erwerbsfähigkeit nicht erlebt, steht nicht entgegen. Gegebenenfalls gewährt § 323 ZPO. Abhilfe.

In der Regel werden allerdings bei einem Kinde zur Zeit des Unfalls die zukünftigen Erwerbsverhältnisse noch nicht zu übersehen sein. Die Umstände, von denen diese abhängen, können sich bis zum Eintritt des erwerbsfähigen Alters des Kindes so wesentlich ändern, daß im allgemeinen die gegenwärtigen Verhältnisse nicht als geeignete Grundlage für eine Verurteilung zur Leistung anzusehen sein werden. Insbesondere wird nur selten mit einiger Gewißheit die von einer Reihe von Umständen (Fähigkeiten, Mittel usw.) abhängende Wahl des Berufes sowie die Beeinträchtigung der zukünftigen Erwerbstätigkeit durch die Verletzung mit genügender Sicherheit vorauszusehen sein. Daher ist in der überwiegenden Mehrzahl der Fälle der einzige zur vorläufigen Durchführung des Schadenersatzanspruchs gangbare Weg die Klage auf Feststellung (§ 256 ZPO.), dahingehend, daß der Haftpflichtige dem Verletzten den ihm künftig durch den Erwerbsverlust erwachsenden Schaden zu ersetzen habe. Das rechtliche Interesse an der alsbaldigen Feststellung ergibt sich schon aus der drohenden kurzen Verjährung (§ 8), unter Umständen auch aus der Notwendigkeit einer alsbaldigen Klarstellung des Sachverhalts.

So RG. in EisenbE. **1** 31; EisenbE. **3** 133; RG. **13** 372, EisenbE. **4** 148; JW. **1895** 20[57], EisenbE. **11** 344; EisenbE. **16** 335; JW. **1904** 575[7], EisenbE. **21** 281; EisenbE. **21** 275; JW. **1906** 236[23], EisenbE. **22** 404; JW. **1906** 359[21], EisenbE. **23** 51; EisenbE. **23** 64; JW. **1906** 472[33]; EisenbE. **24** 44, JW. **1907** 832[9]; JW. **1908** 273[8].

Die Klage auf zukünftige Zahlung einer Rente (§ 258 ZPO.) ist demnach nur in solchen Fällen zulässig, in denen sich nach dem gewöhnlichen Lauf der Dinge und den besonderen Umständen die zukünftige Entwicklung mit genügender Sicherheit beurteilen läßt. Eine solche Beurteilung wird vorzugsweise in solchen Fällen möglich sein, in denen eine Entschädigung für entgangenen Verdienst aus Arbeiten einfacher Art, z. B. aus gewöhnlicher Fabrikarbeit oder dienender Tätigkeit, beansprucht wird, seltener da, wo der Ausfall aus einem eine besondere Vorbildung erfordernden Beruf höherer Art geschätzt werden soll. JW. **1906** 263[23], EisenbE. **22** 404; EisenbE. **23** 64. Nicht erforderlich ist, daß wenigstens eine der wiederkehrenden Leistungen zur Zeit der Klageerhebung fällig ist. Die entgegengesetzte, auf einer einschränkenden Auslegung des § 258 ZPO. beruhende Ansicht ist abzulehnen. RG. **63** 406, EisenbE. **23** 77. Vgl. auch RG. in JW. **1907** 255[15].

Ist die Leistungsklage in einem Fall erhoben, in dem nach der Ansicht des Gerichts nur eine Feststellungsklage in Betracht kommt, so ist von dem Gericht auf eine entsprechende Änderung des Antrags hinzuwirken. JW. **1906** 472[33].

Da in der Regel davon auszugehen ist, daß der Verletzte den Verdienst, den er zur Zeit des Unfalls hatte, auch in Zukunft gehabt haben würde (vgl. Anm. 22), so ist es Sache des Haftpflichtigen, die Umstände darzutun und nachzuweisen, aus denen zu entnehmen sei, daß der Verletzte auch ohne den Unfall in Zukunft einen geringeren oder gar keinen Verdienst gehabt hätte. ROHG. **8** 369; RG. in EisenbE. **4** 127; RG. **16** 80; RG. **17** 45; EisenbE. **20** 261; WarnRspr. **1908** Nr. 169; JW. **1911** 584[26]. **Anm. 26.**

Daß dies mit Sicherheit der Fall gewesen wäre, hat der Haftpflichtige nicht darzutun. Es genügt der Nachweis, daß der Erwerb nach dem gewöhnlichen Lauf der Dinge auch ohne die Verletzung in Zukunft mit Wahrscheinlichkeit sich verringert haben würde oder ganz fortgefallen wäre. Vgl. Anm. 23.

2. Dauer der Ersatzpflicht.

Die Dauer der Ersatzpflicht ist danach zu bestimmen, für welchen Zeitraum die Erwerbsfähigkeit infolge des Unfalls als aufgehoben oder gemindert anzusehen ist. Während im Falle der Tötung (§ 3) die Schadenersatzpflicht nach der Erwerbsbeeinträchtigung während eines in der Vergangenheit liegenden abgeschlossenen Zeitraums zu bemessen ist, erstreckt sich im Fall einer Körperverletzung (§ 3a) der Zeitraum, für dessen Dauer Ersatz zu leisten ist, meistens in die Zukunft hinein. **Anm. 27.**

Die Erwerbsfähigkeit kann, wie das Gesetz hervorhebt, dauernd oder zeitweise aufgehoben oder gemindert sein. Dauernd ist sie aufgehoben oder gemindert, wenn die Beeinträchtigung mit Sicherheit oder Wahrscheinlichkeit bis zum Tode anhält oder ihr Ende nicht in absehbarer Zeit zu erwarten ist; zeitweise dagegen, wenn die Beeinträchtigung vorübergehender Art ist und entweder ganz der Vergangenheit angehört oder voraussichtlich in absehbarer Zeit ihr Ende erreicht.

Die Dauer der Ersatzpflicht wird sich in erster Linie danach richten, ob und eventuell wann eine Besserung oder Wiederherstellung zu erwarten ist. Ist anzunehmen, daß der krankhafte Zustand mit Gewißheit oder Wahrscheinlichkeit innerhalb einer bestimmten Zeit behoben sein wird, so darf nicht die Rente über diese Zeit hinaus zugesprochen und die Änderung der Entscheidung einem nach § 323 ZPO. einzuleitenden Nachverfahren überlassen werden. RG. in EisenbE. **16** 257; „Recht" **1908** Nr. 522, EisenbE. **24** 286.

Ein Antrag des Verletzten auf Zuerkennung einer Rente „bis zur Wiedererlangung seiner vollständigen Erwerbsfähigkeit" ermangelt der erforderlichen Bestimmtheit (§ 253 Abs. 2 Ziff. 2 ZPO.). Wendet jedoch der Ersatzpflichtige gegen diese Art der Begrenzung des Rentenanspruchs nichts ein, so hat das Gericht keine Veranlassung, auf eine Änderung des Antrags hinzuwirken. RG. in „Recht" **1907** Nr. 1649, EisenbE. **24** 45.

Über den Zeitpunkt der Wiederherstellung des Verletzten hinaus ist die Rente zuzusprechen, wenn die Beeinträchtigung der Erwerbsfähigkeit über die Zeit der Beeinträchtigung hinaus Vermögensnachteile im Gefolge hat. Dies ist z. B. der Fall, wenn der Verletzte infolge des Unfalls seine bisherige Stellung und auch die Aussicht verliert, nach Wiederherstellung eine gleichgünstige zu erlangen. Vgl. Isaac Anm. V 4g zu § 11.

Anm. 28. Die Rente ist dem Verletzten für die Dauer des Zeitraums zuzuerkennen, in dem seine Erwerbsfähigkeit infolge des Unfalls aufgehoben oder gemindert ist. Die Ersatzpflicht endigt daher ganz oder teilweise schon früher, soweit die Beeinträchtigung der Erwerbsfähigkeit durch andere Umstände hervorgerufen ist oder ohne Eintritt des Unfalls hervorgerufen worden wäre. Ist z. B. anzunehmen, daß der Verletzte infolge einer schon früher vorhanden gewesenen Krankheit auch ohne den Unfall seine Erwerbsfähigkeit vorzeitig eingebüßt hätte, so ist die Rente entsprechend zeitlich zu begrenzen. RG. in JW. **1906** 204[25], EisenbE. **22** 402; JW. **1911** 319[4]; OLG. Braunschweig in „Recht" **1907** Nr. 3310, EisenbE. **24** 273.

Als ein solcher Umstand kommt insbesondere auch der Einfluß des zunehmenden Alters auf die Erwerbsfähigkeit in Betracht. Bei Feststellung der Rente ist zu berücksichtigen, daß nach dem normalen Verlauf der Dinge im hohen Lebensalter die körperlichen und geistigen Kräfte des Menschen abzunehmen pflegen und dadurch die Erwerbsfähigkeit gemindert und schließlich ganz aufgehoben wird. Deshalb ist in der Regel die Rente dem Verletzten nicht ohne Beschränkung auf Lebenszeit zuzusprechen, sondern nach einem bestimmten Lebensalter zeitlich zu begrenzen. So RG. in jetzt ständiger Praxis. Vgl. „Recht" **1905** Nr. 1939, EisenbE. **22** 175; JW. **1906** 27[30], EisenbE. **22** 290; Gruchot **50** 673, EisenbE. **23** 245; JW. **1906** 308[13], EisenbE. **23** 44; JW. **1906** 548[15], EisenbE. **23** 269; JW. **1907** 340[24], EisenbE. **24** 56; WarnRspr. **1908** Nr. 57, EisenbE. **24** 366; JW. **1908** 140[10], EisenbE. **25** 34; JW. **1909** 686[10], EisenbE. **26** 311; JW. **1910** 65[14]; WarnRspr. **1910** Nr. 334, EisenbE.

27 204; JW. **1911** 325[19]; „Recht" **1913** Nr. 603, EisenbE. **30** 176. A. M. Isaac Anm. V 4d zu § 11 (unter Bezugnahme auf ältere Entscheidungen).

Eine Altersgrenze für die Erwerbsfähigkeit läßt sich aber nur unter Würdigung der persönlichen, insbesondere der gesundheitlichen und beruflichen Verhältnisse des Verletzten bestimmen. Ohne näheres Eingehen auf diese ist eine zeitliche Begrenzung der Rente, z. B. bis zum 65. oder 70. Lebensjahr, unzulässig. RG. in JW. **1909** 665[17], EisenbE. **26** 201. Ist eine Rente für die Zeit bis zur Erreichung eines bestimmten Lebensjahres zuerkannt, und stellt sich später heraus, daß der Verletzte, wäre er nicht verunglückt, über diesen Zeitpunkt hinaus ganz oder teilweise erwerbsfähig geblieben wäre, so kann nach § 323 ZPO. Abänderung des Urteils verlangt werden. Vgl. Anm. 7 zu § 7 Anhang.

Die zeitliche Begrenzung ist auch dann nicht überflüssig, wenn wahrscheinlich ist, daß der Verletzte infolge des Unfalls den Zeitpunkt, mit dem die Erwerbsfähigkeit voraussichtlich aufhört, nicht überlebt. RG. in SächsArch. **1915** 510, EisenbE. **22** 126.

Unter besonderen Voraussetzungen kann allerdings mit Rücksicht auf die Art des Berufes oder der gewerblichen Tätigkeit sowie den Gesundheitszustand des Verletzten die Annahme gerechtfertigt sein, daß diesem der Erwerb ohne das Dazwischentreten des Unfalls voraussichtlich bis in das höchste Greisenalter oder bis an das Lebensende verblieben sein würde. Dies wird vorzugsweise bei Personen, deren Erwerbstätigkeit an den Körper keine zu großen Anforderungen stellt, z. B. bei Personen in leitender kaufmännischer Stellung oder Gelehrten, in Betracht kommen. In solchen Fällen ist die Rente dem Verletzten auf Lebenszeit zuzusprechen. Entspricht der wirkliche Verlauf nicht der vorschauenden Beurteilung, so ist der Weg der Klage nach § 323 ZPO. gegeben. RG. in JW. **1894** 184[18], EisenbE. **10** 276; EisenbE. **23** 64; JW. **1905** 212[21], EisenbE. **22** 42; JW. **1906** 548[15], EisenbE. **23** 269; JW. **1909** 686[10], EisenbE. **26** 311; WarnRspr. **1910** Nr. 334, EisenbE. **27** 204.

Es gibt aber auch Fälle, in denen es unmöglich ist, auch nur mit annähernder Bestimmtheit vorauszusehen, ob und welchen Einfluß das zunehmende Alter auf die Erwerbsfähigkeit des Verletzten ausüben werde. Auch hier ist die Rente ohne zeitliche Beschränkung zuzusprechen. RG. in EisenbE. **22** 145; JW. **1905** 283[4], EisenbE. **22** 64; WarnRspr. **1908** Nr. 57, EisenbE. **24** 366. So ist z. B. ohne Begrenzung die Rente in einem Falle zuerkannt worden, wo der Verletzte ein Einkommen in einem sehr hohen Alter erzielt hat, in dem in der Regel überhaupt jede Erwerbsfähigkeit infolge der Einwirkung des Alters aufgehoben ist. RG. in WarnRspr. **1908** Nr. 57, EisenbE. **24** 366.

Endlich ist für zulässig erachtet worden, auch in solchen Fällen eine Rente bis an das Lebensende zuzusprechen, in denen mit einem Fortfall der Erwerbsfähigkeit vor diesem Zeitpunkt zu rechnen ist. Dem Einfluß des zunehmenden Alters auf die Erwerbsfähigkeit kann in der Weise Rechnung getragen werden, daß die einzelnen Renten zu einem Durchschnittsbetrag angesetzt werden, der niedriger ist als der dem Verletzten in der entsprechenden Periode entgehende Verdienst. RG. in JW. **1908** 140[11], WarnRspr. **1908** Nr. 216, EisenbE. **24** 387; JW. **1910** 27[47].

Einem Beamten ist die Schadenersatzrente, soweit ihm ein Anspruch auf eine solche zusteht (vgl. Anm. 93 ff. zu § 1), nicht über denjenigen Zeitpunkt hinaus zuzusprechen, in dem ohne den Unfall nach dem normalen Lauf der Dinge seine Pensionierung wegen Dienstunfähigkeit eingetreten wäre. RG. v. 15. 2. 13 JW. **1913** 601[15], unter Aufgabe der in der Entsch. v. 25. 11. 07 RG. **67** 139 vertretenen abweichenden Ansicht. Bleibt die Unfallpension hinter derjenigen Pension zurück, die der Beamte ohne den Unfall erdient haben würde, so ist ihm in Höhe dieser Differenz die Rente über den genannten Zeitpunkt hinaus bis an sein Lebensende zu gewähren. RG. in JW. **1910** 471[9]; JW. **1913** 601[15]. Ebenso ist einem Angestellten Ersatz dafür zu gewähren, daß es ihm durch den Unfall unmöglich geworden ist, die Versicherungsrente aus dem Angestelltenversicherungsgesetz zu erdienen. RG. in JW. **1916** 193[10].

Anm. 29. Den Verletzten trifft die Beweislast für seine Behauptung, daß seine Erwerbsfähigkeit infolge des Unfalls dauernd bzw. zeitweise aufgehoben oder gemindert sei. Macht der Haftpflichtige gegenüber der Behauptung einer dauernden Aufhebung oder Minderung der Erwerbsfähigkeit geltend, daß von einem bestimmten Zeitpunkt ab die Aufhebung oder Minderung nicht mehr als Folge der Verletzung, sondern anderer Umstände (Krankheit, Abnahme der Kräfte im Alter usw.) zu erblicken sei, so liegt hierin ein Bestreiten der Klagebehauptungen, das den Verletzten zum Beweise nötigt. Dieser hat unter Darlegung seiner persönlichen Verhältnisse (Alter, Beruf, Gesundheit) den Nachweis zu führen, daß er ohne das Dazwischentreten des Unfalls voraussichtlich dauernd erwerbsfähig geblieben wäre, wobei die allgemeine Lebenserfahrung zu berücksichtigen ist, daß im hohen Lebensalter eine Abnahme der körperlichen und geistigen Kräfte des Menschen und damit eine Minderung und schließlich eine Aufhebung seiner Erwerbsfähigkeit einzutreten pflegt.

Das Gericht ist jedoch an das Parteivorbringen nicht gebunden. Die dem Richter durch § 287 ZPO. eingeräumte freie Würdigung bezüglich der Existenz und Höhe des Schadens begreift auch die Abmessung der Dauer der Rente. Es soll kein strenger und vollständiger Beweis verlangt, sondern nach freiem Ermessen unter Würdigung aller Umstände geschätzt werden, wobei häufig ein hoher Grad von Wahrscheinlichkeit für den dieser Schätzung zugrunde zu legenden Verlauf der Dinge genügen wird. RG. **83** 65, EisenbE. **30** 345.

Anm. 30. Entscheidet das Gericht über den Grund des Anspruchs vorab (§ 304 ZPO.), so ist in diesem Verfahren auch die Dauer des Rentenbezuges zu bestimmen. Ebenso wie in den Fällen des § 3 Abs. 2 (vgl. Anm. 45 zu § 3) betrifft auch in denjenigen des § 3a die Frage wegen der Dauer der Rente den Grund des Anspruchs, nämlich die Frage, ob der Anspruch von einem gewissen Zeitpunkt an noch auf den geltend gemachten Grund,

d. h. den Unfall, gestützt werden kann. Es ist aber nicht ausgeschlossen, die zeitliche Begrenzung der Rente dem Verfahren über den Betrag vorzubehalten. Es ist regelmäßig nach Lage des einzelnen Falles zu beurteilen, ob die Zeitdauer der Rente zweckmäßig bereits in der Vorabentscheidung über den Grund festzusetzen ist, in welchem Umfang dies angebracht erscheint, ob nur eine Höchstdauer bestimmt und die weitere Ermittelung dem Betragsverfahren überlassen, oder ob die Entscheidung in vollem Umfang diesem Nachverfahren vorbehalten sein soll. Daß aber und inwieweit das Grundurteil über die Dauer der Rente keine Entscheidung geben will, muß in der Formel oder wenigstens in der Begründung zu erkennbarem Ausdruck gelangen. So RG. **98** 222, EisenbE. **38** 69. Vgl. ferner RG. in JW. **1906** 710[5]; „Recht" **1908** Nr. 2485, EisenbE. **25** 166; RG. **71** 243; JW. **1911** 444[7], EisenbE. **27** 438; JW. **1913** 750[20].

Zur Vorabentscheidung über den Grund des Anspruchs ist nicht erforderlich, daß der Schade im Klageantrag genau beziffert ist. Es genügt, wenn der Anspruch im Antrag so bestimmt gekennzeichnet ist, daß der Betrag auf Grund der tatsächlichen Unterlagen durch richterliches Ermessen ziffermäßig festgestellt werden kann. RG. in JW. **1911** 459[33]; **1913** 750[20]; WarnRspr. **1913** Nr. 340 mit Nachweisungen; RG. **93** 152, EisenbE. **37** 77.

C. Der infolge Vermehrung der Bedürfnisse entstandene Vermögensnachteil. Anm. 31.

Es wird auf die Erläuterungen in Anm. 15 zu § 3 verwiesen.

§ 4.

War der Getötete oder Verletzte unter Mitleistung von Prämien oder anderen Beiträgen durch den Betriebsunternehmer bei einer Versicherungsanstalt, Knappschafts-, Unterstützungs-, Kranken- oder ähnlichen Kasse gegen den Unfall versichert, so ist die Leistung der letzteren an den Ersatzberechtigten auf die Entschädigung einzurechnen, wenn die Mitleistung des Betriebsunternehmers nicht unter einem Drittel der Gesamtleistung beträgt.

Inhaltsübersicht.

	Anm.
Einleitung	1
A. Voraussetzungen der Anrechnung auf die Entschädigung.	
I. Versicherung bei einer Versicherungsanstalt od. Kasse.	
1. Getöteter oder Verletzter	2
2. Versicherung gegen den Unfall	3
3. Versicherungsanstalt usw.	4
II. Die Mitleistung des Betriebsunternehmers.	
1. Art der Leistungen	5—6
2. Höhe der Leistungen	7

	Anm.
B. Die Anrechnung der Kassenleistungen.	
I. Gegenstand der Anrechnung	8
II. Anrechnung worauf?	9
III. Prozessuales	10
Anhang: Versicherung unter anderen Bedingungen.	
I. Versicherung ohne Mitleistung des Unternehmers	11
II. Versicherung unter Mitleistung von weniger als einem Drittel	12
III. Die auf Gesetz oder Statut beruhenden Pensionen	13

Anm. 1. Einleitung.

Der jetzige § 4 fehlte in der Regierungsvorlage vollständig. Zu der Frage der Anrechnung von Leistungen auf die Haftpflichtentschädigung bemerken die Motive zu § 5 des Entw. (Stenogr. Ber. **3** 73): „Als selbstverständlich darf vorausgesetzt werden, daß der Richter bei Abschätzung des Schadens auch darauf werde Rücksicht zu nehmen haben, ob etwa dem Verletzten oder den Hinterbliebenen des Getöteten, insbesondere auf Grund von Leistungen des Ersatzpflichtigen, Pensions- oder sonstige Entschädigungsansprüche zur Seite stehen. Nur die Schadloshaltung, nicht die Bereicherung des Beschädigten kann das Gesetz im Auge haben."

§ 4 ging aus einer Anregung der sog. freien Kommission (Lasker u. Gen.) hervor. Deren ursprünglicher Antrag enthielt in seinem ersten Absatz die Bestimmung (vgl. Stenogr. Ber. **3** 177, Drucks. Nr. 65):

> War der Getötete oder Verletzte gegen den Unfall ohne Mitwirkung des Haftpflichtigen versichert, so kann der Versicherer Ersatz der von ihm gezahlten Versicherungssumme bis zur Höhe der Entschädigung selbständig von dem Verpflichteten fordern. Eine allgemeine Versicherung des Lebens wird nicht als Versicherung gegen den Unfall betrachtet.

Dieser Teil des Antrages, der im Laufe der zweiten Lesung in veränderter Gestalt eingebracht worden ist (vgl. Stenogr. Ber. **3** 188, Drucks. Nr. 188), wurde zunächst angenommen, in der dritten Lesung aber abgelehnt. Ausschlaggebend war hierbei die Erwägung, daß die beantragte Bestimmung einen bedenklichen Eingriff in eine hier nicht hergehörige Materie darstelle (vgl. Stenogr. Ber. **3** 491, 494).

Der zweite Absatz der ursprünglich vorgeschlagenen Bestimmung entsprach inhaltlich dem heutigen § 4, jedoch mit der Abweichung, daß der Bedingungssatz, der die Einrechnung von einer Mindestleistung des Betriebsunternehmers abhängig macht, fehlte. Die Vorschrift wurde trotz erheblichen Widerspruchs mit dem beschränkenden Zusatz angenommen.

Die Bedeutung der Bestimmung lag auf sozialem Gebiet. Man bezweckte, die Errichtung und Entwicklung der kooperativen Kassen, d. h. solcher Kassen, die auf gemeinschaftlichen Leistungen des Arbeitgebers und des Arbeitnehmers beruhen, zu fördern (Stenogr. Ber. **1** 488, 489, 492, 493). Eine solche gemeinschaftliche Versicherung erschien erstrebenswert, weil durch sie der Arbeiter auch gegen die Folgen solcher Unfälle sichergestellt wurde, bei denen eine Schadloshaltung auf Grund des HaftpflG. ausgeschlossen war (a. a. O. **1** 488, 608, 614).

Zur Rechtfertigung wurde auch darauf hingewiesen, daß ohne eine entsprechende ausdrückliche Bestimmung eine gemeinschaftliche Versicherung mit der Wirkung der Anrechnung möglicherweise durch die Verbotsvorschrift des jetzigen § 5 unmöglich gemacht würde. Vgl. Stenogr. Ber. **1** 493, 494, 608.

§ 4, der nur für Angestellte des **Unternehmers** von Bedeutung ist, hat durch die Unfallversicherungs- und Fürsorgegesetzgebung seinen Wert im wesentlichen verloren. Immerhin kommt eine Anwendung der Bestimmung auf solche Unfälle in Betracht, auf die sich die bezeichneten Gesetze nicht erstrecken (vgl. Anm. 88ff. zu § 1). Man denke z. B. an den nicht seltenen Fall, daß ein Arbeitgeber für seine nicht versicherungspflichtigen Angestellten Unfallversicherungsverträge abschließt. Bei der Neuredaktion des HaftpflG. durch Art. 42 EG. BGB. ist denn auch § 4 nicht gestrichen worden.

A. Voraussetzungen der Anrechnung auf die Entschädigung.

I. Versicherung bei einer Versicherungsanstalt oder Kasse.

Die Anrechnung hat nach § 4 zunächst zur Voraussetzung, daß der Getötete oder Verletzte bei einer Versicherungsanstalt, Knappschafts-, Unterstützungs-, Kranken- oder ähnlichen Kasse gegen den Unfall versichert war.

1. Der **Getötete** oder **Verletzte** ist diejenige Person, die bei dem Betriebe unter den in § 1 bzw. § 2 geregelten Umständen verunglückt ist. Dies kann an sich ebenso ein Arbeiter oder ein Betriebsbeamter wie ein Eisenbahnfahrgast oder ein unbeteiligter Dritter sein. Praktisch wird die Bestimmung allerdings nur für Angestellte des Unternehmers werden. Denn bei anderen Personen wird eine gemeinschaftliche Versicherung kaum vorkommen. Ausgeschlossen erscheint dies jedoch nicht. Anm. 2.

Eine entsprechende Anwendung auf Fälle der Haftung aus § 823 läßt § 4 nicht zu. Vgl. OLG. Hamm in OLG. **17** 374.

2. Der Getötete oder Verletzte muß **gegen den Unfall versichert** gewesen sein. Es muß eine Versicherung gegen denjenigen Unfall vorliegen, auf Grund dessen nach dem HaftpflG. eine Entschädigung zu leisten ist. Daß ausdrücklich gegen Unfälle dieser Art versichert ist, wird nicht gefordert. Es genügt, wenn die Versicherung auch solche Unfälle mitumfaßt. Vgl. Eger Anm. 59 S. 479; Endemann S. 132. Anm. 3.

Der Ausdruck „versichert" ist nicht im streng technischen Sinne zu verstehen. Gemeint ist jedes auf Sicherstellung gerichtete Verhältnis, vermöge dessen dem Verletzten eine Deckung für die aus einem Unfall entspringenden wirtschaftlichen Nachteile gewährt wird. Daß der Ausdruck in diesem umfassenden Sinne zu verstehen ist, ergibt sich schon daraus, daß in § 4 neben der Versicherungsanstalt „Knappschafts-, Unterstützungs-, Kranken- oder ähnliche Kassen" genannt sind. Denn die Beteiligung bei diesen Kassen bildet nicht notwendig eine Versicherung im technischen Sinne. ROHG. **13** 23; Endemann S. 132; Eger Anm. 59 S. 479.

Darauf, ob ein Vertragsverhältnis zwischen dem Getöteten oder Verletzten und der Versicherungsanstalt oder Kasse besteht, und welcher Art dieses ist, kommt es nicht an. In der Regel wird es sich allerdings um ein Rechtsverhältnis handeln, vermöge dessen dem Verletzten oder seinen Hinterbliebenen ein Rechtsanspruch als Folge des Unfalls erwächst. Dies ist jedoch nicht notwendige Voraussetzung für die Anwendung des § 4. Auch diejenige Leistung ist anzurechnen, die seitens einer Kasse ohne rechtliche Verpflichtung erfolgt, sofern nur der Unternehmer in dem vorgeschriebenen Maße Beiträge geleistet hat. Vgl. Endemann S. 133; Westerkamp S. 692.

Nach dem Wortlaut des § 4 kann zweifelhaft sein, ob die Vorschrift auch auf eine solche Versicherung Anwendung findet, die erst nach Eintritt des Unfalls eingegangen ist. Die Frage wird nach den Grundsätzen des Versicherungsrechts für den Fall zu bejahen sein, daß die Versicherung, ohne daß die Vertragschließenden von dem Unfall Kenntnis haben, zustande gekommen ist (vgl. § 785 HGB.; § 2 VersVG.). Ebenso Eger Anm. 59 S. 480; Endemann S. 134; Reindl Anm. 5 zu § 4.

Anm. 4. **3. Bei einer Versicherungsanstalt, Knappschafts-, Unterstützungs-, Kranken- oder ähnlichen Kasse.** Die Aufzählung ist eine nur exemplikative. Es gehören hierher alle Anstalten oder Kassen, deren Zweck auf Sicherstellung des Verletzten oder seiner Hinterbliebenen gegen die aus einem Unfall entspringenden wirtschaftlichen Nachteile gerichtet ist (vgl. Anm. 3). Unter § 4 fallen daher z. B. auch die Beamtenpensionskassen. ROHG. **13** 23; **22** 259.

Unter Versicherungsanstalt ist jedes Unternehmen zu verstehen, das der Personenversicherung im weitesten Sinne dient. Darunter fällt also nicht nur ein Unternehmen, das besonders eine Unfallversicherung betreibt, sondern auch ein solches, das den Betrieb der Lebens- oder Invaliditätsversicherung zum Gegenstand hat. Gleichgültig ist es, ob es sich um öffentliche oder private Unternehmungen handelt.

Voraussetzung ist, daß der Betrieb nach den bestehenden gesetzlichen Vorschriften rechtmäßig ist. Die öffentlich-rechtlichen Verhältnisse der Privatunternehmungen sind durch das RGes. über die privaten Versicherungsunternehmungen v. 12. 5. 01 geregelt. Die hier in Frage kommenden Unternehmungen können nur in der Form von Aktiengesellschaften betrieben werden (§ 6).

Knappschaftskassen waren die auf Grund bergrechtlicher Bestimmungen errichteten Kassen. Ihre Verfassung regelte sich ehemals, soweit die RVersO. nichts anderes bestimmte, nach landesgesetzlichen Vorschriften. Jetzt gelten ausschließlich die Vorschriften des Reichsknappschaftsgesetzes.

Zu den Unterstützungs- und Krankenkassen gehören außer den Trägern der öffentlich-rechtlichen Krankenversicherung (Orts-, Land-, Betriebs- und Innungskrankenkassen) vornehmlich die jetzt unter dem Namen „Ersatzkassen" bestehenden früheren eingeschriebenen Hilfskassen (vgl. §§ 503ff. RVersO.).

Zu den „ähnlichen Kassen" gehören, wie oben erwähnt ist, z. B. die Pensionskassen.

II. Die Mitleistung des Betriebsunternehmers.

1. Art der Leistungen des Unternehmers. Anm. 5.

Die Anrechnung hat zur Voraussetzung, daß der Getötete unter Mitleistung von Prämien oder anderen Beiträgen durch den Betriebsunternehmer versichert war.

Aus dem Ausdruck „Mitleistung" könnte geschlossen werden, daß neben dem Betriebsunternehmer der Versicherte oder ein Dritter Beiträge zum Zwecke der Versicherung geleistet haben müsse. Für diese Annahme spricht allerdings auch in gewisser Beziehung die Absicht des Gesetzgebers, die Lebensfähigkeit der in § 4 bezeichneten Anstalten und Kassen durch gemeinsame Leistungen der Unternehmer und der Arbeiter zu fördern (vgl. Anm. 1). Es liegt aber kein innerer Grund vor, diejenigen Leistungen der Kassen von der Anrechnung auszuschließen, die lediglich auf Beiträgen des Betriebsunternehmers beruhen. Unter „Mitleistung" hat man daher überhaupt die Leistung von Beiträgen zur Versicherung zu verstehen. Ebenso Eger Anm. 56 S. 465; Endemann 3. Aufl. S. 136 (a. M. in früheren Aufl.); Reindl Anm. 3 zu § 4; Westerkamp S. 692 Anm. 11.

Erhält also z. B. ein Arbeitgeber zum Vorteil seiner Angestellten eine Unfallversicherung auf seine Kosten aufrecht, so sind die von der Versicherungsgesellschaft gezahlten Invaliditätsrenten in vollem Umfange auf die Entschädigungen anzurechnen. Ebenso RG. **70** 101, DJZ. **1909** 267, EisenbE. **25** 320. Das RG. folgert dies allerdings, ohne § 4 heranzuziehen, aus allgemeinen Rechtsgrundsätzen über die Vorteilsausgleichung.

Unerheblich ist es, ob die Beiträge des Unternehmers auf einer rechtlichen Verpflichtung beruhen, oder ob sie freiwillig geleistet werden. ROHG. **13** 23; **22** 259.

Als Inhalt der Leistungen nennt das Gesetz Prämien oder andere Beiträge. „Prämie" ist der technische Ausdruck für die Leistung des Versicherungsnehmers in der Versicherung im eigentlichen Sinne. Die „anderen Beiträge" sind genannt, weil sich § 4 nicht nur auf die Versicherung im technischen Sinne, sondern auf jede Sicherstellung durch Leistungen einer Kasse erstreckt. Vgl. Anm. 3.

Darüber, in welcher Art die Prämien und Beiträge zu leisten sind, können Zweifel obwalten. Das ROHG. findet in den Ausdrücken „Beiträge", „Prämien", „Mitleistung", „Gesamtleistung" klar ausgesprochen, daß nicht schon gelegentliche freiwillige Zuschüsse genügen sollten, daß es vielmehr eines auf die Dauer berechneten Beitragsverhältnisses, einer der Tat und dem Willen nach regelmäßigen und dauernden Mitleistung bedürfe, aus welcher sich auf eine bleibende, die Leistungsfähigkeit der Kasse bezweckende Einrichtung schließen lasse. ROHG. **13** 23; **22** 259. Zustimmend Reindl Anm. 3 zu § 4.

Allein diese Auffassung kann nicht für ausnahmslos zutreffend erachtet werden. Es lassen sich immerhin Fälle denken, in denen der Unternehmer die ihm nach § 4 obliegenden Verpflichtungen auch durch eine einmalige oder wiederholte Zahlung eines Kapitals erfüllt. Als entscheidend kann nur angesehen werden, ob der Zweck der Leistung auf Versicherung oder Sicherstellung gerichtet ist, und ob die Höhe derselben den gesetzlichen Anforderungen entspricht. Vgl. Eger Anm. 55 S. 466; Endemann S. 136.

Anm. 6. Die Beitragsleistung muß durch den Betriebsunternehmer erfolgt sein. Gemeint ist hiermit derjenige Unternehmer, der nach § 1 bzw. § 2 für die Folgen des Unfalls haftbar ist (vgl. Anm. 115 ff. zu § 1, Anm. 60 zu § 2). Eine Anrechnung nach § 4 findet demgemäß nicht statt, wenn der Versicherte nicht bei dem Betriebe seines Unternehmers, sondern bei einem anderen Betriebe verunglückt, wenn also z. B. ein Bergarbeiter auf dem Wege zur Grube bei dem Betriebe einer Eisenbahn einen Unfall erleidet. Es war in der Rechtsprechung gelegentlich die Frage aufgeworfen worden, ob etwa in der Vorschrift des § 4 der allgemeine Rechtssatz zu finden sei, daß der Verletzte aus Veranlassung des Unfalls niemals eine zweifache Entschädigung fordern könne. Das RG. hat die Frage mit Recht verneint. SeuffA. **42** Nr. 120; RG. **64** 350; **68** 45.

Der Ausdruck „durch den Betriebsunternehmer" bedeutet, daß die Beiträge aus dem Vermögen, für Rechnung des Unternehmers geleistet werden müssen. Nicht in Betracht kommen Beiträge, die zwar durch den Unternehmer, aber auf Kosten seiner Arbeiter (z. B. durch Lohnabzüge) geleistet werden. Andererseits ist aber auch gleichgültig, ob die Beiträge von dem Unternehmer selbst oder in seinem Auftrag und für seine Rechnung von einer anderen Person entrichtet werden. Ebenso Eger Anm. 56 S. 467; Endemann S. 137; Reindl Anm. 3 zu § 4.

Anm. 7. **2. Höhe der Leistungen des Unternehmers.**

Die Mitleistung des Betriebsunternehmers darf nicht unter einem Drittel der Gesamtleistung betragen. Die Mindestleistung von einem Drittel entspricht der bei Schaffung des HaftpflG. gültig gewesenen entsprechenden Bestimmung des PrAllgBergG. Es fragt sich, was der Ausdruck „Gesamtleistung" bedeutet.

Der Ausdruck „Leistung" wird in § 4 wenig geschickt in verschiedenem Sinne gebraucht, nämlich das eine Mal zur Bezeichnung der Prämien und anderen Beiträge, das andere Mal zur Bezeichnung der von der Versicherungsanstalt oder Kasse zu leistenden Entschädigung. Unter „Gesamtleistung" ist die Gesamtheit der Beiträge zu verstehen, die an die

Versicherungsanstalt oder Kasse entrichtet werden. Daraus folgt, daß sonstige Einnahmen, die diese Unternehmungen, abgesehen von den Beiträgen, haben, z. B. an Zinsen aus Kapitalien oder Schenkungen, bei der Berechnung außer Betracht bleiben.

In der Praxis sind Zweifel entstanden, ob der Ausdruck „Gesamtleistung" etwa die Summe aller Beiträge umfasse, die während des gesamten Zeitraums, während dessen die Kasse besteht oder der Verunglückte Mitglied der Kasse gewesen ist, geleistet worden sind. Dies ist zu verneinen. Es muß genügen, daß der Unternehmer in einer auf die Dauer berechneten Weise längere Zeit hindurch bis zu dem Unfall laufende Beiträge in der vom Gesetz vorgeschriebenen Minimalhöhe geleistet hat. Eine Anrechnung hat also auch dann zu erfolgen, wenn in einer entlegeneren Zeit die Beiträge des Unternehmers weniger als ein Drittel der Gesamtleistungen betrugen. Der Unternehmer, der einer Kasse beitritt, braucht auch nicht, um sich die Vorteile des § 4 zu sichern, für die vergangene Zeit Beiträge nachzuzahlen. ROHG. 22 259; Eger Anm. 63 S. 489; Endemann S. 137; Genzmer S. 123.

Nicht erforderlich ist ferner, daß die Beiträge des Unternehmers in jedem einzelnen der hiernach in Betracht kommenden Jahre mindestens ein Drittel der Gesamtleistung des betreffenden Jahres betragen haben. Vielmehr genügt es, wenn die gesamten vom Unternehmer für die in Frage kommende Zeit geleisteten Beiträge mindestens ein Drittel der gesamten Leistungen ausmachen. Denn wenn in dem einen Jahre mehr, in dem anderen weniger von ihm beigetragen wird, als die Hälfte der Jahresbeiträge der Versicherten beträgt, so erscheint, falls er nur die Summe seiner Beiträge nicht unter das Drittel der Gesamtleistung sinken läßt, das Zuviel als eine Vorauszahlung auf spätere Jahre, das Zuwenig als eine Ausgleichung der voraufgegangenen Zuvielzahlung. ROHG. 22 259.

Als „Gesamtleistung" ist die Summe der für den Verunglückten entrichteten Beiträge, dagegen nicht die Gesamtheit der für sämtliche Mitglieder der betreffenden Kasse geleisteten Beiträge anzusehen. Denn die „Mitleistung" des Betriebsunternehmers bezieht sich, wie die einleitenden Worte des § 4 ergeben, auf die Versicherung des Getöteten oder Verletzten, also dieser individuellen Person. Hat der Betriebsunternehmer jedoch die Beiträge nicht für den einzelnen Versicherten geleistet, sondern einen der Gesamtheit aller Leistungen entsprechenden Jahresbeitrag gezahlt, so ist bei ungleicher Höhe der Leistungen der Versicherten ein den Leistungen des Verunglückten entsprechender Betrag des Unternehmers einzusetzen. Ist eine solche getrennte Berechnung praktisch nicht durchführbar, so wird die Feststellung genügen, daß die Summe der von dem Betriebsunternehmer aufgebrachten Beiträge nicht weniger als die Hälfte der Summe aller von den Versicherten geleisteten Beiträge beträgt. ROHG. 22 259; Eger Anm. 63 S. 491; Genzmer S. 123.

Über die Versicherung unter Mitleistung von weniger als einem Drittel vgl. Anm. 12.

B. Die Anrechnung der Kassenleistungen.

Unter den oben (unter A) dargelegten Voraussetzungen findet die Anrechnung statt.

Anm. 8. I. Gegenstand der Anrechnung ist nach § 4 die Leistung der letzteren (d. h. der Versicherungsanstalt oder Kasse) an den Ersatzberechtigten.

Die Leistung kann sowohl in einer Zahlung von Geld, und zwar eines Kapitals oder einer Rente, als auch in der Gewährung von Naturalien, wie ärztlicher Behandlung, Arzneien, Wohnung, Verpflegung u. dgl., bestehen.

Nicht erfordert wird, daß die Leistung in dem Zeitpunkt der Geltendmachung des Schadenersatzanspruchs bereits ausgeführt worden ist. Auch diejenige Leistung ist anzurechnen, deren Gewährung in Zukunft zu erwarten steht. Es wäre unzweckmäßig, die Entscheidung davon abhängig zu machen, ob und in welcher Höhe die Kasse bei Geltendmachung des Ersatzanspruchs gegen den Unternehmer ihren Verpflichtungen bereits nachgekommen ist, und den haftpflichtigen Unternehmer bei späterer Gewährung der Leistung auf den ihm gegen den Verletzten zustehenden Bereicherungsanspruch zu verweisen. Anzurechnen ist demnach das, was die Versicherungsanstalt oder Kasse dem Ersatzberechtigten an Leistungen zu gewähren hat. Wird aber eine zukünftig zu gewährende Leistung angerechnet, so ist der haftpflichtige Betriebsunternehmer dem Verletzten für den Eingang der Leistung haftbar. Denn der Verletzte kann von dem Unternehmer Ersatz seines vollen Schadens abzüglich dessen fordern, was von der Kasse tatsächlich geleistet wird. Der Unternehmer haftet also für Verität und Bonität dieser Forderung. Ebenso Eger Anm. 60 S. 481; Endemann S. 138; Reindl Anm. 7 zu § 4; Genzmer S. 119. Vgl. auch ROHG. 22 259.

War der Getötete oder Verletzte bei mehreren Kassen versichert, so sind die Leistungen aller Kassen, falls bezüglich einer jeden die Voraussetzungen des § 4 gegeben sind, zum vollen Betrage auf die Entschädigung anzurechnen. Vgl. Eger Anm. 60 S. 481; Reindl Anm. 6 zu § 4; Genzmer S. 119.

Anzurechnen ist die Leistung der Kasse an den Ersatzberechtigten. Ersatzberechtigter ist derjenige, der auf Grund des HaftpflG. (§§ 1 bis 3 a) von dem Betriebsunternehmer Erstattung des entstandenen Schadens beanspruchen kann. Die in der Literatur (vgl. Eger Anm. 61 S. 484, Endemann S. 139) erörterte Frage, ob als Ersatzberechtigter nur der ursprünglich Berechtigte oder auch der Universal- und Singularsukzessor anzusehen sei, ist müßig. Denn nach § 4 kann von dem Verletzten bzw. seinen Hinterbliebenen nur Ersatz des Schadens abzüglich der Leistungen der Kasse gefordert werden (vgl. Anm. 10). Der in der Person des ursprünglich Berechtigten entstandene Anspruch besteht also in der Differenz zwischen dem vollen Schaden und den Leistungen der Kasse. Infolgedessen kann auch auf den Rechtsnachfolger des ursprünglich Berechtigten kein anderer Anspruch übergehen.

Daß Gegenstand der Anrechnung nur die Leistung an den Ersatzberechtigten ist, nicht etwa die gesamte aus Anlaß des Unfalls zu gewährende Leistung, die nach den Bedingungen zum Teil dem Betriebsunternehmer zukommt, versteht sich von selbst. Vgl. Eger Anm. 61 S. 484; Endemann S. 140.

II. Die Leistung der Kasse ist auf die Entschädigung anzurechnen. **Anm. 9.** Als Entschädigungen kommen die in den §§ 3 und 3 a normierten Ansprüche auf Ersatz der Heilungskosten und für vermehrte Bedürfnisse, der Beerdigungskosten, des Erwerbsverlustes und des entzogenen Unterhalts in Betracht. Diese Ansprüche stehen selbständig nebeneinander. Die Kassenleistung ist daher nicht auf die dem Verletzten zustehenden Schadenersatzansprüche in ihrer Gesamtheit, sondern auf die besondere Entschädigung anzurechnen, durch die ein Schaden ersetzt werden soll, hinsichtlich dessen auch die Leistung der Kasse erfolgt. Anzurechnen sind also z. B. wohl die Krankenkassengelder auf die Heilungskosten, die Sterbekassengelder auf die Beerdigungskosten, die Unterstützungsgelder auf den durch Erwerbsverlust oder Entziehung des Unterhalts entstandenen Schaden. Dagegen kann z. B. demjenigen, der gegen den Betriebsunternehmer einen Schadenersatzanspruch wegen Erwerbsverlustes geltend macht, nicht als anrechnungsfähig ein von der Kasse zu Heilungszwecken gezahlter, aber hierzu nicht verbrauchter Betrag entgegengehalten werden. Voraussetzung der Anrechnung ist, daß Kassenleistung und Entschädigung denselben Gegenstand betreffen. Ebenso Eger Anm. 62 S. 485; Genzmer S. 120; Endemann S. 140.

In rechnerischer Beziehung bietet die Anrechnung, soweit die Leistungen sowohl des Unternehmers als auch der Kasse gleichmäßig in Form eines Kapitals oder einer Rente gewährt werden, keine Schwierigkeiten. Hat aber der eine Ersatzpflichtige die Leistung in Form eines Kapitals, der andere in Form einer Rente zu gewähren — was beim Ersatz wegen Erwerbsverlustes, vermehrter Bedürfnisse und Unterhaltsentziehung immerhin der Fall sein kann (vgl. § 7) —, so muß die anzurechnende Kapitals- oder Rentenleistung für die Feststellung der Entschädigung umgerechnet werden. Hierbei wird der Kapitalwert der Rente zweckmäßig in der Weise berechnet, daß die Zahl der Rentenbeträge nach der mutmaßlichen Lebensdauer des Berechtigten festgestellt und die Summe derselben unter Abzug des Zwischenzinses gebildet wird. § 9 ZPO., auf den Eger (Anm. 60 S. 482) hinweist, hat nur für das Prozeßrecht maßgebende Bedeutung. Vgl. Isaac Anm. 11 i zu § 13.

III. Über die prozessuale Geltendmachung der Anrechnung gehen **Anm. 10.** die Meinungen auseinander. Eger (Anm. 62 S. 486) und Reindl (Anm. 7 zu § 4) sind der Ansicht, daß die Anrechnung nur auf Grund einer von dem haftpflichtigen Unternehmer erhobenen Einrede erfolgen, daher vom Richter nicht von Amts wegen vorgenommen werden dürfe.

Diese Auffassung ist m. E. unrichtig. § 4 besagt, daß unter bestimmten Voraussetzungen die Leistung der Kasse auf die Entschädigung einzurechnen ist, was nichts anderes bedeutet, als daß sich der nach den §§ 1 bis 3 a zu ersetzende Schaden um die anzurechnende Leistung ipso iure verringert. Ergeben sich also die Tatsachen, von denen gemäß § 4 die Anrechnung abhängt, aus dem Vorbringen der Parteien, des Berechtigten oder des Verpflichteten, so hat sie das Gericht von Amts wegen zu berücksichtigen und den Betrag der Leistung anzurechnen. Ebenso Genzmer S. 120. Die Beweislast hinsichtlich der tatsächlichen Voraussetzungen der Anrechnung liegt dem haftpflichtigen Unternehmer ob. Vgl. RG. in JW. **1909** 455[8].

Wird das Verfahren nach Grund und Höhe des Anspruchs geteilt (§ 304), so braucht die Frage, ob und in welcher Höhe eine Leistung anzurechnen ist, nicht in dem Verfahren über den Grund erörtert zu werden, es sei denn, daß die Leistung die geforderte Entschädigung übersteigt und der Einwand somit zur Abweisung des Klageanspruchs führt. Vgl. RG. **65** 57; JW. **1911** 35[12].

Anhang zu § 4.

Versicherung unter anderen Bedingungen.

Anm. 11. **I. Versicherung ohne Mitleistung des Unternehmers.**

§ 4 regelt die Fälle, in denen der Verletzte versichert war und die Beiträge zur Versicherung von dem Betriebsunternehmer mindestens zu einem Drittel aufgebracht wurden. Es fragt sich, wie die Sachlage zu beurteilen ist, wenn der Verletzte versichert war, ohne daß der Betriebsunternehmer etwas an Beiträgen beigesteuert hat.

Hat der Verletzte für sich selbst oder seine Hinterbliebenen ausschließlich durch eigene Leistungen das Recht auf eine Versicherungssumme, eine Rente oder sonstige Bezüge erworben, so sind diese Bezüge auf eine Entschädigung nicht anzurechnen. Für die Schadenersatzpflicht gilt allerdings der Grundsatz, daß, wenn dasselbe Ereignis für jemanden nicht nur Nachteil, sondern zugleich Vorteil bringt, der zu ersetzende Schade nach dem Betrage zu bemessen ist, um den der Nachteil den Vorteil übersteigt (compensatio lucri cum damno). Voraussetzung für eine solche Ausgleichung ist jedoch, daß zwischen dem schädigenden Ereignis und der Entstehung des Vorteils ein Kausalzusammenhang nicht nur im natürlichen, sondern auch im rechtlichen Sinne vorhanden ist (vgl. Anm. 67 zu § 1). An einem solchen Kausalzusammenhang fehlt es, wenn der Verletzte durch eigene Leistungen das Recht erkauft hat. Denn in diesem Falle beruht der Anspruch auf die Versicherungssumme im Rechtssinne nicht auf dem Unfall als Entstehungsgrund, sondern auf dem Versicherungsvertrag und der Zahlung der Prämien. Die Auszahlung der Versicherungssumme bildet die durch den Eintritt des Unfalls bedingte Gegenleistung für die Prämien. RG. **10** 50, EisenbE.

3 93; RG. **64** 350, JW. **1907** 23[26], EisenbE. **24** 118; RG. **68** 45; „Recht" **1908** Nr. 2940/41, EisenbE. **25** 192; RG. **70** 101, EisenbE. **25** 320; LZ. **1914** 1033[10], EisenbE. **31** 115; RG. **92** 401.

Für die Hinterbliebenen ist der ihnen aus der Versicherung zufallende Erwerb allerdings von Bedeutung, sofern ihr Unterhaltsanspruch Bedürftigkeit voraussetzt und diese durch den Erwerb beseitigt oder gemindert wird. Vgl. Anm. 43 zu § 3.

Dem Fall eines vom Verletzten auf eigene Kosten abgeschlossenen Versicherungsvertrags ist der Fall gleichzustellen, daß ein Dritter aus Liberalität oder anderen Gründen zugunsten des Verletzten eine solche Versicherung abschließt. Auch hier besteht zwischen dem schädigenden Ereignis und dem Erwerb nur ein Kausalzusammenhang im natürlichen, nicht im Rechtssinne. RG. **70** 101, EisenbE. **25** 320.

II. Versicherung unter Mitleistung von weniger als dem vorgeschriebenen Drittel. Anm. 12.

Aus der Bestimmung des § 4, daß die Bezüge aus einer der dort bezeichneten Kassen auf die Entschädigung nur dann anzurechnen sind, wenn die Mitleistung des Unternehmers mindestens ein Drittel der Gesamtbeiträge ausmacht, wird gefolgert, daß bei Ermangelung dieser Voraussetzung eine Anrechnung überhaupt nicht zu erfolgen habe. So RG. **11** 22, EisenbE. **3** 175; EisenbE. **5** 99; RG. **25** 121; Endemann S. 146; Reindl Anm. 8 zu § 4; Westerkamp S. 691; Heucke Anm. 9 zu § 4.

Dieser Standpunkt erscheint nicht zutreffend. Zuzugeben ist, daß, auch wenn der Unternehmer einen Teil der Beiträge leistet, ein ursächlicher Zusammenhang im Rechtssinne zwischen dem schädigenden Ereignis und dem Anspruch auf die Versicherungsleistung nicht besteht, eine Anrechnung daher nach den Grundsätzen der Vorteilsausgleichung nicht begründet sein würde (vgl. Anm. 11). Der Verunglückte würde aber, wenn er außer dem Ersatz des gesamten Schadens die volle Versicherungsleistung erhielte, nicht nur, wie das Gesetz bezweckt, entschädigt, sondern bereichert werden. Bereichert ist der Verunglückte nur insoweit nicht, als der Anspruch auf die Versicherung von ihm selbst oder von einem Dritten in seinem Interesse durch Beiträge erkauft ist. Was dagegen der Unternehmer an Beiträgen zahlt, ist nichts anderes als eine für den Eintritt eines Unfalls vorweggenommene Entschädigung. Der Betriebsunternehmer leistet die Beiträge in der Absicht, seine Ersatzpflicht bei Eintritt eines Unfalls herabzumindern. Trägt daher der Unternehmer zu der Versicherung weniger als ein Drittel der Gesamtleistung bei, so ist ein diesem Bruchteil der Beiträge entsprechender Teil der Leistung der Kasse auf die Entschädigung anzurechnen. Die abweichende Ansicht verkennt, daß § 4 nicht eine allgemeine Regel, aus der argumento e contrario Schlüsse gezogen werden können, sondern eine exzeptionelle Vorschrift enthält. Nach § 4 soll im Interesse der Förderung der sog. kooperativen Kassen die Versicherungsleistung schon dann in vollem Umfange auf die Entschädigung angerechnet werden, wenn der Unternehmer auch nur ein Drittel der gesamten Beiträge aufgebracht hat. Daraus folgt nicht, daß, wenn die Voraussetzungen des § 4 nicht erfüllt sind, die Anrechnung eines Teiles der Leistung ausgeschlossen sein soll, vielmehr daß es dann bei der Regel, nämlich der Anrechnung nach Verhältnis der Beitragsleistungen, verbleibt. Ebenso Eger Anm. 54 S. 462; Genzmer S. 121. Vgl. auch Stenogr. Ber. **1** 488, 490.

Anm. 13. **III. Die auf Gesetz oder Statut beruhenden Pensionen.**

Die gesetzliche oder statutarische Pension bildet nicht wie die auf Vertrag beruhende Versicherung ein selbständiges von dem Entschädigungsanspruch unabhängiges Vermögensobjekt. Es handelt sich bei ihr überhaupt nicht um besondere Vorteile, die dem Verletzten aus Anlaß des Unfalls zufallen und für die die Grundsätze der Vorteilsausgleichung (compensatio lucri cum damno) in Betracht kämen. Der Beamte, der infolge eines Unfalls dienstunfähig wird, behält einen gesetzlich oder statutarisch fixierten Teil des Gehalts als Pension (Ruhegehalt). Der Schaden, den er erleidet, besteht also nicht in der Entziehung, sondern in der Verringerung des Diensteinkommens. Er ist nur um die Differenz des bisherigen vollen und des als Pension fortgewährten Teiles des Gehalts geschädigt. Daraus folgt ohne weiteres, daß auf die — ohne Rücksicht auf die Pension berechnete — Entschädigung die Pension in Anrechnung zu bringen ist. Hieran wird auch nichts geändert, wenn der Beamte bestimmte Beiträge zu der Pensionskasse zu leisten hat oder ihm solche Beiträge von vornherein am Gehalt gekürzt werden. So das RG. in ständiger Praxis. Vgl. EisenbE. **3** 215; RG. **15** 114, EisenbE. **4** 400; RG. **17** 45; RG. **64** 350; JW. **1907** 23[26]; RG. **82** 189; **92** 401. A. M. Eger Anm. 58 S. 472; v. Weinrich § 21 III S. 73; Linckelmann, Die Schadenersatzpflicht aus unerlaubten Handlungen S. 65.

Entsprechendes gilt auch für die auf Gesetz oder Statut beruhenden Witwen- und Waisengelder. Soweit den Hinterbliebenen des Beamten derartige Pensionsansprüche zustehen, ist ihnen der bisher in dem Amtseinkommen des Ernährers gewährleistete Unterhalt nicht im ganzen Umfang entzogen, sondern nur geschmälert, ihr Schade daher ein entsprechend geringerer. RG. **64** 350, JW. **1907** 23[26].

Über das Verhältnis von Schadenersatzansprüchen auf Grund des HaftpflG. zu den Ansprüchen auf Beamten-Unfallpensionen bzw. Leistungen der öffentlich-rechtlichen Versicherung vgl. Anm. 88 ff. zu § 1.

§ 5.

Die in den §§ 1 und 2 bezeichneten Unternehmer sind nicht befugt, die Anwendung der in den §§ 1 bis 3a enthaltenen Bestimmungen zu ihrem Vorteil durch Verträge (mittels Reglements oder durch besondere Übereinkunft) im voraus auszuschließen oder zu beschränken.

Vertragsbestimmungen, welche dieser Vorschrift entgegenstehen, haben keine rechtliche Wirkung.

Inhaltsübersicht.

	Anm.
Vorbemerkung	1
I. Inhalt des Verbotes (Abs. 1).	
1. Die Personen, an die sich das Verbot richtet	2
2. Die von dem Verbot getroffenen gesetzlichen Bestimmungen	3
3. Die verbotenen Verträge	4
4. Bedeutung des Ausdrucks „Verträge"	5
5. „Im voraus"	6
II. Folgen der Zuwiderhandlung (Abs. 2)	7

Vorbemerkung. Bei dem Übergewicht, das die Unternehmer der in den §§ 1 und 2 bezeichneten Anlagen gegenüber ihren Angestellten besitzen, sowie bei dem rechtlichen oder häufig tatsächlichen Monopol der Eisenbahnen ist die Gefahr naheliegend, daß die den Unternehmern auferlegte Haftpflicht durch Vereinbarungen beseitigt oder beschränkt wird. Solchen Abmachungen würden die Bestimmungen des bürgerlichen Rechts an sich nicht entgegenstehen (vgl. § 276 BGB.). Sollte daher das HaftpflG. seinen Zweck voll erreichen, so erschien es notwendig, die Möglichkeit einer vertraglichen Aufhebung oder Einschränkung der Haftung auszuschließen. Vgl. Mot. zu § 4 des Entw., Stenogr. Ber. **3** 72. Anm. 1.

Vorbild für § 5 war Art. 423 AllgDHGB. (jetzt § 471 HGB.) und das PrGes. betr. einen Zusatz zu § 24 des PrEisenbG. v. 3. 5. 69 (GS. S. 665).

I. Inhalt des Verbotes (Abs. 1).

1. Das Verbot wendet sich an **die in den §§ 1 und 2 bezeichneten Unternehmer.** Darüber, welche Personen dies sind, vgl. Anm. 115 ff. zu § 1 und Anm. 60 zu § 2. Selbstverständlich gilt die Bestimmung auch für die durch Vertreter der Unternehmer abgeschlossenen Verträge. Vgl. Eger Anm. 65 S. 495; Endemann S. 148; Reindl Anm. 2 zu § 5. Anm. 2.

§ 5 spricht den Unternehmern die Befugnis ab, Verträge der bezeichneten Art abzuschließen. Diese Fassung könnte den Anschein erwecken, als ob Verträge, zu denen nicht der Unternehmer, sondern der andere Vertragsteil die Anregung gegeben hat, von dem Verbot nicht betroffen würden. Dies ist offenbar nicht gemeint. Die Vorschrift bezieht sich auf alle Verträge, an denen der Unternehmer beteiligt ist.

Die Fassung wird mit Recht von Endemann (S. 148) bemängelt. In § 471 HGB. ist zweckmäßig die passive Form gewählt: „Die ... Verpflichtungen der Eisenbahnen können weder durch die Eisenbahnverkehrsordnung noch durch Verträge ausgeschlossen oder beschränkt werden."

Anm. 3. 2. **Die Anwendung der in den §§ 1 bis 3 a enthaltenen Bestimmungen** darf nicht zum Vorteil des Unternehmers ausgeschlossen oder beschränkt werden. Die §§ 1 bis 3 a sind in ihrem gesamten Inhalt von dem Verbot betroffen. Daher dürfen vor allem nicht Inhalt und Umfang der Schadenersatzpflicht abweichend von den §§ 1 bis 3 a zum Vorteil des Haftpflichtigen geregelt werden. Dasselbe gilt von den Voraussetzungen, unter denen die Unternehmer nach den §§ 1 und 2 haften. Unzulässig ist z. B. die Vereinbarung des Dienstherrn mit seinen Angestellten, daß das von ihm betriebene Unternehmen nicht zu den in § 1 oder § 2 genannten Anlagen gehöre. Auch über die Frage der Beweislast könnten nicht die Angestellten benachteiligende Abmachungen getroffen werden.

Das Verbot bezieht sich nur auf die §§ 1 bis 3 a, nicht auf die anderen Vorschriften des HaftpflG. Die letzteren können, sofern nicht sonstige Bestimmungen entgegenstehen, durch Vertrag abgeändert werden.

Das RG. nimmt auch in bezug auf § 4 Vertragsfreiheit an. Es hält nicht für unzulässig, daß durch Dienstvertrag oder durch die Statuten einer Pensionskasse die Vorschrift getroffen werde, daß die aus der Pensionskasse fließenden Pensionen auf die Haftpflichtentschädigung auch dann anzurechnen seien, wenn der Unternehmer zur Kasse einen geringeren als den in § 4 festgesetzten Drittelbeitrag entrichtet habe. Bolze **1** Nr. 605. Ebenso Eger Anm. 66 S. 496; Reindl Anm. 3 zu § 5; Westerkamp S. 695; Genzmer S. 126.

Diese Auffassung erscheint nicht zutreffend. Das Verhältnis des § 4 zu den §§ 1 bis 3 a dürfte folgendermaßen zu beurteilen sein. § 4 bildet eine Ausnahmevorschrift. Unter den hier bestimmten Voraussetzungen, und nur unter diesen, soll die Leistung der Kasse in vollem Umfang auf die Entschädigung angerechnet werden. Sind diese Voraussetzungen nicht erfüllt, so ist die Frage der Anrechnung nach den allgemeinen Vorschriften, also nach den §§ 1 bis 3 a, für die nicht Vertragsfreiheit gilt, zu beurteilen. Daraus folgt aber, daß auch § 4 nicht zum Vorteil des Unternehmers geändert werden kann. Eine die Voraussetzungen der Anrechnung abändernde Vereinbarung widerspricht auch den Absichten, die der Gesetzgeber mit der Vorschrift des § 4 verfolgte. Die Aufnahme des Drittels als Minimalleistung des Unternehmers erfolgte gerade, wie der Antragsteller bei der Beratung des Gesetzes betonte, um zu verhüten, daß bei gänzlicher Vertragsfreiheit der Arbeiter geschädigt werde. Vgl. Stenogr. Ber. **1** 610. Wenn § 4 in § 5 nicht mitaufgeführt ist, so beruht dies wohl auf einem redaktionellen Versehen, das sich daraus erklärt, daß die jetzige Vorschrift des § 4 in dem Regierungsentwurf fehlte (vgl. Anm. 1 zu § 4). Nach der abweichenden Ansicht würde der Unternehmer befugt sein, die Anrechnung auch für den Fall zu vereinbaren, daß er überhaupt keine Beiträge an die Versicherungsanstalt oder Kasse entrichtet. Der Unternehmer wäre dann in der Lage, seine Haftung dadurch auszuschließen oder zu beschränken, daß er den Angestellten verpflichtete, sich zu versichern, und die Anrechnung der Leistung der Versicherungsanstalt oder Kasse vereinbarte. Dies würde ohne Zweifel nicht dem Zweck des § 5 entsprechen.

Die Anwendung der Vorschriften des BGB., die die Haftung aus Vertrag und Delikt regeln, kann dagegen innerhalb der durch §§ 138 und 276 Abs. 2 gezogenen Schranken zum Vorteil des Unternehmers ausgeschlossen oder beschränkt werden. RG. **65** 313; **117** 102.

3. § 5 verbietet Verträge, durch die die Unternehmer die Anwendung der §§ 1 bis 3a **zu ihrem Vorteil ausschließen oder beschränken.** Die Unternehmer sind also nicht berechtigt, durch Vertrag ihre Verpflichtungen so zu bestimmen, daß diese hinter den gesetzlichen zurückbleiben. Dagegen ist es den Beteiligten unbenommen, Vereinbarungen zu treffen, durch die die Haftpflicht des Unternehmers gegenüber den Bestimmungen der §§ 1 bis 3 a zum Vorteil des Verletzten oder seiner Hinterbliebenen erweitert wird. Es könnte z. B. vertraglich die Haftpflicht eines der in § 2 bezeichneten Unternehmer auch auf die ohne nachweisbares Verschulden entstandenen Unfälle ausgedehnt oder über den Umfang der §§ 3 und 3 a hinaus Schadenersatz, z. B. der Ersatz eines ideellen Schadens, vereinbart werden. Für zulässig erklärt hat das RG. auch die vertragsmäßige Ausdehnung der an sich nur für das Inland geltenden Bestimmungen des HaftpflG. (vgl. Anm. 207 zu § 1) auf Unfälle, die sich im Ausland ereignen. EisenbE. **2** 52. **Anm. 4.**

Endemann (S. 148) bemängelt die Einfügung der Worte „zu ihrem Vorteil". Er ist der Ansicht, daß auch ohne diese alles gesagt worden wäre, was gesagt zu werden brauchte. Zuzugeben ist, daß praktisch wohl meistens eine Ausschließung oder Beschränkung der Anwendung der §§ 1 bis 3 a eine Abschwächung der Haftpflicht des Unternehmers, für diesen also einen Vorteil bedeutet. Es ist aber auch der Fall nicht ausgeschlossen, daß eine Beschränkung der §§ 1 bis 3 a zum Vorteil des anderen Vertragsteils vereinbart wird. Denkbar wäre z. B. ein Vertrag, durch den die Beteiligten die Anwendung des HaftpflG. ausschließen und sich den für den Verletzten günstigeren Bestimmungen eines ausländischen Gesetzes unterwerfen. Durch die Hinzufügung der Worte „zu ihrem Vorteil" ist jeder Zweifel darüber beseitigt, daß eine solche Vereinbarung rechtswirksam ist.

Die Aufnahme dieser Worte erscheint aber auch deshalb zweckmäßig, weil ohne sie nach § 5 auch jede Vereinbarung für unzulässig erachtet werden könnte, durch die die Anwendung von Teilen der §§ 1 bis 3 a ausgeschlossen oder beschränkt wird. Durch die vorliegende Fassung ist klargestellt, daß von den Beteiligten durch Vertrag z. B. die dem Unternehmer zustehende Einrede der höheren Gewalt (§ 1) ausgeschlossen werden kann.

Anm. 5. **4.** Das Verbot richtet sich gegen die Ausschließung und Beschränkung der Haftung durch **Verträge.** Gemeint sind nur Verträge zwischen den Unternehmern und den Anspruchsberechtigten. Selbstverständlich wird von dem Verbot nicht ein Vertrag getroffen, den der Unternehmer mit einem Dritten, z. B. einer Versicherungsgesellschaft, abschließt, um seine Haftung auszuschließen oder zu beschränken. Vgl. Eger Anm. 68 S. 497. Ebensowenig fallen darunter die Gesellschaftsverträge der Gesellschaften mit beschränkter Haftung. A. M. Gerhard Eger EisenbE. **25** (Sonderheft) 44 ff., der im übrigen die Frage, ob eine Eisenbahn mit Rücksicht auf § 5 auch von einer Gesellschaft m. b. H. betrieben werden kann, zutreffend bejaht.

Der Ausdruck „Vertrag" ist in dem umfassenden Sinne gebraucht, der ihm nach dem bürgerlichem Recht (vgl. §§ 145 ff. BGB.) zukommt. Demnach bedeutet „Vertrag" jede ausdrücklich oder stillschweigend erklärte Willenseinigung der Beteiligten, die die Ausschließung oder Beschränkung der Anwendung der §§ 1 bis 3 a bezweckt. Ein unzulässiger Vertrag liegt z. B. vor, wenn ein Eisenbahnunternehmer jemandem die Benutzung der Eisenbahnanlage auf dessen eigene Gefahr gestattet und letzterer sich mit dieser Überlassung einverstanden erklärt. RG. in EisenbE. **15** 221. Ohne rechtliche Wirkung sind auch die Reverse, die sich nicht selten Betriebsunternehmer von den ihre Anlagen besichtigenden Interessenten ausstellen lassen, und in denen letztere auf ihnen etwa entstehende Ansprüche aus dem HaftpflG. Verzicht leisten. Ebenso entbehren die häufig in Straßenbahnen befindlichen Bekanntmachungen, daß bei Zuwiderhandlung gegen Sicherheitsvorschriften die Haftpflicht des Unternehmers ausgeschlossen sei, soweit sie eine Abschwächung der Haftung gegenüber dem Gesetz enthalten, der rechtlichen Wirkung.

Die in Klammern hinzugefügten Worte „mittels Reglements oder durch besondere Übereinkunft" dienen zur Erläuterung des Ausdrucks „Vertrag". Sie sollen besagen, daß es gleichgültig ist, ob die Ausschließung oder Beschränkung der Haftung in dem einzelnen Falle Gegenstand besonderer Regelung oder aber lediglich durch Bezugnahme auf ein die Vertragsbedingungen allgemein festsetzendes Reglement vereinbart ist.

Der Ausdruck „mittels Reglements" ist allerdings nicht ganz korrekt. Denn dieses ist kein Vertrag, auch keine Vertragsofferte, sondern lediglich eine Zusammenstellung derjenigen Bedingungen, unter denen der Unternehmer zum Abschluß des Vertrages bereit ist. Erst dadurch, daß ausdrücklich oder stillschweigend beim Abschluß des Vertrages auf das Reglement Bezug genommen wird, werden dessen Bestimmungen Bestandteil des Vertrages. Vgl. Eger Anm. 68 S. 498; Endemann S. 149; Reindl Anm. 5 zu § 5.

Anm. 6. **5.** Nur auf solche Verträge bezieht sich das Verbot, durch die die Anwendung der fraglichen Bestimmungen **im voraus** ausgeschlossen oder beschränkt wird. Die Worte „im voraus" können nach dem Zusammenhang nur bedeuten: bevor die Vorschriften des HaftpflG. anwendbar geworden sind. Sie sind also auf denjenigen Zeitpunkt zu beziehen, in dem nach den §§ 1 bis 3a ein Schadenersatzanspruch zur Existenz gelangt, d. h. auf den Zeitpunkt des Unfalls.

Dies entspricht auch dem Zweck der Bestimmung. Solange kein Unfall eingetreten ist, liegt die Gefahr nahe, daß der dem Betriebsunternehmer gegenüberstehende wirtschaftlich schwächere Vertragsteil auf die Wohltaten des HaftpflG. freiwillig Verzicht leistet. Ist dagegen der Unfall eingetreten und der Vorteil des Gesetzes dem Geschädigten zum Bewußtsein gekommen, so erscheint ein Vertragsverbot entbehrlich. Ebenso RG. **16** 30, JW. **1886** 250[16], EisenbE. **4** 457; RG. **23** 42, JW. **1889** 131[8], EisenbE. **6** 450; Eger Anm. 69 S. 500 (abw. von früheren Aufl., wo die richterliche Entscheidung als der maßgebende Zeitpunkt angesehen ist); Reindl Anm. 6 zu § 5; Endemann S. 150; Westerkamp S. 695; Genzmer S. 127.

Nach dem Eintritt des Unfalls unterliegt daher der Schadenersatzanspruch der freien Vereinbarung der Beteiligten. Es ist diesen unbenommen, abweichend von den §§ 1 bis 3a, auch zum Vorteil des Unternehmers, insbesondere durch Vergleiche oder Verzichte, über den Ersatzanspruch zu verfügen.

II. Folgen der Zuwiderhandlung (Abs. 2). Anm. 7.

Nach Abs. 2 haben die Vertragsbestimmungen, die der Vorschrift des Abs. 1 entgegenstehen, keine rechtliche Wirkung. Da ihnen das Gesetz jede rechtliche Wirksamkeit versagt, so sind sie als nichtig im Sinne der §§ 134ff. BGB. anzusehen (vgl. auch § 471 Abs. 2 HGB.). Es bedarf daher keines besonderen Rechtsaktes (Klage, Einrede, Anfechtung), um die Unwirksamkeit des Vertrages geltend zu machen. Nicht nur der Ersatzberechtigte, sondern auch der Betriebsunternehmer kann sich auf sie berufen, und der Richter hat sie, sofern eine solche Vereinbarung zu seiner Kenntnis gelangt, von Amts wegen zu berücksichtigen.

Das Gesetz spricht von „Vertragsbestimmungen", weil die Vereinbarung kein besonderer Vertrag zu sein braucht, vielmehr Teil eines anderen Vertrages, z. B. eines Dienst- oder Beförderungsvertrages, sein kann und in der Regel auch sein wird. Nur die gegen Abs. 1 verstoßenden Bestimmungen sind für nichtig erklärt. Bilden diese nur einen Teil eines Vertrages, so hängt die Wirksamkeit des übrigen Vertragsteils davon ab, ob anzunehmen ist, daß der Vertrag auch ohne den nichtigen Teil geschlossen sein würde (§ 139 BGB.). In den meisten Fällen wird dies anzunehmen und daher nur die gegen Abs. 1 verstoßende Abrede für nichtig zu erachten sein.

§ 6.

Das Gericht hat über die Wahrheit der tatsächlichen Behauptungen unter Berücksichtigung des gesamten Inhalts der Verhandlungen nach freier Überzeugung zu entscheiden.

Die Vorschriften der Landesgesetze über den Beweis durch Eid, sowie über die Beweiskraft öffentlicher Urkunden und gerichtlicher Geständnisse bleiben unberührt.

Ob einer Partei über die Wahrheit oder Unwahrheit einer tatsächlichen Behauptung noch ein Eid aufzulegen, sowie ob und inwieweit über die Höhe des Schadens eine beantragte Beweisaufnahme anzuordnen oder Sachverständige mit ihrem Gutachten zu hören, bleibt dem Ermessen des Gerichts überlassen.

Inhaltsübersicht.

	Anm.
§ 286 ZPO.	
1. Freie Beweiswürdigung	1
2. Berücksichtigung des Verhandlungsinhalts	2
3. Begründung der Überzeugung	3
§ 287 ZPO.	
1. Voraussetzungen des freien Ermessens	
a) Schaden (Bedeutung)	4
b) Existenz und Höhe	5—6
2. Inhalt des freien Ermessens	7

Der § 6 ist durch § 13 Abs. 2 Ziff. 3 EG.ZPO. v. 30. 1. 77 (abgeändert durch das EG. z. Ges. betr. Abänderungen der ZPO. v. 17. 5. 98) mit dem 1. 10. 79 aufgehoben worden. An seine Stelle sind die Bestimmungen der §§ 286 und 287 ZPO. getreten. Eine erschöpfende Erläuterung dieser Vorschriften kann nicht Aufgabe der vorliegenden Bearbeitung des HaftpflG. sein. Hier sollen nur einige Punkte hervorgehoben werden, die für das Gebiet der Haftpflicht von besonderer Bedeutung sind.

§ 286 ZPO.

Das Gericht hat unter Berücksichtigung des gesamten Inhalts der Verhandlungen und des Ergebnisses einer etwaigen Beweisaufnahme nach freier Überzeugung zu entscheiden, ob eine tatsächliche Behauptung für wahr oder für nicht wahr zu erachten sei. In dem Urteile sind die Gründe anzugeben, welche für die richterliche Überzeugung leitend gewesen sind.

An gesetzliche Beweisregeln ist das Gericht nur in den durch dieses Gesetz bezeichneten Fällen gebunden.

Anm. 1. 1. § 286 statuiert den Grundsatz der sog. **freien Beweiswürdigung.** Nach diesem ist das Gericht außer in den durch das Gesetz bestimmten Fällen (Abs. 2) an keinerlei Beweisregeln gebunden. Es entscheidet unter Würdigung des gesamten Prozeßstoffes nach freier Überzeugung darüber, ob eine Tatsache für wahr oder nicht wahr zu halten ist.

Der Grundsatz der freien Beweiswürdigung spielt insbesondere eine bedeutsame Rolle, wenn es sich um den Nachweis des Kausalzusammenhanges handelt. Das Gericht darf hier nicht eine mathematische, jeden Zweifel ausschließende Gewißheit verlangen. Es muß sich damit begnügen, daß ihm Tatsachen dargetan werden, die erfahrungsgemäß und nach dem gewöhnlichen Lauf der Dinge geeignet sind, den ursächlichen Zusammenhang zu begründen. Vgl. SeuffA. **48** 81; Bolze **23** Nr. 163.

Häufig ist z. B. der ursächliche Zusammenhang zwischen dem Unfall und einem bestimmten körperlichen Leiden nicht mit unbedingter Gewißheit nachweisbar. Hier muß ein hoher Grad von Wahrscheinlichkeit dafür, daß das Leiden eine Folge des Unfalls ist, zur Begründung der richterlichen Überzeugung für genügend erachtet werden. RG. in JW. **1895** 543[30], EisenbE. **12** 242; JW. **1908** 196[10], WarnRspr. **1908** Nr. 303, EisenbE. **24** 383; „Recht" **1913** Nr. 542, EisenbE. **29** 431.

Während die Beurteilung der Frage, ob und welche körperlichen Folgen der Unfall ausgelöst hat, unter § 286 fällt, entscheidet über den ursächlichen Zusammenhang eines eingetretenen Vermögensschadens mit dem die Grundlage des Schadenersatzanspruchs bildenden Tatbestand das Gericht nach § 287. Vgl. Anm. 5.

2. Bei der Entscheidung darüber, ob eine tatsächliche Behauptung für wahr oder für nicht wahr zu erachten sei, hat das Gericht den gesamten Inhalt der Verhandlungen und des Ergebnisses einer etwaigen Beweisaufnahme zu berücksichtigen. Über die sich hieraus insbesondere ergebende Pflicht zu erschöpfender Behandlung des dargebotenen Beweismaterials vgl. Förster-Kann Anm. 1 zu § 286. **Anm. 2.**

Nur auf Grund der Verhandlungen und einer etwaigen Beweisaufnahme soll das Gericht seine Überzeugung bilden. Es darf daher keine Tatsachen verwerten, die nicht von den Parteien vorgetragen worden sind. In einem hier interessierenden Fall war die Klage nach dem Tatbestand darauf gestützt, daß die Klägerin mit der Straßenbahn der Beklagten gefahren und hierbei dadurch verunglückt ist, daß der Wagen infolge falschen Bremsens heftig gegen einen Prellblock stieß. Nach § 1 HaftpflG. war die Klage hiermit, wie das RG. annimmt, ausreichend begründet, dagegen fehlten nach seiner Ansicht genügende Anhaltspunkte dafür, daß sie auch auf den Beförderungsvertrag gestützt sein sollte. Ebenso wäre nicht ersichtlich, daß darüber verhandelt worden sei, ob das falsche Bremsen auf einer Nachlässigkeit des Wagenführers beruhte. Durch Heranziehung des Beförderungsvertrages und des Gesichtspunktes des Verschuldens des Wagenführers habe das Berufungsgericht den § 286 verletzt. JW. **1910** 818[39], EisenbE. **27** 300. Das Gericht wird u. E. in solchen Fällen jedenfalls vom Fragerecht Gebrauch zu machen haben. Vgl. auch Anm. 15 zu § 9.

3. Das Gericht hat die Pflicht, die gewonnene Überzeugung zu begründen. Redewendungen allgemeiner Art, wie die, daß das Gericht nach dem Ergebnis der Beweisaufnahme die Überzeugung gewonnen habe, genügen nicht. Will das Gericht einem Beweisantrag keine Folge geben, so muß es die hierfür maßgebenden Erwägungen mitteilen. Vgl. z. B. RG. in JW. **1911** 370[31], EisenbE. **28** 98 (Nichtberücksichtigung eines Antrags auf Einnahme des Augenscheins). **Anm. 3.**

§ 286 erfordert aber nur eine Angabe der Gründe, die für die richterliche Überzeugung leitend gewesen sind, nicht eine erschöpfende Erörterung aller Einzelanführungen. Vgl. RG. in JW. **1911** 156[17]. Das RG. hat z. B. keine Verletzung des § 286 darin gefunden, daß das Berufungsgericht bei Erörterung der Beweisergebnisse, auf die es die Feststellung gründete, es habe an der Unfallstelle ein fast undurchdringliches Dunkel geherrscht, sich nicht auch mit den Bekundungen der Zeugen befaßt habe, aus denen hervorgehe, daß das Gelände übersehbar gewesen und der Unfall von den Zeugen mitangesehen worden sei. JW. **1911** 946[16], EisenbE. **28** 346.

§ 287 ZPO.

Ist unter den Parteien streitig, ob ein Schaden entstanden sei, und wie hoch sich der Schaden oder ein zu ersetzendes Interesse belaufe, so entscheidet hierüber das Gericht unter Würdigung aller Umstände nach freier Überzeugung. Ob und inwieweit eine beantragte Beweisaufnahme oder von Amts wegen die Begutachtung durch Sachverständige anzuordnen sei, bleibt dem Ermessen des Gerichts überlassen. Das Gericht kann anordnen, daß der Beweisführer den Schaden oder das Interesse eidlich schätze. In diesem Falle hat das Gericht zugleich den Betrag zu bestimmen, welchen die eidliche Schätzung nicht übersteigen darf.

Die Vorschriften des Abs. 1 Satz 1, 2 finden bei vermögensrechtlichen Streitigkeiten auch in anderen Fällen entsprechende Anwendung, soweit unter den Parteien die Höhe einer Forderung streitig ist und die vollständige Aufklärung aller hierfür maßgebenden Umstände mit Schwierigkeiten verbunden ist, die zu der Bedeutung des streitigen Teiles der Forderung in keinem Verhältnis stehen.

1. Die Grundsätze des § 287 finden unter folgenden Voraussetzungen Anwendung.

Anm. 4. a) Es muß zwischen den Parteien die Existenz oder die Höhe eines Schadens streitig sein. Schaden im Sinne des § 287 ist jeder einem Rechtssubjekt zugefügte Rechtsnachteil, insofern das Gesetz wegen desselben einen Ersatzanspruch gewährt (Förster-Kann Anm. 1a zu § 287).

§ 287 ist demnach anzuwenden, wenn ein Anspruch aus dem HaftpflG. geltend gemacht wird. Das Gesetz selbst bezeichnet die zu gewährenden Leistungen als auf Schadenersatz gerichtet (vgl. §§ 3, 3a, 7, 8 usw.). Gleichgültig ist, ob auf Leistung oder Feststellung geklagt, ob eine Rente oder ein Kapital verlangt wird.

Anm. 5. b) Der Streit muß entweder die Frage betreffen, ob ein Schaden entstanden ist, oder die Frage, wie hoch sich der Schaden beläuft. Nur über Existenz und Höhe des Schadens entscheidet das Gericht nach freier Überzeugung unter Würdigung aller Umstände, dagegen nicht über die Art der Ausgleichung des Schadens, wie z. B. über die Frage, ob gemäß § 7 Abs. 2 HaftpflG. (§ 843 Abs. 3 BGB.) ein Kapital statt einer Rente zu gewähren sei (RG. **45** 203), oder über die Frage der Zuerkennung einer Sicherheitsleistung (vgl. Anm. 8 zu § 7).

Darum, ob ein Schaden entstanden ist, handelt es sich z. B. bei Ansprüchen aus dem HaftpflG., wenn zwar feststeht, daß die Verletzung eines

Menschen auf einen Betriebsunfall zurückzuführen, aber streitig ist, ob dem Verletzten oder seinen Hinterbliebenen hieraus ein Vermögensnachteil erwachsen ist. Zu der Frage der Existenz eines Schadens ist auch diejenige zu rechnen, ob zwischen dem Vermögensnachteil und den Tatsachen, aus denen er hergeleitet wird, ein ursächlicher Zusammenhang besteht. § 287 findet also z. B. Anwendung, wenn streitig ist, ob der dem Verletzten erwachsene Erwerbsausfall auf das durch den Unfall hervorgerufene Leiden oder etwa auf andere Umstände (Ungunst der Konjunktur, zunehmendes Alter, andere Krankheiten) zurückzuführen ist; desgleichen, wenn es sich um die Frage handelt, ob und inwieweit der Schaden auf einem eigenen Verschulden des Verletzten beruht (§ 254 BGB.).

Handelt es sich dagegen nicht um die Feststellung des ursächlichen Zusammenhangs eines eingetretenen Vermögensschadens mit dem die Grundlage des Schadenersatzanspruchs bildenden Tatbestand, sondern um die Feststellung dieses Tatbestandes selbst, so gelten nicht die Grundsätze des § 287, sondern die des § 286. RG. **46** 407; JW. **1912** 800[18]. Nicht § 287, sondern § 286 findet also z. B. Anwendung, wenn Streit über den Kausalzusammenhang zwischen dem Unfall und dem körperlichen Krankheitszustand, den der Unfall ausgelöst hat, besteht. RG. (VI. ZS.) v. 7. 12. 11 WarnRspr. **1912** Nr. 73, EisenbE. **28** 357; 22. 10. 17 LZ. **1917** 503, EisenbE. **35** 268. A. M. RG. (III. ZS.) v. 11. 2. 98 EisenbE. **15** 121; 4. 3. 19 RG. **95** 103. Ebenso ist nach § 286 die Frage zu würdigen, ob bei der Entstehung des Unfalls ein Verschulden, z. B. das einer Aufsichtsperson (§ 2 HaftpflG.) oder ein eigenes Verschulden des Verletzten, mitgewirkt hat. RG. (VI. ZS.) v. 14. 3. 12 EisenbE. **29** 406. A. M. RG. (II. ZS.) v. 6. 11. 83 RG. **10** 64; 5. 6. 88 EisenbE. **6** 392.

Zu der Frage, wie hoch sich der Schade beläuft, gehört die Erörterung aller für die Berechnung des Schadensbetrages maßgebenden Umstände. Nach § 287 ist also z. B. zu verfahren, wenn es sich darum handelt, diejenigen Faktoren zu ermitteln, die für die Abmessung der Dauer der Rente maßgebend sind, wie z. B. die voraussichtliche Dauer der Beeinträchtigung der Erwerbsfähigkeit (RG. in EisenbE. **20** 261; RG. **83** 65, EisenbE. **30** 345; RG. **85** 185), die mutmaßliche Dauer des Lebens und der Erwerbsfähigkeit des Getöteten (RG. in WarnRspr. **1911** Nr. 9, EisenbE. **27** 336; EisenbE. **30** 339; RG. **90** 226), die Einwirkungen einer vor dem Unfall vorhanden gewesenen Krankheit auf die Erwerbsfähigkeit (RG. in JW. **1906** 204[25], „Recht" **1906** Nr. 1083, EisenbE. **22** 402), den Einfluß des zunehmenden Alters auf die Arbeits- und Erwerbsfähigkeit (RG. in EisenbE. **23** 64; JW. **1906** 548[15], EisenbE. **23** 269; JW. **1908** 140[11], EisenbE. **24** 387; JW. **1909** 665[17], EisenbE. **26** 201; JW. **1909** 686[10], EisenbE. **26** 311; EisenbE. **27** 204). Desgleichen findet § 287 Anwendung auf die Feststellung, welche Lebensstellung der Verletzte vermutlich erlangt hätte, wenn er nicht verunglückt wäre (RG. in EisenbE. **23** 64; EisenbE. **25** 314). **Anm. 6.**

2. Das Gericht entscheidet unter Würdigung aller Umstände nach freier Überzeugung. Dieses dem Gericht eingeräumte freie Er- **Anm. 7.**

messen greift über die freie Überzeugung des Gerichts darüber, ob eine tatsächliche Behauptung für wahr oder nicht wahr zu erachten sei (§ 286), hinaus. Es enthebt einerseits die Parteien einer genauen Angabe von Tatsachen, die einen zwingenden Schluß auf den behaupteten Schaden zulassen, andererseits das Gericht der Notwendigkeit, seine Überzeugung allein auf den Inhalt der Verhandlungen, das von den Parteien vorgebrachte Material und die darüber stattgehabte oder beantragte Beweisaufnahme zu gründen. Vgl. z. B. RG. in JW. **1909** 141[23], EisenbE. **25** 399. Eine Zurückweisung des Ersatzanspruchs wegen mangelnder Darlegung des ursächlichen Zusammenhangs (vgl. Anm. 5) darf nicht erfolgen, solange das Gericht unter Anwendung aller ihm zustehenden Erkenntnismittel zu einer auch nur allgemeinen Schätzung kommen kann. RG. in JW. **1919** 382[10].

Das Gericht hat demgemäß bei vorausschauender Beurteilung der zukünftigen Entwicklung sowie bei Erörterung der Frage, wie sich die Dinge ohne den Unfall gestaltet hätten, auch die Erfahrung des Lebens und den gewöhnlichen Lauf der Dinge zu berücksichtigen. RG. in EisenbE. **23** 269; EisenbE. **25** 314; WarnRspr. **1911** Nr. 9, EisenbE. **27** 336; u. a. Entsch. Vgl. auch Anm. 22 zu § 3a.

Das Gericht kann aber auch sonstige ihm bekannte Tatsachen berücksichtigen, die in den Prozeßverhandlungen keine Unterlagen finden. So hat das RG. z. B. in einem Falle die Annahme des Berufungsgerichts, daß der Verletzte mit Vollendung des 67. Lebensjahres sein Gut und sein Geschäft einem Sohn übertragen hätte, mit der Begründung gebilligt, daß sich das Berufungsgericht nach seiner Kenntnis der Übungen und Gewohnheiten in der Landbevölkerung der Gegend des Wohnsitzes des Verletzten den Schluß zutrauen durfte, daß dieser von einem bestimmten Alter an von seiner Erwerbsfähigkeit keinen Gebrauch mehr gemacht haben würde. RG. in JW. **1909** 141[23], EisenbE. **25** 399.

§ 287 legt im Gegensatz zu § 286 dem Gericht nicht ausdrücklich die Pflicht auf, in dem Urteil die Gründe anzugeben, die für die richterliche Überzeugung leitend gewesen sind. Immerhin hat das Gericht alle Umstände zu würdigen. Die getroffene Feststellung darf keine willkürliche sein. Das Gericht darf z. B. nicht ohne ein Eingehen auf die persönlichen Verhältnisse des Verletzten diesem eine Rente bis zu einem bestimmten Lebensjahr zusprechen. Vgl. RG. in JW. **1909** 665[17], EisenbE. **26** 201 (wo allerdings auf § 286, nicht § 287 Bezug genommen ist). Vgl. Anm. 28 zu § 3a.

§ 7.

Der Schadenersatz wegen Aufhebung oder Minderung der Erwerbsfähigkeit und wegen Vermehrung der Bedürfnisse des Verletzten sowie der nach § 3 Abs. 2 einem Dritten zu gewährende Schadenersatz ist für die Zukunft durch Entrichtung einer Geldrente zu leisten.

Die Vorschriften des § 843 Abs. 2 bis 4 des Bürgerlichen Gesetzbuchs und des § 708 Nr. 6 der Zivilprozeßordnung finden entsprechende

Anwendung. Das gleiche gilt für die dem Verletzten zu entrichtende Geldrente von der Vorschrift des § 850 Abs. 3 und für die dem Dritten zu entrichtende Geldrente von der Vorschrift des § 850 Abs. 1 Nr. 2 der Zivilprozeßordnung.

Ist bei der Verurteilung des Verpflichteten zur Entrichtung einer Geldrente nicht auf Sicherheitsleistung erkannt worden, so kann der Berechtigte gleichwohl Sicherheitsleistung verlangen, wenn die Vermögensverhältnisse des Verpflichteten sich erheblich verschlechtert haben; unter der gleichen Voraussetzung kann er eine Erhöhung der in dem Urteile bestimmten Sicherheit verlangen.

Inhaltsübersicht zu § 7:

Anm.

Einleitung 1

Abs. 1.

1. Geldrente in den in Abs. 1 genannten Fällen 2
2. Für die Zukunft 3
3. Geldrente 4
4. Geldrente kategorisch 5

Abs. 2.

I. Abs. 2 S. 1
1. § 843 Abs. 2 S. 1 (§ 760 BGB.) 6
2. § 843 Abs. 2 S. 2 (Sicherheit) 7—8
3. § 843 Abs. 3 (Kapitalabfindung) 9—13
4. § 843 Abs. 4 (Unterhaltsanspruch gegen Dritten) 14
5. § 708 Ziff. 6 ZPO. 15

II. Abs. 2 S. 2 (§ 850 Abs. 1 u. 3 ZPO.) 16
1. Pfändbarkeit der Renten 17
2. Abtretung usw. 18

Abs. 3.

I. Allgemeine Bedeutung der Vorschrift 19
II. Voraussetzungen des Anspruchs
1. Rentenurteil 20
2. Nicht auf Sicherheitsleistung 21
3. Verschlechterung der Vermögensverhältnisse 22
III. Geltendmachung des Anspruchs 23
IV. Erhöhung der Sicherheit 24

zum Anhang (Umwandlungsklage):

I. Einleitung 1—2
II. Voraussetzungen des Klagerechts
1. Verurteilung 3
2. Zu künftigen wiederkehrenden Leistungen 4
3. Änderung der Verhältnisse
a) Maßgebende Verhältnisse 5
b) Änderung 6
α) Persönl. Verhältnisse des Verletzten 7
β) Außerpersönliche Verhältnisse 8
γ) Verhältnisse des Unterhaltsberechtigten 9
δ) Wesentliche Änderung 10
ε) Kausalzusammenhang 11
4. Maßgebender Zeitpunkt der Änderung 12
III. Charakter und Ausübung des Klagerechts
A. Charakter 13
1. Verjährung 14
2. Abtretung, Pfändung 15
3. Rechtsverhältnis d. ausländ. Rechts 16
4. Vor 1. 1. 1900 ergangene Urteile 17
B. Ausübung
1. Klage 18
2. Zuständigkeit 19
3. Klageantrag 20
4. Verhandlung 21
5. Urteil, Zwangsvollstreckung 22

Anm. 1. **Einleitung.**

§ 7 lautete in der ursprünglichen Fassung:

Das Gericht hat unter Würdigung aller Umstände über die Höhe des Schadens, sowie darüber, ob, in welcher Art und in welcher Höhe Sicherheit zu bestellen ist, nach freiem Ermessen zu erkennen. Als Ersatz für den zukünftigen Unterhalt oder Erwerb ist, wenn nicht beide Teile über die Abfindung in Kapital einverstanden sind, in der Regel eine Rente zuzubilligen.

Der Verpflichtete kann jederzeit die Aufhebung oder Minderung der Rente fordern, wenn diejenigen Verhältnisse, welche die Zuerkennung oder Höhe der Rente bedingt hatten, inzwischen wesentlich verändert sind. Ebenso kann der Verletzte, dafern er den Anspruch auf Schadenersatz innerhalb der Verjährungsfrist (§ 8) geltend gemacht hat, jederzeit die Erhöhung oder Wiedergewährung der Rente fordern, wenn die Verhältnisse, welche für die Feststellung, Minderung oder Aufhebung der Rente maßgebend waren, wesentlich verändert sind.

Der Berechtigte kann auch nachträglich die Bestellung einer Sicherheit oder Erhöhung derselben fordern, wenn die Vermögensverhältnisse des Verpflichteten inzwischen sich verschlechtert haben.

Durch die jetzige Fassung, die auf Art. 42 EG.BGB. beruht, sind die früheren Bestimmungen wesentlich umgestaltet und erweitert worden.

Abs. 1 S. 1 der früheren Fassung ist mit Rücksicht auf § 287 ZPO. und bezüglich der Frage der Sicherheitsleistung im Hinblick auf die in dem jetzigen Abs. 2 zitierte inhaltlich übereinstimmende Vorschrift des § 843 Abs. 2 S. 2 BGB. fortgefallen. Abs. 1 S. 2 ist durch den jetzigen Abs. 1 und den jetzt in Abs. 2 angezogenen § 843 Abs. 3 BGB. materiell geändert worden.

Der frühere Abs. 2 ist durch den allgemeinen § 323 ZPO. überflüssig geworden und deshalb gestrichen.

Der Abs. 3 der ursprünglichen Fassung ist dem Wortlaut des § 324 ZPO. angepaßt.

Die Bestimmungen sind ferner durch die Bezugnahme auf den § 843 Abs. 2 bis 4 BGB. und die §§ 708 Ziff. 6, 850 Abs. 3, 850 Abs. 1 Ziff. 2 ZPO. erweitert.

Die Vorschriften des § 7 HaftpflG. sind in § 13 KFG. und § 24 LVG. übernommen worden.

Abs. 1.

Anm. 2. **1.** In Form einer Geldrente hat der Verpflichtete Schadenersatz in den in Abs. 1 genannten Fällen zu leisten, nämlich wenn eine Entschädigung für die Zukunft zu gewähren ist

a) wegen Aufhebung oder Minderung der Erwerbsfähigkeit des Verletzten,

b) wegen Vermehrung der Bedürfnisse des Verletzten,

c) wegen Entziehung des Rechtes auf Unterhalt (§ 3 Abs. 2).

In diesen Fällen ist die Gewährung einer Rente die angemessenste Form der Schadloshaltung. Denn da sie meist periodisch erwachsende Einkünfte und Ausgaben ersetzen soll, kommt sie einer Naturalrestitution (§ 249 BGB.) am nächsten. Die Rentenform bietet auch den Vorteil, daß die Entscheidung, wenn sich später die ihr zugrunde gelegten Verhältnisse ändern, abgeändert werden kann (§ 323 ZPO.; vgl. Anhang zu § 7).

Auf die übrigen nach §§ 3 und 3a zu ersetzenden Schäden bezieht sich die Vorschrift nicht. Demnach ist Ersatz **in Kapital** zu leisten

aa) wegen der zu a—c genannten Schäden, soweit sie der Vergangenheit angehören, oder sofern ein wichtiger Grund für eine Abfindung in Kapital vorliegt (§ 7 Abs. 2 HaftpflG., § 843 Abs. 3 BGB.),

bb) wegen der Heilungskosten,

cc) wegen der Beerdigungskosten.

Die Heilungskosten können jedoch dann für die Zukunft in Form einer Rente zugesprochen werden, wenn das Leiden einen dauernden und gleichförmigen Charakter angenommen hat und die Aufwendungen zu Heilungszwecken sich deshalb als Kosten für vermehrte Bedürfnisse (b) darstellen. RG. in „Recht" **1907** Nr. 376, EisenbE. **23** 300; „Recht" **1907** Nr. 2643, EisenbE. **24** 172; JW. **1910** 747[29], EisenbE. **27** 92; LZ. **1916** 1008[13], EisenbE. **33** 216; Kirchner Anm. 1 zu § 13 KFG.; Isaac Anm. 3 zu § 13. A. M. Eger Anm. 84 S. 532.

2. Der Schadenersatz wegen der in Abs. 1 genannten Ansprüche ist **für die Zukunft** in Form einer Geldrente zu leisten. Sind die Forderungen in der Vergangenheit fällig geworden, so ist in Kapitalsform Entschädigung zu gewähren. Der maßgebende Zeitpunkt ist derjenige der Urteilsfällung, nicht der der Klagezustellung. **Anm. 3.**

Daraus könnte man folgern, daß, wenn der Schadenersatzanspruch zum Teil der Vergangenheit angehört, zum Teil sich in die Zukunft erstreckt, die bis zum Urteil fällig gewordenen Leistungen in Form eines Kapitals, die zukünftig fällig werdenden dagegen in Rentenform zugesprochen werden müßten. So eng sind jedoch die Worte „für die Zukunft" nicht zu verstehen. Vielmehr bedeuten sie, daß der Schadenersatzanspruch nicht nach seiner Fälligkeit in der Vergangenheit abgeschlossen sein darf, sondern sich in die Zukunft hinein erstrecken muß. Ist letzteres der Fall, so ist für die Zeit von der Entstehung des Schadens an einheitlich auf eine Rente zu erkennen.

Die Annahme, daß bezüglich des der Vergangenheit angehörenden Teils des Schadensersatzanspruchs die Zuerkennung einer Rente unzulässig sei, würde zu unbilligen Konsequenzen führen. Da nur der Rentenanspruch mit gewissen Privilegien ausgestattet ist (vgl. Anm. 16ff.), so wäre die Folge die, daß die Rechtslage des Ersatzberechtigten durch den Zahlungsverzug des Haftpflichtigen verschlechtert würde. Vgl. RG. in EisenbE. **24** 112.

Die Zulässigkeit, eine Rente von einem vor Erlaß des Urteils liegenden Zeitpunkt ab zuzusprechen, ergibt sich auch aus dem nach § 7 Abs. 2 HaftpflG. entsprechend anzuwendenden § 708 Ziff. 6 ZPO., wonach Rentenurteile auch ohne Antrag für vorläufig vollstreckbar zu erklären sind, soweit die Entrichtung für die Zeit nach der Erhebung der Klage und für das der Erhebung der Klage vorausgehende letzte Vierteljahr zu erfolgen hat.

Ebenso RG. in JW. **1895** 509[21], EisenbE. **12** 234; OLG. Dresden in EisenbE. **30** 309; Eger Anm. 85 S. 533; Reindl Anm. 3 zu § 7; ferner zu § 13 KFG. Isaac Anm. 6; Kirchner Anm. 1; Neukirch-Rosenmeyer Anm. 2; Krause Anm. 2.

Anm. 4. 3. Der Schadenersatz ist in der Form einer **Geldrente** zuzubilligen. Darin liegt eine Abweichung von dem nach § 7 Abs. 2 (§ 843 Abs. 2 BGB.) im übrigen anzuwendenden § 760 BGB. und von der früheren Fassung des § 7 Abs. 1, der nur von einer „Rente" sprach. Periodische Naturalleistungen sind demnach ausgeschlossen. Der Ersatzberechtigte braucht sich z. B. nicht mit der unentgeltlichen Leistung ärztlicher Dienste oder Lieferung von Heilmitteln abfinden zu lassen. Dagegen ist eine entsprechende Vereinbarung der Beteiligten auch im voraus zulässig. § 5 HaftpflG. steht nicht entgegen, da dieser nur die gegen die §§ 1 bis 3a verstoßenden Vereinbarungen verbietet.

Die als Ersatz für den gesamten Schaden zuzuerkennende Rente hat, auch wenn sie sich aus mehreren besonders bezifferten Posten zusammensetzt, einheitlichen Charakter. Unzulässig ist daher beispielsweise, den Prozeßstoff in der Weise zu teilen, daß zunächst eine Rente wegen Minderung der Erwerbsfähigkeit und vor rechtskräftiger Entscheidung in einem neuen Prozeß eine Rente wegen gänzlicher Erwerbsunfähigkeit beansprucht wird. RG. **47** 405; JW. **1906** 236[23]; RG. **69** 296; RG. **74** 131; JW. **1910** 828[53]. Vgl. auch Anm. 5 zu § 8.

Der Streitwert der Geldrente ist, soweit es sich um die sachliche Zuständigkeit handelt, nach § 9 ZPO. zu bestimmen. Für die Berechnung der Gerichtskosten und Anwaltsgebühren ist, sofern nicht der Gesamtbetrag der geforderten Leistungen geringer ist, der fünffache Betrag des einjährigen Bezuges zugrunde zu legen (§§ 10 Abs. 3 GKG., 10 RAGebO.).

Anm. 5. 4. Die Rente als Form des Schadenersatzes ist in den in Abs. 1 genannten Fällen **kategorisch.** Nach der früheren Fassung des § 7 Abs. 1 war nur „in der Regel" eine Rente zuzubilligen. Damit war dem Gericht die Anweisung erteilt, nur ausnahmsweise auf eine Abfindung durch ein Kapital zu erkennen, seinem Ermessen aber die Entscheidung darüber überlassen, ob ein solcher Ausnahmefall vorliege.

Eine Abweichung von dem Grundsatz der Rentenentschädigung ist nur für den Fall vorgesehen, daß der Verletzte eine Abfindung in Kapital verlangt und ein wichtiger Grund zu einer solchen vorliegt (§§ 7 Abs. 2 S. 1 HaftpflG., 843 Abs. 3 BGB.). Vgl. Anm. 9.

Die Worte der früheren Fassung „wenn nicht beide Teile über die Abfindung in Kapital einverstanden sind" sind in der jetzigen Bestimmung als selbstverständlich fortgefallen. Besteht beiderseitiges Einverständnis darüber, daß die Entschädigung in Form eines Kapitals geleistet wird, so ist das Gericht hieran gebunden. Eine solche Vereinbarung wird keineswegs durch § 843 Abs. 3 BGB., wie v. Weinrich (S. 79) und Cörmann (Anm. 6 zu § 7) meinen, ausgeschlossen. Sie ist auch nicht, wenn sie im voraus getroffen wird, nach § 5 HaftpflG. unzulässig (vgl. Anm. 3 zu § 5), es sei denn, daß sie zugleich die Höhe der Entschädigung betrifft. Ebenso Eger Anm. 83 S. 531; Reindl Anm. 4 zu § 7. Vgl. auch zu § 13 KFG. Isaac Anm. 5; Kirchner Anm. 5.

Abs. 2.

I. Nach **Abs. 2 S. 1** finden die Vorschriften des § 843 Abs. 2 bis 4 BGB. und des § 708 Ziff. 6 ZPO. entsprechende Anwendung. Diese Bestimmungen lauten:

§ 843 Abs. 2—4 BGB.

Auf die Rente finden die Vorschriften des § 760 Anwendung. Ob, in welcher Art und für welchen Betrag der Ersatzpflichtige Sicherheit zu leisten hat, bestimmt sich nach den Umständen.

Statt der Rente kann der Verletzte eine Abfindung in Kapital verlangen, wenn ein wichtiger Grund vorliegt.

Der Anspruch wird nicht dadurch ausgeschlossen, daß ein anderer dem Verletzten Unterhalt zu gewähren hat.

§ 708 ZPO.

Auch ohne Antrag sind für vorläufig vollstreckbar zu erklären:

1.—5. . . . . . .

6. Urteile, welche die Verpflichtung zur Entrichtung von Alimenten oder zur Entrichtung einer nach den §§ 843, 844 des Bürgerlichen Gesetzbuchs geschuldeten Geldrente aussprechen, soweit die Entrichtung für die Zeit nach der Erhebung der Klage und für das der Erhebung der Klage vorausgehende letzte Vierteljahr zu erfolgen hat.

1. § 843 Abs. 2 S. 1 verweist auf § 760, welcher bestimmt: **Anm. 6.**

Die Leibrente ist im voraus zu entrichten.

Eine Geldrente ist für drei Monate vorauszuzahlen; bei einer anderen Rente bestimmt sich der Zeitabschnitt, für den sie im voraus zu entrichten ist, nach der Beschaffenheit und dem Zwecke der Rente.

Hat der Gläubiger den Beginn des Zeitabschnitts erlebt, für den die Rente im voraus zu entrichten ist, so gebührt ihm der volle auf den Zeitabschnitt entfallende Betrag.

Nach früherem Recht war die Entscheidung über die Art der Zahlung der Rente ebenso wie über die Höhe dem freien richterlichen Ermessen überlassen. Grundsätzlich wurde die Rente möglichst den Zahlungsmodalitäten der verlorengegangenen Bezüge angepaßt. Demgemäß wurde, je nachdem, eine vierteljährlich, monatlich oder wöchentlich prae- oder postnumerando zahlbare Rente zugesprochen. Vgl. RG. in EisenbE. **1** 63; **1** 168; **1** 258; **3** 433; **4** 400; **6** 141; **9** 368.

Nach den jetzigen Bestimmungen ist die Rente in allen Fällen in vierteljährlichen Vorauszahlungen zu entrichten. Die Vorschriften des § 760 Abs. 1 und 2 sind jedoch nicht zwingend. Die Parteien können eine andere Zahlungsweise vereinbaren. Dagegen ist das Gericht nicht berechtigt, ohne übereinstimmenden Antrag der Parteien von der gesetzlichen Regel abzuweichen. Es darf nicht statt der Vorauszahlung Nachzahlung oder andere Zeitabschnitte (z. B. Vorauszahlung für ein ganzes Jahr) bestimmen. RG. **69** 296, JW. **1908** 550[12].

§ 760 Abs. 3 besagt, daß die Erben des Rentengläubigers, der den Beginn des fraglichen Zeitabschnitts erlebt hat, Anspruch auf den vollen für diesen Zeitabschnitt im voraus zu entrichtenden Betrag haben.

Anm. 7. **2.** Ob, in welcher Art und für welchen Betrag **Sicherheit** zu leisten ist, bestimmt sich gemäß **§ 843 Abs. 2 S. 2** nach den Umständen des einzelnen Falles. Durch diese Vorschrift ist kein neues Recht geschaffen. Sie entspricht inhaltlich dem ursprünglichen § 7 Abs. 1.

Nur für die in Form einer Rente, nicht auch für die in Form eines Kapitals zugesprochene Entschädigung kann eine Sicherheitsleistung beansprucht werden. Dies unterliegt nach dem Wortlaut des § 843 Abs. 2 keinem Zweifel. Bei Zuerkennung eines Kapitals fehlt auch das Bedürfnis für eine Sicherheitsleistung. Zudem bildete gerade der Fall der Unfähigkeit des Haftpflichtigen, für die Rente Sicherheit zu leisten, einen Grund dafür, die Möglichkeit einer Abfindung in Kapital anstatt der Rentenleistung vorzusehen (vgl. Mot. z. BGBEntw. **2** 785). Ebenso Reindl Anm. 5 b zu § 7; Eger Anm. 94 S. 566; Isaac Anm. 10 zu § 13; Kirchner Anm. 4 zu § 13. A. M. Endemann S. 167 für § 7 a. Fassg.

Unter Würdigung der konkreten Umstände entscheidet das Gericht darüber, ob das Bedürfnis zur Bestellung einer Sicherheit vorliegt. Ein solches Bedürfnis besteht, wenn zu besorgen ist, daß die Verpflichtung zur Rentenzahlung nicht oder nicht pünktlich erfüllt werde, weil z. B. die Vermögensverhältnisse des Verpflichteten ungünstig oder unklar sind oder die Vollstreckung des Urteils im Ausland erfolgen müßte.

Dem Ermessen des Gerichts ist ferner überlassen, die Art der Sicherheitsleistung zu bestimmen. Die für die Verpflichtung zur Sicherheitsleistung im allgemeinen maßgebenden Vorschriften der §§ 232 ff. BGB. gewähren zwar hierbei einen Anhalt, sind aber für das Gericht nicht bindend. Dieses ist in seiner Wahl nicht auf die hier genannten Mittel beschränkt. Ebenso Staudinger Anm. 4 zu § 843. A. M. RG. in JW. **1906** 438[28], EisenbE. **23** 64; Oertmann Anm. 3 a δ zu § 843; RGRäte Anm. 6 zu § 843; Eger Anm. 94 S. 567; Reindl Anm. 5 b zu § 7; ferner zu § 13 KFG. Isaac Anm. 10 f.; Kirchner Anm. 4 I; Neukirch-Rosenmeyer Anm. 6. Sie nehmen an, das Gericht könne nur bei Zustimmung des Ersatzpflichtigen auf eine andere Art der Sicherheit erkennen. Hierbei wird m. E. nicht berücksichtigt, daß die §§ 232 ff. nur insoweit gelten, als das Gesetz nichts anderes vorschreibt. Die Art der nach § 843 Abs. 2 zu leistenden Sicherheit bestimmt sich aber schlechthin nach den Umständen. Eine Bindung an die §§ 232 ff. besteht also nach dieser Vorschrift nicht.

Das Gericht entscheidet endlich nach den Umständen, für welchen Betrag Sicherheit zu leisten ist. Der Betrag der Sicherheit braucht nicht unbedingt der Höhe der Rentenpflicht zu entsprechen. Sie wird geringer als die zu leistende Entschädigung sein müssen, wenn nur bezüglich eines Teiles der letzteren oder für eine spätere Zukunft eine Gefährdung anzunehmen ist. Sie kann aber auch, wenn es zur Sicherung der Rentenpflicht angemessen erscheint, höher bemessen werden. Die Höhe der Sicherheit ist lediglich nach den künftig, nach Eintritt der Vollstreckbarkeit fällig werdenden Raten zu bemessen. Denn in bezug auf eine fällige, sofort beitreibbare Forderung besteht kein Bedürfnis für eine Sicherheitsleistung. Ebenso Eger Anm. 102 S. 577; Kirchner Anm. 4 I zu § 13; Isaac Anm. 15 F d zu § 13; ferner zu § 324 ZPO. Stein-Jonas Anm. III; Förster-Kann Anm. 2 c.

In § 7 Abs. 1 früherer Fassung war bestimmt, daß das Gericht darüber, ob, in welcher Art und für welchen Betrag Sicherheit zu leisten ist, nach freiem Ermessen unter Würdigung aller Umstände zu erkennen hat. In dem Schrifttum ist die Ansicht vertreten, daß die Entscheidung nunmehr nach den Grundsätzen des § 287 ZPO. zu erfolgen habe. Vgl. Kirchner Anm. 4 I zu § 13; Eger Anm. 94 S. 566. Indessen die Entscheidung darüber, ob, in welcher Art und für welchen Betrag Sicherheit zu leisten ist, betrifft u. E. nicht die Frage der Existenz und Höhe des Schadens. Nach der materiellrechtlichen Bestimmung des § 743 Abs. 2 befindet das Gericht nach den Umständen des Einzelfalles. **Anm. 8.**

Die Ausübung dieses Ermessens unterliegt an sich nicht der Revision. RG. in „Recht" **1907** Nr. 2643, EisenbE. **24** 172.

Der Anspruch auf Sicherheitsleistung kann sowohl gleichzeitig mit dem Hauptanspruch als auch selbständig nachträglich unter den in § 7 Abs. 3 angegebenen Voraussetzungen erhoben werden (vgl. Anm. 19). Dagegen ist es nicht zulässig, das Recht auf Sicherheitsleistung im voraus für einen noch nicht feststehenden, sondern nur für wahrscheinlich gemachten Ersatzanspruch geltend zu machen. Ebenso RG. in EisenbE. **6** 205; Eger Anm. 94 S. 565; Reindl Anm. 5 b zu § 7; Kirchner Anm. 4 I zu § 13. A. M. Endemann S. 165.

Die Zuerkennung einer Sicherheit setzt einen entsprechenden Antrag des Berechtigten voraus (§ 308 ZPO.). Dies folgt aus der materiellrechtlichen Natur der Bestimmung. Nach der früheren Fassung des § 7 war nicht außer Zweifel, ob durch diese Vorschrift ein materiellrechtlicher Anspruch auf Sicherheitsleistung oder nur eine prozessuale Befugnis des Gerichts normiert würde (vgl. RG. in EisenbE. **1** 73; EisenbE. **4** 46). Durch die Aufnahme der Vorschrift in das BGB. ist ihre materiellrechtliche Natur klargestellt. Vgl. Eger Anm. 94 S. 565; Reindl Anm. 5 b zu § 7.

Auf Leistung einer Sicherheit darf nur auf Grund einer Verurteilung zur Zahlung, nicht auf Grund einer bloßen Feststellung der Verpflichtung zum Schadenersatz erkannt werden. Denn die Entscheidung darüber, in welcher Art und für welchen Betrag Sicherheit zu leisten ist, hängt mit von der Höhe der Entschädigung ab. RG. **60** 416, JW. **1905** 370[11], EisenbE. **22** 70.

Anm. 9. **3.** Nach **§ 843 Abs. 3** kann der Verletzte statt der Rente eine **Kapitalabfindung** verlangen, wenn ein wichtiger Grund vorliegt.

Voraussetzung der Zuerkennung einer Kapitalabfindung ist, daß der Verletzte eine solche verlangt. Daß sich der Haftpflichtige zur Leistung eines Kapitals statt einer Rente erbietet, genügt nicht. Ohne einen entsprechenden Antrag des Verletzten darf das Gericht (anders als nach dem früheren § 7) auch dann nicht auf eine Kapitalabfindung erkennen, wenn eine solche nach den Umständen angemessener als eine Entschädigung in Rentenform erscheint. Der Antrag braucht nicht, wie Eger (Anm. 95 S. 569) meint (vgl. auch Kirchner Anm. 11a zu § 13), genau beziffert zu sein. Es genügt, wenn der Anspruch im Antrag so bestimmt gekennzeichnet ist, daß die Kapitalabfindung auf Grund der tatsächlichen Unterlagen durch richterliches Ermessen ziffermäßig festgestellt werden kann. Vgl. RG. in JW. **1911** 459[33]; **1913** 750[20].

Anm. 10. Weitere Voraussetzung ist das Vorhandensein eines wichtigen Grundes. Ein solcher liegt vor, wenn die Zuerkennung einer Rente den berechtigten Interessen des Geschädigten zuwiderlaufen würde. Ob dies der Fall ist, entscheidet das Gericht nach freiem Ermessen. Als ein wichtiger Grund für die Abfindung in Kapital ist beispielsweise anzusehen, daß der Verpflichtete keinerlei Sicherheit für die Zahlung der Rente zu leisten vermag (OLG. Stuttgart in OLG. **1901** 440) oder mit Hinterlassung zahlreicher Erben verstorben ist (vgl. Mot. z. BGBEntw. **2** 785), oder daß der Verletzte durch die Gewährung eines Kapitals in den Stand gesetzt würde, seine wirtschaftliche Lage, z. B. durch Begründung eines Erwerbsgeschäfts, zu verbessern, oder daß er seinen Wohnsitz in das Ausland verlegt und die Erhebung einer Rente dadurch mit Schwierigkeiten verknüpft sein würde (OLG. München in SeuffA. **62** 186; Eger Anm. 95 S. 569). Zu berücksichtigen ist aber auch, ob die Persönlichkeit des Berechtigten eine Gewähr dafür bietet, daß eine Vergeudung des Kapitals nicht zu befürchten ist.

Ein wichtiger Grund für die Zuerkennung eines Kapitals ist auch darin gefunden worden, daß nach ärztlichem Gutachten die einmalige Abfindung von günstigem Einfluß auf den Zustand des Verletzten sein würde. In diesem Fall muß aber die Kapitalabfindung, soweit angenommen wird, daß sie die Gesundung des Verletzten beschleunigt, entsprechend niedriger bemessen werden. RG. in JW. **1909** 137[14], EisenbE. **25** 402; RG. **73** 418, JW. **1910** 717[29], EisenbE. **27** 92. Vgl. hierzu auch Zimmermann, Das medizinische Problem im Eisenbahnhaftpflichtrecht, EisenbE. **34** 8 ff.

Bei der Entscheidung über das Vorhandensein eines wichtigen Grundes ist ferner zu berücksichtigen, daß bei Kapitalabfindung eine Abänderung des Urteils wegen wesentlicher Änderung der maßgebenden Verhältnisse (§ 323 ZPO.) unmöglich ist. Eine Kapitalabfindung wird demnach in solchen Fällen nicht am Platze sein, in denen eine zukünftige wesentliche Änderung der Umstände nicht unwahrscheinlich ist, bei der Entscheidung jedoch nicht berücksichtigt werden kann.

Werden mehrere Verpflichtete als Gesamtschuldner auf Leistung von Schadenersatz in Anspruch genommen, so kann die Frage, auf welche Weise Schadenersatz zu leisten ist, nur einheitlich den sämtlichen Verpflichteten gegenüber beantwortet werden, und es ist diejenige Form zu wählen, die sich nach den Verhältnissen des Berechtigten und der sämtlichen Verpflichteten als die geeignetste ergibt. Nach der Gesamtheit der hiernach zu ermittelnden Umstände ist zu beurteilen, ob ein wichtiger Grund für die Gewährung einer Kapitalabfindung vorliegt. So RG. **68** 429, JW. **1908** 473[1].

Der Feststellung eines wichtigen Grundes bedarf es nicht, wenn die Parteien über die Zuerkennung einer Kapitalabfindung einig sind (vgl. § 7 Abs. 1 S. 2 früherer Fassung). Ebenso Eger Anm. 95 S. 568; Reindl Anm. 4 S. 185; Isaac Anm. 11 b zu § 13; Kirchner Anm. 5 zu § 13. A. M. v. Weinrich S. 79.

§ 843 Abs. 3 gewährt den Anspruch auf Kapitalabfindung dem Verletzten, d. h. demjenigen, der den Unfall erlitten hat. Da indessen die Vorschrift entsprechende Anwendung finden soll, gilt sie selbstverständlich auch zugunsten des nach § 3 Abs. 2 HaftpflG. zu entschädigenden Dritten. Zu § 13 KFG. ebenso Neukirch-Rosenmeyer Anm. 7; Kirchner Anm. 5; Müller Anm. D I a zu § 13. **Anm. 11.**

Die Kapitalabfindung kann statt der Rente verlangt werden. Im allgemeinen tritt sie an die Stelle der ganzen Rente. Es ist aber nicht ausgeschlossen, daß unter besonderen Umständen nur ein Teil der Rente durch ein Kapital ersetzt wird. Isaac Anm. 11 d zu § 13. **Anm. 12.**

Wird ein Verfahren nach Grund und Betrag geteilt (§ 304 ZPO.), so gehört die Frage, ob Schadenersatz in Form einer Rente oder aus wichtigen Gründen eine Kapitalabfindung zu leisten sei, grundsätzlich in die Entscheidung über den Grund des Anspruchs. RG. in JW. **1906** 686[7], EisenbE. **23** 275; „Recht" **1908** Nr. 314 und 412, EisenbE. **24** 368. Die Entscheidung über die Entschädigungsart kann jedoch dem Verfahren über den Betrag des Anspruchs überlassen werden, wenn sowohl über die Art wie über die Höhe der Entschädigung ein Beweisverfahren erforderlich ist und eine Verbindung beider Beweisaufnahmen zweckmäßig erscheint. RG. in JW. **1908** 558[21], EisenbE. **25** 189; JW. **1911** 185[13], WarnRspr. **1911** Nr. 292; EisenbE. **27** 444. **Anm. 13.**

Ist auf Zahlung einer Rente rechtskräftig erkannt worden, und tritt nachträglich ein wichtiger Grund für Zuerkennung einer Kapitalabfindung ein, so steht hierfür der Weg der Umwandlungsklage gemäß § 323 ZPO. offen. Vgl. Anm. 20 Anhang zu § 7.

Für die Entscheidung des Gerichts darüber, ob Kapital oder Rente zu gewähren sei, sind nicht die Grundsätze des § 287 ZPO. maßgebend. RG. **45** 203. Vgl. Anm. 5 zu § 6.

4. Der Anspruch wird nach **§ 843 Abs. 4** nicht dadurch ausgeschlossen, daß ein anderer dem Verletzten Unterhalt zu gewähren hat. § 843 Abs. 4 regelt den Fall, daß mit dem Haftpflichtanspruch ein gegen einen Dritten **Anm. 14.**

bestehender Unterhaltsanspruch zusammentrifft. Die Vorschrift handelt also lediglich von der Konkurrenz mit Unterhaltsansprüchen, d. h. solchen Ansprüchen, die ihrer Natur nach auf die Sorge für den Lebensbedarf gerichtet sind. Irgendein Schluß darauf, inwieweit Ansprüche auf andere Bezüge (z. B. Leistungen der öffentlich-rechtlichen Versicherung, der Privatversicherung, Pensionen, Witwen- und Waisengelder) den Haftpflichtanspruch berühren, kann aus vorliegender Bestimmung nicht gezogen werden. Es wird hierzu auf die Erörterungen an den einschlägigen Stellen verwiesen. Das RG. hat dem § 843 Abs. 4 den allgemeinen Rechtsgedanken entnommen, es solle sich der Ersatzpflichtige nicht darauf berufen können, daß die Schadensfolgen durch das Eingreifen eines Dritten behoben seien. Demgemäß hat das RG. in einem Falle, in dem die Kosten einer infolge des Unfalls notwendig gewordenen Stütze zur Führung des Haushalts beansprucht wurden, den Einwand nicht gelten lassen, daß dieser Schaden durch die unentgeltlichen Dienstleistungen der Tochter ausgeglichen werde. RG. in JW. **1924** 1426[4].

Gleichgültig ist, auf welchem Rechtsgrund der Unterhaltsanspruch beruht, ob auf Gesetz, Vertrag, letztwilliger Verfügung oder Freigebigkeit. Selbstverständlich wird der Haftpflichtanspruch auch dadurch nicht berührt, daß ein anderer ohne Verbindlichkeit dem Geschädigten Unterhalt gewährt.

Der haftpflichtige Betriebsunternehmer kann hiernach aus der Unterhaltspflicht eines Dritten dem Berechtigten gegenüber keine Einwände herleiten, weder den Einwand der Vorausklage noch den der Teilung, insbesondere auch nicht den, daß sich der Berechtigte dasjenige, was er auf Grund eines Unterhaltsrechts von anderer Seite erlangt, auf seine Forderung anrechnen lassen müsse. Er kann beispielsweise auch nicht dem Kinde, dem infolge der Tötung des Vaters das Recht auf Unterhalt entzogen worden ist, entgegenhalten, daß es nunmehr von der Mutter den Unterhalt erhalte oder zu erhalten habe (vgl. Anm. 44 zu § 3).

Die Unterhaltsgewährung durch einen anderen berührt den Haftpflichtanspruch nicht. Als ein „anderer" im Sinne dieser Vorschrift ist nicht die Mutter anzusehen, soweit sie den Unterhalt des Kindes aus demselben Vermögen wie der Getötete weiter bestreitet. RG. **64** 350, JW. **1907** 23[26]. Vgl. Anm. 44 zu § 3.

Im § 843 Abs. 4 ist zwar nur von dem Verletzten die Rede. Aus der entsprechenden Anwendung der Bestimmung in Verbindung mit der Fassung des § 7 Abs. 1 HaftpflG. ergibt sich aber zweifelsfrei, daß dem Verletzten der nach § 3 Abs. 2 HaftpflG. berechtigte Dritte gleichsteht. Ist nach letzterer Vorschrift einem Dritten Schadenersatz zu gewähren, so kommt dem § 843 Abs. 4 nicht etwa die Bedeutung zu, daß das Vorhandensein eines Unterhaltspflichtigen den Haftpflichtanspruch nicht berühre. Die Ersatzpflicht des Unternehmers reicht nicht weiter als die Unterhaltspflicht des Getöteten. War diese infolge der Existenz anderer unterhaltspflichtiger Personen beschränkt (vgl. z. B. §§ 1606 ff.), so kommt die Beschränkung auch dem Haftpflichtigen zugute (Anm. 38 zu § 3). Vgl. RG. in EisenbE. **26** 321.

§ 843 Abs. 4 ist allerdings dem Wortlaut nach zunächst nur auf die Fälle der Aufhebung oder Minderung der Erwerbsfähigkeit und der Vermehrung der Bedürfnisse des Verletzten zu beziehen. Nach der Entstehungsgeschichte unterliegt aber keinem Zweifel, daß mit dieser Bestimmung ein allgemeiner, sämtliche Fälle der Schadenersatzpflicht wegen Verletzung des Körpers oder der Gesundheit umfassender Grundsatz aufgestellt werden sollte. Infolgedessen wird auch der Anspruch auf Ersatz der Heilungskosten durch einen konkurrierenden Unterhaltsanspruch nicht berührt. RG. **65** 162; WarnRspr. **1911** Nr. 407, JW. **1911** 774[42].

Ob der Dritte den Unterhalt zu gewähren oder aus eigenen Mitteln bereits gewährt hat, macht keinen Unterschied. Der Haftpflichtige kann im letzteren Falle nicht den Einwand mangelnder Aktivlegitimation geltend machen. Anspruchsberechtigt bleibt der Verletzte. RG. **65** 162; JW. **1911** 774[42]; Oertmann, Vorteilsausgleichung S. 108. A. M. Kirchner Anm. 6 zu § 13; Bach JW. **1914** 730; Oertmann Anm. 5b zu § 843 BGB.

Der Unterhaltspflichtige kann wegen seiner Unterhaltsleistungen den Haftpflichtigen aus dem Rechtsgrund der Geschäftsführung ohne Auftrag (§§ 677 ff. BGB.) in Anspruch nehmen, sofern er zugleich mit dem Vorsatz gehandelt hat, seine Aufwendungen diesem in Rechnung zu stellen. RG. im „Recht" **1907** Nr. 3806; „Recht" **1908** Nr. 1092; WarnRspr. **1909** Nr. 86; JW. **1909** 137[15], EisenbE. **25** 397; JW. **1910** 389[6]; RG. **84** 390. Das RG. hält auch einen Erstattungsanspruch nach den Grundsätzen der ungerechtfertigten Bereicherung für gegeben. JW. **1909** 137[15], EisenbE. **25** 397. Vgl. hierzu Anm. 11 zu § 3. Wegen erst künftig zu machender Aufwendungen besteht jedoch kein Ersatzanspruch. RGRäte Anm. 8 zu § 843.

Aus § 843 Abs. 4 folgt auch, daß der Haftpflichtige seinerseits kein Rückgriffsrecht gegen den Unterhaltspflichtigen hat. Ein Anspruch gegen diesen aus ungerechtfertigter Bereicherung (§ 812) könnte nur in Frage kommen, wenn der Haftpflichtige über seine Verpflichtungen hinaus Unterhalt gewährt hat. Vgl. Isaac Anm. 12g zu § 13.

5. § 708 Ziff. 6 ZPO. findet entsprechende Anwendung. Nach **Anm. 15.** dieser Vorschrift (vgl. Anm. 5) sind Urteile, welche die Verpflichtung zur Entrichtung von Alimenten oder zur Entrichtung einer nach den §§ 843, 844 BGB. geschuldeten Geldrente aussprechen, bezüglich der Zeit nach Erhebung der Klage und des der Klageerhebung vorausgehenden letzten Vierteljahrs auch ohne Antrag für vorläufig vollstreckbar zu erklären. Die Ansprüche aus dem HaftpflG. sind nicht Alimenten-, sondern Schadenersatzansprüche (vgl. Anm. 35 zu § 3), fallen demnach an sich nicht unter § 708 Ziff. 6. Da der Haftpflichtanspruch jedoch ähnliche Zwecke wie der Unterhaltsanspruch verfolgt, erscheint eine gleichmäßige prozessuale Behandlung am Platze.

Die Bestimmung gilt nur für die in § 7 Abs. 1 genannten, die Verpflichtung zur Entrichtung einer Rente aussprechenden, nicht für die auf Kapitalabfindung lautenden Urteile.

Die Vollstreckbarerklärung ist beschränkt auf die Zeit nach Erhebung der Klage und das der Klageerhebung vorausgehende letzte Vierteljahr (worunter nicht das Kalendervierteljahr zu verstehen ist).

Anm. 16. II. Nach **§ 7 Abs. 2 S. 2** gilt das gleiche (d. h. die entsprechende Anwendung) für die dem Verletzten zu entrichtende Geldrente von der Vorschrift des § 850 Abs. 3 und für die dem Dritten zu entrichtende Geldrente von der Vorschrift des § 850 Abs. 1 Nr. 2 ZPO. Diese Bestimmungen lauten:

§ 850 Abs. 1.

Der Pfändung sind nicht unterworfen:

1. . . . . . .

2. die auf gesetzlicher Vorschrift beruhenden Alimentenforderungen und die nach § 844 des Bürgerlichen Gesetzbuchs wegen der Entziehung einer solchen Forderung zu entrichtende Geldrente;

3.—9. . . . . . .

Abs. 3.

Die nach § 843 des Bürgerlichen Gesetzbuchs wegen einer Verletzung des Körpers oder der Gesundheit zu entrichtende Geldrente ist der Pfändung nur nach Maßgabe der Verordnung über Lohnpfändung vom 25. Juni 1919 (Reichsgesetzblatt 1919 S. 589, 1921 S. 1657, 1923 I S. 1186, 1924 I S. 25) unterworfen.

Anm. 17. 1. Die Pfändungsbeschränkung des § 850 Abs. 3 gilt hiernach für die dem Verletzten nach § 3 a HaftpflG. wegen Aufhebung oder Minderung der Erwerbsfähigkeit und wegen Vermehrung der Bedürfnisse zu entrichtende Geldrente. Keiner Beschränkung unterliegt demzufolge der auf Erstattung der Heilungskosten gerichtete Kapitalanspruch (vgl. Anm. 2 zu § 3 a). Ebenso ist unbeschränkt pfändbar der an die Stelle des Rentenanspruchs nach § 7 Abs. 2 HaftpflG. (§ 843 BGB.) tretende Anspruch auf eine Abfindung in Kapital, soweit dieser auf Antrag des Verletzten durch Urteil zuerkannt oder vertragsmäßig festgesetzt ist. Ebenso von Bezold in EisenbE. **32** 19.

Die dem Verletzten zu entrichtende Haftpflichtrente ist nur nach Maßgabe der Verordnung über Lohnpfändung in der erwähnten Fassung — geändert durch Ges. v. 17. 12. 1926 (RGBl. I S. 503) und Ges. v. 27. 2. 1928 (RGBl. I S. 45) — der Pfändung unterworfen. Danach ist die Rente in Höhe von 195 RM. monatlich, 45 RM. wöchentlich, 7,50 RM. täglich, und soweit sie diese Beträge übersteigt, zu einem Drittel des Mehrbetrags der Pfändung nicht unterworfen. Hat der Verletzte seinem Ehegatten, früheren Ehegatten, Verwandten oder einem unehelichen Kinde Unterhalt zu gewähren, so erhöht sich der unpfändbare Teil des Mehrbetrags für jede Person, der Unterhalt zu gewähren ist, um ein Sechstel, höchstens jedoch auf zwei Drittel des Mehrbetrags. Letztere Erhöhung entfällt jedoch, wenn die Rente die Summe von 650 RM. monatlich, von 150 RM. wöchentlich oder von 25 RM. täglich übersteigt.

Zugunsten unterhaltsberechtigter Gläubiger ist nach § 850 Abs. 4 die Pfändung — mit gewissen Beschränkungen — ohne Rücksicht auf den Betrag zulässig. Daß Abs. 4 auch ohne ausdrückliche Erwähnung im § 7 Abs. 2 Anwendung findet, kann nach dem Sinne der Bestimmung, die eine Gleichstellung der Haftpflichtrente mit dem Schadenersatzanspruch aus § 843 BGB. bezweckt, nicht zweifelhaft sein. Vgl. Eger Anm. 98 S. 573; Kirchner Anm. 3 II zu § 13. Gemäß § 5 der Verordnung über Lohnpfändung findet § 850 Abs. 4 auf Schuldner, die Kriegsteilnehmer sind oder waren, keine Anwendung wegen solcher Unterhaltsbeiträge, die der Schuldner für die Zeit seiner Kriegsteilnehmerschaft zu entrichten hat. Pfändungen gegen sie sind auf ihren Antrag insoweit aufzuheben, als sie hiernach unzulässig gewesen wären (§ 7 Abs. 2 der Verordnung).

2. Soweit die Haftpflichtrente unpfändbar ist, unterliegt sie den **Anm. 18.** Bevorzugungen bzw. Beschränkungen, denen unpfändbare Forderungen nach den gesetzlichen Bestimmungen unterworfen sind. Hieraus folgt:

a) Sie kann nicht an einen anderen abgetreten werden (§ 400 BGB.); auch z. B. nicht durch Versicherungspolice oder Statut eines Knappschaftsvereins. RG. in JW. **1911** 571[1].

b) Sie kann nicht verpfändet (§ 1274 Abs. 3 BGB.) oder

c) einem Nießbrauch unterworfen werden (§ 1069 Abs. 2 BGB.).

d) Sie gehört nicht zur Konkursmasse (§ 1 Abs. 4 KO.).

e) Eine Gegenforderung kann gegen sie nicht aufgerechnet werden (§ 394 BGB.).

Eine vor dem Inkrafttreten der Verordnung v. 25. 6. 19 erfolgte Aufrechnung, Abtretung oder Verpfändung verliert ihre Wirksamkeit, soweit sie bei Anwendung der Verordnung unwirksam sein würde (§ 7 Abs. 2).

Abs. 3.

I. Allgemeine Bedeutung der Vorschrift. **Anm. 19.**

§ 7 Abs. 3 stimmt inhaltlich im wesentlichen mit dem früheren Abs. 3 überein und ist im Wortlaut dem § 324 ZPO. angepaßt, der für eine nach den §§ 843 bis 845 und den §§ 1578 bis 1582 erfolgende Verurteilung zur Entrichtung einer Geldrente dasselbe bestimmt.

Die Bedeutung des § 7 Abs. 3 liegt ebenso wie bei dem (unten erläuterten) § 323 ZPO. in der Durchbrechung des Grundsatzes der materiellen Rechtskraft. Der Anspruch auf Sicherheitsleistung gemäß § 7 Abs. 2 (§ 843 Abs. 2 BGB.) ist nicht selbständiger Natur, sondern Bestandteil des Anspruchs auf Schadenersatz. Daraus folgt, daß die Rechtskraft der Entscheidung über den eigentlichen Schadenersatzanspruch auch die Frage der Sicherheitsleistung ergreift. Die Zulassung einer nachträglichen Geltendmachung des Anspruchs auf Sicherheitsleistung setzt somit eine entsprechende ausdrückliche Vorschrift voraus. Durch § 7 Abs. 3 ist die nachträgliche Geltendmachung unter bestimmten Voraussetzungen zugelassen. Die Bedeutung der Vorschrift liegt demnach darin, daß der Anspruch auf Sicherheitsleistung selbständig auch dann und sogar wiederholt (vgl. Anm. 23) geltend gemacht werden kann, wenn im Hauptprozeß über den Anspruch auf Sicherheitsleistung entschieden worden ist.

Eger (Anm. 100 S. 575) hält die Vorschrift des Abs. 3 für an sich selbstverständlich und daher überflüssig, da dem Berechtigten in § 7 Abs. 2 allgemein das Recht, Sicherheit zu verlangen, gegeben sei und dieses jederzeit, auch nach Geltendmachung des Hauptanspruchs, bei Vorhandensein der gesetzlichen Voraussetzungen geltend gemacht werden könne. Ebenso Endemann S. 28. Diese Ansicht verkennt die Bedeutung der Rechtskraft. Überflüssig wäre aber Abs. 3 auch dann nicht, wenn man eine solche Bedeutung dem § 7 Abs. 2 beizumessen hätte. Denn dann enthielte Abs. 3 eine Beschränkung des allgemeinen Rechts, Sicherheit zu verlangen, da die nachträgliche Geltendmachung lediglich zulässig ist, wenn sich nach dem Hauptprozeß die Vermögensverhältnisse des Verpflichteten erheblich verschlechtert haben. So Isaac Anm. 15 E b zu § 13; Kirchner Anm. IV 2 zu § 13.

Eine besondere Bedeutung kommt dem § 7 Abs. 3 gegenüber § 323 ZPO. zu. Letzterer behandelt allgemein den Fall, daß sich die Urteilsgrundlagen für die Entscheidung über Grund und Umfang des Anspruchs geändert haben, und gibt jedem Teil das Recht, eine entsprechende Abänderung des Urteils zu verlangen. Im Rahmen dieser sog. „Umwandlungsklage" kann auch der Anspruch auf Sicherheitsleistung von beiden Teilen neu oder erneut zur Entscheidung gestellt, die Leistung einer Sicherheit oder ihre Aufhebung, ihre Erhöhung oder Verminderung verlangt werden (vgl. Anm. 20 Anhang zu § 7). § 7 Abs. 3 gibt dagegen dem Berechtigten einen weiteren selbständigen Anspruch auf Leistung einer Sicherheit oder Erhöhung derselben für den Fall, daß sich die Vermögensverhältnisse des Verpflichteten nachträglich erheblich verschlechtert haben.

II. Die **Voraussetzungen** für die Geltendmachung des Anspruchs auf Sicherheitsleistung gemäß § 7 Abs. 3 sind folgende:

Anm. 20. 1. Der Verpflichtete muß zur Entrichtung einer **Geldrente verurteilt** sein. Ein auf Kapitalabfindung lautendes Urteil bietet keine Grundlage für die Klage.

Auf Vergleiche, auch auf gerichtlich geschlossene, findet § 7 Abs. 3 keine Anwendung. Eine Aufhebung käme nur nach den für diese geltenden allgemeinen Bestimmungen des bürgerlichen und Prozeßrechts in Frage. Anders, wenn im Vergleich eine Abänderung ausdrücklich vorbehalten ist. RG. in EisenbE. **26** 308; OLG. Braunschweig in SeuffA. **54** 417, EisenbE. **16** 125. Vgl. Anm. 3 Anhang zu § 7. Kirchner (Anm. 4 II zu § 13) meint, im Zweifel werde man annehmen dürfen, daß es dem Willen der Parteien entspreche, bei nachträglicher erheblicher Verschlechterung der Vermögenslage des Schuldners den Anspruch auf Sicherheitsleistung zuzulassen. U. E. wird eher im Zweifel davon auszugehen sein, daß die

Parteien sich darüber klar waren, durch den Vergleich ihre Rechtsbeziehungen endgültig zu regeln.

Dagegen gilt § 7 Abs. 3 u. E. auch für Schiedssprüche. Vgl. Anm. 3 Anhang zu § 7.

Das Rentenurteil muß rechtskräftig sein. Solange der Hauptprozeß schwebt, kann der Anspruch auf Sicherheitsleistung nur im Wege der Erweiterung des Klageantrags oder der Berufung geltend gemacht werden. Ebenso Eger Anm. 101 S. 577; Reindl Anm. 13 zu § 7; Endemann S. 189; ferner zu § 13 RJG. Kirchner Anm. 4 II; Isaac Anm. 15 Fa. A. M. Seuffert Anm. 2 zu § 324; Förster-Kann Anm. 1 c zu § 324; Stein-Jonas Anm. II zu § 324 (abw. von früh. Aufl.).

2. In dem Urteil des Vorprozesses ist nicht auf Sicherheitsleistung erkannt worden; aus welchem Grunde, ist gleichgültig. Der Berechtigte kann absichtlich oder unabsichtlich die Stellung eines entsprechenden Antrags unterlassen, das Gericht den Antrag zurückgewiesen oder übergangen haben. Ebenso (für § 324 ZPO.) Förster-Kann Anm. 1 a; Stein-Jonas Anm. II 1. A. M. für den Fall, daß die Stellung eines Antrags unterlassen ist, Skonietzki-Gelpke Anm. 3 zu § 324. **Anm. 21.**

3. Die Vermögensverhältnisse des Verpflichteten müssen sich **erheblich verschlechtert** haben. Nur wenn dies der Fall ist, nicht aus anderen Gründen, kann selbständig der Anspruch auf Sicherheitsleistung im Nachverfahren geltend gemacht werden. A. M. Eger Anm. 103 S. 578. Vgl. Anm. 19. **Anm. 22.**

Im früheren § 7 Abs. 3 war gefordert, daß sich die Vermögensverhältnisse des Verpflichteten „inzwischen" verschlechtert haben. Das Wort „inzwischen" fehlt in der jetzigen Fassung. Es ist jedoch nicht zweifelhaft, daß auch nach dieser nur eine erhebliche Verschlechterung, die nach dem Vorprozeß eingetreten ist, in Betracht kommt. Auf eine Verschlechterung, die bereits früher eingetreten, aber erst nach dem Vorprozeß zur Kenntnis des Berechtigten gelangt ist, kann ein Anspruch auf Sicherheitsleistung nicht gestützt werden. Vgl. Anm. 12 Anhang zu § 7.

Der maßgebende Zeitpunkt, nach dem die Verschlechterung eingetreten sein muß, ist im § 7 Abs. 3 nicht bestimmt, findet aber seine nähere Erläuterung im § 323 Abs. 2 ZPO. Danach muß die Verschlechterung zu einer Zeit eingetreten sein, in der der Anspruch auf Sicherheitsleistung nach prozeßrechtlichen Regeln (im Wege der Erweiterung des Klageantrags, der Berufung usw.) im Vorprozeß nicht mehr geltend gemacht werden konnte. Vgl. Anm. 12 Anhang zu § 7.

Wie die Klage aus § 323 ZPO. eine wesentliche Änderung der maßgebenden Umstände zur Voraussetzung hat, so verlangt § 7 Abs. 3 auch eine erhebliche Verschlechterung der Vermögensverhältnisse des Verpflichteten. Ob eine solche vorliegt, entscheidet das Gericht nach freiem Ermessen. Sache des Ersatzberechtigten ist es, zur Vergleichung die Vermögensverhältnisse des Verpflichteten zur Zeit des Vorprozesses und die augenblicklichen genau darzulegen.

Die erhebliche Verschlechterung der Vermögensverhältnisse des Verpflichteten allein rechtfertigt jedoch nicht, wie es nach dem Wortlaut des § 7 Abs. 3 den Anschein haben könnte, die Zuerkennung einer Sicherheit. Trotz einer wesentlichen Verschlechterung braucht die Vermögenslage des Verpflichteten eine Sicherheitsleistung nicht notwendig zu machen. Erforderlich bleibt auch für die Nachtragsklage, daß die Umstände die Besorgnis rechtfertigen, die Verpflichtung zur Rentenleistung werde nicht oder nicht pünktlich erfüllt werden. Vgl. Anm. 7.

Anm. 23. III. Unter den angegebenen Voraussetzungen **kann der Berechtigte Sicherheitsleistung verlangen.**

Mit der Klage wird der dem Berechtigten nach § 7 Abs. 2 (§ 843 Abs. 2 S. 2) zustehende materielle Anspruch auf Sicherheitsleistung geltend gemacht. Ebenso Stein-Jonas Anm. III zu § 324 ZPO. Im Gegensatz hierzu handelt es sich bei der Klage gemäß § 323 ZPO. um ein prozessuales Gestaltungsrecht. Vgl. Anm. 13 Anhang zu § 7.

Darüber, ob, in welcher Art und für welchen Betrag Sicherheitsleistung verlangt werden kann, siehe Anm. 7.

Der Anspruch kann nicht bloß einmal, sondern wiederholt geltend gemacht werden. Ist also in dem Hauptprozeß nicht auf Sicherheitsleistung erkannt und dieser Anspruch gemäß § 7 Abs. 3 nachträglich geltend gemacht, aber abgewiesen worden, so kann der Berechtigte mit der Behauptung, daß nach dem letzten Prozeß eine Vermögensverschlechterung eingetreten sei, nochmals Klage auf Sicherheitsleistung erheben. Die Einrede der Rechtskraft steht dieser Klage nicht entgegen. Ebenso Eger Anm. 102 S. 577; Kirchner Anm. 4 II zu § 13.

Der Anspruch kann „gleichwohl" geltend gemacht werden. Der Ausdruck weist darauf hin, daß die Bestimmung den Grundsatz der materiellen Rechtskraft durchbricht (vgl. Anm. 19).

Der Anspruch unterliegt nicht der Verjährung (vgl. Anm. 3 zu § 8).

Die Klage ist in dem allgemeinen Gerichtsstand des Verpflichteten, nicht etwa in dem des Hauptprozesses zu erheben. Vgl. Anm. 19 Anhang zu § 7.

Anm. 24. IV. Nach § 7 Abs. 3 Halbs. 2 kann der Berechtigte **unter der gleichen Voraussetzung eine Erhöhung der in dem Urteil bestimmten Sicherheit verlangen.**

Der Anspruch setzt also zunächst voraus, daß — im Gegensatz zu der Bestimmung des 1. Halbsatzes — im Hauptprozeß auf Sicherheitsleistung erkannt worden ist, gleichviel ob in der vom Berechtigten beantragten oder in anderer Art und Höhe. In diesem Falle kann unter der gleichen Voraussetzung, d. h. sofern sich die Vermögensverhältnisse des Verpflichteten nachträglich erheblich verschlechtert haben, eine Erhöhung der in dem Urteil des Hauptprozesses bestimmten Sicherheit verlangt werden, da diese nunmehr der verschlechterten Vermögenslage des Verpflichteten nicht mehr entspricht. Wird die geleistete Sicherheit dagegen dadurch unzureichend, daß sie an Wert verliert, so kann der Berechtigte nach § 240 BGB. Ergänzung oder Leistung einer anderen Sicherheit verlangen.

Der Anspruch auf Erhöhung der im Vorprozeß bestimmten Sicherheitsleistung kann auch im Rahmen der Umwandlungsklage (§ 323 ZPO.) geltend gemacht werden. Vgl. Anm. 19 zu § 7 und Anm. 20 Anhang zu § 7.

Die Möglichkeit, eine **Minderung** der Sicherheitsleistung zu erlangen, besteht für den Haftpflichtigen ausschließlich im Rahmen der „Umwandlungsklage" (vgl. Anm. 19 zu § 7). Über die Befugnis, Geld und Wertpapiere, die hinterlegt sind, umzutauschen, vgl. § 235 BGB.

Anhang zu § 7:

Die „Umwandlungsklage" (§ 323 ZPO.).

I. Einleitung.

1. Nach § 7 Abs. 2 HaftpflG. ursprünglicher Fassung (vgl. Anm. 1 zu § 7) kann der Verpflichtete jederzeit die Aufhebung oder Minderung der Rente fordern, wenn sich die für die Zuerkennung oder Höhe der Rente maßgebenden Verhältnisse wesentlich geändert haben, wie der Berechtigte jederzeit die Erhöhung oder Wiedergewährung der Rente beanspruchen kann, wenn eine wesentliche Änderung der für die Feststellung, Minderung oder Aufhebung der Rente maßgebenden Verhältnisse eingetreten ist. Der dieser Bestimmung zugrunde liegende Gedanke hat seine Berechtigung nicht nur für das begrenzte Gebiet des Haftpflichtrechts, sondern überhaupt für alle Fälle, in denen eine Verurteilung zu künftig fällig werdenden wiederkehrenden Leistungen erfolgt. Durch die Novelle zur ZPO. v. 17. 5. 98 ist demzufolge die Vorschrift verallgemeinert und im **§ 323** bestimmt worden: **Anm. 1.**

Tritt im Falle der Verurteilung zu künftig fällig werdenden wiederkehrenden Leistungen eine wesentliche Änderung derjenigen Verhältnisse ein, welche für die Verurteilung zur Entrichtung der Leistungen, für die Bestimmung der Höhe der Leistungen oder der Dauer ihrer Entrichtung maßgebend waren, so ist jeder Teil berechtigt, im Wege der Klage eine entsprechende Abänderung des Urteils zu verlangen.

Die Klage ist nur insoweit zulässig, als die Gründe, auf welche sie gestützt wird, erst nach dem Schlusse der mündlichen Verhandlung, in der eine Erweiterung des Klagantrags oder die Geltendmachung von Einwendungen spätestens hätte erfolgen müssen, entstanden sind und durch Einspruch nicht mehr geltend gemacht werden können.

Die Abänderung des Urteils darf nur für die Zeit nach Erhebung der Klage erfolgen.

Die vorstehenden Bestimmungen finden entsprechende Anwendung auf die Schuldtitel des § 794 Nr. 1 und 5, soweit darin Leistungen der im Abs. 1 bezeichneten Art übernommen worden sind.

Abs. 4 ist dem § 323 durch Art. 1 des Ges. zur Ergänzung des § 323 der Zivilprozeßordnung v. 13. 8. 1919 (RGBl. S. 1448) angefügt worden.

§ 7 Abs. 2 a. F. ist durch § 323 ZPO. überflüssig geworden und demgemäß aufgehoben (Art. 42 EG.BGB.). Die große Bedeutung, die dem § 323 besonders für das HaftpflG. zukommt, das grundsätzlich Schadenersatzleistung durch Entrichtung einer Rente vorsieht (§ 7 Abs. 1), rechtfertigt seine Erörterung an dieser Stelle.

Anm. 2. 2. § 323 enthält eine Durchbrechung des Grundsatzes der materiellen Rechtskraft der Urteile. Er beruht auf Zweckmäßigkeitserwägungen. Die Bestimmung von Höhe und Dauer der Rente ist oft von Umständen abhängig, deren weitere Entwicklung vom Gericht nicht mit Sicherheit übersehen werden kann. Beispielsweise können der Gesundheitszustand des Verletzten oder seine Erwerbsmöglichkeiten im Laufe der Zeit eine Veränderung erfahren, die mit den dem Urteil zugrunde gelegten Erfahrungen des Lebens oder Erkenntnissen der Wissenschaft nicht im Einklang stehen. Hier würde ein starres Festhalten an dem Urteil zu Unbilligkeiten führen. Deshalb läßt § 323 eine Umbildung des Urteils für den Fall nachträglicher Änderung der die Existenz und Höhe des Schadens betreffenden Urteilsgrundlagen zu.

Nur soweit es sich um Existenz und Höhe des Schadens handelt, kommt also eine Abänderung des ursprünglichen Urteils in Frage. Unabänderlich bleibt es bezüglich der Feststellung der Haftpflicht als solcher. Vgl. Anm. 6.

§ 323 bildet ein notwendiges Korrelat zu § 7 Abs. 1 HaftpflG. (§ 843 Abs. 1 BGB.), wonach die Zuerkennung der Rente obligatorisch ist (vgl. Anm. 5 zu § 7). Jedoch darf sich das Gericht nicht mit Rücksicht auf § 323 der Aufgabe entziehen, bei Bemessung der Rente auch auf die zukünftige Gestaltung der Verhältnisse, wie sie der allgemeinen Lebenserfahrung und dem normalen Lauf der Dinge entspricht, gebührend Rücksicht zu nehmen. Denn § 323 setzt eine solche wesentliche Veränderung der für die Existenz und die Höhe des Schadens bedeutsamen Verhältnisse voraus, die zur Zeit der früheren Verurteilung vorschauend noch nicht zu übersehen war und dem gewöhnlichen Lauf der Dinge, wie er zu dieser Zeit erscheinen mußte, nicht entspricht. Vgl. Anm. 22 zu § 3a und die dort zit. Rechtspr.

II. Voraussetzungen des Klagerechts.

Anm. 3. 1. Es muß eine **Verurteilung** zu künftig fälligen wiederkehrenden Leistungen vorliegen, wobei es gleichgültig ist, ob die Verurteilung durch ein kontradiktorisches, Versäumnis- oder Anerkenntnisurteil erfolgt ist.

Im Falle bloßer Feststellung der Haftpflicht findet § 323 keine Anwendung. Hier wäre auch ein Rechtsbehelf, wie ihn diese Bestimmung vorsieht, nicht erforderlich. Denn im anschließenden Leistungsprozeß könnten die Parteien ohnehin alle Veränderungen geltend machen, die seit der letzten mündlichen Verhandlung des Feststellungsprozesses eingetreten sind. Vgl. Förster-Kann Anm. 2daa zu § 323; RG. **74** 121.

Ein Vergleich, auch ein gerichtlich abgeschlossener, in dem künftig fällig werdende wiederkehrende Leistungen ausbedungen sind, war nach der ursprünglichen Fassung des § 323 einer Verurteilung nicht gleichgestellt. Eine Abänderung im Wege des § 323 ZPO. war demgemäß in Schrifttum und Rechtsprechung nur für zulässig erachtet worden, wenn eine solche ausdrücklich im Vergleich vorbehalten war. Nach dem durch Art. 1 des Ges. v. 13. 8. 19 (RGBl. S. 1448) angefügten Abs. 4 finden die Bestimmungen des Abs. 1 bis 3 auch auf die in § 794 Nr. 1 und 2 ZPO. aufgeführten gerichtlichen Vergleiche, soweit darin Leistungen der im Abs. 1 bezeichneten Art übernommen worden sind, Anwendung, ebenso auf die Anerkennung eines solchen Anspruchs in einer vollstreckbaren Urkunde (§ 794 Nr. 5).

Ein außergerichtlicher Vergleich bietet mithin keine Grundlage für eine Abänderung im Wege des § 323. Die Nichtanwendbarkeit dieser prozessualen Vorschriften schließt indessen nicht die Geltendmachung eines Anspruchs auf Abänderung des privaten Vergleichs aus materiellrechtlichen Gründen aus (RG. **106** 233, EisArch. **1923** 509; EisenbE. **47** 84; vgl. hierzu auch Lucas, JW. **1925** 737). Die „Aufwertung" von Renten, die in früherer Währung festgesetzt sind, bedeutet allerdings nach jetziger geläuterter Auffassung keine Änderung, sondern eine Auslegung und Ausführung des Vergleichs nach Treu und Glauben (§§ 157, 242 BGB.).

Auseinander gehen die Ansichten darüber, ob Schiedssprüche unter die Bestimmung fallen. Verneint wird die Frage insbesondere von Eger Anm. 88 S. 540; Reindl Anm. 12a zu § 7; Endemann S. 174; Förster-Kann Anm. 2d cc zu § 323. Bejaht wird sie von Jäger Umwandlungsklage S. 5; Isaac Anm. 16 B I c zu § 13; Stein-Jonas Anm. II 2 zu § 323 (abw. früh. Aufl.); u. E. mit Recht. Die Billigkeitserwägungen, die dem § 323 zugrunde liegen, treffen in gleicher Weise für eine Verurteilung im Schiedsgerichtsverfahren zu, es sei denn, daß der Schiedsvertrag die Anwendung des § 323 ausschließt. Für unsere Ansicht spricht auch § 1040 ZPO., der dem Schiedsspruch die Wirkung eines rechtskräftigen Urteils beilegt.

Erfolgt Abweisung der Klage, so ist eine Abänderung des Urteils auf Grund des § 323 nicht möglich. Dieses ist also definitiv, wenn der Kläger z. B. abgewiesen wird, weil kein Betriebsunfall vorliegt oder der Unfall durch eigenes Verschulden des Verletzten oder höhere Gewalt verursacht worden ist. Das RG. hat die Abänderungsklage für den Fall für zulässig erachtet, daß die Haftpflicht festgestellt, die Klage aber abgewiesen ist, weil kein Schade für die Zukunft zu besorgen war. RG. **17** 23. Ebenso Eger Anm. 87 S. 537; Wolff JW. **1904** 571. Es ist zuzugeben, daß die Ausdehnung des § 323 auf diesen Fall billig erscheint. Immerhin stehen dieser Ansicht Bedenken entgegen. Denn die Entscheidung würde davon abhängen, ob sich das Gericht zufällig über die Vorfrage der Haftpflicht ausgesprochen oder, was denkbar, sie bei Verneinung eines Schadens hat dahingestellt sein lassen. Wohl aber kann eine ursprünglich zugesprochene, auf Abänderungsklage aberkannte Rente gemäß § 323 erneut zugesprochen werden. RG. **108** 413, JW. **1925** 55[13], EisenbE. **42** 100.

Ist die Klage abgewiesen, so käme für den Kläger nur eine neue Klage in Betracht, sofern er einen von dem früheren unabhängigen Klagegrund geltend machen kann. Die Berufung auf eine bloße Veränderung der Umstände genügt nicht. Stein-Jonas Anm. II 2 zu § 323; RG. in SeuffA. **44** Nr. 25. Dagegen wird von anderen die Erhebung einer neuen Klage schon insoweit für zulässig erachtet, als sie auf Umstände gestützt ist, die vor Erlaß des abweisenden Urteils noch nicht hervorgetreten waren. So Förster-Kann Anm. 2 d bb zu § 323; Seuffert Anm. 2 zu § 323; Oppermann ZZP. **38** 453.

Das Urteil des Vorprozesses muß rechtskräftig sein. Vgl. Anm. 12.

Anm. 4. **2.** Voraussetzung der Abänderungsklage ist ferner, daß die Verurteilung im Vorprozeß auf zukünftig fällig werdende wiederkehrende Leistungen ausgesprochen wurde. Die Klage ist also nicht zulässig, wenn eine Verurteilung zur Kapitalabfindung erfolgt ist. RG. in Bolze **6** Nr. 292; JW. **1925** 350[3]; Stein-Jonas Anm. II 1 zu § 323; Eger Anm. 88 S. 541; Isaac Anm. 16 B II zu § 13. Das RG. hat sie jedoch mit Recht auch in dem Falle für zulässig erachtet, daß die Rente nur für die bis zum Erlaß des Urteils verflossene Zeit zugesprochen, für die Zukunft aber mit der Begründung abgesprochen war, daß der Kläger im Zeitpunkt der Urteilsfällung für wiederhergestellt zu erachten sei. RG. in Bolze **3** Nr. 408.

Daß die wiederkehrenden Leistungen der Höhe nacheinander gleich sind, ist nicht erforderlich. Förster-Kann Anm. 2 a zu § 323.

3. Endlich muß eine wesentliche Änderung derjenigen Verhältnisse eingetreten sein, die für die Verurteilung zur Entrichtung der Leistungen, für die Bestimmung der Höhe der Leistungen oder der Dauer ihrer Entrichtung maßgebend waren.

Anm. 5. **a)** Es müssen sich die maßgebenden Verhältnisse geändert haben. Als maßgebend sind alle diejenigen Umstände anzusehen, die das Gericht bei zutreffender Beurteilung des Vermögensschadens zu berücksichtigen hatte, mag es sie in Wirklichkeit berücksichtigt haben oder nicht. Ebenso Isaac Anm. 16 B III d zu § 13. A. M. Förster-Kann Anm. 2 c aa zu § 323.

Insbesondere hat das Gericht der Entscheidung über die Rente als maßgebend nicht nur die zur Zeit des Urteils abgeschlossenen Tatsachen zugrunde zu legen, sondern auch die mutmaßliche künftige Gestaltung der Dinge, wie sie den allgemeinen Erfahrungen des Lebens und der Besonderheit des Falles entspricht. Ist diese künftige Entwicklung nicht in Betracht gezogen, so rechtfertigt der Eintritt solcher Ereignisse nicht die Anwendung des § 323. Denn § 323 setzt eine solche wesentliche Veränderung der für den Schaden und seine Höhe bedeutsamen Verhältnisse voraus, die zur Zeit der früheren Verurteilung vorschauend noch nicht zu übersehen war, und die dem gewöhnlichen Lauf der Dinge, wie er zu dieser Zeit erscheinen mußte, nicht entspricht. So RG. in ständiger Rechtsprechung. Vgl. die Anm. 22 zu § 3a zit. Entscheidungen.

Als maßgebliche Umstände, deren künftige Gestaltung zu berücksichtigen sind, kommen vornehmlich in Betracht: der Einfluß des zunehmenden Alters auf die Erwerbsfähigkeit, die zu erwartende spätere Beförderung oder Pensionierung eines Beamten, die voraussichtlich in einem gewissen Alter eintretende Erwerbsfähigkeit eines noch Erwerbsunfähigen, die mutmaßlich künftige Besserung oder Verschlimmerung des durch den Unfall hervorgerufenen oder schon vorhandenen älteren Leidens, die zu erwartende Verheiratung. So hat das RG. z. B. die Erhöhung der Rente, die ein Beamter im Wege der Klage gemäß § 323 mit Rücksicht auf Dienstalterszulagen beanspruchte, die er jetzt bei Verbleiben im Amte erhalten hätte, insoweit versagt, als die Zulagen nach den damals geltenden Bestimmungen zu erwarten waren und deshalb schon damals bei Erlaß des früheren Urteils in Rücksicht zu ziehen gewesen wären. JW. **1906** 768[10].

Umstände, die schon für die Entscheidung des Vorprozesses unmaßgeblich waren, sind auch nicht geeignet, eine Klage aus § 323 zu rechtfertigen. Handelt es sich z. B. um Feststellung des dem Verletzten selbst entstandenen Schadens (§§ 3 Abs. 1, 3a), so ist das Vorhandensein von Vermögen für die Entscheidung ohne Bedeutung. Infolgedessen liegt auch keine Änderung der maßgebenden Verhältnisse vor, wenn der Verletzte nachträglich durch Erbschaft, Mitgift, Schenkung, Spiel oder dergleichen seine Vermögenslage verbessert oder aber sein Vermögen ganz oder teilweise verliert. Anders dagegen, wenn der Ersatzanspruch eines unterhaltsberechtigten Dritten (§ 3 Abs. 2) in Frage steht und es auf die Bedürftigkeit ankommt (vgl. Anm. 43 zu § 3). Vgl. Eger Anm. 88 S. 544; Jäger Umwandlungsklage S. 7; Isaac Anm. 16 B IIIg zu § 13.

b) Eine Änderung der maßgebenden Verhältnisse muß eingetreten sein, sei es, daß vom Gericht festgestellte Tatsachen in Wegfall gekommen oder neue nicht vorausgesehene und nicht voraussehbare Umstände eingetreten sind. Daß, wie Eger (Anm. 88 S. 552) meint, diese Änderung bis zur Erhebung der Umwandlungsklage fortwirken müsse und daher eine vorübergehende und inzwischen wieder aufgehobene Veränderung unerheblich sei, ist nicht zutreffend. Notwendig ist nur, daß die Änderung eine wesentliche war (vgl. Anm. 10). **Anm. 6.**

Auszuscheiden haben alle diejenigen Verhältnisse, die einer nachträglichen Änderung überhaupt nicht unterliegen können. Dazu gehören vornehmlich die Feststellungen, die die Fragen Betriebsunfall, haftpflichtige Anlage, haftpflichtige Person, höhere Gewalt, eigenes Verschulden, Verschulden der Angestellten (vgl. §§ 1 und 2 HaftpflG.) betreffen. In Betracht kommen nur diejenigen Verhältnisse, die für die Feststellung des Vermögensschadens maßgebend waren.

Ob eine die Anwendung des § 323 rechtfertigende Änderung vorliegt, ist nach der Gesamtheit der maßgebenden Umstände zu beurteilen. Der

Grundsatz der Einheitlichkeit der Rente (vgl. Anm. 4 zu § 7) hat auch für Klagen aus § 323 Geltung. RG. **74** 131, JW. **1910** 828[58], EisenbE. **27** 294. Die Umwandlungsklage bleibt daher z. B. erfolglos, wenn der Besserung einzelner Verhältnisse in anderen nach dem früheren Urteil mit maßgebenden Punkten eine Verschlechterung gegenübersteht. RG. im „Recht" **1909** Nr. 1015, EisenbE. **25** 409.

Es muß tatsächlich eine Änderung der maßgebenden Umstände eingetreten sein. Ist das Gericht auf Grund unzutreffenden Vortrags der Parteien oder irrtümlich von einem Tatbestand ausgegangen, der nicht den maßgebenden augenblicklichen oder zukünftigen Verhältnissen entspricht, so kann nachträglich auf Grund des wirklichen Sachverhalts, der unverändert geblieben ist, keine Klage aus § 323 erhoben werden. Für die Beurteilung der Frage einer Veränderung ist der Tatbestand zugrunde zu legen, zu dem das Gericht bei Berücksichtigung aller maßgebenden Umstände hätte gelangen müssen. Ebenso Eger Anm. 88 S. 552; Reindl Anm. 12d zu § 7; Jäger a. a. O. S. 12; ferner zu § 13 KFG. Isaac Anm. 16 B III e; **Kirchner** Anm. 3 III; RG. in Bolze **19** Nr. 267. Demzufolge ist keine Veränderung der maßgebenden Verhältnisse anzunehmen, wenn sich bei gleichgebliebenem Gesundheitszustand lediglich die ärztliche und infolgedessen die richterliche Beurteilung geändert hat. RG. in SeuffA. **82** 282, EisenbE. **47** 282; WarnRspr. **1928** Nr. 133, EisenbE. **48** 396; RG. **126** 239, JW. **1930** 1592[12]; JW. **1930** 3315[10]. Dies ist z. B. wichtig für die Änderung der medizinischen Auffassung in bezug auf die Unfallneurose. Vgl. Anm. 77 zu § 1.

Anm. 7. α) Der nächstliegende Fall einer Änderung der maßgebenden Verhältnisse ist der einer nicht vorausgesehenen Besserung bzw. Verschlechterung des körperlichen Zustandes des Verletzten. Jedoch genügt diese allein noch nicht. Denn Ersatz wird nicht für die Einbuße an Arbeitskraft, sondern für den hierdurch erlittenen Vermögensschaden geleistet (vgl. Anm. 7 zu § 3a). Der Kläger hat daher nachzuweisen, daß sowohl die Erwerbsfähigkeit als auch die Erwerbsmöglichkeit eine entsprechende Steigerung bzw. Minderung erfahren habe. Vgl. RG. in JW. **1889** 168[23]; EisenbE. **15** 353; JW. **1892** 152[12]; JW. **1895** 336[37]; JW. **1899** 168[23]; JW. **1899** 443[33]; EisenbE. **16** 161.

So ist z. B. auf Minderung der Rente in einem Fall erkannt worden, in dem das frühere Urteil dauernde völlige Erwerbsunfähigkeit des Verletzten angenommen und dieser inzwischen einen Bruchteil seiner Erwerbsfähigkeit wiedererlangt hatte. RG. in EisenbE. **2** 25. Umgekehrt hatte in einem anderen Fall die Klage des Verletzten auf Fortgewährung der Rente Erfolg, weil die im früheren Urteil für einen gewissen Zeitpunkt erwartete Wiedererlangung der vollen Erwerbsfähigkeit nicht eingetreten war. RG. **2** 3.

Aber auch abgesehen von einer Änderung des Gesundheitszustandes kann die Erlangung der Gelegenheit zu einem neuen Erwerbe als eine wesentliche Änderung der maßgebenden Verhältnisse in Betracht kommen. RG. in EisenbE. **11** 126.

Ebenso liegt eine solche Änderung vor, wenn sich der Verletzte selbst seiner Erwerbsmöglichkeit beraubt (z. B. durch Verwirkung einer Freiheitsstrafe) oder mutwillig oder sonst schuldhaft unterläßt, auf Minderung des Schadens bedacht zu sein. Vgl. Anm. 11.

Auf § 323 kann z. B. auch dann eine Klage gestützt werden, wenn dem Verletzten im Vorprozeß eine Rente bis zum 70. Lebensjahr zuerkannt worden ist und nunmehr von ihm behauptet wird, daß er ohne den Unfall über das 70. Lebensjahr hinaus erwerbsfähig geblieben wäre. Darin liegt die Geltendmachung einer wesentlichen Änderung der maßgebenden Verhältnisse, da es dem normalen Lauf der Dinge entspricht, daß zu diesem Zeitpunkt die Erwerbsfähigkeit auch ohne Eintritt des Unfalls aufgehoben ist. RG. **86** 377, JW. **1915** 700[7]. Vgl. auch RG. in Gruchot **63** 503, EisenbE. **37** 175.

Ob eine Verheiratung der ersatzberechtigten Frau eine Herabsetzung der Rente gemäß § 323 rechtfertigt, kann nur nach den Umständen des einzelnen Falles unter Berücksichtigung der Lebensverhältnisse der Eheleute entschieden werden. RG. in JW. **1917** 604[15], EisenbE. **34** 143.

β) Von Bedeutung kann auch die Veränderung außerhalb der Person des Verletzten liegender Umstände sein. In Betracht kommen beispielsweise Verbesserung oder Verschlechterung der Lohnverhältnisse (RG. in JW. **1898** 673[13], EisenbE. **15** 319), eine nicht vorausgesehene Besserstellung der Kategorie von Beamten, zu der der Verletzte gehörte, durch Gehaltserhöhung oder Beförderung (RG. **22** 90, EisenbE. **4** 352; EisenbE. **23** 10; JW. **1906** 767[39], EisenbE. **23** 289; JW. **1906** 768[40], EisenbE. **23** 290) oder durch Verstaatlichung einer Privateisenbahn (RG. in EisenbE. **8** 221), die durch den unglücklichen Kriegsausgang völlig veränderte Laufbahn der früheren Offiziere und ihre geänderten Einkommens- und Ruhegehaltsverhältnisse (RG. in SeuffA. **82** 279, EisenbE. **47** 282), ferner Rückgang der Vermögenslage, Invalidität oder Tod des Mannes der verletzten Frau, die diese nötigen würde, in höherem Maße als bisher erwerbstätig zu sein (Kirchner Anm. 3 IIa zu § 13). Auch der nicht voraussehbare Wegfall der Unfallrente der Berufsgenossenschaft bildet eine Veränderung der maßgebenden Umstände (RG. in EisenbE. **32** 448). **Anm. 8.**

Als eine Änderung der wesentlichen Verhältnisse im Sinne des § 323 ist mit Recht in ständiger Praxis der nach dem Kriege eingetretene Währungsverfall angesehen worden (vgl. RG. **114** 188 und die dort zit. Urteile). Eine Handhabe für die Anpassung einer in Papiermark ausgedrückten, gleichviel zu welchem Zeitpunkt festgesetzten Rentenforderung bietet sich dem Gläubiger neben dem Wege der Abänderungsklage auch aus § 242 BGB. Die beiden Wege unterscheiden sich jedoch grundsätzlich voneinander. Die Klage nach § 323 ist nur unter den hier erwähnten Voraussetzungen zulässig und bezweckt eine wirkliche Abänderung des alten Titels. Dieser wird aufgehoben, und das Gericht entscheidet, indem es alle inzwischen eingetretenen Änderungen, nicht nur den Währungsverfall, berücksichtigt, und zwar nur für die Zeit nach Erhebung der Klage (§ 323 Abs. 3). Verlangt der Gläubiger dagegen Umwertung nach § 242 BGB., so bildet die in dem Urteil, Vergleich oder sonstigen Rechtstitel bestimmte Rente die alleinige Grundlage für die Neufestsetzung. Der frühere Titel wird lediglich nach den alle Schuldverhältnisse beherrschenden Grundsätzen von Treu und Glauben den neuen Währungsverhältnissen angepaßt. Vgl. RG. in JW. **1926** 52[3] mit meiner Anmerkung; RG. **114** 188. Ob eine nach Stabilisierung der Währung eingetretene Verringerung der Kaufkraft des Geldes als eine wesentliche Änderung der maßgebenden Verhältnisse anzusehen ist, läßt sich nur nach den besonderen Umständen des Falles beurteilen. Jedenfalls muß das Ausmaß der Verringerung der Kaufkraft erheblich sein. RG. in EisenbE. **47** 78; WarnRspr. **1928** Nr. 66, EisenbE. **47** 377; VerZtg. **1929** 900. Über die Verjährung solcher Ansprüche vgl. Anm. 14 zu § 7, Anm. 7 zu § 8.

Anm. 9. γ) Für die Rente des unterhaltsberechtigten Dritten (§ 3 Abs. 2) können sich die maßgebenden Verhältnisse dadurch ändern, daß die Bedürftigkeit — sofern sie Voraussetzung der Unterhaltspflicht ist — infolge Anfalls von Vermögen ganz oder teilweise wegfällt oder (z. B. bei einem unterhaltsberechtigten Kinde) kürzere oder längere Zeit, als im Urteil angenommen war, andauert. In Betracht kommen ferner Eintritt eines näheren Unterhaltspflichtigen (z. B. durch Adoption), Fortfall eines Mitverpflichteten (z. B. eines Bruders des Getöteten), Eintritt eines näheren Unterhaltsberechtigten, Wiederverheiratung der Witwe des Getöteten (vgl. Anm. 48 zu § 3).

Anm. 10. **c)** Das Gesetz verlangt, daß die Änderung **wesentlich** ist. Ob dies der Fall ist, beurteilt das Gericht nach freiem Ermessen. Dieses hat jedoch zu prüfen, ob die eingetretene Änderung einschneidende Bedeutung hat und geeignet ist, das frühere Urteil in maßgeblicher Weise umzugestalten. Geringfügige vorübergehende Änderungen (wie kleinen Schwankungen unterliegende Verbesserungen der Gesundheit und Erwerbsfähigkeit, kürzere Streiks und Arbeiteraussperrungen, unerhebliche Freiheitsstrafen) bleiben außer Betracht.

Bei Entscheidung der Frage, ob die Änderung wesentlich, ist naturgemäß ein relativer Maßstab anzulegen. Eine in Betracht kommende Differenz kann bei einer zugesprochenen bedeutenden Jahresrente unerheblich, bei einer geringen wesentlich sein. Vgl. Stein-Jonas Anm. II 3 zu § 323. So wurde z. B. die Erhöhung der Jahresrente eines Zugführers von 1770 M. um einen Betrag von 184,20 M. für eine wesentliche Änderung erachtet (RG. **22** 90); dagegen — schwerlich mit Recht — eine solche in der Gewährung einer Pensionszulage von 8 v. H. an einen Eisenbahnbeamten nicht gefunden (BayObLG. in „Recht" **1914** Nr. 1175, EisenbE. **30** 517).

d) Kausalzusammenhang.

Anm. 11. In der Literatur wird mehrfach ferner für die Umwandlungsklage gefordert, daß die veränderten Verhältnisse in ursächlichem Zusammenhang mit der Verletzung stehen müßten. So Eger Anm. 88 S. 545; Reindl Anm. 12cγ zu § 7. Vgl. auch RG. in JW. **1918** 221[10], EisenbE. **36** 199; JW. **1921** 1080[5]. Isaac (Anm. 16 B III f zu § 13) hält diesen Satz nur in bezug auf die Klage des Verletzten für zutreffend und meint, daß für die Klage des Haftpflichtigen umgekehrt vorausgesetzt werde, daß die Veränderung der Verhältnisse den ursächlichen Zusammenhang zwischen der jetzigen wirtschaftlichen Lage des Verletzten und dem Unfall ganz oder teilweise aufhebe.

Indessen auch mit dieser Einschränkung führt der obige Satz nur zu Unklarheiten. Stützt sich die Klage des Verletzten auf eine Veränderung von Umständen, die außerhalb seiner Person liegen (Sinken des Geldwerts, Verbesserung der Lohnverhältnisse usw.; vgl. Anm. 8), so kann von einem Kausalzusammenhang zwischen diesen Umständen und der Verletzung keine Rede sein. Aber es läßt sich überhaupt nicht mit einem derartigen Kausalzusammenhang operieren. Zu erwägen ist vielmehr folgendes. Voraussetzung des Anspruchs auf Rente ist, daß der entstandene Vermögenschaden in ursächlichem Zusammenhang mit dem Unfall steht (vgl. Anm. 137 zu § 1, Anm. 63 zu § 2). Macht demnach der Verletzte mit der Klage aus § 323 einen bestimmten Vermögensschaden geltend, so bleibt Voraussetzung, daß dieser noch eine Folge des Unfalls ist. Er muß nachweisen, daß ihm ohne Eintritt des Unfalls der Erwerb, z. B. die Gehaltserhöhung, zugefallen wäre. Vgl. auch die Anm. von Dove und Rosenthal zu JW. **1921** 1080[5].

Umgekehrt kann für eine Aufhebung oder Minderung der Rente in Betracht kommen, daß der Kausalzusammenhang zwischen Unfall und Schaden aufgehoben, daß der Schaden, den der Verletzte erleidet, auf andere Umstände zurückzuführen ist. Beispiele hierfür sind die Verwirkung einer Freiheitsstrafe (RG. **1** 66, EisenbE. **1** 71; EisenbE. **8** 65), ein neuer Unfall (RG. in JW. **1911** 658[35]), eine mit dem Unfall nicht zusammenhängende schwere Erkrankung, der Verlust einer Anstellung infolge Verheiratung (RG. in JW. **1912** 594[15]), die schuldhafte Vereitelung einer Verbesserung der Einkommensverhältnisse. Voraussetzung ist in allen Fällen, daß die neue Schadensursache auch dann eingetreten sein würde, wenn sich der Unfall nicht ereignet hätte. An den Beweis dieser Voraussetzung, den der Kläger zu führen hat, stellt das RG. sehr hohe Anforderungen. Vgl. Förster-Kann Anm. 2 c bb zu § 323. Bezeichnend ist folgender Fall: Ein Bergmann, der seinen Beruf wegen eines Unfalls hatte aufgeben müssen, trieb einen Flaschenbierhandel und erlitt einen neuen Unfall infolge Scheuens des vor seinen Flaschenbierwagen gespannten Pferdes. Das RG. hielt den früher zum Ersatz verurteilten Kläger für beweisfällig. „Man hat keinen Grund, anzunehmen, daß der Beklagte, wenn er Bergmann geblieben wäre, in dieser Weise, mit einem Wagen umherfahrend, Flaschenbierhandel getrieben hätte, und man kann auch nicht wissen, ob er nicht, wenn er nicht durch den früheren Unfall an Körperkraft eingebüßt hätte, imstande gewesen wäre, das scheu gewordene Pferd ohne eigenen Körperschaden zu bewältigen." JW. **1911** 658[35].

Anm. 12. **4.** In **§ 323 Abs. 2** ist der Zeitpunkt bezeichnet, nach dem die Änderung der maßgebenden Verhältnisse eingetreten sein muß, wenn sie als Grundlage eines neuen Verfahrens dienen soll. Es ist dies der Schluß der mündlichen Verhandlung, in der eine Erweiterung des Klageantrags oder die Geltendmachung von Einwendungen spätestens hätte erfolgen müssen. Daß das Urteil durch Berufung hätte angefochten werden können, hindert nicht die Erhebung der Abänderungsklage, wohl aber gemäß ausdrücklicher Bestimmung die Möglichkeit der Geltendmachung des Einspruchs gegen ein Versäumnisurteil. Über die Frage, in welchem Zeitpunkt die Geltendmachung mittels Einspruchs ausgeschlossen sein muß, vgl. RG. in JW. **1923** 990[12], EisenbE. **40** 144.

Aus § 323 Abs. 2 wird von einer Reihe von Schriftstellern gefolgert, daß zur Erhebung der Umwandlungsklage die Rechtskraft des früheren Urteils nicht abgewartet zu werden brauche, da diese Vorschrift keine solche Beschränkung enthalte. Vgl. insbesondere Förster-Kann Anm. 2 c cc zu § 323; Stein-Jonas Anm. II 4 zu § 323; Seuffert Anm. 2 zu § 323; Neukirch-Rosenmeyer Anm. 5 Exkurs zu § 13 KFG.

Indessen läßt u. E. die Bestimmung keine solche Schlußfolgerung zu. § 323 Abs. 2 zieht lediglich eine zeitliche Grenze für die zu berücksichtigenden Veränderungen, enthält aber nichts darüber, in welchem Zeitpunkt die Erhebung der Klage zulässig ist. Aus allgemeinen prozessualen Grundsätzen folgt, daß die Klage aus § 323 erst nach Eintritt der Rechtskraft des früheren Urteils erhoben werden kann. Andernfalls würde ihr die Einrede der Rechtshängigkeit entgegenstehen, da es sich um dieselbe Sache, den Schadenersatzanspruch aus § 1 oder § 2 HaftpflG., handelt. Ebenso RG. **47** 405; RG. **75** 24, JW. **1911** 103[33]; JW. **1915** 700[7], EisenbE. **32** 114; Eger Anm. 88 S. 544; Reindl Anm. 12a zu § 7; Isaac Anm. 16 B Ib zu § 13; Kirchner Anm. 2 Anhang zu § 13; Jäger Umwandlungsklage S. 17.

Ist das Verfahren nach Grund und Betrag geteilt, und tritt nach Erlaß des Grundurteils eine wesentliche Änderung der maßgebenden Verhältnisse ein, so kann in entsprechender Anwendung des § 323 diese Änderung im Nachverfahren zwecks Erweiterung oder Beschränkung des Rentenanspruchs geltend gemacht werden. RG. in WarnRspr. **1913** Nr. 123; JW. **1921** 1082[7], EisenbE. **38** 156; EisArch. **1923** 709, EisenbE. **40** 64.

Die Veränderungen, auf die die Klage gestützt wird, müssen nach dem genannten Zeitpunkt (Schluß der letzten mündlichen Verhandlung) entstanden sein. Sind sie vorher eingetreten, aber erst danach dem Kläger bekannt geworden, so findet § 323 keine Anwendung. In diesem Falle gelten die gleichen Grundsätze wie für andere Prozesse. Nachträglich bekanntgewordenes Material kann von den Parteien nicht mehr verwertet werden. Übereinstimmend: Eger Anm. 92 S. 561; Isaac Anm. 16 B III zu § 13; Kirchner Anm. 7 Anhang zu § 13; Förster-Kann Anm. 2 cc; Stein-Jonas Anm. II 4. A. M. Jäger a. a. O. S. 15. Bei Entscheidung ohne mündliche Verhandlung (gemäß § 7 EntlVO.) ist dem genannten Zeitpunkt die Absendung der schriftlichen Mitteilung gleichzusetzen (Stein-Jonas Anm. III 4 Anhang zu § 128).

Kirchner (Anm. 2 Anhang zu § 13) ist der Ansicht, daß der Verletzte, der im ersten Prozeß nur eine Rente wegen Erwerbsausfalls gefordert habe, Schadenersatz wegen vermehrter Bedürfnisse nur nach Maßgabe des § 323, also nur auf Grund neuer Tatsachen, einklagen dürfe. Denn das Gesetz gewähre für beide Schadenskategorien nur eine Rente. Daher sei eine Teilung des Rentenanspruchs und eine getrennte Geltendmachung unzulässig. Demgegenüber hält mit Recht Isaac (Anm. 16 B III i zu § 13) eine solche Teilung für zulässig, sofern die Beschränkung des Anspruchs in der Klage und dem Urteil deutlich zum Ausdruck komme.

III. Charakter und Ausübung des Klagerechts.

A. Charakter des Klagerechts.

§ 323 gibt den Parteien kein Forderungsrecht, keinen materiellen Anspruch im Sinne des BGB. Die Vorschrift gewährt aus Billigkeitsgründen den Parteien ein prozessuales Mittel, unter bestimmten Voraussetzungen den im früheren Prozeß geltend gemachten materiellen Schadenersatzanspruch trotz Rechtskraft des Urteils von neuem zur gerichtlichen Entscheidung zu stellen. Es handelt sich demnach um ein auf Abänderung des früheren Urteils gerichtetes prozessuales Gestaltungsrecht. Ebenso Förster-Kann Anm. 3 zu § 323; Stein-Jonas Anm. III zu § 323. A. M. RG. **63** 118; Schwartz Billigkeitsurteil S. 104 ff.; Isaac Anm. 16 C II zu § 13. **Anm. 13.**

Daraus folgt:

1. Das Klagerecht unterliegt nicht der Verjährung. Die im § 8 HaftpflG. festgesetzte zweijährige Verjährungsfrist ist nur für die Schadenersatzforderungen der §§ 1 bis 3a vorgesehen. Ebensowenig kommt die allgemeine dreißigjährige Verjährung (§ 194 BGB.) in Frage, da diese nur für „Ansprüche" gilt. Die Annahme einer Verjährungsmöglichkeit erscheint auch wenig sinnvoll, da sich die Verhältnisse unter Umständen dauernd ändern, auch der genaue Zeitpunkt des Eintritts der Veränderung in der Regel schwer feststellbar ist (vgl. auch unten Anm. 22). Übereinstimmend Eger Anm. 90 S. 556; Reindl Anm. 12e zu § 7. Vgl. auch Stein-Jonas Anm. III[42] zu § 323. A. M. das RG., das das Klagerecht nach § 8 HaftpflG. für verjährbar hält und annimmt, daß die zweijährige Frist von dem Augenblick zu laufen beginne, in dem die wesentliche Änderung eingetreten sei. JW. **1906** 767[39], EisenbE. **23** 289; WarnRspr. **1913** Nr. 4. Vgl. auch RG. **86** 181, JW. **1915** 410[20]; RG. **86** 377; EisArch. **1923** 709, EisenbE. **40** 64; RG. **108** 38. Für das Gebiet des KFG. sind für die zweijährige Verjährung (§ 14) Kirchner Anm. 5 Anh. zu § 13; Müller Anm. A IIa 2 zu § 14; Neukirch-Rosenmeyer Anm. 6 Exkurs zu § 13; für die **Anm. 14.**

allgemeine dreißigjährige Verjährung (§ 194 BGB.) Isaac Anm. 16 C IIb zu § 13.

Die Klage kann demnach jederzeit — nach Rechtskraft des früheren Urteils — angestrengt werden. Im ursprünglichen § 7 Abs. 2 HaftpflG. war die Umwandlungsklage des Verletzten an die Bedingung geknüpft, daß der Schadenersatzanspruch innerhalb der Verjährungsfrist (§ 8) geltend gemacht war. § 323 hat diese Voraussetzung beseitigt. Das Klagerecht ist auch nicht etwa auf eine einmalige Ausübung beschränkt. Treten nach einem Abänderungsurteil wiederum wesentliche, nicht vorausgesehene Änderungen der maßgebenden Umstände ein, so steht einer erneuten Klage aus § 323 nichts entgegen. Vgl. Eger Anm. 91 S. 560; Reindl Anm. 12e zu § 7.

Anm. 15. 2. Das Klagerecht unterliegt nicht der Abtretung oder Pfändung, und zwar weder das Klagerecht des Verpflichteten noch das des Ersatzberechtigten. Ebenso Stein-Jonas Anm. III zu § 323. (Für die Rente des Unterhaltsberechtigten in vollem Umfang und die des Verletzten bis zu der in der Verordnung über Lohnpfändung vorgesehenen Grenze ist Abtretung und Pfändung schon durch § 7 Abs. 2 S. 2 ausgeschlossen; vgl. Anm. 16ff. zu § 7.) Es kann daher beispielsweise nicht die Versicherungsgesellschaft, der der Haftpflichtige alle seine Rechte abtritt, im eigenen Namen im Wege der Umwandlungsklage Minderung der Rente verlangen (RG. **1** 315, EisenbE. **1** 141). Isaac (Anm. 16 C IIa, b zu § 13) hält nur eine Abtretung und Pfändung des Rechtes des Verpflichteten, jedoch nicht eine solche des Ersatzberechtigten für ausgeschlossen.

Anm. 16. 3. Das Klagerecht ist auch dann gegeben, wenn es sich um Abänderung eines Urteils handelt, das auf Grund eines Rechtsverhältnisses des ausländischen Rechts ergangen ist. So Förster-Kann Anm. 3.

Anm. 17. 4. Auf Grund des § 323 können auch vor dem Inkrafttreten dieser Vorschrift, also vor dem 1. 1. 1900, ergangene Urteile abgeändert werden. Vgl. Förster-Kann Anm. 3; OLG. Hamm in OLG. **1904** 20; KG. in OLG. **1908** 106. A. M. RG. **63** 118. Entsprechendes gilt für die in Abs. 4 genannten Schuldtitel (vgl. Anm. 1).

B. Ausübung des Klagerechts.

Anm. 18. 1. Das Recht auf Änderung kann nur **im Wege der Klage** geltend gemacht werden. Zweifel, die sich dieserhalb an den ursprünglichen § 7 Abs. 2 (vgl. Anm. 1 zu § 7) knüpften, sind damit im Sinne der früheren Rechtsprechung des ROHG. und des RG. erledigt worden. Unzulässig ist demnach eine Geltendmachung des Rechtsbehelfs im Wege der Einwendung. Will der Haftpflichtige gegenüber dem Antrag auf Erhöhung der Rente seinerseits Minderung verlangen, so muß er eine selbständige Klage oder Widerklage erheben. Vgl. RG. in JW. **1907** 520[25]; Förster-Kann Anm. 4a zu § 323. A. M. Isaac Anm. 16 C III zu § 13. Das Änderungsrecht kann auch im Verfahren über die Höhe des Anspruchs geltend gemacht werden. Vgl. oben Anm. 12.

Eine Abänderung des früheren Urteils von Amts wegen ist ausgeschlossen.

Die Klage leitet einen neuen Prozeß, nicht eine Fortsetzung des früheren ein. Daher genügen nicht die Vollmachten des Vorprozesses. Zustellung der Klage an den Prozeßbevollmächtigten des Vorprozesses ist weder erforderlich noch genügend. Stein-Jonas Anm. V 1 zu § 323.

2. Die **Zuständigkeit des Gerichts** bestimmt sich nach den allgemeinen Regeln der §§ 12ff. ZPO. Die Klage ist nicht wie diejenige aus § 767 ZPO. bei dem früheren Prozeßgericht erster Instanz zu erheben, da sie keine Fortsetzung des durch das frühere Urteil abgeschlossenen Prozesses darstellt. RG. **52** 344; JW. **1905** 133[5]; JW. **1911** 548[32]; Förster-Kann Anm. 4c zu § 323; Stein-Jonas Anm. V 1 zu § 323; Reindl Anm. 12f. zu § 7; Isaac Anm. 16 C III b zu § 13; Kirchner Anm. 5 Anhang zu § 13; Neukirch-Rosenmeyer Anm. 6 Exkurs zu § 13. A. M. Eger Anm. 90 S. 555. **Anm. 19.**

Grundsätzlich ist daher die Klage im allgemeinen Gerichtsstand derjenigen Partei zu erheben, gegen die eine Abänderung des Urteils beantragt wird. Für den Gerichtsstand des § 23 gegen den früheren Kläger kommt der Rentenanspruch als Vermögen in Betracht, auch wenn dessen Aufhebung beantragt wird. Stein-Jonas Anm. V 1 zu § 323.

3. Der **Klageantrag** ist auf „eine entsprechende Abänderung des Urteils" für die Zeit nach Erhebung der Klage (vgl. Anm. 22) zu richten. Der Verpflichtete muß mithin Aufhebung oder Minderung der Rente, der Berechtigte Erhöhung, Weitergewährung der nur auf bestimmte Zeit zugesprochenen Rente (RG. **2** 3, EisenbE. **1** 210) oder überhaupt Gewährung einer solchen verlangen, wenn im Vorprozeß die Haftpflicht zwar festgestellt, das Vorhandensein eines Schadens aber verneint war (vgl. Anm. 3). Die Worte „eine entsprechende Abänderung" beziehen sich demgemäß nur auf die Parteirolle, nicht auf das Maß der Abänderung (ebenso Hardeland, JW. **1925** 735; OLG. Hamburg in LZ. **1926** 602, EisenbE. **44** 359). Erstreitet der Verpflichtete die Aufhebung der im Vorprozeß zugesprochenen Rente, so kann der Berechtigte dennoch im Wege des § 323 unter den gegebenen Voraussetzungen erneut Gewährung einer Rente, die den veränderten Verhältnissen entspricht, beantragen. Kirchners Annahme, daß diese Klage nicht die Umwandlungsklage des § 323 sei, ihre Zulässigkeit vielmehr aus allgemeinen Rechtsgrundsätzen folge und für sie die Beschränkung des Abs. 3 nicht gelte (Anm. 6 Anhang zu § 13), erscheint nicht zutreffend. Vgl. Eger Anm. 91 S. 560; Reindl Anm. 12g; Isaac Anm. 16 C IV b 2 zu § 13; Neukirch-Rosenmeyer Anm. 7 Exkurs zu § 13; RG. in JW. **1886** 352[22], EisenbE. **5** 100. **Anm. 20.**

Sowohl von dem Berechtigten wie von dem Verpflichteten kann im Rahmen der Umwandlungsklage neben dem Antrag betreffs Gewährung der Rente in Gemäßheit des § 7 Abs. 2 HaftpflG. (§ 843 Abs. 2 S. 2 BGB.) auch der Anspruch auf Abänderung der Sicherheitsleistung geltend gemacht werden. Über die besondere nachträgliche Klage auf Sicherheitsleistung und ihre Voraussetzungen vgl. Anm. 19 zu § 7.

Darüber, ob mit der Umwandlungsklage vom Berechtigten auch eine **Kapitalabfindung** statt der im Vorprozeß zuerkannten Rente verlangt werden kann, sind die Ansichten geteilt. Man wird die Frage bejahen müssen. Tritt nachträglich ein wichtiger Grund für Kapitalabfindung ein, so liegt eine wesentliche Änderung derjenigen Verhältnisse vor, die „für die Verurteilung zur Entrichtung der Leistungen" maßgebend waren. Es ist auch kein innerer Grund für eine Verneinung der Frage ersichtlich. Das Urteil des Vorprozesses stellt — abgesehen von der Entscheidung über die Haftpflicht als solche — ein Provisorium dar. Ebenso wie die Frage der Sicherheitsleistung im Rahmen der Abänderungsklage oder, unter gewissen Voraussetzungen, auch selbständig neu aufgerollt werden kann, erscheint es durchaus angebracht, beim Vorhandensein wichtiger Gründe eine Umwandlung der Rente in eine Kapitalabfindung zuzulassen. Ebenso Isaac Anm. 16 C IV b 3 zu § 13; Kirchner Anm. 6 Anhang zu § 13. A. M. Eger Anm. 91 S. 559; Reindl Anm. 12 g zu § 7; Jäger Umwandlungsklage S. 22; Neukirch-Rosenmeyer Anm. 7 Exkurs zu § 13. War dagegen im Vorprozeß eine Kapitalabfindung zugesprochen, so ist die Umwandlungsklage nicht gegeben. Vgl. Anm. 4 zu § 7.

Anders als bei der Klage aus § 767 ZPO. braucht die auf Abänderung des Urteils klagende Partei nicht alle ihr bekannten Veränderungen der maßgebenden Verhältnisse in der Klage zu häufen. Dem Kläger steht es frei, auch in einer neuen Umwandlungsklage Veränderungen, die bereits in der früheren hätten vorgebracht werden können, geltend zu machen. Ebenso Förster-Kann Anm. 4 a zu § 323; Stein-Jonas Anm. III zu § 323; Petersen Anm. 5 zu § 323; Mot. z. BGB. 2 789. A. M. Seuffert Anm 5 zu § 323.

Anm. 21. 4. Die **Verhandlung** hat lediglich die eingetretenen Veränderungen der maßgebenden Umstände zum Gegenstand. Nur insoweit, als erforderlich ist, um diese Veränderungen festzustellen, ist auf das frühere Urteil zurückzugreifen. Diejenigen Grundlagen des Urteils, die überhaupt einer Änderung nicht fähig (vgl. Anm. 6) oder unverändert geblieben sind, bleiben außer Erörterung. Das Verfahren gemäß § 323 darf nicht etwa dazu dienen, verwirkte Klagegründe, Einwendungen oder Beweismittel zur Geltung zu bringen. Vgl. Stein-Jonas Anm. V 2 zu § 323; Förster-Kann Anm. 4 e zu § 323.

Der Kläger, der den Eintritt von Veränderungen behauptet, ist für diese Tatsache, aber auch nur für sie beweispflichtig. Ist z. B. auf die Umwandlungsklage des Verpflichteten hin die Rente aberkannt, so braucht der erneut auf Gewährung der Rente klagende Berechtigte nicht nochmals den Klagegrund, sondern lediglich die wesentliche Änderung der Verhältnisse darzutun. Ebenso Reindl Anm. 12 g zu § 7.

Anm. 22. 5. Gemäß **§ 323 Abs. 3** ist im Urteil die Abänderung nur für die Zeit nach Erhebung der Klage auszusprechen. Dies ist vorgeschrieben, weil der genaue Zeitpunkt des Eintritts der Änderungen oft schwer feststellbar ist. Frühestens vom Zeitpunkt der Klagezustellung ab kann also die Abänderung der Rente in Wirkung treten. Selbstverständlich kann das Urteil auch einen späteren, unter Umständen auch einen künftigen Zeitpunkt bestimmen.

Dem § 323 Abs. 3 kommt nur die negative Bedeutung zu, daß der Bestand des früheren Urteils für die vor der Klageerhebung liegende Zeit nicht angegriffen werden kann. Dagegen kann für die Folgezeit auf Grund der neugestalteten Verhältnisse über Höhe und Dauer der Rente unbeschränkt anderweitig erkannt werden. Eine Änderung des Antrags im Laufe des Verfahrens ist hierbei ohne Einfluß. RG. **75** 24, JW. **1911** 103[33]; RG. in EisArch. **1924** 556, EisenbE. **41** 75.

In der Entscheidung wird zweckmäßig zugleich mit der anderweitigen Festsetzung der Rente das frühere Urteil aufgehoben. Vgl. Stein-Jonas Anm. V 4 zu § 323; Förster-Kann Anm. 4 f zu § 323. Das Urteil ist auch ohne Antrag für vorläufig vollstreckbar zu erklären (§§ 7 Abs. 2 HaftpflG., 708 Ziff. 6 ZPO.). Vgl. Anm. 15 zu § 7.

Die Zwangsvollstreckung für die während des Prozesses fälligen Rentenleistungen kann nur auf Grund einer nach § 940 ZPO. zu erlassenden einstweiligen Verfügung eingestellt werden. § 769 ZPO. ist nicht anwendbar. Vgl. Stein-Jonas Anm. V 3; Förster-Kann a. a. O.

§ 7a.

Der Unternehmer haftet im Falle des § 7 Abs. 1 nur bis zu einer Jahresrente von fünfzig Millionen Mark.

Bei wesentlicher Änderung der wirtschaftlichen Verhältnisse kann die Reichsregierung mit Zustimmung des Reichsrats den Höchstbetrag anderweitig festsetzen.

Literatur: Seligsohn, Die ziffermäßige Begrenzung der Haftung im Haftpflichtgesetz, EisenbE. **42** 257 ff.; Heucke, Zur Gültigkeit des § 7a Reichshaftpflichtgesetzes, EisenbE. **44** 137 f.

Inhaltsübersicht.

	Anm.		Anm.
Einleitung		2. Mehrere Personen	4
a) Entstehungsgeschichte	1	3. Eigenes Verschulden	5
b) Fortgeltung des § 7a	2	4. Höchstbetrag	6
1. Ansprüche	3	5. Zeitliche Anwendung	7

Einleitung.

a) § 7a ist in das HaftpflG. durch das „Gesetz zur Änderung des Reichshaftpflichtgesetzes" vom 8. Juli 1923 (RGBl. I S. 615) eingefügt worden (vgl. Art. I). Die Einführung einer Haftungsgrenze wurde vom Gesetzgeber für geboten erachtet „angesichts des Verfalls der deutschen Währung und der finanziellen Lage der deutschen Eisenbahnen, deren Ein- **Anm. 1.**

nahmen aus allgemeinwirtschaftlichen Gründen nicht im Verhältnis zur Geldentwertung gesteigert werden konnten" (Reichstags-Drucks. I. Wahlperiode 1920/23 Nr. 6029). Die Begründung zum Gesetzentwurf weist ferner darauf hin, daß auch durch das KFG. und das LVG. Höchstbeträge vorgesehen seien, und bemerkt, die berechtigten Interessen der Bevölkerung blieben gewahrt, wenn die Grenze so gezogen werde, daß für die Fälle, mit denen im allgemeinen zu rechnen sei, noch der volle Schadenersatz gewährt werde, und daß nur außergewöhnlich hohe Schadenersatzansprüche auf ein für die Beteiligten erträgliches Maß herabgesetzt würden.

Von der der Reichsregierung in § 7a Abs. 2 vorbehaltenen Befugnis, bei wesentlicher Änderung der wirtschaftlichen Verhältnisse den Höchstbetrag anderweitig festzusetzen, ist während der Zeit des Währungsverfalles wiederholt Gebrauch gemacht worden. Es ergingen drei Verordnungen „zur Änderung der Haftungsgrenze im Reichshaftpflichtgesetz". Die erste Verordnung vom 6. 8. 1923 (RGBl. I S. 762) erhöhte den in dem Gesetz vorgesehenen Höchstbetrag der Jahresrente von 50 Millionen auf 500 Millionen Mark. Die zweite Verordnung vom 19. 9. 1923 (RGBl. I S. 893) erhöhte ihn auf 50 Milliarden Mark. Endlich erging die dritte Verordnung vom 24. 10. 1923 (RGBl. I S. 993), die folgendermaßen lautet:

Gemäß § 7a Abs. 2 des Gesetzes, betreffend die Verbindlichkeit zum Schadensersatze für die bei dem Betriebe von Eisenbahnen, Bergwerken usw. herbeigeführten Tötungen und Körperverletzungen, vom 7. Juni 1871 (Reichsgesetzbl. S. 207) in der Fassung des Gesetzes vom 8. Juli 1923 (Reichsgesetzbl. I S. 615) wird der im Abs. 1 daselbst vorgesehene Höchstbetrag mit Zustimmung des Reichsrats mit Wirkung vom 1. Oktober 1923 durch den Betrag ersetzt, der sich durch Vervielfältigung der Grundzahl von zehntausend Mark mit der jeweiligen Teuerungszahl ergibt.

Die Teuerungszahl ist für jede Kalenderwoche die in der vorangegangenen Kalenderwoche vom Statistischen Reichsamt veröffentlichte wöchentliche Reichsindexziffer für die Lebenshaltungskosten unter Aufrundung auf den nächsthöheren durch eine Million teilbaren Betrag.

Diese Verordnung tritt mit dem Tage der Verkündung in Kraft.

Bei diesen Bestimmungen ist es verblieben, während die in dem KFG. und dem LVG. vorgesehenen Haftungsgrenzen durch die Verordnung vom 6. 2. 1924 (RGBl. I S. 42) von Papiermark auf Goldmark umgestellt worden sind.

Anm. 2. b) Es sind Zweifel darüber entstanden, ob der § 7a mit der Einführung der stabilen Währung seine Wirksamkeit eingebüßt habe. Heucke (a. a. O.) nimmt dies an. Er begründet diese Ansicht damit, daß das Gesetz auf eine Währung gestellt sei, die es rechtlich und wirtschaftlich nicht gebe und nicht mehr angewendet werden dürfe. Auch sei der § 7a seiner Entstehung nach eine reine Inflationserscheinung, und die für Einführung der Höchstgrenze angeführten Gründe hätten heute keine Berechtigung mehr. Dagegen hat das RG. die Fortgeltung des Gesetzes bejaht. Die für die Einführung der Höchstgrenze angeführten Gründe — die ungünstige Lage der Reichsbahnen und die Verarmung — beständen weiter fort. Zwar sei eine buchstäbliche Anwendung der Vorschrift nicht möglich, da die im Gesetze festgelegte Grundzahl von 10 000 M. eine auf Papiermark lautende Ziffer sei. Indessen lasse die Vorschrift auch auf die heutigen Verhältnisse eine sinngemäße Anwendung zu, solange eine gesetzliche Neuregelung der Haftungsgrenze in Reichsmark noch nicht erfolgt sei. RG. **124** 179, JW. **1929** 2053[6], EisenbE. **48** 85. Vgl. gegen das RG. auch v. d. Leyen in JW. a. a. O.

Man wird m. E. in Übereinstimmung mit dem RG. die Fortgeltung des § 7 a in der durch die Verordnung vom 24. 10. 1923 gegebenen Fassung bejahen müssen. Es ist zunächst unerheblich, ob die Erwägungen, mit denen die Vorlegung des Gesetzentwurfs gerechtfertigt wurde, tatsächlich noch heute Geltung beanspruchen können oder nicht. Es erscheint grundsätzlich nicht zulässig, dem gesetzgeberischen Motiv eine derartige Bedeutung beizumessen. Im vorliegenden Falle versagt der Hinweis auf die besonderen wirtschaftlichen Verhältnisse um so mehr, weil durch § 7 a Abs. 2 für den Fall einer wesentlichen Änderung der wirtschaftlichen Verhältnisse der Reichsregierung die Ermächtigung zur anderweitigen Festsetzung des Höchstbetrages erteilt ist. Übrigens kommt es nicht allein auf die wirtschaftliche Lage der Eisenbahnen an, da durch § 7 a auch die Haftung der im § 2 HaftpflG. bezeichneten Unternehmungen eine Begrenzung erfahren hat. § 7 a würde hiernach nur dann seine Geltung verloren haben, wenn infolge der Stabilisierung der Währung die Vorschriften jeden Sinn verloren hätten und eine praktische Anwendung nicht möglich wäre. Dies wird man nicht annehmen können. Die Verordnung vom 24. 10. 1923 bezeichnet einen in der Vorkriegsmark ausgedrückten Betrag als Grundzahl, die mit der jeweils geltenden Reichsindexziffer für die Lebenshaltungskosten zu vervielfältigen ist. Offensichtlich ist also der Sinn dieser Vorschrift, als Höchstziffer einen Betrag zu bestimmen, der in seiner Kaufkraft einem Vorkriegsbetrag von 10 000 M. entspricht. Da nach wie vor Reichsrichtzahlen bekanntgemacht werden, so ist eine Berechnung der Höchstgrenze, die dem Sinn des Gesetzes gerecht wird, möglich und deshalb die Anwendung des § 7a in der bisherigen Fassung geboten. In gleicher Art, wie in § 7a, sind durch eine Verordnung vom 23. 10. 1923 (RGBl. I S. 990) gewisse im HGB. und in der RGO. vorgesehenen Gehaltsgrenzen auf eine wertbeständige Grundlage gestellt worden. Auch die Fortgeltung dieser Verordnung ist im Schrifttum anerkannt. Vgl. Staub Einl. zu § 68 HGB.; Mosse-Heymann Anm. 3 zu § 68 HGB.; Hiller-Luppe Anm. zu § 133a b RGO.; Hoffmann Anm. 4 zu § 133 a b RGO. Schließlich sei darauf hingewiesen, daß die Praxis auch die Vollstreckung eines im Oktober 1923 ergangenen auf Indexmark lautenden Schuldtitels noch jetzt für zuläßig hält (vgl. KG. in JW. **1929** 120[7]).

Anm. 3. **1. Ansprüche.**

Die Begrenzung der Haftung greift „im Falle des § 7 Abs. 1" Platz. § 7a begrenzt demnach nur die nach dem HaftpflG. bestehende Haftpflicht. Soweit der Unternehmer nach anderen Vorschriften, z. B. nach den Bestimmungen des BGB. über unerlaubte Handlungen (§§ 823ff.) oder auf Grund des Beförderungsvertrages, für den Ersatz des Schadens haftet, ist für eine Anwendung des § 7a kein Raum. Verunglückt mithin jemand beim Betrieb von Bahnen verschiedener Unternehmer, so haftet unter Umständen der eine Unternehmer nach den Grundsätzen des BGB. unbeschränkt, der andere Unternehmer nur mit der sich aus § 7a ergebenden Begrenzung. In dem Schrifttum gehen die Meinungen darüber auseinander, wie in einem solchen Falle die Ausgleichung der Unternehmer untereinander zu erfolgen habe. Von einigen Schriftstellern wird die Auffassung vertreten, daß eine Ausgleichung nur innerhalb des Höchstbetrages vorzunehmen sei, da nur in dieser Höhe ein Gesamtschuldverhältnis bestehe (Krause KFG. Anm. 7 zu § 17; Isaac KFG. Anm. III 5d zu § 17). Diese Auffassung kann nicht für richtig erachtet werden. Die Ausgleichung ist zunächst ohne Berücksichtigung des § 7a HaftpflG. nach den Grundsätzen der §§ 426, 254 BGB. vorzunehmen, und nur soweit sich bei dieser Verteilung eine Überschreitung der Haftungsgrenze des § 7a ergibt, hat eine entsprechende Reduktion zu erfolgen. Ebenso Eger KFG. Anm. 80 S. 347; Kirchner KFG. Anm. 3 zu § 17; Neukirch-Rosenmeyer KFG. Anm. 5 zu § 17.

Nach der Vorschrift des § 7 Abs. 1, auf den § 7a verweist, ist der Schadenersatz a) wegen Aufhebung oder Minderung der Erwerbsfähigkeit, b) wegen Vermehrung der Bedürfnisse des Verletzten sowie c) der dem unterhaltsberechtigten Dritten wegen Verlustes des Unterhaltsrechts zu gewährende Schadenersatz für die Zukunft durch Entrichtung einer Geldrente zu leisten. In diesen Fällen, in denen der Haftpflichtige Schadenersatz in Form einer Rente zu gewähren hat, haftet der Unternehmer begrenzt. Daraus folgt zunächst, daß die Haftung nicht in solchen Fällen begrenzt ist, in denen er den Schadenersatz in Form eines Kapitals zu leisten hat, so wegen der Heilungskosten (§§ 3 Abs. 1 S. 1, 3a) und der Beerdigungskosten (§ 3 Abs. 1 S. 2). Diese sind jedoch nicht die einzigen Fälle, in denen der Ersatzpflichtige den Schadenersatz in Kapitalform zu gewähren hat. Vielmehr ist Ersatz in Kapital auch dann zu leisten, wenn ein wichtiger Grund für eine Abfindung in Kapital vorliegt (§§ 7 Abs. 2 HaftpflG., 843 Abs. 3 BGB.), sowie wegen der in § 7 Abs. 1 genannten Schäden, soweit diese der Vergangenheit angehören. Es fragt sich, wie hier die Verweisung des § 7a auf § 7 Abs. 1 zu verstehen ist. Eine Begrenzung der Haftung wird zunächst auch dann Platz greifen müssen, wenn aus wichtigem Grunde dem Verletzten statt der Rente eine Abfindung in Kapital zu gewähren ist (ebenso Begr. zu Art. I a. a. O.). Das gleiche wird aber auch dann zu gelten haben, wenn wegen des Erwerbsausfalles oder der Entziehung des Unterhaltsrechts Entschädigung zu leisten ist und bei Erlaß der Entscheidung der Schadenersatz seiner Fälligkeit nach in der Vergangenheit abgeschlossen ist. Es erscheint nicht angängig, hier einen Unterschied zu machen, je nachdem, ob im Zeitpunkt der Urteilsfällung eine Rentenpflicht noch fortbesteht oder nicht.

Bei der Schadloshaltung „wegen Vermehrung der Bedürfnisse des Verletzten" handelt es sich um Kosten, die nicht zum Zwecke der Heilung im eigentlichen Sinn, sondern zu Zwecken der Befriedigung der durch den Unfall gesteigerten Bedürfnisse aufgewendet werden. Hierzu gehören alle Kosten, die fortlaufend für eine voraussichtlich längere Zeit der Pflegebedürftigkeit zur Linderung des Leidens aufgewendet werden, so z. B. die Kosten für bessere Ernährung, eine zweckmäßigere Wohnung, für Beschaffung und Bedienung eines Fahrstuhls, für besondere Kleidungsstücke usw. (vgl. Anm. 15 zu § 3). Gehören solche Aufwendungen im Augenblick der Urteilsfällung der Vergangenheit an, weil zu dieser Zeit die Vermehrung der Bedürfnisse wieder fortgefallen ist, oder weil der Ersatz dieser Aufwendungen von den Erben des Getöteten geltend gemacht wird (§ 3 Abs. 1 S. 1), so wird man m. E. auch hier anzunehmen haben, daß der Unternehmer begrenzt haftet. Die Abgrenzung der eigentlichen Heilungskosten, die voll zu ersetzen sind, und der Aufwendungen wegen Vermehrung der Bedürfnisse wird allerdings nicht immer leicht sein.

Indem das HaftpflG. die Begrenzung der Haftung nur für die in § 7 Abs. 1 genannten Fälle festsetzt, unterscheidet es sich von dem KFG. und dem LVG. Nach §§ 12 Abs. 1 Ziff. 1 KFG., 23 Abs. 1 Ziff. 1 LVG. i. Verb. m. der Verordnung vom 6. 2. 1924 (RGBl. I S. 42) bzw. § 2 der Verordnung vom 12. 12. 1924 (RGBl. I S. 775) haftet der Ersatzpflichtige im Falle der Tötung oder Verletzung eines Menschen bis zu einem Kapitalbetrage von 25 000 RM. oder bis zu einem Rentenbetrage von jährlich 1500 RM. Ist daher nach einem dieser beiden Gesetze Schadenersatz sowohl in Form eines Kapitals (z. B. für die Kosten der Heilung oder Beerdigung) als auch in Rentenform (z. B. wegen des Erwerbsausfalls) zu leisten, so bildet jeder der beiden Grenzbeträge das Höchstmaß der gesamten Leistungen. Die einzelnen Beträge sind demgemäß gegebenenfalls so zu mindern, daß der Ersatzpflichtige im Ergebnis nicht schlechter gestellt wird, als wenn er nur Kapital oder nur Rente zu zahlen hätte (vgl. Müller Anm. B IIa zu § 12 KFG.; Eger KFG. Anm. 81 S. 348). Demgegenüber haftet der Unternehmer nach dem HaftpflG. für den in Kapitalform zu ersetzenden Schaden unbeschränkt und daneben für den in Rentenform zu ersetzenden Schaden in der durch die Novelle eingeführten Begrenzung.

2. In Abweichung von §§ 12 Abs. 1 Ziff. 2 KFG., 23 Abs. 1 Ziff. 2 LVG. ist in § 7a keine weitere Beschränkung der Haftung für den Fall vorgesehen, daß mehrere Personen durch dasselbe Ereignis getötet oder verletzt werden. Mit Rücksicht darauf, daß bei einem Eisenbahnunglück häufig eine größere Anzahl von Personen verletzt wird, erschien es dem Gesetzgeber mit vollem Recht nicht vertretbar, für alle sich aus einem solchen Unglück ergebenden Ersatzansprüche eine gemeinsame Höchstgrenze nach Anm. 4.

Analogie der erwähnten Vorschriften des KFG. und LVG. festzusetzen (vgl. Begr. zu Art. I a. a. O.). Der Unternehmer haftet daher jedem einzelnen Verletzten bis zur Höchstgrenze.

Auch wenn mehrere als Unterhaltsberechtigte nach § 3 Abs. 2 Schadenersatz zu beanspruchen haben, gilt für jeden von ihnen der im § 7a vorgesehene Betrag als Höchstgrenze. Denn der Unternehmer haftet „im Falle des § 7 Abs. 1", also in jedem Fall, in dem einem Dritten Schadensersatz für die Zukunft zu gewähren ist, bis zur bezeichneten Grenze. Dies entspricht auch der Absicht des Gesetzgebers (vgl. Begr. zu Art. I a. a. O.). Die Regelung weicht also von derjenigen in den §§ 23 LVG. und 12 KFG. ab. Zu letzterer Vorschrift vgl. RG. **127** 179; Müller Bem. B III b; Isaac Anm. III 3.

Anm. 5. **3.** Fällt dem Verletzten eigenes Verschulden zur Last, und ist aus diesem Grunde eine Entschädigung gemäß § 254 BGB. nur zu einem Teile zuzuerkennen, so ist lediglich dieser Teil, falls er den gesetzlichen Höchstbetrag übersteigt, auf letzteren herabzusetzen. Dagegen wäre es nicht richtig, wollte man -- wie von einigen Schriftstellern für § 12 KFG. angenommen wird (Neukirch-Rosenmeyer Anm. 3 zu § 12; Hallbauer in LZ. **1909** 890; Isaac Anm. III 4 c zu § 12) — die Teilung des Schadens nur innerhalb der Höchstsumme vornehmen. Denn § 7 a gelangt erst zur Anwendung, wenn die nach den übrigen Vorschriften des HaftpflG., also auch unter Berücksichtigung des eigenen Verschuldens, festgestellte Entschädigung die Höchstgrenze übersteigen würde. Ebenso für § 12 KFG. Kirchner Anm. 4 zu § 12; RG. **87** 402, JW. **1916** 591[15]; RG. **123** 40.

Über die Berechnung des auf einen Versicherungsträger gemäß § 1542 RVO. übergegangenen Ersatzanspruchs vgl. Anm. 97 ff. zu § 1.

Anm. 6. **4.** Der in § 7 a Abs. 1 vorgesehene Höchstbetrag von 50 Millionen Papiermark ist in der oben (Anm. 1) erwähnten Verordnung vom 24. 10. 1923 ersetzt durch denjenigen Betrag, der sich durch Vervielfältigung der Grundzahl von zehntausend Mark mit der jeweiligen Teuerungszahl ergibt. Als Teuerungszahl gilt nach dieser Verordnung die in der vorangegangenen Kalenderwoche vom Statistischen Reichsamt veröffentlichte wöchentliche Reichsindexziffer für die Lebenshaltungskosten unter Aufrundung auf den nächsthöheren durch eine Million teilbaren Betrag. Diese rechnerische Bestimmung der Höchstgrenze ist zwar nicht mehr zeitgemäß, aber noch maßgebend (vgl. oben Anm. 2). Bei sinngemäßer Anwendung auf die jetzigen Währungsverhältnisse bildet die Höchstgrenze ein Betrag, der in seiner Kaufkraft einem Vorkriegsbetrag von 10 000 M. entspricht. Berechnet wird dieser Betrag an der Hand der letzten vor der Entstehung des Anspruchs veröffentlichten Reichsinderzahl für Lebenshaltungskosten. RG. **124** 179, JW. **1929** 2053[6], EisenbE. **48** 85.

Es fragt sich, wie diese Höchstgrenze gegebenenfalls in eine Kapitalleistung umzurechnen ist. In den §§ 12 KFG. und 23 LVG. entspricht die Höchstgrenze ziffernmäßig 6 v. H. des Höchstkapitals. Es liegt indessen kein Grund vor, dieses Umrechnungsverhältnis auch für das HaftpflG. anzuwenden, zumal ein starrer Maßstab nicht den heutigen wirtschaftlichen Verhältnissen entspricht. Das Gericht entscheidet vielmehr gemäß § 287 ZPO. unter Würdigung aller Umstände nach freier Überzeugung.

Nach § 7 a Abs. 2 kann die Reichsregierung bei wesentlicher Änderung der wirtschaftlichen Verhältnisse mit Zustimmung des Reichsrats den Höchstbetrag anderweitig festsetzen.

5. Nach Art. II findet das die Begrenzung der Haftung vorschreibende Gesetz auf die nach dem Tage seines Inkrafttretens eintretenden Schadensfälle Anwendung. Das Gesetz ist am 17. 7. 1923 verkündet und am 31. 7. 1923 in Kraft getreten. Die Begrenzung der Haftung gilt demnach nur für diejenigen Schadensfälle, die sich nach dem 31. Juli 1923 ereignet haben und ereignen. Schadensfälle, die bis zum 31. 7. 1923 eingetreten sind, bestimmen sich nach früherem Recht. Die Begründung zu Art. II bemerkt hierzu: „Um Zweifel zu vermeiden, erschien es geboten klarzustellen, daß Schadensersatzansprüche, die in gesetzlich nicht beschränkter Höhe bereits entstanden sind, durch dieses Gesetz nicht berührt werden sollen." Weder der Ausdruck des Gesetzes „Schadensfälle" noch die Erläuterung der Begründung grenzt m. E. hinreichend deutlich ab, unter welchen Voraussetzungen das Gesetz Anwendung findet. Das entscheidende Ereignis ist der Unfall. „Unfall" im Sinne des HaftpflG. bedeutet die plötzliche Einwirkung eines Vorgangs auf den menschlichen Körper, die den Tod oder eine Verletzung zur Folge hat (vgl. Anm. 56 zu § 1). Der Zeitpunkt der Entstehung des Schadenersatzanspruches fällt nicht immer mit dem Zeitpunkt der Herbeiführung des Unfalls zusammen; häufig nicht, wenn es sich um Ansprüche eines unterhaltsberechtigten Dritten handelt (§ 3 Abs. 2), aber auch nicht notwendig, wenn Ansprüche in der Person des Verletzten entstehen. Die die Ansprüche aus dem KFG. und dem LVG. behandelnde Verordnung vom 6. 2. 1924 (RGBl. I S. 42) spricht in Art. II richtiger von dem „schädigenden Ereignis". Anm. 7.

Nachdem das Gesetz vom 8. 7. 1923 ohne rückwirkende Kraft erstmalig die Höchstgrenze eingeführt hatte, ergingen in kurzen Zwischenräumen die obengenannten drei Verordnungen zur Änderung der Haftungsgrenze, die mit dem Tage der Verkündung in Kraft traten und die Wirkung von einem zurückliegenden Tage ab (1. 8. 23, 1. 9. 23, 1. 10. 23) aussprachen. Da die Haftungsbeschränkung nur für Ansprüche aus Unfällen gilt, die sich am oder nach dem 1. 8. 1923 ereignet haben oder ereignen, und die eine wertbeständige Berechnung einführende Verordnung bereits mit Wirkung vom 1. 10. 23 ab in Kraft getreten ist, so hat die Frage der Aufwertung der geringfügigen Papiermark-Höchstbeträge für das HaftpflG. keine große praktische Bedeutung. Sofern vor dem Inkrafttreten der Verordnung vom 24. 10. 1923 eine Rente in Gemäßheit einer der beiden früheren Verordnungen zugesprochen wurde, erfolgt für die Zeit ab 1. 10. 1923 die Neufestsetzung nach Maßgabe der §§ 242 BGB., 323 ZPO. (vgl. Anm. 8 zu Anhang § 7).

§ 8.

Die Forderungen auf Schadenersatz (§§ 1 bis 3 a) verjähren in zwei Jahren von dem Unfall an. Gegen denjenigen, welchem der Getötete Unterhalt zu gewähren hatte (§ 3 Abs. 2), beginnt die Verjährung mit dem Tode. Im übrigen finden die Vorschriften des Bürgerlichen Gesetzbuchs über die Verjährung Anwendung.

Inhaltsübersicht.

	Anm.
Vorbemerkung	1
I. Die nach § 8 verjährenden Ansprüche	
1. Die einzelnen Ansprüche	2
2. Andere Ansprüche des HaftpflG.	3
3. Ansprüche aus anderen Gesetzen	4
II. Umfang der Verjährung	5
III. Dauer der Verjährung	6
IV. Beginn der Verjährung	
1. Ansprüche des Verletzten	7—9
2. Ansprüche des Unterhaltsberechtigten	10
V. Sonstige Regelung nach den Bestimmungen des BGB.	11
1. Hemmung	12
2. Unterbrechung durch Klage	13—18
3. Unterbrechung durch Anerkenntnis	19

Anm. 1. **Vorbemerkung.**

Das HaftpflG. unterwirft die Schadenersatzforderungen der §§ 1 bis 3 a in bezug auf Dauer und Beginn der Verjährungsfrist einer von den Vorschriften des BGB. abweichenden Regelung. Grundsätzlich beginnt nach § 198 BGB. die Verjährung mit der Entstehung des Anspruchs. Besonderes gilt für die Schadenersatzansprüche aus unerlaubten Handlungen. Diese verjähren von dem Zeitpunkt ab, in dem der Verletzte von dem Schaden und der Person des Ersatzpflichtigen Kenntnis erlangt. Von da ab verjähren die Ansprüche in drei Jahren, ohne Rücksicht auf die Kenntnis des Verletzten in 30 Jahren (§ 852 BGB.).

Bei Regelung der Verjährung der Haftpflichtforderungen wurde erwogen, daß mit Rücksicht auf die strenge Haftung des Unternehmers und die mit dem Zeitablauf verbundene Erschwerung des Entlastungsbeweises die Verjährungsfrist besonders kurz sein und der Fristlauf mit einem zeitlich genau bestimmten Ereignis beginnen müsse (vgl. Stenogr. Ber. S. 503 ff., 624). Demzufolge wurde die Verjährungsfrist auf zwei Jahre bemessen und ihr Beginn — ohne Rücksicht auf die Entstehung des Ersatzanspruchs und die Kenntnis des Ersatzberechtigten — auf den Zeitpunkt des Unfalls und für Ansprüche der Unterhaltsberechtigten (§ 3 Abs. 2) auf den des Todes verlegt.

Das KFG. und das LVG. haben die zweijährige Frist übernommen, regeln aber den Beginn der Verjährung nach dem Vorbild des § 852 BGB. (vgl. § 14).

I. Die nach § 8 verjährenden Ansprüche.

Der in § 8 normierten Verjährung unterliegen „die Forderungen auf Schadenersatz (§§ 1 bis 3 a)".

1. Damit sind die Ansprüche genau umschrieben. Es sind dies die Ansprüche auf Ersatz Anm. 2.

a) der Heilungskosten (§§ 3 Abs. 1, 3 a),
b) der Beerdigungskosten (§ 3 Abs. 1),
c) des Erwerbsausfalls infolge vorübergehender oder dauernder Beeinträchtigung der Erwerbsfähigkeit (§§ 3 Abs. 1, 3 a),
d) der durch Vermehrung der Bedürfnisse entstandenen Kosten (§§ 3 Abs. 1, 3 a),
e) des durch Unterhaltsentziehung entstandenen Schadens (§ 3 Abs. 2).

2. Auf andere auf dem HaftpflG. beruhende Ansprüche findet § 8 keine Anwendung. Dies gilt z. B. für den Anspruch auf Sicherheitsleistung (§ 7). Dieser bildet einen Teil des Schadenersatzanspruchs, kann daher grundsätzlich nur zugleich mit dem Rentenanspruch geltend gemacht werden (vgl. Anm. 19 zu § 7). Eine verschiedene Behandlung beider Ansprüche in bezug auf die Frage der Verjährung ist hierbei nicht denkbar. Mit dem Hauptanspruch verjährt auch der Anspruch auf Sicherheitsleistung. Ausnahmsweise läßt § 7 Abs. 3 allerdings eine selbständige Geltendmachung des Anspruchs auf Sicherheitsleistung für den Fall zu, daß bei der Verurteilung zur Rentenzahlung nicht auf Sicherheitsleistung erkannt ist und sich nachträglich die Vermögensverhältnisse des Verpflichteten erheblich verschlechtert haben (Entsprechendes gilt für den Anspruch auf Erhöhung der im Urteil bestimmten Sicherheit). Dieser auf § 7 Abs. 3 beruhende Anspruch unterliegt nicht der Verjährung. Es würde auch an jedem gesetzlichen Anhalt für die Bestimmung des Beginns der Verjährung fehlen. Selbstverständlich kann auch dem Anspruch nicht die Einrede entgegengesetzt werden, daß der Hauptanspruch bei Geltendmachung verjährt gewesen sei. Ebenso Reindl Anm. 2 zu § 8. Anm. 3.

Abweichend von dem HaftpflG. nimmt die Verjährungsvorschrift des § 14 KFG. auch auf den (dem § 7 HaftpflG. entsprechenden) § 13 Bezug. Die Ansichten darüber, ob der Anspruch auf Sicherheitsleistung unter § 14 fällt, sind trotzdem geteilt. Vgl. Isaac Anm. 2 A h zu § 14.

Keine Anwendung findet § 8 ferner auf das Klagerecht aus § 323 ZPO., das überhaupt keinen materiellen Anspruch, sondern ein prozessuales Gestaltungsrecht bildet. Vgl. Anm. 13 und 14 Anhang zu § 7.

Das Recht des Verletzten, aus wichtigen Gründen statt der Rente eine Kapitalabfindung zu fordern, kann selbständig nur im Wege der „Umwandlungsklage" (§ 323 ZPO.) geltend gemacht werden (vgl. Anm. 3 zu § 7, Anm. 20 Anhang zu § 7), unterliegt demgemäß auch keiner selbständigen Verjährung.

3. Ebensowenig kommt § 8 für Schadenersatzansprüche in Betracht, die nicht auf dem HaftpflG., sondern auf anderen gesetzlichen Be- Anm. 4.

stimmungen beruhen. Nach § 9 Abs. 2 HaftpflG. ursprünglicher Fassung fand § 8 auch auf solche Ansprüche Anwendung, die sich gegen den Betriebsunternehmer oder eine andere Person aus anderen gesetzlichen Bestimmungen ergaben. In den jetzigen § 9 ist diese Vorschrift nicht übergegangen. Es verbleibt demnach für diese Ansprüche bei den für sie geltenden besonderen gesetzlichen Bestimmungen. Wird also z. B. die Klage gegen den Betriebsunternehmer nicht nur auf das HaftpflG., sondern daneben auch auf schuldhaftes Verhalten (§§ 823 ff. BGB.) gestützt, so verjährt der Deliktsanspruch unabhängig von dem Haftpflichtanspruch nach § 852 BGB. Vgl. RG. in EisenbE. **36** 76.

Die Schadenersatzansprüche, die aus einem Vertragsverhältnis (z. B. dem Beförderungsvertrag) erwachsen, unterliegen der regelmäßigen Verjährungsfrist von 30 Jahren. Vgl. Anm. 13 zu § 9.

§ 8 gilt ferner nicht für den Ausgleichungsanspruch gegen einen Mitverpflichteten. Die Verjährungsvorschrift des § 8 bezieht sich nach seinem Wortlaut nur auf die Schadenersatzansprüche des Verletzten und des unterhaltsberechtigten Dritten. Der Regreßanspruch ist aber überhaupt kein Schadenersatzanspruch. Der Rechtsgrund der zwischen den Mitverpflichteten bestehenden Ansprüche ist ausschließlich die zwischen ihnen, gleichviel aus welcher historischen Unterlage, erwachsene Rechtsgemeinschaft. § 8 würde auch keine Handhabe für Bestimmung des Beginns der Verjährung bieten. Demgemäß gilt für Regreßansprüche gegen aus dem HaftpflG. Verpflichtete die allgemeine Verjährungsfrist von 30 Jahren (§ 195 BGB.). RG. in JW. **1910** 235[14], EisenbE. **26** 427. Das gleiche gilt für Ausgleichungsansprüche gegen Mitverpflichtete, die nach den §§ 823 ff. BGB. und den Vorschriften des KFG. haften. RG. **69** 422, JW. **1909** 18[12]; RG. **90** 290.

Über die Verjährung der dem Versicherungsträger nach § 1542 RVersO. zustehenden Ansprüche vgl. Anm. 100 zu § 1.

Anm. 5.

II. Umfang der Verjährung.

Es verjähren „die Forderungen auf Schadenersatz (§§ 1 bis 3a)". Die Ansprüche verjähren selbständig und unabhängig voneinander. Jede einzelne Forderung muß bei Vermeidung des Verlustes innerhalb der Verjährungsfrist geltend gemacht werden. Die Einklagung bestimmter einzelner Forderungen beugt der Verjährung der übrigen nicht vor. RG. in JW. **1891** 151[15], EisenbE. **8** 219. Durch Geltendmachung der Heilungskosten innerhalb der Verjährungsfrist wird also z. B. dem Verletzten nicht das Recht gewahrt, nach deren Ablauf einen infolge des Unfalls eingetretenen Erwerbsausfall einzuklagen, mag die Beeinträchtigung der Erwerbsfähigkeit auch erst nach zwei Jahren hervorgetreten sein (vgl. Anm. 13). Er kann sich dieses Recht nur durch Erhebung einer allgemeinen Klage auf Feststellung der Schadenersatzpflicht sichern (vgl. Anm. 14).

Andererseits bildet aber jeder der in §§ 1 bis 3 a genannten Schadenersatzansprüche eine Einheit. Vgl. Anm. 4 zu § 7. Eine solche ist beispielsweise der Schadenersatzanspruch für Erwerbsausfall, der für die Zukunft in der Regel durch Entrichtung einer Geldrente, bei Vorliegen wichtiger Gründe aber durch Kapitalabfindung zu leisten ist. Demgemäß tritt die Verjährung des Rentenanspruchs nicht ein, wenn innerhalb der Verjährungsfrist der Anspruch auf Kapitalabfindung geltend gemacht ist, und umgekehrt. Allerdings ist der Anspruch nur insoweit rechtshängig geworden, als der geltend gemachte Anspruch der Höhe nach reicht, und es muß geprüft werden, welche Abfindung in Rente derjenigen in Kapital gleichsteht. RG. 77 213; LZ. **1914** 1665[6], EisenbE. **31** 351. Vgl. Anm. 13.

III. Dauer der Verjährungsfrist.

Anm. 6.

Die Verjährungsfrist beträgt zwei Jahre. Der Tag des Unfalls oder des Todes wird bei Berechnung der Frist nicht mitgerechnet (§ 187 Abs. 1 BGB.). Die Frist endet mit Ablauf des Tages des letzten Monats, der durch seine Benennung oder Zahl dem Tag entspricht, auf den der Unfall oder Tod fällt (§ 188 BGB.). Ereignete sich z. B. der Unfall am 5. 10. 1928, so endet die Frist am 5. 10. 1930. Darauf, ob der letzte Tag ein Sonn- oder Feiertag ist, kommt es nicht an, da § 193 BGB. seinem Wortlaut nach auf Verjährungsfristen keine Anwendung findet. RGRäte Anm. 1 zu § 193; Isaac Anm. 3 B zu § 14; RG. in BayZ. **1906** 123. A. M. Staudinger Anm. 1 zu § 193.

IV. Beginn der Verjährung.

1. Die Verjährung der Schadenersatzansprüche des **Verletzten** beginnt mit dem Unfall (§ 8 S. 1). Der Zeitpunkt ist also absolut bestimmt. Darin liegt, wie oben (Anm. 1) erwähnt ist, eine Abweichung sowohl von dem allgemeinen Grundsatz, daß die Verjährung mit der Entstehung des Anspruchs beginnt (§ 198 BGB.), als auch von den Rechtsgrundsätzen über die Schadenersatzpflicht aus unerlaubten Handlungen, nach denen für den Beginn der Verjährung der Zeitpunkt maßgebend ist, in dem der Ersatzberechtigte von dem Schaden und der Person des Ersatzpflichtigen Kenntnis erlangt (§ 852 Abs. 1). Anm. 7.

Demnach kommt es zunächst für das HaftpflG. nicht darauf an, wann der Schadenersatzanspruch zur Entstehung gelangt. Wenn sich erst nach Ablauf von zwei Jahren seit dem Unfall Schadensfolgen herausstellen oder fühlbar machen, so ändert dies an dem Ablauf der Verjährung nichts. Vgl. Eger Anm. 107 S. 594; Endemann S. 196; v. Weinrich § 55 I S. 162; RG. in EisenbE. **1** 381; **3** 195; **3** 419; RG. **61** 164; JW. **1914** 408[10], EisenbE. **31** 92. So verjährt z. B. auch der Ersatzanspruch des zur Tragung der Beerdigungskosten Verpflichteten in zwei Jahren von dem Unfall an, ohne Rücksicht darauf, wann der Tod des Verletzten eintritt. Stirbt daher der Verletzte erst nach Ablauf von zwei Jahren, so ist der Anspruch auf Erstattung der Beerdigungskosten verjährt. Ebenso Eger Anm. 106 S. 589; Reindl Anm. 2 zu § 8. Vgl. auch Stenogr. Ber. **1** 621.

v. Weinrich (§ 55 II S. 163) nimmt an, daß die Verjährung dieses Anspruchs unterbrochen sei, sofern der Verstorbene innerhalb der Verjährungsfrist Feststellungsklage dahin erhoben habe, daß der Betriebsunternehmer den gesamten durch den Unfall entstandenen Schaden zu ersetzen habe. Ebenso Genzmer S. 144. Dem ist nicht beizustimmen. Der Verstorbene ist in Ansehung des Anspruchs auf Erstattung der Beerdigungskosten nicht der „Berechtigte" (§ 209 BGB.). Vgl. Anm. 19 zu § 3.

Ebensowenig kann sich der Verletzte darauf berufen, daß er erst nach Ablauf der Verjährungsfrist Kenntnis von dem Schaden oder von der Person des Verpflichteten erlangt habe. Befindet sich beispielsweise der Ersatzberechtigte darüber im Zweifel, wer der haftpflichtige Betriebsunternehmer sei, und nimmt er irrtümlich einen Nichtverpflichteten in Anspruch, so wird dadurch der Lauf der Verjährungsfrist nicht gehemmt oder unterbrochen. RG. in EisenbE. **2** 255.

Das RG. nimmt an, daß für den Anspruch auf Rentenerhöhung gemäß § 323 ZPO. die zweijährige Verjährungsfrist des § 8 nicht vom Tage des Unfalls, sondern erst vom Eintritt der die Erhöhung bedingenden Änderung der Verhältnisse an zu laufen beginne. Indessen unterliegt das Klagerecht aus § 323 als ein prozessuales Gestaltungsrecht überhaupt nicht der Verjährung. Vgl. Anm. 14 zu § 7 Anhang.

Anm. 8. Der Beginn der Verjährungsfrist erleidet ferner dadurch keine Änderung, daß die Schadenersatzansprüche im Wege der Einzel- oder Gesamtnachfolge auf eine andere Person übergehen. So beginnt z. B. für den Träger der Versicherung (Krankenkasse, Berufsgenossenschaft usw.) und den Fiskus, auf welche Schadenersatzforderungen gegen den Betriebsunternehmer in Höhe ihrer Aufwendungen übergehen (vgl. § 1542 RVersO., § 12 BeamtUFürsG.), die Verjährung ebenfalls mit dem Unfall. Diese wird durch die Klage des Verletzten oder Unterhaltsberechtigten gegen den Betriebsunternehmer nicht unterbrochen (vgl. Anm. 17). Auch für die Erben des Verletzten läuft die Verjährung vom Unfall an, wobei es gleichgültig ist, ob die Erben zu den unterhaltsberechtigten Dritten (§ 3 Abs. 2) gehören oder nicht. Nur insoweit sie in ihrer Eigenschaft als Unterhaltsberechtigte Schadenersatzansprüche erheben, beginnt die Verjährung nicht mit dem Unfall, sondern erst mit dem Tode (vgl. Anm. 10).

Anm. 9. Unter „Unfall" im Sinne des HaftpflG. ist die plötzliche Einwirkung eines Vorgangs auf den menschlichen Körper, die den Tod oder eine Verletzung zur Folge hat, zu verstehen (vgl. Anm. 56 zu § 1). Maßgebend für den Beginn der Verjährung ist also ein zeitlich auf den Tag genau bestimmbares Ereignis. In der ursprünglichen Fassung des § 8 war als Anfang der Frist ausdrücklich der Tag des Unfalls bezeichnet. Der jetzige Wortlaut bedeutet nur eine redaktionelle Änderung. Ebenso Eger Anm. 107 S. 595. A. M. Reindl Anm. 3 zu § 8.

Anm. 10. 2. Die Verjährung der Schadenersatzansprüche des **unterhaltsberechtigten Dritten** beginnt mit dem Tode des Verletzten (§ 8 S. 2). In Betracht kommen hier nur die Ansprüche der Unterhaltsberechtigten auf

Ersatz desjenigen Schadens, der ihnen durch Entziehung des Rechts auf Unterhalt entstanden ist. Die Fassung des S. 2 ist nicht prägnant, läßt aber durch die Bezugnahme auf § 3 Abs. 2 keinen Zweifel darüber, daß unter die Vorschrift nur die selbständigen Ansprüche der Unterhaltsberechtigten fallen, dagegen nicht die vom Verletzten abgeleiteten Ansprüche (auf Ersatz der Kurkosten, des Erwerbsausfalls, des vermehrten Aufwands), die ihnen in ihrer Eigenschaft als Erben zustehen, oder der Anspruch auf Erstattung der Beerdigungskosten. Ebenso Endemann S. 196; Eger Anm. 108 S. 596; Reindl Anm. 6 zu § 8; Westerkamp S. 706.

Die Verjährung beginnt mit dem Tode, gleichgültig, wann der Tod eintritt. Die in der Literatur vereinzelt vertretene Auffassung, daß der Tod innerhalb von zwei Jahren nach dem Unfall eingetreten sein müsse, andernfalls der Anspruch verjährt sei (vgl. Kah S. 132; Frantz S. 20), hat im Gesetz keine Stütze. Ebenso Eger Anm. 108 S. 597; Reindl Anm. 6 zu § 8; Endemann S. 197; Westerkamp S. 706; Genzmer S. 147.

V. Sonstige Regelung nach den Bestimmungen des BGB.

Nach § 8 S. 3 finden „im übrigen" — also soweit nicht § 8 S. 1 und S. 2 Bestimmungen treffen — die Vorschriften des BGB. über die Verjährung Anwendung. Hervorgehoben sei, daß demgemäß die Ansprüche auf Rentenrückstände in vier Jahren verjähren (§ 197). Die Verjährung beginnt mit dem Schluß des Jahres, in dem die Rentenbeträge fällig geworden sind (§ 201). Die weiter in Betracht kommenden Paragraphen (§§ 202—220, 222—225) behandeln die Hemmung, Unterbrechung und Wirkung der Verjährung sowie die Rechtsgültigkeit von Vereinbarungen. Über die vor dem 1. 1. 1900 entstandenen Ansprüche vgl. Art. 169 EG. BGB. **Anm. 11.**

Im folgenden sind nur einige für das Gebiet des HaftpflG. besonders praktische Fragen zu erörtern.

1. Gemäß § 202 Abs. 1 ist die Verjährung **gehemmt**, solange die Leistung gestundet oder der Verpflichtete aus einem anderen Grunde vorübergehend zur Verweigerung der Leistung berechtigt ist. Eine solche dem Haftpflichtanspruch entgegenstehende „Einrede" gewährt nach Ansicht von Reindl (Anm. 8a zu § 8) auch der frühere § 135 GewUVG. (jetzt § 898 RVersO.) dem Betriebsunternehmer, gegen den nach dieser Vorschrift die Versicherten und die Hinterbliebenen Schadenersatzansprüche nur dann geltend machen können, wenn durch strafgerichtliches Urteil festgestellt worden ist, daß der in Anspruch Genommene den Unfall vorsätzlich herbeigeführt hat. Ebenso Eger Anm. 109 S. 609. Die genannte Bestimmung begründet indessen keine Einrede im Sinne des § 202 BGB., vielmehr ist nach § 898 RVersO. die Entstehung des Schadenersatzanspruchs aufschiebend bedingt durch die strafgerichtliche Fest- **Anm. 12.**

stellung vorsätzlicher Herbeiführung des Unfalls. Eine Hemmung der Verjährung tritt somit nicht ein. Dem Ersatzberechtigten, der sich sichern will, bleibt nur die Möglichkeit, Feststellungsklage zu erheben (vgl. Anm. 14). Ebenso Fischer-Henle Anm. 5 zu § 202. Vgl. auch RG. **84** 309; andererseits RG. **80** 212, JW. **1913** 21[7]; RGRäte Anm. 1 zu § 202.

Als gehemmt ist ferner die Verjährung nach der Rechtsprechung des RG., das hier den § 202 Abs. 1 analog anwendet, so lange anzusehen, bis sich der Aufwertungsgedanke allgemein durchgesetzt hatte, was etwa Mitte des Jahres 1924 der Fall war. RG. **126** 294. Vgl. auch RG. **111** 147, JW. **1926** 154[5]; EisenbE. **49** 369.

Einen dem BGB. und dem HaftpflG. nicht bekannten Hemmungsgrund enthalten §§ 14 Abs. 2 KFG., 25 Abs. 2 LVG. Danach ist die Verjährung auch gehemmt, solange zwischen dem Ersatzpflichtigen und dem Ersatzberechtigten Verhandlungen über den zu leistenden Schadenersatz schweben. Bei Erhebung von Ansprüchen aus dem HaftpflG. kann jedoch unter Umständen der Einrede der Verjährung der Einwand der Arglist entgegengesetzt werden. Vgl. RGRäte Anm. 3 zu § 222 BGB.

Anm. 13. 2. Nach § 209 BGB. wird die Verjährung **durch Erhebung der Klage** auf Befriedigung oder Feststellung des Anspruchs **unterbrochen.** Das HaftpflG. gewährt als Schadenersatz nicht einen einheitlichen Anspruch auf Erstattung des durch den Unfall hervorgerufenen Schadens, sondern eine Reihe voneinander unabhängiger Ansprüche, welche betreffen a) Heilungskosten, b) Beerdigungskosten, c) Erwerbsausfall, d) vermehrte Bedürfnisse, e) Unterhaltsentziehung. Demgemäß unterbricht die Erhebung einer Schadenersatzklage nur die Verjährung des besonders geltend gemachten, nicht auch diejenige der übrigen in Frage kommenden Ansprüche, und zwar auch dann, wenn deren Geltendmachung ausdrücklich in der Klage vorbehalten ist (RG. **77** 213). So wird z. B. durch eine Klage auf Ersatz der Heilungskosten nicht der Verjährung des Anspruchs wegen Erwerbsausfalls vorgebeugt; ebensowenig durch eine Klage auf Ersatz des Erwerbsausfalls der Erhebung von Ansprüchen wegen vermehrter Bedürfnisse (a. M. RG. in LZ. **1921** 59[4], EisenbE. **38** 154). Bei dem Schadenersatz, der beim Vorhandensein wichtiger Gründe durch Abfindung in Kapital, sonst aber durch Entrichtung einer Geldrente zu leisten ist, handelt es sich dagegen nur um zwei verschiedene Formen der Befriedigung desselben Anspruchs, nicht um zwei verschiedene Ansprüche (RG. **77** 213). Vgl. Anm. 5.

Entsprechendes gilt für die Geltendmachung eines Teiles einer der genannten Schadenersatzforderungen. Die Klageerhebung unterbricht die Verjährung nur insoweit, als der Anspruch der richterlichen Entscheidung unterstellt worden ist. Dadurch, daß z. B. der Ersatzberechtigte den ihm bis zur Gegenwart entstandenen ziffermäßig nachweisbaren Schaden einer Kategorie (Kurkosten oder Erwerbsausfall usw.) einklagt, wird nicht die Verjährung auch des künftig fälligen Teils des Anspruchs unterbrochen, mag auch bereits in der Klagebegründung der Anspruch seinem ganzen

Umfang nach dargelegt oder selbst der Anspruch auf Erstattung künftigen Schadens ausdrücklich vorbehalten sein. Demgemäß tritt auch bei Erweiterung des ursprünglichen Klageantrags im Laufe des Prozesses bezüglich des erweiterten Teils Unterbrechung der Verjährung nicht schon mit der Klageerhebung, sondern erst mit der Rechtshängigkeit der Anspruchserweiterung ein. So RG. in ständiger Praxis. RG. **57** 372; **65** 398; **66** 366; **77** 213, JW. **1911** 805[7]; JW. **1913** 22[8]; RG. **75** 302; **90** 290. Gegen das RG. Kohler JW. **1918** 415. Vgl. andererseits Fuchs JW. **1918** 439 (zu Nr. 8).

Will sich der Kläger den Ersatz des künftigen, gegenwärtig nicht bezifferbaren Schadens sichern, so muß er in Ansehung desselben Feststellungsklage gemäß § 256 ZPO. erheben. Die Klage kann entweder auf eine der Schadenskategorien beschränkt oder auf Erstattung des gesamten in Zukunft entstandenen Schadens gerichtet werden. Im ersteren Falle wäre der Antrag dahin zu fassen festzustellen, daß der Beklagte verpflichtet ist, dem Kläger den Schaden zu ersetzen, der ihm zukünftig durch Aufwendung von Heilungskosten (infolge Minderung der Erwerbsfähigkeit usw.) entsteht. Hier findet nur bezüglich der genannten Schadenskategorie eine Unterbrechung der Verjährung statt (vgl. Anm. 13). Soll die Ersatzpflicht dagegen in bezug auf sämtliche Schadenskategorien festgestellt werden, so hätte der Antrag dahin zu lauten festzustellen, daß der Beklagte verpflichtet ist, im Rahmen des HaftpflG. — sofern nur auf dieses der Klageanspruch gestützt wird — dem Kläger allen Schaden zu ersetzen, der ihm in Zukunft aus der erlittenen Verletzung entstehen wird. RG. in JW. **1906** 92[15]. **Anm. 14.**

Die Zulässigkeit einer so allgemeinen Feststellungsklage wird von Eger (Anm. 109 S. 603 ff.) in Abrede gestellt. Eger ist der Ansicht, nach der in § 8 verfolgten Absicht des Gesetzgebers könne die bloße Geltendmachung und richterliche Feststellung der Schadenersatzpflicht im allgemeinen die einzelnen Forderungen, auf die sich § 8 beziehe, der kurzen Verjährung nicht entziehen. Für zulässig hält Eger nur die Klage auf Feststellung der einzelnen Forderung, es müsse aber „der Umfang der Forderung namentlich in Rücksicht auf ihre zeitlichen Grenzen genau präzisiert sein" (S. 604). Egers Auffassung hat in den gesetzlichen Bestimmungen keine Stütze. Wenn auch § 8 von der Verjährung der einzelnen Forderungen spricht, so schließt dies nicht aus, daß eine Feststellung des ihnen zugrunde liegenden Rechtsverhältnisses begehrt wird. Fehl geht auch Egers Hinweis auf die Erwägungen des Gesetzgebers bei Einführung der kurzen Verjährungsfrist, die dahin gingen, daß mit Rücksicht auf die strenge Haftpflicht der Berechtigte seine Ansprüche zu einer Zeit geltend machen müsse, in der für den Verpflichteten noch die Möglichkeit vorliege, die tatsächlichen Unterlagen der Schadenersatzpflicht zu prüfen. Wie Kirchner (Anm. 6 zu § 14) zutreffend hervorhebt, bleibt dem Haftpflichtigen auch bei Erhebung der Feststellungsklage die Möglichkeit, die Grundlagen der Haftpflicht zu prüfen. Nur bezüglich dieser Grundlagen **Anm. 15.**

ist aber der Haftpflichtige in seiner Beweispflicht beschwert. Nach der Egerschen Ansicht würde in allen Fällen, in denen die Schadensfolgen im voraus nicht zu übersehen sind, insbesondere bei Unfällen von Kindern, eine Schadloshaltung unmöglich sein. Dies wäre ein ganz unhaltbares Ergebnis.

In Schrifttum und Rechtsprechung wird die Erhebung der Feststellungsklage zur Erhaltung des Anspruchs auf Ersatz des künftigen, noch nicht bezifferbaren Schadens einhellig — von Eger abgesehen — für zulässig gehalten. So RG. **13** 372; **23** 346; **61** 164; JW. **1906** 92[16]; **1906** 236[23]; „Recht" **1907** Nr. 1322, EisenbE. **24** 147; RG. **86** 374; u. a. Entsch. Für das HaftpflG. vgl. Reindl Anm. 8 zu § 8; v. Weinrich § 55 I; Westerkamp S. 706.

Anm. 16. Voraussetzung der Feststellungsklage ist das Vorhandensein eines rechtlichen Interesses an alsbaldiger Feststellung (§ 256 ZPO.). Ein solches ist gegeben, wenn die künftigen Folgen des Unfalls ihrem Umfange nach zur Zeit der Klageerhebung noch nicht zu übersehen sind. Bei Unfällen von Kindern ist dies die Regel. Ist der Schade für die Vergangenheit oder auch für die Zukunft bezifferbar, so steht dem Ersatzberechtigten regelmäßig nur die Leistungsklage zu. Ist der Schade nur zum Teil bezifferbar, so kann insoweit die Leistungs- und im übrigen die Feststellungsklage erhoben werden. Ein Zwang für den Verletzten, seinen Antrag in einen Leistungs- und einen Feststellungsantrag in dieser Weise zu spalten, besteht indessen nicht; er kann auch einheitlich auf Feststellung klagen. RG. **23** 346; WarnRspr. **1909** Nr. 43; **1910** Nr. 433; **1911** Nr. 179, EisenbE. **28** 88.

Zur Erhebung der Klage genügt die Möglichkeit einer infolge des Unfalls entstehenden Vermögensschädigung. Ist jedoch mit höchster Wahrscheinlichkeit aller menschlichen Voraussicht nach eine nachteilige Folge als ausgeschlossen anzusehen, so hat eine ganz entfernte abstrakte Möglichkeit außer Betracht zu bleiben. RG. in JW. **1906** 16[4]. Vgl. auch JW. **1906** 92[16] (durch eine Verletzung des linken Auges, die eine Trübung der Hornhaut zur Folge hatte, war die Erwerbsfähigkeit nicht beeinträchtigt. Indessen waren Schadensfolgen insofern möglich, als bei einer etwaigen zukünftigen Beschädigung des gesunden rechten Auges die Trübung der Hornhaut die Erwerbsfähigkeit beeinflussen könnte).

Ein Interesse an der alsbaldigen Feststellung wird namentlich durch die dem Schadenersatzanspruch drohende kurze Verjährung begründet. RG. in EisenbE. **6** 329; EisenbE. **16** 335; EisenbE. **21** 275; JW. **1904** 575[7], EisenbE. **21** 281; RG. **61** 168, EisenbE. **21** 180; WarnRspr. **1911** Nr. 179, EisenbE. **28** 88. Auch die Schwierigkeit der Aufklärung des Vorganges nach Ablauf einer längeren Zeit bietet eine genügende Rechtfertigung für eine Erhebung der Feststellungsklage. WarnRspr. **1911** Nr. 179, EisenbE. **28** 88. Ergeht ein Urteil auf Feststellung dahin, daß dem Verletzten der ihm aus einem „Unfall" entstehende Schade zu ersetzen sei, so erstreckt sich die Wirkung der Rechtskraft auch auf die Feststellung des ursächlichen Zusammenhangs zwischen der körperverletzenden Einwirkung und einer bestimmten Gesundheitsschädigung. So mit Recht RG. **97** 118, JW. **1920**

287[10]. A. M. Mendelssohn-Bartholdy in JW. a. a. O., der meint, daß die Frage der „Schadensentstehung" dem Leistungsprozeß vorbehalten bleiben müsse. Hierbei wird m. E. die Bedeutung des Begriffs „Unfall" verkannt, der die gesundheitsschädlichen Folgen in sich schließt (vgl. Anm. 56 zu § 1). Von der Rechtskraftwirkung ausgeschlossen bleibt nur der (zweite) Kausalzusammenhang zwischen der körperlichen Schädigung und dem erlittenen Vermögensnachteil (vgl. Anm. 137 zu § 1).

Durch Klage auf Leistung oder Feststellung wird die Verjährung unterbrochen. Eine Unterbrechung tritt nicht ein, wenn gegenüber der negativen Feststellungsklage des Haftpflichtschuldners der Ersatzberechtigte sich darauf beschränkt, Abweisung der Klage zu beantragen. RG. **60** 387; **71** 68; **75** 302; **90** 290. **Anm. 17.**

Nur die Klage des Berechtigten unterbricht die Verjährung. Soweit der Schadenersatzanspruch auf den Träger der Versicherung oder den fürsorgepflichtigen Staat übergeht, sind der Verletzte und seine Hinterbliebenen zur Klageerhebung in keinem Zeitpunkt legitimiert (vgl. Anm. 104 zu § 1). Ihre Klage unterbricht daher lediglich die Verjährung ihres eigenen Anspruchs auf Erstattung der Differenz zwischen dem vollen Schaden und dem Betrag der Versicherungs- oder Fürsorgeleistungen. RG. im „Recht" **1908** Nr. 1287; RG. **85** 424, JW. **1915** 93.

Ergeht ein rechtskräftiges Urteil auf Leistung oder Feststellung, so verjährt der Schadenersatzanspruch nunmehr erst in 30 Jahren (§ 218 Abs. 1 S. 1 BGB.). Soweit eine Verurteilung zu regelmäßig wiederkehrenden, erst künftig fällig werdenden Leistungen erfolgt, greift die vierjährige Verjährungsfrist des § 197 Platz (§ 218 Abs. 2).

Dem Urteil auf Feststellung steht nicht ein gemäß § 304 ZPO. über den Grund des Anspruchs erlassenes Zwischenurteil gleich. Das Gericht ist auch nicht befugt, auf eine Feststellungsklage nach § 304 ZPO. ein unselbständiges Zwischenurteil über den Grund des Anspruchs zu erlassen. Denn einmal setzt ein solches einen Streit über Grund und Betrag voraus, und sodann kommt ihm auch nicht die Bedeutung einer rechtskräftigen Feststellung des Anspruchs im Sinne des § 218 BGB. zu. RG. **66** 10; EisenbE. **32** 98; RG. **90** 238. **Anm. 18.**

Der Erlaß eines Zwischenurteils über den Grund des Anspruchs ändert nichts daran, daß Rechtshängigkeit nur bezüglich des in der Klage bezifferten Betrages eingetreten und nur insoweit die Verjährung unterbrochen ist (vgl. Anm. 13). Gegenüber einer Erweiterung der eingeklagten Rente nach Höhe oder Dauer ist die Einrede der Verjährung zulässig. Nur wenn nach Erlaß des Grundurteils eine wesentliche Änderung der für die Bemessung der Rente maßgebenden Verhältnisse eintritt, ist in entsprechender Anwendung des § 323 ZPO. (vgl. Anh. zu § 7) eine Erweiterung des Klageanspruchs möglich, ohne daß die Einrede der Verjährung entgegensteht. RG. in WarnRspr. **1913** Nr. 123; JW. **1921** 1082[7], EisenbE. **38** 156; EisArch. **1923** 709, EisenbE. **40** 64.

3. Zur Unterbrechung der Verjährung durch **Anerkenntnis** (§ 208 **Anm. 19.**

BGB.) genügt ein Verhalten des Verpflichteten gegenüber dem Berechtigten, aus dem sich das Bewußtsein des Schuldners von der Existenz der Schuld klar und unzweideutig ergibt. RG. **73** 131, JW. **1910** 280[4]. Möglich ist danach auch eine Unterbrechung durch tatsächliche Vorgänge, wie z. B. Abschlagszahlungen. Der Vorgang muß aber erkennen lassen, daß der Schuldner seine Verpflichtung als bestehend ansieht. Dies wurde beispielsweise in einem Falle, wo lediglich einzelne Arzt- und Apothekerrechnungen bezahlt worden sind, nicht angenommen. RG. in JW. **1914** 408[10], EisenbE. **31** 92. Darüber, ob in der Fortzahlung von Gehalt oder Lohn an den verletzten Angestellten oder in der Bewilligung einer Pension ein Anerkenntnis erblickt werden kann, vgl. RG. in EisenbE. **1** 360; EisenbE. **2** 80; EisenbE. **3** 188. Das Anerkenntnis muß dem Berechtigten gegenüber abgegeben sein. Ein dem Versicherungsträger gegenüber erklärtes wirkt nicht zugunsten des Beschädigten und umgekehrt. Vgl. OLG. Breslau in VerkRdsch. **4** 587.

Für die Wirkung des Anerkenntnisses gelten entsprechende Grundsätze wie für die Klageerhebung. Ein Teilanerkenntnis unterbricht die Verjährung nur hinsichtlich des anerkannten Teiles. Ebenso wie ferner nicht nur durch eine Leistungs-, sondern auch eine Feststellungsklage die Verjährung unterbrochen wird, unterbricht diese auch ein Anerkenntnis, das den Anspruch nur seinem Grunde nach, unabhängig von Umfang und Höhe, zum Gegenstand hat. RG. in JW. **1908** 79[15], EisenbE. **24** 376. Vgl. auch RG. **63** 382; EisenbE. **23** 270.

Das allgemeine Anerkenntnis einer Zahlungspflicht nach dem HaftpflG. umfaßt auch die Verpflichtung zur Erhöhung der Rente gemäß § 323 ZPO. bei einer wesentlichen Änderung der maßgebenden Verhältnisse. Im Fall eines solchen allgemeinen Anerkenntnisses kann daher dem nach § 323 eine Erhöhung seiner Rente fordernden Ersatzberechtigten nicht die Einrede der Verjährung entgegengesetzt werden. Dieser würde andernfalls schlechter gestellt sein, als wenn er seinen Anspruch im Rechtswege erstritten hätte. RG. **73** 131, EisenbE. **26** 440.

Durch die Anerkennung wird nur die Verjährung unterbrochen (§ 217), und es beginnt eine neue zweijährige Frist zu laufen. Erfolgt dagegen die Anerkennung im Wege eines Vertrages dergestalt, daß die Verpflichtung hinfort auf sich selbst gestellt und damit von ihrem bisherigen Schuldgrund losgelöst wird, so läuft für die neugeschaffene Schuldverbindlichkeit die dreißigjährige Verjährungsfrist (§ 195). RG. **75** 4, EisenbE. **27** 419. Zur Wirksamkeit eines solchen Vertrages ist schriftliche Erteilung der Anerkennungserklärung erforderlich (§ 781).

§ 9.

Die gesetzlichen Vorschriften, nach welchen außer den in diesem Gesetze vorgesehenen Fällen der Unternehmer einer in den §§ 1, 2 bezeichneten Anlage oder eine andere Person, insbesondere wegen eines eigenen Verschuldens, für den bei dem Betriebe der Anlage durch Tötung oder Körperverletzung eines Menschen entstandenen Schaden haftet, bleiben unberührt.

Inhaltsübersicht.

	Anm.
Einleitung	1
A. Die aufrechterhaltenen Vorschriften im allgemeinen.	
I. Die gesetzlichen Vorschriften	2
II. Die besonderen Haftpflichtfälle	3—5
B. Die aufrechterhaltenen gesetzlichen Vorschriften im einzelnen und ihre Anwendung.	
Einleitung	6
I. Haftung auf Grund der Vorschriften des BGB. über unerlaubte Handlungen	
1. Die Haftung des Unternehmers	7—8
2. Haftung anderer Personen	9
II. Haftung auf Grund eines Vertragsverhältnisses	10—13
III. Konkurrenz der Haftung aus einem Vertragsverhältnis u. aus unerlaubter Handlung	14—15
IV. Haftung auf Grund des RFG.	16

Einleitung. Anm. 1.

§ 9 beruht in seiner jetzigen Fassung auf Art. 42 EG.BGB. Für das Verständnis bedarf es des Eingehens auf den ursprünglichen § 9. Dieser lautet:

Die Bestimmungen der Landesgesetze, nach welchen außer den in diesem Gesetz vorgesehenen Fällen der Unternehmer einer in den §§ 1 und 2 bezeichneten Anlage oder eine andere Person, insbesondere wegen eines eigenen Verschuldens für den bei dem Betriebe der Anlage durch Tötung oder Körperverletzung eines Menschen entstandenen Schaden haftet, bleiben unberührt.

Die Vorschriften der §§ 3, 4, 6 bis 8 finden auch in diesen Fällen Anwendung, jedoch unbeschadet derjenigen Bestimmungen der Landesgesetze, welche dem Beschädigten einen höheren Ersatzanspruch gewähren.

Nach den Motiven (vgl. Drucks. Nr. 16 S. 73ff.) sollte durch diese Vorschrift verhütet werden, daß der Urheber des Schadens, der als solcher nach den Landesgesetzen haftet, günstiger behandelt wird als der auf Grund dieses Gesetzes in Anspruch Genommene. Der durch die §§ 3, 3a gewährte Schadenersatz sollte daher das Minimum dessen darstellen, was dem Geschädigten zu leisten ist.

Die Fassung des Paragraphen gab in Schrifttum und Rechtsprechung zu erheblichen Zweifeln über die Auslegung der Bestimmungen Anlaß. Zweifelhaft konnte allerdings nicht sein, daß der Geschädigte nach Landesrecht Schadenersatz verlangen konnte, wenn dieses unter anderen rechtlichen Voraussetzungen eine Entschädigung gewährte. Dagegen war die

Entscheidung schwieriger, wenn nach Landesgesetz ein Schadenersatzanspruch unter den gleichen tatsächlichen wie rechtlichen Voraussetzungen gegeben war. Die Worte „außer den in diesem Gesetze vorgesehenen Fällen" legten die Auffassung nahe, daß in dem genannten Falle Schadenersatz nur nach Maßgabe des HaftpflG. gefordert werden konnte, dagegen ein höherer landesgesetzlich normierter Schadenersatz dann, wenn außer der obligatio ex lege noch ein anderer auf Landesgesetz beruhender rechtlicher Verpflichtungsgrund vorlag. So Genzmer S. 158; Westerkamp S. 710. Auch das ROHG. (ROHG. **19** 396) war zunächst dieser Ansicht. In einer Plenarentscheidung (ROHG. **24** 311) hat es jedoch diese Auffassung aufgegeben und ausgesprochen, daß die dem Verletzten in bezug auf den Umfang der Entschädigung günstigeren Bestimmungen des Landesrechts auch dann zur Anwendung kämen, wenn die tatsächlichen und rechtlichen Voraussetzungen des Schadenersatzanspruchs nach HaftpflG. und Landesrecht vollkommen identisch seien. Gleicher Ansicht war das RG. Vgl. RG. **3** 318; EisenbE. **6** 1. Ebenso Endemann S. 208.

Für die letztere Auslegung scheinen allerdings die Motive zu sprechen. Gegen sie fällt der Wortlaut und das Bedenken ins Gewicht, ob tatsächlich in solchem Umfange die Landesgesetzgebung aufrechterhalten bleiben sollte. Eine Stellungnahme zu dieser Streitfrage erübrigt sich indessen, da die Bestimmung in diesem Punkt durch Art. 42 EG.BGB. abgeändert ist.

Nach § 9 Abs. 2 früherer Fassung fanden in denjenigen Fällen, in denen materiellrechtlich ein Landesgesetz zur Anwendung kam — abgesehen von den die Höhe der Forderung betreffenden Bestimmungen —, im wesentlichen die Vorschriften des HaftpflG. Anwendung.

Durch Art. 42 EG.BGB. ist § 9 insofern geändert, als die Eingangsworte „Die Bestimmungen der Landesgesetze" durch die Worte „Die gesetzlichen Vorschriften" ersetzt sind und der Abs. 2 ganz gestrichen wurde. Die Abänderung der Eingangsworte wird damit begründet, daß solche landesgesetzlichen Vorschriften mit dem Inkrafttreten des BGB. hinfällig würden. In Betracht kämen nur noch Reichsgesetze, darunter die Unfallversicherungsgesetze und namentlich das BGB. Die Streichung des Abs. 2 rechtfertige sich, weil dieser nur für die im Abs. 1 aufrechterhaltenen Landesgesetze Bedeutung habe, denen er eine nicht unwichtige Schranke ziehe. Die Tragweite der einschlagenden reichsgesetzlichen Vorschriften, insbesondere der Vorschriften des BGB., könne fortan schlechterdings nicht durch die im Abs. 2 zitierten Bestimmungen des HaftpflG. eingeengt werden. Vgl. Mot. z. EG.BGB. S. 137.

A. Die aufrechterhaltenen Vorschriften im allgemeinen.

Anm. 2.

I. Die gesetzlichen Vorschriften.

Was man unter den „gesetzlichen" Vorschriften zu verstehen hat, ist streitig geworden. Nach den Motiven (vgl. Anm. 1) sollen nur reichsgesetzliche Bestimmungen gemeint sein. Nach der allgemeinen Wortfassung könnten immerhin auch Landesgesetze darunter fallen. Aus den einschlägigen Vorschriften des EG.BGB. ergibt sich, daß die Ansicht der Motive zutreffend ist.

Art. 42 regelt die Änderungen des HaftpflG., auch die des vorliegenden Paragraphen. Art. 55 enthält die grundsätzliche Regelung des Verhältnisses des BGB. zu den Landesgesetzen. Er lautet:

> Die privatrechtlichen Vorschriften der Landesgesetze treten außer Kraft, soweit nicht in dem Bürgerlichen Gesetzbuch oder in diesem Gesetz ein anderes bestimmt ist.

Hiernach sind die privatrechtlichen Vorschriften der Landesgesetze aufgehoben, soweit nicht das BGB. oder das EG.BGB. selbst einen ausdrücklichen Vorbehalt zugunsten des Landesrechts enthält. Daraus folgt, daß ein anderes früher oder — wie das HaftpflG. (Art. 42) — gleichzeitig mit dem BGB. und dem EG.BGB. erlassenes Reichsgesetz keinen rechtswirksamen Vorbehalt zugunsten des Landesrechts enthalten kann. Vgl. Mot. z. EG.BGB. S. 137; Staudinger Anm. 4 zu Art. 55; Niedner Anm. III 3 zu Art. 55.

Somit ergibt sich aus § 9 (Art. 42) in Verbindung mit Art. 55, daß unter den „gesetzlichen" Vorschriften nur die reichsgesetzlichen verstanden werden können. Nun wird jedoch von einigen Schriftstellern auf Art. 105 EG.BGB. hingewiesen, welcher bestimmt:

> Unberührt bleiben die landesgesetzlichen Vorschriften, nach welchen der Unternehmer eines Eisenbahnbetriebs oder eines anderen mit gemeiner Gefahr verbundenen Betriebs für den aus dem Betrieb entstehenden Schaden in weiterem Umfang als nach den Vorschriften des Bürgerlichen Gesetzbuchs verantwortlich ist.

Aus der allgemeinen Fassung dieser Vorschrift wird gefolgert, daß die landesgesetzlichen Bestimmungen über Tötung und Körperverletzung beim Eisenbahnbetrieb voll aufrechterhalten worden seien, daß mithin die gemäß § 9 unberührt gebliebenen „gesetzlichen Vorschriften" auch die in Art. 105 aufrechterhaltenen umfaßten. So Reindl Anm. 2 zu § 9 u. in VerZtg. **1897** 338 ff.; Oesterlen EisenbE. **15** 367 Anm. 1; Linckelmann, Schadenersatzpfl. aus unerl. Handlungen S. 14.

Diese Ansicht ist nicht zutreffend. § 9 enthält, wie oben dargelegt, jedenfalls nur einen Vorbehalt zugunsten von Reichsgesetzen. Es erscheint aber undenkbar, daß Art. 105 eine von § 9 abweichende Regelung treffen wollte. Im HaftpflG. ist die Haftpflicht für die beim Betriebe von Eisenbahnen herbeigeführten Unfälle erschöpfend geregelt. Dies muß auch insoweit gelten, als es sich um Aufrechterhaltung anderer gesetzlicher Bestimmungen handelt. Art. 105 ist daher nicht auf das im HaftpflG. geregelte Gebiet zu beziehen, wie denn auch ausgeschlossen erscheint, daß in demselben Gesetz (EG.) an verschiedenen Stellen (Art. 42 und Art. 105) das Verhältnis des HaftpflG. zu anderen Gesetzen geregelt sein sollte.

Auch die Entstehungsgeschichte des Art. 105 lehrt, daß keinesfalls die Absicht bestand, der Landesgesetzgebung die Regelung der Haftpflicht für

Eisenbahnunfälle von Personen neben dem HaftpflG. und abweichend von diesem zu überlassen. Durch Art. 105 sollten nur diejenigen landesgesetzlichen Vorschriften, in denen eine vom Verschulden unabhängige Haftpflicht für Sachen vorgesehen ist, getroffen werden. Vgl. Prot. der II. Kommission S. 2788; Mugdan Materialien **1** 166, 167.

Ebenso (im Ergebnis) RG. **57** 52, EisenbE. **21** 36; Eger Anm. 110 S. 621; Aron EisenbE. **14** 189; Laß-Maier S. 109; Staudinger Anm. III Cd zu Art. 42 EG.BGB.

Anm. 3. **II. Die besonderen Haftpflichtfälle.**

§ 9 enthält einen Vorbehalt zugunsten derjenigen reichsgesetzlichen Vorschriften, nach welchen außer den in diesem Gesetz vorgesehenen Fällen der Unternehmer einer in den §§ 1, 2 bezeichneten Anlage oder eine andere Person für den bei dem Betriebe der Anlage durch Tötung oder Körperverletzung eines Menschen entstandenen Schaden haftet. Mit dieser Formulierung sind die aufrechterhaltenen reichsgesetzlichen Vorschriften nicht hinreichend klar umschrieben.

Die Worte „außer den in diesem Gesetze vorgesehenen Fällen" könnten zunächst den Anschein erwecken, als sollten nur diejenigen Bestimmungen aufrechterhalten werden, die andere als in diesem Gesetz behandelte Tatbestände betreffen, so daß also beim Vorliegen der Voraussetzungen des HaftpflG. (§§ 1, 2) ausschließlich die Bestimmungen dieses Gesetzes zur Anwendung zu kommen hätten. Dies ist selbstverständlich nicht gemeint. § 9 hat, wie der Wortlaut ergibt, überhaupt nur die Fälle im Auge, in denen die Voraussetzungen der Haftpflicht nach §§ 1, 2 (Unfall eines Menschen beim Betrieb einer der hier genannten Anlagen) gegeben sind. Aufrechterhalten sind die reichsgesetzlichen Vorschriften, die neben der Haftpflicht aus dem HaftpflG. eine Haftung des Unternehmers oder einer anderen Person für den durch den Betriebsunfall verursachten Schaden normieren. Man hat also statt des Wortes „Fällen" besser „Haftpflichtfällen" zu lesen.

Die obengenannten Worte geben aber noch in anderer Hinsicht zu Zweifeln Anlaß. Analog wie für das frühere Recht (vgl. Anm. 1) könnten sich in der jetzigen Fassung die Worte dahin deuten lassen, daß, wenn der Tatbestand der Bestimmungen des HaftpflG. und der anderen reichsgesetzlichen Vorschriften der gleiche ist, die Anwendung der letzteren ausgeschlossen bliebe. Man denke z. B. an den Fall, daß der Direktor („Repräsentant") einer Fabrik (Aktiengesellschaft) schuldhaft den Betriebsunfall eines Besuchers herbeiführt. Hier besteht Identität der Voraussetzungen der Haftpflicht nach § 2 HaftpflG. und §§ 823, 31 BGB. Man wird unbedenklich anzunehmen haben, daß auch in einem solchen Falle die Klage auf beide Gesetze gestützt werden kann. Ebenso Eger Anm. 112 S. 626; Reindl Anm. 3 zu § 9; Neukamp BayZ. **1915** 2.

Aufrechterhalten sind demnach durch § 9 die anderen reichsgesetzlichen Bestimmungen, nach denen der Unternehmer oder ein anderer für den durch einen Betriebsunfall verursachten Schaden haftet. Deutlicher ist § 16 KFG. gefaßt („Unberührt bleiben die reichsgesetzlichen Vorschriften, nach welchen der Fahrzeughalter für den durch das Fahrzeug verursachten Schaden in weiterem Umfang als nach den Vorschriften dieses Gesetzes haftet oder nach welchen ein anderer für den Schaden verantwortlich ist"). Vgl. auch § 28 LVG.

Eger (Anm. 112 S. 625) folgert aus dem Wortlaut des § 9 „die Ausschließung der dem Reichsgesetze entgegenstehenden reichsgesetzlichen Bestimmungen" und meint, andere Reichsgesetze seien in den vom HaftpflG. betroffenen Fällen insoweit ausgeschlossen, als sie nicht höhere Ersatzansprüche gewährten. Dies ist nicht zutreffend. Die Bestimmungen der anderen Reichsgesetze bleiben in vollem Umfang unberührt.

Aus den aufrechterhaltenen reichsgesetzlichen Vorschriften wird der Fall der Haftung wegen eines eigenen Verschuldens besonders hervorgehoben. Er ist, wie das Wort „insbesondere" besagt, nur ein Hauptbeispiel. Auch ohne Vorliegen eines Verschuldens kann eine Haftung nach anderen gesetzlichen Bestimmungen gegeben sein, z. B. nach § 7 KFG. oder § 833 BGB. Vgl. Anm. 9, 16. **Anm. 4.**

§ 9 hebt der Vollständigkeit halber als unberührt bleibend auch diejenigen gesetzlichen Bestimmungen hervor, nach denen eine andere Person als der Unternehmer haftet. Daß diese unberührt bleiben, ist selbstverständlich, da das HaftpflG. (§§ 1, 2) nur die Haftpflicht des Unternehmers regelt. In Betracht kommt z. B. die Haftung eines schuldhaft handelnden Betriebsangestellten, eines Dritten (Eisenbahnfahrgasts oder Passanten), der in den Betrieb gefährdend eingreift, eines Tierhalters oder Kraftfahrzeughalters (beim Zusammenstoß der Bahn mit einem Kraftwagen) usw. Über das Verhältnis der mehreren Haftpflichtigen untereinander vgl. Anm. 138 ff. zu § 1.

§ 9 bezweckt klarzustellen, daß im HaftpflG. die Ersatzpflicht für die Folgen von Betriebsunfällen nicht erschöpfend geregelt ist, und hält deshalb ausdrücklich die anderen reichsgesetzlichen Bestimmungen, die diese Ersatzpflicht behandeln, aufrecht. Nicht ins Auge faßt dagegen das HaftpflG. diejenigen gesetzlichen Vorschriften, die die Verantwortlichkeit des Unternehmers (oder anderer Personen) für einen nicht „bei dem Betriebe der Anlage durch Tötung oder Körperverletzung eines Menschen" entstandenen Schaden regeln. Es bedurfte, weil selbstverständlich, nicht der Erwähnung, daß z. B. Vorschriften über die Haftpflicht für die Folgen von Unfällen, die sich außerhalb des Betriebes oder beim Betriebe anderer Anlagen ereignen, sowie über die Haftpflicht für die beim Betriebe eintretenden Sachschäden durch das HaftpflG. nicht berührt werden. **Anm. 5.**

Desgleichen bleiben selbstverständlich unberührt beispielsweise die Schadenersatzansprüche, die nicht auf Gesetz, sondern auf Vertrag (z. B.

Privatversicherungsvertrag) beruhen, sowie die Versorgungsansprüche der öffentlich-rechtlichen Versicherung und Fürsorge.

B. Die aufrechterhaltenen gesetzlichen Vorschriften im einzelnen und ihre Anwendung.

Anm. 6. **Einleitung.**

In einer großen Zahl derjenigen Fälle, in denen auf Grund des HaftpflG. Schadenersatz beansprucht wird, kommt daneben eine Haftung des Betriebsunternehmers oder einer anderen Person auf Grund anderer gesetzlicher Bestimmungen, insbesondere der Vorschriften des BGB., in Betracht. Eine Heranziehung dieser Bestimmungen ist deshalb besonders bedeutsam, weil durch sie in mehrfacher Hinsicht eine Erweiterung der Haftpflicht über die Grenzen des HaftpflG. hinaus stattfindet (vgl. Anm. 8). Ferner ist ihre Berücksichtigung in denjenigen Fällen wichtig, in denen eine Durchsetzung des Schadenersatzanspruchs auf Grund der Vorschriften des HaftpflG. nicht möglich oder zweifelhaft erscheint. Hier kommen z. B. solche Fälle in Betracht, in denen ein Zusammenhang des Unfalls mit dem „Betrieb" nicht vorhanden oder zweifelhaft ist. Schließlich muß auf andere gesetzliche Bestimmungen zurückgegriffen werden, wenn neben dem haftpflichtigen Unternehmer eine andere Person in Anspruch genommen werden soll, es sei denn, daß der andere gleichfalls ein Eisenbahnunternehmer ist (vgl. Anm. 139 zu § 1).

Im folgenden sollen kurz die in Betracht kommenden gesetzlichen Bestimmungen, soweit sie hier interessieren, erörtert werden.

I. Die Haftung auf Grund der Vorschriften des BGB. über unerlaubte Handlungen (§§ 823 ff.).

Anm. 7. **1. Die Haftung des Unternehmers.**

Für eigenes Verschulden haftet der Unternehmer nach § 823, für Handlungen seiner Leute nach § 831. Auch eine Haftung auf Grund des § 836 kommt in Betracht, beispielsweise bei Einsturz eines Bahndamms mit dem darauf eingebetteten Schienengleise (RG. in JW. **1908** 196[10]).

Ist der Unternehmer eine juristische Person (Aktiengesellschaft, öffentliche Körperschaft usw.), so haftet er für das Verschulden seiner verfassungsmäßig berufenen Vertreter nach § 823 in Verb. m. §§ 30, 31, 89, für sonstige Angestellte nach § 831.

Das rechtliche Merkmal, das die verfassungsmäßig berufenen Vertreter von anderen Angestellten unterscheidet, ist ihre Berufung zur Tätigkeit innerhalb eines Geschäftsbereichs durch die Satzung der Körperschaft, bei dem Staat und anderen öffentlichen Körperschaften durch die allgemeinen organisatorischen Verwaltungsbestimmungen. RG. **53** 276; **62** 31; **74** 21; **74** 250; **79** 101. Verfassungsmäßig berufene Vertreter der

Reichsbahngesellschaft sind demnach z. B. die Mitglieder der Reichsbahndirektionen sowie die Vorstände der Bahninspektionen (RG. in LZ. **1916** 221[4], EisenbE. **33** 106); ferner die ordentlichen und stellvertretenden Leiter der „Dienststellen", z. B. die Bahnhofsvorsteher (RG. in EisArch. **1929** 455, VerkRdsch. **7** 585; anders früher, vgl. RG. in WarnRspr. **1917** Nr. 242, EisenbE. **35** 96), die Bahnmeister (RG. in VerZtg. **1929** 851, VerkRdsch. **8** 72; anders früher, RG. **53** 276); dagegen z. B. nicht Weichensteller. Letztere sind zu Verrichtungen bestellte Personen im Sinne des § 831, für deren schuldhafte Handlungen oder Unterlassungen der Eisenbahnunternehmer somit nicht haftet, wenn er bei deren Auswahl die im Verkehr erforderliche Sorgfalt beobachtet hat. Über die Stellung von Betriebsdirektoren der Straßenbahngesellschaften vgl. RG. in WarnRspr. **1916** Nr. 125, EisenbE. **33** 327.

Grundsätzlich muß der Kläger dartun, welchem Vertreter ein Verschulden zur Last fällt. Dies ist jedoch dann nicht erforderlich, wenn sich aus dem Sachverhalt ergibt, daß ohne ein Verschulden der verfassungsmäßig zur Leitung und Aufsicht berufenen Organe der Schaden nicht eingetreten sein kann. RG. **53** 276; **89** 136; „Recht" **1919** Nr. 198/199, EisenbE. **37** 86. Ebenso bedarf es zur Begründung einer Klage aus § 831 nicht der genauen Bezeichnung der Person, die von dem Eisenbahnunternehmer zu einer Verrichtung bestellt gewesen sei und den Schaden widerrechtlich zugefügt habe. Es genügt darzutun, daß eine solche Person hierfür in Betracht komme. RG. **70** 379. (Für ausreichend wurde die Darlegung des Klägers erachtet, auf welcher Strecke der Straßenbahnwagen gefahren ist, sowie an welcher Stelle und um welche Stunde sich der vom Straßenbahnschaffner verschuldete Unfall zugetragen hat.)

Haftet der Unternehmer nach den Vorschriften über unerlaubte Handlungen (§§ 823ff.), so geht die Schadenersatzpflicht in mehrfacher Hinsicht über die Grenzen des HaftpflG. hinaus. **Anm. 8.**

a) Nach § 842 erstreckt sich die Schadenersatzpflicht auch auf alle Nachteile, die der Unfall für den Erwerb oder das Fortkommen des Verletzten herbeiführt. Darin liegt eine Erweiterung der Haftpflicht gegenüber den §§ 3, 3a HaftpflG. insofern, als nach diesen Vorschriften Ersatz nur für den Vermögensnachteil zu leisten ist, den der Verletzte infolge Aufhebung oder Minderung der Erwerbsfähigkeit oder Vermehrung seiner Bedürfnisse erlitten hat. Als Nachteil für das „Fortkommen" kommt bei einer weiblichen Verletzten z. B. auch die Minderung der Aussicht auf Heirat infolge Verunstaltung, Nervenzerrüttung oder dgl. in Betracht. Oertmann Anm. 2c zu § 842. Vgl. auch RG. **95** 173 (Ersatz für den Mindererlös eines durch den Unfall nötig gewordenen Verkaufs von Geschäftseinrichtungen des Verletzten).

b) Das HaftpflG. gewährt nur Anspruch auf Ersatz desjenigen Schadens, den der Verletzte selbst (§§ 3 Abs. 1, 3a) sowie ein unterhaltsberechtigter Dritter infolge der Entziehung des Unterhalts (§ 3 Abs. 2) erlitten hat (vgl. Anm. 2 zu § 3). Nach § 845 hat der Haftpflichtige auch einem

Dritten, dem der Verletzte kraft Gesetzes zur Leistung von Diensten in dessen Hauswesen oder Gewerbe verpflichtet war, für die entgehenden Dienste Ersatz zu leisten. Danach steht z. B. dem Ehemann bei körperlicher Verletzung seiner Ehefrau ein Schadenersatzanspruch wegen Wegfalls ihrer Dienste im Hauswesen und seinem Geschäft zu. Nach dem HaftpflG. hat dagegen bei Verletzung einer lediglich im Haushalt oder Geschäft des Mannes tätigen Frau regelmäßig weder der Mann noch die Frau einen Ersatzanspruch, der Mann, weil er nicht der Verletzte ist, die Frau, weil sie keinen Vermögensnachteil erlitten hat. Vgl. Anm. 10 zu § 3a.

c) Eine praktisch wichtige Abweichung gegenüber dem HaftpflG. enthält auch § 847, wonach der Verletzte auch wegen des Schadens, der nicht Vermögensschaden ist, eine billige Entschädigung in Geld verlangen kann (vgl. Anm. 2 zu § 3). Gerade diese Erweiterung des Schadenersatzanspruchs wird es häufig als ratsam erscheinen lassen, die Klage nicht nur auf die Bestimmungen des HaftpflG., sondern gegebenenfalls auch auf die §§ 823 ff. zu stützen. Als immaterieller Schade kommt namentlich der ausgehaltene körperliche Schmerz, ferner eine Verunstaltung des Körpers, auch wenn hierdurch nicht die Erwerbstätigkeit berührt wird (vgl. zu a), in Betracht.

d) Der Schadenersatzanspruch ist ferner hinsichtlich der Verjährung günstiger gestellt (§ 852). Während der Anspruch aus dem HaftpflG. gemäß § 8 in zwei Jahren von dem Unfall (für den Unterhaltsberechtigten von dem Tode) an verjährt, unterliegt der Schadenersatzanspruch aus unerlaubter Handlung der Verjährung in drei Jahren, und die Frist läuft erst von dem Zeitpunkt an, in dem der Verletzte von dem Schaden und der Person des Ersatzpflichtigen Kenntnis erlangt. Ohne Rücksicht auf diese Kenntnis verjährt der Anspruch in 30 Jahren von Begehung der Handlung an. Ist der Ersatzanspruch auf beide Rechtsgrundlagen gestützt, so hat die Verjährung des Anspruchs aus dem HaftpflG. nicht zugleich die Verjährung des Anspruchs aus unerlaubter Handlung zur Folge. RG. in EisenbE. **36** 76.

e) Sind die Voraussetzungen einer Haftung des Betriebsunternehmers sowohl nach § 2 HaftpflG. als auch nach § 831 BGB. gegeben, so ist die letztere Vorschrift für den Ersatzberechtigten insofern günstiger, als sie nicht wie § 2 ein schuldhaftes Verhalten des Angestellten erfordert und die dem Verletzten zugefügte Gesundheitsschädigung jedenfalls eine widerrechtliche Handlung darstellt (vgl. RG. in LZ. **1921** 178[9]). Andererseits gewährt aber § 2 dem Verletzten den Vorteil, daß sich der Unternehmer nicht durch den nach § 831 zugelassenen Entlastungsbeweis von seiner Haftpflicht befreien kann. Neukamp BayZ. **1915** 3.

Anm. 9. **2. Die Haftung anderer Personen.**

Neben dem Betriebsunternehmer haftet auf Grund des § 823 insbesondere der Beamte oder Angestellte, der durch sein Verschulden den Unfall verursacht hat.

Oft wird ferner gegen einen am Betriebe nicht beteiligten Dritten ein Schadenersatzanspruch nach den Vorschriften über unerlaubte Handlungen gegeben sein. Ereignet sich z. B. ein Unfall infolge Zusammenstoßes einer Eisenbahn mit einem anderen Gefährt, und trifft den Führer des letzteren hierbei ein Verschulden, so haftet dieser nach § 823 und dessen Geschäftsherr nach § 831. Ist letzterer eine juristische Person, so kann auch deren Haftung nach § 823 in Verbindung mit §§ 30, 31 in Frage kommen. Vgl. Anm. 7.

Dritte Personen können ferner beispielsweise haftbar sein als Aufsichtspflichtige nach § 832, als Tierhalter nach § 833 (vgl. Anm. 142 zu § 1), als Grundstücksbesitzer nach §§ 836 ff. Über die Haftpflicht des Kraftfahrzeughalters und Kraftfahrzeugführers vgl. unten Anm. 16 und Anm. 143 ff. zu § 1.

Über den Umfang der Haftung vgl. das zu 1 (Anm. 8) Gesagte.

II. Die Haftung auf Grund eines Vertragsverhältnisses. Anm. 10.

Für die Haftpflicht des Unternehmers kommt als Verpflichtungsgrund neben dem HaftpflG. und einer unerlaubten Handlung (gemäß §§ 823 ff. BGB.) ferner ein Vertragsverhältnis in Betracht, und zwar als wichtigstes — für die Haftung des Eisenbahnunternehmers — der Personenbeförderungsvertrag. Dieser ist ein Werkvertrag im Sinne des § 631 BGB. Kraft des Vertrages hat der Unternehmer dafür einzustehen, daß die zu befördernde Person unbeschädigt an ihr Reiseziel gelangt. Hauptwerkleistung ist die Beförderung von Ort zu Ort. Als Nebenpflicht gehört zu den Vertragsleistungen des Unternehmers, dafür zu sorgen, daß der Fahrgast durch Betriebsvorgänge oder Betriebseinrichtungen keinen körperlichen Schaden erleidet. Für den Inhalt und Umfang der Pflichten, die von dem Unternehmer durch den Beförderungsvertrag übernommen werden, ist neben den in der EisenbVerkO. aufgestellten Normen auch dem alle Vertragsverhältnisse beherrschenden Grundsatze des § 242 BGB. entscheidende Bedeutung beizumessen (RG. **69** 357; WarnRspr. **1914** Nr. 268, EisenbE. **31** 371). Läßt er die vertragsmäßige Sorgfalt außer acht, so macht er sich wegen „positiver Vertragsverletzung" schadenersatzpflichtig. RG. **62** 119; RG. **66** 12; JW. **1912** 686[10]; RG. **83** 343; **86** 321.

Die vertragsmäßige Haftung des Eisenbahnunternehmers beginnt in der Regel mit der Lösung der Fahrkarte (RG. in EisenbE. **24** 389) und endigt, sobald der Fahrgast am Bestimmungsort aufhört, den Vertragsbestimmungen, wie sie in der EisenbVerkO. enthalten sind, unterworfen zu sein, regelmäßig also, wenn er nach Beendigung der Fahrt den Bahnhofsausgang durchschritten hat (RG. in EisenbE. **29** 339). Hierzu sei hervorgehoben, daß nach ständiger Rechtsprechung des RG. der Beförderungsvertrag den Unternehmer nicht nur zur Sorge für die Sicherheit der Fahrgäste während der eigentlichen Reise (wegen Heizungspflicht vgl. RG. in WarnRspr. **1914** Nr. 268, EisenbE. **31** 371), sondern auch zur Gewährung eines verkehrssicheren Zugangs zu dem Eisenbahnzug und eines verkehrssicheren Ausgangs aus dem Bahnhof verpflichtet (RG. **4** 192; RG. **55** 335; JW. **1904** 484[6]; JW. **1905** 185[36]; JW. **1905** 426[4]; WarnRspr. **1908** Nr. 293, EisenbE. **24** 389; EisenbE. **27** 214; EisenbE. **28** 165; RG. **86** 321; EisenbE. **33** 4; JW. **1918** 171[6], EisenbE. **35** 271; JW. **1919** 316[18]; OLG. Dresden in VerZtg. **1930** 926). Hierin liegt eine wichtige Erweiterung der Haftpflicht gegenüber dem HaftpflG., da nach diesem der Unternehmer nur dann verantwortlich ist, wenn sich der Unfall „bei dem Betriebe" ereignet hat (vgl. Anm. 20ff. zu § 1). Für die Folgen von Unfällen, die sich bei Benutzung der Wartehallen städtischer Straßenbahnen ereignen, haften diese nicht aus dem Beförderungsvertrage (OLG. Hamburg in EisenbE. **44** 240). Über den Umfang der Verpflichtung der Eisenbahn zur Aufrechterhaltung der Verkehrssicherheit in den Wartesälen vgl. RG. in JW. **1916** 737[2]. Reichhaltige Kasuistik findet sich bei Blume-Weirauch, EisenbVerkO. B IV vor § 9.

Anm. 11. In Betracht kommt ferner die Haftung des Unternehmers gegenüber seinen Angestellten auf Grund des Dienstvertrages. Mit dem HaftpflG. konkurrierende Schadenersatzansprüche könnten aus § 618 hergeleitet werden, wonach der Dienstberechtigte verpflichtet ist, Räume, Verrichtungen oder Gerätschaften, die er zur Verrichtung der Dienste zu beschaffen hat, so einzurichten und zu unterhalten und Dienstleistungen, die unter seiner Anordnung oder seiner Leitung vorzunehmen sind, so zu regeln, daß der Dienstpflichtige gegen Gefahr für Leben und Gesundheit soweit geschützt ist, als die Natur der Dienstleistung es gestattet. Vgl. auch § 120a RGO. Die praktische Bedeutung einer Haftung auf Grund dieser Vorschriften ist freilich durch § 10 BeamtUFürsG. und § 898 RVersO. erheblich eingeschränkt. Danach haftet der Unternehmer den Fürsorgeberechtigten und Versicherten sowie deren Hinterbliebenen überhaupt nicht bzw. nur nach strafgerichtlicher Feststellung, daß er den Unfall vorsätzlich herbeigeführt hat. Vgl. Anm. 88ff. zu § 1.

Anm. 12. Der Unternehmer haftet für Verschulden seines gesetzlichen Vertreters und der Personen, deren er sich zur Erfüllung seiner Verbindlichkeit bedient, wie für eigenes (§ 278). Die Berufung auf die Vorschrift in § 831 Abs. 1 S. 2 ist ihm versagt. Seine Haftpflicht ist also in dieser Hinsicht eine schärfere, als wenn es sich um ein außerhalb des Rahmens eines Vertrages zur Last fallendes Verschulden handelt. RG. **55** 335; **62** 119.

§ 5 EisenbVerkO. enthält eine Sondervorschrift für die Unternehmer von Eisenbahnen im engeren Sinne. Nach dieser Bestimmung, die in gleicher Weise für den Güter- wie für den Personenbeförderungsvertrag gilt, haftet die Eisenbahn für ihre Leute und für andere Personen, deren sie sich bei der Ausführung der Beförderung bedient.

Sauter (EisenbE. **31** 178) vertritt im Anschluß an RG. **7** 121 die Ansicht, durch § 5 EisenbVerkO. werde die Verantwortlichkeit des Eisenbahnunternehmers über § 278 BGB. hinaus erweitert. Die Eisenbahn hafte für das Verschulden ihrer Leute ohne Rücksicht darauf, ob diese in Erfüllung der von ihr durch den Vertrag übernommenen Verpflichtungen handelten; vorausgesetzt sei nur, daß die Anstellung im Gewerbebetrieb der Eisenbahn und die infolge davon eingetretenen Umstände der betreffenden Person tatsächlich Veranlassung zur Vornahme der Handlung gegeben hätten, oder daß die Handlung dadurch erleichtert oder begünstigt worden sei. Dieser Auffassung wird beizupflichten sein. Vgl. auch Staub Anm. 3 zu § 431 HGB. A. M. Eger EisenbVerkO. Anm. 20 Ziff. 2, der verlangt, daß die Leute der Eisenbahn den Schaden in Ausübung ihrer Dienstfunktionen bzw. bei Gelegenheit derselben herbeigeführt haben; ferner Rundnagel (Haftung S. 18, BefGesch. S. 208), der die Haftung für ausgeschlossen hält, wenn die den Schaden verursachende Handlung zu einer Zeit begangen ist, zu der der Angestellte weder dienstlich tätig war noch sich aus einem durch seine dienstliche Tätigkeit hervorgerufenen Anlaß, ohne Dienstverrichtungen auszuüben, im örtlichen Betriebskreis des Unternehmens befand.

§ 5 EisenbVerkO. geht aber noch in anderer Beziehung über § 278 hinaus. Denn § 5 macht die Eisenbahnen für die Handlungen ihrer Leute auch dann haftbar, wenn diese ohne ein Verschulden dem Inhalt des Beförderungsvertrages zuwiderhandeln. RG. in WarnRspr. **1916** Nr. 82, EisenbE. **33** 217.

Als Erfüllungsgehilfe im Sinne des § 278 wurde z. B. angesehen der Stationsarbeiter, der bei Frost die Bahnsteige mit Sand zu bestreuen hatte (RG. **55** 335), der Pförtner, der einen Eisenbahnfahrgast gewaltsam aus dem Bahnhof entfernte (RG. in JW. **1904** 358[10], EisenbE. **21** 68). Zu den Erfüllungsgehilfen gehört ferner beispielsweise bei einer Kreuzung von Zügen das gesamte hierbei dienstlich beschäftigte Personal, nicht nur dasjenige des Zuges, in dem sich der zu Schaden kommende Passagier befindet (RG. in WarnRspr. **1912** Nr. 245, EisenbE. **28** 445; JW. **1914** 302[9], EisenbE. **30** 507).

Den Eisenbahnunternehmer trifft, sofern sich der Unfall bei der Beförderung im eigentlichen Sinne (vgl. Anm. 29 ff. zu § 1) ereignet, die Beweislast dafür, daß ihm und seinen Angestellten keine Schuld an dem Schaden zur Last fällt. Im übrigen bewendet es bei der Regel, daß der ein Verschulden des Unternehmers behauptende Geschädigte beweispflichtig ist. RG. **66** 12; **86** 321, JW. **1915** 585[19]; WarnRspr. **1916** Nr. 309, **33** 436; RG. **124** 49; **126** 137; KG. in VerkRdsch. **8** 366.

Die Haftung aus einem Vertragsverhältnis weicht in bezug auf ihren **Anm. 13.** Umfang in folgenden Punkten von der Haftung gemäß dem HaftpflG. und der Verantwortlichkeit nach den Vorschriften über unerlaubte Handlungen ab:

a) Auf Grund des Vertragsverhältnisses kann Schadenersatz nur von den Verletzten selbst oder ihren Rechtsnachfolgern beansprucht werden, dagegen nicht aus eigenem Recht von unterhaltsberechtigten Angehörigen, wie nach § 3 Abs. 2 HaftpflG. und § 844 Abs. 2 BGB., oder von Dritten, die infolge entgehender Dienste geschädigt sind, wie nach § 845 BGB.

b) Ebenso wie nach HaftpflG., aber abweichend von den Vorschriften über unerlaubte Handlungen (§ 847 BGB.) findet auf Grund des Vertragsverhältnisses kein Ersatz des ideellen Schadens statt. RG. **65** 17, JW. **1907** 829[5]; JW. **1908** 196[10]; **1910** 112[13]; **1911** 40[25]; JurRdsch. **1926** Nr. 679. Der Anspruch auf Schmerzensgeld kann auch nicht auf § 5 EisenbVerkO. (vgl. Anm. 12) gestützt werden. RG. in EisenbE. **33** 217, WarnRspr. **1916** Nr. 82. Nicht ausgeschlossen ist jedoch der Anspruch auf Schmerzensgeld, wenn neben der Haftung aus dem Vertragsverhältnis die Voraussetzungen einer unerlaubten Handlung vorliegen. JW. **1907** 830[5]; **1910** 112[13].

c) Die Schadenersatzansprüche aus dem Vertragsverhältnis unterliegen der im § 195 BGB. bestimmten regelmäßigen Verjährungsfrist von 30 Jahren. RG. **62** 119; **64** 41; **66** 12; „Recht" **1908** Nr. 107, 175, EisenbE. **24** 274; EisenbE. **32** 461.

Anm. 14.

III. Konkurrenz der Haftung aus einem Vertragsverhältnis und aus unerlaubter Handlung.

Die Frage, ob und unter welchen Voraussetzungen eine Haftpflicht zugleich auf Grund eines Vertragsverhältnisses und nach den Vorschriften des BGB. über unerlaubte Handlungen besteht, ist in dem Schrifttum Gegenstand lebhafter Erörterungen geworden. Vgl. die Literaturangaben bei Staudinger Vorbem. III zu 2. Buch 7. Abschnitt 25. Titel (Unerlaubte Handlungen).

Die Frage ist praktisch bedeutsam, da z. B. nicht auf Grund eines Vertragsverhältnisses, wohl aber gemäß § 845 BGB. Ersatz des ideellen Schadens verlangt werden kann (vgl. Anm. 13). Nach herrschender Ansicht und nach der ständigen Rechtsprechung des Reichsgerichts (vgl. RGRäte Vorbem. 4 zu § 823 BGB.) begründet eine Handlung, die gleichzeitig eine Vertragsverletzung und einen Verstoß gegen die allgemeinen Rechtspflichten der §§ 823 ff. BGB. enthält, regelmäßig die Haftung des Täters aus dem Vertrag und zugleich aus der unerlaubten Handlung. Der Abschluß eines Beförderungsvertrages mit der Eisenbahn schließt somit nicht ihre Haftung nach den Vorschriften über unerlaubte Handlungen aus.

Erhebliche Zweifel haben sich aber an die Frage geknüpft, unter welchen Voraussetzungen neben der Vertragsverletzung ein Verstoß gegen die allgemeinen Rechtspflichten anzunehmen ist. Die Rechtsprechung des RG. war in dieser Hinsicht schwankend. Wurde früher die Deliktsklage neben der Kontraktsklage schon für unzulässig gehalten, wenn die unerlaubte Handlung mit der Vertragserfüllung in untrennbarem Zusammenhang stand (RG. in JW. **1904** 166[4]; RG. **67** 182), so soll nach neuerer Rechtsprechung die Frage, ob eine Haftung nach den §§ 823 ff. anzunehmen ist, lediglich nach diesen Vorschriften, ohne Rücksicht auf das Vertragsverhältnis beurteilt werden. „Die allgemeine Rechtspflicht, niemanden körperlich zu verletzen, besteht immer und gegenüber jeder Person und wird nicht dadurch beseitigt, daß ein Vertrag es war, durch den die Möglichkeit einer Einwirkung auf den Körper eines anderen gegeben wurde. Ist durch Vertrag eine besondere Fürsorgepflicht begründet, so wird dadurch jene allgemeine Rechtspflicht nur verstärkt." RG. **89** 384. Vgl. auch RG. **88** 317; RG. **88** 433, JW. **1916** 1532[7]; RG. **90** 65; JW. **1920** 284[6] mit Anm. v. Oertmann, der einen abweichenden Standpunkt vertritt. Vgl. auch denselben Anm. 5δ Vorbem. vor § 823.

Daher ist beispielsweise der Schadenersatzanspruch nicht nur auf Grund des Beförderungsvertrags, sondern auch nach den Vorschriften über unerlaubte Handlungen begründet, wenn ein in der Eisenbahn befindlicher Fahrgast infolge eines durch einen Beamten verschuldeten Zusammenstoßes der Bahn mit einer anderen verletzt wird. RG. in JW. **1913** 376[7]; RG. **88** 317. Vgl. auch RG. in LZ. **1914** 1531[14], EisenbE. **31** 244. In solchen Fällen besteht also nebeneinander eine Haftpflicht des Eisenbahnunternehmers aus dem HaftpflG., dem Beförderungsvertrag und der unerlaubten Handlung. Vgl. auch Sauter in EisenbE. **36** 221 ff., **37** 10 ff.

Aus welchen Haftungsgründen der Verletzte Schadenersatzansprüche **Anm. 15.** herleiten will, ob aus allen in Betracht kommenden oder nur einem Teil von ihnen, steht in seiner Wahl. Die Beurteilung, worauf der Anspruch in der Klage gestützt ist, kann im Einzelfall zweifelhaft sein. Zur bestimmten Angabe des Grundes des erhobenen Anspruchs (§ 253 Ziff. 2 ZPO.) gehört nur die Darlegung derjenigen Tatsachen, aus denen der Anspruch abgeleitet wird. Die rechtliche Beurteilung des tatsächlichen Vorbringens ist nicht Erfordernis der Klagebegründung, sondern Sache des Gerichts (RG. **63** 268; **71** 358). Hat der Kläger z. B. in der Klage zur Begründung seines Schadenersatzanspruchs vorgetragen, daß er als Fahrgast in einem Abteil des Schnellzuges gesessen habe, als sich der Unfall ereignete, so liegt keine Klageänderung vor, wenn die Klage in der Berufungsinstanz ausdrücklich noch auf den Beförderungsvertrag gestützt wird (RG. in JW. **1912** 873[36]). Vgl. auch RG. in JW. **1904** 484[6]. Selbst die alleinige Erwähnung der Bestimmungen des HaftpflG. in der Klageschrift enthält nicht notwendig eine materiellrechtliche Beschränkung des Klagebegehrens auf dieses Gesetz (RG. **86** 377, JW. **1915** 700[7], EisenbE. **32** 445). Jedenfalls empfiehlt sich aber zur Vermeidung nachteiliger Folgen, in der Klageschrift die neben dem HaftpflG. etwa in Frage kommenden Klagegründe ausdrücklich zu bezeichnen und zu substantiieren. Vgl. RG. in JW. **1912** 384[3]; RG. **85** 424; OLG. Kiel in EisenbE. **30** 317.

IV. Die Haftung auf Grund des Kraftfahrzeuggesetzes. **Anm. 16.**

Für die Folgen eines Unfalls beim Betriebe der Eisenbahn kann außer dem Unternehmer ein anderer auch auf Grund der Bestimmungen des KFG. haftbar sein. Dies ist der Fall, wenn sich der Unfall zugleich „bei dem Betrieb einer Eisenbahn" (§ 1 HaftpflG.) und „bei dem Betrieb eines Kraftfahrzeugs" (§ 7 KFG.) ereignet, wenn also z. B. jemand infolge Zusammenstoßes einer Eisenbahn mit einem Kraftwagen getötet oder verletzt wird. Hier haftet neben dem auf Grund des HaftpflG. verantwortlichen Eisenbahnunternehmer der Halter des Kraftfahrzeugs nach §§ 7 ff. KFG. und der Führer desselben nach § 18 KFG. Vgl. Anm. 143 ff. zu § 1.

Angenommen z. B., der Unfall würde einem Fahrgast der Eisenbahn zustoßen, und es hätte bei der Herbeiführung auf seiten beider Betriebsmittel ein Verschulden mitgewirkt, so würde eine Konkurrenz folgender Schadenersatzansprüche möglich sein: 1. gegen den Eisenbahnunternehmer aus a) HaftpflG., b) dem Beförderungsvertrag, c) unerlaubter Handlung; 2. gegen den Kraftfahrzeughalter aus a) dem KFG., b) unerlaubter Handlung; 3. gegen den Bahnbeamten aus unerlaubter Handlung; 4. gegen den Kraftfahrzeugführer aus a) dem KFG., b) unerlaubter Handlung.

§ 10.

Die Bestimmungen des Gesetzes, betreffend die Errichtung eines obersten Gerichtshofes für Handelssachen, vom 12. Juni 1869, sowie die Ergänzungen desselben werden auf diejenigen bürgerlichen Rechtsstreitigkeiten ausgedehnt, in welchen durch die Klage oder Widerklage ein Anspruch auf Grund des gegenwärtigen Gesetzes oder der in § 9 erwähnten landesgesetzlichen Bestimmungen geltend gemacht wird.

§ 10 ist durch das am 1. 10. 79 in Kraft getretene GVG. v. 27. 1. 77 abgeändert. Es wäre empfehlenswert gewesen, bei Änderung des HaftpflG. durch Art. 42 EG.BGB. auch § 10 der neueren Justizgesetzgebung anzupassen und dem Wortlaut des Art. 6 EG.BGB. entsprechend zu formulieren.

Die Abänderung des § 10 ergibt sich aus § 133 GVG. und § 8 EG. GVG. Die Bestimmungen lauten in der jetzigen Fassung:

§ 133 GVG.

In bürgerlichen Rechtsstreitigkeiten ist das Reichsgericht zuständig für die Verhandlung und Entscheidung über die Rechtsmittel

1. der Revision gegen die Endurteile der Oberlandesgerichte sowie gegen die Endurteile der Landgerichte im Falle des § 566 a der Zivilprozeßordnung;
2. der Beschwerde gegen Entscheidungen der Oberlandesgerichte in dem Falle des § 519 b Abs. 2 der Zivilprozeßordnung.

§ 8 EG.GVG.

Durch die Gesetzgebung eines Bundesstaates, in welchem mehrere Oberlandesgerichte errichtet werden, kann die Verhandlung und Entscheidung der zur Zuständigkeit des Reichsgerichts gehörenden Revisionen in bürgerlichen Rechtsstreitigkeiten einem obersten Landesgerichte zugewiesen werden.

Diese Vorschrift findet jedoch auf bürgerliche Rechtsstreitigkeiten, welche zur Zuständigkeit des Reichs-Oberhandelsgerichts gehören oder durch besondere Reichsgesetze dem Reichsgerichte zugewiesen werden, keine Anwendung, es sei denn, daß für die Entscheidung im wesentlichen Rechtsnormen in Betracht kommen, die in Landesgesetzen enthalten sind.

Der Vorbehalt des § 8 EG.GVG. hat nur für Bayern Bedeutung, da nur dieses ein oberstes Landesgericht errichtet hat. Er gilt gemäß § 8 Abs. 2 nicht für bürgerliche Rechtsstreitigkeiten, die zur Zuständigkeit des ROHG. gehören, nämlich zur Zeit des Übergangs der Geschäfte des ROHG. an das RG. Dies trifft aber gemäß § 10 HaftpflG. für diejenigen bürgerlichen Rechtsstreitigkeiten zu, „in welchen durch Klage oder Widerklage ein Anspruch auf Grund des gegenwärtigen Gesetzes oder der in § 9 erwähnten landesgesetzlichen Bestimmungen geltend gemacht wird". Diese Rechtsstreitigkeiten sind somit im Interesse einer einheitlichen Handhabung des Haftpflichtrechts der Zuständigkeit des BayObLG. entzogen.

Die Zuständigkeit des BayObLG. ist ausgeschlossen, sofern der Haftpflichtanspruch durch Klage oder Widerklage geltend gemacht wird. Dagegen könnte in einem vor das BayObLG. gehörigen Rechtsstreit ein solcher Anspruch im Wege der Einrede (z. B. zwecks Aufrechnung) erhoben werden.

Nach dem Wortlaut des § 10 muß der Anspruch auf Grund des gegenwärtigen Gesetzes oder der in § 9 erwähnten landesgesetzlichen Bestimmungen geltend gemacht sein. Die Worte „oder der in § 9 erwähnten landesgesetzlichen Bestimmungen" paßten auf § 9 in dessen ursprünglicher Fassung. Der jetzige § 9 spricht von „gesetzlichen Vorschriften", und unter diesen sind lediglich reichsgesetzliche zu verstehen (vgl. Anm. 2 zu § 9). Ebenso Eger Anm. 116 S. 635. A. M. Reindl Anm. 2 zu § 10.

Soweit Schadenersatzansprüche aus einem Betriebsunfall gegen den Betriebsunternehmer oder eine andere Person auf Grund anderer gesetzlicher Bestimmungen als des HaftpflG. im Wege der Klage oder Widerklage geltend gemacht werden, ist gleichfalls das RG. in letzter Instanz zuständig. Vgl. Art. 6 EG.BGB., § 19 KFG.

Sachregister.

(Die Zahlen bezeichnen die Seiten.)

A.

Abänderungsklage s. Umwandlungsklage.
Abfahrtzeichen, Geben von — 114.
Abfindung in Kapital s. Kapital.
Abhängigkeitsverhältnis der Angestellten 170.
Abladen, Unfall beim — 40, 42, 46.
Abort, Gang zum — 46.
Abschlagszahlungen, Unterbrechung der Verjährung 324.
Absolute Theorie (höhere Gewalt) 108.
Abspringen 146.
Abstrakter Maßstab für Erwerbsausfall 237.
Abteile, Überfüllung 111.
Abteillampen, Reinigen von — 45.
Abtretung s. Übertragung.
Ab- und Aufspringen 125, 133, 146.
  durch Eisenbahnbeamte 130.
  durch Kinder 144.
  ungeeignetes Abspringen 127.
Abwägung
  der Betriebsgefahren 100.
  von Betriebsgefahr und eigenem Verschulden 141.
  der Ursachen 97.
Abweisung der Klage (Umwandlungsklage) 295.
Abwendbarkeit 118.
Achsen, Auswechseln von — 45.
Adäquate Verursachung 51, 63, 147.
Änderung
  der maßgebenden Verhältnisse 296.
  der medizinischen Auffassung 298.
Ärztliche Anordnungen, Zuwiderhandlung gegen — 54.
Ärztliche Behandlung,
  Kosten für — 202, 209.
  Unterbrechung des Kausalzusammenhangs 57.
Ärztliche Sachverständige, Bewertung von Gutachten 238.
Äußerer Zusammenhang zwischen Unfall und Betrieb 60.
Äußeres Ereignis (höhere Gewalt) 109, 112, 114.
Äußerlicher Zusammenhang 61.
Aktivlegitimation der Versicherungsträger 74.
Akzessorische Anlage 156, 158.
Alleinige Ursache (Unfall) 53.
Altenteilvertrag, Unterhaltsberechtigter 213.
Alter,
  hohes — 126.
  jugendliches — 124.
Anblick
  eines Schwerverletzten 61.
  des Unfalls des Kindes 63.
Andere, Unterhaltsanspruch gegen — 226, 286.
Andrang der Fahrgäste 41, 121, 131, 143.
Anerkenntnis, Unterbrechung der Verjährung 323.
Anforderungen bezüglich Betriebssicherheit 118.
Angemessenheit der Heilungskosten 203.
Angenommen als Aufsichtsperson 177.
Angestellte
  des Eisenbahnunternehmers 87.
  Ersatzansprüche 66.
  Erwerbsausfall 246, 248, 254.

Haftung für — aus Verschulden 330, 332.
der Schlafwagengesellschaft 87.
des Verletzten (eigenes Verschulden) 122.
Verschulden (§ 2) 169.
Anlage, krankhafte 52, 53, 59.
Anrechnung
von Kassenleistungen 262.
von Pensionen 80, 266.
von Unterhaltsleistungen 286.
von Vorteilen 223.
Anschlußbahnen 19.
Anschlußgleise, Unternehmer 88.
Anspruchsberechtigter s. Ersatzberechtigter.
Anstaltsbehandlung 54.
Anstürmen des Publikums 121.
Antrag
auf Abänderung des früheren Urteils 305.
auf Zuerkennung einer Sicherheit 283.
auf Zuerkennung einer Kapitalabfindung 284.
Anweisungen,
Befolgung von — 127.
über Schutzvorrichtungen 183.
Arbeiter,
Erwerbsausfall 243.
Erwerbsfähigkeit 244.
Versicherung 66.
Arbeiteraufseher 174.
Arbeitgeber, Ansprüche gegen — 66.
Arbeitsbahn 15, 22, 85.
Arbeitsfähigkeit, Beeinträchtigung 241.
Arbeitsgerätschaften, auf Schienen fortbewegte 18.
Arbeitskraft,
Freiwerden der — 224.
des Getöteten, Verlust 224.
Arbeitsräume, Instandhaltung 180.
Arbeitszüge 22.
Arglistiges Verhalten des Verletzten 54.
Arm, Verlust des rechten — 242.
Arrest 75.
Arzneien, Kosten für — 202.
Arzt,
Behandlungskosten 203, 209.
Erwerbsausfall 247.
Kunstfehler 56, 204.
Zuwiderhandlung gegen Anordnungen 53.
Aufbewahrung gewonnener Mineralien 156.
Aufenthalt auf Bahnsteigen 43.
Aufgleisen entgleister Lokomotiven 45.
Aufhebung der Erwerbsfähigkeit 207, 244.
Aufrechnung
gegen Ersatzansprüche des Unterhaltsberechtigten 237.
des Verletzten 234, 289.
Aufsicht über den Betrieb 85, 88.
Aufsichtsfunktion, Ausübung einer — 170.
Aufsichtspersonen 175.
Aufsichtspflicht der Eltern 97.
Aufsuchung von Fundstätten 156.
Aufwandentschädigungen 246.
Aufwartefrau, Betriebsunfall 191.
Aufwertung von Haftpflichtforderungen 300.
Auge,
Verletzung eines — 322.
Verlust eines — 238.
Ausführung,
in — der Dienstverrichtungen 170, 185.
des Transports 30.
Ausgang, verkehrssicherer 333.
Ausgleichung
bei Haftung aus Gesetz und Vertrag 104.
Eisenbahnunternehmer und Kraftfahrzeughalter 100, 103.
mehrerer Verpflichteter 97, 195.
Umfang der — 103.
Verjährung des Anspruchs auf — 316.
Ausländische
Eisenbahnbeamte 85.
Strecken 152.
Urteile 304.
Ausländisches Recht, Anwendung 152.
Ausprobieren von Maschinen 167.
Ausschachtungsarbeiten 159.
Ausschließung der Haftung durch Vertrag 267.

Ausschluß der Haftung 105, 196.
eigenes Verschulden 122, 196.
höhere Gewalt 106.
Ausschreitungen der Arbeiter 184.
Aussetzung des Verfahrens 67, 75.
Aussteigen,
Unfall bei dem — 36.
Unfall nach dem — 44.
Verschulden beim — 126, 127, 130, 145.
Ausströmen von Kohlenstaub 30.
Außenarbeiten 168, 180.
Außenwerke 168.
Außerbetriebsetzung 166.
der Beförderungsmittel 34, 37.
Außergerichtlicher Vergleich, Abänderung 295.
Außergewöhnliches Ereignis 116.
Automobil und Eisenbahn 99.

B.

Badekuren, Kosten 202.
Baden, Beamtengesetz 77.
Badereisen, Kosten 202, 204, 209.
Bahndamm,
Betreten des — 128.
Einzäunung des — 122.
Bahnhofsgebäude, Verletzung in dem — 61.
Bahnhofsvorsteher 331.
Bahnkörper, Betreten 132.
Bahnmeister 331.
Bahnpolizeiliche Vorschriften, Übertretung 123.
Bahnsteig,
Eile 41.
Gedränge 41.
Glatteis 45, 61.
Hindernis auf dem — 45.
Unvorsichtiges Verhalten 131.
Bahnübergänge,
schrankenlose — 101, 117.
Überschreiten 132.
Bahnverwaltung, konkurrierendes Verschulden 138.
Barriere f. Übergangsschranke.
Bau
der Anlage 166.
von Eisenbahnen 22, 158.
eines Tunnels 157.
Bauarbeiten 34, 166.
Bauunternehmen 161.
Bayern, Beamtengesetz 77.
Beamte,
Anspruch auf Unfallpension 76.
Erwerbsausfall 244, 246, 248.
Zeitgrenze der Rente 254.
Beamten-Unfallfürsorgegesetz 76, 191.
Bearbeitung gewonnener Mineralien 156.
Beaufsichtigung
des Betriebes 173.
mangelnde — durch Eltern 135, 137.
Bedienung von
Maschinen 175.
Signalapparaten 39, 41, 45.
Weichen 39, 41, 45.
Bedingung f. Kausalzusammenhang.
Bedürftigkeit des Unterhaltsberechtigten 215, 225, 300.
Beerdigungskosten,
Begriff 210.
Ersatzberechtigter 211.
Erstattungspflicht 211.
Beförderung 30.
Beendigung der — 38.
Vorbereitung der — 34, 38.
Beförderungsmittel, Unfälle beim Halten 35.
Beförderungsvertrag, Haftung aus — 104, 333.
Befolgung von dienstlichen Anweisungen 127.
Beginn der Verjährung 317.
Begleiter, Kosten für — 209.
Begräbniskasse, Ersatzanspruch der — 212.
Begrenzung
Ausgleichung bei — 103.
der Haftung 307.
der Rente nach Lebenszeit 227.
zeitliche — der Rente 252.
Begründung des Urteils 273.
Behandlung
in Heilanstalt 54.
durch Kurpfuscher 54.
Kosten ärztlicher — 203.
Bei
der Beförderung 30.
dem Betriebe (§ 1) 24, 30, 61, (§ 2) 163.

Beiträge zur Versicherung 259.
Beladen von Eisenbahnwagen, Unfall 42.
Belehrungen über Schutzvorrichtungen 183.
Benzinbehälter, Explosion 32.
Berechnung
des Erwerbsausfalls 245.
der mutmaßlichen Lebensdauer 228.
Bereicherung, Anspruch aus ungerechtfertigter — 287.
Bergpolizeiliche Aufsicht 157.
Bergrevierbeamte 177.
Bergtechnische Regeln, Gewinnung nach — 157.
Bergwerk 1.
Begriff 156.
Haftpflicht 154.
Bergwerksbahnen 18, 20, 158.
Bernsteingräbereien 159.
Berufsausbildung, Kosten 209, 226.
Berufsgenossenschaft, Entscheidungen 68, 75.
Berufskrankheit 50, 188.
Berufswechsel 249.
Beschäftigung
im Eisenbahnbetrieb 66, 77.
im Fabrikbetrieb 190.
Beschenkter, Unterhaltspflicht 214.
Besetzt gewesenes Gebiet 151.
Besserung des Gesundheitszustands, Umwandlungsklage 298.
Bestimmter Betriebsvorgang 46.
zeitliche Beziehung zum — 61.
Bestürzung 111, 121, 127.
Besucher einer Fabrik, Unfall 190.
Betätigungen der Betriebsmittel 37.
Betreten des Bahnkörpers 128.
Betrieb
auf Anschlußgleisen 88.
Beförderung 30.
Begriff (§ 1) 24, (§ 2) 163.
„bei dem Betriebe" 24, 30, 61, 163.
bestimmter —svorgang 46.
eigentümliche Gefährlichkeit 26, 38.
gemeinschaftlicher — 89.
innerer Zusammenhang 41.
Konkurrenzbetrieb 90.
mehrere Betriebe 91.
örtlicher Zusammenhang 40.
technischer — 163.
vorbereitende —shandlungen 38.
zeitlicher Zusammenhang 40, 60.
Betriebsaufseher 174.
Betriebsbeamte, Unfälle 65.
Betriebseinstellung, Unfall während — 166.
Betriebseröffnung 22.
Betriebsfähigerklärung der Bahnstrecke 22.
Betriebsführer 175.
Betriebsgefahr
und eigenes Verschulden 138.
erhöhte — 142.
Steigerung 102.
Betriebsgemeinschaft 89.
Betriebskraft
der Eisenbahn 18.
Einwirkungen der — 37.
Betriebsleiter 176.
Betriebsordnung 19.
Betriebsruhe 60.
Betriebsstörung 109, 148.
Betriebsunfall 47, 187.
im Sinne der RVersO. 66.
Betriebsunternehmer 84, 192.
auf Anschlußgleisen 88.
Begriff 84.
von durchgehenden Zügen 90.
bei gemeinschaftlichem Betrieb 89.
bei Konkurrenzbetrieb 90.
Mitleistung zu Kassen 259.
Betriebsverwaltung s. Fiskus.
Betriebsvorgang, bestimmter 46.
Betriebsvorrichtungen, Zustandhaltungspflicht 180.
Bevollmächtigter 171.
Bewegungen der Betriebsmittel 34.
Beweispflicht,
Änderung der maßgeblichen Verhältnisse 301, 306.
Ausschluß subjektiven Verschuldens 129.
Beeinträchtigung der Erwerbsfähigkeit 244, 254.
Berechnung der Lebensdauer 228.
Charakter als Aufsichtsperson 170.
Einwand eigenen Verschuldens 149.
Einwand höherer Gewalt 149.

Erwerbsausfall als Folge der Verletzung 237, 254.
Fehlen von Schutzvorrichtungen 182.
Haftung aus Vertrag 335.
Höhe der Heilungskosten 204, 205.
Körperschaden als Unfallfolge 59.
konkurrierendes Verschulden 150.
Umwandlungsklage 306.
Unfall als Betriebsfolge 63.
Verschulden von Angestellten 189.
Voraussetzungen der Anrechnung 264.
zukünftige Erwerbsverhältnisse 248, 251.
Zusammenhang zwischen Unfall und Betrieb 63.
Zuwiderhandlung gegen Unfallverhütungsvorschriften 189.
Zuwiderhandlung gegen Verbote 129.
Beweiswürdigung 272.
Bewußtloser, Überfahrung eines — 117.
Bewußtlosigkeit 124.
eines Passanten 117.
Bezifferung des Schadens 229, 255.
Bildungsgrad, Berücksichtigung des — 184.
Bindung der ordentlichen Gerichte 67, 75, 83.
Bleiweißvergiftung, Zuziehung einer — 188.
Blitzschlag 112.
Bluterguß infolge Kesselhitze 48, 50.
Bohren 156.
Brauerei 161.
Betriebsunfall in — 165.
Bremse, Versagen 109.
Brennerei 161.
Bruch,
Leisten— 53.
eines Reifens 109.
einer Runge 46.
Büroangestellte, Betriebsunfall 66.

C.

Charakter s. rechtliche Natur.
Compensatio lucri cum damno 223, 225, 264, 266.
Conditio sine qua non 51.

D.

Dampf der Lokomotive 34.
Dampfeisenbahnen 14.
Dampffähre 17.
Dampfkran 19.
Dampframme 18.
Dampfsägewerk, Betriebsunfall 164.
Danzig, Abkommen über den polnischen Korridor 86, 152.
Dauer der Ersatzpflicht 227, 251.
Deliktsfähigkeit 123.
Delirium tremens als Unfallsfolge 53.
Deutsche Reichsbahn-Gesellschaft 68.
Ansprüche gegen die — 79.
— als Versicherungsträger 65.
Deutsches Reich, Eisenbahnen innerhalb des — 151.
Deutsch-polnisches Abkommen 153.
Diäten, Erwerbsausfall 246.
Diagnose, irrige 56.
Dienst, Unfall im — 76.
Dienste, Ersatz für entgehende — 200, 240, 332, 335.
Diensteinkommen, Berechnung des — 246.
Verlust des — 82.
Dienstherr,
Ersatzansprüche des — 235.
des Verletzten 68, 78.
Dienstkleidungsgelder 246.
Dienstleistungen, faktische 173.
Dienstliche Anweisungen, Befolgung 127.
Dienstunfähigkeit,
Eintritt der — 82.
Unfallfürsorgeanspruch 76.
Dienstverrichtungen 110, 186.
in Ausführung der — 170, 185.
Dienstvertrag, Haftung aus — 334.
Dienstwohnung, freie 246.
Differenzanspruch des Geschädigten 74.
Direktoren der Aktiengesellschaft 173.
Disposition, krankhafte 52, 53, 59.
Drängen von Fahrgästen 41, 121.
Drahtseilbahn 15.
Drehscheibe 17.
Unfall an — 60.
Drittel der Gesamtleistung 260.
Drittelführer 176.

Dritter,
eigenes Verschulden 132.
Eingreifen in Betrieb durch — 110, 114, 121.
Haftung — 66, 68, 78.
Rettungshandlungen — 63.
im Sinne des § 840 Abs. 3 BGB. 98.
unterhaltsberechtigter — 213, 232.
Verschulden gegenüber — 184.
Duldung der Übertretung von Verboten 128, 143.
Durchgehen von Pferden 61, 117.
Durchgehende Züge 90.

E.

Effektiver Schaden, Ersatz 200, 235.
Ehefrau, Beeinträchtigung der Erwerbsfähigkeit 238.
Ehegatten,
gemeinsamer Unfall 135.
Unterhaltspflicht 214, 218.
Ehemann, Aktivlegitimation 241.
Eigene Rechnung, Benutzung für — 84.
Eigenes Verschulden 122, 135.
und Betriebsgefahren 138.
Beweispflicht 149.
von Dritten 132.
Bedeutung von „eigenes" 135.
von Eisenbahnbeamten 130.
von Fahrgästen 130, 133.
als höhere Gewalt 123.
Hilfspersonen 136.
von Passanten 133.
bezüglich Unfallsfolgen 53, 59.
Eigentümer
der Anlage 84.
des Geländes 88.
der Strecke 90.
Eigentümliche Gefährlichkeit (§ 1) 25, 28, (§ 2) 163.
Eile 43.
beim Bedienen von Eisenbahnanlagen 39.
beim Ein- und Aussteigen 36, 41.
Einbildung einer Erkrankung 52.
Einheitlicher Charakter der Rente 280.
Einrichtungen gegen Gefährdung 118.
Einsicht, erforderliche 124.
Einsteigen 36.
Verschulden beim — 130, 133.
Einstellung der Zwangsvollstreckung 307.
Einstweilige Verfügung 67, 307.
Ein- und Aussteigen 36, 126, 127, 130, 145.
Einwirkungen
von außen 109.
des Betriebes 127.
der Betriebskraft 37.
Eis s. Glatteis.
Eisenbahn,
Bau einer — 23, 85.
Begriff 14.
Betriebseröffnung 22.
Betriebsfähigerklärung 22.
Betriebskraft 18.
Betriebsordnung 19.
private — 19, 21.
— und Kraftfahrzeug 99, 117, 132, 145.
Schienen 16.
Teil einer Fabrik 163.
unterirdische — 17.
Unternehmen 14.
Verkehrsunternehmen 18.
—werkstätten 162.
Eisenbahnbau, Unternehmer 85.
Eisenbahnbedienstete,
eigenes Verschulden 126, 130.
Erkrankung 112.
Handlungen von — 110.
Maßstab für Verschulden 126.
Eisenbahndirektion, Mitglieder 331.
Eisenbahninspektion, Vorstand 331.
Eisenbahnregie, französisch-belgische 151.
Eisenbahnverkehrsordnung 334.
Eisenbahnwerkstätte,
Betrieb 169.
Fabrik? 162.
Eisenschienen 16.
Elektrische Bahnen 14, 18.
Elektrischer Schlag 109.
Elektrizität, Einwirkung der — 37.
Elektrizitätswerk
als Fabrik 161.
Kabel 168.
Elementares Ereignis 112, 119.
Eltern, Beaufsichtigung durch — 135, 137.

Endstation, Ein- und Aussteigen auf — 36.
Entgangener Gewinn, Ersatz für — 200, 235.
Entgehende Dienste, Ersatz für — 200, 240, 332, 335.
Entgleisung, verbrecherische Herbeiführung 122.
Entladen, Unfall beim — 40, 42.
Entlastungsbeweis nach § 831 194.
Entscheidungen der Versicherungsbehörden 67.
Entstellung, Vermögensschade infolge — 200.
Entwässerungsanlage 157.
Entziehung des Unterhaltsrechts 217.
Erben
des Verletzten, Erstattungsanspruch 205.
Unterhaltspflicht 214, 218.
Erblindung 242.
als Berufskrankheit 50.
Erbschaft, Anrechnung 223.
Erdarbeiten 159.
Erdbeben 112.
Erdienen der Pensionsberechtigung 82.
Erdöl, Gewinnung 159.
Ereignis, äußeres (höhere Gewalt) 109.
Ereignung im Verkehr 26.
Erfrieren von Gliedmaßen 49.
Erfüllungsgehilfen, Haftung für — 335.
Erhöhte Betriebsgefahr 142.
Erhöhung der Sicherheit 292.
Erholungsräume der Arbeiter 180.
Erholungsreisen, Kosten 204.
Erkrankung bei der Beförderung 32.
Ermordung in der Bahn 32.
Ernährung, Kranken— 209.
Eröffnung der Bahn 22.
Ersatzanspruch
der Betriebsverwaltungen 81.
der Kinder des Getöteten 225.
der Versicherungsträger 70.
der Witwe des Getöteten 221.
Ersatzberechtigter,
Beerdigungskosten 211.
Erwerbsausfall 235.
Heilungskosten 234.
Unterhaltsentziehung 232.
Ersatzkassen 259.
Erschütterungen durch die Eisenbahn 34, 46.
Erteilung der Vollmacht 172.
Erwerbsfähigkeit,
Beeinträchtigung der — 235.
Begriff 237.
Erwerbsgeschäft, ererbtes 224.
Erwerbsschaden 207.
Erwerbstätigkeit, Wegfall der — 222.
Erwerbsunfähigkeit 241.
Erzeugter 64, 190, 217.
Explosion,
Benzinbehälter 32.
Glasballon 32, 115.
Handgranaten 32, 115.
Lokomotivkessel 37.

F.

Fabrik,
Begriff 160.
Haftpflicht 154.
Fabrikeisenbahn 19.
Fabrikinspektoren 178.
Färbereien 161.
Fahrbahn, Betrieb auf der — 30, 38.
Fahrgäste,
Andrang 41, 121.
eigenes Verschulden 130, 133.
Ein- und Aussteigen 130.
Handlungen (höhere Gewalt) 114.
Hinausstürzen 122.
Fahrkarte 64.
Fahrlässigkeit 123, 179.
Grad der — 123.
Fahrstuhl, Kosten 209.
Faktische Dienstleistungen 173.
Fallen im Seitengang 35.
Feierlichkeiten, Kosten der Beisetzungs- — 210.
Feldbahn 21, 86.
Felsmassen, Herabsturz von — 112.
Felsstücke, Gleissperrung durch — 32.
Feststellungsklage,
Klageantrag 321.
wegen künftigen Schadens 95, 215, 240.
Unterbrechung der Verjährung durch — 321.
der Versicherungsträger 74.

Voraussetzungen 322.
Zwischenurteil 323.
Feuer (höhere Gewalt) 112.
Feuerbestattung, Kosten 211.
Fiskus,
Ansprüche gegen den — 79.
Übergang der Ansprüche auf den — 81.
Flachsschwingerei 160.
Fortbewegung von Eisenbahnwagen 30.
Fortkommen, Nachteile für — 200, 331.
Frachtgut, Haftung für — 48.
Französisch-belgische Eisenbahn-Regie 151.
Freie Beweiswürdigung 272.
Freie Stadt Danzig, Abkommen 86, 152.
Freies Ermessen 275.
Freigebigkeit
eines Dritten 243.
Unterhaltsgewährung aus — 226.
Freiheitsstrafe, Verbüßung 236, 299, 301.
Fristablauf, Anspruch auf Unfallrente 67.
Führerlose Pferde, Unfall durch — 117.
Für eigene Rechnung 84.
Fuhrwerke, Zusammenstoß 117.
Fundamente, Ausgraben 159.
Fundstätten von Mineralien 156.
Funkenflug 109.

G.

Gaswerk Fabrik? 161.
Gebrechliche Personen, eigenes Verschulden 134.
Gebrechlichkeit als Unfallursache 52.
Gebühren, tarifmäßige (Unternehmer) 88.
Gedränge auf Bahnsteigen 41.
Gefährdende Natur des Eisenbahnbetriebes 110.
Gefährdungshaftung 93.
Gefährlichkeit, eigentümliche 26.
Gefahr, Benutzung auf eigene 80.
Gehaltserhöhung, zukünftige 249.
Gehilfen des Verletzten 137.
Gehirnerschütterung als Unfallfolge 52.
Geistesgestörtheit 124.
Geistige Erkrankung
von Eisenbahnangestellten 112.
des Lokomotivführers 48.
Geistige Verwirrung 111, 112.
Geldrente 280.
Geldwert, Änderung des — 299.
Gelehrte,
Berechnung des Erwerbsausfalls 247.
Erwerbsfähigkeit 244.
Gemeinschaftlicher Betrieb 89.
Generalbevollmächtigte 173.
Gepäckkarren, Sturz über — 43.
Gepäckstücke,
gefährliche — 115.
Herabfallen 32, 115.
Gerätschaften, Instandhaltungspflicht 180.
Geräusch der Eisenbahn 34, 61.
Gerichte,
Bindung 67, 75, 83.
örtliche Zuständigkeit 94, 193.
Gesamtleistung an die Versicherungsanstalt 260.
Gesamtschuldner, Ausgleichung 97.
Geschäftsführender Gesellschafter 172.
Geschäftsführung ohne Auftrag 206, 287.
Geschäftsherr, Haftung für Angestellte 194.
Geschiedene Ehe, Ersatzanspruch bei — 222.
Geschwindigkeit der Eisenbahn 92.
Gesellschaft m. b. H. als Eisenbahnunternehmer 270.
Gesetzliche Pension s. Pension.
Gesetzlicher Vertreter
als Aufsichtsperson 173.
des Verletzten 136.
Gesteigerte Betriebsgefahren 142.
Gesundheitsschädigung 50.
Geteilter Betrieb 90.
Getreidemühlen 161.
Getrenntleben der Ehegatten, Ersatzanspruch 222.
Gewerbekrankheit 50, 188.
Gewerbeunfallversicherung 64.
Gewerbliche Anlagen 154.
Gewerbliche Betriebe 160.
Gewerbsmäßigkeit des Betriebes 162.

Gewinnung
von Erdarten 159.
von Mineralien 156, 159.
von Steinen 158.
Gewöhnung an Gefahren 126, 184.
Glasballon, Explosion 32.
Glatteis
im Bahnhofstunnel 46.
auf Bahnsteig 45, 61.
auf Trittbrettern 36, 121.
Gleisbahn 16.
Gleise, Überschreiten der — 102, 144.
Gleissperrung durch Felsstücke 32, 112.
Gliedmaßen,
Beschädigung künstlicher — 48, 202.
Kosten für künstliche — 202, 209.
Glücksspiel, Erwerb durch — 237.
Grabdenkmal, Kosten 210.
Grabstätte, Kosten 210.
Gräberei (Grube)
Begriff 159.
Haftpflicht 154.
Gratifikationen, Erwerbsausfall 246.
Grenzstrecken, Konkurrenzbetrieb auf — 90.
Grobes Verschulden
des Arztes 57.
des Verletzten 134, 145.
Großbetrieb 161.
Großstädtischer Verkehr 117.
Grottenbahn 15.
Grubenbahnen 20, 158.
Grubenvorstand, Mitglieder des — 173.
Grundurteil 74.
Feststellungsklage 323.
Kapitalabfindung 285.
nachträgliche Änderung der Verhältnisse 302.
zeitliche Begrenzung 228, 254.
Güter, Schaden 48.
Gütergemeinschaft 222, 241.
Güterrecht, eheliches 221, 238.

H.

Häuer 175.
Häufige Ereignisse 116.
Haftungsgrenze 307.
Hagelschlag 120.
Halden eines Bergwerks 157.
Halten, Unfälle während des — 35.
Haltezeichen, Geben von — 114.
Hammerführer 177.
Handgranaten, Explosion 32, 115.
Handlungen
Dritter 114, 121.
von Eisenbahnbediensteten 110.
von Fahrgästen 114.
von Passanten 122.
Handlungsgehilfe, Betriebsunfall 191.
Handwerk 160.
Handwerker,
Berechnung des Erwerbsausfalls 246.
Erwerbsfähigkeit 244.
Hauptbahnen, Wegübergänge 102.
Hausdiener, Betriebsunfall 66, 191.
Hausindustrie 161.
Hauskind, Beeinträchtigung der Erwerbsfähigkeit 241.
Haustiere, Haftung des Halters 99.
Heftiger Ruck 32.
Heilanstalt,
Behandlung in — 54.
Behandlungskosten 202.
Heilungskosten 202, 234.
Angemessenheit 203.
Notwendigkeit 203.
Heilverfahren, Unterlassung 54.
Heiratsaussichten, Beeinträchtigung 200, 331.
Heizer 177.
Heizung, ungenügende 32, 333.
Hemmung der Verjährung 319.
Herabfallen
von Gebäudeteilen 34.
von Gepäckstücken 32, 115.
von Leitungsdrähten 37, 118.
Herausstürzen
aus der Bahn 31.
während des Haltens 35.
Hessen, preußisch-hessische Eisenbahngemeinschaft 89.
Hilfeleistung des Publikums 56.
Hilfskassen, eingeschriebene 259.
Hilfspersonen des Verletzten (Verschulden) 137.
Hinausbeugen 35.
Hinauswerfen
von Fahrgästen 35, 122.
von Gegenständen 31, 111.

Hindernis
auf Bahnsteig 45.
Hineinwerfen eines — in die Fahrbahn 108, 114.
Hineinlaufen von Kindern 117.
Hinterbliebene von Beamten,
Anrechnung von Pensionen 266.
Fürsorgeanspruch 76.
Hochwasser 120.
Höchstbetrag der Rente 307.
Höhe
der Entschädigung 201, 221.
der Leistungen des Unternehmers 260.
Höhere Gewalt 106.
äußeres Ereignis 109.
Begriff 107.
Beweispflicht 149.
Unabwendbarkeit 118.
Holzabfuhrbahnen 21.
Holzschneidemühlen 161.
Hütte, Schienengleise 168.

J.

Ideeller Schaden, Ersatz 51, 201, 332, 336.
Inbetriebnahme der Anlage 166.
In-Bewegung-Geraten von Eisenbahnwagen 29.
Individualität
des Ereignisses 119.
des Jugendlichen 124.
des Verunglückten 125.
Inhalt der Haftpflicht 94, 194, 216, 236.
Innenverhältnis, Gesamtschuldnerhaftung 97.
Innere Zufälle 109.
Innerer Zusammenhang 41, 61.
Instandsetzung der Anlage 166.
Interesse an alsbaldiger Feststellung 322.
Internationale Schlafwagengesellschaft
Unfall eines Angestellten 68, 87.
Unternehmer 86, 89.
Internationales Übereinkommen über den Eisenbahn-Personen- u. Gepäckverkehr 153.
Irrige Diagnose 56.
Irrtum 127.
Jugendliches Alter 124.
Juristische Personen, Haftung aus unerlaubter Handlung 330.

K.

Kabel als Teil des Betriebes 168.
Käsereien 161.
Kapitalabfindung 207, 276.
bei Begrenzung der Haftung 310.
bei wichtigem Grund 284.
Pfändbarkeit 288.
Umwandlungsklage 306.
Kasse, Versicherung 258.
Kaufkraft, Verschlechterung 300.
Kaufleute,
Berechnung des Erwerbsausfalls 247.
Erwerbsfähigkeit 244.
Kaufmännische Dienstverrichtungen 171.
Kausalzusammenhang (Grundsätzliches) 51.
zwischen Gesundheits- und Vermögensschaden 96.
zwischen Unfall und Betrieb 44, 62.
zwischen Unfall und höherer Gewalt 147.
zwischen Unfall und eigenem Verschulden 147, 197.
zwischen Unfall und Körperschaden 51.
zwischen Unfall und Verschulden der Aufsichtsperson 188.
zwischen Tötung und Unterhaltsentziehung 219.
zwischen veränderten Verhältnissen und Verletzung 300.
zwischen Verletzung und Erwerbsbeeinträchtigung 236.
Unterbrechung 57, 148.
Kesselhitze, Erkrankung durch — 48, 50.
Kesselwärter 176.
Kiesgruben 159.
Kind,
Aufspringen 144.
Berechnung des Erwerbsausfalls 257.
Ersatzanspruch des — 225.
Fortbewegen von Wagen 35.
Hineinlaufen in die Gleise 117.

Verschulden 124.
zukünftige Unterhaltspflicht 215.
Kippwagen 15.
Klageänderung 337.
Klageantrag der Umwandlungsklage 305.
Klagebegründung 337.
Kleinbahnen 14, 23.
Kleinbahngesetz 21.
Knappschaftskasse 258.
Knochenbruch 53.
Körperliche Anlage 52, 53, 59.
Körperverletzung
als Unfallfolge 50.
Schadenersatz für — 201, 233.
Koffer, Sturz über einen — 35.
Kofferträger, Betriebsunfall 66.
Kohlenabfuhrwege, Anlegung 157.
Kohlenkörbe,
Aufstellen von — 45.
Bedienung der — 39.
Kohlenstaub, Schädigung durch — 30, 109.
Kombinierter Betrieb 86.
Kommunalbeamte, Unfallpension 77, 78.
Kommunalverband, Ansprüche gegen — 77.
Konkurrenzbetrieb 90.
auf Anschlußgleisen 89.
Konkurrierendes Verschulden s. eigenes Verschulden.
Konkursmasse,
Zugehörigkeit des Ersatzanspruchs zur — 232, 234, 289.
Konstruktionsfehler, Haftung für — 109.
Kontrolle des Betriebes 85.
Konzession zum Eisenbahnbetrieb 19, 87.
Kooperative Kassen 256.
Kosten
der Beerdigung 210.
der Feuerbestattung 211.
der Heilung, Ersatz 203, 234.
Kraftfahrzeug und Eisenbahn 99, 117, 132, 145.
Kraftfahrzeuggesetz, Haftung 337.
Kraft Gesetzes
zum Schadenersatz Verpflichtete 100.
zum Unterhalt Verpflichtete 213.
Kraftwagen 16.
Kran,
Reißen einer —kette 45.
als Teil des Betriebes (§ 2) 168.
Krankenbehandlung, Anspruch der Versicherungsträger aus — 72.
Krankenhaus s. Heilanstalt.
Krankenkasse 258.
Krankhafte Anlage 52, 53, 59.
Krankheit
bei Unfallseintritt vorhanden 53.
Vermögensschade infolge — 201.
Kriegsteilnehmer, Pfändbarkeit von Haftpflichtansprüchen 289.
Künstler, Erwerbsausfall 247.
Künstliche Gliedmaßen,
Beschädigung 48, 202.
Kosten für — 202, 209.
Kunst, Ausbildungskosten 226.
Kunstfehler,
des Arztes 56.
Behandlungskosten 204.
Kurkosten, Ersatz 205.
Kurpfuscher,
Behandlung durch — 54.
Behandlungskosten 203.
Kurve, Durchfahren 143.

L.

Länder, Ansprüche gegen — 79.
Läutewerk, Beachten des — 132.
Landesgesetze,
Aufrechterhaltung der — 327.
betr. Unfallfürsorge 77.
Landesherrliche Genehmigung (Eisenbahnen) 19.
Landwirtschaftliche Betriebe 160.
Laufbursche, Betriebsunfall 191.
Lebenserfahrung, Berücksichtigung 276, 294.
Lebenszeit,
mutmaßliche — 229.
Rente auf — 228, 252.
Legalobligation 92.
Legitimation der Versicherungsträger 74.
Lehmgruben 159.
Leibrentenvertrag, Unterhaltsberechtigter 213.
Leichenmahl, Kosten 210.

Leistenbruch, Anlage 53.
Leistungen, anzurechnende — der Kassen 262.
Leistungsfähigkeit des Getöteten 215, 226.
Leistungsklage 216, 251, 322.
Leistungspflicht nach der RVersO. 71.
Leitende Tätigkeit 170.
Leiter, Sturz über — 45.
Leitung des Betriebes 85, 173.
Leitungsdrähte,
Schwingungen 34.
Herabfallen 37, 118.
Liberalität
eines Dritten (Erwerbsverlust) 243.
Unterhaltsgewährung aus — 214, 221.
Löschgrube, Sturz in — 39.
Lohnarbeiter, Haftung für — 170.
Lohnpfändung, Verordnung 288.
Lokomobile 16.
Lokomotive,
Geräusch 34, 61.
Kohlenstaub 30, 109.
Lokomotiveisenbahn 14.
Lokomotivführer,
Gedankenablenkung 113.
plötzliche Erkrankung 48.
Luftkuren, Kosten 202.
Luxuszüge s. Schlafwagengesellschaft.

M.

Mängel der Betriebsmittel 109.
Magnetismus, Behandlung durch tierischen — 203.
Maschinen,
Ausprobieren 167.
Bedienung 175.
Instandhaltung 180, 181.
Transport 168.
Maschinenhaus, Hinein- und Herausfahren 34.
Maschinenmeister 176.
Maschinisten 177.
Massenandrang 131.
Maßgebliche Verhältnisse 296.
Änderung 297.
Maßstab für Sorgfalt 123.
Material der Schienen 16.
Materialfehler, Haftung für — 109.
Mechanische Betriebskräfte der Eisenbahnen 18.
Medikamente, Kosten 209.
Medizinische Auffassung, Änderung 298.
Mehrere Betriebe, Unfall 91.
Mensch 64, 190.
Menschliche Muskeltätigkeit (Betriebskraft) 18.
Mergelgruben 159.
Merkpfahl auf Anschlußgleisen 88.
Militärverwaltung, Überlassung der Bahn an — 86.
Minderung
der Erwerbsfähigkeit 207, 241.
der Sicherheitsleistung 293.
Mineralien, Gewinnung 156.
Mineralwasser, Gewinnung 157.
Mißhandlung, Unfall infolge — 166.
Mitglieder der Reichsbahndirektionen 331.
Mitleistung des Betriebsunternehmers 259.
Mitreisende,
schuldhaftes Verhalten 31, 36.
verbrecherische Angriffe 115.
Mittelbare Verursachung 52, 62, 148.
Mitwirkendes s. eigenes Verschulden.
Möglichkeit
der Entstehung eines Schadens 95.
des ursächlichen Zusammenhangs 62, 64, 148, 189.
Molkereien 161.
Monopol der Eisenbahnen 28.
Monteur 176.
Montierung eines Apparates 168.
Mord während der Fahrt 32.
Mühlen (Fabriken) 161.
Mutmaßliche Lebensdauer 209.

N.

Nachlaß des Getöteten, Anrechnung 224.
Nachträglicher Anspruch auf Sicherheitsleistung 292.
Nachverfahren über Höhe des Anspruchs 228.
Narkose, Tod in — 56.
Nasciturus 64, 190, 217.
Natur s. rechtliche — der Haftpflicht.

Naturalien
als Gehaltsleistungen 246.
als Schadenersatz 280.
Naturereignis und Betriebsgefahr 119.
Nebel 121.
Nebenbahnen 14.
Wegübergänge 102.
Nebenbeschäftigung, Einnahmen aus erlaubter — 246.
Negative Feststellungsklage 329.
Nervenerkrankung als Unfallfolge 52, 58.
Nervöse Veranlagung 52.
Neue Haftpflichtklage, Voraussetzungen 294.
Neurose, traumatische 57.
Nießbrauchbestellung
am Ersatzanspruch des Unterhaltsberechtigten 232.
am Ersatzanspruch des Verletzten 234.
Notwendige Folge 62.
Notwendigkeit der Heilungskosten 203.

O.

Oberflächlich gelagerte Fossilien 157, 159.
Oberschlesisches Abstimmungsgebiet, Eisenbahnverkehr 153.
Oberstes Landesgericht, bayerisches 339.
Objektiver Maßstab für Sorgfalt des Verletzten 54.
Öffentlicher Verkehr der Bahn 19.
Öffentlich-rechtlicher Versicherungsanspruch 70.
Öffnen
von Wagentüren 32, 35, 114.
eigenes Verschulden beim — 131, 141.
Ölmühlen 161.
Örtliche Grenzen der Anlage 167.
Örtliche Lage der Schienen 17.
Örtliche Zuständigkeit 94, 193.
für die Umwandlungsklage 305.
Örtlicher Zusammenhang,
Betriebshandlungen 40.
zwischen Unfall und Betrieb 61.
Örtliches Geltungsgebiet des HaftpflG. 151.
Ohnmachtsanfall 113, 121.
Operation, Pflicht zur Duldung 55.
Ordentliches Gericht, Bindung 67, 75, 83.
Orkanartiger Sturm 112.
Ortszulagen 246.
Ostpreußen, Durchgangsverkehr nach — 86, 152.

P.

Pächter der Eisenbahnanlage 85.
Passagiere s. Fahrgäste.
Passanten,
Handlungen 122.
Schuldhaftes Verhalten 133.
Pension,
Anrechnung der — 80, 226.
Anspruch auf Unfall— 76.
Witwen— 225.
Pensionskassen 258.
Personenbeförderungsvertrag, Haftung 333.
Petroleum, Gewinnung 157.
Pfändbarkeit des Anspruchs
auf Änderung des Rentenurteils (Umwandlungsklage) 304.
auf Erstattung der Beerdigungskosten 212.
auf Erstattung der Heilungskosten 234.
wegen Unterhaltsentziehung 232.
des Verletzten auf Rente 288.
Pferde,
Durchgehen von — 61, 117.
eigenes Verschulden (Reiter, Fuhrmann) 132.
Scheuen von — 33, 61, 62.
Pferdebahn 15, 18.
Pferdegelder, Teil des Diensteinkommens 246.
Pflege, Kosten für vermehrte — 209.
Pflegepersonal, Kosten für — 202.
Plattform, Aufenthalt auf — 128, 132, 133, 144.
Plötzliche Einwirkung, Unfall 49.
Plötzliche Erkrankung, Sturz infolge — 31.
Polen, Abkommen über den polnischen Korridor 86, 152.
Positive Vertragsverletzung, Haftung wegen — 333.
Post s. Reichspost.

Postbeamter, Unfall 79, 82, 91.
Postdienst, Eisenbahn- — 91.
Postverwaltung und Eisenbahnunternehmer 82, 91.
Prämien, Leistung von — 259.
Preußisches Eisenbahngesetz v. 1838,
Betriebsunternehmer 84.
Haftung 29.
Konkurrenzbetrieb 90.
Sachbeschädigung 48.
unabwendbarer äußerer Zufall 108, 110, 121.
Preußisch-hessische Eisenbahngemeinschaft 89.
Privatanschlußbahn 19, 21.
Privatbahnberufsgenossenschaft 65.
Private Eisenbahnen 19, 21.
Unfälle von Beamten 78.
Privater Vergleich, Änderung 295.
Privatunterricht, Kosten 209.
Privatversicherung 225.
Prokuristen, Haftung für — 173.
Provisorische Eisenbahngleise 15.
Prozeßführung,
Gesundheitsschaden durch — 58.
der Eheleute 241.
Prozeßneurose 57.
Psychische Eindrücke 51, 61.

Q.

Quasideliktische Obligation (§ 2) 193.

R.

Radfahrer, Unfall 144, 148.
Radreifen, Bruch 109.
Räumlicher Zusammenhang, Betriebsveranstaltungen (§ 2) 168.
Rangieren von Eisenbahnwagen 34.
Ratlosigkeit 111, 112.
Rechnung, Benutzung für eigene — 84, 192.
Rechtliche Natur
des Anspruchs des Unterhaltsberechtigten 219.
der Haftung nach § 1 92.
der Haftung nach § 2 193.
der Umwandlungsklage 302.
Rechtskraft, materielle 289, 292, 294.
Regen, wolkenbruchartiger 120.
Reglements, Haftungsbeschränkung durch — 270.
Reich, Ansprüche gegen das — 79.
Reichsbahnbeamte, Unfälle 77.
Reichsbahnen s. Deutsche Reichsbahn-Gesellschaft.
Reichsbahngesetz 79.
Reichsbahn-Personalgesetz 77.
Reichsgericht, Zuständigkeit 338.
Reichsgesetzliche Bestimmungen, aufrechterhaltene 324.
Reichshaftungsgesetz 81.
Reichsindexziffer 312.
Reichspost
— und Eisenbahn 82, 91.
— und Straßenbahn 81.
Unfälle von Beamten 78, 79, 91.
Reichsunfallfürsorgegesetze und HaftpflG. 76.
Reichsversicherungsordnung und HaftpflG. 65, 190.
Reichsversorgungsgesetz 84.
Reinigen
von Eisenbahnwagen 40.
von Lampen 39.
von Lokomotiven 45.
Reisediäten Teil des Diensteinkommens? 246.
Reisegefährte, Unfall eines — 63.
Reisegepäck 48.
Reisen, Kosten 204.
Relative Theorie (höhere Gewalt) 107.
Rente,
Ersatz in Form einer — 280.
Heilungskosten in Form einer — 279.
Höchstbetrag 307.
Rentenhysterie 57.
Rentenrückstände, Verjährung 319.
Rentner, Erwerbsbeeinträchtigung 238.
Reparatur
—arbeiten 166.
Rangieren zwecks — 34.
eines Wagens 34.
Repräsentant 172.
Rettung von Menschenleben 129.
Rettungshandlungen Dritter 63.
Reverse über Haftausschließung 270.
Revisionsgericht,
Abwägung beiderseitigen Verschuldens 141.

Abwägung der Ursachen 97.
Ermessen über Sicherheitsleistung 283.
Prüfung eigenen Verschuldens 123.
Ruck, heftiger 32.
Rückgriff
der Betriebsverwaltungen 81.
der Versicherungsträger 70.
Rüttelnde Bewegung der Bahn 32.
Ruhegehalt, Anrechnung 80, 266.
Runge, Bruch 47.

S.

Sachschaden 48, 202, 328.
Sanatorium, Kosten 204.
Sandgruben 159.
Schaden,
Anrechnung der Pension auf — 80.
zu ersetzender — 94, 194, 236.
Schadenersatzpflicht,
Dauer 227, 251.
Umfang 198, 233.
Schärfen von Werkzeugen 166.
Schätzung des Schadens 276.
Scheidung der Ehe, Ersatzanspruch 222.
Scheuen von Pferden 33, 61, 62, 111.
Schiebebühnen 17.
Schiedsspruch,
nachträglicher Anspruch auf Sicherheitsleistung 291.
Zulässigkeit der Umwandlungsklage 295.
Schienen,
Auswechseln von — 45.
Begriffsmerkmal (Eisenbahn) 16.
Bruch 109.
Glätte 121.
Material 16.
Sturz über — 60, 61.
Schienenbahn 16.
Schlägerei im Eisenbahnabteil 121.
Schlaftrunkenheit 113.
Schlafwagengesellschaft 68, 86, 89.
Schleudern der Lokomotive 109.
Schließen
von Fenstern 114.
von Übergangsschranken 41, 42.
von Wagentüren 32, 35, 115, 131, 147.
Schmalspurbahn 15.
Schmerzensgeld 51, 201, 332, 336.
Anspruch der Ehefrau 240.
Schneegestöber 120.
Schneesturm 112, 120.
Schneidemühlen 161.
Schranke s. Übergangsschranke.
Schrankenlose Bahnübergänge 101, 117, 143.
Schreck 52, 63.
Schürfen 156.
Schuldausschließungsgründe 127.
Schuldhaftes Verhalten von Angestellten 169.
Schuldvermutung 28, 92, 178.
Schuppen,
Betriebshandlungen in — 40.
Hinein- und Herausfahren 34.
Schutzbrillen 181.
Schutzgebiete, Unfälle in ehemaligen — 151.
Schutzvorrichtungen 181.
Schwebebahn 17.
Schwerhörige, eigenes Verschulden 134.
Schwerkraft, Fortbewegung durch eigene — 18, 37.
Schwiegersohn, Unterhaltspflicht 229.
Schwindelanfälle 113.
als Unfallfolge 52.
Schwingungen von Leitungsdrähten 34.
Seelischer Eindruck 51, 61.
Seitengang, Sturz im — 35, 131.
Selbständige Berufe, Einkommen aus — 247.
Selbständigkeit der Aufsichtspersonen 174.
Selbstmord als Unfallfolge 52.
Selbstverletzung 49.
Selbstverschuldeter Irrtum 127.
Sicherheitsleistung,
Art 282.
Bedürfnis 282.
Erhöhung 292.
Höhe 282.
Minderung 293.
nachträgliche Geltendmachung 289.
Umtausch 293.
Umwandlungsklage 305.

Verjährung des Anspruchs auf — 292, 315.
Sicherung gegen Gefahren 118, 180.
Sicherungsmaßregeln, Beobachtung polizeilicher — 183.
Signalapparate, Bedienung der — 39.
Sittliche Beweggründe 129.
Soldaten, Anspruch auf Unfallpension 76, 191.
Sorgfalt
des Betriebsunternehmers 118.
Maßstab für — 119, 178.
Sortieren der Steine 158.
Sozialleistungen, Abzug 72.
Sozialversicherungsträger s. Versicherungsträger.
Speisewagen-Gesellschaft 86.
Spezialvollmacht 172.
Spielende Kinder,
Fortbewegen von Wagen 35.
Hineinlaufen 117, 122.
Sprengung, Betriebsunfall durch — 32.
Staatliche Aufsicht, Erfordernis 157, 158, 159.
Staatsbeamte, Unfallpension 77, 78.
Städtische Werke 162.
Stärkefabriken 161.
Stationsarbeiter, Haftung für — 335.
Statutarische Pension s. Pension.
Statutarische Unfallfürsorge 77.
Steiger 175.
Steigerung
der Betriebsgefahren 142.
des Verdienstes 248.
Steinbruch,
Begriff 158.
Haftpflicht 154.
Sterbegeld 76.
Sterbekasse, Ersatzanspruch der — 212.
Stillschweigender Auftrag zur Aufsichtstätigkeit 172, 178.
Strafurteil über Unfallherbeiführung 65.
Straßenbahn,
eigenes Verschulden im —verkehr 133.
— und Kraftwagen 101.
— und Post 81, 83.
Straßenlokomobile 16.
Straßenschranke s. Übergangsschranke.
Straßen- und Kleinbahnberufsgenossenschaft 65.
Strecke, Eröffnung 22.
Streit von Reisenden 116.
Streitwert der Rente 280.
Strom, Einwirkung durch elektrischen — 37.
Strontianitgruben 159.
Sturm 112, 120.
Sturz
aus der Bahn 31.
auf dem Bahnsteig 43.
über Schienen 60, 61.
im Seitengang des Zuges 35, 131.
Subjekt der Haftpflicht 84, 192.
Subsidiäre Unterhaltspflicht 215, 218.

T.

Tandemfahrer, eigenes Verschulden 135.
Tantiemen als Teil des Diensteinkommens 246.
Tarifmäßige Gebühren (Betriebsunternehmer) 88.
Technische Aufseher 173, 175.
Technische Einrichtungen 166.
Technische Handlungen 166.
Technische Regeln, Gewinnung nach — 157, 158.
Technischer Betrieb 163.
Teilklage 320.
Telegraphenleitung, Herabfallen von Drähten der — 37, 118.
Teuerungszahl 312.
Teuerungszulagen Teil des Diensteinkommens 246.
Tiefbohrungen 159.
Tiere, Scheuen 111.
Tierhalter,
Haftung 93.
— und Eisenbahnunternehmer 98.
Tierischer Magnetismus, Behandlung durch — 203.
Tochter,
Ersatzanspruch der — 230.
Tötung der unterhaltspflichtigen — 229.

Tödliche Verletzung 50.
Tötung in der Bahn 32.
Tongruben 159.
Torfgruben 159.
Trajektanstalten 17.
Transport,
Ausführung des — 30.
der Leiche, Kosten 210.
Transporte, einzelne 86.
Transportieren
von Gegenständen 167.
einer Maschine 168.
Trauer
—anzeigen 210.
—kleidung 210.
Traumatische Neurose 57.
Traumvorstellungen 111.
Trinkgelder, Erwerb aus — 237, 246.
Trinkwasser, Gewinnung von — 157.
Trittbretter,
Benutzung hoher, steiler — 36.
Glatteis auf — 36, 121.
Trunkenheit 124.
von Fahrgästen 116.
des Verletzten 146.
Tunnel,
Bau 157, 158.
Einsturz 112.

U.

Überfahren 31, 62.
Überfüllung
von Eisenbahnabteilen 111.
von Zügen 143.
Übergänge, schrankenlose 101, 117.
Übergang von Ansprüchen
auf Betriebsverwaltung 79.
auf Versicherungsträger 70.
Übergangsschranke,
Anstoßen an — 60.
Fehlen einer — 92.
Schließen der — 39, 42.
Überschreiten von Gleisen
durch Eisenbahnbeamte 130.
durch Passanten 132, 134, 144, 146.
durch Reisende 132.
Überschwemmung 112.
Übertragung des Anspruchs
auf Änderung des Rentenurteils (Umwandlungsklage) 304.
auf Erstattung der Beerdigungskosten 212.
auf Erstattung der Heilungskosten 234.
wegen Erwerbsausfalls 236.
wegen Unterhaltsentziehung 232.
des Verletzten auf Rente 289.
Übertretung bahnpolizeilicher Vorschriften 123, 128.
Umfang
der Schadenersatzpflicht 198, 221.
der Versicherung 65.
der Vollmacht 172.
Umsteigen, Unfall beim — 43.
Umwandlungsklage 293.
Klageantrag 305.
Natur 303.
Verjährung 303.
Voraussetzungen 294.
Zuständigkeit 305.
Unabwendbarer äußerer Zufall 106, 108.
Unabwendbarkeit 118.
Unberufene, Verschieben von Wagen durch — 35, 43.
Uneheliche Kinder 218.
Unerlaubte Handlung 93, 200.
Haftung aus — 330.
Zusammentreffen mit Haftung aus — 97, 195, 336.
Unerlaubter Erwerb 237.
Unfall, Begriff 46, 187.
Unfallfürsorge,
öffentlich-rechtliche — 64, 190.
private — 259.
Unfallneurose 57.
Unfallpension 81.
Ungerechtfertigte Bereicherung, Anspruch aus — 287.
Ungewißheit über Unfallursache 149.
Ungewöhnliches Ereignis 116.
Universitätsstudium, Kosten 226.
Unterbrechung
des Kausalzusammenhangs 56, 148.
der Verjährung 320.
Untergrundbahnen 17.
Unterhalt, Schmälerung des — 239.
Unterhaltsanspruch neben Haftpflichtanspruch 226, 285.

Unterhaltsberechtigte,
Ersatzanspruch 213, 232.
vermöge Vertrages 213.
Unterhaltspflicht
des Getöteten 214.
des Mannes 221.
Unterhaltsrecht, Entziehung 217.
Unterirdische
Bergwerksbahnen 158.
Eisenbahnen 18.
Lagerung von Mineralien 157.
Unterlassen der Heilbehandlung 54.
Unternehmen, Eisenbahn als — 14.
Unternehmer 84, 192.
Haftung 84.
des Versicherten 66.
s. auch Betriebsunternehmer.
Unterpflasterbahnen 17.
Unterricht, Kosten 209.
Unterstützungen, Erwerb aus — 237.
Unterstützungskasse 258.
Unübersichtlichkeit des Bahngeländes 102, 143.
Unvernünftiges Handeln des Verletzten 56.
Unzurechnungsfähigkeit 124.
Ursachenabwägung 97.
Ursächlicher Zusammenhang s. Kausalzusammenhang.
Urteile,
Änderung 305.
Vollstreckbarerklärung 287.

V.

Vakuumbremse, Versagen 109.
Vater,
Ersatzansprüche 235.
Unterhaltspflicht 214.
Veloziped 16.
Veränderung der maßgebenden Verhältnisse 296.
Veranlagung, krankhafte 53, 111.
Veranstaltungen gegen Gefährdung 118.
Verantwortlichkeit 123.
Verbindungsgleise industrieller Unternehmungen 88.
Verbot der Haftungsbeschränkung 267.
Verbrecherische
Angriffe 115.
Eingriffe 114, 122.
Verfassungsmäßig berufene Vertreter 193, 330.
Verfügung über den Betrieb 85, 192.
Vergleich,
nachträglicher Anspruch auf Sicherheitsleistung 290.
zwischen Unternehmer und Verletzten 73, 212, 232.
Zulässigkeit der Umwandlungsklage 295.
Verhaltungsmaßregeln für Arbeiter 183.
Verhandlung (mündliche), Umwandlungsklage 306.
Verhandlungsinhalt, Berücksichtigung des — 273.
Verheiratung der ersatzberechtigten Frau (Umwandlungsklage) 299, 300.
Verjährung
des Anspruchs auf Kapitalabfindung 315.
des Anspruchs auf Sicherheitsleistung 292, 315.
des Anspruchs des Versicherungsträgers 74.
des Ausgleichsanspruchs 316.
Beginn der Verjährung 317.
Dauer der —frist 317.
des Deliktsanspruchs 316, 332.
der Haftpflichtansprüche 315.
Hemmung der — 319.
des Rechts auf Abänderung des Urteils 303, 315.
Umfang der — 316.
Unterbrechung der — 320.
des Vertragsanspruchs 316, 336.
Verkehr,
öffentlicher — 19.
starker — 44.
Verkehrssicherheit des Zu- und Ausgangs 333.
Verkehrsunternehmen, Eisenbahn als — 18.
Verletzter 64, 190.
eigenes Verschulden 122.
Verletzung 50.
Verlust des Diensteinkommens 82.
Vermächtnis, Anrechnung 226.
Vermehrung der Bedürfnisse 202, 208, 255.

Vermögensnachteil 95, 237.
Verpfändung
des Ersatzanspruchs des Unterhaltsberechtigten 232.
des Ersatzanspruchs des Verletzten 234, 289.
Versagen der Bremse 109.
Verschieben
von Eisenbahnwagen 34.
durch Unberufene 35.
Verschlechterung
des Gesundheitszustandes des Verletzten 298.
der Vermögensverhältnisse des Verpflichteten 291.
Verschüttung der Gleise 112.
Verschulden,
von Aufsichtspersonen 169, 178.
Bedeutung 122.
und Betriebsgefahr 101.
des Betriebsunternehmers 138.
bei Rettungshandlungen 63.
des Verletzten s. eigenes Verschulden.
Versicherte
im Eisenbahnbetrieb 66.
gegen Unfall 65.
Versicherung gegen Unfälle 255, 257.
Versicherungsanstalt 258.
Versicherungsbehörden, Verhältnis zu Gerichten 66.
Versicherungsinstanzen, Entscheidungen 67.
Versicherungsträger,
Deutsche Reichsbahn-Gesellschaft als — 65.
Entscheidungen der — 68.
Ersatzanspruch der — 70.
Feststellungsklage der — 74.
Haftung des Unternehmers 66.
Verjährung der Ansprüche 74.
Versicherungsvertrag,
Anrechnung der Versicherungssumme 225, 264.
neben Haftpflicht 105.
Verspätung, Schaden durch — 48.
Versuchte Heilung, Kosten 202.
Vertragliche Beschränkung der Haftung 267.
Vertragsfreiheit, Einschränkung 267.
Vertragshaftung 333.
und Gefährdungshaftung 104.
und Haftung aus unerlaubter Handlung 336.
Vertragsmäßig Unterhaltsberechtigte 213.
Vertreter
des Unternehmers 172.
des Verletzten 136.
Verunglückungsbetrieb 78.
Verursachung s. Kausalzusammenhang.
Beteiligung an — 97.
vorwiegende — 139.
Verwandte, Unterhaltspflicht 214.
Verwertung
der Arbeitskraft 241, 242.
gewonnener Mineralien 156.
Verwirrung, geistige 111, 112.
Verzicht
des Verletzten auf den Ersatzanspruch 212, 232.
auf den Versicherungsanspruch 74.
Vierteljährliche Vorauszahlung der Rente 281.
Vis maior 107.
Vollmacht 172.
Vollrente 70.
Vollstreckbarerklärung von Rentenurteilen 287, 307.
Vollstreckbare Urkunden, Zulässigkeit der Umwandlungsklage 295.
Vorarbeiter 176.
Voraus, Haftpflichtausschließung im — 270.
Vorbehaltsgut der Ehefrau 222, 239, 240.
Vorbereitende Betriebshandlungen 38.
Vorbereitung der Beförderung 34, 38.
Vorführung von Betriebseinrichtungen 167.
Vorgesetzte, Anweisungen von — 128.
Vorsatz 122.
Vorschießen
der Heilungskosten 234.
der Operationskosten 55.
Vorstandsmitglieder juristischer Personen 173.
Vorteilsausgleichung 223, 264, 266.
Vorübergehend angelegte Eisenbahn 22.

W.

Währungsverfall 299.
Wagenfenster, Hinausbeugen 144.
Wagentür,
Anlehnen 132.
Öffnen 32, 35, 131.
Schließen 35, 115, 131, 147.
Zuschlagen 32.
Wahnvorstellungen 111.
Waisengeld, Anrechnung 266.
Warnungstafeln an Wegübergängen 102, 143.
Wartehalle, Unfall in der — 46, 334.
Wartesäle, Unfälle in — 40, 46, 334.
Wartung, Kosten für vermehrte — 209.
Waschanstalten 161.
Wasserwerke 162.
Weg von und zu der Arbeitsstätte 66.
Wegübergänge, schrankenlose 102, 117.
Wehrmacht, Angehörige 76.
Weibliche Personen, eigenes Verschulden 126.
Weichen 17.
Bedienung 39.
verbrecherischer Eingriff 114, 116, 122.
Weichensteller 331.
Weichenstellung, Eingriff in die — 110, 114.
Weigerung, sich operieren zu lassen 55.
Werfen s. Hinauswerfen.
Werkführer 176.
Werkmeister 176.
Werkstätten
der Eisenbahn 162.
Unfälle in — 40.
Werkstättenvorsteher 176.
Wichtiger Grund für Kapitalabfindung 284.
Wiederverheiratung der Witwe 230, 300.
Windstoß, Bewegen von Wagen durch — 37.
Wirkungen der Betriebsmittel 109.
Wirtschaftlichkeit des Unternehmens 119.
Witwe,
Ersatzanspruch 221.
Pension, Anrechnung 225, 266.
Wiederverheiratung 230, 300.
Witwenpension, Anrechnung 225, 266.
Wohltätigkeit, Unterhaltsgewährung 226.
Wohnsitz, Verlegung 244, 246.
Wohnungsgeldzuschuß 246.
Wohnungskosten (vermehrte Bedürfnisse) 209.
Wolkenbruchartiger Regen 120.
Wucht des Auftretens (elementares Ereignis) 108.
Wundbehandlung, fahrlässige 60.

Z.

Zähne, Verletzung künstlicher — 48, 202.
Zeitabschnitte für die Rentenzahlung 281.
Zeitliche Begrenzung der Rente 227, 252.
Zeitlicher Zusammenhang
zwischen Betriebshandlungen und Beförderung 40.
zwischen Unfall und Betrieb 40, 60.
Zeitpunkt
der Änderung der maßgeblichen Verhältnisse 302.
des Forderungsübergangs 72, 82.
der Verletzung 216.
der Verschlechterung der Vermögensverhältnisse des Verpflichteten 291.
Zeitweilige Besserung 51.
Ziegeleien 161.
Ziffernmäßige Begrenzung der Haftung 307.
Ziffernmäßiger Antrag für Kapitalabfindung 284.
Zollabfertigungsraum, Unfall im — 40.
Zuckerfabriken 161.
Zufälliger Unfall 92.
Zufälliger Zusammenhang 61.
Zufall 107.
äußerer — 112.
Erwerb durch — 237.
innerer — 109.
Zugang, verkehrssicherer 333.
Zugluft, Erkrankung durch — 32.
Zugtiere, Scheuen 111.
Zugverspätung, Schaden 48.
Zukünftige Heilungskosten 234.

Zukünftige Verhältnisse, Berücksichtigung 230, 247, 294, 296.
Zunehmendes Alter, Einfluß auf Erwerbsfähigkeit 236, 252, 297.
Zurechnungsfähigkeit 125.
Zurruhesetzung, Nachprüfung im Rechtsweg 83.
Zusammenhang
mit bestimmtem Betriebsvorgang 40, 60.
mit der eigentümlichen Gefährlichkeit 25.
zwischen Unfall und Betrieb 60.
Zusammenstoß 31, 91, 337.
von Kraftwagen und Eisenbahn 99, 117.
Zusammentreffen
mit anderen Ersatzpflichtigen 96, 194.
mit Anspruch auf Unfallversicherung oder Fürsorge 105, 196.
mit Deliktshaftung 97, 195.
mit Haftung der Aufsichtsperson 195.
mit Haftung aus dem KFG. 143.
mit Haftung aus Vertrag 104, 196.
mit Tierhalterhaftung 98.
Zuschlagen von Wagentüren 32.
Zuständigkeit
des Gerichts für Haftpflichtklagen 94, 193, 338.
für die Nachtragsklage auf Sicherheitsleistung 292.
für die Umwandlungsklage 305.
Zuwiderhandeln
gegen ärztliche Anordnungen 53.
gegen polizeiliche Anordnungen 123, 128, 179.
Zwischenstationen, Ein- und Aussteigen auf — 36.
Zwischenurteil s. Grundurteil.

Nachweis wichtiger Gesetzesausgaben

mit und ohne Erläuterungen, größere und kleinere Kommentare, Lehrbücher, Sammelwerke, Entscheidungs-Sammlungen, Zeitschriften

Zusammengestellt vom Verlage Walter de Gruyter & Co., Berlin
Januar 1930

Inhaltsübersicht

	Seite
I. **Allgemeines, Sammelwerke**	2
II. **Bürgerliches Recht**	5
1. Bürgerliches Gesetzbuch	5
Schuldverhältnisse insbes.	7
Sachenrecht insbesondere	9
Familienrecht, Erbrecht	11
Aufwertung	12
2. Handelsrecht	13
Gesellschaften	14
Wechselordnung u. Scheckrecht	16
Schiffahrtsrecht	17
Genossenschaften	18
Verschiedenes	19
Bank und Börse	20
III. **Grenzgebiete des Bürgerlichen Rechts**	23
1. Privat- und Sozialversicherung	23
2. Arbeitsrecht	25
3. Gewerberecht	27
4. Geistig-gewerblicher Rechtsschutz	28
IV. **Zivilprozeß**	32
Freiwillige Gerichtsbarkeit	34
Konkursordnung und Zwangsvollstreckung	35
V. **Strafrecht und Strafprozeß**	37
Strafgesetzbuch	37
Nebengesetze	39
Strafprozeßordnung	41
VI. **Öffentliches Recht**	43
1. Staats- und Völkerrecht	43
2. Verwaltungsrecht	49
Reichsrecht	49
Landesrecht	53
3. Steuerrecht	58
VII. **Entscheidungssammlungen und Zeitschriften**	61

I. Allgemeines, Sammelwerke

Handwörterbuch der Rechtswissenschaft. Unter Mitberatung von Reichsgerichtspräsident Dr. E. Bumke, L. Busch, Oberreichsanwalt Dr. L. Ebermayer, Geh. Justizrat Professor Dr. Fr. Endemann, Geh. Justizrat Professor Dr. E. Heymann, Senatspräsident am Reichsgericht Dr. O. Strecker, Präsident des Bayrischen Obersten Landesgerichts Staatsrat Dr. K. v. Unzner herausgegeben von Dr. jur. Fritz **Stier-Somlo,** o. Professor an der Universität Köln, und Dr. jur. Alexander **Elster,** Berlin. 6 Bände. Lexikon-Oktav. 1926/29. 266.—, in Halbleder geb. 304.—

„Es zeigt sich doch jetzt immer mehr, daß Ihr Handwörterbuch ein ganz großer Wurf war. Wie ich höre, wird es auch in der Praxis in steigendem Maße benutzt."
Professor Dr. Nipperdey, Köln.

Bürgerliches Rechtslexikon. (Nach dem Bürgerlichen Gesetzbuch, dem Handelsgesetzbuch und sonstigen Reichs- und Landesgesetzen.) Von E. Christiani, weil. Amtsgerichtsrat. Vierte, durchgearbeitete und verbesserte Auflage von Dr. Alexander Elster, Rechtsanwalt Dr. Hugo Hoormann, Amtsgerichtsrat Georg Krause. Lexikon-Oktav. IV, 474 Seiten. 1930. Geb. 15.—

Christianis „Bürgerliches Rechtslexikon" erscheint nach seinen großen Erfolgen vor dem Kriege nunmehr in vierter Auflage. Die besondere Art der Stichwortaufteilung und die verständliche Darstellung haben es in alle Kreise gelangen lassen, die stets eine Gelegenheit zu zuverlässiger Rechtsbelehrung haben müssen.

Hedemann, J. W., Einführung in die Rechtswissenschaft. Zweite, erweiterte und umgestaltete Auflage. Oktav. XXII, 566 Seiten. 1927. 14.—, geb. 16.—
(Lehrbücher und Grundrisse der Rechtswissenschaft Bd. IX.)

„. . . Das Buch Hedemanns, welches die Aufgabe einer Einführung am reichsten und umfassendsten auffaßt und löst . . ." *Juristische Wochenschrift.*

Sternberg, Theodor, Einführung in die Rechtswissenschaft.
I. Teil: Methoden- und Quellenlehre. Zweite, neugestaltete Auflage. Verbesserter Neudruck. 190 Seiten. 1927. Geb. 1.80
(Sammlung Göschen Bd. 169.)

II. Teil: Das Rechtssystem. Erste Hälfte: Grundbegriffe und Privatrecht. Zweite, vermehrte Auflage. 133 Seiten. 1922. Geb. 1.80
(Sammlung Göschen Bd. 170.)

Eine in ihrer Knappheit ganz ausgezeichnete Darstellung der juristischen Begriffe und Probleme.

Schröder, R., und von Künßberg, E., Lehrbuch der deutschen Rechtsgeschichte. Sechste, verbesserte Auflage. Groß-Oktav. Mit einer Abbildung im Text, fünf Tafeln und einem Bildnis. 1124 Seiten. 1922. 26.—, in Halbleder geb. 30.—

Dieses bekannte Lehrbuch hat sich seit langen Jahren bestens bewährt.

Fehr, Hans, Deutsche Rechtsgeschichte. Zweite, verbesserte und ergänzte Auflage. Oktav. 416 Seiten. 1925. 13.—, geb. 14.50
(Lehrbücher und Grundrisse der Rechtswissenschaft Bd. X.)

Das Buch gibt eine plastische Darstellung der deutschen Rechtsgeschichte, die eine Anhäufung von Stoff ausdrücklich vermeidet, vielmehr das Schwergewicht auf eine mehr ideengeschichtliche Behandlung des Gegenstandes legt.

Schröder, Richard, und Glitsch, Heinrich, Deutsche Rechtsgeschichte. Zweite Auflage. Neudruck.

I. Bis zum Ende des Mittelalters. 160 Seiten. 1929. Geb. 1.80
(Sammlung Göschen Bd. 621.)

II. Die Neuzeit. 90 Seiten. 1929. Geb. 1.80
(Sammlung Göschen Bd. 664.)

Eine gemeinverständliche kurze Darstellung der deutschen Rechtsgeschichte.

Giese, Friedrich, Preußische Rechtsgeschichte. Übersicht über die Rechtsentwicklung der preußischen Monarchie und ihrer Landesteile. Ein Lehrbuch für Studierende. Groß-Oktav. 256 Seiten. 1920. 5.—, geb. 6.50

„Das Buch ist nicht ein, sondern das (bisher fehlende) Lehrbuch der preußischen Rechtsgeschichte." Dr. Karl Strupp im „Verwaltungsarchiv".

von Mayr, Robert, Römische Rechtsgeschichte. I. Buch. Die Zeit des Volksrechtes. 1. Hälfte: Das öffentliche Recht. 150 Seiten. 1912. Geb. 1.80
(Sammlung Göschen Bd. 577.)

2. Hälfte: Das Privatrecht. 117 Seiten. 1912. Geb. 1.80
(Sammlung Göschen Bd. 578.)

II. Buch: Die Zeit des Amts- und Verkehrsrechtes. 1. Hälfte: Das öffentliche Recht. 158 Seiten. 1912. Geb. 1.80
(Sammlung Göschen Bd. 645.)

2. Hälfte: Das Privatrecht I. 122 Seiten. 1913. Geb. 1.80
(Sammlung Göschen Bd. 646.)

Das Privatrecht II. 150 Seiten. 1913. Geb. 1.80
(Sammlung Göschen Bd. 647.)

III. Buch. Die Zeit des Reichs- und Volksrechtes. 111 Seiten. 1913. Geb. 1.80
(Sammlung Göschen Bd. 648.)

IV. Buch: Die Zeit der Orientalisierung des römischen Rechtes. 155 Seiten. 1913. Geb. 1.80
(Sammlung Göschen Bd. 697.)

Stammler, Rudolf, Lehrbuch der Rechtsphilosophie. Dritte, vermehrte Auflage. Groß-Oktav. XVI, 396 Seiten. 1928. 13.—, geb. 15.—

„... Ein Werk aus einem Gusse, ein herbes Werk von größter wissenschaftlicher Strenge, eine Schule, durch die jeder gehen muß, der mit den rechtsphilosophischen Problemen der Gegenwart ringt." Schweizerische Juristenzeitung.

Stammler, Rudolf, Rechts- und Staatstheorien der Neuzeit. Leitsätze zu Vorlesungen. Zweite, vermehrte und verbesserte Auflage. Oktav. IV, 116 Seiten. 1925. 3.50, geb. 4.50

Ein unentbehrlicher Führer durch die Rechts- und Staatstheorien der Neuzeit.

Stammler, Rudolf, Wirtschaft und Recht nach der materialistischen Geschichtsauffassung. Eine sozialphilosophische Untersuchung. Fünfte, durch einen Nachtrag ergänzte Auflage. Oktav. VIII, 704 Seiten. 1924. 14.—, geb. 16.—

„Das Werk Stammlers darf den Ruhm in Anspruch nehmen, unter allen Büchern, die in der letzten Zeit auf dem hier in Betracht kommenden Gebiet erschienen sind, die stärkste Wirkung hervorgebracht zu haben. Zu einer ernsten Auseinandersetzung mit Stammler sah sich jeder genötigt, der von dem sich beständig steigernden Interesse für die Grundfragen der Jurisprudenz, der Nationalökonomie und der Geschichtswissenschaft erfüllt war." Historische Zeitschrift.

Friedrichs, Karl, Der Allgemeine Teil des Rechts. Eine Darstellung der gemeinsamen Lehren des öffentlichen und des privaten Rechts. Groß-Oktav. X, 306 Seiten. 1927. 12.—, geb. 13.50

„Eine solche Arbeit fehlte bisher in der juristischen Literatur. Friedrichs ist der bedeutendste Vertreter dieser Lehre. Er ist wie kein anderer berufen, eine grundlegende Arbeit über dieses Gebiet zu schreiben."
Mitteilungen des Preuß. Richtervereins.

Maas, Georg, und Magnus, Julius, Abkürzungsverzeichnis der Rechtssprache. Abkürzungen der Bezeichnungen von Rechtsquellen, Behörden, Entscheidungen usw. des deutschen und österreichischen Rechts. Oktav. IV, 140 Seiten. 1929. 4.—

„Bis jetzt fehlte eine Zusammenstellung, die in zuverlässiger Weise die gebräuchlichsten Abkürzungen wiedergab. Diese Lücke füllt das neue Buch in glücklicher Weise aus." Der junge Rechtsgelehrte.

Endemann, Friedrich, Grundriß des römischen Privatrechts. Oktav. X, 256 und 30 Seiten. 1925. 9.—, geb. 10.50

(Lehrbücher und Grundrisse der Rechtswissenschaft Bd. XII.)

„... ein nach jeder Richtung hochstehendes Werk."
Der junge Rechtsgelehrte.

Stammler, Rudolf, Aufgaben aus dem römischen Recht. Der „Institutionenübungen für Anfänger" vierte Auflage. Oktav. IV, 92 Seiten. 1919. Mit Figuren im Text. Geb. 5.—

Zum selbständigen Einarbeiten in das System des römischen Privatrechts.

II. Bürgerliches Recht

1. Bürgerliches Gesetzbuch

Lehmann, Heinrich, Allgemeiner Teil des Bürgerlichen Gesetzbuches. Dritte, vermehrte und verbesserte Auflage (9. bis 12. Tausend). Oktav. XIV, 439 Seiten. 1928. 12.—, geb. 13.50

(Lehrbücher und Grundrisse der Rechtswissenschaft Bd. I.)

„Es liegt ein großer pädagogischer Wert in diesem Buch. Es wird sich unter den Studenten rasch großer Beliebtheit erfreuen.“ Das Recht.

Leonhard, R., Der Allgemeine Teil des Bürgerlichen Gesetzbuches in seinem Einflusse auf die Fortentwicklung der Rechtswissenschaft. Groß-Oktav. XVI, 537 Seiten. 1900. 10.—

(Recht des Bürgerlichen Gesetzbuches in Einzeldarstellungen Nr. X.)

Die Sammlung „Recht des Bürgerlichen Gesetzbuches“ umfaßt systematische Darstellungen des BGB. aus der Feder erster Juristen der Wissenschaft und Praxis.

Oertmann, Paul, Allgemeiner Teil des Bürgerlichen Gesetzbuches.

I. Einleitung. Lehre von den Personen und von den Sachen. Dritte, verbesserte Auflage. 136 Seiten. 1926. Geb. 1.80

(Sammlung Göschen Bd. 447.)

II. Erwerb und Verlust, Geltendmachung und Schutz der Rechte. Dritte, verbesserte Auflage. 147 Seiten. 1928. Geb. 1.80

(Sammlung Göschen Bd. 448.)

Schück, Richard, Zivilrechtspraktikum. Zum Selbststudium und zum Lehrgebrauch. Vierte, vermehrte Auflage. Herausgegeben von Geh. Justizrat Gustav Schreiber, Kammergerichtsrat i. R. Oktav. 160 Seiten 1930. Geb. 6.—

Plancks Kommentar zum Bürgerlichen Gesetzbuch nebst Einführungsgesetz. Bisher herausgegeben von E. Strohal. Bearbeitet von E. Brodmann, L. Busch, J. Ebbecke, F. Flad, M. Greiff, K. Guntel, P. Knoke, M. Landois, A. Lobe, Fr. Oegg, H. Siber, O. Strecker, K. von Unzner. Vierte, völlig neubearbeitete Auflage. Lexikon-Oktav.

Bisher sind erschienen:

I. Band: Allgemeiner Teil. 606 Seiten. 1913. 15.—, geb. 17.—

II. Band, 1. Hälfte: Recht der Schuldverhältnisse. (Allgemeiner Teil.) 640 Seiten. 1914. 15.—, geb. 17.—

II. Band, 2. Hälfte: Recht der Schuldverhältnisse. (Besonderer Teil.) 1296 Seiten. 1928. 49.—, geb. 52.—

III. Band: Sachenrecht. 1464 Seiten. 1920. Vergriffen.

IV. Band: Familienrecht. 1. Hälfte §§ 1297—1588. 701 Seiten. 1928. 26.—, geb. 28.—

V. Band: Erbrecht. XII, 1136 Seiten. 1930. 51.—, geb. 54.—

„Für jeden Praktiker, der tiefer in den Rechtsstoff eindringen muß, um die zur Entscheidung stehende Frage zu prüfen, ist Plancks Kommentar immer ein zuverlässiger Ratgeber und seine Erläuterung und Meinung von hohem Wert und Gewicht, stets sorgfältiger Beachtung wert."

Zentralblatt für freiwillige Gerichtsbarkeit.

Das Bürgerliche Gesetzbuch mit besonderer Berücksichtigung der Rechtsprechung des Reichsgerichts. Erläutert von Dr. Busch, Erler, Dr. Lobe, Michaelis, Oegg, Sayn, Schliewen und Seyffarth, Reichsgerichtsräten und Senatspräsidenten am Reichsgericht. Siebente, unveränderte Auflage. 5 Bände. §§ 1—2385. Lexikon-Oktav. 3182 Seiten. 1929.
125.—, in Halbleder geb. 150.—

I. Band: Allgemeiner Teil. Recht der Schuldverhältnisse I. (Allgemeiner Teil.) / II. Band: Recht der Schuldverhältnisse II. (Einzelne Schuldverhältnisse.) / III. Band: Sachenrecht. / IV. Band: Familienrecht. / V. Band: Erbrecht. Alphabetisches Sachverzeichnis.

Das Werk wird nur komplett abgegeben.

„Der Zivilpraxis ist wieder ihr wichtiges Hilfsmittel nach dem neuesten Stande in die Hand gegeben, welches wie kein Buch zuvor fördernd und erklärend auf die gesamte Gerichtstätigkeit eingewirkt hat. Gerade die knappe, klare Form der Rechtssätze, die Vollständigkeit der oberstrichterlichen Rechtsprechung, die objektive Darstellung hat dem Kommentar zur „glossa ordinaria" des BGB. gemacht, dessen Benutzung zur sachgemäßen Bearbeitung fast jeder Rechtssache gehört." *Juristische Wochenschrift.*

Achilles-Greiff, Bürgerliches Gesetzbuch nebst Einführungsgesetz. Mit Einleitung, Anmerkungen und Sachregister. Nach dem Tode des ersten Herausgebers Dr. A. Achilles in Verbindung mit J. Altstötter, Oberamtsrichter in Sonthofen, O. Meyer, Oberlandesgerichtspräsident in Celle, Dr. J. Kieckebusch, Land- und Amtsgerichtsrat in Kassel, Dr. O. Strecker, Senatspräsident am Reichsgericht i. R. in Leipzig, herausgegeben von Dr. M. Greiff, Wirkl. Geh. Oberjustizrat, Oberlandesgerichtspräsident i. R. in Berlin. Dreizehnte, vermehrte und verbesserte Auflage. Mit Erläuterungen der Verordnung über das Erbbaurecht, des Gesetzes über die religiöse Kindererziehung und des Gesetzes für Jugendwohlfahrt. Groß-Oktav. XXIII, 1304 Seiten. 1930.
Geb. 24.—

(Guttentagsche Sammlung Deutscher Reichsgesetze Bd. 38/39.)

„Das ausgezeichnete Buch, das einer weiteren Empfehlung kaum bedarf, wird seine führende Stellung unter den Handausgaben ohne Zweifel behaupten."

Juristische Rundschau.

Bürgerliches Gesetzbuch nebst Einführungsgesetz. Vom 18. August 1896 mit Berücksichtigung der bis zum 1. Januar 1928 ergangenen Abänderungen. Textausgabe mit ausführlichem Sachregister. Sechzehnte Auflage. (61. bis 66. Tausend). Taschenformat. 758 Seiten. 1928. Geb. 5.—
(Guttentagsche Sammlung von Textausgaben ohne Anmerkungen mit Sachregister.)
Die vorliegende Ausgabe zeichnet sich durch Vollständigkeit und besondere Ausführlichkeit des Sachregisters aus.

Lindemann, Otto, Ausführungsgesetz zum Bürgerlichen Gesetzbuche vom 20. September 1899 nebst einem Anhang: Verordnung zur Ausführung des Bürgerlichen Gesetzbuchs vom 16. November 1899. Nach dem Tode des früheren Herausgebers Kammergerichtsrat Dr. P. Siméon, erläutert von Geh. Oberjustizrat Otto Lindemann, Ministerialdirektor im Preuß. Justizministerium. Vierte Auflage. Ca. 220 Seiten. 1930. Geb. 5.—
(Guttentagsche Sammlung Preußischer Gesetze Bd. 23.)
Die neue Auflage kommt im richtigen Augenblick, um dem fühlbaren Mangel an neuen Bearbeitungen der Ausführungsgesetze zum Bürgerlichen Gesetzbuche abzuhelfen. Sie ist völlig neu bearbeitet und nach den Ergebnissen von Gesetzgebung und Rechtsprechung bis in die jüngste Zeit ergänzt.

v. Schwerin, Cl., Frhr., Grundzüge des deutschen Privatrechts. Zweite Auflage. Oktav. XII, 342 Seiten. 1928. 9.50, geb. 11.—
(Lehrbücher und Grundrisse der Rechtswissenschaft Bd. XIII.)
„Was dem Studenten not tut, ist ein kurzgefaßtes Handbuch. ... Ein ausgezeichnetes Hilfsmittel dieser Art ist das vorliegende Buch.“
Zeitschrift für Rechtspflege in Bayern.

Wegner, Arthur, Jugendrecht. Ein Lehrbuch zur Einführung. Oktav. IX, 219 Seiten. 1929. 6.—, geb. 7.50
„Ein gleichartiges und gleichwertiges Werk über das Jugendgericht gibt es noch nicht.“ *Breslauer Zeitung.*

Schuldverhältnisse insbesondere

Hedemann, Justus Wilh., Schuldrecht des Bürgerlichen Gesetzbuches. Oktav. Zweite Auflage in Bearbeitung.
(Lehrbücher und Grundrisse der Rechtswissenschaft Bd. II.)
„Die Schrift bietet die beste mir bekannte Einführung in das schwierige Recht der Schuldverhältnisse.“ *Staats- und Selbstverwaltung.*

Oertmann, Paul, Schuldrecht. (BGB. II.)

I. Allgemeine Lehren. Dritte, verbesserte Auflage. 142 Seiten. 1927. Geb. 1.80
(Sammlung Göschen Bd. 323.)

II. Die einzelnen Schuldverhältnisse. Dritte, verbesserte Auflage. 159 Seiten. 1929. Geb. 1.80
(Sammlung Göschen Bd. 324.)

„In knapper Form und gemeinverständlicher Ausdrucksweise ist ein vorzüglicher Überblick über den Stoff gegeben.“ Leipz. Zeitschrift f. deutsches Recht.

Meyer, Georg, Das Recht der Beschlagnahme von Lohn- und Gehaltsforderungen. Sechste Auflage. Taschenformat. 1927. Mit Nachtrag 1928. Geb. 4.50

(Guttentagsche Sammlung Deutscher Reichsgesetze Bd. 55.)

„Das Buch enthält einen Kommentar zum Lohnbeschlagnahmegesetz, der durch Gründlichkeit und Zuverlässigkeit ausgezeichnet ist. Als Anhang ist ihm eine übersichtliche Darstellung des Verfahrens der Beschlagnahme von Lohn- und Dienstbezügen beigegeben sowie eine sehr brauchbare Zusammenstellung von Behörden, denen bei der Pfändung der Dienstbezüge von Beamten als Drittschuldnern der Pfändungsbeschluß zuzustellen ist." Berliner Tageblatt.

Seligsohn, Franz, Haftpflichtgesetz. Groß-Oktav. 349 Seiten. 1920. Vergriffen.

„Das reiche Material hat der Verfasser mit logischer Schärfe und in knapper Form bearbeitet und damit ein mustergültiges Werk geschaffen, das für die meist veralteten Kommentare zum Reichshaftpflichtgesetz einen wertvollen Ersatz bietet." Blätter für Rechtspflege im Bezirk des Kammergerichts.

Krieg, O., Mietrecht und Wohnungsmangelgesetzgebung im Reiche, in Preußen und in Berlin, einschließlich Hauszinssteuer, Kostenwesen und Rechtsentscheiden des Kammergerichts und des Obersten Landesgerichts. Zusammengestellt und mit ausführlichem Schlagwortregister versehen. Vierte Auflage. Taschenformat. XII, 594 Seiten. 1928. Geb. 10.—

(Guttentagsche Sammlung Deutscher Reichsgesetze Bd. 156.)

„Eine solche Ausgabe zu besitzen, ist wertvoll. Eine angenehme Zugabe sind die Rechtsentscheide des Kammergerichts. Diese Ausgabe verdient schon wegen ihrer Vollständigkeit besondere Beachtung. Ein vortreffliches Sachregister ist beigegeben." Juristische Wochenschrift.

Stölzle, Hans, Viehkauf nach Bürgerlichem Gesetzbuch und ausländischem Recht. Verordnung, betreffend die Hauptmängel und Gewährfristen beim Viehhandel. Von Eugen Fröhner. Sechste, vermehrte und wesentlich verbesserte Auflage. Taschenformat. 699 Seiten. 1926. Geb. 15.—

(Guttentagsche Sammlung Deutscher Reichsgesetze Bd. 50.)

„Die neue Auflage erfüllt alle Erwartungen, die an sie geknüpft wurden. Unseres Wissens genießt der Spezialkommentar von Stölzle auch in Richterkreisen ein sehr großes Ansehen. Bei der Lektüre der vielen Gerichtsentscheidungen, die uns aus unsern Mitgliederkreisen zugestellt werden, mußten wir immer wieder die Beobachtung machen, daß eine große Anzahl von Gerichten in den Urteilsgründen auf die Ansicht von Stölzle Bezug nahm. Wer täglich über Viehkaufsfragen Auskunft geben muß, stellt mit hoher Befriedigung fest, daß der ‚Stölzle' alle Fragen dieser schwierigen Materie in klarer und erschöpfender Weise behandelt." Allgemeine Viehhandelszeitung.

Hoffmann, J., Abzahlungsgeschäfte. Vierte Auflage, besorgt von K.-A. Crisolli. Taschenformat. Im Druck.
(Guttentagsche Sammlung Deutscher Reichsgesetze Bd. 34.)

„Jeder, der mit Abzahlungsgeschäften zu tun hat, kann sich bestens aus dem Büchlein informieren. Der Kommentar ermöglicht es auch dem Laien, sich mit allen einschlägigen Fragen vertraut zu machen. Die Bearbeitung stellt sich als durchaus sachgemäß und praktisch verwendbar dar." Berliner Intelligenz-Blatt.

Harnier, Ed., Sicherung der Bauforderungen. Dritte Auflage. Taschenformat. 122 Seiten. 1912. Geb. 1.50
(Guttentagsche Sammlung Deutscher Reichsgesetze Bd. 93.)

„Die vorliegende Neubearbeitung der kleinen Ausgabe des äußerst schwierigen Gesetzes findet einen weiterstreckten Interessenkreis. Nach einer äußerst klaren Einleitung, in der die langwierige Geschichte und der verwickelte Inhalt des Gesetzes in kurzen Zügen, aber mit kräftigen Strichen geschildert wird, werden seine Bestimmungen an der Hand der Gesetzesmaterialien und auf dem Boden des geltenden Rechts, unter Herstellung des Zusammenhanges mit ihm, in knappen Anmerkungen erläutert." Mitteilungen der Handelskammer Breslau.

Göppert, H., Gesetz, betreffend die gemeinsamen Rechte der Besitzer von Schuldverschreibungen. Zweite Auflage, bearbeitet von E. Trendelenburg. Taschenformat. 156 Seiten. 1915. Geb. 1.50
(Guttentagsche Sammlung Deutscher Reichsgesetze Bd. 52.)

Dungs, H., Sechs Haager Abkommen über internationales Privatrecht. Taschenformat. 116 Seiten. 1910. Geb. 1.50
(Guttentagsche Sammlung Deutscher Reichsgesetze Bd. 98.)

„Die diesen Abkommen vom Verfasser beigefügten Erläuterungen sind kurz und klar gefaßt und entsprechen den allgemeingültigen Anschauungen. Der Kommentar von Dungs kann allen Gerichten, Staatsanwaltschaften und diplomatischen Behörden nur angelegentlichst empfohlen werden."
Juristisches Literaturblatt.

Bogeng, G., Die Haager Abkommen über das internationale Privatrecht. Taschenformat. 173 Seiten. 1908. Geb. 2.—
(Guttentagsche Sammlung Deutscher Reichsgesetze Bd. 90.)

Sachenrecht insbesondere

Hedemann, Justus Wilh., Sachenrecht des Bürgerlichen Gesetzbuches. Oktav. XXXII, 507 Seiten. 1924. 12.—, geb. 13.50
(Lehrbücher und Grundrisse der Rechtswissenschaft Bd. III.)

„Ein trotz seiner Kürze ausgezeichnetes und inhaltreiches Lehrbuch, nicht nur für die Studierenden, sondern auch für ältere Juristen. Hervorzuheben ist der systematische Aufbau. Die Arbeit ist wissenschaftlich tiefgründig und doch gemeinverständlich geschrieben; auf jeder Seite bietet sie reiche Anregung rechtlicher und wirtschaftlicher Natur und wird allen Fragen der Neuzeit in vollstem Umfange gerecht." Zeitschrift des Deutschen Notarvereins.

Kretschmar, F., Sachenrecht.
I. Allgemeine Lehren. Besitz und Eigentum. Zweite, verbesserte Auflage. 142 Seiten. 1922. Geb. 1.80
(Sammlung Göschen Bd. 480.)

II. Begrenzte Rechte. 144 Seiten. 1923. Geb. 1.80
(Sammlung Göschen Bd. 481.)

Diese Bändchen bieten die Grundzüge des Sachenrechts in gedrängter und klarer Form.

Lenzen, Georg, Das deutsche Pfandleihrecht. Kommentar zum preußischen Pfandleihgesetz unter Berücksichtigung der außerpreußischen Gesetze. Oktav. XXVI, 266 Seiten. 1929. 20.—

„Diese zusammenfassende Darstellung ist die erste ihrer Art und sehr verdienstlich. Das Buch regt zu allerhand Fragen an." Juristische Wochenschrift.

Günther, Hermann, Erbbaurecht. Taschenformat. 167 Seiten. 1919. Geb. 2.—
(Guttentagsche Sammlung Deutscher Reichsgesetze Bd. 135.)

„Günther ist ausführlich, ohne weitschweifig zu sein; ausgezeichnete Vorbemerkungen geben vorzügliche Übersicht und wahren den Zusammenhang. Überall ist der bisherige Rechtszustand, der ja für absehbare Zeit seine Bedeutung behält, mit in das Bereich der Betrachtungen gezogen. Der Praxis wird das Werk von hervorragendem Nutzen sein." Beiträge zur Erläuterung des deutschen Rechts.

Arnheim, Hugo, Grundbuchordnung. Kommentar zur Grundbuchordnung für das Deutsche Reich nebst den für Preußen erlassenen Ausführungsbestimmungen. Zweite, völlig neubearbeitete Auflage. Lexikon-Oktav. 959 Seiten. 1913. 15.—

„Der Band weist außerordentliche Gründlichkeit, Klarheit und Übersichtlichkeit der Darstellung sowie Selbständigkeit des Urteils gegenüber der Literatur und der Rechtsprechung auf. Man kann wohl sagen, daß kaum eine Frage auftauchen wird, die nicht wenigstens berührt wäre; die bisher zutage getretenen Fragen aber sind sämtlich in der eingehendsten Weise erörtert."
Zentralblatt für freiwillige Gerichtsbarkeit.

Fischer, Otto, und Fischer, Norbert, Grundbuchordnung für das Deutsche Reich nebst den preußischen Ausführungsbestimmungen. Neunte, durchgearbeitete und ergänzte Auflage. Taschenformat. 322 Seiten. 1927. Geb. 5.—
(Guttentagsche Sammlung Deutscher Reichsgesetze Bd. 42.)

„Eine der äußerlich kleinen, inhaltlich vortrefflichen alteingeführten Handausgaben der Guttentagschen Sammlung, bei der schon die Auflagenziffer für die Brauchbarkeit in der Praxis spricht. Nach wie vor ist das vorliegende Buch ein vortrefflicher Wegweiser und Berater für den, der sich über die wichtigsten von Theorie und Praxis entwickelten Auslegungssätze kurz unterrichten will."
Juristische Wochenschrift.

Bürgerliches Gesetzbuch

Ricks, Gerhard, Die Grundbuchpraxis. Ein Handbuch für den täglichen Gebrauch in Grundbuchsachen. Achte Auflage. Groß-Oktav. XII, 412 Seiten. 1929. 12.—, geb. 14.—

„Das Buch soll ein kurzes Handbuch für den täglichen Gebrauch des Grundbuchrichters und anderer mit dem Grundbuchrechte befaßter Personen sein. Dieser Zweck ist in ausgezeichneter Weise erreicht. Als einen besonderen Vorzug sehe ich es an, daß die Ausführungen und Ratschläge des Verfassers überall dem Bestreben erwachsen sind, in dem Grundbuche nicht eine öde Aneinanderreihung langweiliger Vermerke, sondern ein lebendiges Ganzes zu erblicken."

Deutsche Juristenzeitung.

Friedlaender, Martin, Hypothekenbeschaffung für Wohn- und Geschäftshäuser. Handbuch für die Praxis der Grundstückswirtschaft. Groß-Oktav. VIII, 151 Seiten. 1929. 6.—, geb. 7.50

„Das Buch gibt einen außerordentlich praktischen Überblick über alle Fragen der Hypothekenbeschaffung. Die anschauliche Art der Zergliederung und die gründliche Darlegung des Statuts sichern dem Buch eine weite Verbreitung."

Deutsche Sparkassen-Zeitung.

Familienrecht, Erbrecht

Lehmann, Heinrich, Familienrecht des Bürgerlichen Gesetzbuches einschließlich Jugendfürsorgerecht. Oktav. XII, 352 Seiten. 1926. 11.—, geb. 12.50

(Lehrbücher und Grundrisse der Rechtswissenschaft Bd. IV.)

„Die Schilderung Lehmanns ist überall anregend und fesselnd. Das Werk kann allen Rechtsstudenten und Referendaren zur Anschaffung dringend empfohlen werden." *Der junge Rechtsgelehrte.*

Titze, Heinrich, Familienrecht. (BGB. IV.) 169 Seiten. Neudruck. 1924. Geb. 1.80

(Sammlung Göschen Bd. 305.)

Endemann, Fr., Erbrecht. Oktav. XII, 166 Seiten. 1923. 3.—, geb. 4.50

(Lehrbücher und Grundrisse der Rechtswissenschaft Bd. V.)

„Dieser Leitfaden behandelt den spröden Stoff des schwierigen Erbrechts in meisterhafter, fesselnder Darstellung."

Zeitschrift des Bundes Deutscher Justizamtmänner.

Blume, Wilh. von, Erbrecht. (BGB. V.)

I. Einleitung. Die Grundlagen des Erbrechts. 75 Seiten. 1913. Geb. 1.80

(Sammlung Göschen Bd. 659.)

II. Die Nachlaßbeteiligten. Mit 23 Figuren. 131 Seiten. 1913. Geb. 1.80

(Sammlung Göschen Bd. 660.)

Riesenfeld, S., Die Erbenhaftung nach dem Bürgerlichen Gesetzbuch. Groß-Oktav. 2 Bände. 1916. 15.—, geb. 18.—

I. Band: Die Grundsätze der Haftung. XII, 461 Seiten.

II. Band: Das Inventar und die Mittel der Haftungsbeschränkung. VIII, 455 Seiten.

„Ein hervorragendes Werk, das in allen Teilen die vollständige Beherrschung des schwierigen Stoffes erkennen läßt und sich dabei durch klare und gemeinverständliche Darstellung auszeichnet.“ · Sächsisches Archiv für Rechtspflege.

Aufwertung

Michaelis, Richard, Das Aufwertungsrecht nach den Aufwertungsgesetzen und nach allgemeinem bürgerlichem Rechte. Kommentar zu den Gesetzen vom 16. Juli 1925 über die Aufwertung von Hypotheken und anderen Ansprüchen und über die Ablösung öffentlicher Anleihen sowie systematische Darstellung des Aufwertungsrechts außerhalb dieser Gesetze. Zweite, gänzlich umgearbeitete Auflage des Kommentars zur Dritten Steuernotverordnung vom 14. Februar 1924 (Aufwertung). Mit einer Fristentabelle von H. Hoormann. Groß-Oktav. X, 516 Seiten. 1926. Mit Nachtrag 1927. Geb. 16.—

(de Gruytersche Sammlung Deutscher Gesetze. Handkommentare.)

„Es handelt sich bei dem vorliegenden Werk um ein ganz erstklassiges, die gesamte Rechtslehre und Rechtsprechung lückenlos verarbeitendes Hauptwerk, das sich für jeden Aufwertungsinteressenten als unentbehrlich erweisen wird.“ Deutsche Allgemeine Zeitung.

Michaelis, Richard, Fälligkeit und Verzinsung der Aufwertungshypotheken und Grundbuchbereinigungsgesetz. 1930. 4.—

Von einem auf diesem Gebiet besonders erfahrenen Sachkenner bearbeitet, bietet diese Aufgabe eine auf die Bedürfnisse der Praxis zugeschnittene ausgiebige und zuverlässige Erläuterung der neuen Bestimmungen. Der billige Preis ermöglicht eine gute Abnahme dieses Werkes.

Berliner, Ludwig, und Pfaffenberger, Ernst, Aufwertung von Versicherungsansprüchen mit Durchführungsbestimmungen.

I. Teil. Oktav. 235 Seiten. 1925. Geb. 6.50
(Guttentagsche Sammlung Deutscher Reichsgesetze Bd. 164.)

II. Teil: Sach- und Transportversicherung; Unfall- und Haftpflichtversicherung. Oktav. 112 Seiten. 1926. Mit Nachtrag. Geb. 3.50
(Guttentagsche Sammlung Deutscher Reichsgesetze Bd. 164a.)

„Ein bedeutsamer Kommentar, der sowohl dem Versicherungstechniker wie dem Juristen eine Fülle von Aufklärung und Anregung bietet. Das Werk ist als eine wohlgelungene systematische Darstellung des gesamten versicherungsrechtlichen Aufwertungsgebiets anzusprechen.“ Neumanns Zeitschrift für Versicherungswesen.

2. Handelsrecht

v. Gierke, Jul., Handelsrecht und Schiffahrtsrecht. Dritte, ergänzte Auflage. Groß-Oktav. XIV, 744 Seiten. 1929.
21.—, geb. 22.50
(Lehrbücher und Grundrisse der Rechtswissenschaft Bd. VI.)

„. . . ein außerordentlich hochstehendes, immer den neuesten Stand der Lehre und der Rechtsprechung widerspiegelndes Lehrbuch des Handelsrechts im weitesten Sinn." *Der junge Rechtsgelehrte.*

Lehmann, K., und Hoeniger, H., Lehrbuch des Handelsrechts. Dritte Auflage. Erster Halbband, enthaltend die Lehre vom Handelsstand und von den Handelsgesellschaften. Groß-Oktav. 432 Seiten. 1921. 10.—

Ein großangelegtes Lehrbuch des Handels- und Schiffahrtsrechts.

Lehmann, K., und Hoeniger, H., Deutsches Handelsrecht.
I. Einleitung. Der Kaufmann und seine Hilfspersonen. Offene Handelsgesellschaft, Kommandit- und stille Gesellschaft. 117 Seiten. 1921. Geb. 1.80
(Sammlung Göschen Bd. 457.)
II. Aktiengesellschaften, Gesellschaften mit beschränkter Haftung, eingetragene Genossenschaften. Handelsgeschäft, 126 Seiten. 1924.
(Sammlung Göschen Bd. 458.) Geb. 1.80

Eine gemeinverständliche Darstellung in gedrängter Form.

Hein, Joh., Die Zusammenhänge zwischen Steuerrecht und Handelsrecht und ihre Entwicklung, untersucht an dem Gewinn und an der Bewertung. Eine bilanzrechtliche und bilanzkritische Darstellung mit praktischen Beispielen. Groß-Oktav. X, 280 Seiten. 1928.
10.—, geb. 12.—

„Das Buch führt in klarer Gestaltung in die Probleme des Bilanzrechts ein. Eine übersichtliche Gliederung ermöglicht dem Kaufmann wie dem Juristen eine schnelle und doch gründliche Einführung in das ihn interessierende Gebiet. Ein eingehendes Sachregister leistet dabei gute Hilfe. Darüber hinaus stellt das Buch eine wesentliche Förderung für die dringend notwendige wissenschaftliche Behandlung des Steuerbilanzrechts und seiner Zusammenhänge mit den verwandten Rechtsmaterien dar." *Zeitschrift für Handelsrecht.*

Veröffentlichungen der Vereinigung der Handelsrechtslehrer deutscher Hochschulen.

Bericht über die erste Tagung der Vereinigung in Berlin am 7. und 8. März 1927 (Senatssaal der Universität). Mit Beiträgen von **Ernst Heymann, Hans Wüstendörfer, Otto Schreiber** und **Arthur Nußbaum.** Oktav. 65 Seiten. 1928. 5.—

Das Handelsrecht zeigt heute unter den privatrechtlichen Materien die meisten wissenschaftlichen und gesetzgeberischen Probleme und entwickelt am meisten Initiative. Unter diesen Verhältnissen werden sich die Veröffentlichungen der Vereinigung der Handelsrechtslehrer deutscher Hochschulen als besonders fruchtbar und förderlich erweisen.

Bürgerliches Recht

Staubs Kommentar zum Handelsgesetzbuch. Zwölfte und dreizehnte Auflage. Bearbeitet von Heinrich Koenige, Albert Pinner, Felix Bondi. Vier Bände und ein Registerband. Groß-Oktav. 4000 Seiten. 1927.
Zusammen 157.—, in Halbleder 183.60

„Der Staubsche Kommentar ist das klassische Hilfswerk zum Deutschen Handelsgesetzbuch und für die Beurteilung der zahlreichen schwierigen Fragen dieses Gesetzes maßgebend geworden; es stellt ein unentbehrliches Mittel zur Erfassung und zur Anwendung des Gesetzes dar." Frankfurter Zeitung.

Mosse, Albert, und Heymann, Ernst, Handelsgesetzbuch (ohne Seerecht). Mit den ergänzenden Vorschriften des Bürgerlichen Gesetzbuchs und einem Anhang, enthaltend das Einführungsgesetz, das Depotgesetz, die Bestimmungen über Börsentermin- und Differenzgeschäfte u. a. Nebst Erläuterungen. Im Anschluß an die Textausgabe von F. Litthauer. Siebzehnte Auflage. Unter Mitwirkung von Karl August Crisolli. Oktav. VIII, 693 Seiten. 1926.
Geb. 14.—

(Guttentagsche Sammlung Deutscher Reichsgesetze Bd. 4.)

„Die Litthauer-Mossesche Ausgabe des Handelsgesetzbuches hat bei allen Praktikern seit langem den wohlbegründeten Ruf größter Zuverlässigkeit und übersichtlicher Anordnung, die mit möglichster Knappheit des Ausdrucks gepaart sind. Das Buch ist ein zuverlässiger Führer durch das immer schwieriger werdende Gebiet des Handelsrechts." Vossische Zeitung.

Handelsgesetzbuch nebst Einführungsgesetz und Seerecht. Elfte Auflage. 381 Seiten. 1924. Geb. 2.60

(Guttentagsche Sammlung von Textausgaben ohne Anmerkungen.)

Die handliche Ausgabe enthält den genauen Gesetzestext mit einem das Zurechtfinden sehr erleichternden Sachregister.

Baum, G., Das vertragliche Wettbewerbsverbot (Konkurrenzklausel). Nebst Kommentar zum Gesetze vom 10. Juni 1914. Taschenformat. XII, 231 Seiten. 1914. Geb. 3.—

(Guttentagsche Sammlung Deutscher Reichsgesetze Bd. 115.)

Gesellschaften

Brodmann, Erich, Aktienrecht. Kommentar. Groß-Oktav. XII, 580 Seiten. 1928. 28.—, geb. 30.—

(Gewerbe- und Industrie-Kommentar Bd. IV.)

„Mit unvergleichlichem Geschick hat der Verfasser Großartiges geleistet — Brodmann ist Trumpf!" Zeitschrift für Aktiengesellschaften.

Solmssen, Georg, Probleme des Aktienrechts unter besonderer Berücksichtigung ihrer Entwicklung in den Vereinigten Staaten von Amerika. Zweite Auflage. Oktav. I, 127 Seiten. 1928. 2.50

„Sämtliche Momente, die bei der Prüfung der Frage, ob und inwieweit das geltende deutsche Aktienrecht änderungsbedürftig ist, haben eine eingehende und umfassende Erörterung gefunden. Allen, die sich mit dieser recht heiklen Frage befassen, kann die Anschaffung des Werkes wärmstens empfohlen werden."
Badische Wirtschafts-Zeitung.

Hachenburg, Max, Kommentar zum Gesetz, betr. die Gesellschaften mit beschränkter Haftung. (Früher Staub-Hachenburg.) Fünfte Auflage unter Mitarbeit von Fritz Bing und Walter Schmidt. 2 Bände. 43.—, geb. 47.—
I. Band: §§ 1—34. Groß-Oktav. VI, 527 Seiten. 1926.
II. Band: §§ 35—84. Groß-Oktav. II, 452 Seiten. 1927.

„Was Hachenburg in seinen Neubearbeitungen aus diesem Buche gemacht hat, ist erstaunlich. Sein reiches juristisches Wissen, sein überlegener und kritischer Verstand, seine vorzügliche Gestaltungskraft und seine nur wenigen Juristen eigene vielseitige Auslegungskunst haben etwas Großes, Unvergleichliches geschaffen. Man findet selten ein literarisches Werk, in welchem Rechtsgelehrsamkeit und praktisches Können vereint einem Spezialgesetz so zugute kamen wie hier."
Zeitschrift für Aktiengesellschaften.

Brodmann, Erich, Gesetz, betr. die Gesellschaften mit beschränkter Haftung. Kommentar. Zweite, verbesserte Auflage. Groß-Oktav. VIII, 304 Seiten. 1930. 16.—, geb. 18.—
(Gewerbe- und Industrie-Kommentar Bd. I.)

„Übersichtliche, klare Anordnung der Erläuterungen, tiefes Eindringen in die Einzelheiten des Gesetzes unter steter Berücksichtigung des Wirtschaftslebens, erschöpfende Wiedergabe der Rechtsprechung, namentlich des Reichsgerichts, sind die besonderen Vorzüge des Werkes, das damit ebenbürtig neben die anderen Reichsgerichtskommentare tritt und mit ihnen unentbehrliches Rüstzeug für Richter und Anwälte werden wird." *Badische Rechtspraxis.*

Parisius, Ludolf, und Crüger, Hans, Das Reichsgesetz, betr. die Gesellschaften mit beschränkter Haftung. Textausgabe mit Anmerkungen und Sachregister. Achtzehnte Auflage, bearbeitet von Adolf Crecelius und Fritz Citron. Taschenformat. 244 Seiten. 1929. Geb. 3.50
(Guttentagsche Sammlung Deutscher Reichsgesetze Bd. 32.)

„Die äußerst sachkundig erläuterte Ausgabe des Gesetzes, betreffend die Gesellschaften mit beschränkter Haftung, wird von den interessierten Kreisen freudig begrüßt werden. Wir können das Bändchen der bekannten Guttentagschen Sammlung bestens empfehlen." *Badische Wirtschafts-Zeitung.*

Klumpp, Hermann, Beiträge zur Rechtsstellung der Geschäftsführer einer G. m. b. H. nach deutschem und französischem Recht. Oktav. XVI, 180 Seiten. 1928. 6.—

Im G.m.b.H.-Recht hat die Stellung des Geschäftsführers besondere Bedeutung. Die vorliegende Arbeit, die unter Auswertung der umfangreichen Literatur eine eingehende Untersuchung dieser so wichtigen Frage nach deutschem und französischem Recht darstellt, wird in juristischen und geschäftlichen Kreisen Interesse finden.

Starke, Arthur, Offene Handelsgesellschaften, Kommanditgesellschaften und stille Gesellschaften von der Errichtung bis zur Auflösung. Nebst Vertrags- und Anmeldeformularen und mit Berücksichtigung des Steuerrechts. Oktav. XIV, 167 Seiten. 1928.
Eine systematische Darstellung für Studium und Praxis. 5.—

Wechselordnung und Scheckrecht

Staubs Kommentar zur Wechselordnung. Fortgesetzt von J. Stranz und M. Stranz. Zwölfte Auflage, bearbeitet von M. Stranz und Martin Stranz. Groß-Oktav. 432 Seiten. 1929.
16.—, geb. 18.—

„Zwei Namen klingen ans Ohr, die der deutschen Juristenwelt unvergeßlich sind, Hermann Staub und Josef Stranz. Was soll man mehr sagen? Staub-Stranz ist der Kommentar zur Wechselordnung. Auch die jüngste Auflage des Kommentars gibt einen echten Staub-Stranz. Weiterer Kommentar dazu ist überflüssig.“ Juristische Wochenschrift.

Stranz, J., und Stranz, M., Wechselordnung vom 3. Juni 1908. Kommentar. Zwölfte Auflage von M. und M. Stranz. Taschenformat. VIII, 396 Seiten. 1923. Mit Nachtrag 1926. Geb. 3.50
(Guttentagsche Sammlung Deutscher Reichsgesetze Bd. 5.)

„Die neue Ausgabe der Wechselordnung mit ihrem äußerst nützlichen, guten Kommentar ist sehr zu empfehlen. Erfreulicherweise enthält das Bändchen auch die Bestimmungen der Zivilprozeßordnung über Urkunden- und Wechselprozesse im Anhang.“ Badische Wirtschaftszeitung.

Wechselordnung in der Fassung der Bekanntmachung vom 3. Juni 1908 (RGBl. S. 326ff.). Mit einem Anhang, enthaltend den Wechselprozeß und Nebengesetze. Textausgabe mit Einleitung und Sachregister. Taschenformat. 102 Seiten. 1928. Geb. 1.50
(Guttentagsche Sammlung von Textausgaben ohne Anmerkungen.)

Vorteilhafte Anordnung, ein zuverlässiges Sachregister, das das Gesetz erschließt, Handlichkeit und sauberer Druck zeichnen auch die neue Auflage der Wechselordnung aus, deren Einleitung den letzten Stand dieser Materie erfaßt und deren Anhang „Nebengesetze“ bis auf die letzte Zeit ergänzt ist.

Michaelis, Richard, Scheckgesetz mit allen einschlägigen Nebengesetzen, den ausländischen Gesetzen und dem Deutschen Postscheckgesetz mit Postscheckordnung. Kommentar. Groß-Oktav. VII, 339 Seiten. 1927. 16.—, geb. 18.—
(Gewerbe- und Industrie-Kommentar Bd. II.)

„Die vielen umfangreichen, den einzelnen Bestimmungen des Scheckgesetzes angefügten Bemerkungen behandeln die schwierige Materie in so tiefgründiger Weise, daß man in allen sich ergebenden Zweifelsfragen einer erschöpfenden Aufklärung gewiß sein darf. Es darf ferner nicht unerwähnt bleiben, daß das Buch nicht nur für den Gebrauch für den Juristen überaus geeignet erscheint, sondern auch infolge seiner klaren und allgemeinverständlichen Ausdrucksweise ein wertvolles Hilfsmittel für die Kreise des Gewerbes und der Industrie darstellt. Wir glauben deshalb nicht fehlzugehen, wenn wir dem ausgezeichneten Werke großen Erfolg voraussagen.“ Blätter für Genossenschaftswesen.

Schiffahrtsrecht

Schaps, Georg, Das deutsche Seerecht. Kommentar zum vierten Buche des Handelsgesetzbuches (als Ergänzung zu Staubs Kommentar) nebst Erläuterungen zu den seerechtlichen Nebengesetzen. Zweite, vollständig umgearbeitete Auflage herausgegeben von Max Mittelstein (†) und Julius Sebba.

I. Band. (Handelsgesetzbuch: Viertes Buch.) Groß-Oktav. VIII, 1041 Seiten. 1921. 25.—, geb. 28.—

II. Band. (Seerechtliche Nebengesetze. Bearbeitet von J. Sebba.) XVI, 1108 Seiten. 1929. 52.—, geb. 55.—

„Die alte, auf der Staubschen Kommentierungsmethode beruhende Auflage erfreute sich mit Recht schon großen Ansehens. In diesen bewährten Bahnen leistet die zweite Auflage an Vollständigkeit, Übersichtlichkeit und Genauigkeit das Höchste, was Wissenschaft und Praxis nur wünschen können."
Juristische Wochenschrift.

Brandis, Otto, Das deutsche Seerecht (mit Ausschluß des Seeversicherungsrechts.) I. Allgem. Lehren: Personen und Sachen des Seerechts. 130 Seiten. 1908. II. Die einzelnen seerechtlichen Schuldverhältnisse: Verträge des Seerechts und außervertragliche Haftung. 156 Seiten. 1908. Geb. 1.80

(Sammlung Göschen Bd. 386/87.)

Knitschky, W. E., Die Seegesetzgebung. Fünfte Auflage, bearbeitet von O. Rudorff. XXIV, 1024 Seiten. 1913. Vergriffen.

(Guttentagsche Sammlung Deutscher Reichsgesetze Bd. 19.)

Sieveking, Gustav, Das deutsche Seeversicherungsrecht. Kommentar zum zehnten Abschnitt des vierten Buches des Handelsgesetzbuches. Lexikon-Oktav. 218 Seiten. 1912. 5.—, geb. 6.80

„Der Kommentar ruht auf einer vortrefflichen Grundlage und zeigt sich auch in seinem Inhalte dieser Grundlage durchaus würdig. Er ersetzt ein Lehrbuch und kann daher auch zur Einführung in das Seeversicherungsrecht empfohlen werden."
Leipziger Zeitschrift für deutsches Recht.

Ritter, Carl, Das Recht der Seeversicherung. Ein Kommentar zu den Allgemeinen Deutschen Seeversicherungsbedingungen. Groß-Oktav. 2 Bände. 1494 Seiten. 1924. Geb. 100.—

(Friederichsen, de Gruyter & Co., m. b. H., Hamburg.)

Allgemeine Deutsche Seeversicherungs-Bedingungen. Im Jahre 1919 herausgegeben von den deutschen Seeversicherern nach Beratung mit deutschen Handelskammern und Fachverbänden unter Vorsitz der Handelskammer Hamburg. 16.—20. Tausend. 50 Seiten. 1925.

(Friederichsen, de Gruyter & Co., m. b. H., Hamburg.) 2.—

General Rules of Marine. Insurance 1919 adopted by the German Underwriters. Authorind Translation by Dr. Alfred Sieveking, larger in Hamburg. 64 Seiten. 1920. 3.—
(Friederichsen, de Gruyter & Co., m. b. H., Hamburg.)

Materialien zu den Allgemeinen Deutschen Seeversicherungs-Bedingungen. Im Auftrag der vereinigten Handelskammern herausgegeben von Prof. Dr. E. Bruck. Groß-Oktav. 2 Bände. 678 Seiten. 1920. 10.—
(Friederichsen, de Gruyter & Co., m. b. H., Hamburg.)

Makower, H., Gesetze, betreffend die privatrechtlichen Verhältnisse der Binnenschiffahrt und der Flößerei. Nach den Materialien erläutert. Sechste, vermehrte Auflage, bearbeitet von E. Loewe. Taschenformat. 458 Seiten. 1923. Geb. 4.—
(Guttentagsche Sammlung Deutscher Reichsgesetze Bd. 36.)
„Das vorzüglich bearbeitete Buch dürfte mit seinen klaren und verständlichen Erläuterungen für jeden, der in irgendeiner Weise mit der Binnenschiffahrt und der Flößerei zu tun hat, ein nie versagender Ratgeber sein.“ Schiffbau.

Sebba, Jul., Seewasserstraßenordnung. (Polizeiverordnung zur Regelung des Verkehrs auf den deutschen Seewasserstraßen vom 31. März 1927.) Taschenformat. 493 Seiten. 1928. Geb. 8.50
(Guttentagsche Sammlung Deutscher Reichsgesetze Nr. 171.)
Die vorliegende Ausgabe ist für die an dem neuen Gesetz interessierten beiden Fachgruppen, die der Nautiker und der Juristen, von gleich großer Bedeutung. Diese Verbindung zweier Kenntnisgebiete gibt dem vorliegenden Kommentar seine besondere Note und seinen großen Wert für sämtliche interessierten Kreise.

Bene, F., Der Begriff des Versicherungsfalles in der Seeversicherung. (Hamburger Rechtsstudien, herausgegeben von Mitgliedern der Rechts- und Staatswissenschaftlichen Fakultät der Hamburgischen Universität, Heft 1.) Groß-Oktav. 75 Seiten. 1928. 4.50
(Friederichsen, de Gruyter & Co., m. b. H., Hamburg.)

Elkan, H. H., Die Bedeutung des Interesses für die Veräußerung der versicherten Sache. (Hamburger Rechtsstudien, herausgegeben von Mitgliedern der Rechts- und Staatswissenschaftlichen Fakultät der Hamburgischen Universität, Heft 2.) Oktav. 58 Seiten. 1928.
(Friederichsen, de Gruyter & Co., m. b. H., Hamburg.) 4.—

Genossenschaften

Parisius, Ludolf, Crüger, Hans, Crecelius, Adolf, und Citron, Fritz, Reichsgesetz, betreffend die Erwerbs- und Wirtschaftsgenossenschaften. Kommentar zum praktischen Gebrauch für Juristen und Genossenschaften. Elfte, neubearbeitete Auflage. Groß-Oktav. XV, 598 Seiten. 1928. 28.—, geb. 30.—
„Crüger beherrscht wie kein anderer Theorie und Praxis des Genossenschaftswesens, auch nach der wissenschaftlichen Seite hin.“ Juristische Wochenschrift.

Parisius, Ludolf, und Crüger, Hans, Das Reichsgesetz, betreffend die Erwerbs- und Wirtschaftsgenossenschaften. Textausgabe mit Anmerkungen und Sachregister. Zwanzigste, neubearbeitete und erweiterte Auflage von Hans Crüger, Adolf Crecelius und Fritz Citron. Taschenformat. 297 Seiten. 1930. Geb. 4.—

(Guttentagsche Sammlung Deutscher Reichsgesetze Bd. 29.)

„Der Ruf der Verfasser als ausgezeichnete Kenner dieses schwierigen Rechtsgebietes und nicht weniger die vielen Vorzüge ihres Werkes, in dem auf möglichst beschränktem Raum unter stetem Eingehen auf Rechtsprechung und Literatur das Recht der Genossenschaften musterhaft erläutert wird, haben es zu der verbreitetsten Ausgabe des Gesetzes gemacht, zu der wohl jeder Jurist greift, wenn er sich schnell über eine Frage aus diesem Gebiet unterrichten will."

Kölnische Zeitung.

Verschiedenes

Schreiber, Otto, Handelsrechtliche Nebengesetze. Taschenformat. VIII, 1002 Seiten. 1926. Geb. 14.—

(Guttentagsche Sammlung Deutscher Reichsgesetze Bd. 162.)

„Die Sammlung ist ein unentbehrliches Hilfsmittel für den Praktiker. Die Zusammenstellung ist sehr zuverlässig; auch das Sachregister von Kleffel verdient volle Anerkennung. Druck und Ausstattung des Buches sind ausgezeichnet."

Zentralblatt für Handelsrecht.

Staffel, W., Verordnung gegen Mißbrauch wirtschaftlicher Machtstellungen vom 2. November 1923. Kommentar. Oktav. 108 Seiten. 1927. Geb. 3.50

(Guttentagsche Sammlung Deutscher Reichsgesetze Bd. 167.)

„Die für das Wirtschaftsrecht so wichtige Kartellverordnung findet hier eine eingehende Kommentierung aus der Feder eines in diese Fragen tief eingedrungenen Mitgliedes des höchsten Gerichtshofs. Die Erläuterungen werden daher um so unentbehrlicher für die wirtschaftliche Praxis auf diesem Gebiete sein."

Industrie- und Handelszeitung.

Lusensky, F., Gesetz über die Handelskammern. Taschenformat. Neue Auflage in Vorbereitung.

(Guttentagsche Sammlung Preußischer Gesetze Bd. 21.)

„Das Buch ist ein vortrefflicher Berater aller derer, die in der Handelskammerorganisation sind oder zu ihr in Beziehung stehen. Der erste Teil gibt einen geschichtlichen Überblick über die Entwicklung der preußischen Handelskammern, Entstehungsgeschichte und Inhalt des Handelskammergesetzes. Den zweiten Teil bildet der Kommentar zum Gesetze, in dem der Verfasser die einzelnen Bestimmungen in ihrer Bedeutung und praktischen Tragweite eingehend erörtert und daneben auch auf andere für das Handelskammerwesen wichtige gesetzliche Materien eingeht. Das Buch kann warm empfohlen werden."

Zeitschrift für Polizei- und Verwaltungsbeamte.

Bank und Börse

Göppert-Seydel, Hypothekenbankgesetz vom 13. Juli 1899 (mit den Änderungen durch die Gesetze vom 14. Juli 1923, vom 26. Januar 1926 und 21. Dezember 1927). Textausgabe mit Einleitung, Anmerkungen und Sachregister. Dritte Auflage bearbeitet von Dr. Martin Friedländer. Taschenformat. VIII, 202 Seiten. 1929. 5.—

(Guttentagsche Sammlung Deutscher Reichsgesetze Nr. 51.)

Die vorliegende Auflage des bekannten „Göppert-Seydel" ist den veränderten Verhältnissen entsprechend vollkommen umgearbeitet worden; sie berücksichtigt sowohl die nach dem Kriege erfolgten Änderungen und Ergänzungen des Gesetzes und des Aufwertungsrechtes wie auch die Judikatur und das Schrifttum bis auf die letzte Zeit. Damit kommen die Vorzüge des „Göppert-Seydel" der Praxis und Wissenschaft wieder in ihrem ganzen Umfange zugute.

Koch, R., und Schacht, Hjalmar, Die Reichsgesetzgebung über das Münz- und Notenbankwesen. Textausgabe mit Anmerkungen und Sachregister. Siebente, völlig neubearbeitete Auflage. Taschenformat. XVIII, 617 Seiten. 1925. Geb. 14.—

(Guttentagsche Sammlung Deutscher Reichsgesetze Bd. 26.)

„Dieser Kommentar zeichnet sich durch Vollständigkeit und Reichhaltigkeit aus und bietet außerdem in der Einleitung einen vortrefflichen Überblick über die Entwicklung des deutschen Noten- und Geldwesens während der letzten Jahrzehnte."
Monatsschrift für Handelsrecht und Bankwesen.

Nußbaum, Arthur, Bank- und Börsenrecht. Eine Sammlung von Gesetzen und Geschäftsbedingungen. Taschenformat. XII, 622 Seiten. 1927. Geb. 11.—

(Guttentagsche Sammlung Deutscher Reichsgesetze Bd. 169.)

Die vorliegende Sammlung der verstreuten bank- und börsenrechtlichen Vorschriften fehlte bisher in der kaufmännischen und juristischen Bankpraxis ebenso wie im handelsrechtlichen und betriebswirtschaftlichen Unterricht. Ihr Erscheinen wurde daher vielseitig begrüßt. Die Sammlung berücksichtigt auch die dem freien Verkehr entstammenden Rechtsbildungen.

Kommentar zum Börsengesetz. Im Auftrage des Centralverbandes des Deutschen Bank- und Bankiersgewerbes (E. V.) bearbeitet von H. Rehm, H. Trumpler, Heinrich Dove, Ernst Neukamp, R. Schmidt-Ernsthausen, James Breit. Mit einem Vorwort von J. Rießer. Lexikon-Oktav. VIII, 464 Seiten. 1909. 12.—, geb. 13.50

„Einen so guten Kommentar zum Börsengesetze hat es noch nie gegeben. Wer sich darein vertieft, wird reiche Belehrung daraus schöpfen über das Börsenwesen im allgemeinen und über seine Rechtsübung und Rechtsprechung im besonderen."
Sächsisches Archiv für Rechtspflege.

Hemptenmacher, Th., Börsengesetz. Dritte Auflage von O. Meyer. Taschenformat. XXIII, 373 Seiten. 1915. Geb. 3.50

(Guttentagsche Sammlung Deutscher Reichsgesetze Bd. 41.)

„Das Bändchen bringt neben einem kurzen Überblick und einem vorteilhaft erweiterten Anhang das Börsengesetz nebst Ausführungsbestimmungen. Die einzelnen Paragraphen sind sehr ausgiebig und in gemeinverständlicher Weise kommentiert. Alles in allem schließt sich auch dieses Bändchen wieder den übrigen Textausgaben der wegen ihrer unbedingten und erschöpfenden Sachlichkeit bekannten Guttentagschen Sammlung Deutscher Reichsgesetze würdig an."

Bayrische Handelszeitung.

Lusensky, F., Gesetz, betreffend die Pflichten der Kaufleute bei Aufbewahrung fremder Wertpapiere (Depotgesetz). Neue Auflage in Bearbeitung.

(Guttentagsche Sammlung Deutscher Reichsgesetze Bd. 40.)

„Die beste Bearbeitung des sogenannten Depotgesetzes."

Zeitschrift für Aktiengesellschaften.

Frohner, G., Aktiensonderdepot und Legitimationsübertragung. (Hamburger Rechtsstudien, herausgegeben von Mitgliedern der Rechts- und Staatswissenschaftlichen Fakultät der Hamburgischen Universität, Heft 3.) Groß-Oktav. VII, 114 Seiten. 1929. 7.—

(Friederichsen, de Gruyter & Co., m. b. H., Hamburg.)

Schwerin, Frh. Cl. von, Recht der Wertpapiere (einschließlich Wechsel- und Scheckverkehr). Oktav. X, 234 Seiten. 1924. 7.—, geb. 8.50

(Lehrbücher und Grundrisse der Rechtswissenschaft Bd. 7.)

„Das Buch löst seine Aufgabe, den Studierenden eine Einführung in die Materie des Wertpapierrechts zu geben, ausgezeichnet, vor allem deshalb, weil es eine gute theoretische Fundierung mit einer dem Lehrzweck entsprechenden Darstellung des praktischen Rechts und der Rechtstatsachen verbindet."

Deutsche Juristenzeitung.

Bank-Archiv. Zeitschrift für Bank- und Börsenwesen. Unter Mitwirkung von hervorragenden Fachmännern herausgegeben von Geh. Justizrat Prof. Dr. Rießer, Berlin. Schriftleitung: Rechtsanwalt Otto Bernstein, geschäftsführendes Mitglied des Centralverbands des Deutschen Bank- und Bankiergewerbes. Quart. Jährlich 24 Nummern. XXIX. Jahrgang. 1929/30. Pro Halbjahr 12.—

„Ein von sachverständigen Mitarbeitern unterstütztes Organ, das in der glücklichen Vermischung von wissenschaftlichen Aufsätzen mit Mitteilungen aus der bankmännischen und gerichtlichen Praxis einen Berater von exzeptionellem Werte bildet."

Frankfurter Zeitung.

Zeitgemäße Bankrechtsfragen. Festgabe der Rechtsabteilung der Disconto-Gesellschaft zum 70. Geburtstage des Herrn Dr. jur. Arthur Salomonsohn. Quart. 126 Seiten. 1929.
8.—, geb. 10.—

Inhalt: Zwingende Vorschriften im Aktienrecht. Von Dr. jur. Walter Hartmann. — Londoner Vorkriegsdepots. Von Rechtsanwalt Dr. jur. Hans-Alfons Simon. — Zweitstellige Pfand- und Sicherungsrechte. Von Rechtsanwalt Wilhelm Schütz. — Dotations-Konten (Pfändung und Aufwertung). Von Rechtsanwalt Erich Kraetke. — Das Avis als Verpflichtungsgrund. Von Rechtsanwalt Curt Paechter. — Wirtschaftliche Bedeutung und steuerliche Auswirkung des Steuermilderungsgesetzes bei Betriebszusammenschlüssen. Von Regierungsrat a. D. Dr. Hans Paschke. — Kreditsicherung durch Begründung von Miteigentum. Von Rechtsanwalt Dr. jur. Günther Schirdewahn. — Schutz des Geschäftsverkehrs gegen unbekannte Verfügungsbeschränkungen. Von Gerichtsassessor Dr. jur. Hans-Herbert Wimmer.

Verhandlungen des VII. allgemeinen Deutschen Bankiertages. Köln 9.—11. September 1928 auf Grund stenographischer Berichte. Groß-Oktav. 436 Seiten. 10.—

III. Grenzgebiete des Bürgerlichen Rechts

1. Privat- und Sozialversicherung

Koenige, Heinrich, und **Petersen, A., Gesetz über die privaten Versicherungsunternehmungen** vom 12. Mai 1901. Textausgabe mit Anmerkungen und Sachregister. Dritte, umgearbeitete Auflage. Taschenformat. 856 Seiten. 1927. Geb. 20.—

(Guttentagsche Sammlung Deutscher Reichsgesetze Bd. 62.)

„Der Verfasser hat es meisterhaft verstanden, reiche Literatur und Judikatur zu dem wichtigen Grundgesetz der Privatversicherung mit seiner eigenen selbständigen Auffassung von der Bedeutung der Gesetzesbestimmungen in Verbindung zu bringen. Für Theorie und Praxis der Privatversicherung wird das Werk dadurch zu einem unentbehrlichen Hilfsmittel." Deutsche Versicherten-Zeitung.

Bruck, E., Reichsgesetz über den Versicherungsvertrag nebst dem zugehörigen Einführungsgesetz vom 30. Mai 1908. Sechste, vollkommen neubearbeitete Auflage. Taschenformat. 708 Seiten. 1929. Geb. 14.—

(Guttentagsche Sammlung Deutscher Reichsgesetze Bd. 83.)

„Die Vorzüge, welche die früheren Auflagen schon zeigten, die Fülle des Gebotenen, die Beherrschung des Stoffes, die anschauliche und doch knappe Sprache, und dies alles in dem engen Rahmen einer Textausgabe, kleinen Handausgabe mit Anmerkungen, sind auch dieser Auflage in hohem Maße eigen."
Mitteilungen für die öffentlichen Feuerversicherungs-Anstalten.

Moldenhauer, Paul, **Das Versicherungswesen.**

I. Allgemeine Versicherungslehre. Vierte Auflage. 152 Seiten. 1925. Geb. 1.80

(Sammlung Göschen Bd. 262.)

II. Die einzelnen Versicherungszweige. Zweite Auflage. 130 Seiten. 1923. Geb. 1.80

(Sammlung Göschen Bd. 636.)

„Das Buch ist für jeden, der sich mit dem Versicherungswesen und seinen Zweigen vertraut machen will, auch für den Versicherungsmann als Einführung in die eine oder die andere Materie, die nicht zu seinem unmittelbaren Arbeitsgebiet gehört, ein trefflicher Führer, da es über die technische, wirtschaftliche und organisatorische Grundlage der behandelten Zweige gründlich informiert."
Versicherungspost.

Veröffentlichungen des Reichs-Aufsichtsamts für Privatversicherung. Groß-Oktav. Jahrg. 1—2, je 2.50. Jahrg. 3—16, je 6.—. Jahrg. 17—21, je 7.50. Jahrg. 22, 15.—. Jahrg. 23, 18.—. Jahrg. 24, 21.—. Jahrg. 25, 50.—. Jahrg. 26, 51.50. Jahrg. 27, Heft 1—3, 28.—. Jahrg. 28, Heft 1, 6.—. 2, 13.—. 3, 9.—.

Versicherungsstatistik für 1902 über die unter Reichsaufsicht stehenden Unternehmungen. Herausgegeben vom Reichsaufsichtsamt für Privatversicherung. Lexikon-Oktav. LXXVII, 384 Seiten. 1905. 10.—

— für 1903 bis 1917. Je Jahrgang 10.—

Berliner, Ludwig, und Pfaffenberger, Ernst, Aufwertung von Versicherungsansprüchen mit Durchführungsbestimmungen.

I. Teil. Oktav. 235 Seiten. 1926. Mit Nachtrag. Geb. 6.50
(Guttentagsche Sammlung Deutscher Reichsgesetze Bd. 164.)

II. Teil: Sach- und Transportversicherung; Unfall- und Haftpflichtversicherung. Oktav. 112 Seiten. 1926. Geb. 3.50
(Guttentagsche Sammlung Deutscher Reichsgesetze Bd. 164 a.)

„Das Werk ist ein bedeutsamer Kommentar, durch den die gesetzlichen Bestimmungen von der juristischen und versicherungstechnischen Seite aus eingehend erläutert werden. In seinem straffen, systematischen Aufbau, der Geschlossenheit der Darstellung muß man das Buch als ein Standardwerk für das gesamte versicherungsrechtliche Aufwertungsgebiet bezeichnen.
Quellenangaben, sorgfältige Zitierungen, Stichwortverzeichnis erhöhen den praktischen Wert und machen es zum unentbehrlichen Ratgeber in allen interessierten Kreisen." *Versicherungs-Post, Berlin.*

Lippmann, Karl, Die Reichsversicherungsordnung in der Fassung der Bekanntmachung vom 15. Dezember 1924 und des Gesetzes über das Reichsschiedsamt vom 22. Januar 1925 nebst dem Einführungsgesetze, den wichtigsten Ausführungsvorschriften, den ergänzenden Gesetzen und Verordnungen sowie den Verordnungen über das Verfahren. Oktav. XV, 589 Seiten. 1925. Geb. 11.—

Ergänzungsband, enthaltend den vollständigen Wortlaut der neuen Fassung des Unfallversicherungsgesetzes sowie die Ergänzungen der übrigen Bücher der RVO. Oktav. 224 Seiten. 1926. Geb. 4.—

Zweiter Ergänzungsband, enthaltend weitere Änderungen und Ergänzungen durch die in der Zeit von Anfang 1926 bis Mitte 1928 erlassenen Gesetze und Verordnungen. Zweite, vermehrte Ausgabe, Stand vom 1. Juli 1928. Oktav. 71 Seiten. 1928. —.80
(Guttentagsche Sammlung Deutscher Reichsgesetze Bd. 161 bis 161 c.)

Dritter Ergänzungsband, enthaltend weitere Änderungen und Ergänzungen durch die bis Mitte 1929 erlassenen Gesetze und Verordnungen. Oktav. 81 Seiten. 1929. 1.—
(Guttentagsche Sammlung Deutscher Reichsgesetze Bd. 161 c.)

„Das Buch dürfte sich in der Bibliothek eines jeden finden, der sich mit der Reichsversicherungsordnung befaßt. Es gehört zu den praktisch wertvollsten." *Deutsche Allgemeine Zeitung.*

Reuß, Max, und Hense, Fritz. Das Reichsknappschaftsgesetz vom 1. Juli 1926 nebst Einführungsgesetz. 2. Aufl. Taschenformat. XVI, 640 Seiten. 1926. Geb. 12.—

(Guttentagsche Sammlung Deutscher Reichsgesetze Bd. 155.)

„Zur rechten Zeit erscheint die Erläuterung des Reichsknappschaftsgesetzes aus der Feder zweier Männer, die schon seit Jahren im Verwaltungs- und Aufsichtsdienste des Knappschaftswesens tätig sind und bei der Verabschiedung des Gesetzes mit in erster Linie gestanden haben. Die Herausgabe des Gesetzes aus ihrer Feder bedarf daher keiner besonderen Empfehlung. Das Buch kann allen, die auf dem Gebiete des Knappschaftswesens tätig sind, aufs wärmste empfohlen werden."

Zeitschrift für Bergrecht.

Angestelltenversicherungsgesetz vom 28. Mai 1924. Zweite Auflage. Taschenformat. 143 Seiten. 1927. Mit Nachtrag. Geb. 2.50

(Guttentagsche Sammlung Deutscher Reichsgesetze. Textausgaben ohne Anmerkungen.)

Diese neue Ausgabe entspricht der neuesten Fassung des Gesetzes unter Berücksichtigung der letzten Änderungen und Verordnungen. Das beigefügte Sachregister erleichtert das rasche Zurechtfinden in den einzelnen Bestimmungen des Gesetzes.

Manes, Alfred, Sozialversicherung. 7. ergänzte Aufl. 1928. Kl.-Oktav. 139 Seiten. Geb. 1.80

(Sammlung Göschen Bd. 267.)

„Es gibt keine andere Darstellung der geltenden Sozialversicherung, die in solch erfreulicher Kürze und Sachlichkeit durch die annähernd 2400 Paragraphen führt." *Hanseatische Rechts- und Gerichts-Zeitschrift.*

Schmeißer, Herbert, Handbuch der Arbeitslosenversicherung. Mit einer Einführung und Erläuterungen. Taschenformat. 2. Aufl. Im Druck.

(Guttentagsche Sammlung Deutscher Reichsgesetze Bd. 165.)

„Das Buch gibt in kurzer, aber ausreichender Form eine Darstellung des gesamten Rechtsstoffes der Erwerbslosenfürsorge unter Anpassung an die praktischen Bedürfnisse. Das Buch, das als Handbuch bezeichnet wird, ist allen Arbeitsnachweisen, Kommunalbehörden, Parlamentariern, Gewerkschaften und Angestelltenverbänden zu empfehlen, zumal es sich um Vorschriften handelt, die in politischer, volkswirtschaftlicher und finanzieller Hinsicht zur Zeit weit schwerwiegender sind als die sonstiger sozialer Gesetze."

Kommunalpolitische Blätter.

2. Arbeitsrecht

Depène, Hans, Das Arbeitsgerichtsgesetz. Taschenformat. 180 Seiten. 1927. Vergriffen.

(Guttentagsche Sammlung Deutscher Reichsgesetze Bd. 168.)

„Die neue Materie des Arbeitsgerichtsgesetzes erfordert in erhöhtem Maße das Interesse des Unternehmers. Zur Einarbeitung ist das vorliegende Buch besonders brauchbar, weil es sich nicht um einen Kommentar mit vielen Details handelt, sondern um eine Textausgabe mit einer ausführlichen, von einem hervorragenden Sachkenner verfaßten Einleitung. Daß die entsprechenden Bestimmungen anderer einschlägiger Gesetze gleich mit abgedruckt sind, ist ein großer Vorteil."

Wirtschaftliche Rundschau.

Entscheidungen des Reichsarbeitsgerichts. Herausgegeben von den Mitgliedern des Reichsarbeitsgerichts. Oktav.

Band I. 1928. 6.50, geb. 8.—
Band II. 1928/29. 6.50, geb. 8.—
Band III. 1929. 6.50, geb. 8.—
Band IV. 1929/30. 6.50, geb. 8.—

Die neue Sammlung gibt in der Art der beiden bekannten bisherigen Reihen der Entscheidungen des Reichsgerichts, herausgegeben von den Mitgliedern des Reichsgerichts, die amtliche Auswahl der zur Veröffentlichung bestimmten Entscheidungen des Reichsarbeitsgerichts.

Arbeitsrechtliche Spruchsammlung. Beilage zum Deutschen Handwerksblatt. Pro Quartal —.90

Günther, Adolf, und **Schneider,** Richard, **Arbeiterschutz und Arbeitsrecht.** Zweite Auflage. Taschenformat.

I. Teil: **Arbeitszeitschutz.** Das Arbeitszeitnotgesetz und die übrige arbeitszeitrechtliche Gesetzgebung des Reichs seit dem 9. November 1918. 386 Seiten. 1927. Geb. 7.50

„Die Arbeit ist der 1. Auflage gegenüber ein völlig neues Buch. Der Kommentar umfaßt die gesamte arbeitszeitrechtliche Gesetzgebung von der Staatsumwälzung bis zur Gegenwart, und zwar nicht nur die allgemeinen Bestimmungen, sondern auch die für einzelne Gewerbezweige und Einzelbetriebe erlassenen Verordnungen. Auch die internationale Regelung des Arbeitszeitschutzes findet Berücksichtigung. Das Buch ist ein Führer durch das weite und unübersichtliche Gebiet der arbeitszeitrechtlichen Gesetzgebung. Ein ausführliches Sachregister soll die praktische Benutzung erleichtern.“ Die Wirtschafts-Genossenschaft.

II. Teil: Gesetz über die **Beschäftigung Schwerbeschädigter** nebst den einschlägigen gesetzlichen Bestimmungen. 404 Seiten. 1928. Geb. 8.—

(Guttentagsche Sammlung Deutscher Reichsgesetze Bd. 138a/138c.)

„Die umfassende Rechtsprechung und die angehende wissenschaftliche Bearbeitung, die das Gesetz erfahren hat, beweisen seine hohe wirtschafts- und sozialpolitische Bedeutung. Das Buch stellt somit nicht nur beim Studium des Gesetzes ein wertvolles Hilfsmittel dar, sondern ist auch für den Handgebrauch des Arbeitsrechtspraktikers unentbehrlich.“ Berliner Wohlfahrtsblatt.

IV. Teil: **Betriebsstillegungsverordnung.** 240 Seiten. 1929. Geb. 6.50

(Guttentagsche Sammlung Deutscher Reichsgesetze. Bd. 138d.)

Tilly, Dr. Helmuth Tczerclas von, **Internationales Arbeitsrecht.** Unter besonderer Berücksichtigung der Internationalen Arbeitsorganisation. 120 Seiten. 1924. Geb. 1.80

(Sammlung Göschen Bd. 882.)

Es ist das erste Werk, das in klarer, kurzer und allen leicht verständlicher Weise das gesamte grundlegende Tatsachenmaterial — und zwar nur dieses — auf dem umfassenden Gebiete des internationalen Arbeiterschutzes von dessen ersten Anfängen bis in die neueste Zeit bietet.

3. Gewerberecht

Hiller, Fr., und **Luppe, H., Gewerbeordnung für das Deutsche Reich nebst Kinderschutzgesetz und Hausarbeitsgesetz** sowie den für das Reich und Preußen erlassenen Ausführungsbestimmungen. Einundzwanzigste, veränderte Auflage. (143. bis 148. Tausend.) Taschenformat. 931 Seiten. 1928. Mit Nachtrag vom 11. Febr. 1929. Geb. 11.—

(Guttentagsche Sammlung Deutscher Reichsgesetze Bd. 6.)

„Ein Wort der Empfehlung für dieses Buch zu sagen, erübrigt sich. Die zahlreichen neuen Gesetze sind erschöpfend berücksichtigt.“
Zeitschrift des Deutschen Notarvereins.

Brassert, H., Allgemeines Berggesetz für die preußischen Staaten mit Kommentar. Zweite Auflage, bearbeitet von Hans Gottschalk. Groß-Oktav. XXIX, 1291 Seiten. 1914. 27.—, geb. 30.—

Sonnenfeld, Hugo, Die reichsrechtlichen Bestimmungen, betreffend den Handel mit Drogen und Giften. Dritte, veränderte Auflage. Taschenformat. 435 Seiten. 1926. Geb. 12.—

(Guttentagsche Sammlung Deutscher Reichsgesetze Bd. 64.)

„Die Arbeit gehört einem Spezialgebiet an, mit dem nicht jeder Jurist zu tun hat. Wird er einmal genötigt, sich auf dieses Gebiet zu begeben, so ist er um so dankbarer für eine Arbeit, die sofort den Eindruck größter Sachkunde und vollständiger Materialsammlung macht, und deren Führung man sich unbedenklich anvertrauen kann.“
Vossische Zeitung.

Friedrichs, Gaststättengesetz vom 28. April 1930 mit den Durchführungs- und Ausführungsverordnungen des Reichs und Preußens. Taschenformat. VIII, 144 Seiten. 1930. Geb. 3.50

(Guttentagsche Sammlung Deutscher Reichsgesetze Bd. 176.)

Der Verfasser hat zur vollständigen und zuverlässigen Erläuterung alles herangezogen, was aus der bisherigen Rechtsprechung und den einschlägigen Reichstagsdrucksachen verwertbar ist; die Durch- und Ausführungsverordnungen für das Reich und Preußen sind wörtlich abgedruckt und, soweit notwendig, erläutert.

Lebbin, Georg, Nahrungsmittelgesetze mit Erläuterungen. Zweite, stark vermehrte Auflage in zwei Bänden.

I. Band: Das Lebensmittelgesetz vom 5. Juli 1927 mit Nebengesetzen (Margarine, Fleisch, Milch, Süßstoff, Essigsäure usw.). Erläutert von G. Lebbin und R. Gießner. Taschenformat. XVI, 419 Seiten. 1928. Geb. 8.50

II. Band: Getränkegesetze und Getränkesteuergesetze (Wein, Bier, Branntwein, Mineralwasser). Unter Mitarbeit von Rechtsanwalt Dr. Kniebe. Taschenformat. XII, 400 Seiten. 1926. Geb. 10.—

(Guttentagsche Sammlung Deutscher Reichsgesetze Bd. 54b.)

„Das Werk, in der bekannten und bewährten Aufmachung der Gesetzessammlung gearbeitet, ist für unsere Leser und überhaupt die ganze Fachwelt der Getränkeindustrie unentbehrlich.“
Branntweinmonopol.

Voß, Werner, Die reichs- und landesrechtlichen Bestimmungen auf dem Gebiete des Gesundheitswesens. Taschenformat. 608 Seiten. 1929. (Guttentagsche Sammlung Deutscher Reichsgesetze Bd. 172.) Geb. 11.–

Der vorliegende Band ist eine auf die Praxis abgestimmte Sammlung der Gesetze, Verordnungen und Bestimmungen auf dem Gebiete des Gesundheitswesens, wie sie in dieser Vollständigkeit noch nicht besteht. Dadurch erst ist ein zuverlässiger und rascher Überblick über die einschlägigen weitverstreuten Bestimmungen usw. gewährleistet. Die bei der Guttentagschen Sammlung bewährte Übersichtlichkeit der Anordnung, die Erläuterungen und Verweisungen aus der Feder eines Fachmannes und die Handlichkeit des Formats sowie die Vielseitigkeit der Auswahl sichern auch diesem Bande einen weiten Benutzerkreis.

4. Geistig-gewerblicher Rechtsschutz

Pietzcker, Eduard, Patentgesetz und Gebrauchsmusterschutzgesetz. Kommentar unter Berücksichtigung der vorgeschlagenen und weiter beantragten Abänderungen des Patentgesetzes. Erster Halbband: §§ 1—12 PatG. Groß-Oktav. 427 Seiten. 1929. 26.—, geb. 28.— (Gewerbe- und Industrie-Kommentar Bd. V, 1.)

„Dies Werk erfüllt die Anforderungen an einen mit wissenschaftlichem Geiste erfüllten Kommentar in bewundernswerter Weise. Es ist die sorglich zur Reife gebrachte Frucht reicher Erfahrung, und ich glaube nicht zuviel zu sagen, wenn ich ihm nachrühme, daß er mit dem ersten Augenblick seines Erscheinens sich seinen Platz in der ersten Reihe der gesamten Kommentarliteratur gesichert hat.

Es ist nicht nur ein Genuß, diese klare Sprache zu lesen, der geschlossenen Entwicklung der sachlichen Darstellung zu folgen, es ist vor allem eine Freude, die wissenschaftliche Gründlichkeit und den gedanklichen Reichtum dieser Arbeit in sich aufzunehmen.

Die überall zutage tretende geistige Leistung macht Pietzckers Kommentar für jeden, der sich mit diesem Rechtsgebiet zu beschäftigen hat, zum unentbehrlichen Rüstzeug.“ Markenschutz und Wettbewerb.

Seligsohn, Arnold, Patentgesetz und Gesetz, betr. den Schutz von Gebrauchsmustern. Siebente Auflage. Oktav. 1930. In Bearbeitung.

„Die Vorzüge des Buches sind bekannt. Klare, leichtfaßliche Sprache, wissenschaftliche Vertiefung, dabei starke Betonung der Praxis, lückenlose Behandlung aller Probleme sind die Vorzüge, die den Seligsohnschen Kommentar zum unentbehrlichen Rüstzeug jedes im gewerblichen Rechtsschutz Tätigen gemacht haben.“ Mitteilungen vom Verband Deutscher Patentanwälte.

Lutter, R., Patentgesetz. Nebst Ausführungsbestimmungen, völkerrechtlichen Verträgen und Patentanwaltsgesetz, unter eingehender Berücksichtigung der Rechtsprechung des Reichsgerichts und der Praxis des Reichspatentamts. Neunte Auflage. Taschenformat. XV, 467 Seiten. 1928. Geb. 10.— (Guttentagsche Sammlung Deutscher Reichsgesetze Bd. 22.)

„Der jetzige Verfasser hat einen völlig neuen Kommentar geschaffen, der in seiner Knappheit und Sparsamkeit dem ursprünglichen Zweck gerecht wird, aber an wissenschaftlicher Durcharbeitung und Gründlichkeit die vorangegangenen Auflagen weit überragt. Die jetzt vorliegende Auflage zeichnet sich durch Reichhaltigkeit, Genauigkeit und Klarheit aus.“ Gewerblicher Rechtsschutz und Urheberrecht.

Elster, Alexander, Urheber- und Erfinder-, Warenzeichen- und Wettbewerbsrecht. (Gewerblicher Rechtsschutz.) Zweite, stark erweiterte und völlig umgearbeitete Auflage. Mit Abdruck der Gesetzestexte. Oktav. XII, 611 Seiten. 1928. 18.—, geb. 19.50

(Lehrbücher und Grundrisse der Rechtswissenschaft Bd. VIII.)

„Seit Kohler und Osterrieth endlich wieder das lang entbehrte Lehrbuch. Hier unternimmt ein wahrhaft selbständiger und ideenreicher Kopf den Versuch, eine wirkliche Synthese zu schaffen." Juristische Rundschau.

Neuberg, J., Der internationale gewerbliche Rechtsschutz. 2. Auflage. 128 Seiten. 1923. Geb. 1.80

(Sammlung Göschen Bd. 271.)

Neuberg, Johannes, Gesetz, betr. das Urheberrecht an Mustern und Modellen, und Gesetz, betr. den Schutz von Gebrauchsmustern, nebst den zu beiden Gesetzen ergangenen Ausführungsverordnungen und abgeschlossenen internationalen Verträgen. Textausgabe mit Einleitung, Anmerkungen und Sachregister. Taschenformat. 192 Seiten. 1911. Geb. 2.40

(Guttentagsche Sammlung Deutscher Reichsgesetze Bd. 102.)

„Die Anmerkungen sind kurz, klar, treffend, mit Nachweisungen aus der Judikatur und aus der Literatur versehen. Sie ermöglichen auch dem mit der Materie nicht vertrauten Praktiker eine schnelle Orientierung über den Stand der Frage." Zeitschrift für das gesamte Handelsrecht.

Daude, Paul, Die Reichsgesetze über das Urheberrecht an Werken der Literatur und der Tonkunst und das Verlagsrecht vom 19. Juni 1901 in der Fassung des Gesetzes vom 22. Mai 1910 zur Ausführung der revidierten Berner Übereinkunft. Oktav. VIII, 293 Seiten. 1910. 6.—

„Der Zusammenhang der erläuterten Gesetze mit dem Strafgesetzbuch, dem Bürgerlichen Gesetzbuch und anderen Gesetzen ist in leichtverständlicher Weise praktisch dargestellt. Literatur und Rechtsprechung sind angemessen berücksichtigt. Dem praktischen Juristen, dem Buchhändler und dem Autor wird es gleichermaßen vorzügliche Dienste leisten." Deutsche Literatur-Zeitung.

Lindemann, O., Gesetz, betr. das Urheberrecht an Werken der Literatur und der Tonkunst. Vierte Auflage. Taschenformat. 171 Seiten. 1921. Geb. 1.80

(Guttentagsche Sammlung Deutscher Reichsgesetze Bd. 60.)

„Die vorliegende Arbeit ist nicht bloß eine Gesetzesausgabe, sondern mit ihren sachgemäßen, gründlichen, sorgfältig gearbeiteten, wenn auch kurzen Erläuterungen zu den einzelnen Paragraphen ein wertvoller Kommentar des Gesetzes. Das Werk sei jedermann auf das beste empfohlen." Juristische Wochenschrift.

Fuld, Ludwig, Gesetz, betr. das Urheberrecht an Werken der bildenden Künste und der Photographie. Zweite Auflage. Taschenformat. 192 Seiten. 1925. Geb. 6.—

(Guttentagsche Sammlung Deutscher Reichsgesetze Bd. 81.)

„Der zwar kleine, aber inhaltreiche und daher sehr beliebte Kommentar von Fuld erscheint in zweiter, völlig neubearbeiteter Auflage. Überall ist dem Stande der heutigen Rechtsprechung und wissenschaftlichen Auffassungen Rechnung getragen. In einem Anhang sind die einschlägigen internationalen Übereinkommen abgedruckt. Alle Interessenten werden mit Freuden die neue Auflage begrüßen."
Danziger Juristische Monatsschrift.

Heinitz, Ernst, und Marwitz, Bruno, Das Reichsgesetz über das Verlagsrecht. Textausgabe mit Einleitung, Anmerkungen und Sachregister. Dritte Auflage. Taschenformat. 136 Seiten. 1922. Geb. 1.60

(Guttentagsche Sammlung Deutscher Reichsgesetze Bd. 61.)

„Dieser kurze Kommentar ist durch seine knappen, das Wichtige klar vortragenden Darlegungen dazu berufen, eine Lücke auszufüllen, die sich für den Praktiker des Verlagsrechts seit Jahren ergab. Man darf deshalb das Erscheinen dieser neuen Auflage aus der Feder des Spezialisten des Verlagsrechts mit größter Freude begrüßen." *Börsenblatt für den Deutschen Buchhandel.*

Elster, A., Das deutsche Urheber- und Verlagsrecht. 128 Seiten. 1923. Geb. 1.80

(Sammlung Göschen Bd. 863.)

„Erstaunlich ist, wie Elster diese beiden so viel umstrittenen Gesetze auf so engem Raum in vortrefflicher Weise zur Darstellung gebracht hat."
Deutscher Journalistenspiegel.

Heymann, E., Die zeitliche Begrenzung des Urheberrechts. Oktav. 74 Seiten. 1927. 5.—

(Sitzungsberichte der Preußischen Akademie der Wissenschaften zu Berlin.)

Elster, A., Das deutsche Erfinderrecht. (Patent- und Musterschutzrecht). 118 Seiten. 1924. Geb. 1.80

(Sammlung Göschen Bd. 891.)

„Die Aufgabe, einen Überblick über das deutsche Erfinderrecht zu geben, ist im Rahmen der kurzen Erörterungen mit viel Geschick gelöst. Deshalb wird das Büchlein auch bei allen Gruppen der am Patentrecht interessierten Personen seine Freunde finden." *Gewerblicher Rechtsschutz und Urheberrecht.*

Seligsohn, Jul., Geheimnis und Erfindungsbesitz. Groß-Oktav. 147 Seiten. 1921. 3.—

Reininger, G., Der Schutz des Urheberrechts im deutschen Rundfunk. Oktav. 88 Seiten. 1929. 4.—

Die vorliegende Arbeit untersucht die Wirkungen der technischen Neuerungen im Rundfunk hauptsächlich auf das deutsche Urheberrecht und erörtert die Möglichkeiten einer Änderung oder Ergänzung der Gesetzgebung zum Schutz der Urheber.

Sie untersucht die Theorien, die für die Beurteilung des Urheberrechtsschutzes im Rundfunk aufgestellt worden sind, und prüft an Hand dieser Theorien die Rechtslage nach den neuesten Erfindungen.

Wolff, F., und Crisolli, K.-A., Das Recht der Reklame. Lexikon-Oktav. 424 Seiten. 20.—, geb. 22.—

Mit diesem Buch ist erstmalig eine systematische erläuternde Zusammenstellung der hauptsächlichsten Bestimmungen gegeben, die von Reklame handeln, bzw. mit Reklame in irgendeinem Zusammenhang stehen. In der Praxis macht sich das Fehlen einer solchen Bearbeitung sehr bemerkbar, da die Reklame in der Gesetzgebung kein in sich abgeschlossenes Gebiet bildet, sondern ihre gesetzlichen Grundlagen in den mannigfachen Bestimmungen des privaten und öffentlichen Rechts findet. Die Verfasser haben die einschlägige Rechtsprechung und Literatur bis in die neueste Zeit berücksichtigt.

Pinner-Elster, Gesetz gegen den unlauteren Wettbewerb. Achte, sehr vermehrte und umgestaltete Auflage. Taschenformat. 254 Seiten. 1927. Geb. 5.—

(Guttentagsche Sammlung Deutscher Reichsgesetze Bd. 37.)

„Das Buch ist mehr als eine bloße ‚Textausgabe mit Anmerkungen', nämlich ein richtiger Kommentar, und wird in der Praxis ausgezeichnete Dienste tun."
Senatspräsident am Reichsgericht Dr. Lobe, Leipzig, i. d. Jurist. Wochenschrift.

Wassermann, Martin, **Der unlautere Wettbewerb** nach deutschem Recht. I. Generalklausel, Reklameauswüchse, Ausverkaufswesen, Angestelltenbestechung. 160 Seiten. 1911. II. Kreditschädigung, Firmen- und Namenmißbrauch, Verrat von Geheimnissen, Ausländerschutz. 151 Seiten. 1911. Geb. je 1.80

(Sammlung Göschen Bd. 339 u. 535.)

Born, A., Reichspreßgesetz vom 7. Mai 1874 nebst den einschlägigen Bestimmungen der Reichsverfassung, des Reichsstrafgesetzbuches, der Gewerbeordnung usw. Mit Kommentar und Sachregister. Dritte Auflage. Taschenformat. 176 Seiten. 1924. Geb. 4.—

(Guttentagsche Sammlung Deutscher Reichsgesetze Bd. 53.)

„Das Werk bringt eine sehr reichhaltige Kommentierung des Stoffes, die um so wertvoller ist, als den Entscheidungen der Wortlaut der Urteilsbegründungen beigefügt ist. Ein weiterer Vorteil des Buches ist darin zu erblicken, daß sämtliche einschlägigen Bestimmungen der das Pressewesen berührenden Gesetze aufgeführt, eingehend besprochen und in Beziehung zueinander gebracht worden sind. Als Nachschlagewerk in Zweifelsfällen wird das Buch von großem Nutzen sein."
Ministerialblatt für die preußische innere Verwaltung.

Hagens, Alfred, **Warenzeichenrecht.** Kommentar. Groß-Oktav. VIII, 408 Seiten. 1927. 22.—, geb. 24.—

(Gewerbe- und Industrie-Kommentar Bd. III.)

„Eine ausführliche Darstellung, die zeigt, daß der Verfasser das gesamte Fachschrifttum und die reichhaltige Rechtsprechung restlos beherrscht. Ich habe gefunden, daß nicht ein einziger Fall von Bedeutung fehlt.
Was aber dem Werke eine erhöhte Bedeutung verschaffen dürfte, ist die auf Erfahrungen einer langen richterlichen Laufbahn beruhende, kritische Würdigung, die keineswegs immer eine Übereinstimmung mit dem höchsten Gerichtshof bekundet." *Markenschutz und Wettbewerb.*

Seligsohn, Arnold, **Gesetz zum Schutz der Warenbezeichnungen.** Dritte Auflage, bearbeitet in Gemeinschaft mit Martin Seligsohn in Berlin. Groß-Oktav. IV, 416 Seiten. 1925. 15.—, geb. 16.50

„Der Kommentar zeigt alle Vorzüge des in der Wissenschaft und Praxis des gewerblichen Rechtsschutzes gleich ausgezeichneten Juristen: volle theoretische und praktische Beherrschung des Stoffes, klare Darstellungsgabe, sorgsame Behandlung und treffsicheres Urteil." Badische Rechtspraxis.

Freund, G. S., **Magnus,** Julius, und **Jüngel,** Friedrich, **Das deutsche Warenzeichenrecht.** Sechste, neubearbeitete Auflage. Teil I: Die internationalen Verträge. VI, 247 Seiten. Mit 4 Tafeln. 1924.
(Guttentagsche Sammlung Deutscher Reichsgesetze Bd. 87a.) Geb. 9.—

„Das ganze Werk mit seiner Fülle von Gesetzen, Verordnungen, Verträgen, Bekanntmachungen bildet eine Quellensammlung für das internationale deutsche Zeichenrecht, ohne die man fortan nicht mehr auskommen kann."
Gewerblicher Rechtsschutz und Urheberrecht.

IV. Zivilprozeß

Fischer, Otto, **Lehrbuch des deutschen Zivilprozeß- und Konkursrechts.** Groß-Oktav. XII, 488 Seiten. 1918. 8.—, geb. 10.—

Kisch, Wilh., **Deutsches Zivilprozeßrecht.**
I. Band. Vierte, verbesserte Auflage. 115 Seiten. 1929.
(Sammlung Göschen Bd. 428). Geb. 1.80
II. Band. Vierte, verbesserte Auflage. 168 Seiten. 1929.
(Sammlung Göschen Bd. 429). Geb. 1.80
III. Band. Vierte, verbesserte Auflage. 148 Seiten. 1929.
(Sammlung Göschen Bd. 430.) Geb. 1.80

Diese Auflage wird jedem, der sich auf gemeinverständliche Weise über unser geltendes Zivilgerichtswesen unterrichten will, gute Dienste leisten, und kann namentlich den Studierenden des Rechts als Einführung bestens empfohlen werden.

Sydow, R., **Busch,** L., und **Krantz,** W., **Zivilprozeßordnung und Gerichtsverfassungsgesetz** nebst Anhang, enthaltend Entlastungsgesetze. Handkommentar unter besonderer Berücksichtigung der Entscheidungen oberster Gerichte. Begonnen von Dr. R. Sydow. Fortgeführt von Dr. L. Busch, Reichsgerichtsrat i. R., demnächst mit Dr. W. Krantz, Landgerichtsdirektor. Zwanzigste, neubearbeitete Auflage.
I. Band. Einführungsgesetz und Zivilprozeßordnung. §§ 1—703. Groß-Oktav. VIII, 872 Seiten. 1930. Geb. 18.—
Der zweite Halbband erscheint noch im Laufe dieses Jahres.
(de Gruytersche Sammlung Deutscher Gesetze. Handkommentare.)
Der Bezug des ersten Bandes verpflichtet zur Abnahme des vollständigen Werkes.

„Der Wert des Werkes ist längst anerkannt. Es gibt wohl keinen Praktiker, der sich seiner nicht mit besonderer Vorliebe bedient. Vollständigkeit, Übersichtlichkeit, Zuverlässigkeit und Ausführlichkeit der Erläuterungen sind auch diesmal dem allgemein beliebten Buche als seine hervorstechendsten Vorzüge treugeblieben. Für die Praxis ist es unentbehrlich." Zeitschrift des Bundes Deutscher Justizamtmänner.

Zivilprozeßordnung mit Gerichtsverfassungsgesetz und Einführungsgesetzen in der Fassung der Bekanntmachung vom 13. Mai 1924 mit den bis 1. April 1929 ergangenen Abänderungen. Textausgabe mit Sachregister. Taschenformat. 440 Seiten. 1929. Geb. 3.50

(Guttentagsche Sammlung von Textausgaben ohne Anmerkungen.)

Die handliche Ausgabe enthält den genauen Gesetzestext mit einem das Zurechtfinden sehr erleichternden Sachregister.

Sydow, R., Busch, L., und Krantz, W., Gerichtsverfassungsgesetz mit Einführungsgesetz. Unter besonderer Berücksichtigung der Entscheidungen des Reichsgerichts. Zehnte Auflage. Taschenformat. 347 Seiten. 1925. Geb. 6.—

(Guttentagsche Sammlung Deutscher Reichsgesetze Bd. 14.)

„Das Buch bedarf keiner Empfehlung, es empfiehlt sich selbst durch die Fülle dessen, was es bietet. Gesetzgebung und Rechtsprechung sind bis in die neueste Zeit berücksichtigt.“ Leipziger Zeitschrift für Deutsches Recht.

Rausnitz, Julius, **Gebührenordnung für Notare** vom 28. Oktober 1922 (GS. 404) nebst den einschlägigen Vorschriften des Preußischen Gerichtskostengesetzes vom 28. Oktober 1922 (GS. 363), beide in der Fassung der Gesetze vom 12. April 1923 (GS. 107), 18. Dezember 1923 (GS. 556) und der Verordnung vom 28. Juni 1924 (GS. 573). Sechste, umgearbeitete Auflage. Oktav. 158 Seiten. 1925. Geb. 7.—

(Guttentagsche Sammlung Preußischer Gesetze Bd. 4.)

„Die Aufgabe, einen kurzgefaßten, aber möglichst vollständigen Handkommentar für den täglichen Gebrauch des Praktikers zu schaffen, hat der Verfasser glänzend gelöst. Mit einer bewundernswerten Kürze und Schärfe entscheidet er nicht nur Streitfragen, sondern behandelt auch die im täglichen Leben vorkommenden Fälle vollständig. Der in seiner äußeren Form sehr handlich und gut ausgestaltete Kommentar kann den Herren Kollegen nur auf das wärmste empfohlen werden. Er wird ihnen sehr bald ein unentbehrlicher, weil nie versagender Ratgeber werden, der ihnen ihre Berufsarbeit sehr erleichtern wird.“ Juristische Wochenschrift.

Sydow, R., Busch, L., und Krieg, O., Die Deutsche Gebührenordnung für Rechtsanwälte, das Gesetz, betreffend die Erstattung von Rechtsanwaltsgebühren in Armensachen und die Preußische Landesgebührenordnung mit Erläuterungen. Auf der Grundlage der Sydow-Busch'schen Textausgabe mit Anmerkungen in dreizehnter Auflage unter Mitaufnahme des Gesetzes über die Erstattung in Armensachen neubearb. Taschenformat. 496 S. 1929. Geb. 9.—

(Guttentagsche Sammlung Deutscher Reichsgesetze Bd. 17.)

„Die Erläuterung der Gebührenordnung bietet besonders Wertvolles. Sie steht schon lange unter den Anmerkungsausgaben mit an erster Stelle. Und das mit Recht.“ Zeitschrift des Bundes Deutscher Justizamtmänner.

Sydow, R., Busch, L., und Krieg, O., Deutsches Gerichtskostengesetz nebst Gebührenordnung für Gerichtsvollzieher und für Zeugen und Sachverständige in den neuesten Fassungen. Auf der Grundlage der Sydow-Buschschen Textausgabe mit Anmerkungen neubearbeitet in 11. Aufl. Taschenformat. XI, 433 S. 1928. Geb. 7.50

(Guttentagsche Sammlung Deutscher Reichsgesetze Bd. 15.)

„Die neue Auflage bietet unter gründlicher Berücksichigung der gesamten einschlägigen Rechtsprechung eine zeitgemäße, übersichtliche und erschöpfende Erläuterung des Gesetzes. Für den täglichen Gebrauch in der Praxis erscheint diese Textausgabe mit Anmerkungen als unentbehrlich.“
Dr. Natter in der „Württembergischen Zeitschrift für Rechtspflege“.

Lindemann, Otto, Preußisches Gerichtskostengesetz (neueste Fassung). Nach dem Tode des früheren Herausgebers P. Siméon erläutert. 8., völlig umgearb. Aufl. Taschenformat. 439 S. 1928. Geb. 8.—

(Guttentagsche Sammlung Preußischer Gesetze Bd. 17.)

„Die vorliegende, nunmehr achte Auflage ist entsprechend den bedeutsamen Änderungen der letzten Jahre völlig umgearbeitet. Die gesamte Rechtsprechung wurde eingehend berücksichtigt, so daß hier eine Erläuterung vorliegt, die Zuverlässigkeit und Vollständigkeit in sich verbindet.“
Mitteilungen des Preußischen Richtervereins.

Freiwillige Gerichtsbarkeit

Jastrow, Hermann, und Günther, Hermann, Die Gesetze des Reiches und Preußens über die freiwillige Gerichtsbarkeit. Textausgabe mit Einleitung, Anmerkungen und Sachregister. Siebente, vermehrte Auflage. Taschenformat. 548 Seiten. 1928. Geb. 9.—

(Guttentagsche Sammlung Deutscher Reichsgesetze Bd. 46.)

„Die Anmerkungen unterrichten in zuverlässiger Weise über die wichtigste Rechtsprechung des Reichsgerichts und der deutschen Oberlandesgerichte auf dem Gebiete der freiwilligen Gerichtsbarkeit. Ein ausführliches Sachregister erhöht die Brauchbarkeit des bewährten Buches, das auch in der neuen Auflage seinen Zweck auf das beste erfüllen wird.“ *Juristische Wochenschrift.*

Die Gesetze des Reiches und Preußens über die freiwillige Gerichtsbarkeit. Textausgabe mit Sachregister. Taschenformat. 168 Seiten. 1930. 3.—

(Guttentagsche Sammlung von Textausgaben ohne Anmerkungen mit Sachregister.)

Das Buch enthält in der bekannten Art der Guttentagschen Gesetzesausgaben außer dem „Gesetz über die Angelegenheiten der freiwilligen Gerichtsbarkeit“ alle in dieses Gebiet fallenden sonstigen Gesetze, Ausführungsbestimmungen, Abkommen, Verordnungen usw. in absolut zuverlässigem Abdruck und ein das Zurechtfinden sehr erleichterndes Sachregister.

Szkolny, Felix, und Rober, Leopold, Das Notariatrecht, unter besonderer Berücksichtigung des materiellen Rechts und des Steuer- und Stempelrechts erläutert. Oktav. 236 Seiten. 1926.

(Guttentagsche Sammlung Deutscher Reichsgesetze Bd. 163.) Geb. 8.50

„Die Darlegung des materiellen Rechts, soweit es in der täglichen Anwendung den Notar hauptsächlich beschäftigt. Es wird die Beurkundung einzelner Rechtsgeschäfte und anderer Rechtsvorgänge behandelt. Die Ausführungen verwerten die neueste Lehre und Rechtsprechung eingehend, die Darstellung ist leicht faßlich und klar, einzelne Muster vervollkommnen das anschauliche Bild."

Zeitschrift des Deutschen Notarvereins.

Szkolny, Felix, Die Belehrungspflicht des Notars. Oktav. 52 Seiten. 1927. 2.—

„Ein trotz seines geringen Umfanges sehr nützliches Buch, für das wir dem Verfasser Dank wissen müssen. Jedem Notar wird die Benutzung des Szkolnyschen Buches die Ausübung seines Amtes wesentlich erleichtern. Es ist zu begrüßen, daß die Beschäftigung mit dem Notariatsrecht zunimmt, und es besteht die Hoffnung, daß dies eine günstige Einwirkung auf die Handhabung des Notariats nicht verfehlen wird." *Zeitschrift des Deutschen Notarvereins.*

Konkursordnung und Zwangsvollstreckung

Jaeger, Ernst, Kommentar zur Konkursordnung und den Einführungsgesetzen. Mit einem Anhang, enthaltend das Anfechtungsgesetz, die Vergleichsordnung, Auszüge aus den Kostengesetzen, Ausführungsgesetze und Geschäftsordnungen. Sechste und siebente, neubearbeitete Auflage. Groß-Oktav. Der Umfang des Gesamtwerkes umfaßt etwa 100 Bogen. Die Ausgabe erfolgt in Lieferungen. Gesamtpreis etwa 80.—

Erster Band. Erste Lieferung (§§ 1—16). 296 Seiten. 1928. 16.—

Erster Band. Zweite Lieferung (§§ 17—27). Seite 297—472. 1929. 10.—

Erster Band. Dritte Lieferung. Im Druck.

„Das Jaegersche Werk ist ohne Zweifel der beste von den mehreren guten Kommentaren zur Konkursordnung, die wir besitzen. Die Rechtsanwendung wird von ihm kaum jemals im Stiche gelassen werden, und auch die Rechtslehre wird ihm mannigfache Förderung zu verdanken haben. Das Werk ist mit erschöpfender Gründlichkeit gearbeitet, eine Unsumme auch fernerliegender literarischer Erscheinungen ist von dem Verfasser herangezogen und verwertet worden."

Zeitschrift für Deutschen Zivilprozeß.

Sydow, R., Busch, L., und Krieg, O., Konkursordnung und Anfechtungsgesetz mit Erläuterungen. Auf der Grundlage der Sydow-Busch'schen Textausgabe mit Anmerkungen in fünfzehnter Auflage unter Mitaufnahme der Vergleichsordnung neubearbeitet. Taschenformat. 816 Seiten. 1929. Geb. 12.—

(Guttentagsche Sammlung Deutscher Reichsgesetze Nr. 13.)

„Die Erläuterungsbücher von Sydow-Busch sind als Kommentare mittleren Umfanges seit vielen Jahren in der Juristenwelt rühmlichst bekannt."

Juristische Rundschau.

Gesetz über den Vergleich zur Abwendung des Konkurses (Vergleichsordnung) vom 5. Juli 1927. 54 Seiten. 1927. —.80
Diente zur Ergänzung der KO. von Sydow-Busch-Krieg, 14. Aufl., wird aber auch einzeln abgegeben.

Klien, G., Verordnung über die Geschäftsaufsicht zur Abwendung des Konkurses vom 14. Dezember 1916. Mit systematischer Einleitung von Ernst Jaeger. Taschenformat. 126 Seiten. 1917. Mit Nachtrag. 1924. Geb. 3.—
(Guttentagsche Sammlung Deutscher Reichsgesetze Bd. 127.)

Fischer, K., und Schäfer, L., Die Gesetzgebung, betr. die Zwangsvollstreckung in das unbewegliche Vermögen im Reiche und in Preußen. Bearbeitet von J. Krech und O. Fischer. Zweite Auflage. Lexikon-Oktav. XVI, 728 Seiten. 1910.
15.—, geb. 18.—

„Unter den zahlreichen Bearbeitungen des Zwangsvollstreckungsgesetzes ist der Kommentar von Fischer und Schäfer wohl der wissenschaftlich bedeutendste. Überall sind die Erläuterungen systematisch, manchmal geradezu lehrbuchartig aufgebaut, die leitenden Gedanken treten trotz der Fülle der behandelten Einzelfragen klar und deutlich hervor." Zeitschrift für Rechtspflege in Bayern.

Krech, J., und Fischer, O., Die Gesetzgebung, betr. die Zwangsvollstreckung in das unbewegliche Vermögen im Reiche und in Preußen. Textausgabe mit Einleitung, Anmerkungen und Sachregister. Zehnte Auflage, bearbeitet von O. Fischer. Taschenformat. 266 Seiten. 1929. Geb. 5.—
(Guttentagsche Sammlung Deutscher Reichsgesetze Bd. 43.)

„Einer besonderen Empfehlung dieser handlichen Ausgabe, deren Hauptteil das Gesetz über die Zwangsversteigerung und Zwangsverwaltung bildet, bedarf es nicht. Gesetzgebung, Rechtsprechung und Rechtslehre sind bis zur Gegenwart berücksichtigt." Sächsisches Archiv für Rechtspflege.

Samter, M. K., Handbuch zum Verfahren der Zwangsversteigerung und Zwangsverwaltung nach dem Reichsgesetz vom 24. März 1897 (Fassung vom 20. Mai 1898). Zweite Auflage, vermehrt durch einen Nachtrag und ein Selbstexaminatorium. VIII, 400 Seiten. 1912. 5.—

Im ersten Teil dieses Handbuches sind, seinem Einführungszweck entsprechend, die allgemeinen und materiellrechtlichen Grundlagen des Verfahrens kurz dargestellt, deren Aneignung jüngeren Juristen besonders schwer fällt. Im zweiten Teil ist das Verfahren in organischer Plastik zur Darstellung gelangt, um auch älteren Juristen, in strepitu fori, eine leichte und doch voll ausreichende Übersicht der in Betracht kommenden Vorschriften und Rechtsgrundsätze zu gewähren.

Kretzschmar, F., Die Zwangsversteigerung und die Zwangsverwaltung. 110 Seiten. 1911. Geb. 1.80
(Sammlung Göschen Bd. 523.)

V. Strafrecht und Strafprozeß

Strafgesetzbuch

Ebermayer, Ludwig, Lobe, Adolf und Rosenberg, Werner, Das Reichsstrafgesetzbuch, Leipziger Kommentar mit besonderer Berücksichtigung der Rechtsprechung des Reichsgerichts. Vierte vermehrte und verbesserte Auflage. Lexikon-Oktav. X, 1282 Seiten. 1929. 56.—, in Halbleder geb. 63.—

„Der Kommentar ist in der Praxis unentbehrlich durch seine große Prägnanz und Zuverlässigkeit und bringt auch dem Theoretiker eine ungewöhnliche Fülle von Belehrung und Anregung." Zeitschrift für die gesamte Strafrechtswissenschaft.

Kohlrausch, Eduard, Strafgesetzbuch für das Deutsche Reich mit Nebengesetzen. Textausgabe mit Anmerkungen und Sachregister. Früher von Dr. F. v. Liszt † und Dr. E. Delaquis. Neunundzwanzigste Auflage. Taschenformat. X, 562, * 48 Seiten. 1930. (Guttentagsche Sammlung Deutscher Reichsgesetze Bd. 2.) Geb. 8.—

„Schon die hohe Auflagenziffer beweist das Bedürfnis der Praxis für eine Ausgabe wie die vorliegende. Es ist in der Tat ein Buch, an Hand dessen eine schnelle und zuverlässige Orientierung über die wichtigsten Auslegungsfragen möglich ist. Der Kern der Dinge wird klar herausgestellt. Wichtige Reichsgerichtsentscheidungen werden als Beleg oder als Beispiel angeschlossen. Die neue Auflage ist überall auf den gegenwärtigen Stand der Rechtsprechung gebracht. So dient das Buch in gleicher Weise dem Studierenden zur Einführung in eine Lektüre des Gesetzes wie dem Praktiker zur schnellen Auffindung einer Entscheidung."
Rechtsanwalt Dr. Max Alsberg in der „Juristischen Wochenschrift".

Liszt, Fr. v., Lehrbuch des deutschen Strafrechts. Fünfundzwanzigste, vollkommen durchgearbeitete und zum Teil umgestaltete Auflage, besorgt von Dr. E. Schmidt, Professor an der Universität Breslau. Groß-Oktav. XXXIV, 976 Seiten. 1927. 27.50, geb. 30.—

„Das Lisztsche Lehrbuch wird auch in dieser neuen Bearbeitung seinen ersten Platz und seinen Weltruf sich bewahren." Zeitschrift des Deutschen Notarvereins.

Gerland, H. B., Das deutsche Reichsstrafrecht. Oktav. 600 Seiten. 1922. 10.—, geb. 11.50
(Lehrbücher und Grundrisse der Rechtswissenschaft Bd. XVI.)

„Durch knappe, geradezu klassische Kürze zeigende Darstellung gelang es Gerland auf engem Raume eine ungeheure Fülle des Stoffes zu bieten und auf jede Frage Antwort zu geben." Juristische Wochenschrift.

Gerland, H., Der Entwurf 1925. Allgemeiner Teil. Kritische Bemerkungen. Oktav. 96 Seiten. 1925. 5.—

„Eine außerordentlich interessante Abhandlung über den Entwurf des Strafgesetzbuchs. Die Schrift ist durchaus zu empfehlen; sie stellt ein fast unentbehrliches Hilfsmittel für jeden dar, der sich mit den einschlägigen Fragen zu beschäftigen hat." Mitteilungen des Preußischen Richtervereins.

Aschrott, P. F., und Kohlrausch, Ed., Reform des Strafrechts. Kritische Besprechung des Amtlichen Entwurfs eines Allgemeinen Deutschen Strafgesetzbuchs. Auf Veranlassung der Deutschen Landesgruppe der Internationalen Kriminalistischen Vereinigung unter Mitwirkung erster Fachgenossen herausgegeben. Groß-Oktav. V, 415 Seiten. 1926. 18.—

„Die gestellte Aufgabe ist glänzend gelöst. Kaum ein Punkt ist übersehen worden, der die Kritik herausfordert. — Niemand, der an der endgültigen Gestaltung unseres Strafrechts Anteil nimmt, darf an dieser Sammelkritik achtlos vorübergehen."

Geh. Hofrat Dr. v. Lilienthal in der „Deutschen Juristen-Zeitung".

Zeitschrift für die gesamte Strafrechtswissenschaft. Gegründet von **Fr. von Liszt** und **A. Dochow.** Unter ständiger Mitarbeiterschaft hervorragender Fachmänner herausgegeben von Dr. K. von Lilienthal, Professor in Heidelberg, Dr. Ed. Kohlrausch, Professor in Berlin, und Dr. W. Gleispach, Professor in Wien. Der Jahrgang besteht aus 8—9 Heften. Quart.

Bd. 1—43. 1881—1922. Je 15.—. Bd. 44. 1922. 25.—. Bd. 45. 1924. 21.—. Bd. 46—49. 1925—1929. Je 30.—.

Sammlung außerdeutscher Strafgesetzbücher in deutscher Übersetzung Herausgegeben von den Schriftleitungen der Zeitschrift für die gesamte Strafrechtswissenschaft und der Mitteilungen der Internationalen Kriminalistischen Vereinigung.

Nr. 1—43. 1881—1914. Preise auf Anfrage.

Nr. 44:

Japanische Strafgesetze. I. Schwurgerichtsordnung vom 18. April 1923 und strafrechtliche Nebengesetze. Übersetzt von Hyoichiro Kusano, Reichsgerichtsrat in Tokio, Tadao Sugiura, Oberlandesgerichtsrat in Sapporo, und Dr. jur. Fritz Bartelt in Berlin. II. Strafvollzugsgesetz vom 28. März 1908 nebst Ausführungsverordnung vom 16. Juni 1908. Übersetzt von Dr. jur. Toshita Tokiwa, Gerichtsassessor in Tokio, und Dr. jur. Werner Gentz, Justizrat beim Strafvollzugsamt in Kiel. Oktav. 55 Seiten. 1927. 3.—

Nr. 45:

Die Auslieferungsgesetze Norwegens, Schwedens und Finnlands. Mit einer systematischen Darstellung der Grundzüge des nordischen Auslieferungsrechts im Hinblick auf den Erlaß eines deutschen Auslieferungsgesetzes. Von Dr. jur. Ernst Wolgast, Privatdozent in Königsberg i. Pr. Groß-Oktav. VIII, 487 Seiten. 1928. 20.—

Nr. 46:

Das Türkische Strafgesetzbuch vom 1. März 1926. Gesetz Nr. 765. (Türkisches Gesetzblatt Nr. 320 vom 13. März 1926.) Das Ausführungsgesetz zum Türkischen Strafgesetzbuch vom 26. April 1926. Deutsche Übersetzung von Dr. jur. Kurt Ziemke. Oktav. 138 Seiten. 1927. 5.—

Nr. 47:

Entwurf eines griechischen Strafgesetzbuches. Übersetzt und eingeleitet von Demetrius G. Venturas, Rechtsanwalt in Korfu, Griechenland. Oktav. 123 Seiten. 1928. 7.—

Nr. 48:

Italienischer Vorentwurf zu einem neuen Strafgesetzbuch. (Progetto di un nuovo codice penale.) In deutscher Übersetzung von Dr. K. Bunge, Landgerichtsrat in Berlin. Oktav. XXXII, 224 Seiten. 1928. 10.—

Nebengesetze

Lindemann, Otto, **Sammlung der wichtigsten preußischen Strafgesetze.** Zweite Auflage. Taschenformat. 372 Seiten. 1912.
(Guttentagsche Sammlung Preußischer Gesetze Bd. 34.) Geb. 3.50

„Die durch mehrere wichtige Gesetze erweiterte zweite Auflage dieses unentbehrlichen Ergänzungsbandes zu den in Einzelausgaben erschienenen Preußischen Gesetzen ist durch die Wiedergabe der noch geltenden vereinzelten alten Strafvorschriften nebst trefflich unterrichtenden Vorbemerkungen und Erläuterungen für die Strafverfolgungsbehörden und den Strafrichter besonders wertvoll. Nur mittels einer solchen ausgezeichneten Sammlung ist es diesen möglich, auch die zerstreuten Gebiete des Strafrechts völlig zu beherrschen.“ Deutsche Juristenzeitung.

Fraustädter, Werner, **Deutsches Auslieferungsgesetz** vom 23. Dezember 1929 und andere neuere Vorschriften der Rechtshilfe in Strafsachen, einschließlich der Auslieferung. Textausgabe mit Einleitung, Erläuterungen und Sachregister. Ca. 150 Seiten. 1930. Geb. 4.—
(Guttentagsche Sammlung Deutscher Reichsgesetze Bd. 86.)

Das Auslieferungsgesetz hat durch die Neufassung vom 25. Dezember 1929 eine starke Umgestaltung erfahren, die zur Herausgabe der vorliegenden Neubearbeitung geführt hat. Diese enthält eine ausführliche Erläuterung der neuen Bestimmungen sowie einen Abdruck der wichtigsten Verträge und Vorschriften und ermöglicht einen vollständigen Überblick über den gegenwärtigen Stand des deutschen Auslieferungsrechtes.

Kirchner, Rudolf, **Gesetz über den Verkehr mit Kraftfahrzeugen.** Vierte Auflage. In Vorbereitung.
(Guttentagsche Sammlung Deutscher Reichsgesetze Bd. 92.)

„Der Verfasser bietet ein sehr wertvolles Hilfsmittel für Anwendung und Auslegung des wichtigen Gesetzes. Der Schwerpunkt seiner Erläuterungen liegt natürlich in dem Abschnitt über die Haftpflicht; dieser ist denn auch mit besonderer und sehr anerkennenswerter Gründlichkeit bearbeitet; namentlich ist die Rechtsprechung sorgfältig berücksichtigt.“ Leipziger Zeitschrift für deutsches Recht.

Lindemann, Otto, Polizeiverordnungen in Preußen. Zweite Auflage. Taschenformat. 189 Seiten. 1912. Geb. 2.50
(Guttentagsche Sammlung Preußischer Gesetze Bd. 36.)

Abhandlungen des Kriminalistischen Instituts an der Universität Berlin. Herausgegeben von Dr. **Franz von Liszt,** o. Professor der Rechte. Sonderverzeichnis kostenlos.
Vierte Folge. I. Band.
Heft 1:
Dannenberg, Herbert, **Liberalismus und Strafrecht im 19. Jahrhundert unter Zugrundelegung der Lehren Karl Georg von Waechters.** Oktav. IV, 66 Seiten. 1925. 3.—
Heft 2:
Tarnowski, Dr. Hans, **Die systematische Bedeutung der adäquaten Kausalitätstheorie für den Aufbau des Verbrechensbegriffs.** Oktav. X, 340 Seiten. 1927. 18.—
Heft 3:
Ehrlich, Dr. Lore, **Die strafrechtlichen und zivilrechtlichen Rechtsfolgen des Verrats von Betriebsgeheimnissen im englischen und nordamerikanischen Recht.** VIII, 75 Seiten. 1930. 4.—

Heindl, Robert, **System und Praxis der Daktyloskopie** und der sonstigen technischen Methoden der Kriminalpolizei. Dritte, neubearbeitete und vermehrte Auflage. 900 Abbildungen im Text und 21 Bildertafeln. 780 Seiten. Groß-Oktav. 1927. 36.—, geb. 40.—

„Ein Werk, mit dem wohl für geraume Zeit die Literatur dieses Gebiets ihren krönenden Abschluß gefunden haben dürfte. — Es darf erwartet werden, daß jeder Richter, Rechtsanwalt und Verteidiger sich dieses vorzüglichen Werkes bedient." *Deutsche Juristenzeitung.*

Kleine kriminalistische Bücherei.
Band 1:
Schneickert, Hans, **Die strafrechtlichen Aufgaben der Polizei.** Für den Polizeiunterricht und die Polizeipraxis. Taschenformat. 182 Seiten. 1921. 2.—

„Das Werk stellt ein brauchbares Hilfsmittel für Unterricht und Praxis dar, dessen Benutzung noch durch ein eingehendes Sachregister erleichtert wird." *Ministerialblatt für die preußische Verwaltung.*

Band 2:
Philipp, Lothar, **Beobachtungs- und Ermittlungspraxis im Polizei- und Detektivdienst.** Taschenformat. 180 Seiten. 1923. 2.—

„Alles in allem: ein Buch, für den Fachmann lesenswert, für den Anfänger ein guter Leitfaden, für den Laien interessant."
Zeitschrift für gerichtliche Schriftvergleichung.

Band 3:
Manteuffel, H. v., Falschspieler. Formen und Technik des Spielbetruges, nebst einem Anhange: Der Spielprofessor und sein angeblich sicheres System beim Spiele gegen eine öffentliche Roulettebank. Taschenformat. 90 Seiten. 1923. 2.—

Band 4:

Schneickert, Hans, Kriminalistische Spurensicherung. Sammlung dienstlicher Anweisungen und sachverständiger Ratschläge für den Dienstgebrauch und für Polizeischulen. Zweite, vermehrte und verbesserte Auflage. Taschenformat. 96 S. Mit 2 Abb. 1925. Geb. 3.—

„Alle Einzelheiten werden hervorgehoben und als möglicherweise wichtige Beweismomente in einem vielarmigen System zusammengefaßt. In der Durchführung seiner Aufgabe hat der Verfasser tatsächlich alles berücksichtigt, was füs das Beweisverfahren von Bedeutung ist und sein könnte." Archiv für Kriminologie.

Band 5:

Rehfeldt, P., Gerichtsärztliche Tatbestandsfeststellungen im Dienste der Polizei. Ein Leitfaden für Polizei- und Kriminalbeamte. Taschenformat. 133 Seiten. 1927. Geb. 3.50

„Die Bearbeitung gibt eine geschlossene, einheitliche Behandlung des Stoffgebietes durch einen Arzt, wie sie anderweitig in der kriminalistischen Literatur nicht vorhanden ist." Deutsches Polizeiarchiv.

Strafprozeßordnung

Kohlrausch, Eduard, Strafprozeßordnung und Gerichtsverfassungsgesetz. Textausgabe mit Einleitung, Anmerkungen und Nebengesetzen. In Verbindung mit Dr. Hermann Mannheim, Landgerichtsrat und Professor in Berlin, bearbeitet von Dr. Eduard Kohlrausch, Professor der Rechte in Berlin. Zweiundzwanzigste Auflage (101. bis 104. Tausend). Taschenformat. XI, 510 Seiten. 1930.
(Guttentagsche Sammlung Deutscher Reichsgesetze Bd. 12.) Geb. 7.50

„Das Buch ist nicht nur für den Praktiker, der sich rasch unterrichten will, sondern auch für den Studierenden, zumal wenn ihm die wirtschaftlichen Verhältnisse die Anschaffung umfangreicher Kommentare nicht ermöglichen, von größtem Wert." Oberreichsanwalt Dr. Ebermayer in der „Juristischen Wochenschrift".

Feisenberger, Albert, Strafprozeßordnung und Gerichtsverfassungsgesetz. Handkommentar. Groß-Oktav. IX, 517 Seiten. 1926. Mit Nachtrag 1927. Geb. 17.—
(de Gruytersche Sammlung Deutscher Gesetze. Handkommentare.)

„Der vorliegende Handkommentar ist eine glänzende Arbeit, die bald in der Hand jedes Strafrichters und Rechtsanwalts sein wird. Er hält die Mitte zwischen Textausgabe und den umfangreichen Kommentaren. Geradezu vorbildlich ist er für den Umfang der Heranziehung der Rechtsprechung. Alles Wesentliche ist berücksichtigt." Danziger Juristische Monatsschrift.

Beling, E., Deutsches Reichsstrafprozeßrecht mit Einschluß des Strafgerichtsverfassungsrechts. Oktav. XIV, 568 S. 1928. 15.—, geb. 16.50
(Lehrbücher und Grundrisse der Rechtswissenschaft Bd. XVII.)

Die Eigenart des vorliegenden Lehrbuches des Reichsstrafprozeßrechts ist, daß es dem Verständnis der Gesetzestexte vorarbeiten und zu ihnen hinführen will. Gerade das, was nicht im Gesetz steht, ist die Hauptsache; die Gesetzesparagraphen sind Ziel, nicht Ausgangspunkt. Insbesondere aber stellt der Verfasser die Regelungsinhalte des geltenden Rechts in die heutige rechtspolitische Gedankenwelt hinein und gibt ein auch äußerlich scharf hervortretendes System, das den Lernenden befähigt, die Fülle der Einzelheiten unter allgemeinen Ordnungsgesichtspunkten zusammenzusetzen.

Rosenfeld, E. H., Deutsches Strafprozeßrecht. 2 Bände. 128 und 148 Seiten. 1926. Geb. je 1.80

(Sammlung Göschen Bd. 938/939.)

„Eine wissenschaftlich hochstehende, auf einen knappen Raum zusammengedrängte, klar und originell geschriebene Einführung in den deutschen Strafprozeß." *Schweizer. Zeitschrift für Strafrecht.*

Löwe, F., und Rosenberg, Werner, Die Strafprozeßordnung für das Deutsche Reich vom 22. März 1924 nebst dem Gerichtsverfassungsgesetz. Kommentar. Achtzehnte, neubearbeitete Auflage. Lexikon-Oktav. 1332 Seiten. 1929. 44.—, in Halbleder geb. 50.—

„Der Löwesche Kommentar hat sich in Wissenschaft und Rechtsprechung eine so hervorragende Stellung erworben, daß er zum unentbehrlichen Ratgeber für Theoretiker und Praktiker geworden ist. Der Kommentar steht auf strafprozessualem Gebiet nach wie vor an erster Stelle und ist ein Meisterwerk in der Kunst einer klaren, übersichtlichen und erschöpfenden Darstellung dieses außerordentlich spröden Stoffes." *Zeitschrift des Deutschen Notarvereins.*

Feisenberger, Albert, Strafprozeßordnung und Gerichtsverfassungsgesetz, in alter und neuer Fassung synoptisch gegenübergestellt. Mit ausführlichem Sachregister. Taschenformat. 265 Seiten. 1924. Mit Nachtrag. 1927. Geb. 4.50

(Guttentagsche Sammlung Deutscher Reichsgesetze Bd. 158.)

„Die Ausgabe ist für die Praxis auf längere Zeit unentbehrlich. Die synoptische Darstellung erleichtert die Arbeit und schützt vor Gedächtnisfehlern." *Juristische Wochenschrift.*

Aschrott, P. F., Die Reform des Strafprozesses. Kritische Besprechungen der von der Kommission für die Reform des Strafprozesses gemachten Vorschläge. Auf Veranlassung der Internationalen Kriminalistischen Vereinigung, Gruppe Deutsches Reich. Groß-Oktav. XII, 120 und 784 Seiten. 1906. 12.—

Beiträge zur Reform des Strafprozesses. Herausgegeben von Dr. Franz Adickes, Dr. P. F. Aschrott, Dr. K. von Lilienthal, Dr. Fr. von Liszt. 2 Bände. Groß-Oktav.

I. Band Heft 1—6. 1908. 9.70
II. Band Heft 1—5. 1909. 15.10

Frede, L., und Grünhut, M., Reform des Strafvollzuges. Kritische Beiträge zu dem Amtlichen Entwurf eines Strafvollzugsgesetzes. Oktav. VII, 264 Seiten. 1927. 10.—

Die in dem vorliegenden Buch zusammengefaßten Beiträge üben nicht nur eine Einzelkritik an den Bestimmungen des Entwurfs, sondern dienen zugleich unter dem Gesichtspunkte der gegenwärtigen gesetzgeberischen Aufgabe der wissenschaftlichen Grundlegung des ganzen Strafvollzugsproblems.

VI. Öffentliches Recht

1. Staats- und Völkerrecht

Fischbach, O. G., Allgemeine Staatslehre. Zweite Auflage. 136 Seiten. 1928. (Sammlung Göschen Bd. 358.) Geb. 1.80

„Das Buch darf einer breiten Öffentlichkeit als ausgezeichnete Einführung, den Fachgenossen aber, jung und alt, als Musterbeispiel wissenschaftlichen Bemühens um die denkbar beste Leistung anempfohlen werden, wie man ihm heute nicht allzu häufig mehr begegnet." Reichsverwaltungsblatt.

Fischbach, O. G., Allgemeines Staatsrecht.
I. Teil. 139 Seiten. 1923. Geb. 1.80
(Sammlung Göschen Bd. 415.)
II. Teil. 151 Seiten. 1923. Geb. 1.80
(Sammlung Göschen Bd. 416.)

Diese Bearbeitung bringt nicht bloß einen leicht faßlichen gemeinverständlichen Überblick über alle Zweige des Staatsrechtes, sondern auch in den einzelnen Partien viele gründliche wissenschaftliche Erörterungen der einschlagenden Probleme und kritischen Beleuchtung der verschiedenen Rechtsansichten.

Stier-Somlo, Fritz, Deutsches Reichs- und Landesstaatsrecht I. Oktav. XVI, 726 Seiten. 1924. 16.50, geb. 18.—
(Lehrbücher und Grundrisse der Rechtswissenschaft Bd. XVIII.)

„... Von den zurzeit vorhandenen größeren Lehrbüchern des Reichsstaatsrechts das geeignetste." Juristische Wochenschrift.

Stier-Somlo, Fritz, Reichsstaatsrecht. I. Grundbegriffe des Staatsrechts. Verfassungsgeschichte vom Ende des 18. Jahrhunderts bis zur Reichsverfassung vom 11. August 1919. 108 Seiten. 1927.
(Sammlung Göschen Bd. 967.) Geb. 1.80
II. Das geltende Reichsstaatsrecht. 114 Seiten. 1927. Geb. 1.80
(Sammlung Göschen Bd. 968.)

Stier-Somlo, Fritz, Preußisches Staatsrecht. Zweite Auflage. 136 Seiten. 1927. (Sammlung Göschen Bd. 298.) Geb. 1.80

„Es ist eine Kunst, die nur ein so über der Sache Stehender, wie es der Verfasser auf diesem Gebiete ist, voll meistert, auf so engem Raum und trotzdem auf streng wissenschaftlicher Grundlage und unter Berücksichtigung des neuesten Standes der Forschung die so schwierige Materie darzustellen. Auch für den Juristen ist es eine Freude, die flüssige und interessante Darstellung, die in knappsten Zügen und doch vollständig sowohl die Entwicklung als auch den heutigen Rechtszustand des Staatsrechts umreißt, zu lesen Und deswegen werden die drei schmalen Bändchen nicht allein als wünschenswertes Orientierungsmittel für den Laien und den angehenden Juristen zu begrüßen sein, sondern auch dem im praktischen Berufsleben stehenden Juristen Anregung und Belehrung bieten." Juristische Wochenschrift.

Arndt, Adolf, Die Verfassung des Deutschen Reiches. Dritte Auflage. Taschenformat. 1927. 8.—

(Guttentagsche Sammlung Deutscher Reichsgesetze Bd. 137.)

„In knappen, jedoch sehr eingehenden und namentlich durch stete Hinweise auf die einschlägige Literatur wertvollen Anmerkungen erläutert der hervorragende Staatsrechtslehrer die einzelnen Artikel der Reichsverfassung. Für alle, die sich auf dem schwierigen Gebiet der Reichsverfassung orientieren wollen, liegt hier ein vorzügliches Nachschlagewerk von gediegener Wissenschaftlichkeit vor."
Staats- und Selbstverwaltung.

Stier-Somlo, Fritz, Kommentar zur Verfassung des Freistaates Preußen. Groß-Oktav. 319 Seiten. 1921. Geb. 3.—

„Die Darstellung ist flüssig und knapp und ist als treffliche Orientierung über das neue Verfassungswerk, eine Orientierung, die ihre notwendige Ergänzung in dem vorzüglichen Kommentar Stier-Somlos findet, sehr zu empfehlen."
Zeitschrift für öffentliches Recht.

Arndt, Adolf, Die Verfassung des Freistaats Preußen vom 30. November 1920. Mit Einleitung, vollständigem Kommentar, Landeswahlgesetz und Sachregister. Taschenformat. 158 Seiten. 1921. Geb. 2.—

(Guttentagsche Sammlung Preußischer Gesetze Bd. 1.)

„Die Einleitung ist eine vortreffliche staatsrechtliche Abhandlung, die unter Berücksichtigung und Verwertung der einschlägigen Literatur in die Entstehungsgeschichte und in die Bedeutung der Verfassungsurkunde einführt. Die Erläuterungen sind recht vollständig und enthalten in knapper Darstellung alles zur Auslegung Wesentliche. Zu den verschiedenen verfassungsrechtlichen Fragen nimmt der Verfasser in geschickter Weise Stellung. Der Kommentar wird denjenigen, die sich mit den einzelnen Bestimmungen der Verfassung vertraut machen wollen, ein willkommener Ratgeber sein."
Zeitschrift für Polizei- und Verwaltungsbeamte.

Veröffentlichungen der Vereinigung deutscher Staatsrechtslehrer.

Heft 1: Der deutsche Föderalismus. Oktav. 1924. 5.—

Heft 2: Der Schutz des öffentlichen Rechts. Oktav. 1925. 12.—

Heft 3: Die Gleichheit vor dem Gesetz. Der Einfluß des Steuerrechts auf die Begriffsbildung des öffentlichen Rechts. Oktav. 1927. 7.—

Heft 4: Das Recht der freien Meinungsäußerung. — Der Begriff des Gesetzes in der Reichsverfassung. Oktav. 1928. 10.—

Heft 5: Wesen und Entwicklung der Staatsgerichtsbarkeit. — Überprüfung von Verwaltungsakten durch die ordentlichen Gerichte. Oktav. 1929. 12.—

Heft 6: Bundesstaatliche und gliedstaatliche Rechtsordnung. Verwaltungsrecht der öffentlichen Anstalt. Verhandlungen der Tagung der deutschen Staatsrechtslehrer zu Frankfurt a. M. am 25. und 26. April 1929. Mit einem Auszug aus der Aussprache. Oktav. 1929. 9.—

Sehling, Emil, Kirchenrecht. Zweite Auflage.

I. Teil. Einleitung. Quellen, Verfassung und Verwaltung der katholischen Kirche. Anhang: Die griechisch-orthodoxe Kirche. 119 Seiten. 1922. (Sammlung Göschen Bd. 377.) Geb. 1.80

II. Teil: Das evangelische Kirchenrecht. Die Stellung des Staates zur Kirche und das Verhältnis der Religionsgesellschaften zueinander. 87 Seiten. 1927. Geb. 1.80
(Sammlung Göschen Bd. 954.)

Edler v. Hoffmann, H., Deutsches Kolonialrecht. 150 Seiten. 1907.
(Sammlung Göschen Bd. 318.) Geb. 1.80

Neier, Otto, **Sozialisierungsgesetze.** Taschenformat. 214 Seiten. 1920. Geb. 2.20
(Guttentagsche Sammlung Deutscher Reichsgesetze Bd. 141.)

„Das Werk stellt die erste zusammenfassende kommentarische Darstellung der Sozialisierungsgesetzgebung dar und ist für alle Interessenten unentbehrlich.“
Zentralblatt der Reichsversicherung.

Delius, H., Die Beamtenhaftpflichtgesetze des Reiches und der Länder. Vierte, vermehrte und vollkommen neubearbeitete Auflage. Taschenformat. 384 Seiten. 1929. Geb. 10.—
(Guttentagsche Sammlung Deutscher Reichsgesetze Bd. 94.)

Hohenstein, Adolf, und **Goldbaum,** Wenzel, **Reichsschädengesetze.** Textausgabe mit Anmerkungen. Oktav. 360 Seiten. 1922.
(Guttentagsche Sammlung Deutscher Reichsgesetze Bd. 150.) Geb. 4.—

Im ganzen ist das vorliegende Werk nicht nur ein wertvolles Hilfsmittel für den Fachmann, sondern ist besonders jedem Geschädigten zu empfehlen, der sich über seine Ansprüche orientieren will.“ *Auslandswarte.*

Wörterbuch des Völkerrechts und der Diplomatie. Begonnen von Professor Dr. **Julius Hatschek †.** Fortgesetzt und herausgegeben von Dr. **Karl Strupp,** Professor an der Universität Frankfurt a. M., Associé de l'institut de droit international, membre de l'Academie Diplomatique Internationale. Lexikon-Oktav.

Band I: Aachen—Lynchfall. VI, 860 Seiten. 1924.
35.—, in Halbleder geb. 40.—

Band II: Maas—Utschiali. 779 Seiten. 1925.
35.—, in Halbleder geb. 40.—

Band III (Schluß): Vasallenstaaten—Zwangsverschickung. Ferner Anhang: Abessinien—Weltgerichtshof; Sachverzeichnis und Mitarbeiterregister. II, 1316 Seiten. 1929. 62.—, in Halbleder geb. 67.—

„Der Vorsprung, den entsprechende Werke in französischem Sprachgewande bisher hatten, ist nunmehr in Deutschland eingeholt. Die Form der alphabetischen Zergliederung des Stoffes ermöglicht eine breitere Behandlung der Einzelfälle, die im internationalen Rechtsleben nicht selten von größerer Bedeutung als vorzeitig aufgestellte Abstraktionen sind.“ *Zeitschrift für Völkerrecht.*

Anzilotti, Lehrbuch des Völkerrechts. Übersetzt und herausgegeben vom Institut für ausländisches öffentliches Recht und Völkerrecht, Berlin. Groß-Oktav. 444 Seiten. 1929. 19.—, geb. 20.—

Mit der Herausgabe der Übersetzung dieses Lehrbuches des berühmten Völkerrechtlers ist das Institut für ausländisches öffentliches Recht und Völkerrecht einem in Deutschland außerordentlich fühlbaren Bedürfnis entgegengekommen. Das Buch ist nicht schlechthin eine Übersetzung der italienischen Originalausgabe, sondern berücksichtigt auch die gesamte Rechtsprechung und Literatur der letzten Zeit und stellt somit das zur Zeit modernste Lehrbuch des Völkerrechts überhaupt dar.

Niemeyer, Theodor, Völkerrecht. 168 Seiten. 1925. Geb. 1.80
(Sammlung Göschen Bd. 865.)

Dieses Bändchen gibt in gedrängter Form eine vollständige Übersicht über das Völkerrecht.

Beiträge zum ausländischen öffentlichen Recht und Völkerrecht. Herausgegeben im Auftrage des Instituts für ausländisches öffentliches Recht und Völkerrecht in Berlin in Gemeinschaft mit Friedrich Glum, Ludwig Kaas, Rudolf Smend, Heinrich Triepel von **Viktor Bruns.** Groß-Oktav.

Eine Sammlung einschlägiger wissenschaftlicher Abhandlungen, Materialsammlungen, Übersetzungen besonders wertvoller ausländischer Werke u. a.

Heft 1:

Staatsrecht und Politik. Rede beim Antritt des Rektorats der Friedrich-Wilhelms-Universität zu Berlin am 15. Oktober 1926. Von Heinrich **Triepel.** 40 Seiten. 1927. 2.—

Heft 2:

Volksentscheid und Volksbegehren. Ein Beitrag zur Auslegung der Weimarer Verfassung und zur Lehre von der unmittelbaren Demokratie. Von Dr. Carl **Schmitt,** o. ö. Professor der Rechte an der Universität Bonn. 54 Seiten. 1927. 2.60

Heft 3:

Der Aufbau des britischen Reiches. (Der Verhandlungsbericht der Reichskonferenz von 1926.) Eingeleitet und herausgegeben von Gerichtsassessor Dr. **K. Heck,** Referent am Institut für ausländisches öffentliches Recht und Völkerrecht. 152 Seiten. 1927. 6.—

Heft 4:

Die Souveränität. Ein Beitrag zur Theorie des Staats- und Völkerrechts. Von Dr. **H. Heller,** Privatdozent und Referent am Institut für ausländisches öffentliches Recht und Völkerrecht. 177 Seiten. 1927. 8.50

Heft 5:

Die Missionsfreiheit nach den Bestimmungen des geltenden Völkerrechts. Von Dr. Theodor **Grentrup,** S. V. D. 112 Seiten. 1928 5.50

Heft 6:

Das Minoritätenproblem und seine Literatur. Kritische Einführung in die Quellen und die Literatur der europäischen Nationalitätenfrage der Nachkriegszeit, unter besonderer Berücksichtigung des völkerrechtlichen Minderheitenschutzes.

Allgemeiner Teil. Von Jakob **Robinson**, Rechtsanwalt in Kaunas (Litauen). 265 Seiten. 1928. 9.—

Heft 7:

Der Reichssparkommissar. Von Dr. Karl **Bilfinger**, o. ö. Professor der Rechte an der Universität Halle. 68 Seiten. 1928. 3.60

Heft 8:

Die völkerrechtliche Stellung der fremden Truppen im Saargebiet. Von Dr. jur. J. M. **Bumiller**, Referent am Institut für ausländisches öffentliches Recht und Völkerrecht, Berlin. 156 Seiten. 1928. 9.—

Heft 9:

Das Recht des Ausnahmezustands im Auslande (Frankreich, Belgien, Niederlande, Italien, England, Irland). Bearbeitet im Institut für ausländisches öffentliches Recht und Völkerrecht. 296 Seiten. 1928. 14.—

Heft 10:

Die Beziehungen zwischen dem Parlament und den Gerichten in England. Eine rechtsvergleichende Studie. Von Heinrich B. **Gerland.** 137 Seiten. 1928. 8.—

Heft 11:

Zu den Problemen des fascistischen Verfassungsrechts. Akademische Antrittsvorlesung. Von Dr. Gerhard **Leibholz**, Privatdozent an der Universität Berlin, Referent am Institut für ausländisches öffentliches Recht und Völkerrecht. 112 S. 1928. 5.—

Heft 12:

Der deutsche und der französische Reichswirtschaftsrat. Ein Beitrag zu dem Problem der Repräsentation der Wirtschaft im Staat. Von Dr. Friedrich **Glum**, Privatdozent an der Universität Berlin, Wissenschaftliches Mitglied des Instituts für ausländisches öffentliches Recht und Völkerrecht. 188 Seiten. 1929. 9.—

Heft 13:

Das Wesen der Repräsentation unter besonderer Berücksichtigung des Repräsentativsystems. Ein Beitrag zur allgemeinen Staats- und Verfassungslehre. Von Dr. Gerhard **Leibholz**, Privatdozent an der Universität Berlin, Referent am Institut für ausländisches öffentliches Recht und Völkerrecht. Groß-Oktav. 214 Seiten. 1929. 14.—

Zeitschrift für ausländisches öffentliches Recht und Völkerrecht. Im Auftrage des Instituts für ausländisches öffentliches Recht und Völkerrecht herausgegeben von Dr. Viktor **Bruns**, Professor an der Universität Berlin, Leiter des Instituts.

Band I Teil 1: Abhandlungen. XXVIII, 657 Seiten. 1930. 43.—
Band I Teil 2: Urkunden. XVI, 858 Seiten. 1930. 54.—

Der neuen Zeitschrift für ausländisches öffentliches Recht und Völkerrecht ist es als Aufgabe gesetzt, die wichtigsten die Wissenschaft und die Praxis beschäftigenden Probleme des Völkerrechts und des außerstaatlichen öffentlichen Rechts zu behandeln. Sie wird zu all diesen Fragen eingehend Stellung nehmen und über alle wichtigen Ergebnisse der Gesetzgebung und der Rechtsprechung auf diesem Gebiete im In- und Ausland eingehend berichten. Der I. Jahrgang der Zeitschrift wird in zwei Bänden herausgegeben; künftig erfolgt das Erscheinen vierteljährlich.

Kraus, H., Internationale Schiedssprechung. Eine Sammlung der für das Deutsche Reich verbindlichen Verträge und Vertragsbestimmungen, die sich auf internationale Gerichtsbarkeit, Schiedsgerichtsbarkeit sowie Vergleichsverfahren beziehen, nebst den dazugehörigen deutschen Regierungsdenkschriften. Taschenformat. XXXVI, 348 Seiten. 1929. (Guttentagsche Sammlung Deutscher Reichsgesetze Bd. 174.) Geb. 10.—

Die vorliegende Sammlung ist eine systematische Zusammenstellung derjenigen Staatsverträge und Vertragsbestimmungen, die sich auf die friedliche Erledigung internationaler Streitigkeiten im juristisch geordneten Verfahren beziehen, soweit Deutschland daran beteiligt ist. Diese Zusammenstellung reicht vom Schiedsabkommen der Haager Friedenskonferenz von 1899 bzw. 1907 über die Locarnoverträge zum sog. Kellogpakt. Besonderer Wert wurde auf den Abdruck der Bemerkungen der deutschen Regierung zu fast allen diesen Verträgen gelegt.

Strupp, Karl, Das Werk von Locarno. Eine völkerrechtlich-politische Studie. Oktav. 180 Seiten. 1926. 10.—

„Die lückenlose Mitteilung aller für das Verständnis und die Auslegung wichtiger Urkunden macht das aktuelle Buch zu einem außerordentlich wertvollen Mittel der Erkenntnis des Inhalts und der Tragweite dieser grundlegenden Staatsverträge.“
D. A. Z.

Deutschland unter dem Dawes-Plan. Entstehung, Rechtsgrundlagen, wirtschaftliche Wirkungen der Reparationslasten. Von Professor Max **Sering**, Universität Berlin. Oktav. VIII, 237 Seiten. 1928. 10.—

Der weithin bekannte Volks- und Weltwirtschaftler nahm im Auftrage der Reichsregierung als Sachverständiger an der Weltwirtschaftskonferenz zu Genf teil und ist ganz besonders berufen, die Entstehungsgeschichte, die Rechtsgrundlagen, die volks- und weltwirtschaftlichen Auswirkungen des Dawes-Abkommens nach jeder Richtung hin zu untersuchen und darzustellen. Nachdem sich die Reparationen auch in der Form der Daweszahlungen als schwerstes Hindernis der normalen Entwicklung der deutschen Volkswirtschaft und somit auch für den Wiederaufbau der Weltwirtschaft überhaupt herausgestellt haben und eine Revision des Dawes-Abkommens immer dringlicher wird, ist eine Untersuchung dieses Problems nach einem nunmehrigen Stande von ganz besonderer Wichtigkeit.

2. Verwaltungsrecht

Reichsrecht

Blume, E., und Weirauch, W., Die Eisenbahn-Verkehrsordnung vom 16. Mai 1928 mit Allgemeinen Ausführungsbestimmungen sowie dem Internationalen Übereinkommen über den Eisenbahnfrachtverkehr vom 30. Mai 1925 und dem Internationalen Übereinkommen über den Eisenbahn-Personen- und Gepäckverkehr vom 12. Juni 1925. Textausgabe mit Anmerkungen. Vierte Auflage. Taschenformat. X, 482 Seiten. 1928. Geb. 9.—
(Guttentagsche Sammlung Deutscher Reichsgesetze Bd. 91.)

„Wir besitzen hier einen neuen, die tatsächlichen Verhältnisse bis zur Gegenwart berücksichtigenden Kommentar und damit ein treffliches Hilfsbuch für alle, die sich mit dem Eisenbahnverkehrsrecht theoretisch und praktisch zu beschäftigen haben. Der Kommentar wird besonders auch den Gerichten und den Anwälten gute Dienste leisten, da die Ausführungsbestimmungen zur Eisenbahnverkehrsordnung, die vollständig abgedruckt werden, sonst nur in den Tarifen veröffentlicht werden, die in den Kreisen der Juristen weniger bekannt sind. Allen, die es angeht, kann daher die Anschaffung der neuen Auflage dringend empfohlen werden."
Juristische Wochenschrift.

Fischer, D., und Staedler, E., Die deutsche Post- und Telegraphengesetzgebung. Teil I: Postrecht (mit Ausschluß des internationalen Rechts). Siebente Auflage. 47*, 586 Seiten. 1929. Geb. 15.—
(Guttentagsche Sammlung Deutscher Reichsgesetze Bd. 7.)

Mit der vorliegenden Neuauflage dieser lange Zeit vergriffen gewesenen Ausgabe wird dem Wunsche zahlreicher Interessenkreise entsprochen: Die neue Bearbeitung ist gegenüber der letzten Auflage wesentlich vermehrt und in allen Teilen neugestaltet. Sie enthält die Quellen des Postrechts, wobei die Postordnung in ihrer letzten Fassung (vom Januar 1929) erscheint.
Dem Ganzen wurde erstmalig eine Systematik des geltenden Postrechts vorangestellt; die Gesetzestexte wurden sorgfältig erläutert, Rechtsprechung und die einschlägige Literatur bis auf die letzte Zeit berücksichtigt.

Sebba, Julius, Seewasserstraßenordnung. (Polizeiverordnung zur Regelung des Verkehrs auf den deutschen Seewasserstraßen vom 31. März 1927.) Taschenformat. 493 Seiten. 1928. Geb. 8.50
(Guttentagsche Sammlung Deutscher Reichsgesetze Bd. 171.)

„Es bedarf hierbei wohl nicht der besonderen Hervorhebung, daß die Kommentierungsmethode des rühmlichst bekannten Neu-Herausgebers von Schaps-Seerecht auch in dem vorliegenden Werke eine knappe und doch gründliche geworden ist."
Verkehrsrechtliche Praxis.

Busse, Rudolf, Luftrecht einschließlich Luftverkehrsgesetz und Pariser Luftverkehrsabkommen. Taschenformat. XVIII, 448 Seiten. 1928. Geb. 10.—
(Guttentagsche Sammlung Deutscher Reichsgesetze Bd. 170.)

Das vorliegende Buch sucht in einem nationalen und internationalen Teil einen klaren Überblick über das gesamte Luftrecht zu geben; der neueste Stand der Rechtsprechung ist hierbei berücksichtigt. Den erläuterten Gesetzesabkommenstexten ist eine systematische Einführung in das gesamte Luftrecht mit seinen vielseitigen Rechtsdisziplinen vorausgeschickt.

Zeitschrift für das gesamte Luftrecht (ZLR.). Herausgegeben von Dr. jur. Otto **Schreiber**, o. Professor an der Universität in Königsberg i. Pr., Geh. Regierungsrat, Leiter des Instituts für Luftrecht. Erscheint in Bänden zu je vier Heften.

Band I 1926/28 50.—, geb. 55.—

Band II, Heft 1 10.—

„Organisation und Inhalt der Zeitschrift machen einen vorzüglichen Eindruck. Im Interesse ihres hohen sachlichen Zieles sind ihr weite Verbreitung und bester Erfolg zu wünschen." Weltwirtschaftliches Archiv.

Volkmann, Kurt, Die Straßenverkehrsordnungen nebst den einschlägigen Nebenbestimmungen. Taschenformat. 312 Seiten. 1929. Geb. 7.—

(Guttentagsche Sammlung Deutscher Reichsgesetze Bd. 175.)

Die vorliegende neue Zusammenstellung der für den Straßenverkehr in Stadt und Land geltenden Bestimmungen hat sich aus der Eigenart des Verkehrs notwendig gemacht. Die Erläuterung stützt sich auf die Musterordnung des Reichsverkehrsministeriums, der bis auf ganz geringfügige Änderungen alle Landesverordnungen engstens nachgebildet sind. Ferner enthält sie die Verordnung über den Kraftfahrzeugverkehr, die Berliner Straßenordnung, die Grundzüge betreffend den Radfahrverkehr, die entsprechenden preußischen Runderlasse sowie die österreichische Straßenpolizeiverordnung. Rechtsprechung und Literatur sind berücksichtigt.

Kirchner, Rudolf, Gesetz über den Verkehr mit Kraftfahrzeugen vom 3. Mai 1909. Vierte, völlig neubearbeitete Auflage. In Vorbereitung.

(Guttentagsche Sammlung Deutscher Reichsgesetze Bd. 92.)

„Der Verfasser hat sich mit der nicht unschwierigen Materie auf das beste vertraut gemacht und seine Kenntnisse mit großer Gewandtheit in logischen, klaren und ausführlichen Erläuterungen zum Gesetze verwertet." Zeitschrift für Polizei- und Verwaltungsbeamte.

Aumer, Georg, Der Kraftfahrzeugverkehr. Richtlinien für Polizeibeamte und Kraftfahrer. Mit 79 Abbildungen und Figuren. Zweite Auflage. Taschenformat. 208 Seiten. 1928. Geb. 4.50

„Ein kleines, aber nicht nur für jeden Polizeibeamten, sondern für jeden bei einem Kraftfahrzeugunfall — sei es nur als Zeugen — Beteiligten interessantes Kapitel über Hinweise auf Feststellungen bei Unglücksfällen und eine Übersicht über den Kraftfahrzeugbestand schließen die interessante Schrift, die — wenn sie sich auch ihrem Zweck entsprechend von juristischen Erörterungen fernhält — doch auch dem Juristen eine Fülle rechtstatsächlichen Materials, das gerade auf diesem Gebiete besonders wichtig ist, bietet." Juristische Wochenschrift.

Holzapfel, W., Die Siedlungsgesetzgebung im Reich und in Preußen. 347 Seiten. 1920. Geb. 3.—
(Guttentagsche Sammlung Deutscher Reichsgesetze Bd. 140.)
„Die zur Ausführung jener Gesetze bestimmten Behörden und auch die literarische Forschung wird dem Verfasser für seine mühevolle Arbeit Anerkennung zollen." *Archiv für öffentliches Recht.*

Behrend, Ernst, und **Stranz-Hurwitz,** Helene, **Sammlung von Wohlfahrtsgesetzen** des Deutschen Reichs und Preußens nebst den allgemeinen Wohlfahrtsgesetzen von Sachsen, Thüringen, Hamburg, Mecklenburg-Schwerin und -Strelitz, Oldenburg, Lippe und Lübeck.
Teil I: Taschenformat. 560 Seiten. 1923. Geb. 5.—
Teil II: Nebst Ausführungsgesetzen sämtlicher Länder zum Reichsjugendwohlfahrtsgesetz. Taschenformat. XVI, 551 Seiten. 1925. Geb. 9.—
Teil I und II zus. 12.—
(Guttentagsche Sammlung Deutscher Reichsgesetze Bd. 152 und 152a.)
„Die kurzen, alles Wesentliche zusammenfassenden Einleitungen zu den einzelnen Gesetzen sind mit außerordentlicher Sachkunde und Klarheit geschrieben; sie genügen zusammen mit den Literaturangaben völlig für den Praktiker, um die Gesetzestexte richtig handhaben zu können. Das Werk ist für alle in der Wohlfahrtspflege Arbeitenden unentbehrlich und sehr praktisch."
Nachrichtendienst des Deutschen Vereins für öffentliche Fürsorge.

Wegner, Arthur, **Jugendrecht.** Ein Lehrbuch zur Einführung. Oktav. IX, 219 Seiten. 1929. 6.—, geb. 7.50
„Ein gleichartiges und gleichwertiges Werk über das Jugendrecht gibt es noch nicht." *Breslauer Zeitung.*

Drewes, Paul, und **Sandré,** Emil, **Das Reichsgesetz für Jugendwohlfahrt** vom 9. Juli 1922 und **Jugendgerichtsgesetz** vom 16. Februar 1923 nebst Nebengesetzen. Zweite Auflage. Taschenformat. XVI, 496 Seiten. 1928. Geb. 11.—
(Guttentagsche Sammlung Deutscher Reichsgesetze Bd. 154.)
„Eine sehr handliche Gesetzesausgabe. Sie bietet in ausführlichen geschichtlichen und rechtlichen Vorbemerkungen und Einleitungen wertvolles Material zur Einführung in den Willen und Geist beider Gesetze und gibt in knappen, aber ausreichenden Erläuterungsbemerkungen zu den einzelnen Bestimmungen dem Praktiker die erforderlichen Unterlagen zur richtigen Anwendung. Das Werk dürfte sich in der Praxis bald beliebt machen."
Blätter für öffentliche Fürsorge.

Sandré, Emil, **Verordnung über die Fürsorgepflicht.** Vom 14. Februar 1924. Mit Einschluß der für die Durchführung dieser Verordnung in Frage kommenden reichs- und landesgesetzlichen Bestimmungen. Taschenformat. 342 Seiten. 1925. Geb. 6.—
(Guttentagsche Sammlung Deutscher Reichsgesetze Bd. 160.)
„Die Zusammenstellung der bis in die jüngste Zeit ergangenen gesetzlichen Bestimmungen, die in Beziehung zur Fürsorgepflichtverordnung stehen, gibt der

Sandrëschen Arbeit ihre besondere Bedeutung. Die Anmerkungen sind zahlreich und zeichnen sich durch einen feinen, klaren Stil aus. Das Buch ist übersichtlich geordnet und leicht zu handhaben." Schleswig-Holsteinische Wohlfahrtsblätter.

Szczesny, Viktor, Das Lichtspielgesetz vom 12. Mai 1920 mit der Ausführungsverordnung, Einleitung, Gebührenordnung und Sachregister. Taschenformat. 106 Seiten. 1920. Geb. 1.50

(Guttentagsche Sammlung Deutscher Reichsgesetze Bd. 147.)

„Das neue Lichtspielgesetz hat hier eine ausführliche Kommentierung gefunden. Das Buch kann bei der gründlichen Behandlung des Stoffes als ein geeignetes Hilfsmittel für die Praxis bezeichnet werden."

Preußische Gemeinde-Zeitung.

Wündisch, Ernst, **Das Gesetz über Schußwaffen und Munition** vom 12. April 1928 (RGBl. I S. 143) nebst der Ausführungsverordnung der Reichsregierung vom 13. Juli 1928 (RGBl. I S. 198) und dem Preußischen Erlaß zur Durchführung des Gesetzes vom 7. September 1928 (MBliV. S. 925). Taschenformat. 139 Seiten. 1928. Geb. 5.—

(Guttentagsche Sammlung Deutscher Reichsgesetze Bd. 173.)

Durch das neue Gesetz über Schußwaffen und Munition vom 12. April 1928 sind auf diesem für die Öffentlichkeit so wichtigen Gebiet neue Rechtsverhältnisse geschaffen worden, für die die Praxis exakte Erläuterungen wünscht. Eine solche Erläuterung stellt das vorliegende Buch dar, das, von einem auf diesem Gebiet besonders erfahrenen Sachkenner bearbeitet, eine absolut zuverlässige Darstellung der neuen Bestimmungen enthält. Außer dem Gesetzestext sind die für die Praxis wichtigen Ausführungsbestimmungen des Reiches und Preußens abgedruckt. Auf Übersichtlichkeit, Leichtverständlichkeit und Vollständigkeit der Erläuterungen, die die Hauptvorzüge der Guttentagschen Sammlung sind, wurde auch bei diesem Gesetze Wert gelegt.

Fraustädter, W., und **Kreutzberger,** M., **Das deutsche Ausländerrecht.** Die Bestimmungen des Reichsrechts und preußischen Landesrechts. Textausgabe mit Erläuterungen und Sachregister. Taschenformat. 396 Seiten. 1927. Geb. 9.—

(Guttentagsche Sammlung Deutscher Reichsgesetze Bd. 166.)

„Eine höchst begrüßenswerte Veranstaltung, aus dem Bedürfnis der Praxis hervorgegangen und mit vollendetem Sachverständnis unternommen. Sowohl die Vollständigkeit der mannigfach verstreuten gesetzlichen Bestimmungen als deren Anordnung, Registrierung und Erläuterung durch Ausführungsbestimmungen, Gerichtsentscheidungen, Verwaltungspraxis ist vortrefflich."

Niemeyers Zeitschrift für internationales Recht.

Voß, Werner, Die reichs- und landesrechtlichen Bestimmungen auf dem Gebiete des **Gesundheitswesens.** Zusammengestellt und mit Anmerkungen versehen. Taschenformat. 608 Seiten. 1929. Geb. 11.—

(Guttentagsche Sammlung Deutscher Reichsgesetze Bd. 172.)

„Der Band enthält eine Sammlung der Gesetze, Verordnungen und Bestimmungen auf dem Gebiete des Gesundheitswesens, wie sie in dieser Vollständigkeit sonst nicht besteht. Dadurch erst ist ein zuverlässiger und rascher Überblick

über die einschlägigen weit verstreuten Bestimmungen gewährleistet. Übersichtlichkeit der Anordnung, die Erläuterungen und Verweisungen und die Handlichkeit des Formats sichern dem Buch einen weiten Benutzerkreis."
Württ. Zeitschr. f. Rechtspflege.

Hippel, W. von, Reichsviehseuchengesetz vom 26. Juni 1909 nebst Ausführungsvorschriften und dem preußischen Ausführungsgesetz. Zweite Auflage. Taschenformat. 486 Seiten. 1913. Geb. 4.—
(Guttentagsche Sammlung Deutscher Reichsgesetze Bd. 103.)

Boxberger, L. von, Vogelschutzgesetz vom 30. Mai 1908 nebst den das Flugwild betreffenden Bestimmungen der Preußischen Jagdordnung. Taschenformat. 57 Seiten. 1909. Geb. 1.—
(Guttentagsche Sammlung Deutscher Reichsgesetze Bd. 89.)

Landesrecht

Bitter, von, Handwörterbuch der Preußischen Verwaltung. Dritte, vollständig umgearbeitete Auflage. Unter Mitwirkung zahlreicher hoher Reichs- und preußischer Staatsbeamten herausgegeben von Dr. Bill Drews, Staatsminister a. D., Präsident des Pr. Oberverwaltungsgerichts, und Dr. Franz Hoffmann, Wirklicher Geheimer Oberregierungsrat, Berlin. Lexikon-Oktav. 1928. 120.—, in Halbleder geb. 132.—

Erster Band, 1. Halbband: Abbaugerechtigkeiten—Fleisch- und Viehagenten. 552 Seiten.
2. Halbband: Fleischvergiftung—Kyffhäuserbund. Seite 553 bis 1134 und IX Seiten.

Zweiter Band: Lackfabriken—Zwischenkredit. VII, 1220 Seiten.

(Im Verlage der Firmen: Walter de Gruyter & Co., Berlin; Carl Heymanns Verlag, Berlin; Roßberg'sche Verlagsbuchhandlung, Leipzig.)

Das zentrale Werk der Praxis des Verwaltungsrechts.

Reichelt, H., Verwaltungsgesetzbuch für Preußen. Systematische Zusammenstellung der wichtigsten Verwaltungsgesetze und Verordnungen für Praxis und Unterrichtszwecke. Lexikon-Oktav. VII, 1302 Seiten. 1914. Geb. 7.60

„Das Buch ist sehr wertvoll, dem Praktiker unentbehrlich und leistet demjenigen, der sich auf eine Prüfung vorbereitet, vorzügliche Dienste. Allen Verwaltungsbehörden wird das Buch warm empfohlen."
Preußische Verwaltungs- und Finanz-Zeitung.

Friedrichs, K., Die Gesetzgebung über die allgemeine Landesverwaltung und Zuständigkeit der Verwaltungs- und Verwaltungsgerichtsbehörden. Dritte, durchgesehene Auflage. Taschenformat. XXIII, 295 Seiten. 1927. Geb. 5.—
(Guttentagsche Sammlung Preußischer Gesetze Bd. 42.)

„Der Wert dieser Arbeit liegt darin, daß er eine erschöpfende und klare Übersicht über das tatsächlich geltende Verwaltungsrecht bringt. Das Werk ist ein vorzügliches und nie versagendes Hilfsmittel." *Gesetz und Recht.*

Fischbach, Das Reichsbeamtengesetz vom 31. März 1873 in der Fassung der Bekanntmachung vom 18. Mai 1907 mit allen Abänderungen und Ergänzungen. Taschenformat. 311 Seiten. 1930. Geb. 6.—

(Guttentagsche Sammlung Deutscher Reichsgesetze Bd. 82.)

Die vorliegende Erläuterung des Beamtengesetzes durch den bekannten Staatsrechtler kommt einem besonderen Bedürfnis der Praxis entgegen, die zur Zeit eine den neuesten Fortschritten der Wissenschaft und Rechtsprechung entsprechende Handausgabe sehr entbehrt. Bemerkenswert ist, daß auch verwandte Gesetze und Verordnungen der einheitlichen Erläuterung unterzogen wurden, so daß dieses Buch für die Praxis ein der Sache wie der Erläuterungsart nach abgerundetes wichtiges Hilfsmittel darstellt.

Pfafferoth, Carl, Preußische Beamtengesetzgebung. Fünfte Auflage. XIV, 280 Seiten. 1916. Geb. 2.40

(Guttentagsche Sammlung Preußischer Gesetze Bd. 2.)

Dultzig, Eugen von, Das preußische Disziplinargesetz für die nichtrichterlichen Beamten. Taschenformat. XIV, 364 Seiten. 1914. Geb. 4.20

(Guttentagsche Sammlung Preußischer Gesetze Bd. 51.)

„Der Verfasser kennt das Disziplinarrecht aus eigener Tätigkeit und aus langer Erfahrung. Diese hat er zu einem praktischen Nachschlagebuch für alle praktischen Fragen des Disziplinarrechts ausgestaltet. Bei tunlichster Kürze sind doch recht erschöpfende, klare und anschauliche Erläuterungen entstanden, die das Verständnis und die Anwendung des Disziplinarrechts in zweckmäßiger Weise erleichtern. Das Büchlein verdient volle Beachtung."

Zeitschrift für Polizei- und Verwaltungsbeamte.

Hagemann, Rudolf, Hinterlegungsordnung vom 21. April 1913. Taschenformat. 175 Seiten. 1914. Geb. 2.20

(Guttentagsche Sammlung Preußischer Gesetze Bd. 53.)

„Das in der vorteilhaft bekannten Guttentagschen Sammlung erschienene Buch darf als ein Hilfsmittel zu dem nicht immer ganz einfachen Verständnis der neuen Hinterlegungsvorschriften bestens empfohlen werden; es ist klar, übersichtlich und ausführlich." *Zentralblatt für freiwillige Gerichtsbarkeit.*

Aschrott, P. F., Gesetz über die Fürsorgeerziehung Minderjähriger. Vom 2. Juli 1900. Nebst Ausführungsanweisungen. Dritte Auflage. Taschenformat. 374 Seiten. 1917. Geb. 2.80

(Guttentagsche Sammlung Preußischer Gesetze Bd. 28.)

„Das Buch gewährt nicht nur einen klaren Einblick in die gegenwärtige Gestaltung der Fürsorgeerziehung in Preußen, sondern es gibt auch über die Zweifelsfragen, welche bei der Auslegung des technisch ziemlich unvollkommenen Fürsorgeerziehungsgesetzes in besonders reicher Fülle auftauchen, durchweg eine erschöpfende und zutreffende Auskunft." *Das Recht.*

Marcks, A., Gesetz, betr. die Unterhaltung der öffentlichen Volksschulen. Taschenformat. 194 Seiten. 1906. Geb. 1.80
(Guttentagsche Sammlung Preußischer Gesetze Bd. 39.)

„Das handliche Büchlein wird, von sachkundiger Seite herrührend und praktisch angelegt, Verwaltungsbeamten, Schulvorständen, Lehrern beim Gebrauch gute Dienste leisten." Schulblatt der Provinz Brandenburg.

Ledermann, W., und Brühl, L., Die Städteordnung für die sechs östlichen Provinzen Preußens. Zweite Auflage. Taschenformat. 593 Seiten. 1913. Geb. 6.—
(Guttentagsche Sammlung Preußischer Gesetze Bd. 32.)

„Der Ledermann-Brühlsche Kommentar zur Städteordnung, eine hervorragende Arbeit des leider so früh verstorbenen Mannes und seines Mitarbeiters, ist von der Kritik und der Praxis so einmütig günstig aufgenommen worden, daß er auch in seiner zweiten durch Gesetzgebung, Literatur und Rechtsprechung der letzten zehn Jahre bereicherten Ausgabe keiner weiteren Empfehlung bedarf." Kommunale Praxis.

Wölbling, P., Bildung der neuen Stadtgemeinde Berlin. Zweite Auflage. Taschenformat. 114 Seiten. 1920. Geb. 1.40
(Guttentagsche Sammlung Preußischer Gesetze Bd. 59.)

„Einem Gesetz, daß als eine Ergänzung der Städteordnung abgefaßt ist, hat der Verfasser lebendigen Gedankeninhalt verliehen. Auf die Verknüpfung des Neuen mit der Städteordnung und ihrer engeren Gestaltung wird im einzelnen mit umfassender Sorgfalt hingewiesen.

Die Ebenmäßigkeit mit den Kommentaren anderer Gesetze der Guttentagschen Sammlung, die unter weniger leidenschaftlichen Kämpfen zur Entstehung gelangten, erringt der Verfasser durch seine strenge Sachlichkeit. Damit muß seinem Werk die Beachtung bei der Durchführung des Gesetzes und bleibender Wert gesichert erscheinen." Soziale Praxis.

Holzapfel, W., Umlegungsordnung. Taschenformat. 144 Seiten. 1921. 1.80
(Guttentagsche Sammlung Preußischer Gesetze Bd. 60.)

„Holzapfel, der hervorragende Kenner der Auseinandersetzungsgesetze, erläutert die Vorschriften der Umlegungsordnung in seiner scharfsinnigen Art in durchaus erschöpfender Weise und gibt in diesen Erläuterungen ein außerordentlich anschauliches Bild von der Umlegung der Grundstücke. Das Buch ist auch für Laien leicht und gut verständlich und kann jedem, der für die Umlegung Interesse hat, zur Benutzung angelegentlich empfohlen werden." Preußisches Verwaltungsblatt.

Holzapfel, W., Gesetz über Landeskulturbehörden. Taschenformat. 176 Seiten. 1919. Geb. 2.—
(Guttentagsche Sammlung Preußischer Gesetze Bd. 57.)

„Der Titel gibt den Inhalt des Werkchens vollständig an, hinzuzufügen ist aber, daß die Erläuterung, die umfangreich und eingehend ist und der praktischen Handhabung des Gesetzes Schritt für Schritt folgt, aus der Feder eines Mannes herrührt, der durch seine sachliche Qualifikation als gründlicher Kenner der Materie für eine zuverlässige Führung die größte Gewähr bietet. Dankenswert ist die Gründlichkeit der im bescheidenen Rahmen geleisteten Arbeit." Verwaltungs-Archiv.

Meyer, O., Gesetz, betr. die Anlegung und Veränderung von Straßen und Plätzen in Städten und ländlichen Ortschaften. Taschenformat. 211 Seiten. 1913. 3.—

(Guttentagsche Sammlung Preußischer Gesetze Bd. 50.)

Friedrichs, R., Strauß-Torney, Hugo von und **Saß, Carl, Gesetz, betr. Anlegung und Veränderung von Straßen und Plätzen** in Städten und ländlichen Ortschaften. (Straßen- und Baufluchtengesetz.) Kommentar. Groß-Oktav. 211 Seiten. 1920. 8.—, geb. 9.50

„Das Werk zeigt eine Reichhaltigkeit und Vollständigkeit, die sonst wenigen Kommentaren eigen ist, und übertrifft hierin noch weit die früheren Auflagen. Besonders erwähnenswert ist die geschickte Anordnung der Erläuterungen und das praktische Inhaltsverzeichnis."
Wochenschrift des Architektenvereins zu Berlin.

Heine, H., Die preußischen Baupolizeigesetze nebst den sonstigen einschlägigen Reichs- und Landesgesetzen. Taschenformat. 404 Seiten. 1928. Geb. 8.—

(Guttentagsche Sammlung Preußischer Gesetze Bd. 64.)

Diesem Band ist die Aufgabe gestellt, die in erster Linie in Betracht kommenden Gesetze und sonstigen Vorschriften und die im Zusammenhang hiermit entstehenden Rechtsfragen in übersichtlicher Weise zusammenzufassen und zu erörtern. Die Rechtsprechung des Oberverwaltungsgerichts und anderer Gerichte ist hierbei berücksichtigt worden.

Goldschmidt, O., Gesetze gegen die Verunstaltung landschaftlich hervorragender Gegenden mit Ausführungsanweisungen. Taschenformat. 152 Seiten. 1912. Geb. 2.40

(Guttentagsche Sammlung Preußischer Gesetze Bd. 49.)

„Der Kommentar, der sich durch seine klare und prägnante Ausdrucksweise auszeichnet, läßt eine gründliche Durcharbeitung des Stoffes erkennen und bietet eine sachgemäße, sorgfältige und erschöpfende Erläuterung der einzelnen gesetzlichen Bestimmungen. Er wird als ein durch Vollständigkeit und Zuverlässigkeit ausgezeichnetes Hilfsmittel jedem Freunde des Heimatschutzes ein willkommener Ratgeber sein." *Jahrbuch des Verwaltungsrechts.*

Wulff, G., und **Herold, F., Wassergesetz** vom 7. April 1913. Mit Einleitung, Erläuterungen und Sachregister. Zweite, umgearbeitete Auflage von G. Wulff. Taschenformat. XVI, 665 Seiten. 1928. Geb. 12.—

(Guttentagsche Sammlung Preußischer Gesetze Bd. 52.)

Diese zweite Auflage des Preußischen Wassergesetzes soll noch mehr als die erste mit ihren Anmerkungen und dem ausführlichen Sachregister als Wegweiser durch die teils schwierigen und verwickelten Fragen dieser Materie dienen und den Juristen über die einschlägige Rechtsprechung und das Schrifttum überall in ihrem neuesten Stande unterrichten. Mit seiner Reichweite, Gründlichkeit und treffsicheren Kürze bildet dieser Kommentar ein Meisterstück.

Lohmann, W., Gesetz, betr. die Feuerbestattung. Taschenformat. 79 Seiten. 1912. Geb. 1.50
(Guttentagsche Sammlung Preußischer Gesetze Bd. 47.)

„Der Verfasser, der als Mitglied der Kommission des Abgeordnetenhauses an dem Zustandekommen des Gesetzes hervorragend beteiligt war, konnte als zuständiger Bearbeiter des Gesetzes in erster Linie gelten. Der kleine Kommentar ist besonderer Aufmerksamkeit sicher." *Jahrbuch des Verwaltungsrechts.*

Holtgreven, A., und Wolff, Th., Das Wildschadengesetz vom 11. Juli 1891. Kommentar. Vierte, vermehrte und verbesserte Auflage. Oktav. VIII, 216 Seiten. 1902. 4.—

„Dieses Werkchen verfolgt einen doppelten Zweck. Dasselbe will einerseits die juristisch zweifelhaften Punkte des Wildschadengesetzes wissenschaftlich erörtern und klarstellen und andererseits allen denjenigen, welche bei der Handhabung dieses Gesetzes in irgendeiner Weise, sei es als Private, Beamte, Grundbesitzer oder als Jagdberechtigte, beteiligt sind, ein praktischer Berater sein." *Allgemeine Forst- und Jagdzeitung.*

Born, A., Das preußische Fischereigesetz vom 11. Mai 1916 in der geltenden Fassung. Taschenformat. 428 Seiten. 1928. Geb. 7.50
(Guttentagsche Sammlung Preußischer Gesetze Nr. 62.)

Die Ausgabe bietet eine bis jetzt fehlende neue Darstellung des Fischereigesetzes, in der vor allem die neue Rechtsprechung eingehend verwertet ist. Außer dem Fischereigesetz, das eine ausführliche Erläuterung gefunden hat, sind die wichtigen Ausführungsverordnungen und im Anhang die einschlägigen Bestimmungen anderer für die Anwendung des Fischereigesetzes in Frage kommenden Gesetze berücksichtigt.

Born, A., Die preußischen Jagdgesetze in ihrer geltenden Fassung. Mit Erläuterungen versehen. Taschenformat. 433 Seiten. 1928.
(Guttentagsche Sammlung Preußischer Gesetze Nr. 63.) Geb. 8.—

Von einem erfahrenen Sachkenner bearbeitet, bietet die vorliegende Ausgabe eine eingehende Darstellung und Erläuterung der Gesetzgebung auf dem Gebiete des Jagdrechts. Außer der Jagdordnung sind die Ausführungsanweisungen, die in Frage kommenden Bestimmungen des Strafgesetzbuches, das Landesverwaltungsgesetz, das Gesetz über den Waffengebrauch der Forst- und Jagdbeamten, das Stempelsteuergesetz, die Verwaltungsgebührenordnung, die Preußische Pachtschutzordnung und das Reichsvogelschutzgesetz berücksichtigt.

Kunze, F., Das Jagdscheingesetz. Zweite Auflage. Taschenformat. 157 Seiten. 1899. Geb. 2.—
(Guttentagsche Sammlung Preußischer Gesetze Bd. 19.)

„Die eingehenden Anmerkungen und die im Titel hervorgehobenen Beigaben machen den kleinen Kommentar zu einem vortrefflichen, in der Praxis schwer entbehrlichen Hilfsmittel zur Auslegung des Gesetzes." *Zeitschrift für die gesamte Strafrechtswissenschaft.*

Caro, H., Gesetz, betr. Austritt aus der Landeskirche, vom 14. Mai 1873. Taschenformat. 190 Seiten. 1911. Geb. 2.40
(Guttentagsche Sammlung Preußischer Gesetze Bd. 46.)

„Ein sehr praktisches Buch, das in den Anmerkungen zum Wortlaut des Gesetzes eine reiche Fülle von Material bietet für alle möglichen Fragen, die mit Aus- und Übertritt zusammenhängen. Das genau gearbeitete Inhaltsverzeichnis ermöglicht bei gelegentlicher Benutzung ein leichtes Auffinden des Nötigen." *Deutsch-Protestantische Bücherschau.*

Kollenscher, M., Rechtsverhältnisse der Juden in Preußen. Taschenformat. VIII, 199 Seiten. 1910. 2.40
(Guttentagsche Sammlung Preußischer Gesetze Bd. 45.)

„Es fehlte bisher eine zusammenfassende, erschöpfende Darstellung der in den verschiedensten Quellen zerstreuten zahlreichen Judengesetze und Verordnungen, und es ist ein großes Verdienst des Verfassers, uns diese in klarer, übersichtlicher Form und Anordnung gegeben zu haben. Jede Synagogengemeinde und jeder, der sich mit jüdischen Angelegenheiten beschäftigt, müßte dieses Buch besitzen." *Jüdische Rundschau.*

3. Steuerrecht

Nieberl, A., Reichsabgabenordnung vom 13. Dezember 1919 nebst Einführungsverordnung vom 18. Dezember 1919 und Übergangsverordnung vom 11. Oktober 1921. Textausgabe mit Anmerkungen und ausführlichem Sachregister. Zweite, neubearbeitete Auflage. Taschenformat. 1927. Geb. 12.—
(Guttentagsche Sammlung Deutscher Reichsgesetze Bd. 143.)

„Dieses Werk will auf Grund der Ergebnisse der Praxis der praktischen Anwendung der RAbgO. dienen und auch für den Nichtjuristen verständlich sein. Daß dieser Zweck erreicht wird, dürfte dem Verfasser nicht bestritten werden. Die Darstellung ist leicht verständlich und klar. Das Sachregister ist gründlich bearbeitet. Jedenfalls wird das Buch, das einen mit der praktischen Handhabung der RAbgO. vertrauten Verfasser erkennen läßt, nicht nur den Steuerbeamten, sondern auch dem rechtsuchenden Publikum und seinen Beratern ein willkommener guter Führer auf diesem Gebiet sein." *Juristische Wochenschrift.*

Michaelis, Richard, **Die Dritte Steuernotverordnung** vom 14. Februar 1924. Mit besonders ausführlicher Berücksichtigung der Vorschriften über die Aufwertung und die öffentlichen Anleihen. Taschenformat. VIII, 388 Seiten. 1924. Geb. 7.—
(Guttentagsche Sammlung Deutscher Reichsgesetze Bd. 157.)

„Ganz besonders zu rühmen ist der Kommentar von Michaelis, der dank seiner eingehenden und gründlichen Bearbeitungsweise erheblichen Einfluß auf die Praxis gewonnen hat." *Juristische Wochenschrift.*

Hollaender, Adolf, Einkommensteuergesetz und Körperschaftsteuergesetz nebst den zugehörigen Aus- und Durchführungsbestimmungen, Verordnungen und Erlassen. Taschenformat. XXXIX, 697 Seiten. 1926. Mit Nachtrag. 1928. Geb. 24.—
(Guttentagsche Sammlung Deutscher Reichsgesetze Bd. 151.)

„Das auf die Bedürfnisse der Praxis abgestellte und ihnen gerecht werdende Buch wird jedem gute Dienste leisten, der sich handelnd oder leitend auf dem äußerst unsicheren, ohne Hilfsmittel überhaupt nicht begehbaren Boden der heutigen Einkommensteuer zurechtfinden muß." *Juristische Rundschau.*

Pick, Reichsbewertungsgesetz. Textausgabe mit Anmerkungen. In Bearbeitung.

Wrzeszinski, Richard, und Simon, H. Veit, Vermögenssteuergesetz und Reichsbewertungsgesetz. Kommentar. In Bearbeitung.

Schachian, Herbert, Erbschaftsteuergesetz, Fassung vom 22. August 1925, mit Anmerkungen. Vierte Auflage. Oktav. 65 Seiten. 1926. 2.50

„Das Buch enthält in der Form des Kommentars eine vollständige Darstellung des Erbschaftssteuerrechts und der zugrunde liegenden bürgerlich-rechtlichen Vorschriften des Erbrechts. Als wissenschaftliche und praktische Leistung steht der klar und scharf geschriebene Kommentar in vorderster Reihe unter seinen Rivalen; er ist als Wegweiser ganz besonders zu empfehlen." *Juristische Wochenschrift.*

Hoffmann, U., Die preußischen Erbschaftsteuergesetze. Taschenformat. 561 Seiten. 1905. 3.—

(Guttentagsche Sammlung Preußischer Gesetze Bd. 20.)

Lindemann, Otto, Umsatzsteuergesetz (neueste Fassung) mit Ausführungsbestimmungen. Vierte, vermehrte und verbesserte Auflage. Taschenformat. 518 Seiten. 1926. Geb. 10.—

(Guttentagsche Sammlung Deutscher Reichsgesetze Bd. 132.)

„Es handelt sich um einen ausführlichen, gediegenen und klar abgefaßten Kommentar, der den weiteren Vorzug besitzt, auf dem laufenden zu sein. Das Werk kann allen Interessenten nur warm empfohlen werden." *Industrie- und Handels-Zeitung.*

Meyer, E. H., Gesetzgebung über Steuer- und Kapitalflucht. Zweite Auflage. Taschenformat. 129 Seiten. 1921. Geb. 1.60

(Guttentagsche Sammlung Deutscher Reichsgesetze Bd. 145.)

„Das Büchlein enthält den Text der einschlagenden vier Gesetze samt den vier Verordnungen gegen die Kapitalabwanderung bzw. Kapitalflucht, eine kurze Übersicht über den Inhalt der Gesetze und sehr knapp gehaltene Anmerkungen. Sein Wert liegt in der handlichen Zusammenfassung der einschlagenden Vorschriften." *Juristische Wochenschrift.*

Lindemann, Otto, Grunderwerbsteuergesetz (neueste Fassung) mit den Ausführungsbestimmungen. Zweite, völlig umgearbeitete Auflage. Taschenformat. 186 Seiten. 1926. Mit Nachtrag 1927. Geb. 4.—

(Guttentagsche Sammlung Deutscher Reichsgesetze Bd. 139.)

„Das Buch wird manchem in den mannigfachen Streitfragen des in der Praxis sehr einschneidenden Gesetzes ein willkommener Ratgeber sein. Die Erläuterungen zeichnen sich durch Klarheit und Gemeinverständlichkeit im besten Sinne aus." *Württembergische Industrie.*

Hagelberg, E., und Krämer, L., Grunderwerbsteuergesetz vom 12. September 1919 (RGBl. S. 1617) in der Fassung des Gesetzes vom 11. März 1927 (RGBl. I S. 72) nebst Einleitung, Sachregister und Ausführungsbestimmungen und der einschlägigen Vorschriften des Finanzausgleichs-Steuermilderungsgesetzes und Steuerstrafrechts. Für die Praxis erläutert. Zweite völlig umgearbeitete und erweiterte Auflage. 1928. Groß-Oktav. 355 Seiten. Geb. 15.—

„Die verhältnismäßige Kürze ihrer Erläuterungen bei großer Vollständigkeit ist zu rühmen. Das Buch ist nicht nur für den Juristen, sondern auch für den gebildeten Laien, namentlich Grundstücksmakler und Hausbesitzer, von großem, praktischen Wert.“ Zeitschrift d. Deutsch. Notarvereins.

Hagelberg, E., und Krämer, L., Wertzuwachssteuerrecht. Kommentar. 256 Seiten. 1929. 12.—, geb. 13.50

Die Verfasser kommentieren die neue Wertzuwachssteuerordnung für Berlin und die preußische Mustersteuerordnung. Ihr Buch ist ein Leitfaden für die Steuerpflichtigen und ihre Rechtsberater und die mit der Wertzuwachssteuer befaßten Behörden. Es stellt die rechtliche und wirtschaftliche Bedeutung der Bestimmungen klar. Die Rechtsprechung des Preußischen Oberwaltungsgerichts wurde erschöpfend berücksichtigt. Auch Sepzialfragen, wie die Aufwertung und das Schwarzkaufwesen, wurden behandelt.

Hoepker, Heinrich, Die Industriebelastungsgesetze vom 30. August 1924 nebst den Durchführungsbestimmungen zum Gesetz über die Industriebelastung. Taschenformat. XV, 200 Seiten. 1925. Mit Nachträgen. Geb. 4.—

(Guttentagsche Sammlung Deutscher Reichsgesetze Bd. 159.)

„Die Anmerkungen sind erschöpfend und führen den Leser mit Geschick in die schwierige und neue Materie ein. Rechtsanwälte sowie Kaufleute, für welche die Industriebelastung in Frage kommt, werden das mit einem guten Sachregister ausgestattete Werk mit gleichem Nutzen gebrauchen!“ Industrie- und Handels-Zeitung.

Eiffler, Kurt, Staatliche Verwaltungsgebühren. Gesetz über staatliche Verwaltungsgebühren vom 29. September 1923 nebst Gebührenordnungen und Ausführungsbestimmungen. Taschenformat. 192 Seiten. Mit Nachtrag. 1925. Geb. 6.—

(Guttentagsche Sammlung Preußischer Gesetze Bd. 61.)

„Das Buch, gut gegliedert und reichlich mit Erläuterungen und Anmerkungen versehen, ist ein ausgezeichnetes Hilfsmittel für alle, die mit Verwaltungsgebühren zu tun haben.“ Kommunales Echo.

Loeck, P., und Eiffler, K., Preußisches Stempelsteuergesetz mit den gesamten Ausführungsbestimmungen. Unter besonderer Berücksichtigung der Entscheidungen der Verwaltungsbehörden und der Gerichte herausgegeben. Zehnte, neubearbeitete Auflage. Taschenformat. 476 Seiten. 1928. Geb. 13.—

(Guttentagsche Sammlung Preußischer Gesetze Bd. 18.)

„Die zahlreichen Auflagen zeugen für die Güte und praktische Brauchbarkeit des Buches, das durch den von Eiffler hinzugefügten Anhang auf den gegenwärtigen Rechtsstand gebracht ist.“ Finanz-Ministerialblatt.

Lebbin, Georg, Nahrungsmittelgesetze mit Erläuterungen. **Zweite, stark vermehrte Auflage in zwei Bänden.**

Zweiter Band: **Getränkegesetze und Getränkesteuergesetze** (Wein, Bier, Branntwein, Mineralwasser). Unter Mitarbeit von Rechtsanwalt Dr. Kniebe. Taschenformat. XII, 400 Seiten. 1926. Geb. 10.—

(Guttentagsche Sammlung Deutscher Reichsgesetze Bd. 54b.)

„Die wichtigsten Gesetze sind eingehend kommentiert und durch die einschlägigen Verordnungen, Ausführungsbestimmungen, Erlasse, Entscheidungen oberster Gerichte und nicht zuletzt die internationalen Abkommen so vollständig ergänzt, daß die Sammlung als unentbehrliches Hilfsmittel, wie es in dieser Art bislang noch fehlte, für den Sachbearbeiter bei Behörden und Verbänden sowohl als auch für den Kaufmann der Branche zu begrüßen ist.“

Württembergische Wirtschafts-Zeitschrift.

Wündisch, Friedrich, Das Tabaksteuergesetz vom 12. September 1919 nebst den Ausführungsbestimmungen vom 26. Februar 1920. Taschenformat. 286 Seiten. 1920. Mit Nachtrag 1925. Geb. 4.—

(Guttentagsche Sammlung Deutscher Reichsgesetze Bd. 146.)

„Endlich ein Kommentar zum Tabaksteuergesetz! Die Ausgabe kommt den Wünschen der Praxis nach einer erschöpfenden Darstellung des neuen Gesetzes in umfassender Weise entgegen. Außer den Behörden und Beamten, in deren Hand die Durchführung des Gesetzes gelegt ist, bildet das Buch auch für die Steuerzahler eine ausgezeichnete Informationsquelle für alle Fragen, die in der Praxis vorkommen. Die zahlreichen ausführenden Verordnungen sind abgedruckt.“

Deutsche Tabak-Zeitung.

VII. Entscheidungs-Sammlungen und Zeitschriften.

Entscheidungen des Reichsarbeitsgerichts. Herausgegeben von den Mitgliedern des Reichsarbeitsgerichts. Oktav.

Band	I.	1928	6.50, geb. 8.—
Band	II.	1928/29	6.50, geb. 8.—
Band	III.	1929	6.50, geb. 8.—
Band	IV.	1929/30	6.50, geb. 8.—

Entscheidungen des Reichsgerichts. Herausgegeben von den Mitgliedern des Gerichtshofes und der Reichsanwaltschaft. Oktav. (Zwei Sammlungen:)

1. **Entscheidungen in Zivilsachen.** (Werden in Heften im Umfange von etwa 5 bis 6 Bogen sowie in vollständigen Bänden, geheftet und gebunden, ausgegeben. Jährlich 4 Bände.) 1.—127. Band. Je 6.50, geb. 8.—

2. **Entscheidungen in Strafsachen.** (Werden in Heften im Umfange von 5 bis 6 Bogen sowie in vollständigen Bänden, geheftet und gebunden, ausgegeben. Jährlich 1 Band.) 1.—63. Band.
Je 6.50, geb. 8.—

Zeitschrift für die gesamte Strafrechtswissenschaft. Gegründet von Fr. von **Liszt** und A. **Dochow.** Unter ständiger Mitarbeiterschaft hervorragender Fachmänner herausgegeben von Dr. K. von **Lilienthal,** Professor in Heidelberg, Dr. Ed. **Kohlrausch,** Professor in Berlin, und Dr. W. **Gleispach,** Professor in Wien. Der Jahrgang besteht aus 8—9 Heften. Quart.

Bd. 1—43. 1881—1922. Je 15.—. Bd. 44. 1922. 25.—. Bd. 45. 1924. 21.—. Bd. 46—49. 1925—1929. Je 30.—. Bd. 50. 1929/30. 36.—.

Die nunmehr im 50. Jahrgang erscheinende Zeitschrift betrachtet die Mitarbeit an der Fortentwicklung des deutschen Strafrechts als ihre vornehmste Aufgabe und nimmt zu allen strafrechtlichen Fragen eingehend Stellung. In dem „Literaturbericht" wird laufend über alle wichtigen Erscheinungen auf dem Gebiete der Strafrechtsliteratur referiert.

Juristische Rundschau. Herausgegeben von Otto **Lindemann,** Ministerialdirektor, Geh. Oberjustizrat, Berlin, Dr. Friedrich **Flad,** Senatspräsident beim Reichsgericht, Leipzig, Fritz **Hartung,** Ministerialrat im Preußischen Justizministerium, Berlin, und

Höchstrichterliche Rechtsprechung. Herausgegeben von Eugen **Friedrichs,** Oberlandesgerichtsrat, Naumburg a. d. S., Dr. Albert **Feisenberger,** Reichsanwalt, Leipzig, Benno **Mugdan,** Kammergerichtsrat i. R., Geh. Justizrat, Berlin. — Erscheint am 1. und 15. jeden Monats.

6. Jahrgang. 1930. Vierteljährlich 7.50, Einzelheft 1.50. Beilage „Höchstrichterliche Rechtsprechung" einzeln vierteljährlich 5.—

„Die Juristische Rundschau hat sich immer mehr zu einer führenden juristischen Zeitschrift entwickelt. Die ständige Benutzung dieser Zeitschrift wird und muß allen Kollegen des Kammergerichts dringend empfohlen werden."
Zeitschrift der Anwaltskammer.

Judicium. Vierteljahresschrift für die gesamte Zivilrechtspflege. Unter ständiger Mitarbeit von J. Goldschmidt (Berlin), H. Lehmann (Köln), R. Pollak (Wien), L. Rosenberg (Gießen), H. Walsmann (Rostock) herausgegeben von W. **Kisch** (München), H. **Lucas** (Berlin), A. **Mendelssohn-Bartholdy** (Hamburg), M. **Pagenstecher** (Hamburg), J. D. **Sauerländer** (München), H. **Sperl** (Wien), E. **Volkmar** (Berlin). Organ der Vereinigung Deutscher Zivilprozeßrechtslehrer. Vierteljährlich erscheint 1 Heft. Der Jahrgang beginnt am 15. November. 2. Jahrgang 1929/30. 24.—

(Friederichsen, de Gruyter & Co., m. b. H., Hamburg 36.)

Zeitschrift für ausländisches und internationales Privatrecht. Herausgegeben in Gemeinschaft mit Ernst **Heymann**, Heinrich **Titze**, Martin **Wolff**, ordentliche Professoren an der Universität Berlin, wissenschaftliche Berater des Instituts, Max **Pagenstecher**, o. Professor an der Universität Hamburg, Franz **Schlegelberger**, Ministerialdirektor im Reichsjustizministerium, Honorarprofessor an der Universität Berlin, von Ernst **Rabel**, o. Professor an der Universität Berlin, Direktor des Instituts. Jährlich 6 Hefte im Umfang von etwa 65 Bogen. Preis des dritten Jahrganges 50.—

„Wer sich für Rechtsvergleichung und internationales Privatrecht interessiert, feiert einen Festtag beim Erscheinen einer neuen Zeitschrift auf dem Gebiete, das für den Bereich deutscher Rechtswissenschaft noch immer als zu wenig bearbeitet gelten muß. Das Organ tritt dem äußeren Formate und der Ausstattung nach glänzend auf und des ersten Heftes Inhalt verspricht auch den Glanz des inneren Formates und der Qualität." Zentralblatt für die juristische Praxis.

Zeitschrift für ausländisches öffentliches Recht und Völkerrecht. Im Auftrage des Instituts für ausländisches öffentliches Recht und Völkerrecht herausgegeben von Dr. Viktor **Bruns**, Professor an der Universität Berlin, Leiter des Instituts.

Band I Teil 1: Abhandlungen. XVIII, 657 Seiten. 1930. 43.—
Band I Teil 2: Urkunden. XVI, 858 Seiten. 1930. 54.—

Zeitschrift für Bergrecht. Bis zu seinem Tode herausgegeben von dem Wirkl. Geh. Rat, Berghauptmann a. D. Dr. jur. H. **Brassert.** Redigiert und herausgegeben von den rechtskundigen Ministerialräten der Bergabteilung des Preußischen Ministeriums für Handel und Gewerbe. Jährlich 1 Band von mehreren Heften. Die Hefte erscheinen in zwangloser Folge. Jahrgang 69. 1928/29. 20.—. Jahrgang 70. Heft 1/2. 1929. 10.—.

Die führende Zeitschrift auf diesem Gebiete, die die gesamte Berggesetzgebung des In- und Auslandes verzeichnet und laufend über die Entscheidungen der höchsten Gerichtshöfe berichtet. In zahlreichen Abhandlungen aus der Feder erster Fachleute wird zu allen Fragen des Bergrechts Stellung genommen.

Zeitschrift für das gesamte Luftrecht (ZLR.). Herausgegeben von Dr. jur. Otto **Schreiber**, o. Professor an der Universität in Königsberg i. Pr., Geh. Regierungsrat, Leiter des Instituts für Luftrecht. Erscheint in Bänden zu je 4 Heften.

Band I. 1926/28. 50.—, geb. 55.—. Band II, Heft 1. 10.—.

„Der erste Band beweist nachdrücklich die Existenzberechtigung der bedeutenden Zeitschrift." Zeitschrift für ausländisches und internationales Privatrecht.

Bank-Archiv. Zeitschrift für Bank- und Börsenwesen. Unter Mitwirkung von hervorragenden Fachmännern herausgegeben von Geh. Justizrat Prof. Dr. **Rießer**, Berlin. Schriftleitung: Rechtsanwalt Otto **Bernstein**, geschäftsführendes Mitglied des Centralverbandes des Deutschen Bank- und Bankiergewerbes. Quart. Jährlich 24 Nummern. XXIX. Jahrgang. 1929/30. Pro Halbjahr 12.—

FSC
www.fsc.org
MIX
Papier | Fördert gute Waldnutzung
FSC® C083411

Kolibri 360 GmbH
Ferdinand-Jühlke-Straße 7
99095 Erfurt, Deutschland
produktsicherheit@kolibri360.de